Der radikale
Mittelweg

1. Auflage September 2009
2. Auflage Januar 2016
3. Auflage November 2020

Copyright © 2009, 2016, 2020 bei
Kopp Verlag, Bertha-Benz-Straße 10, D-72108 Rottenburg

Alle Rechte vorbehalten

Umschlaggestaltung: Christine Ibele
Lektorat: Helmut Kunkel, Silvia Siegenthaler
Satz und Layout: Mantrarūpa Ćućuz, Helmut Kunkel, Armin Risi

ISBN 978-3-93851-699-7

Gerne senden wir Ihnen unser Verlagsverzeichnis
Kopp Verlag
Bertha-Benz-Straße 10
72108 Rottenburg
E-Mail: info@kopp-verlag.de
Tel.: (0 74 72) 98 06-10
Fax: (0 74 72) 98 06-11

Unser Buchprogramm finden Sie auch im Internet unter:
www.kopp-verlag.de

Armin Risi

Der radikale Mittelweg

Überwindung von Atheismus und Monotheismus

Das Buch zum aktuellen Paradigmenwechsel

KOPP VERLAG

Le cœur a ses raisons que la raison ne connaît point.

»Mit dem Herzen erkennen wir Wahrheiten,
die wir mit dem Verstand allein nicht erkennen.«[1]

— Blaise Pascal (1623 – 1662)

Inhalt

	Vorbemerkungen (1): Zur Bedeutung von »radikal«	7
	Vorbemerkungen (2): Zur Kritik an den heutigen Religionen	10
	Vorbemerkungen (3): Zur Form des Textes	15
1	Das Theistische Manifest	17
2	Was ist Monotheismus? Was ist Theismus?	21
3	Der Mittelweg als Ausweg	25
4	Differenzieren statt verabsolutieren	29
5	Religion und Wissenschaft	34
6	Jeder glaubt an etwas Absolutes	41
7	Was ist Realität?	46
8	Religion, Theologie und Philosophie	52
9	Theistische Theologie (1): Ganzheit, Einheit, Vielfalt	57
10	Theistische Theologie (2): Das Mysterium von Individualität und Liebe	63
11	Theistische Theologie (3): Die drei Gottesaspekte	69
12	Gut und Böse	76
13	Materialismus, Humanismus, Monismus	82
14	Konsequenzen des Atheismus	96
15	Dualismus: die Weltbilder des Monotheismus und der Gnosis	108
16	Konsequenzen des Monotheismus	118
17	Wie der Monotheismus entstand	130
18	Geschichte der theistischen Mysterienschulen	145
19	Das Credo der materialistischen Wissenschaft	162
20	Die Evolutionstheorie: eine materialistische Interpretation von Natur, Mensch und Bewusstsein	165
21	Die geistige Herkunft des Menschen	182
22	Philosophie des Geistes	195
23	Leben nach dem Tod	212
24	Schicksal und freier Wille	220
25	Unterscheiden, ohne zu urteilen	231
26	Selbsterkenntnis und innere Einweihung	235
27	Ethik und Moral	243
28	Die Moses-Gebote	261
29	Der theistische Kern des Judentums	267
30	Der theistische Kern des Christentums	277
31	Der theistische Kern des Islam	286
32	Vision, Vernetzung und die nächsten Schritte	297
	Zusammenfassung: Die Thesen des Theistischen Manifests	304
	Unterstützung der theistischen Vernetzung	319

Anhang – Artikel 1: Spirituelles Unterscheidungsvermögen –
Warum Polarität und Dualität nicht dasselbe sind 321

Anhang – Artikel 2: »Dein Wille geschehe!« –
Leben in Harmonie mit der Ganzheit 327

Anmerkungen 333
Zusammenfassung der Kapitel 361
Glossar der philosophischen Begriffe
    1. Grundbegriffe 369
    2. Sanskritbegriffe 390
Der Autor 395
Dank 397
Literaturverzeichnis 399
Stichwortverzeichnis 407
Theistische Mysterienschule – Grundkurse und Weiterbildung 420

Vorbemerkungen (1)

Zur Bedeutung von »radikal«

1

Im Buchtitel verbinde ich zwei scheinbar widersprüchliche Begriffe, die leicht missverstanden werden können. Wie kann ein Mittelweg radikal sein? Und umgekehrt: Wie kann etwas Radikales ein Mittelweg sein? Ist ein Mittelweg nicht ein Weg der Kompromisse, während Radikales kompromisslos ist? »Radikal« ist ein provokatives Wort, weil es in vieler Hinsicht mit einer negativen Bedeutung belegt ist. »Mittelweg« hingegen klingt nach »Mittelmaß« und »Durchschnitt«. Durch die paradoxe Kombination jedoch weisen beide Begriffe gegenseitig auf ihre tiefere Bedeutung hin.

Das Wort *radikal* wird heute meistens im Sinne von »total; extrem; rücksichtslos« gebraucht. Durch die Verbindung mit dem Begriff »Mittelweg« wird aber sofort klar, dass nicht diese Bedeutung gemeint ist. Gemeint ist die wertneutrale, ursprüngliche Bedeutung von *radikal:* »von Grund auf; gründlich; grundlegend«, abgeleitet von lat. *radix,* »Wurzel«.

Radikal, »wurzeltief«, bedeutet also: einer Sache auf den Grund gehen; bei den Ursachen ansetzen und nicht einfach die Symptome bekämpfen. »Radikal« ist nicht kompromisslos, sondern *konsequent:* bis zu den Wurzeln eines Problems. Diese Wortbedeutung finden wir in Wendungen wie »Gesundheit radikal erneuern« oder »das Leben radikal verändern« und auch in Buchtiteln wie »Radikal ehrlich« (Brad Blanton) und »Radikale Vergebung« (Colin Tipping).

2

Jede Spaltung erzeugt zwei Seiten, die sich als Fronten gegenüberstehen. Und jede dieser Seiten hält die eigene Hälfte für das Ganze und das Richtige. Heute leben wir in einer Zeit, in der die Einseitigkeit beider Seiten zu Extremen führt, die bedrohlicher sind als je zuvor. Im Untertitel postuliere ich, welches diese beiden Seiten sind: Atheismus und Monotheismus. Es wären auch andere Gegenüberstellungen möglich, doch eine kritische Betrachtung des Zeitgeschehens zeigt, dass es gerade diese beide Seiten sind, die heute die größten Extreme darstellen – und diese Extreme sogar als Ziel anstreben. Denn aus ihrer Sicht handelt es sich nicht um ein Extrem, sondern um die Erfüllung ihrer Pläne und Visionen. Religiöse Kreise sprechen von »Bekehrung«, von »Endzeit« und von der Notwendigkeit eines »Messias« oder »Mahdi«. Säkulare Kreise sprechen von einem »globalen Kurswechsel«, von einer »Weltregierung« und einer »neuen Weltordnung«. Und beide Seiten meinen, sie hätten das Recht, die Menschheit mit Gewalt und Manipulation in ihre Richtung zu zwingen.

Wirkliche Problemlösungen kommen jedoch nicht von außen und erst recht nicht durch Zwang (durch staatliche Autorität, totalitäre Maßnahmen, Revolutionen), sondern in erster Linie von innen: durch eine Änderung, d. h. *Erweiterung* des Bewusstseins. Diese Bewusstseinserweiterung ist möglich durch die Perspektive des Mittelweges, denn dies ist der Weg zur Überwindung der Einseitigkeit beider Seiten. Der Mittelweg ist der Weg aus der Spaltung, der Weg zur Wiedererlangung der ganzheitlichen Sicht. Wenn wir diesen Mittelweg verfehlen, wird die Zerrissenheit der heutigen Zivilisation noch weiter in die Extreme gehen. Ein Bewusstseinswandel ist notwendig, eine radikale (= bis in die Wurzel gehende) Neuorientierung. Das moderne Wort hierfür ist *Paradigmenwechsel*.

3

Ein Mittelweg verläuft zwischen zwei Hälften oder Fronten. Die Seiten links und rechts des Mittelweges sind nicht zwei sich ergänzende Hälften, sondern zwei entgegengesetzte Seiten, die sich gegenseitig ausschließen und bekämpfen. Deswegen ist der Mittelweg nur für diejenigen, die auf diesem Weg gehen, ein Mittelweg. Von jedem anderen Standpunkt aus betrachtet, ist der Mittelweg etwas Fremdes und Suspektes oder sogar Feindliches. Auf jeden Fall ist er für keine der beiden Seiten instrumentalisierbar. Er ist nicht das Gegenteil der rechten oder linken Seite und vermischt sich mit keiner Seite – sonst wäre er kein Mittelweg. Aber gerade weil er sich nicht vermischt, ist er jene Linie, die beide Seiten verbindet und über beide hinausführt, indem er eine Perspektive ermöglicht, die beiden Seiten fehlt. Diese Perspektive ist die der ursprünglichen, ungetrennten Ganzheit.

Ein echter Bewusstseinswandel ist deshalb ein Mittelweg, der über die philosophischen und ideologischen Konditionierungen beider Seiten hinausführt. Wenn es sich bei den fraglichen Seiten um globale Fronten handelt, wie dies beim Atheismus und Monotheismus der Fall ist, dann muss der Mittelweg entsprechend fundiert, konsequent und »wurzeltief« sein. Denn die philosophischen und ideologischen Konditionierungen betreffen in diesem globalen Zusammenhang den Kurs der gesamten Gesellschaft: der Wissenschaft, der Politik, der Religionen usw. Der erforderliche Paradigmenwechsel entspringt deshalb einer Weltsicht, die weder durch Atheismus noch durch Monotheismus konditioniert ist.

Mit dem vorliegenden Buch habe ich mir die Aufgabe gestellt, diesen Paradigmenwechsel umfassend zu beschreiben: philosophisch, theologisch, historisch und gleichzeitig auch mit der Perspektive der praktischen Umsetzung, der persönlichen Mystik. Wenn Philosophie die innersten und »letzten« Themen berührt, kann sie nicht mehr nur mit dem

Verstand erfasst werden, sie ruft nach einem Verstehen durch das Herz. Deshalb wählte ich als Leitsatz eine Aussage von Blaise Pascal, dessen Lebensgeschichte zeigt, dass Wissenschaft, Gottglaube und Mystik sich nicht auszuschließen brauchen. Als junges Mathematik- und Physikgenie scheute er sich nicht, mit seinen Berechnungen und Experimenten wissenschaftliches Neuland zu betreten, und erkannte dabei die Begrenztheit des Verstandes – ohne an ihr zu scheitern. Denn als Menschen können wir Erkenntnisse nicht nur durch den Verstand, sondern auch durch das Herz erlangen. Verstand und Herz sind keine Gegensätze, sie können und sollten sich ergänzen. Verstand ohne Herz wird zu einem destruktiven (»herzlosen«) Intellekt, Herz ohne Verstand zu einem irrationalen (»kopflosen«) Sentiment. Wenn wir Atheismus und Monotheismus überwinden wollen, dürfen wir in keine dieser Einseitigkeiten fallen – was ein Hauptthema des vorliegenden Buches ist. Und mein Hauptanliegen.

Was ich hier als radikalen Mittelweg beschreibe, ist keine neue Theorie oder Theologie. Meine Ausführungen stellen einen Versuch dar, das Urwissen der Menschheit zusammenzufassen, um auf den inneren Kern aller Religionen, Mysterienschulen und Lebensphilosophien hinzuweisen. »Neu« ist nur die prägnante und zeitaktuelle Ausformulierung, wobei zur Aktualität auch der mit diesem Buch verbundene Handlungsplan gehört, der zeigt, wie wir den beschriebenen Bewusstseinswandel von der Basis her Gestalt annehmen lassen können, ohne Gründung einer neuen Konfession oder Religion.

Vorbemerkungen (2)

Zur Kritik an den heutigen Religionen

4

Für lange Zeit war es nicht erlaubt, die Religionen und ihre Führer zu kritisieren. Sie waren in ihren geographischen Gebieten die herrschenden Mächte, und wer eine kritische Haltung einnahm, durfte von der theokratischen Obrigkeit bestraft oder sogar hingerichtet werden. In einigen Staaten herrscht dieser menschenrechtswidrige Zustand auch heute noch, sei es unter dem Vorzeichen des Monotheismus oder unter dem Vorzeichen des Atheismus.

Seit dem Auftreten von namhaften atheistischen Autoren wie Richard Dawkins (*The God Delusion,* dt. *Der Gotteswahn*), Christopher Hitchens (*God Is Not Great,* dt. *Der Herr ist kein Hirte*) und Sam Harris (*The End of Faith,* dt. *Das Ende des Glaubens*) ist es jedoch »offiziell« erlaubt, auch die traditionellen Religionen zu kritisieren. Jedes dieser Bücher wurde ein Bestseller, allen voran das erstgenannte, was doch erstaunlich ist: Mit seinem Buchtitel behauptet der evolutionsgläubige Professor Dawkins nichts Geringeres, als dass alle Juden, Christen und Moslems (und auch Hindus usw.) einem »Gotteswahn« unterliegen.

Ähnliches signalisiert Prof. V. S. Ramachandran, einer der führenden Neurologen der Gegenwart, mit dem Titel seines Buches *Phantoms in the Brain* (1988; dt. *Die blinde Frau, die sehen kann: Rätselhafte Phänomene unseres Bewusstseins*): spirituelle Visionen und Gottesvorstellungen entsprängen der Überfunktion einer bestimmten Hirnregion und seien nichts anderes als »Phantome im Gehirn«, also Phantasien, Hirngespinste.

Dasselbe – Geist und Bewusstsein seien nur eine Funktion des Gehirns – sagt Prof. John R. Searle in seinem Buch *Geist: Eine Einführung* (orig. *Mind: A Brief Introduction,* 2004). Searle, ebenfalls ein namhafter Neurologe, resümiert am Schluss dieses Buches: »Wir sollten Bewusstsein und Intentionalität genauso als Teil der natürlichen* Welt verstehen wie Photosynthese und Verdauung.«

Die intensivsten Formen von »Bewusstsein und Intentionalität« entstehen aus religiösen Überzeugungen. Prof. Searle drückt im obigen Zitat höflich einen verborgenen Sarkasmus aus. Was er meint, ist: Genauso wie die Verdauung physische Energie produziert, produziert das Gehirn

---

* Der sympathische Begriff »natürlich« wird hier von materialistischer Seite vereinnahmt und mit »materiell« gleichgesetzt (Naturalismus = Materialismus). Wenn gesagt wird, Bewusstsein und Intentionalität seien »Teil der natürlichen Welt«, ist damit gemeint: Teil der Materie, das heißt, Geist und Bewusstsein seien ein Produkt des Gehirns.

mentale Energie, und genauso wie's bei der Verdauung manchmal furzt, »furzen« gewisse Gehirne religiöse Ideen in die Welt, genannt Judentum, Christentum, Islam, Hinduismus usw.

Ein weiterer bekannter Hirnforscher, Prof. Daniel C. Dennett, hat mit einem Buchtitel (2006) eine programmatische Formulierung geprägt: *Breaking the Spell*, wörtlich »Das Brechen des Banns/des Zaubers«. Mit »Bann« und »Zauber« meint Prof. Dennett die Sakrosanktheit der Religionen – und diese müsse nun endlich gebrochen werden! *Breaking the Spell – Religion as a Natural Phenomenon:* Es gehe nicht an, dass jüdische, christliche, islamische oder auch östliche Religionsideen über jede Kritik erhaben seien, denn Religion sei einfach nur ein »natürliches Phänomen«, d.h. eine Funktion des Gehirns oder eben, nach Meinung der genannten Hirnforscher, eine *Fehl*funktion.

Ein weiterer namhafter Exponent des Atheismus ist der französische Philosoph Michel Onfray. 2005 veröffentlichte er seine manifestartige Schrift *Traité d'athéologie*. Im Deutschen erschien dieses Buch unter dem Titel *Wir brauchen keinen Gott – Warum man jetzt Atheist sein muss*, im Englischen unter dem Titel *Atheist Manifesto – The Case Against Christianity, Judaism, and Islam* (mit großem Cover-Aufdruck »International Best Seller«). Auch Onfray scheut sich nicht, die Sakrosanktheit der Religionen anzugreifen, und er hinterfragt mit kritischer Sachlichkeit kulturelle (»religiöse«) Traditionen und Tabus, wie z. B. die angeblich von Gott geforderten Blutopfer und die Beschneidung von Männern und/oder Frauen.

5

Autoren wie Dawkins, Hitchens, Harris, Ramachandran, Searle, Dennett und Onfray sind hochkarätige Intellektuelle und gehören zur Bewegung der »neuen Atheisten«. Sie führen eine frontale Offensive gegen alle Religionen und gegen das, was diese Religionen als »normal« und »heilig« etabliert haben. Die öffentliche Meinung über diesen »Kreuzzug der Atheisten« geht weit auseinander, aber bestimmt kann es nicht schaden, wenn wir – als Menschen des 21. Jahrhunderts – mit einem mutigen Blick nach vorne alte Traditionen kritisch betrachten und dabei auch die monotheistischen Religionsformen nicht schonen. Denn diese Religionen waren über Jahrhunderte hinweg verantwortlich für zahlreiche Kriege, Morde und Verharmlosungen von Verbrechen (Sklaverei, Völkermorde, Staatsterror usw.). Warum sollen die Religionen in altertümlichen und mittelalterlichen Vorstellungen steckenbleiben? Immerhin haben sie alle den Fortschritt der Wissenschaft und der Zivilisation mitgemacht und profitieren heute von der modernen Welt: von Ölgeschäften, vom herrschenden Bankensystem und von den zahllosen technischen Errungenschaften. Wäre es nicht angesagt, dass sie – parallel zum ökonomischen und technologischen Fortschritt – auch *theologisch* im 21. Jahrhundert ankommen?

6

Angesichts der massiv gewordenen Kritik an den Religionen haben wir drei Möglichkeiten zu reagieren:

1 Wir können versuchen, diese Kritik zu unterdrücken (wie es die monotheistischen Religionsvertreter möchten);
2 wir können aufgrund der vielen berechtigten Kritikpunkte jegliche Religion ablehnen und den Atheismus als Alternative predigen (wie es die obengenannten Exponenten des Atheismus tun), oder
3 wir können mit einer differenzierten, konstruktiven Kritik antworten, gemäß dem biblischen Prinzip: »Verachtet nicht die Worte aus dem Geist Gottes. Prüfet alles, und das Gute behaltet. Und von jeder Art des Bösen haltet euch fern.« (1 Thess 5,20 – 22)*

Die meisten Menschen, so auch ich, folgen Punkt 3. Wir verachten die Religionen nicht und prüfen alles, denn unbestreitbar gibt es in jeder Religion viel Gutes, das wir behalten sollten, aber auch viel »Böses«, das wir als solches erkennen und benennen sollten, um uns von diesen Einflüssen fernzuhalten – oder uns von ihnen zu trennen. Dies gilt für monotheistische Kreise ebenso wie für atheistische. Beide Seiten hätten einiges an selbstkritischer Veränderung zu vollziehen, wenn sie das hier zitierte Gebot erfüllen möchten: »Und von jeder Art des Bösen [Lüge, Ausbeutung, Täuschung, Gewalt usw.] haltet euch fern.« Erforderlich ist ein konsequenter, »radikaler« Mittelweg, der über beide Einseitigkeiten hinausführt.

7

Im Gegensatz zu den genannten atheistischen Wissenschaftlern und Philosophen bezeichne ich das Judentum, das Christentum, den Islam usw. nicht als Wahnvorstellung oder Hirngespinst – und zwar nicht einfach aus Rücksicht auf die Political Correctness, sondern weil ich alle Religionen respektiere und wertschätze und in ihnen den gemeinsamen theistischen Kern sehe. Ich werde jedoch auf die problematischen Konsequenzen des Monotheismus eingehen, ebenso wie auf die problematischen Konsequenzen des Atheismus, denn zur Überwindung dieser feindlichen – und mittlerweile explosiven – Gegensätze ist es erforderlich, auch diese dunklen Extreme zu beleuchten.

---

* Die verwendeten Bibelübersetzungen sind aufgeführt im Literaturverzeichnis (S. 399).

8

Die heiligen Schriften aller Religionen enthalten – neben großen Weisheiten und zeitlosen Offenbarungen – auch lokalhistorisch bedingte Aussagen, die aus heutiger Sicht rassistisch, frauenverachtend und diskriminierend sind, einige sogar »volksverhetzend«, weil die Schreiber darin zur Verachtung und Bekämpfung anderer Völker und anderer Religionen aufrufen. Es ist offensichtlich, dass es patriarchale Herrscher waren, die diese Stellen formulierten, um dadurch für sich »im Namen Gottes« eine möglichst unanfechtbare Macht zu beanspruchen.

Viele Religionsvertreter reagieren empfindlich, wenn man diese Stellen aus ihren Schriften erwähnt, aber spätestens seit *The God Delusion* und *Breaking the Spell* ist der Bann gebrochen, denn durch diese Bücher wurden besagte Textstellen unwiderruflich öffentlich gemacht, und zwar auf internationaler Bestseller-Ebene.

Auch im vorliegenden Buch werden einige dieser kritischen Textstellen zitiert. Sie zeigen, wo die Extreme des Monotheismus liegen und wie tiefgreifend der Paradigmenwechsel in den Religionen sein muss, insbesondere hinsichtlich des Umgangs mit den »Andersgläubigen«.

Mit dem Zitieren der extremen Aussagen aus den verschiedenen heiligen Schriften sollen nicht die jeweiligen Religionen diskreditiert werden, und wir sollten auch nicht den Fehler begehen, diese Religionen auf die zitierten Textstellen zu reduzieren. Wenn wir jedoch die fraglichen Textstellen nicht sachlich beleuchten, gären sie in den Talmud-, Bibel- und Koranschulen weiter, wo Religionslehrer sie als »innerste Wahrheiten« an ihre »Eingeweihten« weitergeben. Und dieselben Stellen werden von den Extremisten der anderen Religionen für Hetze und Propaganda verwendet: »Schau, was im Talmud/in der Bibel/im Koran über die Nichtjuden/Nichtchristen/Nichtmoslems steht!«

Auf diese Weise wurden und werden die Religionen von innen heraus verfälscht. Es wird gegenseitig Hass geschürt, was wiederum den eigenen Fanatismus anheizt: »Nur wir haben die Wahrheit. Gott will, dass wir die anderen bekehren, bekämpfen, infiltrieren, erobern!« Dadurch wird der Teufelskreis zur Abwärtsspirale.

Hier liegt tatsächlich eine *God Delusion,* ein »Gotteswahn«, vor, und solange dieser Wahn nicht thematisiert wird, sind alle Diskussionen über Frieden, Völkerverständigung und gegenseitigen Respekt nur oberflächlich oder sogar heuchlerisch.

Der Ausweg aus der *God Delusion* ist jedoch nicht der Atheismus.

9

Die meisten religiösen Menschen sind weder Fanatiker noch Fundamentalisten. Ebenso sind die meisten Atheisten weder Gotteshasser noch Religionsfeinde, sondern einfach nur vernünftige, intelligente Menschen, die mit Religion nichts anfangen können. Viele sind auch gebrannte oder *ver-brannte* »Kinder« des Monotheismus.* Für sie wird es erleichternd und möglicherweise auch erleuchtend sein, den Unterschied zwischen Monotheismus und Theismus kennenzulernen ...

---

* In Prof. Dawkins' Ausdrucksweise klingt vielfach eine starke Traumatisierung an, zum Beispiel: »Der Gott des Alten Testaments [...] ist eifersüchtig und ist auch noch stolz darauf; ein kleinlicher, ungerechter, nachtragender Überwachungsfanatiker; ein rachsüchtiger, blutrünstiger ethnischer Säuberer; ein frauenfeindlicher, homophober, rassistischer, Kinder und Völker mordender, ekliger, größenwahnsinniger, sadomasochistischer, launisch-boshafter Tyrann. Wer von Kindheit an in seinen Methoden geschult wurde, ist vielleicht unempfindlich gegen ihre Entsetzlichkeit geworden *(Those of us schooled from infancy in his ways can become desensitized to their horror)*«[2]; »das göttliche Monster des Alten Testaments«[3].

Vorbemerkungen (3)

Zur Form des Textes

10

Philosophische Werke können grundlegend in drei Formen abgefasst sein:

- als Dialog (wie z. B. bei Platon),
- als Abhandlung (die Form, die die meisten Philosophen gewählt haben, z. B. Aristoteles, Kant, Hegel, Marx),
- als Folge von Aphorismen oder Kurztexten (wie z. B. bei Leibniz, Nietzsche, Wittgenstein).

Ich wählte für das vorliegende Buch – im Gegensatz zu meinen anderen Büchern, die Abhandlungen waren – die Form von fortlaufend numerierten Kurztexten, so wie ich dies v. a. von Nietzsches Werken her kenne. Wenn ich Nietzsche hier als stilistische Referenz nenne, möchte ich auch die offensichtliche Verschiedenheit unserer inhaltlichen Standpunkte erwähnen, obwohl ich sein Werk und seine aufrichtige Radikalität schätze. Er bezeichnete sich selbst als »Philosoph mit dem Hammer« und schlug auf alle »Götzen« ein, die ihm verdächtig erschienen, um zu hören, wie hohl sie klingen.[4] Einiges, worauf er schlug, war nicht hohl, anderes war sehr hohl und zerbrach vielleicht in seinen Texten, aber existierte in der Welt weiter, um in gleicher oder mutierter Form noch größer und hohler zu werden. Deshalb kann auch ich nicht auf den philosophischen »Hammer« verzichten, setze ihn aber gezielt ein und arbeite nicht nur mit dem Hammer, sondern in erster Linie mit den feinen Meißeln der philosophischen Differenzierung.

Das Schreiben in einer Folge von Kurztexten fördert die Prägnanz des Stils und entspricht dem traditionellen Charakter von Manifesten. Kurztexte erleichtern zudem ein selektives Lesen. Wenn Sie an gewissen Stellen nicht alle philosophischen Zwischenschritte nachvollziehen wollen, können Sie einfach zum nächsten Text vorwärtsgehen, denn das Nachfolgende erläutert das Vorhergehende. Die inhaltliche Orientierung wird zusätzlich durch die fettgedruckten Stichwörter erleichtert, die im Text wie Untertitel hervorgehoben sind. Im Anhang finden Sie ein ausführliches Inhaltsverzeichnis, in dem jedes Kapitel durch die Zusammenstellung der jeweiligen Stichwörter zusammengefasst wird.

Die fortlaufende Numerierung ermöglicht auch eine präzise Textreferenz. Weil das vorliegende Buch ebenfalls ein »Hammer«-Buch (in Nietzsches Sinn) sein soll, ist zu erwarten, dass es kontroverse Reaktionen auslösen wird, sei es wegen der erwähnten brisanten Zitate oder einfach nur wegen der Inhalte des Theismus, die von den Vertretern des Atheismus wie von denen des Monotheismus abgelehnt werden »müssen«, es sei denn, sie können sich für die Logik dieses radikalen Mittelweges öffnen.

Damit inhaltliche Kontroversen in Form von sachlichen und konstruktiven Diskussionen stattfinden können, sind die Kritiker bereits hier zu Beginn aufgefordert, jeweils die Zahl des entsprechenden Kurztextes zu nennen und zu sagen, was genau sie kritisieren und weshalb – und welche Verbesserungen sie vorschlagen. Ich bin dankbar für jede bereichernde Kritik, und ich hoffe, dass möglichst viele Menschen mithelfen, die anstehenden Themen zu bearbeiten und zu vertiefen, damit der heute notwendige Paradigmenwechsel umfassend, fundiert und *bald* konkrete Formen annehmen kann.

Kapitel 1

Das Theistische Manifest

11

»Ein Gespenst geht um in Europa – das Gespenst des Kommunismus. Alle Mächte des alten Europa haben sich zu einer heiligen Hetzjagd gegen dieses Gespenst verbündet ...« Mit diesen Worten beginnt »**Das Kommunistische Manifest**« von Marx und Engels, das 1848 erstmals veröffentlicht wurde.*

Kaum eine Schrift war im 19. und 20. Jahrhundert politisch so einflussreich wie dieses Manifest. Ein kurzer programmatischer Text bewegte die Gemüter und betraf bald die ganze Welt. Die eine Hälfte der Welt war »kommunistisch« und bedrohte die andere Hälfte bzw. sah sich von der anderen Hälfte bedroht. Was den Klassenkampf hätte beenden sollen, führte zu blutigen Revolutionen, zu Massakern und zu Diktaturen.

12

Als Marx und Engels den materialistischen Geist, den sie mit ihrem Manifest zum Ausdruck brachten, als »Gespenst« bezeichneten, meinten sie dies natürlich ironisch. Aber das Gespenst, das sie beschworen, war realer, als sie sich jemals hätten vorstellen können. Das Gespenst wurde zu einem Monster, das während Jahrzehnten wütete und rund 100 Millionen Todesopfer (Menschenopfer) forderte – und es wirkt auch heute noch, zwar etwas verborgener und subtiler, aber nicht minder unheilvoll.

Die international-sozialistische Bewegung bildete die »linke« Front, die nationalsozialistische und faschistische Bewegung die »rechte« Front, und zusammen bewirkten die atheistischen Regimes beider Seiten[5] im Zeitraffer ein noch größeres Blutvergießen auf unserer Erde als jene Macht, die sie bekämpfen wollten: die »Religionen«, insbesondere die jüdischen, die christlichen und die islamischen. Denn es ist kein Geheimnis und kein Tabu: Die Geschichte der monotheistischen Mächte in den letzten 2000 und mehr Jahren war ebenfalls von Kriegen, Völkermorden und Menschenverfolgungen geprägt.

---

* Der eigentliche Titel lautete *Manifest der Kommunistischen Partei;* diese ursprünglich in deutscher Sprache verfasste Schrift (veröffentlicht in London, Februar 1848) wurde, auch von Marx und Engels, alternativ einfach »Das Kommunistische Manifest« genannt.

13

Jede Spaltung erzeugt eine Kluft mit zwei Seiten, die gerade durch diese Spaltung als Gegensätze aneinander gebunden sind. Man kann von der einen Seite auf die andere springen, aber dadurch wird das Problem der Spaltung nicht gelöst. Andererseits verrät gerade diese Gegensätzlichkeit, dass es sich hier um zwei Seiten handelt, die auf dieselbe Spaltung zurückgehen. So stellen sich zwei naheliegende Fragen: Was ist diese spaltende Kraft? Und welches sind die beiden Seiten, die durch diese Spaltung entstehen? Die zweite Frage ist leichter zu beantworten als die erste, die Antwort wird aber je nach Standpunkt der jeweiligen Partei unterschiedlich ausfallen. Aus der Sicht, die im vorliegenden Buch vertreten wird, sind die zwei Einseitigkeiten des gegenwärtigen, spaltenden Zeitalters zum einen der **Atheismus**, zum anderen der **Monotheismus** (die Buchreligionen mit Absolutheits- oder Exklusivitätsansprüchen).

Die Weltgeschichte zeigt, dass weder die atheistischen noch die monotheistischen Systeme den Menschen Frieden und Versöhnung gebracht haben, ja nicht einmal Vernunft. Denn welche vernünftige Gesellschaft würde sich die eigenen Lebensgrundlagen zerstören?

14

Monotheismus und Atheismus – diese Weltbilder (in all ihren verschiedenen Ausformungen) prägen die heute vorherrschenden Mächte, die religiösen auf der einen Seite, die säkularen auf der anderen. So verschieden und antagonistisch diese Lager auch sein mögen, beide haben ähnliches bewirkt: Morde, Menschenverfolgung, Genozide, totalitäre Herrschaft usw. Diese Fakten sollten nicht durch den Hinweis verharmlost werden, die monotheistischen und atheistischen Gesellschaften hätten doch auch viele Kulturerrungenschaften hervorgebracht – wie wenn Fortschritt und Kultur von Monotheismus oder Atheismus abhängig wären. Wenn jemand einen Mord begeht, kann man auch nicht sagen: »Dieser Mensch hat zwar einen Mord begangen, aber wir sollten das nicht überbewerten, denn während des größten Teils seines Lebens hat er *keine* Morde begangen!« Nein, diese eine Tat überschattet sein ganzes Leben und macht ihn zum Kriminellen, und ebenso überschatten die genannten historischen Fakten die Existenz und die Glaubwürdigkeit des Monotheismus und des Atheismus, trotz aller schönklingenden Rechtfertigungen von Seiten ihrer Exponenten.[6]

15

Angesichts der globalen Bedrohungen und Krisen ist tatsächlich ein »wurzeltiefer« Bewusstseinswandel erforderlich. Wandel bedeutet Aufbau von etwas Neuem und zugleich auch Überwindung von dem, was diesem Wandel entgegensteht und die zu überwindenden Probleme verursacht hat. Die grundlegenden Ursachen sind die entsprechenden *Weltbilder,* denn die Weltbilder bestimmen das Denken der Menschen, und das Denken bestimmt das Handeln. Der heute notwendige Bewusstseinswandel muss also über die vorherrschenden Weltbilder – Atheismus und Monotheismus – hinausgehen. Dieses neue Bewusstsein ist jedoch nicht etwas Neues, sondern ein zeitloses Urwissen. Deshalb brauchen wir nicht künstlich einen neuen Begriff zu prägen, sondern können es mit einem bekannten, zentralen Begriff benennen: **Theismus.** Weil das vorliegende Buch das theistische Weltbild Schritt für Schritt und in der Art eines Manifests beschreibt, kann es auch als *Theistisches Manifest* bezeichnet werden.

16

»Manifest« bedeutet, dass es hier nicht nur um Theorie geht, sondern um die Darlegung eines gesamten Weltbildes mit all seinen praktischen Bezügen. Auch wenn gewisse Stellen dieses Buches philosophisch sind, sind sie nie *nur* philosophisch, denn sie führen zur Erkenntnis von Zusammenhängen, die hochaktuell sind und direkt unser Leben betreffen. *Philosophisch* bedeutet »weisheits-/wahrheitsliebend«, und diese Wahrheitsliebe ist erforderlich, wenn wir dem Lichtstrahl des theistischen Bewusstseinswandels bis in die dunkelsten Bereiche der atheistischen und monotheistischen Extreme folgen wollen. Diese Extreme mögen für die meisten Menschen unglaublich oder dann erschreckend sein, doch eine solche realistische – und konsequente – Lageeinschätzung ist notwendig, damit wir zwei Dinge erkennen: (1) dass weder von der atheistischen noch von der monotheistischen Seite echte Lösungen zu erwarten sind und (2) dass der notwendige Bewusstseinswandel »radikal«, d. h. mit wurzeltiefer Konsequenz, über die Einseitigkeiten beider Seiten hinausgehen muss.

17

Monotheismus, Polytheismus, Pantheismus, Atheismus – all diese Begriffe drehen sich um denselben Kern, den *Theismus,* wie im vorliegenden Buch anhand der jüdischen, christlichen und islamischen Schriften gezeigt wird, mit vielen Parallelen aus den indischen Schriften.

Die grundlegenden Begriffe »monotheistisch« und »atheistisch« erfordern klare Definitionen, und diese können wir finden, wenn wir zuerst erkennen, was »theistisch« bedeutet. Im Folgenden werde ich deshalb darlegen, was Theismus ist, wie Theismus sich von Monotheismus unterscheidet und warum Atheismus nicht die endgültige Antwort auf den Monotheismus sein kann und auch nicht die Kraft hat, den Monotheismus zu überwinden.

18

Ein neues Manifest ist erforderlich – eines, das nicht vom einen Extrem zum anderen springt, sondern eines, das über beide Extreme hinausführt, eines, das den Weg zur *Überwindung von Atheismus und Monotheismus* zeigt. Nichts Geringeres als dies wird mit dem vorliegenden Buch angestrebt, als Zusammenfassung einer zeitlosen Weisheit, Vernunft und Offenbarung, denn der theistische Weg ist so alt wie die Menschheit. Weil wir heute jedoch in einer Zeit der extremen Spaltung leben, ist das Ursprüngliche, Zeitlose und Natürliche etwas Revolutionäres und erscheint als radikal. Wenn der Mittelweg nicht mehr das Normale ist, ist es höchste Zeit, wieder diesen Weg zu wählen.

19

Wenn Marx und Engels am Schluss ihres Manifests rufen: »Proletarier aller Welt, vereinigt euch!«, so kann das neue Manifest diesen Aufruf aufgreifen und erweitern: »*Theisten* aller Welt, vereinigt euch!« – nicht ideologisch und institutionell, sondern geistig und überkonfessionell. Auf dieser Grundlage kann in der weiteren Folge auch eine dynamische Vernetzung und Zusammenarbeit entstehen, mit ungeahnten Möglichkeiten: Frieden zwischen den Religionen, neue Perspektiven für die Wissenschaft, Entdeckung der geistigen Herkunft und Bestimmung des Menschen, usw. Konkrete Ideen für die Realisierung dieser Vision folgen im weiteren Verlauf dieses Buches, insbesondere in Abs. 34* und Kap. 32.

---

* Die Abkürzung Abs. bedeutet »Absatz« und bezieht sich auf die fortlaufend numerierten Kurztexte.

Kapitel 2

Was ist Monotheismus?
Was ist Theismus?

Die kritische Betrachtung des Monotheismus ist kein Kampf gegen »Religion« oder gegen »die Religionen«. Nur schon dieses mögliche Missverständnis zeigt ein großes Problem der heutigen Zeit auf, nämlich dass die monotheistischen Religionsvertreter einen Monopolanspruch auf »Religion« und »Wahrheit« erheben, wodurch sie den Eindruck erwecken wollen, eine Kritik an ihnen sei eine Kritik an »Religion« oder sogar ein Angriff auf »die Religion« – wie wenn Religion gleich Monotheismus wäre. Was aber nicht der Fall ist.

Ähnlich verhält es sich mit den »Wissenschaften«. In der modernen Wissenschaft herrscht das Dogma vor, Wissenschaft müsse materialistisch sein, und alles, was nicht materialistisch (= atheistisch) ist, sei nicht wissenschaftlich. Deshalb wird vielerorts behauptet, wer die (materialistischen) Theorien der Wissenschaft kritisch hinterfrage oder gar ablehne, sei unwissenschaftlich oder wissenschaftsfeindlich – wie wenn Wissenschaft gleich Materialismus wäre. Was aber nicht der Fall ist.

Monotheismus und Atheismus hatten die letzten zwei- bis dreitausend Jahre Zeit, die Welt zu gestalten und das Denken der Menschheit zu prägen. Beide führten, von entgegengesetzten Seiten kommend, zu Feindschaft unter den Menschen, zu Kriegen und zu Zerstörung. Deswegen lautet heute das Gebot der Stunde: **Überwindung von Atheismus und Monotheismus.**

Was ist Monotheismus, was ist Theismus? Um diese Frage zu beantworten, möchte ich eine kleine Anekdote erzählen: Einmal kamen zwei Vertreter einer religiösen Gruppierung an meine Wohnungstür, und ich ließ mich auf ein Gespräch mit ihnen ein. Ich kritisierte ihren Absolutheitsanspruch und ihre Verurteilung aller anderen Religionen und fragte: »Glauben Sie an einen einzigen Gott oder an einen absoluten Gott?« Diese Frage hatten sich die beiden noch nie gestellt und zögerten mit der Antwort, da sie eine Fangfrage vermuteten. Oder ist nicht beides dasselbe? »Nein, es ist nicht dasselbe. Glauben Sie an einen absoluten Gott oder an einen einzigen Gott?« Weil mir Absolutheitsansprüche offensichtlich nicht sympathisch waren, scheute der Wortführer der beiden vor dem »absoluten Gott« zurück und tendierte zum »einzigen Gott« – womit er als Vertreter einer monotheistischen Gruppierung die zutreffende Antwort gab, aber zugleich auch das Problem formulierte. **Monotheismus ist der Glaube an einen einzigen Gott. Theismus ist der Glaube an einen absoluten Gott.**

22

In den meisten Wörterbüchern finden sich unter »Monotheismus« und »Theismus« ähnlich klingende Definitionen, die keinen klaren Unterschied herausarbeiten. Monotheismus und Theismus können jedoch nicht dasselbe sein, denn sonst hätten wir nicht zwei verschiedene Begriffe. Monotheismus ist der Glaube an einen einzigen Gott, Theismus ist der Glaube an den absoluten Gott, und hier im Theistischen Manifest geht es um diesen einen, absoluten Gott.* Aber keine Angst vor dem Wort »absolut«!

23

Die einzige Wahrheit oder die eine Wahrheit – das ist die entscheidende Frage. Das richtige Verständnis von »absolut« und »relativ« ist hierbei der Schlüssel.

Absolut bedeutet »das Allumfassende; das alles Beinhaltende; das Vollständige«, von lat. *absolvere,* »loslösen; freimachen«, auch »abschließen, absolvieren« und »vollständig machen, vollenden«, und *absolutum,* »das Losgelöste; das Ungebundene; das Unabhängige«, d.h. das, was nicht von Bedingungen (vom Relativen) abhängig ist.

Relativ bedeutet »in Relation stehend; nur bedingt gültig; von Bedingungen abhängig«, abgeleitet vom lateinischen Wort *relatum,* dem Partizip Perfekt von *referre,* »zurücktragen; mitteilen, berichten (referieren); sich auf etwas beziehen«. Die Welt des Relativen besteht aus Gegensätzen, die sich gegenseitig bedingen und gegenseitig definieren.

Das Absolute ist das Gegensatzlose, ist Wahrheit jenseits von relativer Wahrheit und Unwahrheit. Das Absolute ist das, was vom Relativen unabhängig ist und sich nicht durch das Relative definiert, d.h. das, was alles Relative mit einschließt und rückwirkend dem Relativen Sinn verleiht. Alles Relative hat einen direkten oder indirekten Bezug zum Absoluten und findet seine eigentliche Bedeutung nur in dieser Beziehung.

Demgegenüber bedingt der Begriff »der einzige Gott« die Ausschließung aller anderen Gottesvorstellungen und Religionen. Das griechische Wort *monos* bedeutet »eins; einzig; allein«, und monotheistische Religionen behaupten, ihr Gott sei der einzig wahre Gott, alle anderen hätten einen falschen Gott oder einen falschen Weg. Monotheismus ist immer

---

* Auch Monotheisten sprechen oft vom *einen Gott* und *absoluten Gott,* meinen damit aber den »einzigen«. Es geht hier nicht allein um die Begriffe, sondern um die damit verbundenen Weltbilder.

mit einem Monopolstreben verbunden. **Der monotheistische Gott** ist nicht gegensatzlos, d. h. nicht absolut, sondern absolutistisch. Er ist eine menschliche Projektion. Er existiert nur in der Vorstellung von Menschen, die ihr relatives Gottesbild verabsolutieren. Monotheisten sagen, Gott sei »gut« und »gnädig« zu denen, die seine Einzigkeit anerkennen, und zornig und strafend gegenüber denen, die seine Einzigkeit nicht anerkennen.

Das theistische Gottesverständnis ist *»inklusiv«, integrierend und allumfassend,* das monotheistische ist *»exklusiv«, separatistisch und elitär* (»wir, die einzigen; wir, die Besseren; wir, die Vertreter Gottes auf Erden«). Monotheistische Religionsvertreter wollen Gott zu ihrem Eigentum machen, um »im Namen Gottes« Herrschaft über die anderen Menschen – über die eigenen Mitglieder als Untergebene, über »die anderen« als Gegner – zu erlangen.

24

Judentum, Christentum und Islam werden oftmals als »die monotheistischen Religionen« bezeichnet. Im allgemeinen Sprachgebrauch hat »monotheistisch« nicht zwingend eine negative Konnotation, denn man versteht darunter, dass sie alle einen Ein-Gott-Glauben vertreten. Aber trotz dieser Gemeinsamkeit bestehen zwischen ihnen grundlegende Differenzen, die auf die jeweiligen monotheistischen bzw. absolutistischen Ansprüche zurückgehen. Weil der Monotheismus sowohl einen gemeinsamen als auch einen trennenden Faktor dieser Religionen darstellt, ist »monotheistisch« für sie kein idealer Überbegriff. Zutreffend und neutraler ist der Überbegriff »abrahamitisch«, denn Abraham ist der gemeinsame und verbindende Stammvater des Judentums, des Christentums und des Islam.

Gemäß der hier gegebenen Definition sind **die abrahamitischen Religionen** in ihrem Kern nicht monotheistisch, sondern *theistisch.* Diese Definition besagt auch, dass es keine monotheistischen *Religionen* gibt, sondern nur monotheistische Konfessionen und monotheistische *Gläubige.*

Die meisten Menschen in den als monotheistisch bezeichneten Religionen denken und fühlen jedoch nicht monotheistisch, sondern theistisch (Abs. 9). Es waren auch nie die einfachen Gläubigen, die auf die Idee von Einzigkeit, Weltmacht und Religionskriegen kamen, sondern immer zuerst die religiösen Führer, meistens in unheiliger Allianz mit den politischen Mächten. Diejenigen Christen, Juden, Moslems, Hindus usw., die keinen Absolutheits- oder Exklusivitätsanspruch erheben und in anderen Religionen die gleichen Grundwahrheiten zu erkennen vermögen wie in ihrer eigenen, sind keine Monotheisten, sondern Theisten.

25

Monotheistische Gläubige vertreten per Definition Absolutheitsansprüche, sonst wären sie nicht *mono*theistisch. »Absolutheitsanspruch« bedeutet, dass man etwas Relatives verabsolutiert, z. B. eine historisch entstandene heilige Schrift, ein nationalistisches Gottesbild, eine kulturell geprägte Religions- oder Ritualpraxis oder ein theologisches Dogmengebäude.

Auch atheistische Weltbilder vertreten Absolutheitsansprüche, meistens im Namen von Aufklärung, Wissenschaft und Humanismus. In ihnen wird ebenfalls Relatives verabsolutiert: die Materie, die Energie, die »Einheit«, die menschliche *ratio* (»Vernunft«), usw.

26

Nur diejenigen, die das Absolute kennen, verabsolutieren nichts. Wer Relatives verabsolutiert, d. h. Absolutheitsansprüche vertritt, hat nicht verstanden, was »absolut« bedeutet.

Kapitel 3

Der Mittelweg als Ausweg

27

Atheismus und Monotheismus sind die beiden Seiten der gleichen Spaltung. Sie sind einseitig und vertreten eine »halbierte« Wahrheit, halten ihre Halbwahrheiten aber für Wahrheit und bekämpfen deren Gegenteil. Ein echter Bewusstseinswandel muss deshalb ein Mittelweg sein, der über die **Halbwahrheiten und Einseitigkeiten** beider Seiten hinausführt.

Der Mittelweg ist keine breite Straße der Trägheit und Gleichgültigkeit, sondern ein schmaler Pfad.[7] In dieser Symbolik ist unser Leben wie eine Gratwanderung, bei der man auf beiden Seiten einen Abhang hinunterrutschen und in Abgründe fallen kann. Oder wie der Gang über ein Hochseil, wo die »Einseitigkeit« bereits ein Fußbreit neben dem Seil beginnt – allerdings, Gott sei Dank, immer mit einem Netz ...

28

»Mittelweg« bedeutet nicht Mittelmäßigkeit, Halbherzigkeit oder fauler Friede, auch nicht bloß eine Synthese der Gegensätze, sondern *Überwindung* der Gegensätze. Der Mittelweg ist verschieden von den beiden Seiten der Spaltung und erlaubt gerade deshalb eine konsequente Durchleuchtung der Kräfte, die diese Spaltung verursachen. Der Mittelweg ist der Ausweg: der Weg aus der Spaltung, der Weg zur Beendigung des Kampfes zwischen den Gegensätzen, der Weg zu Wahrheit und Ehrlichkeit.

29

Ein häufig verwendeter Begriff ist **»der goldene Mittelweg«.** Damit wird angedeutet, dass der Mittelweg ein gesundes Gleichgewicht darstellt und nicht in irgendein Extrem führt oder vom einen Extrem zum anderen springt. Denn das Gegenteil des einen Extrems ist das andere Extrem. Das Gegenteil von zuviel ist zuwenig, und umgekehrt. Das Spaltende hat zwei Gesichter: **das Zuviel und das Zuwenig.**

Der goldene Mittelweg bedeutet gleichzeitig Stabilität und Kontinuität aufgrund des Gleichgewichts von statischen (konservativen) und dynamischen (progressiven) Elementen. Wahrer Fortschritt ist nur über diesen Mittelweg möglich. Nehmen die konservativen oder die progressiven Elemente einseitig überhand, kippt ein System in die Extreme und ist letztlich nicht mehr lebensfähig, sei es aufgrund von Dogmatismus und Stagnation, sei es aufgrund von Selbstüberhebung und Machbarkeitswahn. In einer Zeit, in der die Einseitigkeiten vorherrschend und »normal« sind, ist der goldene Mittelweg *der radikale Mittelweg.*

30

Wir kennen das Wort *radikal* heute meist in politischem und religiösem Zusammenhang, wo es einen negativen Beigeschmack trägt, im Sinne von extremistisch. In seiner Grundbedeutung jedoch ist dieses Wort, wie bereits erwähnt (Abs. 1), wertfrei und beschreibt einen »wurzeltiefen« Eingriff, der nötig ist, wenn etwas bis in die Wurzel faul ist. In solchen Fällen helfen Symptombekämpfung und Oberflächenkosmetik nichts, ja sie verschlimmern die Situation nur, weil die Ursache nicht behoben wird. Wenn ein Zahnarzt feststellt, dass ein Zahn faul ist und gezogen werden muss, kann man ihm nicht vorwerfen, er sei ein Extremist. Was der Zahnarzt tut, ist nicht extrem, sondern radikal: Er führt eine Radikallösung durch, um ein Problem zu lösen, das nicht er, sondern der Patient verursacht hat.

Die Bezeichnungen »linksradikal« und »rechtsradikal« sind also nicht wirklich zutreffend, denn solche Ideologen und ihre Mitläufer sind extremistisch (»extrem«), aber nicht radikal, weil sie – aufgrund ihrer Einseitigkeit – nie die Wurzel eines Problems erkennen können. Ihre Einseitigkeit, d. h. ihr Extremismus, ist selber Teil des Problems.*

31

Die Kraft, die die Menschheit und die Religionen spaltet (Abs. 13), wird im Griechischen mit einem vielsagenden Begriff bezeichnet, den wir auch im Deutschen verwenden: **das Diabolische,** meistens als »das Teuflische« übersetzt. Wörtlich bedeutet *diabolisch* »das Spaltende; das, was auseinandertreibt; das, was Zerwürfnis verursacht« (von grch. *dia-,* »auseinander«, und *ballein,* »werfen; treiben«; *diaballein:* »hindurchwerfen; überschreiten; mit Worten durchziehen, verleumden; entzweien; täuschen, betrügen«).

Die Weltbilder des Atheismus gehen davon aus, dass es keine höhere Wirkkraft als die materiellen Gegensätze gibt, weshalb sie sagen, »Spaltung« sei natürlich und notwendig, da Entwicklung und Fortschritt nur durch den Widerstreit der Gegensätze möglich seien. Wenn man Realität auf die Dualität beschränkt, führt dies – in der Formulierung des griechischen Philosophen Heraklit – zur Ansicht: »Der Krieg [Kampf der Gegensätze] ist der Vater aller Dinge«, denn durch ihn werde entschieden, wer zu den »Heroen« und wer zu den gewöhnlichen Menschen und wer unter diesen zu den »Sklaven« und zu den »Freien« gehöre.[8]

---

* »Das Böse ist immer extrem, aber niemals radikal«, wie es die deutsch-jüdische Philosophin und Politologin Hannah Arendt (1906 – 1975) treffend formulierte. Sie erkannte, dass Extreme immer in zwei entgegengesetzte Richtungen streben, und vertrat deshalb die Auffassung, dass die rechts- und linksextremen politischen Seiten beide dem gleichen totalitären (»bösen«) Geist entspringen (siehe Literaturverzeichnis auf S. 400).

Für monotheistische Kreise ist die Spaltung die Konsequenz der Schuld der »anderen«, der Falsch- und Ungläubigen, die dem »Bösen« dienen; und diese »Diener des Bösen«, so glauben sie, würden letztlich in einer messianischen Endschlacht bzw. in einem heiligen Krieg von Gott vernichtet werden. Krieg ist also auch im Monotheismus »der Vater aller Dinge« – im Namen von »Gottvater«.

32

Theismus, der Glaube an den einen (= absoluten) Gott, ist der radikale Mittelweg. Es wurde bereits erwähnt, dass der Begriff *absolut* abgeleitet ist vom lateinischen Verb *absolvere,* »loslösen; frei machen«. Diese Wortbedeutung weist direkt auf einen berühmten Ausspruch von Jesus hin: »Wenn ihr meinen Worten/meinem Beispiel folgt, werdet ihr die Wahrheit erkennen, und die Wahrheit macht euch frei.« (Joh 8,32)

Wahrheit macht frei. Frei *wovon?* Frei von der Abhängigkeit von Dogmen, Schriften, konfessionellen und kulturellen Verabsolutierungen, aber auch frei von falschen Relativierungen, frei von Atheismus und Monotheismus. Der Theismus respektiert deshalb alle religiösen Schriften und Traditionen und kann in ihnen den theistischen Kern entdecken, verabsolutiert dabei aber keine dieser Schriften und ist gleichzeitig unabhängig von Schriften, Ritualen und dogmatischen Glaubensvorstellungen.

Entscheidend aus theistischer Sicht ist nicht die Zugehörigkeit zu einer bestimmten Religion, sondern die innere Gottesverbindung des einzelnen Menschen.

Wären die Religionen nicht durch materielle und monotheistische Interessen gespalten, könnten sich die spaltenden Einflüsse nicht derart verbreiten, wie sie es heute tun – nicht zuletzt durch die Religionen.

33

Menschen, die guten Willens sind und denen das Wohl der gesamten Menschheit am Herzen liegt, gibt es überall, auch in atheistischen und in monotheistischen Kreisen. Gerade dort brauchen wir heute Menschen, die die Offenheit und den Mut haben, über den Atheismus bzw. Monotheismus hinauszugehen und zum radikalen Mittelweg vorzustoßen.

Parallel dazu besteht die Hoffnung, dass aus religiösen und anderen einflussreichen Kreisen Männer und Frauen, die bereits im theistischen Gottesbewusstsein zu Hause sind, hervortreten und aktiv werden, um dieses Bewusstsein in die Welt strahlen zu lassen, sowohl zurück in ihre eigenen Reihen als auch hinaus in alle Bereiche der Gesellschaft (Politik, Wirtschaft, Wissenschaft, Musik, Kunst usw.).

Wenn eine gewisse Anzahl von Menschen eine Idee aufgreift, kann plötzlich eine exponentielle Reaktion entstehen. In soziodynamischen Studien spricht man hier von der »kritischen Masse«, in spirituellen

Kreisen vom »Maharishi-Effekt«: Wenn 1 % der Bevölkerung eines Ortes meditiert, hat dies einen messbaren positiven Effekt auf den gesamten Ort (z. B. weniger Unfälle oder ein Sinken der Kriminalitätsrate). Ein Wandel kann von einer anfänglich kleinen Anzahl von Menschen bewirkt werden. »**Nichts ist mächtiger als eine Idee, deren Zeit gekommen ist**«, lautet ein bekannter visionärer Satz (Victor Hugo zugeschrieben). Erreichen wir die kritische Masse, kann der Quantensprung im Bewusstsein der Menschheit zu einer globalen Realität werden – als Erfüllung dessen, was viele bekannte und unbekannte theistische Pioniere seit über dreitausend Jahren vorausgesehen und vorbereitet haben.

34

In der theistischen Vision geht es nicht um die Gründung einer neuen Religion oder Institution, sondern um **Vernetzung und Verbindung** und um das Schaffen einer Plattform der Verständigung und des gemeinsamen Handelns. Dies kann auf unterschiedliche Weise geschehen, im größeren Rahmen z. B. durch die Gründung eines theistischen Forums, in dem Vertreterinnen und Vertreter des Christentums, des Islam, des Judentums, des Hinduismus, des Humanismus usw. zusammenkommen, um gemeinsam der globalen Verantwortung des Menschen eine neue Stimme zu verleihen, und dies ohne institutionelle Eigeninteressen. Beweggrund ist das gemeinsame Bewusstsein der höheren Realitäten, das über alle Religionen, Nationen und Ideologien hinausgeht. Gelangt die Menschheit nicht zu einem solchen Bewusstsein, besteht die Gefahr eines *clash of civilisations**, eines eskalierenden Kampfes der Kulturen und Religionen, möglicherweise auch einer totalitären »Weltordnung« und Einheitsreligion. Beides sind Extreme, die zu apokalyptischen Szenarien führen. Ausweg ist der Mittelweg – jener Weg, auf dem sich die Menschen von beiden Einseitigkeiten lossagen.

Die theistische Vernetzung will die Religionen nicht vermischen, sondern sie verbinden. Die Religionen dürfen und sollen ihren eigenen Charakter bewahren, sie sollten gleichzeitig aber auch offen genug sein, um die gemeinsamen Wahrheiten zu erkennen, wodurch eine gegenseitige Wertschätzung und Akzeptanz möglich wird. Dies gelingt nur, wenn die Menschen den heute vorherrschenden Geist, den Geist der Spaltung, überwinden, was wiederum nur möglich ist durch das »neue Bewusstsein«: das Bewusstsein der natürlichen Gemeinsamkeit in gleichzeitiger Einheit und Verschiedenheit.

Weiteres hierzu im letzten Kapitel: »Vision, Vernetzung und die nächsten Schritte«.

---

* Titel des amerikanischen Polit-Bestsellers von Samuel P. Huntington: *The Clash of Civilizations and the Remaking of World Order* (1997)

Kapitel 4

Differenzieren statt verabsolutieren

35

Spaltung wird erzeugt durch einen diabolischen (»spaltenden«) Geist. Wie kann die Spaltung überwunden werden? **Was ist das Gegenteil von »diabolisch«?** Die Antwort mag überraschend sein: Das Gegenteil von »diabolisch« ist »symbolisch«! *Dia-* bedeutet »auseinander; entgegengesetzt«, *syn-* bedeutet »zueinander; zusammen; entsprechend«.

Während eine diabolische Sicht die Menschen spaltet und Feindschaften erzeugt, zeigt eine symbolische Sicht, wie die Vielzahl der Teile mit dem Ganzen, d. h. das Relative mit dem Absoluten verbunden ist. Ursprünglich bezog sich das Wort *sýmbolon* auf einen entzweigebrochenen Gegenstand – meistens ein Ring –, der als Erkennungszeichen verwendet wurde. Jemand besaß die eine Hälfte, und wer sich in einer bestimmten geheimen Angelegenheit dieser Person gegenüber identifizieren wollte, musste die andere Hälfte vorweisen können. Das Wort *sýmbolon* bedeutete bald jedoch nicht mehr nur »Erkennungszeichen«, sondern bezog sich auf alle Arten von Zeichen, die einen tieferen Sinn andeuten. Wenn sich dieser tiefere Sinn auf das Göttliche bezieht, bekommt die ursprüngliche Bedeutung des Wortes *sýmbolon* selbst einen symbolischen Sinn: Das Zusammenfügen des Gespaltenen ermöglicht die **Erkenntnis des Ganzen.** Dasselbe gilt für Sinnbilder (Allegorien), Übertragungen (Metaphern) und gleichnishafte Geschichten (Parabeln). Wenn sie auf eine höhere Erkenntnis und den entsprechenden Erkenntnisweg hinweisen, haben sie eine *symbolische* Bedeutung. Aus dieser Sicht ist letztlich alles Materielle ein Symbol, ein Ausdruck der Verbindung des Relativen mit dem Absoluten.

36

Wirkliches **Unterscheidungsvermögen** – »Intelligenz« im wörtlichen Sinn (von lat. *inter-legere,* »zwischen verschiedenen Möglichkeiten wählen; unterscheiden«) – geht von den Fragen aus: Was ist relativ? Was ist absolut? Was gründet im Verständnis des Ganzen, was in Einseitigkeit? Was sind Wahrheiten, was sind Halbwahrheiten?

Die theistische Weltsicht, gerade weil sie verbindend (sym-bolisch) ist, vermag auch jene Faktoren zu erkennen, die nicht verbindend, sondern spaltend (dia-bolisch) sind.

37

Alles Relative trägt in sich eine symbolische Bedeutung, die jedoch nur von denjenigen erkannt werden kann, die eine entsprechend ganzheitliche Sicht haben. Dies ist von besonderer Bedeutung im **Umgang mit heiligen Schriften**. Alle Schriften enthalten relative und absolute Wahrheiten, d. h. Aussagen, die nur unter bestimmten Gegebenheiten zu einer bestimmten Zeit in einem bestimmten kulturellen Umfeld gegolten haben, und Aussagen, die zeitlos gültig sind. Das zeitlos Gültige wird oft durch symbolische oder romanhaft-historische Geschichten dargestellt. Werden solche Geschichten zu faktisch-historischen Ereignissen umgedeutet, geht ihre zeitlose Bedeutung verloren, was dazu führt, dass die »Gläubigen« sie theologisch, historisch und dann auch politisch fehldeuten. (Mehr dazu in Kapitel 17.)

38

Da alle heiligen Schriften von Menschen mit bestimmten Weltbildern und kulturellen Konditionierungen aufgeschrieben wurden, müssen die Inhalte dieser Schriften interpretiert und in die heutige Zeit übersetzt werden. Wir sind aufgefordert zu unterscheiden, d. h. zu erkennen, was absolut und was relativ ist. Alle Schriften pauschal abzulehnen ist genauso verfehlt, wie eine bestimmte Schrift zu verabsolutieren und pauschal als Gottes höchstes, einziges oder letztes Wort zu deklarieren.

Ein besonderer Hinweis dazu findet sich gleich am Anfang des Ersten Buches Mose, d. h. direkt am Anfang der jüdischen Thora und des biblischen Alten Testaments: »Am Anfang schuf Gott die Himmel [die höherdimensionalen Welten] und die Erde.« Die ersten zwei Wörter im hebräischen Originaltext lauten *bereschit bara*, »Am Anfang schuf ...«

Auffällig ist, dass die ersten zwei Wörter dieser heiligen Schriften mit dem Buchstaben B beginnen: *<u>b</u>ereschit <u>b</u>ara*. Im Hebräischen bedeutet jeder Buchstabe auch eine Zahl. B steht für die 2. Das bedeutet: Genesis 1,1 beginnt mit 2-2! Das hat eine tiefe symbolische Bedeutung. Wir öffnen das grundlegende Buch der jüdischen und der christlichen Religion, und ganz zu Beginn steht nicht die 1, sondern die 2, und das gleich zweimal. Warum beginnt diese heilige Schrift mit der Initialensignatur 2-2? Warum beginnt sie nicht mit einer Hervorhebung der Zahl 1?

Die weisen Schreiber dieser Schrift fügten im ersten Satz einen Schlüsselcode ein. 2-2 bedeutet: »*Achtung, in dieser Schrift gibt es zwei Bedeutungsebenen, die relative und die absolute, und ihr seid aufgefordert zu unterscheiden, was relativ und was absolut ist.*« 2-2 signalisiert auch, dass in dieser Schrift bereits die Dualität beschrieben wird. Nicht alles, was im Namen von Gott gesagt wird, stammt von Gott. Es spricht nicht nur »der gegensatzlose Gott« (Abs. 23). Der Schlüsselcode 2-2 weist deshalb von Anfang an auf die Notwendigkeit des Unterscheidens hin.

Deshalb gibt uns auch ein Apostelbrief den Ratschlag: »Prüft alles, und das Gute behaltet« (siehe Abs. 6), was sich explizit auf Schriften bezieht, die von sich sagen, sie seien inspirierte Worte aus Gottes Geist. Dieser Ratschlag ist demnach zuallererst auf die Schriften des Alten und des Neuen Testaments anzuwenden.

39

In der Unterweisung der Gläubigen kommt den religiösen Führern eine entscheidende Rolle zu. Wie die Geschichte zeigt, waren es vor allem die religiösen Führer – die Kastenbrahmanen, die Tempelpriester usw. –, die den diabolischen Geist in die Welt brachten. Sie vergifteten den Verstand und das Herz der Menschen, wodurch sie Fanatismus, Hass und Arroganz schürten. Auf diese vergiftende Wirkung bezog sich Jesus, als er die religiöse Obrigkeit »Schlangenbrut und Natterngezücht« nannte (Mt 23,33). Und auch heute ist dieses Gift in der Welt zu finden, sowohl in den Religionen als auch in den weltlichen Machtorganisationen.

Gesellschaftskritik sollte sich also nicht nur gegen die Religionen wenden, und wer die Religionen kritisiert, sollte dies nicht undifferenziert und pauschalisierend tun.

40

Wenn Religionsanhänger ihre heiligen Schriften nicht mit einer gesunden Differenziertheit lesen, neigen sie zu Gewissenlosigkeit, Verblendung und Arroganz, wie dies der jüdischstämmige, heute atheistische Wissenschaftler und Nobelpreisträger Steven Weinberg (*1933) sarkastisch zum Ausdruck brachte: »Mit Religion und ohne Religion hätten wir gute Menschen, die Gutes tun, und böse Menschen, die Böses tun. Damit aber gute Menschen Böses tun, dafür braucht es Religion.«[9]

Fairerweise muss hier betont werden, dass die größten Massenmorde der Menschheitsgeschichte nicht von Religionen, sondern von atheistischen Religionsfeinden ausgeführt wurden, im Namen von »Kommunismus« und »sozialistischer Revolution«.

Religion in ihrer wirklichen Bedeutung als innere Gottverbundenheit wäre der Schlüssel zur Überwindung von Hass, Krieg, Gewalt und Lüge, denn sie spricht in jedem Menschen – durch die Kraft der höheren Inspiration und Vision – die besten Eigenschaften an und stärkt diese. Die Einflüsse, die die *anderen* Eigenschaften ansprechen und schüren, entspringen offensichtlich nicht einer lichtvollen Quelle.

41

Fundamentalismus bedeutet: jede Art von Religion und Weltanschauung, deren Fundament die Verabsolutierung einer heiligen Schrift ist. Diejenigen, die behaupten, ihre heilige Schrift sei die einzige Gottesoffenbarung und alles in dieser Schrift sei absolute Wahrheit, sind *Fundamentalisten*. Sie bestreiten, dass gewisse Stellen in ihrer Schrift »nur« eine relative oder symbolische Bedeutung haben könnten. Das Fundament ihres Denkens, Fühlens und Handelns ist deshalb nicht das eigenverantwortliche Unterscheiden, sondern eine verabsolutierte Interpretation ihrer Schrift. Nicht die heiligen Schriften sind das Problem, sondern die Verabsolutierung dieser Schriften.

42

Nicht nur religiös Gläubige, auch religiös *Un*gläubige neigen dazu, Relatives zu verabsolutieren und einem Fundamentalismus zu verfallen, in ihrem Fall einem *atheistischen* Fundamentalismus. Dies zeigt sich insbesondere bei den Vertretern des materialistischen Humanismus, die meinen, sie selbst seien die einzig wahren Vertreter von Vernunft und Wissenschaft und alle, die kein materialistisches Weltbild vertreten, seien eine Gefahr für die Menschheit und ein Hindernis für den »Fortschritt«. Religion und »die Religionen« werden von ihnen zum Feindbild hochstilisiert. *How Religion Poisons Everything* (»Wie Religion alles vergiftet«), so lautet das Klischee dieses Feindbildes – hier in der Formulierung von Christopher Hitchens im Untertitel seines Buches *God Is Not Great* (2007). Titel der deutschen Ausgabe: *Der Herr ist kein Hirte – Wie Religion die Welt vergiftet*.

Solange das Leben der Menschen von einseitigen (monotheistischen oder atheistischen) Weltbildern bestimmt wird, wird diese Einseitigkeit immer wieder zu Konflikten, zu Unehrlichkeit und zu Gewalt führen, und die Menschen erreichen weder im Inneren noch im Äußeren Frieden. Erforderlich ist eine theistisch-ganzheitliche Sicht, die es ermöglicht zu erkennen, was relativ und was absolut ist und wie das Relative – und somit auch die Materie – immer in einem höheren Zusammenhang steht.

43

Aus theistischer Sicht ist alles in der Welt ein Symbol (Abs. 35). Das Relative ist ein Symbol des Absoluten, ein Hinweis auf die dahinter wirkende **spirituelle Realität.*** Die symbolische Beziehung des Relativen zum Absoluten ist vergleichbar mit der Beziehung von Wörtern zu dem, was sie

---

* Der Begriff »spirituell« bezieht sich auf den reellen Hintergrund des Lebens, der immer im Absoluten gründet. Das Spirituelle ist nicht das Gegenteil des Materiellen, sondern der *Hintergrund* des Materiellen, so wie Licht immer der Hintergrund von Schatten ist. Spirituell bedeutet »göttlich; aus der ewigen Urquelle stammend; mit der Urquelle verbunden«. In diesem Sinn ist auch die Materie in ihrer Urnatur spirituell (sanskr. *brahman*), aber nicht absolut.

beschreiben. Wörter haben eine Bedeutung, weil sie Klangsymbole für reale Gegenstände, Gefühle, Vorstellungen, Eigenschaften und Tätigkeiten sind. Ohne diesen Bezug wären Wörter keine Wörter und hätten keine Bedeutung. Mit Wörtern können wir ganze Welten erschaffen, aber nur, wenn wir die Sprache dieser Wörter verstehen. Die Sprache, mit der wir *die Welt* als Symbol der göttlichen Schöpfung verstehen und »lesen« können, ist das theistische Gottesbewusstsein.

Die Welt hat einen inhärenten göttlichen Sinn, der sich durch ihren Bezug zum Absoluten ergibt. Die Frage ist nur, ob und wie weit wir diesen Sinn erkennen, genauso wie Wörter immer einen Sinn haben, auch dann, wenn *wir* sie nicht verstehen. Die materielle Welt ist wie ein Wörterbuch zur spirituellen Realität. Sie kann uns helfen, die Sprache Gottes zu verstehen.[10]

Kapitel 5

Religion und Wissenschaft

44

Atheismus und Monotheismus sind unvereinbare Gegensätze, weil sie die beiden Seiten derselben Spaltung darstellen. Die Geschichte zeigt, wie sich diese Fronten gegenseitig bekämpften. Jahrhundertelang wurden frei- und andersdenkende Menschen von der religiösen Obrigkeit unterdrückt, verfolgt und nicht selten gefoltert und ermordet. Mit zunehmender gesellschaftlicher Freiheit (Renaissance, Aufklärung) wurde auch die Religionskritik offener und schärfer, bis im 20. Jh. in den kommunistischen Staaten die Situation umgedreht wurde: Nun waren es die Atheisten, die die Gottgläubigen – und alle anderen »Staatsfeinde« – verfolgten und massakrierten.

Mit dem Beginn des 21. Jahrhunderts begann **eine neue atheistische Offensive** (Abs. 4 und 5). Diese »neuen Atheisten« behaupten, Gottglaube und allgemein jeder Glaube an Übernatürliches seien irrationale Einbildungen von Menschen, die verblendet, unkritisch oder wissenschaftsfeindlich seien, denn »die Wissenschaft« habe längst bewiesen, dass es nichts Übernatürliches gebe und dass religiöse Visionen nur einer Über- oder Fehlfunktion des Gehirns entsprängen;[11] deswegen seien religiöse Menschen potentiell gefährlich, da sie für »Wissenschaft« und rationale Argumente unempfänglich seien; Religion sei die Hauptursache von Gewalt unter den Menschen; erst wenn sich die Menschheit von Religion befreit habe, bestehe Hoffnung auf weltweiten Frieden.

Offensichtlich vertreten die neuen Atheisten ebenfalls ein Glaubenssystem, und dies mit missionarischem Eifer. Sie glauben an die Absolutheit des Materialismus, und ihre »Erlösung vom Bösen« besteht in der Abschaffung und Beseitigung jeglicher Religion.

In vielen Punkten haben diese furiosen Religionskritiker zweifelsohne recht: Religion war und ist eine Hauptursache von Gewalt und Krieg, und praktisch alle heiligen Schriften enthalten problematische Stellen, die den heutigen Menschenrechten und Rassismusgesetzen diametral widersprechen. Unsachlich ist ihre Kritik jedoch dort, wo sie sich von ihren materialistischen Vorurteilen verblenden lassen und meinen, »Wissenschaft« führe zwingend zu Atheismus, und »Religion« bedeute automatisch »Unvernunft«, »unkritisches Glauben« und »Kampf gegen die Wissenschaft«.

45

Der grundlegende Denkfehler vieler Atheisten besteht darin, dass sie nicht **zwischen Fakten und Interpretationen unterscheiden.** Sie vertreten von vornherein ein materialistisches Weltbild, projizieren dieses in die Wissenschaft und meinen dann, die Wissenschaft habe ihr Weltbild bestätigt, womit »bewiesen« sei, dass das materialistische Weltbild die einzig richtige Erklärung der Welt darstelle. Dies ist ein logischer Zirkelschluss, was von differenziert denkenden Atheisten auch erkannt und zugegeben wird. Denn die Entscheidung für den Materialismus und Atheismus ist genauso eine Glaubensfrage wie die Entscheidung für den Monotheismus oder den Theismus.

Es ist unbestritten: **Die letzten Fragen** – Gibt es ein Leben nach dem Tod? Hat das Leben einen höheren Sinn? Gibt es Gott? – lassen sich nicht »wissenschaftlich« beantworten, weil diese Fragen andere Forschungs- und Erkenntnismethoden erfordern als die der konventionellen Wissenschaft. Die Frage »Gibt es ein Leben nach dem Tod?« wird bereits seit über 150 Jahren durch die Parapsychologie erforscht, und die Indizien weisen viel stärker auf ein Ja als auf ein Nein hin.

Die Behauptung, Wissenschaft führe zum Atheismus, ist also rundweg falsch. Viele Wissenschaftler sind keine Atheisten, nicht wenige sind gottgläubig und bekennen sich offen zu einer bestimmten Religion. Wissenschaft und Religion stellen nicht zwingend einen Widerspruch dar. Nur die *atheistische* Wissenschaft schließt von vornherein alle religiösen Dimensionen aus, ebenso wie nur die monotheistischen Religionsvertreter alle anderen Religionen ablehnen und bekämpfen.

46

Von atheistischer Seite werden die Begriffe **»Glaube«/»Wissen«** und »Glaube«/»Vernunft« als Gegensatz, ja als unüberwindbarer Widerspruch beschworen. Es wird suggeriert, Glaube sei das Gegenteil von Vernunft und müsse deshalb zwangsläufig unvernünftig sein: »Wissen ist besser als glauben, denn glauben heißt *nicht wissen.*«

So klug diese Aussage klingen mag, sie ist oberflächlich und verkennt, was »glauben« und was »wissen« tatsächlich bedeuten. »Glauben« bedeutet nicht einfach »vermuten«, »sich etwas einbilden« oder »etwas kritiklos für wahr halten« – obwohl bei vielen monotheistischen Gläubigen »Glaube« genau dies bedeutet: Aberglaube, Selbsttäuschung, Dogmatismus usw. Wenn Atheisten diese Art von Glauben – mit Recht – kritisieren, sollten sie dabei aber nicht vergessen, dass sie selbst ebenfalls *glauben.* Sie glauben, real sei nur das, was der Mensch empirisch (»durch Sinneswahrnehmung«) und durch den Intellekt zu erkennen vermöge. »Ich glaube nur, was ich sehe.« Der menschliche Erkenntnisvorgang ist jedoch um einiges komplexer. Wir Menschen glauben nicht nur, was wir sehen. *Wir sehen nur, was wir glauben* – oder zu glauben bereit sind.

»Glauben« bedeutet: das Annehmen eines bestimmten Weltbildes, mit dem man dann die Welt betrachtet und interpretiert. Glaube ist eine *a priori* getroffene Bewusstseinsausrichtung. Glaube geht dem Wissen voran! Glaube bestimmt, was wir »wissen«, d.h. was wir erkennen und nicht erkennen. Der Glaube bestimmt die Grenzen unseres Wissens.* Dies gilt für die Religionen genauso wie für die Wissenschaften und unser Alltagswissen.

47

Glaube ist die mentale und emotionelle Kraft, mit der wir bestimmte Informationen für uns als Wissen (= Wahrheit) annehmen. *Das beste Wissen nützt nichts, wenn wir es nicht glauben.* Was wir in den entscheidenden Fragen des Lebens glauben, hängt von unserem Weltbild ab. Der Glaube prägt unser Weltbild, und unser Weltbild bestimmt unsere Weltsicht. **Wir sehen, was wir glauben.**

48

Die Menschen sehen, was sie glauben. Diese vielleicht überraschende Erkenntnis ist bei näherer Betrachtung etwas Offensichtliches: In unserer Welt, in unserem Universum und jenseits davon gibt es unbegrenzt viele Objekte und Realitäten, und wir können nie alle kennen oder auch nur wahrnehmen. Welche Objekte und Realitäten wir zur Kenntnis nehmen und dann auch noch ernst nehmen, ist abhängig von unserer Weltsicht und – damit verbunden – von unseren Interessen und unserer Offenheit. Wie oft winken Menschen bei einer ungewohnten Information sogleich ab und sagen: »Blödsinn!« »Das kann nicht sein!« »Das glaub' ich nicht.«

Wissen und Wahrheit sind also nicht unbedingt dasselbe. Wahrheit bedeutet Wirklichkeit (Realität). Wie weit unser Wissen der Wirklichkeit (Wahrheit) entspricht, ist von verschiedensten Faktoren abhängig, in erster Linie von unserem Glauben. Mit anderen Worten: Wissen ist nie objektiv, sondern immer abhängig von der subjektiven Interpretation der objektiven Fakten, und die Interpretation ist abhängig von der Wahl unseres Weltbildes (= Glaube). Es ist unser Weltbild, das entscheidet, was wir sehen und wissen bzw. *nicht* sehen und *nicht* wissen. Unser Glaube entscheidet, wie beschränkt oder unbeschränkt unser Wissen ist. Unser Glaube wiederum ist abhängig von unserem Bewusstsein. Wenn wir nun annehmen, dass die höchste Wahrheit Gott ist, dann kann diese Realität nur mit einem entsprechend ausgerichteten Bewusstsein erkannt werden.

---

* Die Erkenntnis, dass wir Wissen immer nur auf der Grundlage des Glaubens bekommen, gehörte bereits im Mittelalter zur Grundlage einer jeden seriösen Theologie und Erkenntnistheorie. Der berühmte, aber oft missverstandene Satz von Anselm von Canterbury (1033–1109): »Ich glaube, damit ich verstehe« *(credo ut intelligam)*, weist genau auf diesen Zusammenhang hin.

49

»Paradigmenwechsel« (engl. *paradigm shift*) ist eine Wortschöpfung des Wissenschaftsphilosophen Thomas Samuel Kuhn (1922–1996). Paradigma und Paradigmenwechsel sind die zentralen Begriffe in seinem berühmten Buch *The Structure of Scientific Revolutions* (1962), das 1967 auch in deutscher Übersetzung erschien: *Die Struktur wissenschaftlicher Revolutionen.* Thomas Kuhn erkannte, dass die Wissenschaft trotz ihrer Bemühungen um Objektivität grundsätzlich von subjektiven Faktoren abhängig ist, von *Paradigmen.* Denn Wissen entsteht, indem Menschen objektive Fakten interpretieren, und diese Interpretationen werden bestimmt durch das »wissenschaftliche Paradigma«. Mit diesem Begriff bezeichnete Kuhn das in einer bestimmten Zeit vorherrschende Denkmuster und die von diesem Denkmuster und Wissensstand abhängige Lehrmeinung. Paradigmen sind Grundüberzeugungen, die aus dem Konsens der Mehrheit der Wissenschaftler entstehen. Denkmuster, Grundüberzeugungen und Lehrmeinungen können sich auch ändern, und zwar dann, wenn ein **Paradigmenwechsel** stattfindet. Ist ein Paradigmenwechsel tiefgreifend und betrifft grundlegende Überzeugungen der bisherigen Wissenschaft, bewirkt er eine *wissenschaftliche Revolution.* Typische Beispiele hierfür sind:

- der Übergang vom geozentrischen zum heliozentrischen Weltbild (die Kopernikanische Revolution);
- die Reise des Kolumbus nach Amerika, die dazu führte, dass auch die Vertreter der offiziellen Lehrmeinung anerkannten, dass die Erde eine Kugel ist;
- die Entdeckung der Relativitätstheorie, d. h. die Erkenntnis, dass der physikalische Raum und die physikalische Zeit relativ sind;
- die Entwicklung der Quantenphysik, die ausgelöst wurde durch Physiker, die erkannten, dass die Materie auf der nuklearen Ebene nicht den Gesetzen der klassischen Physik folgt.

In der Online-Enzyklopädie *wikipedia* findet sich folgende Definition:

Als »Paradigmenwechsel« wird eine (oft radikale) Änderung des Blickwinkels auf ein wissenschaftliches Feld und dessen Paradigma bezeichnet, wenn durch diese Änderung die Grundlage für eine Weiterentwicklung der Forschung und des bereits vorhandenen Wissens gegeben wird.

Auffallend ist, dass der Begriff »radikal« verwendet wird, doch gerade hier wird ersichtlich, dass in der heutigen »normalen« Wissenschaft auch scheinbar radikale Denkansätze nicht über das vorherrschende Denkmuster und Wertesystem des Materialismus hinausgehen:

Eine verbreitete Fehlinterpretation des Kuhnschen Paradigmas ist der Glaube, dass die Entdeckung von Paradigmenwechseln und die dynamische

Natur der Wissenschaft ein Argument für den Relativismus sind. Sein Ansatz lässt also nicht den Schluss zu, dass die Modelle der Esoterik, der Pseudowissenschaften oder die Konzepte der Religionen zu den Modellen der heutigen Naturwissenschaft gleichwertig sind. Kuhn verweigert sich vehement dieser Interpretation. Der Paradigmenwechsel nach Kuhn beinhaltet, dass ein neues Paradigma auch in Hinblick auf objektivierbare Kriterien die beobachteten Phänomene besser erklären kann als das alte; es genügt nicht, dass das vorgeschlagene Paradigma einfach nur vom aktuellen Paradigma verschieden ist. (*wikipedia:* »Paradigmenwechsel«, Mai 2009)

Wie diese Ausführung zeigt, bewegt sich die wissenschaftliche Vorstellung von »Paradigmenwechsel« nur innerhalb der eigenen Lehrmeinung und argumentiert deshalb in einem Zirkelschluss: Was »wissenschaftlich« gültig ist, wird von der materialistischen Wissenschaft bestimmt, und alles, was nicht dem Weltbild des Materialismus entspricht, ist per Definition »Esoterik« oder »Pseudowissenschaft«. Die Behauptung, das Hinterfragen der Gültigkeit der materialistischen Paradigmen sei »ein Argument für den Relativismus«, verrät, dass der Materialismus einen Absolutheitsanspruch erhebt und nicht bereit ist, diesen zu relativieren – was wiederum verrät, dass der Materialismus/Atheismus ein Glaubenssystem ist, das psychologisch ähnlich funktioniert wie der Monotheismus.

Gemäß der Beschreibung von Thomas Kuhn in seinem Buch *Die Struktur wissenschaftlicher Revolutionen* entstehen Paradigmenwechsel dann, wenn neue Fakten oder Phänomene entdeckt werden, die mit den bisherigen Theorien nicht zu erklären sind. Dies ist jedoch eine Einbahn-Erklärung, die die Struktur der menschlichen Psyche verkennt. Rufen wir uns in Erinnerung, dass »Wissen« das Ergebnis der subjektiven Interpretation von objektiven Fakten ist. Es können also noch so viele neue Fakten und Phänomene auftauchen oder entdeckt werden – wenn nicht zuerst das vorherrschende Denkmuster geändert wird, werden diese Fakten und Phänomene gar nicht erst wahrgenommen oder dann nur entsprechend dem vorherrschenden Denkmuster (heute: entsprechend dem Weltbild des Materialismus) interpretiert, d. h. ignoriert, von vornherein abgelehnt oder lächerlich gemacht. Beispiele hierfür sind die durch die Parapsychologie vielfach nachgewiesenen »paranormalen« Phänomene, die auf die Existenz astraler Welten und Wesen hinweisen, sowie die vielen Geistheilungen und Fälle von Psychokinese und Telepathie, die Kornkreise, usw. Gerade in der Auseinandersetzung mit den grenzwissenschaftlichen Bereichen zeigt sich, dass Menschen mit einem materialistisch geprägten Denkmuster nicht fähig oder nicht bereit sind, zuzugeben, dass hier Phänomene vorliegen, die über die Erklärungsmodelle des Materialismus hinausgehen.

Was als »normales« Wissen gilt und von dem unterschieden wird, was nicht der Norm entspricht, hat sich im Lauf der Jahrhunderte schon mehrfach geändert. Vieles weist darauf hin, dass das, was wir heute als »paranormal« bezeichnen, in früheren Zeitaltern »normal« war – und in der näheren oder ferneren Zukunft wieder »normal« wird.

50

Ein Paradigmenwechsel geschieht nicht allein durch die Entdeckung neuer Fakten und Phänomene, sondern durch das *Erkennen* dieser Fakten und Phänomene. Solche Erkenntnisse sind nur möglich bei einer Offenheit für neue Perspektiven, die über die eigenen bisherigen Denkmuster hinausgehen. Grundlage eines jeden Paradigmenwechsels ist daher die **Veränderung oder Erweiterung des Weltbildes.** Dies gilt insbesondere für das Weltbild des Materialismus und die darauf beruhenden Theorien. Wie schnell sich anerkannte Sichtweisen als unzureichend oder falsch herausstellen können, wird durch das Märchen von Hans-Christian Andersen, »Des Kaisers neue Kleider«, anschaulich illustriert:

Zwei Schneider kommen zum Kaiser und verkaufen ihm die neueste Errungenschaft: Kleider aus so feinem Stoff, dass nur die Intelligentesten diese einmalige *Création* zu sehen vermögen! Der Kaiser fühlt sich sehr geehrt, dass er als erster in den Genuss dieser Exklusivität kommen darf, zahlt den hohen Preis und organisiert eine Parade, um öffentlich seine neuen Kleider vorzustellen und zu schauen, wer intelligent ist und wer nicht. Alle königlichen Wissenschaftler fragen sich, wie es möglich ist, einen solch feinen Stoff herzustellen, und sie forschen so lange, bis sie plötzlich erkennen, dass ihr »Paradigma« falsch war: Sie waren davon ausgegangen, dass die unsichtbaren Kleider existieren! Im Märchen wird der Paradigmenwechsel nicht von den Wissenschaftlern ausgelöst, sondern von einem »Außenseiter«. Ein kleiner Junge ruft: »Warum trägt der Kaiser keine Kleider?« Diese berechtigte Frage bewirkte, dass alle, sogar der Kaiser, eine neue Sicht der Dinge bekamen – obwohl sich äußerlich, in der objektiven Situation, nichts geändert hatte.

Der heute notwendige Paradigmenwechsel erfordert ebenfalls eine Änderung der Sichtweise. Wenn wir erkennen, dass die Weltbilder des Materialismus/Atheismus und des Monotheismus ungenügend und in vieler Hinsicht falsch sind, brauchen wir nicht einmal neue Fakten und Phänomene, wir sehen die *bereits bekannten* Fakten und Phänomene – die Pflanzen, die Tiere, die Menschen und das menschliche Bewusstsein – plötzlich »mit anderen Augen«. Und erst mit diesen »anderen Augen« wird es möglich, auch »andere« Fakten und Phänomene wahrzunehmen, wodurch das Tor geöffnet wird zu völlig neuartigen wissenschaftlichen Revolutionen.

Ein wirklicher Paradigmenwechsel muss also von einer veränderten Sichtweise ausgehen und zu einer **Bewusstseinserweiterung** führen, nicht bloß zu einer *Information*serweiterung. Eine solche neue Sichtweise ermöglicht auch das Erkennen der wirklichen Ursachen der heutigen Krisen, Kriege und Manipulationen. Und in der Wissenschaft führt sie zu neuen Erkenntnissen, die bis heute aufgrund der Vorherrschaft der materialistischen Paradigmen nicht möglich waren, sei es aufgrund der beschränkten Paradigmen oder aufgrund der Unterdrückung von neuen Theorien, Entdeckungen und Erfindungen.

Im Mittelalter bestimmte die monotheistische Kirche die Paradigmen des gesellschaftlichen Lebens. Heute ist es die materialistische Wissenschaft, die die Paradigmen bestimmt. Wie das theistische Weltbild zeigt, stehen Religion und Wissenschaft nicht in einem Gegensatz oder Widerspruch – vorausgesetzt, Religion wird nicht monotheistisch verstanden und Wissenschaft nicht materialistisch/atheistisch.

Kapitel 6

Jeder glaubt an etwas Absolutes

51

Wir leben in einer Welt der Relativität. »Relativ« bedeutet »in Abhängigkeit existierend« (Abs. 23). Wenn wir nach Wissen und Erkenntnis streben, stellt sich die Frage, was der Urgrund des Relativen ist. Wovon ist alles Existierende abhängig? Was ist die Grundlage unseres Lebens?

Philosophisch gesprochen, ist der Urgrund von allem Relativen das Absolute. Die Frage lautet also nicht: Gibt es etwas Absolutes?, sondern: **Was ist das Absolute?** Denn etwas Absolutes gibt es in jedem Fall. Die Frage ist nur, was wir für das Absolute halten – und dies ist abhängig von unserem Glauben. Auch hier zeigt sich, warum Glaube, d. h. unser Weltbild, die Grundlage von dem ist, was wir als Wissen annehmen und ablehnen.

Atheistische Rationalisten behaupten, ihnen gehe es nicht um »glauben«, sondern um »wissen«. Es ist jedoch unbestreitbar, dass auch die »ungläubigen« Atheisten *glauben*. Selbst wenn Atheisten sich dessen nicht bewusst sind: auch sie glauben an etwas Absolutes! Sie glauben an die Absolutheit der Materie.

52

Welches Weltbild auch immer wir vertreten, es gründet letztlich in Annahmen, die wir nicht objektiv beweisen können. Sie mögen für uns wahr und logisch sein, aber andere Menschen sehen dieselbe Realität mit anderen Augen. Für Materialisten ist die Materie das Absolute, für Agnostiker das Nichtwissen oder Nicht-wissen-Können, für Monotheisten ihr bestimmtes Gottesbild.

Glaube ist die Wahl dessen, was wir für absolut halten. Und diese Wahl entscheidet, welches Weltbild wir vertreten. Über das, was wir glauben, lässt sich nicht diskutieren, aber über die Gründe, *warum* wir etwas glauben. Ist das, was wir glauben, glaubwürdig? Erst hier kommt die Vernunft ins Spiel. **Vernunft** *(ratio)* hat die Funktion abzuwägen, wie vernünftig und glaubwürdig ein Glaube ist. Wie glaubwürdig ist der Glaube an Gott? Wie glaubwürdig ist der Monotheismus? Wie glaubwürdig ist der Atheismus, der Materialismus?

53

Glaube – in der obigen Definition – ist die Grundfunktion eines jeden Erkenntnisvorgangs. Glaube steht nicht im Widerspruch zum Wissen, sondern ist dessen Grundlage. Wissen ist nie etwas rein Objektives, sondern ist abhängig von der subjektiven Interpretation der gegebenen Fakten. Und Interpretationen sind abhängig von den Weltbildern der jeweiligen Personen. Diese doppelte Subjektivität ist auch der Grund, warum Menschen bei der Betrachtung der gleichen Gegebenheiten (Tierwelt, Pflanzenwelt, Fossilien usw.) zu unterschiedlichen Schlussfolgerungen kommen. Materialistische Wissenschaftler glauben, diese Gegebenheiten seien Beweis für ihre Evolutionstheorie. Kreationistische Wissenschaftler – die akademisch genauso qualifiziert sind wie die materialistischen – glauben, diese seien Beweis für ihre Bibel- oder Koraninterpretation. Holistische Wissenschaftler, zu denen auch die theistischen gehören, sehen in der physischen Erscheinungswelt das Wirken der höherdimensionalen Welten und Wesen.

Offensichtlich handelt es sich bei den Antworten, die wir uns auf die Grundfragen des Lebens geben, um persönliche Glaubensentscheidungen, und diese können atheistisch, monotheistisch oder theistisch sein. Ein Gottglaube kann genauso rational sein wie eine wissenschaftliche Weltsicht. Und ein atheistischer Glaube an »die Wissenschaft« kann genauso irrational sein wie ein monotheistischer Glaube.

54

Die großen Fragen des Lebens lassen sich nicht allgemeingültig und objektiv, sondern »nur« subjektiv beantworten. Aber: **Ist objektiv »besser« als subjektiv?** Wir Menschen sind in erster Linie *subjektive* Wesen. Wir handeln vom Subjekt, vom Ich, aus. Um die deutlichsten Beispiele hierfür zu nennen: Jeder Mensch muss selber gehen, sprechen und lesen lernen, egal wie viele Menschen bereits gehen, sprechen und lesen können. Dieses Lernen kann dem Kind niemand abnehmen, denn das Lernen sowie das daraus folgende Können und Wissen sind subjektive Errungenschaften.

Auf dieselbe Weise muss jeder Mensch auch die Frage nach der eigenen Identität und nach der Realität Gottes für sich selbst beantworten. Die Antwort und die entsprechenden Schlüsse und Erfahrungen werden dabei immer subjektiv sein, d.h. abhängig vom eigenen Bewusstsein und vom Weltbild, das wir vertreten.[12]

55

Zur Frage der objektiven und subjektiven Erkenntnis: Wir können ein Buch wissenschaftlich als Objekt (=objektiv) analysieren: sein Gewicht, seine Größe, das Papier, die chemische Zusammensetzung der Druckerschwärze. Alles, was wir durch diese wissenschaftliche Methode herausfinden, ist objektiv richtig, wir verfehlen dabei aber das Wesen dieses Objekts, das in erster Linie ein *Informationsträger* ist. Form und

Inhalt sollten nicht gleichgesetzt werden, noch weniger sollte der Inhalt (die Information) auf die materielle Form reduziert werden. Die im Buch enthaltene Information kann nur durch Bewusstsein (= subjektiv) wahrgenommen werden und ist etwas ganz anderes als die materielle Substanz. Ebenso liegt das Wesen eines Objekts, das »Wesentliche«, d. h. sein Sinn und Inhalt, im Geistigen, und dieses Geistige ist durch eine empirische Analyse der Materie weder fassbar noch erkennbar. Den Sinn eines Buches lernen wir nur dann kennen, wenn wir es lesen, und ebenso verstehen wir die Welt erst, wenn wir sie *lesen* (Abs. 43) – und nicht, wenn wir sie bloß »objektiv« analysieren (um sie dann manipulieren zu können).

56

Da wir immer – bewusst oder unbewusst – an etwas Absolutes glauben, sollten wir uns fragen: Was halte *ich* für absolut? Eine erste Antwort könnte lauten: »Es gibt keine absolute Wahrheit.« Und da etwas Absolutes verbindlich wäre, besagt diese Antwort auch: »Es gibt keine verbindliche Wahrheit. Alles ist relativ.« Doch dies ist ebenfalls eine absolute Aussage, nämlich dass es *keine* verbindliche Wahrheit gibt (= Atheismus) oder dass wir nicht erkennen können, worin diese besteht (= Agnostizismus).

Hier zeigt sich, dass Atheismus und Agnostizismus zu einem Nihilismus führen: zur Annahme, es sei unmöglich, objektive oder absolute Wahrheiten zu erkennen. Dadurch wird **Ungewissheit und Unverbindlichkeit** zur absoluten Grundlage unseres Lebens erklärt.

Skeptiker sollten jedoch konsequent sein: Sie sollten auch ihrem Skeptizismus gegenüber skeptisch sein. Zweifler sollten auch an ihrem Zweifel zweifeln: Können wir tatsächlich nichts Absolutes wissen? (Nochmals: Wer diese Frage mit Ja beantwortet, behauptet ebenfalls etwas Absolutes.)

57

Was der Mensch objektiv wahrnimmt, sind Daten und Fakten. Daten müssen jedoch verarbeitet werden, Fakten müssen gedeutet und interpretiert werden. Erst dann bekommen Daten und Fakten eine Bedeutung, im Idealfall ihre *wahre* Bedeutung. Der rationale Erkenntnisvorgang lautet also: **von Fakt zu Wahrheit!** Und Wahrheit ist letztlich etwas Absolutes.

Wenn in Abs. 51 gesagt wurde, die wirkliche Frage laute nicht »Gibt es etwas Absolutes?«, sondern »*Was ist* das Absolute?«, so lässt sich diese Logik noch weiterführen. Das Absolute – das, was alles Relative beinhaltet, ohne selbst relativ zu sein – bedeutet **Wahrheit und Realität**. So, wie es in jedem Fall etwas Absolutes gibt, gibt es auch Wahrheit und Realität. Auch hier lautet die Frage nicht: »Gibt es eine absolute Wahrheit?«, sondern: »*Was ist* die absolute Wahrheit?« Selbst wenn wir sagen, es gebe keine

»absolute Wahrheit«, vertreten wir eine absolute Wahrheit, nämlich die, dass es *keine* gebe und dass Realität immer relativ und unverbindlich sei (Abs. 56).

58

Die materielle Welt existiert und ist eine *relative* Realität. Was ist die *absolute* Realität?

Ist der Mensch fähig zu erkennen, was diese absolute Realität ist? Ja. Denn das Absolute ist allumfassend, umfasst also auch den Aspekt der **Erkennbarkeit und Verständlichkeit.** Wäre es nur unerkennbar und unverständlich, wäre es nicht allumfassend: der Aspekt der Erkennbarkeit und Verständlichkeit würde fehlen!

Die theistische Logik: »Gott ist nicht nur unverständlich, sondern auch verständlich«, wird von Atheisten leicht missverstanden. Sie argumentieren, gemäß dieser Logik müsste Gott z. B. auch unendlich blöd sein, denn wenn er das nicht wäre, würde ihm etwas fehlen, nämlich der Aspekt der unendlichen Blödheit. Der Fehler in dieser Kritik besteht darin, dass sie die theistische Logik umdreht und etwas Relatives auf das Absolute projiziert. Die richtige Verwendung dieser Logik geht nicht vom Relativen, sondern vom Absoluten aus (hier in Entsprechung zu »Blödheit«: Allwissenheit und Allmacht) und besagt: Es muss auch etwas geben, was Gott *nicht* weiß und *nicht* kann – womit wir theistische Mysterien berühren, die in Kap. 10 und 12 erwähnt werden, mit konkreter Weiterführung in Kap. 24.

59

Die Aussage, dass es möglich ist, das Absolute zu erkennen, obwohl unser Erkennen begrenzt ist, ist ein Paradoxon. Die scheinbare Widersprüchlichkeit hebt sich im praktischen, mystischen Erleben auf. *Wenn wir das Absolute verstehen, verstehen wir auch, warum wir es nicht verstehen können!* Aber dieses Nichtverstehen gründet in Erkenntnis und ist nicht gleichbedeutend mit Unwissenheit. Der Aspekt, dass Gott unverständlich ist und nie auf menschliche Begriffe beschränkt werden darf, wird von der »Negativen Theologie« betont,[13] ebenso vom Buddhismus und vom indischen Advaita-Monismus. Aber wenn wir Gott absolut nicht kennen können, können wir auch nicht sagen, was Gott *nicht* ist! Hierin liegt das Problem der genannten »negativen« Systeme. Wir müssen etwas zuerst kennen, bevor wir sagen können, was es *nicht* ist. Theistische Erkenntnis gründet in der theoretischen (= logischen und theo-logischen, »objektiven«) und in der praktischen (= mystischen, »subjektiven«) Erkenntnis des Absoluten, und aus diesem Wissen heraus ist es dann auch möglich zu sagen, was Gott ist und nicht ist.[14]

Die theistische Philosophie postuliert deshalb, dass es – trotz aller menschlichen Begrenzung – möglich ist, das Absolute zu erkennen. Es glaubt ohnehin *jeder* an etwas Absolutes. Aber nicht jeder Glaube führt zu wahrer Erkenntnis. Die Herausforderung besteht darin, zu erkennen, was Verabsolutierungen, Einseitigkeiten und Halbwahrheiten sind. »An den Früchten könnt ihr sie erkennen.« (Mt 7,20; Lk 6,44)

60

»Absolut« ist kein willkürlicher Begriff. Er lässt sich klar definieren (siehe Abs. 23-26), und wir können prüfen, inwieweit das Absolute des Materialismus, des Humanismus, des Monismus, des Monotheismus und des Theismus der wirklichen Bedeutung von *absolut* entspricht.

Kapitel 7

Was ist Realität?

61

Die Art und Weise, wie wir für uns Realität definieren, bestimmt unsere Weltsicht, unser Handeln und unser ganzes Leben. Entweder beschäftigen wir uns bewusst mit der Frage »Was ist Realität?«, oder wir übernehmen eine vorgegebene Definition von Realität, was unser Leben genauso prägt, nur mit dem Unterschied, dass wir dann mehr oder weniger fremdbestimmt sind, obwohl wir meinen, unsere Ansichten und Vorlieben seien unsere eigene freie Wahl.

Wir investieren unser Leben in das, was wir für Realität – für substantiell, sinnvoll und richtig – halten. Niemand möchte sein Leben in eine Illusion, in ein falsches Ideal oder in etwas Sinnloses und Unbefriedigendes investieren.

Die Frage »Was ist Realität?« ist von existentieller Bedeutung und ist deshalb auch ein zentrales Thema der Philosophie, ja »Philosophie« lässt sich definieren als **das Streben nach Erkenntnis von Realität.** Denn die Art und Weise, wie wir Realität definieren, bestimmt unser Leben, angefangen mit unserer Selbstwahrnehmung.

62

Realität ist das Zusammenspiel des Relativen und des Absoluten. Realität ist nicht einfach nur das Relative (»alles ist relativ«), und Realität ist nicht allein das Absolute (»alles Relative ist Illusion«). Das Relative und das Absolute gehören zusammen als **Ganzheit,** denn *das Absolute enthält das Relative* – und nicht umgekehrt, wie Atheisten behaupten (»das Absolute ist ein Produkt des Relativen« = »Gott ist eine Projektion des Menschen«).

Was bedeutet dies nun für unser Leben? Ist es dem Menschen überhaupt möglich, das Absolute zu erkennen? Falls nicht, würde dies bedeuten, dass der Mensch nicht erkennen könnte, was Realität ist, und somit auch nicht, was Wahrheit ist. Sein Leben wäre damit letztlich sinn- und ziellos, genauso wie dies im materialistischen Weltbild behauptet wird (siehe Zitat in Abs. 131: »[Hinter dem Universum ist] kein Plan, keine Absicht, kein Gut oder Böse, nichts außer blinder, erbarmungsloser Gleichgültigkeit«).

63

Hat der Mensch die Fähigkeit, das Absolute zu erkennen? Im Atheismus wird gesagt, es gebe nichts Absolutes (eine absolute Behauptung!)

oder der Mensch habe nicht die Fähigkeit, das Absolute zu erkennen. Im Monotheismus wird gesagt, der Mensch habe diese Fähigkeit einmal gehabt, habe sie aber aufgrund von »Sünde« verloren, weshalb der Mensch Gott nur noch erkennen könne, wenn Gott sich offenbare – was Gott auch tue, aber »nur durch *unsere* Offenbarung«!

Beides sind unvollständige und unlogische Aussagen. Wenn Gott eine Kraft ist, die sich offenbaren kann, wird »er« sich – als die allumfassende Kraft – nicht nur über einen einzigen Kanal offenbaren, sondern *überall:* in allen Kulturen und zu allen Zeiten. Und das Absolute, eben weil es absolut ist, ist nicht nur unerkennbar und unverständlich. Wie in Abs. 58 dargelegt wurde: Das Absolute umfasst alle relativen Aspekte, so auch die Aspekte der Erkennbarkeit und Verständlichkeit. Gott (dieser Begriff ist noch zu definieren) ist so vollkommen, dass er nicht nur unverständlich und unfassbar ist. Wäre er nur unverständlich und unfassbar, würde ihm etwas fehlen, nämlich der Aspekt der Verständlichkeit und Fassbarkeit und somit auch die Aspekte der Erkennbarkeit und Zugänglichkeit. Realität wäre etwas absolut Sinnloses, wenn wir sie nicht erkennen könnten.

64

Realität wäre sinnlos und ohne Relevanz für unser Leben, wenn wir sie nicht erkennen könnten. Aber, so könnte hier ein Skeptiker mit Recht einwenden: Woher wissen wir, dass die Realität sinnvoll ist? Vielleicht ist unser vergängliches Leben in Wirklichkeit eine sinnlose und bedeutungslose Angelegenheit irgendwo am Rande einer Galaxie, und all unsere philosophischen Gedankengänge sind nur pathetische Bemühungen, um unserer sinn- und bedeutungslosen Existenz künstlich Sinn und Bedeutung zu verleihen.

Diese Frage – »Hat unser Leben in Wirklichkeit, in letzter Konsequenz, Sinn und Bedeutung?« – ist absolut existentiell. Kein Mensch kommt an ihr vorbei. Wie auch immer die Antwort lautet, die wir uns geben, sie bestimmt unsere Weltsicht und den Kurs unseres Lebens. Hier sind wir im Bereich des freien Willens und der absoluten Subjektivität, denn jeder Mensch muss diese Frage für sich selbst beantworten (Abs. 54). Subjektiv bedeutet aber nicht, dass es keine absolute Realität gibt. Subjektiv ist nur unsere *Wahrnehmung dieser Realität.** Wer glaubt, dass es keinen Gott

---

* Umgangssprachlich ist »Realität« ein relativer Begriff und bezieht sich auf unsere subjektive Wahrnehmung: »das, was ein Mensch oder eine Gruppe von Menschen für Wirklichkeit hält«; das heißt, man kann auch Illusion für Realität halten. Hier knüpft die Frage der Ontologie (»Seinslehre«) an: Was ist Sein? Was ist Schein? Wenn es erforderlich ist, den Begriff »Realität« von der umgangssprachlichen Bedeutung abzugrenzen, verwende ich im vorliegenden Buch manchmal die pleonastische Formulierung »wirkliche Realität«.

gibt, verschließt sich von vornherein der Möglichkeit dieser Realität und wird entsprechende Zeichen nicht erkennen. Wenn es einen Gott gibt, der sich offenbaren kann, dann kann er sich auch *uns* offenbaren – wenn wir das wollen. Zumindest diese eine »Chance« sollten wir Gott in unserem Leben gewähren, mit Geduld, ohne etwas erzwingen zu wollen und ohne vorgefasste Meinung.

65

Die Frage nach der Realität ist auch die Frage nach dem Ursprung und dem Urgrund. Was ist der Ursprung, der Urgrund der gesamten materiellen Erscheinungswelt – unserer Erde, aller Galaxien, des Universums, unseres Lebens? Unsere Welt ist eine Welt der **Polarität** (Raum/Zeit, Anfang/Ende, männlich/weiblich, usw.) und der **Dualität** (Spaltung, Gegnerschaft, Gewalt).* Was ist der Urgrund hinter diesen verschiedenen Formen von Zweiheit? Offensichtlich die **Einheit.** Aber was bedeutet »Einheit«?

66

»Einheit« kann auf unterschiedliche Weise definiert werden: atheistisch, monotheistisch, theistisch. Die atheistischen und monotheistischen Versionen werden wir später betrachten (sie wurden bereits in Abs. 27 und 56 kurz skizziert). Die Problematik und Einseitigkeit dieser Versionen wird selbstevident, wenn wir **die theistische Erklärung von Einheit** kennen.

Eine erste Eigenschaft von Einheit (Realität) ist *Ewigkeit,* denn Einheit ist der ungeteilte Urgrund hinter aller Dualität und Polarität, angefangen mit Raum und Zeit. Der Urgrund selbst ist also nicht Raum und Zeit (Anfang und Ende) unterworfen, ist also raum- und zeitlos = ewig. Ewigkeit bedeutet nicht »unendlich lange Existenz«, sondern »raum- und zeitloses Sein«.

Einheit in der theistischen Definition ist das ewig Unteilbare und Ungeteilte jenseits aller Dualität: **die Individualität.** Einheit ist mehr als Abwesenheit von Dualität (= Nondualität) oder ein abstraktes Einssein. Die grundlegende Eigenschaft der ewigen Einheit ist »**ungeteiltes Sein**« = *individuelles Sein.* »Individuell« bedeutet wörtlich »ungeteilt; unteilbar« (von lat. *in-,* eine verneinende Vorsilbe, und *dividere,* »teilen«). Individualität ist das »Sein jenseits von Dualität« und bezeichnet *die Eigenschaft, ein Individuum zu sein.* Im Buch *Licht wirft keinen Schatten* nenne ich dies

---

* Grundsätzlich sind zwei Kategorien von Zweiheit zu unterscheiden: die sich gegenseitig ergänzenden Pol-Paare (Polarität) und die sich gegenseitig ausschließenden Gegensätze (Dualität). Eine umfassende Erklärung dazu findet sich im Anhang: »Spirituelles Unterscheidungsvermögen – Warum Polarität und Dualität nicht dasselbe sind«, S. 321 – 326, und im Glossar, Stichwörter »Dualität«, »Polarität«.

die »philosophische Weltformel«: Jenseits von Dualität und Nondualität ist Individualität die absolute Realität.

67

Die theistische Interpretation bringt eine erweiterte Bedeutung des Begriffs »Individuum« mit sich. *Individuum* ist die lateinische Übersetzung des griechischen Wortes *átomos**, mit dem die materialistischen Philosophen Griechenlands, insbesondere Demokrit und Epikur, das hypothetische kleinste Materieteilchen bezeichneten. Dieses damals neue Weltbild, genannt »Atomismus«, ging davon aus, dass der gesamte Kosmos aus einer unendlichen Vielzahl von kleinsten Materieteilchen besteht, die ewig existieren und sich zufällig zu vergänglichen Formen zusammenfügen: zu Pflanzen, Tieren und Menschen, zu allen irdischen Formen und zu allen anderen Himmelskörpern. Das Leben des Menschen besteht gemäß dem Weltbild des Atomismus so lange, wie der Körper besteht; mit dem Tod erlöscht auch das Leben. Diese neue Lehre stand im direkten Widerspruch zu Philosophen wie Pythagoras und zu den spirituellen Mysterienschulen, die lehrten, dass das, was die Materie im Innersten zusammenhält und formt, nicht materiell ist. Das »Unteilbare« war für sie ein Begriff für die immaterielle Einheit, aus der alles Materielle hervorgeht. Die unzähligen lebendigen Einheiten wurden im metaphysischen Sinn deshalb nicht als »Atome«, sondern als »Monaden« bezeichnet. Beides bedeutet »unteilbare Einheit«. Als im Lateinischen der gleichbedeutende Begriff *individuum* entstand, wurde er deshalb nie nur materialistisch verstanden, sondern bekam die Bedeutung, die er auch heute hat: »der Mensch als Einzelwesen«; die einzelne Person als nicht reduzierbarer Bestandteil des Kollektivs. Abgeleitet von dieser Bedeutung, entstanden moderne Begriffe wie »Individualismus« und »Individualist«.

Im theistisch-philosophischen Zusammenhang bedeutet »Individuum« jedoch nicht, wie im üblichen Sprachgebrauch, das Einzeldasein als Mensch, auch nicht das Dasein als ein getrenntes, abgesondertes Wesen, sondern genau umgekehrt: das, was *nicht* getrennt und *nicht* abgesondert ist. Denn wörtlich bedeutet *individuum* »das unteilbare Wesen«, und die theistische Definition geht von dieser wörtlichen Bedeutung aus (als Synonym zu »Monade«). Im höchsten, ursprünglichen Sinn bedeutet »unteilbar« das, was weder Anfang noch Ende hat. Und das, was weder Anfang noch Ende hat, ist ewig, ist eine in sich vollständige Einheit: Gott als die unabhängige, allumfassende Einheit, die Lebewesen als abhängige, begrenzte Einheiten.

---

* *Duden Bd. 7, Das Herkunftswörterbuch – Etymologie der deutschen Sprache*, zu »Individuum«: Das lateinische Wort *individuum* ist eine Lehnübersetzung von grch. *átomos* (→ Atom) mit verneinendem *in* ... zu lat. *dividere*, »trennen, zerteilen« (vgl. dividieren).

68

Realität aus theistischer Sicht ist die *ewige Individualität:* das ewige Sein und Bewusst-Sein als spirituelles Individuum (»geistiges Wesen«). Weil Realität allumfassend ist, ist Individualität die grundlegende Eigenschaft, sowohl im Relativen als auch im Absoluten. Wir als relative Lebewesen sind ewige Individuen, und das Absolute ist ewiges »Individuum« (ungeteiltes Sein und Bewusstsein) mit allen Aspekten des bewussten Seins, insbesondere Liebe und Wille. Wir sind **Individuen mit Bewusstsein und Willen,** weil das Absolute (Gott) »Individuum« mit Bewusstsein und Willen ist.

Hätte Gott keinen Willen, wäre das Gebet »**Dein Wille geschehe!**« sinnlos. Der Atheismus und Monismus und auch die atheistische Esoterik umfassen den Aspekt des »Dein Wille geschehe!« nicht, weil das Absolute für sie nur eine materielle oder energetische Einheit ohne Individualität ist. Die meisten Religionen betonen deshalb, dass Gott »persönlich« oder »personenhaft« sei, d. h. nicht nur immanent, sondern auch transzendent. Die Lehre, Gott sei »Person«, ist jedoch missverständlich und kann zu monotheistischen Ansichten führen, falls diejenigen, die dies sagen, nicht schon selbst von einem Monotheismus ausgehen. **Gott als »Person«** wird schnell zur Projektionsfläche menschlicher Vorstellungen und Wünsche. Dieser Gott soll Sünder bestrafen, Feinde vernichten und fromme Taten belohnen. In diesem Sinnzusammenhang könnte der Unterschied zwischen Monotheismus und Theismus auch wie folgt definiert werden: Monotheismus ist der Glaube an einen »persönlichen« Gott, Theismus ist der Glaube an einen individuellen Gott.

69

Jeder Mensch glaubt an etwas Absolutes (Abs. 51). Für Materialisten ist die abstrakte Totalität von Materie das Absolute, für Monisten die Nondualität von Energie, für Theisten die Individualität des Bewusstseins, sowohl in Gott als auch in allen »Teilen« Gottes. Erst wenn das Prinzip der Individualität auch in Gott erkannt wird, sprechen wir von Theismus und von einem theistischen Gottesbewusstsein. Alle anderen Erklärungen des Absoluten sind nicht *theistisch,* sondern polytheistisch, pantheistisch, deistisch, monistisch, monotheistisch oder atheistisch.

Was nicht theistisch ist, ist nicht unbedingt atheistisch. Denn atheistische Weltbilder sind nicht nur a-theistisch, sondern auch antitheistisch – was die meisten der genannten Weltbilder *nicht* sind. Da sie aber auch nicht *theistisch* sind, wäre »nontheistisch« ein möglicher Überbegriff. Ein Beispiel hierfür ist der Buddhismus, der sich selbst als »atheistische Religion«, eine Religion ohne Gott, bezeichnet. In der allgemeinen Bedeutung von »atheistisch« ist diese Definition zutreffend, doch wäre »nontheistisch« passender, da der Buddhismus nicht antitheistisch ist. Einige

Strömungen, z. B. der Buddhismus des Dalai Lama, weisen sogar direkte Berührungspunkte mit dem Theismus auf.

70

Auf nur wenige Dinge reagiert der moderne Mensch so allergisch wie auf den Begriff »absolute Wahrheit«. Dabei glaubt jeder an etwas Absolutes und somit auch an eine »absolute Wahrheit«, denn niemand kommt an diesem Aspekt des Lebens vorbei, auch diejenigen nicht, die ihn ausblenden.

Aus theistischer Sicht können wir sagen: Es gibt eine absolute Wahrheit, aber diese ist *absolut individuell*. Dies bedeutet jedoch nicht, dass Wahrheit nur subjektiv und relativ ist,* denn **»individuell« ist nicht dasselbe wie »subjektiv«**, obwohl die beiden Begriffe inhaltlich miteinander verwandt sind (Abs. 64). »Individuell« ist die Eigenschaft unseres wirklichen Seins als ewiges, einzigartiges Geistwesen (»Teil Gottes«). *Subjektiv*, d. h. von uns, dem Subjekt, ausgehend, ist der Vorgang unseres Lernens, unseres Erkennens und unseres Erlebens. Wenn unser Bewusstsein auf Gott gerichtet ist und in einem theistischen Gottesbewusstsein aufgeht, erkennen wir, dass Subjekt (»Ich«) und Objekt (»Nicht-Ich«) letztlich nie getrennt sind, denn wir alle sind Teile derselben Ganzheit, Teile der göttlichen Realität.

---

* Sogar in unserer relativen Welt spüren wir, dass Wahrheit nicht nur etwas Subjektives und Willkürliches ist; siehe z. B. die bekannte Redewendung: »Es gibt nur eine Wahrheit, aber viele Lügen [Halbwahrheiten und Unwahrheiten].«

Kapitel 8
Religion, Theologie und Philosophie

71

Die etymologische Herkunft des lateinischen Wortes *religio* war für lange Zeit unklar. Bereits der römische Staatsmann und Philosoph Cicero (106 – 42 v. Chr.) war sich nicht mehr sicher, woher das Wort *religio* stammt. In seinem Werk *De natura deorum* (»Über das Wesen der Götter«) äußerte er die Vermutung, das Substantiv *religio* stehe in Beziehung zum Verb *relegere,* »immer wieder lesen; vorschriftsmäßig einhalten«, womit er *religio* auf den offiziellen Tempelkult bezog und von *superstitio** unterschied. Er traf diese Unterscheidung, weil im klassischen Latein seiner Zeit das Wort *religio* mit unterschiedlichsten Bedeutungen verwendet wurde: Gottesfurcht, Frömmigkeit, Pflichtbewusstsein, Götterglaube, Aberglaube usw. Cicero versuchte, *religio* nur noch für die positiven Bedeutungen zu verwenden. Die negativen wies er dem Wort *superstitio* zu.

Die heute bekannte Theorie, *religio* bedeute »das Sich-wieder-Verbinden mit Gott« (abgeleitet vom Verb *religare,* »zurückbinden; [etwas Losgerissenes oder Getrenntes] wieder anbinden«), entstand erst zu Beginn des 4. nachchristlichen Jahrhunderts. *Religio* war im lateinischen Sprachraum zu einem Alltagswort für »Götterglaube; Götterverehrung« geworden, weshalb Vertreter des frühen Christentums versuchten, dieses wichtige Wort in einem theistischen Sinn zu erklären. Soweit wir heute wissen, geht die Theorie *religio* = *religare* auf den Kirchenvater Lactantius zurück, der ungefähr von 250 bis 325 lebte (sein genaues Geburts- und Todesjahr sind nicht bekannt).

Die Bedeutungsvielfalt, die das Wort *religio* ursprünglich hatte, kommt daher, dass das *re-* in *religio* auf dasselbe lateinische Universalwort zurückgeht wie das »Re« in »Republik« *(res publica),* d. h. auf *res,* »Ding; Sache; Angelegenheit; Tat«, und nicht auf die Vorsilbe *re-* wie in *relegere, religare,* »Repetition«, »Rekonstruktion« usw. Im Altlateinischen gab es das Verb *relligere/religere* (von *rem ligere*) mit der wörtlichen Bedeutung: »eine *res* binden«, d. h. ein Vorhaben, eine mögliche Tätigkeit, im nicht ausgeführten Zustand belassen. »Binden« bedeutet hier »unterbinden, unterlassen, nicht zur Ausführung kommen lassen«. Ursprünglich verwendete man dieses Verb – und davon abgeleitet das Wort *rel(l)igens* – ganz allgemein

---

* *superstitio:* von *super,* »darüber; oberhalb«, und *stare,* »stehen; sich befinden«, wörtl. »das Darüberstehen«, das Gefühl, über etwas erhaben zu sein, d. h. eigenwillige Götterverehrung, die sich vom offiziellen Tempelkult unterscheidet, oder »das Außer-sich-Sein«, d. h. übertriebene Götterbeschwörung oder Götterfurcht; Aberglaube.

im Bezug auf das, was uns Grenzen setzt und uns bewegt, etwas *nicht* zu tun. Mit *rel(l)igiosus* bezeichnete man dementsprechend die Eigenschaft, Grenzen zu erkennen und nicht eigenmächtig zu handeln, also sich selbst zu beschränken und nicht alles, was machbar ist, auch zu tun, sei dies aus eigener Entscheidung (durch eine Änderung der Meinung, durch Einsicht, aus Angst, aus Gewissensgründen) oder aufgrund eines Einflusses von außen (aufgrund von Ratschlägen, Bitten, moralischen Vorgaben der Gesellschaft usw.). Weil der Grund für eine Nichtausführung oft mit dem Glauben an höhere Mächte *(numina)* und göttliche Zeichen zusammenhing, bekam das Wort *rel(l)igio* im Lauf der Jahrhunderte das beschriebene breite Bedeutungsspektrum von »Frömmigkeit« und »Gottesfurcht« bis »Aberglaube«.[15]

Eine ähnliche Bedeutungsvielfalt haben die Begriffe »Religion«/»Religionen« auch heute. Wir sprechen von animistischen und schamanischen Religionen (Naturreligionen), von atheistischen, monistischen, monotheistischen und theistischen Religionen. »Religion« ist also nicht ohne weiteres gleichzusetzen mit »Glaube an Gott«, auch nicht von der altlateinischen Etymologie her.

72

Wörter wie »Liebe«, »Hingabe« und »Ehrfurcht« lassen sich nicht in den Plural setzen. Ebenso wurde das lateinische Wort *religio* nicht als Pluralbegriff verwendet, im Gegensatz zu den modernen Sprachen, in denen wir beide Verwendungen kennen: Religion, die Religionen. Als Begriff ohne Plural bezeichnet »Religion« das Zentrale, Gemeinsame und Verbindende aller Religionen und ist damit gleichbedeutend mit dem neutralen Begriff »Spiritualität«, von dem es ebenfalls keinen Plural gibt. **Religion und Spiritualität** im theistischen Verständnis sind überkonfessionelle Begriffe für die Essenz aller »Religionen«: die individuelle Beziehung von Mensch und Gott, das innere Wort Gottes an den Menschen und die Ant-Wort des Menschen an Gott. Dieses innere Wort – der Ruf Gottes im Herzen – ruft nach Antwort, und Antwort zu geben ist die Ver*antwort*ung des Menschen!* Mit anderen Worten: Leben in echter Spiritualität (»Religion«) ist die Verantwortung des Menschen – gegenüber sich selbst und gegenüber der Welt.

73

Theologie ist die systematische Abhandlung der Lehren eines bestimmten Religionssystems. Im wörtlichen Sinn ist Theologie »die Lehre von Gott *(theos)*«, konkret: die Lehre des Theismus. Monotheistische Glaubens-

---

* Noch deutlicher wird dieser Wortzusammenhang in den lateinisch hergeleiteten Sprachen, z. B. im Englischen: *response* (»Antwort«) und *responsibility* (»Verantwortung«) = *response-ability*, »die Antwort-Fähigkeit«.

systeme haben daher nicht wirklich eine *Theo*logie, sondern eine »Monotheologie«, denn was sie lehren, ist eine auf Gott bezogene Ideologie zur Rechtfertigung ihres Absolutheitsanspruchs.

74

Was den abendländischen Kulturkreis betrifft, so nahm die Philosophie in Griechenland ihren Anfang. **Der Begriff »Philosophie«** entstand als Ableitung von *philósophos,* einer Selbstbezeichnung, die vom Universalgenie **Pythagoras** (6. Jh. v. Chr.) geprägt wurde.[16] Pythagoras lebte während seiner Wanderjahre auch längere Zeit in Ägypten und wurde dort in die Mysterienschulen aufgenommen. Die Überlieferung sagt, seine Ausbildung in Ägypten habe 22 Jahre lang gedauert, was auch bedeuten kann, dass er den 22. von insgesamt 33 Einweihungsgraden erlangte. Aber nur schon diese Zweidrittelausbildung genügte, um in Europa eine neue Epoche der Geistesgeschichte zu begründen ...

Pythagoras war ein Meister der heiligen Geometrie und der Wissenschaft des Lebensbaumes, aus der später die Lehren der Kabbala hervorgingen. Er war auch bekannt dafür, dass er kein Fleisch aß, weshalb Vegetarier bis vor relativ kurzer Zeit nicht »Vegetarier« genannt wurden (dieser Begriff entstand erst im 19. Jh.), sondern *Pythagoräer.* Auf den Spuren des Pythagoras besuchte auch Platon (5./4. Jh. v. Chr.) als Teil seiner Ausbildung ägyptische Schulen.

Dieser Hinweis auf die ägyptischen Wurzeln der abendländischen Philosophie wird in Kapitel 18, »Geschichte der theistischen Mysterienschulen«, nochmals von Bedeutung sein.

75

Obwohl bereits Pythagoras den Begriff *philósophos* geprägt hatte, brachte erst Sokrates diesen Begriff in die Alltagssprache. Die gesellschaftlich einflussreichsten Lehrer der damaligen Zeit hießen nicht *philósophoi* (Plural von *philósophos*), sondern *sophístoi,* Lehrer von *sophía,* »Weisheit«. Sie, **die Sophisten,** waren »Sophen«, keine »Philosophen«. Sie gehörten zur neuen Schicht von Intellektuellen, die religionskritische, weitgehend agnostische Standpunkte vertraten, mit denen sie auf rhetorisch gewandte Weise jede andere Meinung hinterfragen und relativieren konnten. »Der Mensch ist das Maß aller Dinge.« Dieser berühmte Satz stammt vom Sophisten Protagoras (ca. 480–410 v. Chr.).

Die zeitgenössische und die spätere Kritik – die spätere v. a. durch Platon, der sogar eine Schrift gegen sie mit dem Titel *Sophistēs* verfasste – lautete, die Sophisten würden das gesellschaftliche Monopol für »Wahrheit« und »Weisheit« *(sophía)* für sich beanspruchen und ihre Dienste als Lehrer und Redner gegen Bezahlung ihren Auftraggebern zur Verfügung stellen. In der jungen Demokratie Athens kam den Redekünstlern eine nicht zu unterschätzende Rolle zu, denn sie wurden von einflussreichen Auftraggebern angestellt, damit sie das Volk und die Adelsschicht von ganz bestimmten Vorhaben überzeugten und von entgegengesetzten Meinungen abbrachten. Die Vermischung von *sophía* (»Weisheit«; hier: Intellektualität) mit Käuflichkeit und Politik führte dazu, dass die Sophisten heftig kritisiert wurden. Xenophon nannte sie in seiner Schrift *Memorabilien* (16,13) sogar »Huren des Wissens«, wobei er diese Aussage dem Sokrates in den Mund legt. Sokrates grenzte sich von den Sophisten, den »Wahrheitsbesitzern«, dadurch ab, dass er sich, wie Pythagoras, als *philósophos* bezeichnete. Er betonte, Wahrheit könne man nur lieben, nicht besitzen. *Philósophos* bedeutet wörtlich »jemand, der *sophía* liebt«.[17]

Mit Sophistik und »Sophisterei« wird auch heute noch eine komplizierte oder spitzfindige Scheinweisheit bezeichnet: die Kunst, mit vielen Worten nichts zu sagen oder mit schönen Worten eine vorgefasste – politische oder ideologische – Zielsetzung so zu umschreiben, dass Uneingeweihte nicht verstehen, was in Wirklichkeit gemeint ist.

76

Die Art und Weise, wie wir die Welt sehen, entspringt immer bestimmten Weltbildern. Aufgabe der Philosophie ist es, diese Weltbilder zu ordnen und zu analysieren, um zu einer möglichst differenzierten (und somit umfassenden) Weltsicht zu gelangen. Philosophie wurde deshalb (in Abs. 61) definiert als »das Streben nach Erkenntnis von Realität«. Durch konsequentes philosophisches Denken kommen wir zur Erkenntnis der Realität jenseits der Dualität, zur Erkenntnis des Absoluten als ewige Individualität. Was wir über Philosophie und Logik induktiv als das Absolute erkennen, wird in der Theologie »Gott« genannt. Es ist also durchaus möglich, **durch Philosophie zu Gotteserkenntnis** zu gelangen, doch diese Gotteserkenntnis ist *theistisch,* nicht monotheistisch. Wenn monotheistische Religionsvertreter Philosophie abschätzig als »Menschenweisheit« bezeichnen und meinen, über Philosophie könne man nie zu schlüssiger Erkenntnis (= Wahrheit) gelangen, dann meinen sie mit »Erkenntnis« und »Wahrheit« nur ihre eigenen Dogmen. Philosophie führt tatsächlich nicht zur Erkenntnis des »einzigen«, sondern des einen, absoluten Gottes, weshalb aus theistischer Sicht Philosophie und Theologie letztlich nicht getrennt sind.

77

Der Mensch kann das Absolute aus eigener Kraft erkennen, zumindest theoretisch (Abs. 63). Das Erkennen und Anerkennen dieser Fähigkeit des Menschen könnte als **theistischer Humanismus** bezeichnet werden, im Gegensatz zum heutigen Humanismus, der gemäß Eigendefinition gleichbedeutend ist mit Materialismus und Atheismus (siehe Kap. 13 und 14). Der atheistische Humanismus sagt: »Der Mensch ist das Maß aller Dinge, denn alles ist relativ.« Der theistische Humanismus sagt: »Der Mensch hat die Fähigkeit, das Maß aller Dinge – das, was alles Relative beinhaltet – zu erkennen.« Denn das Absolute ist nicht nur unfassbar und unerkennbar, sondern auch fassbar und erkennbar. Könnte der Mensch nicht erkennen, was Gott ist, wäre Gott eine sinnlose Realität – und ein Widerspruch in sich selbst.

78

Ob die Beschäftigung mit theistischen Erkenntnissen nur theoretisch bleibt oder zu einem praktischen Erleben führt, hängt davon ab, inwieweit sich der Mensch für die lebendige Gegenwart Gottes öffnet. Da die Realität Gottes lebendig (individuell) und allumfassend ist, bleibt theistische Philosophie nie nur theoretisch, sondern betrifft immer auch unser Leben und uns als Individuen (Abs. 3).

Wenn wir versuchen, Theologie ausschließlich mit dem Kopf zu verstehen, bleiben die Erklärungen »Gott = absolutes Individuum = ewiges, ungeteiltes Sein und Bewusstsein« leere Worthülsen und abstrakte Formeln, und wir erkennen nicht, dass es hier eigentlich um *uns* geht: um unsere Identität, um unsere Beziehung zur Realität, um unsere Lebensaufgabe und Berufung. Dieses innere Verstehen ist nicht mehr intellektuell. Wenn uns »ein Licht aufgeht«, wenn theologische Lehren plötzlich lebendig werden, wenn das Absolute für uns nicht mehr nur eine abstrakte Vorstellung ist – dann sind dies nicht einfach Ergebnisse der eigenen Bemühung. Es sind göttliche Inspirationen, Offenbarungen, **innere Einweihungen.**

79

Alle sprechen von Gott. Einige sagen, Gott existiere nicht, andere sagen, die Natur, der Mensch, das Universum, die Materie sei »Gott« oder »ich bin Gott« oder Gott sei Licht, Energie, Liebe usw.

Wenn wir von Gott sprechen, sollten wir zuerst definieren, was wir unter »Gott« verstehen bzw. welchen Aspekt Gottes wir meinen. Im Sanskrit, der altindischen Mysteriensprache, finden wir für die verschiedenen Aspekte des Absoluten klare Begriffe, die uns helfen können, auch in unseren modernen Sprachen entsprechende Begriffe zu finden oder neu zu prägen.

Die theistische Theologie ist das Thema der nächsten drei Kapitel.

Kapitel 9

Theistische Theologie (1): Ganzheit, Einheit, Vielfalt

80

Philosophisch gesehen, ist Gott mehr als »nur« das Absolute, denn Gott ist die Ganzheit, die sowohl das Absolute als auch das Relative umfasst. Das ist gemeint, wenn Gott »allumfassend« genannt wird. Wir benötigen deshalb **eine umfassende und gleichzeitig differenzierte Theologie**, wenn wir über Atheismus und Monotheismus hinausgehen wollen.

Wird Gott nur als »der Absolute« gesehen, führt dies zu einer Geringschätzung oder gar Verteufelung der Materie, insbesondere des physischen Leibes, des Weiblichen und der Sexualität (dualistische Gnosis). Oder es führt zur Ansicht, die materielle Welt sei eine Illusion und Begriffe wie »Individualität« und »spirituelle Seele« seien nur materielle Konzepte (buddhistischer Monismus; modern-esoterische Advaita-Lehren).

Wird Gott undifferenziert als »Einheit« gesehen, führt dies zur Gleichstellung des Relativen mit dem Absoluten und zu Weltbildern wie »Materie ist die einzige Realität« (Materialismus), »Gott ist Energie« (atheistischer Holismus), »Gott ist die Natur« (Pantheismus), »das Universum ist Gott« (Deismus), »Alles ist Gott; alles ist eins« (atheistischer Monismus; atheistische Esoterik). All diese Weltbilder werden in späteren Kapiteln näher betrachtet werden.

81

Die theistische Theologie differenziert mit klaren Definitionen zwischen **Ganzheit, Einheit und Vielfalt** und zeigt, wo die Unterschiede sind und wie all diese Aspekte zusammenhängen. Ganzheit (Realität) ist nicht gleich »Einheit«. Einheit ist ein Aspekt der Ganzheit. Das Ganze sollte nicht auf die Einheit reduziert werden, denn dies würde zu einem undifferenzierten (= atheistischen) Monismus führen. Ganzheit bedeutet **Vielfalt in der Einheit und Einheit in der Vielfalt**, und Gott umfasst beides. Weil das Ganze *Vielfalt und Einheit* ist, finden wir auch im Relativen Vielfalt: die materielle Welt mit ihrem unendlichen Fluss von erschaffenen Formen, angefangen mit den zahllosen Universen. Dies ist die theistische Antwort auf die von vielen Philosophen behandelte Frage: »Warum gibt es überhaupt etwas und nicht nichts?«

82

Monotheistische Religionen betonen: »Gott ist Person«, und kritisieren deshalb die esoterisch-monistischen Schulen, die sagen: »Gott ist Energie« = »Alles ist Gott; alles ist eins«. **Ist Gott Person oder Energie?**

Das Wort »Person« ist missverständlich und führte dazu, dass Gott von den monotheistischen Religionen in vieler Hinsicht anthropomorph aufgefasst wurde: als patriarchales Wesen, das Macht ausübt und die Menschen wie ein Diktator beherrscht. Dieser Gott verlangt Gehorsam und wird zornig, wenn die Menschen ihm nicht gehorchen. Er droht mit Rache, er bestraft die Ungläubigen und die Falschgläubigen, er schickt eine Sintflut, schleudert Blitze vom Himmel und zerstört sündige Städte, und er belohnt diejenigen, die gehorchen und »auf seiner Seite« sind.

Aus theistischer Sicht sind all diese Vorstellungen nicht total falsch, aber auch nicht richtig. Es sind Halbwahrheiten. »Individuum« bedeutet nicht »Person« in diesem menschlich engen Sinn. **Gott als das absolute ungeteilte Sein (»Individuum«)** umfasst das Absolute und das Relative, das Spirituelle und das Materielle. Gott ist »Individuum«, aber nicht in einem relativen, sondern im absoluten Sinn. Das Wesen des absoluten, unbegrenzten Individuums ist für uns nicht vorstellbar (Abs. 59), aber durchaus erfahrbar, denn Gott ist alles, und wir sind Teile Gottes, da wir im »Alles« enthalten sind.

83

Theistische Eingeweihte prägten die mystische Formulierung **»der lebendige Gott«**, um zum Ausdruck zu bringen, dass das Absolute individuell, allbewusst und allgegenwärtig ist. Dieser Gott (*theós* im Griechischen, El/Eloah im Hebräischen, Allah im Arabischen, Viṣṇu im Sanskrit, usw.) umfasst – als absolute Realität – auch das Relative und Materielle, das gerade durch diese Verbindung mit dem Absoluten seinen göttlichen Sinn bekommt.

Wenn Menschen Gott, Allah, Jahwe usw. nicht mit dieser ganzheitlichen Sicht verstehen, verfehlen sie den lebendigen Gott und dienen einer Macht, die zu Lüge, Feindschaft, Gewalt und Krieg führt. Wirkliches Gottesbewusstsein führt immer zu Wahrheit, Versöhnung, Heilung – und zur Überwindung von allem, was diesen göttlichen Zielen im Wege steht.

84

Weil die Ganzheit sowohl das Absolute als auch das Relative umfasst, ist Gott **gleichzeitig eins und alles:** eins, d.h. ungeteilt und unteilbar (= Individuum), und alles, d.h. alldurchdringend und allumfassend (= Energie). Gott ist gleichzeitig (= ewig, in paralleler Einheit) Individuum und Energie. Ohne theistisch-ganzheitliche Sicht werden die Menschen Gott immer auf das eine oder das andere beschränken wollen.

Diejenigen, die Gott *nur als Individuum* sehen und nicht auch als allumfassende Energie, missbrauchen Gott für sektiererische, monotheistische Ansprüche, weil sie glauben, Gott sei nur *ihr* Gott oder ihr »Gott« sei der höchste Gott, wobei sie diesen »Gott« als Monopol-Herrn definieren, der die Menschheit spaltet statt vereint. Dieser Gott wird zum Machtmittel tyrannischer, patriarchalischer *Herr*schaften, in der die *herr*schenden Männer einer selbst*herr*lichen Einseitigkeit verfallen und die Frauen – und in der Folge auch Mutter Erde – unterdrücken und ausbeuten.

Diejenigen, die Gott *nur als Energie* sehen und nicht auch als bewusstes, allgegenwärtiges Individuum, werden zu Atheisten, die sich vor keinem Gott verantwortlich fühlen. Wenn sie überhaupt von Gott sprechen, meinen sie damit einfach die abstrakte Gesamtheit aller Existenz oder – philosophisch ausgedrückt – die Totalität von Energie. Sie haben ein beschränktes Verständnis, da sie die sogenannte Einheit bloß durch die *Verneinung aller Relativität* definieren. Sie verstehen nicht, dass die wahre Einheit nicht die Verneinung, sondern die *Vereinung* alles Relativen bedeutet. Denn Gott ist sowohl **unteilbare Einheit** (= Individuum) als auch **allgegenwärtige Einheit** (= Gesamtheit aller Energien).

85

Der atheistische Monismus vertritt eine undifferenzierte Auffassung von »alles ist eins« und sieht im Absoluten nur diese eine Seite der Realität. Ein solches Verständnis von »alles ist eins« führt auch zu Aussagen wie »alles ist Liebe«, »alles ist Gott«, »*all is God*« – was populäre esoterische Slogans sind, jedoch Slogans der *atheistischen* bzw. monistischen Esoterik!

Man kann Einheit auch differenziert verstehen: Einheit ist ein Aspekt der Ganzheit, die sowohl Einheit (Energie) als auch Vielfalt (Individualität) umfasst. Einheit in der Vielfalt, Vielfalt in der Einheit. In dieser theistischen Differenziertheit lauten die Kernsätze nicht »alles ist eins; alles ist Gott; alles ist Liebe«, sondern: »Alles ist eins – und verschieden (= individuell)«; »Gott ist alles, aber nicht alles ist Gott«; »Liebe ist alles, aber nicht alles ist Liebe«. Symbolisch gesprochen: Licht ist alldurchdringend, aber nicht überall ist Licht, nämlich dort nicht, wo Dunkelheit herrscht. Aber es ist nicht das Licht, das die Dunkelheit erzeugt.

86

Das gleichzeitige Eins- und Verschiedensein bezieht sich auf Gott und Gottes Energien und auch auf Gott und Gottes Teile (die Vielzahl der Seelen). Auf dieses Eins- und Verschiedensein = Eins- und Individuellsein bezog sich Jesus, als er sagte: »Ich und der Vater sind eins« (Joh 10,30). Hätte er ein monistisches oder monotheistisches Weltbild vertreten, hätte er gesagt: »Ich bin der Vater«, was er aber nie gesagt und auch nicht gemeint hat.

Das individuelle Einssein (Liebe) ist das gemeinsame Ziel aller Religionen. Dieses Ziel wird meistens nur indirekt und gleichnishaft zum Ausdruck gebracht, im theistischen Kern der heiligen Schriften – der Thora, der Bibel, des Korans usw. – aber auch direkt. Das folgende ist ein beispielhaftes Zitat aus der *Bhagavad-Gītā,* einer heiligen Schrift Indiens:

> »Jemand, der mich überall sieht und alles in mir sieht, ist niemals von mir getrennt, und ich bin niemals von ihm getrennt. [...] Erleuchtet ist derjenige, der durch Vergleich mit seinem eigenen Selbst die wahre Gleichheit aller Wesen sieht – sowohl in ihrem Glück als auch in ihrem Leid.« (6,30/32)

87

Gott ist das Ganze – mit Bewusstsein, Sinn und inhärenter Ordnung –, und alle Teile sind von ihrer ursprünglichen Konstitution her »Teil des Ganzen«, d. h. Aspekte der göttlichen Ordnung und Harmonie. Nur aus dieser Zuordnung entsteht Sinn: **Sinn des Lebens,** Sinn der Welt, Sinn der Materie. Das Relative ist Realität und hat Sinn in Verbindung mit dem Absoluten, denn das Absolute ist lebendige Einheit: Das Viele löst sich nicht in der Einheit auf, sondern ist *Teil der* Einheit und ist deshalb bis in die kleinste Einzelheit von Sinn und Wert erfüllt. Und die Einheit hebt nicht die Vielheit auf. »Erlösung« und »Eingehen ins Nirwana« bedeuten nicht Aufhebung von Individualität, freiem Willen und Verantwortung, wie dies im atheistischen Monismus geglaubt wird. Denn Bewusstsein und freier Wille sind Teil der spirituellen Realität (Individualität) – und dazu gehört auch unsere Verantwortung: für das, was wir tun, für die Unterscheidung von Gut und Böse und dafür, wie weit wir den Sinn des Lebens erkennen.

88

Monotheistische Religionsformen erheben einen Monopolanspruch auf Wahrheit und »Sinn«: der Sinn des Lebens bestehe darin, dass man sich *ihrer* Religion anschließe; wer das nicht tue, lebe ein sinnloses und letztlich auch wertloses Leben. Aufgrund dieses »Glaubens« waren und sind monotheistische Aktivisten und Elitisten schnell bereit, andere Menschen auszubeuten, zu betrügen oder auch zu töten.

Atheistische Ideologien erheben ebenfalls einen Monopolanspruch auf Wahrheit und Sinn. Ihre Doktrinen – Materialismus, Deismus, Monismus – besagen, das menschliche Leben habe keinen absoluten Sinn und deshalb auch keinen absoluten Wert, denn Realität sei »in Wahrheit« eine abstrakte Einheit von Materie/Energie ohne Bewusstsein, ohne Sinn und ohne Bestimmung. Das bewusstlose, sinnlose und gottlose Absolute des

Atheismus ist – praktisch gesehen – ein Nichts, ein »Chaos«. (Chaos bedeutet nicht »Unordnung«, sondern *keine* Ordnung, da es in diesem abstrakten Absoluten nichts gibt, was in sich eine Ordnung bilden könnte.)

Wenn Gott nur noch ein abstraktes Konzept und eine »Idee« ist, verkennt der Mensch die lebendige Einheit, und auch metaphysische Weltbilder – wie z. B. Platons Ideenlehre – führen schnell zu monistischen und atheistischen Vorstellungen. Denn außerhalb der lebendigen Einheit und Ganzheit kann der Mensch nur **halbe Wahrheiten** finden, sowohl in der Frage der Einheit als auch in der Frage der Vielfalt. Das Absolute wird im Atheismus als eine abstrakte Totalität von Energie gesehen und im Monotheismus als ein einziger, alles andere ausschließender »Gott«. Beides sind Einseitigkeiten, die den göttlichen Mittelweg über die »rechte« oder die »linke« Seite verfehlen. Der göttliche Mittelweg ist schmal wie ein Hochseil (Abs. 27). Wenn man abstürzt, macht es keinen großen Unterschied, ob man auf der rechten oder auf der linken Seite heruntergefallen ist.

Beide Einseitigkeiten sind lebensfeindlich und führen in einen Abgrund, ins Chaos, ins »Nichts«: Einheit ohne Vielfalt, Vielfalt ohne Einheit; Natur ohne Geist, Geist ohne Natur; Gott ohne Welt, Welt ohne Gott. All diese Einseitigkeiten zerstören im Menschen das Bewusstsein der Ganzheit und Harmonie und führen auch zu *äußerer* Zerstörung, sei dies im Namen von »Religion« (Monotheismus) oder im Namen von »Wissenschaft« (Atheismus, Materialismus) – mit den entsprechenden politischen Systemen eines verdeckten oder offenen Totalitarismus.

89

Theismus ist keine Religion im institutionellen Sinn, sondern ein *Bewusstsein:* ein **allumfassendes Gottesbewusstsein.** Menschen mit einem solchen Gottesbewusstsein gibt es in allen Religionen und Organisationen. Im Kern vermittelt jede Religion dieselben Wahrheiten und Erkenntnisse, insbesondere die Wahrheit des einen lebendigen Gottes.

Die theistische Aufklärung will die Menschen nicht zu irgendeiner »anderen« Religion bekehren oder zu einem Religionsaustritt bewegen. Die theistische Erkenntnis kann aber helfen, dass Christen, Juden, Moslems, Hindus usw. den Kern ihrer Religion und den wirklichen (= überkonfessionellen) Sinn ihres Lebens erkennen bzw. besser verstehen.

90

Dass Gott nicht nur Energie, sondern auch Individuum ist, kommt durch **die Namen Gottes** zum Ausdruck. Einige dieser Namen sind Titel (Gott, Herr, König, Vater, Vater-Mutter-Gott usw.), andere beziehen sich auf die Eigenschaften Gottes (der Allmächtige, Allgegenwärtige, Allwissende, Allbarmherzige usw.), andere auf individuelle Aspekte Gottes (Schöpfer, Beschützer, Seele aller Seelen, Ursache aller Ursachen, usw.). Bekannt sind die 72 Namen Gottes im Hebräischen, die 99 Namen Allahs (der Koran nennt insgesamt 103 Namen) und die 1000 Namen Viṣṇus *(Viṣṇu-Sahasra-Nāma)*.

Als Jesus im Garten Gethsemane, in der Nacht vor seiner Verhaftung, betete (Mk 14,36), nannte er Gott sogar *abba,* was im Aramäischen eine vertrauensvoll-intensive Anrufung ist, im Sinn von: »O mein lieber Vater, zu dem ich als Kind kommen kann, wenn ich Schutz brauche!«* Ebenfalls eine Anrufung, aber in einem majestätischen Ton, ist der hebräische Gottesname Adonai (»o Herr«) für YHWH. Ein anderer Name ist Eloah, von dem Elohim (»höchster Schöpfer«; »Schöpfungshierarchie«) die Pluralform ist. Im Arabischen heißt Eloah Allah, »der Allmächtige«. Gottesnamen mit gleichen und ähnlichen Bedeutungen finden sich auch in den Sprachen aller anderen Religionen.

---

* Auf das aramäische Wort *abba* geht das spätgriechische Wort *ábbas* (»Vater«) zurück, aus dem sich der Begriff »Abt« entwickelte (siehe auch engl. *abbot,* frz. *abbé,* ital. *abate*).

Kapitel 10

Theistische Theologie (2):
Das Mysterium von Individualität und Liebe

91

Hinter der Zweiheit wirkt die Einheit, **das ungeteilte, ewige Sein (= Individualität)**. Dies bezieht sich sowohl auf das Relative als auch auf das Absolute. Für uns als relative Wesen bedeutet dies: Jenseits unserer körperlichen Existenz sind wir ewige Geistwesen (Individuen), die nicht sterben, wenn der Körper stirbt. Worin besteht dann das Ziel des Lebens? Was bedeutet Erleuchtung bzw. Erlösung?

92

»Wie oben, so unten.«[18] Gott ist die Ganzheit, das Unteilbare, von dem wir alle ein Teil sind. So können wir begrenzt, aber *prinzipiell* vom Teil auf das Ganze – vom Relativen auf das Absolute – Rückschlüsse ziehen. »Prinzipiell« bedeutet hier: in bezug auf die grundlegenden, ewigen Eigenschaften des Relativen.* Eine solche Eigenschaft unserer Existenz ist das *Bewusstsein*. Deshalb können wir den Schluss ziehen, dass Bewusstsein auch ein Charakteristikum des Absoluten ist, denn nur weil die allumfassende Quelle bewusst ist, haben auch wir Bewusstsein. Gott ist absolutes Individuum = ungeteiltes Sein *und Bewusstsein*. In dieser Erkenntnis unterscheidet sich das theistische Weltbild von allen Formen des Atheismus, Nontheismus und Monotheismus.

93

Gott ist das unteilbare Ganze, von dem wir alle ein Teil sind. Hier stellt sich die Frage: Wenn Gott unteilbar ist, **wie können wir Teile des Unteilbaren sein?** Ist es nicht ein Widerspruch, wenn man sagt, das Unteilbare habe Teile?

In den theistischen Mysterienschulen gehören diese Fragen zu den zentralen Initiationsthemen: Was bedeutet »bewusst sein« und »Individuum

---

* Prinzipiell: (abgeleitet von lat. *princeps,* »die erste Stelle einnehmend«, zu lat. *principium,* »Anfang; Ursprung; Grundlage; erste Stelle«) »grundsätzlich; entsprechend den wichtigsten Grundsätzen«. Die wichtigsten Grundsätze in der Betrachtung der Beziehung »Teil-Ganzes« sind: Vermeiden, dass man das Relative mit dem Absoluten gleichsetzt oder das eine auf das andere projiziert (Abs. 58), und Beachten der Prinzipien Ganzheit, Einheit und Vielfalt (Abs. 81), d. h. Differenzieren gemäß dem Prinzip der Individualität als grundlegender Realität (= »Einheit in der Vielfalt, Vielfalt in der Einheit«; »Alles ist eins *und verschieden*«; Abs. 84 – 85).

sein«? Im materiellen Dasein meinen wir, »individuell« bedeute *punktuell:* »Hier bin ich, und dort bist du.« Wir meinen, ein Individuum zu sein bedeute, von allen anderen getrennt zu sein – entsprechend der allgemeinen Bedeutung von *individuell:* »jeder persönlich für sich« (Abs. 67). Mit dieser Wortverwendung beschreiben wir jedoch nicht unsere Individualität, sondern unsere **Persönlichkeit: unsere irdische Identität** als Mensch, als Mann oder Frau, als junge oder alte Person, usw. »Individuum sein« und »Person sein« sind nicht dasselbe. Unsere irdische Identität und Persönlichkeit ist wandelbar und vergänglich, unsere Individualität ist ewig.

Die allgemeine Bedeutung von »individuell« sollte nicht mit der philosophischen verwechselt werden, denn im ursprünglichen Sinn bedeutet »individuell« eben gerade *nicht* »getrennt«, sondern »unteilbar; eins«. In diesem Sinn ist »individuell« die charakteristische Eigenschaft allen Seins, sowohl des relativen als auch des absoluten. Das Absolute und das Relative sind nicht getrennte, gegenteilige Ebenen. Das Relative ist im Absoluten enthalten, ist also nicht wirklich von ihm getrennt. Konkret bedeutet dies: Wir als Teile Gottes sind nicht von Gott getrennt, weshalb unser Teilsein nicht im Widerspruch zu Gottes unteilbarem Sein steht. Wir sind als Teile immer mit dem Ganzen verbunden – aber dieses Einssein bzw. Teilsein ist *für uns* nur dann eine Realität, wenn wir uns dessen bewusst sind und entsprechend leben, denn Bewusstsein ist die grundlegende Eigenschaft von Individualität.

94

Wir sind immer mit Gott verbunden, die Frage ist nur, inwieweit wir uns dessen bewusst sind. Die Frage des Verbundenseins ist also **eine Frage des Bewusstseins.** Die entscheidende Frage, die sich hier stellt, lautet: In welchem Bewusstsein sind wir als spirituelle Individuen eins mit Gott? Wie können wir *gleichzeitig eins und individuell* sein?

Die Antwort auf diese Frage kennen wir alle, obwohl wir uns nicht immer bewusst sind, welche Wahrheit wir andeuten, wenn wir dieses Wort verwenden. Als Teil sind wir eins mit dem Ganzen (Gott) *im Bewusstsein der Liebe,* und *nur* in diesem Bewusstsein. **Liebe ist gleichzeitiges Eins- und Individuellsein.** Wir sind und bleiben ewiglich Individuen – auch nach der Erleuchtung, nach der Erlösung, nach dem Eingehen ins Einssein, nach dem Eingehen in das »Reich Gottes«. Hier stehen wir am philosophischen Ufer des unendlichen Meeres der göttlichen Liebe, des höchsten Mysteriums. Ob wir in dieses Meer eintauchen, hängt von unserer innersten Ausrichtung ab, von der Reinheit unserer Wünsche und von der Resonanz unseres Bewusstseins. Die ewige Gegenwart dieser Realität ist **Gottes Gnade und Offenbarung,** die uns immer angeboten ist – so wie Licht immer gegenwärtig ist, auch dann, wenn *wir* uns vom Licht getrennt haben. Gottes Allgegenwart offenbart sich in erster Linie durch

Menschen, die diese göttliche Liebe verkörpern und die Botschaft des Lichts in die Dunkelheit bringen.

Ein Beispiel hierfür ist Jesus, der diese Liebe auf eine einzigartige Weise vorlebte, ohne Kompromisse mit dem diabolischen Geist. Auf die Frage, was **das wichtigste Gebot** sei, antwortete er:

> »Liebe Gott, deinen Vater, mit deinem ganzen Herzen und mit deiner ganzen Seele und mit all deinen Gedanken, und liebe alle Menschen wie dich selbst. Dieses zweite Gebot ist genauso wichtig wie das erste und ist in diesem enthalten. Alle anderen Gebote sind diesem Gebot untergeordnet.« (Mt 22,37–40; Mk 12,28–31)

95

Göttliche Realität beruht auf Individualität und Einheit. Weil Liebe das Bewusstsein dieser Individualität und Einheit ist, ist Liebe die einzig wirkliche Realität. Alles andere ist Illusion (sanskr. *māyā*). Liebe ist das Bewusstsein unseres Verbundenseins mit Gott. Jedes Bewusstsein, das nicht in dieser reinen Liebe gründet, verkennt die wirkliche Realität und befindet sich im Gefahrenbereich des Trennenden, des Diabolischen.

Monotheistische Glaubensvertreter sind manchmal entsetzt, wenn sie diese einfache theistische Erklärung hören: »Was, *nur Liebe* ist der Schlüssel? Allein Liebe soll genügen? Kein Kreuztod des Gottessohnes zur Erlösung durch Christi Blut? Keine Tieropfer im Tempel zu Jerusalem? Keine Verabsolutierung der Thora, des Talmud, der Bibel, des Korans? Keine sensationellen Wunder, keine exklusiven Vorrechte, kein Königreich Gottes auf Erden unter unserer Vorherrschaft?«

Monotheistische Glaubensvorstellungen gehen von einem »einzigen« und nicht vom absoluten Gott aus und verkennen deshalb, was Liebe im absoluten (= unbedingten) Sinn bedeutet. **Göttliche Liebe ist bedingungslos,** denn sie gründet im Gegensatzlosen (Abs. 23). Sie lebt aus sich selbst heraus und ist nicht abhängig von materiellen Dogmen und Ritualen. Ebenso ist sie nicht abhängig von materiellen Faktoren wie Belohnung, Erfüllung von Wünschen, guten Gefühlen, usw.

96

Göttliche Liebe will nichts und braucht nichts und ist deshalb **die höchste Kraft,** weil sie die direkte (= bewusste) Verbindung mit der Quelle ist. Jesus nannte dies »Liebe zu Gott, dem Vater«. Das entsprechende Sanskritwort lautet *bhakti,* »liebende Hingabe« (von *bhaj,* »sich liebevoll zuwenden; verehren; sich hingeben«). Dieselbe Bedeutung hat im Arabischen das Wort *islam,* »Hingabe; Gottergebenheit«, das auch die Wurzel des Wortes *salam,* »Friede«, in sich trägt. Das arabische Wort *salam* wiederum ist mit dem gleichbedeutenden hebräischen Wort *shalom* verwandt.

97

Erleuchtung/Erlösung im theistischen Sinn bedeutet nicht Auflösung der eigenen Individualität in einem abstrakten »Alles und Nichts« oder einem (missverstandenen) Nirwana. Im Gegenteil, Erleuchtung/Erlösung bedeutet Entfaltung der wirklichen Individualität im Bewusstsein der göttlichen Liebe. Dieses Gottesbewusstsein – im gegenwärtigen Leben sowie im nächsten und im ewigen Leben – ist die wirkliche Erlösung und Vollkommenheit. Unsere Individualität ist **unsere wahre, ewige Identität.** Sie löst sich nie auf, nicht im materiellen Dasein von Sünde und Illusion, nicht im befreiten Sein. Im Bewusstsein der göttlichen Realität sind wir individuell und gleichzeitig untrennbar eins mit Gott. Einssein in Individualität (= Liebe) ist das höchste Mysterium.

In atheistischen und nontheistischen Weltbildern wird Individualität als etwas Materielles und Vergängliches aufgefasst (weil man Realität auf die Materie, auf eine neutrale Energie oder auf eine abstrakte Nondualität beschränkt). Dies führt zwangsläufig zur Ansicht, Erleuchtung bedeute, dass man die eigene »individuelle« Existenz aufgebe, genau wie wenn ein Funke nicht mehr ein Funke sei, wenn er ins Feuer eingeht, oder wie ein Wassertropfen mit dem Meer eins wird.

Das Missverständnis dieser monistischen Schlussfolgerung kann mit demselben Gleichnis aufgezeigt werden. Wenn der Funke ins Feuer und der Tropfen ins Meer eingeht, wird der Funke nicht zum Feuer und der Tropfen nicht zum Meer. Das Prinzip des gleichzeitigen Eins- und Verschiedenseins zeigt sich auch hier: Der Eigenschaft nach (qualitativ) ist der Tropfen eins mit dem Meer, aber im Verhältnis (quantitativ) sind sie verschieden. Durch das symbolische Verständnis dieses Gleichnisses können wir ein Gefühl dafür bekommen, *wie* das Relative mit dem Absoluten verbunden ist. **Qualitativ sind wir eins mit Gott, quantitativ verschieden.**

»Qualitativ eins« bedeutet: So wie Gott ewig und bewusst ist, sind auch wir als Teile Gottes ewig und bewusst. Da Gott Bewusstsein und Wille ist, haben auch wir Bewusstsein und Willen.

»Quantitativ verschieden« bedeutet: Wir sind relativ, und das Relative ist nie absolut. Aber im Bewusstsein der göttlichen Liebe können wir mit Gott unteilbar (= individuell) eins sein.

98

Ein Tropfen aus dem Meer ist ein Teil des Ganzen und hat das Potential, mit dem Ganzen »eins« zu *sein,* aber nicht, das Ganze zu *werden.* Der Tropfen kann nicht – und muss auch nicht – das Ganze *werden,* sondern braucht einfach nur das zu sein, was er ist. Dieses Verständnis kommt zum Ausdruck in der esoterischen Formulierung **»Ich-bin-Bewusstsein«.** Niemand spricht von einem »Ich-werde-Bewusstsein«, denn intuitiv spüren wir, dass diese Formulierung irgendwie nicht stimmt. Die theistische Theologie erklärt, warum diese sprachliche Intuition richtig ist.

99

Deutlicher als in der Funke/Feuer- oder in der Tropfen/Meer-Analogie zeigt sich das qualitative Eins- und quantitative Verschiedensein in der Analogie mit der Sonne und den Sonnenstrahlen. Die Sonne ist nie von ihren Strahlen getrennt, und die Strahlen sind nie von der Sonne getrennt, und dennoch sind die Strahlen und die Sonne nicht dasselbe. Wenn der Strahl das ist, was er ist, ein *Sonnenstrahl,* leuchtet er ganz natürlich aus seinem inneren Wesen heraus, ohne dass er sich getrennt darum zu bemühen braucht. Ebenso sind wir als Strahlen Gottes oder »Kinder« Gottes immer mit Gott verbunden und haben teil an seinen allumfassenden Eigenschaften: Ewigkeit, Bewusstsein, Wille. Die Frage ist nur, wie weit wir uns dieser Verbundenheit und Einheit bewusst sind. Wie weit verwenden wir unseren Willen in einem verbindenden oder in einem spaltenden Bewusstsein? Wie weit sind wir mit dem Willen Gottes eins? »Dein Wille geschehe!« Aber: **Was ist der Wille Gottes?**

100

Kann nicht jeder behaupten, das, was er tue, sei »Gottes Wille«? Wurde nicht schon oft von Kreuzzügen, Religionskriegen, »heiligen Kriegen« und Terroranschlägen behauptet: »Gott will es«?

Der Begriff »Gottes Wille« kann monotheistisch oder theistisch verstanden werden. In monotheistischen Auslegungen wird »Gottes Wille« missbraucht, um weltliche Macht- und Monopolansprüche zu rechtfertigen. Im theistischen Bewusstsein wird Gottes Wille in seiner universellen Bedeutung verstanden: Gott ist »ungeteilte Einheit« (Individuum), weshalb Individualität die Grundeigenschaft aller Realität ist. Die allumfassende Einheit Gottes kann nur im Bewusstsein der reinen Liebe erfahren werden – und diese reine Liebe ist Gottes Wille. Denn Gott will Realität, nicht Illusion. Und Realität, unsere individuelle Einheit mit Gott, ist nur mit dem entsprechenden Bewusstsein der lebendigen Einheit (Liebe) erfahrbar. Jedes andere Bewusstsein verfehlt Gottes Willen.

101

Gottes Wille und Gottes Gesetze: Diejenigen, die nicht im Bewusstsein der göttlichen Liebe leben, sind nicht direkt mit der Quelle verbunden und müssen daher alles, was sie zu brauchen meinen, aus dem eigenen Ego schöpfen oder von anderen Lebewesen beziehen. Sie leben nicht mehr im Bewusstsein der Einheit (Liebe), sondern in der Spaltung, so wie Dunkelheit getrennt vom Licht ist. Das Leben in der Liebe, in der Vollkommenheit des freien Willens, ist *Gottes Wille*. Wer nicht diesem Willen entsprechend lebt, unterliegt automatisch *Gottes Gesetzen,* insbesondere dem Gesetz von Ursache und Wirkung. Wenn in der Welt Gewalt, Lüge, Ungerechtigkeit und Krieg herrschen, entspricht dies nicht Gottes Willen, sondern Gottes Gesetzen.

Der Atheismus/Monismus sagt, die höchste Realität sei eine neutrale, homogene Energie oder Einheit, was bedeute, dass »Gott« weder Willen noch Bewusstsein habe; es gebe nur die Materie und die der Materie innewohnenden Gesetze. Der Atheismus/Monismus verneint Gottes Willen und verabsolutiert die materiellen Gesetze (»Selbstorganisation der Materie«), weil er Realität auf die Materie beschränkt – und Materie ist eine neutrale, nur nach Gesetzen funktionierende Energie ohne Bewusstsein und damit auch ohne Liebe und ohne Gnade.

Der Monotheismus setzt Gottes Willen und Gottes Gesetze gleich, weshalb er sagt, Gott sei ein strafender und rächender Gott. Gottes Wille und Gottes Gesetze sind aber nicht dasselbe. Gott straft nie. Es sind immer die Menschen, die sich selbst strafen, entsprechend dem göttlichen Gesetz von Ursache und Wirkung. (Das Gesetz von Ursache und Wirkung kann ebenfalls atheistisch oder theistisch verstanden werden. In der atheistischen Auslegung führt dies zu zahlreichen Missverständnissen, v. a. im Zusammenhang mit dem Gesetz des Karma; siehe Abs. 129 und 134 sowie Kap. 24, »Schicksal und freier Wille«.)

Kapitel 11

Theistische Theologie (3):
Die drei Gottesaspekte

102

Individualität ist die gemeinsame und verbindende Eigenschaft des Absoluten und des Relativen. Weil Gott individuell (ungeteilt, ewig, bewusst) ist, sind auch wir individuell und haben Bewusstsein und Willen. Hierin liegt **unsere spirituelle Identität als Teil Gottes.** Wenn wir diese Identität vergessen und uns in einer materiellen Identifikation verlieren, ist dies **Illusion** (sanskr. *māyā*). Nicht die Materie oder die materielle Welt ist Illusion, wie die atheistischen Monisten sagen (Abs. 80, 88), sondern die einseitige Identifikation mit der Materie, die uns meinen lässt, Realität sei nur materiell. Illusion *(māyā)* ist also ein *Bewusstseinszustand* und nicht eine äußere, objektive Gegebenheit. Letzteres – dass Illusion eine äußere, objektive Gegebenheit ist – wäre der Fall, wenn Aussagen wie »Materie ist Illusion; der materielle Körper ist Illusion« der Realität entsprächen. Aber Illusion wie auch die Wahrnehmung der wirklichen Realität sind immer eine Frage des Bewusstseins. Während Illusion auf einer irrealen Identifikation beruht, beruht Gottesbewusstsein auf der Realität der eigenen Identität. Unser Bewusstsein entscheidet, auf welche Art wir die äußere, objektive Welt wahrnehmen: im Licht der spirituellen Realität oder durch die Schleier irgendeiner Form von Illusion (Fehlidentifikation) aufgrund von Materialismus, Nationalismus, Monotheismus usw.

103

Identität und Identifikation sind nicht dasselbe. Solange wir auf der Erde leben, sind wir in erster Linie Mensch und müssen lernen, mit der Materie, angefangen mit unserem Körper, in einem harmonischen, versöhnten Bewusstsein zu leben, was bedeutet, die Materie weder zu verabsolutieren noch zu negieren oder zu verteufeln. Wir identifizieren uns als Menschen und sind Personen mit bestimmten Eigenschaften und Bedürfnissen. Eine gesunde Identifikation mit der eigenen Situation ist existentiell wichtig und ist die Grundlage der Eigenverantwortung. Identifikation wird zu Illusion, wenn sie nicht im höheren Bewusstsein unserer spirituellen Identität gegründet ist. »In der Welt, aber nicht von der Welt« (Joh 17,11/16) ist eine treffende Formel für den differenzierten, gottesbewussten Umgang mit der Materie.

104

In religiösen Kreisen, die nicht theistisch sind – z. B. im Buddhismus und im Advaita-Hinduismus –, wird gelehrt, es gebe keine ewige individuelle Existenz, denn individuelle Existenz bedeute Getrenntheit von der Einheit. Aus theistischer Sicht ist diese Aussage zu relativieren. Im Materiellen bedeutet »individuell« tatsächlich etwas Getrenntes und Begrenztes, aber wir sollten das Relative nicht auf das Absolute projizieren. Denn das Absolute ist nicht einfach ein *ad infinitum* gedachtes relatives Sein.

Die Aussage, es gebe keine ewige individuelle Existenz, stimmt jedoch, wenn wir das Wort »Existenz« wörtlich nehmen. Es ist abgeleitet vom lateinischen Verb *existere,* »heraustreten; hervortreten; ins Dasein kommen« (von *ex:* »aus; hinaus«, und *sistere:* »hinstellen; sich hinstellen; sich befinden«), bezieht sich damit also auf das *materielle* Dasein. In diesem Sinn ist »Existenz« nie definitiv, sondern immer relativ. Das lateinische Parallelwort zu *existere* ist *esse,* »sein«. Davon abgeleitet ist das wichtige philosophische Wortpaar **Essenz und Existenz,** »das Seiende« und »das Hervorgetretene«.

Existenz bezieht sich auf das relative Dasein, Essenz auf das absolute Sein = das Bewusst-Sein und Individuell-Sein, das sowohl Gott als auch uns, den Teilen Gottes, eigen ist.

Existentiell ist alles, was unser relatives Dasein betrifft (dazu gehören auch die Fragen nach dem Absoluten). *Essentiell* ist das, was die spirituelle Realität betrifft: unsere und Gottes Individualität und alles, was mit dem bewussten Erleben dieser Einheit zu tun hat.

105

Durch eine kontemplative und meditative Selbstbetrachtung kann der Mensch sich selbst als ein Teil des Ganzen erkennen, der in seiner Essenz von der Materie frei und unabhängig ist. In dieser Selbstbetrachtung erkennen wir als erstes, was wir *nicht* sind. Wir erleben uns in der Nondualität (sanskr. *advaita*); wir sind frei von der Bindung an materielle Konzepte und Identifikationen und erkennen, dass wir auch jenseits aller Dualität »Bewusstsein« sind. Wir erwachen im »Nichts« – dort, wo nichts Materielles mehr ist. Wenn das Bewusstsein »leer« (sanskr. *śūnya*) geworden ist, bleibt die unbegrenzte Weite, das reine spirituelle Sein. Wir erkennen: »Gott ist alles.« Damit erkennen wir den ersten Aspekt Gottes: **die Allgegenwart der göttlichen Energie.** Dieses unendliche Absolute – die Totalität aller Energie als allumfassendes Potential – wird im Sanskrit »Brahman« genannt. Dementsprechend ist die erste Stufe der Gotteserkenntnis die **Brahman-Erkenntnis:** »Gott ist alles. Alles ist göttliche Energie.« *Tat tvam asi,* »das bist du« – die bekannte Sanskritformel aus den Upanishaden* –, ist ein Schlüsselsatz in diesem Zusammenhang: Ich erkenne meine qualitative Einheit mit dem Absoluten.

Im praktischen Leben bedeutet diese Erkenntnis, dass wir uns nicht mehr von den Einflüssen der Dualität beherrschen lassen. Wir ruhen innerlich in einem Bewusstsein der *Nondualität und Neutralität,* weil wir die Vergänglichkeit alles Materiellen durchschauen. Glück und Leid, Gewinn und Verlust, Sieg und Niederlage, Ehre und Schmach, Applaus und Anfeindungen – wir bleiben angesichts der Gegensätze des materiellen Daseins in Gleichmut und Gelassenheit. Unsere innere Ruhe und Zufriedenheit ist nicht von materiellem Erfolg abhängig, und Misserfolg stürzt uns nicht in Betrübnis und Niedergeschlagenheit. Das Böse kann uns weder verführen noch einschüchtern, noch emotionell beeinflussen, ebensowenig wie das Gute und Schöne uns derart faszinieren kann, dass es uns verblendet und wir dadurch die andere Seite der Dualität verdrängen oder vergessen.

Die Bewusstseinsreife der Nondualität und Neutralität ist die Grundlage jeder weiteren spirituellen Entwicklung. Oder strenger formuliert: Ohne diese Bewusstseinsreife führen religiöse und säkulare Wege nicht zu Gottesbewusstsein, sondern zu Fanatismus, Nihilismus, Okkultismus usw.

Brahman-Erkenntnis kann auch als **theistischer Monismus** bezeichnet werden. Sie ist die erste Stufe der echten Gotteserkenntnis, genauso wie *Licht* das erste ist, was wir sehen, wenn wir aus der Dunkelheit heraustreten. Licht ist der untrügliche Beweis dafür, dass wir nicht mehr in Dunkelheit sind. Das Licht der Brahman-Erkenntnis offenbart, dass wir Teile der göttlichen Einheit sind, und in diesem Licht sind wir frei von Illusion *(māyā),* d. h. frei von falschen Identifikationen. Wir sehen die vergängliche materielle Welt aus der Sicht der Ewigkeit und Einheit und können gerade deshalb auch erkennen, was *nicht* dieser Einheit entspricht. Theistischer Monismus ist eine differenzierte spirituelle Sicht auf der Grundlage der Erkenntnis: »Alles ist – direkt oder indirekt – göttlich«, im Gegensatz zum atheistischen Monismus, der vom undifferenzierten intellektuellen Konzept »alles ist eins« ausgeht, das besagt, die materielle Welt sei letztlich eine Illusion, was auch bedeutet, die Unterscheidung von Gut und Böse sei eine Illusion, da letztlich alles »eins« sei. Das Problem des atheistischen Monismus besteht darin, dass er versucht, Realität durch Verneinung der Dualität zu definieren – was unmöglich ist, genauso wie der Versuch, durch Entfernung von Dunkelheit Licht zu erzeugen (Abs. 126).

---

* Oft wird gesagt, eine Grundlehre der indischen Philosophie sei das Identischsein von Ātman (individuelles göttliches Prinzip) und Brahman (universelles göttliches Prinzip). Die atheistische Interpretation dieser Aussage wurde bereits erwähnt (Abs. 97). Die theistische Erklärung lautet, dass sich dieses Identischsein nur auf die qualitative Einheit bezieht. Dies wird bestätigt durch einen weiteren bekannten Schlüsselsatz aus den Sanskritschriften: *ahaṁ brahmāsmi,* »ich bin Brahman«. Dies bedeutet nicht »ich bin Gott«, sondern »ich bin göttliche Energie; ich bin göttlichen Ursprungs«.

Brahman-Erkenntnis bedeutet nicht Verneinung oder Verharmlosung der Dualität, sondern *Durchschauen der Dualität* im Licht der göttlichen Nondualität und Neutralität.

106

Wenn wir über die Brahman-Erkenntnis hinausgehen, erkennen wir Gott nicht nur als schöpferische Totalität von Energie, sondern als *Ganzheit:* die differenzierte, individuelle Einheit des Absoluten und des Relativen. Wir kommen **vom Bewusstsein der Nondualität und Neutralität zum Bewusstsein der Individualität,** was die Nondualität und Neutralität nicht aufhebt, sondern erweitert.

Während in der Brahman-Erkenntnis das qualitative Einssein mit Gott hervorgehoben wird, gehen die weiteren Stufen des Theismus vom individuellen Aspekt Gottes aus. Wir erkennen, dass unsere Individualität nicht einfach eine Scheinexistenz ist, die sich auflöst, wenn wir in die »Einheit« eingehen. Wir erkennen Individualität als die ewige, spirituelle Realität unseres Seins. Wir als relative Wesen sind individuell, und auch Gott ist *individuell:* ein allumfassendes Individuum (»ungeteiltes, bewusstes Wesen«). Hier kommen neben der *energetischen* Allgegenwart die zwei nächsten Aspekte Gottes hinzu: die *immanente* und die *transzendente* Allgegenwart.

Gottes immanenter Aspekt bezieht sich auf **die Allgegenwart des göttlichen Bewusstseins in der Schöpfung.** Wir erkennen: Vieles – eigentlich *alles* – in unserem Leben, sowohl in unserem Körper als auch auf unserem Lebensweg, unterliegt nicht direkt unserer Führung. Im Körper funktionieren die meisten Organe ohne unser bewusstes Einwirken. Das Herz schlägt, der Magen arbeitet, das Blut fließt, obwohl wir nicht wissen, welche Kraft letztlich hinter all diesen Lebensvorgängen wirkt. Sogar das Bewegen unserer Arme und Beine ist von vielen physischen und psychischen Mechanismen abhängig, die jenseits unserer bewussten Steuerung sind: Wir wollen unseren Arm bewegen, und er bewegt sich; wir geben den geistigen Impuls, aber *wie* es kommt, dass geistige Impulse körperliche Reaktionen auslösen, wissen wir nicht. All diese Funktionen unterliegen nicht unserer direkten Kontrolle. »Es« funktioniert einfach. Wie wenig dieses »es« unserer Kontrolle unterliegt, merken wir meistens erst dann, wenn die entsprechenden Körperteile nicht mehr so funktionieren, wie wir möchten.

In unserem Körper ist also eine steuernde Kraft gegenwärtig, die jenseits unseres persönlichen Bewusstseins wirkt. Dank dieser Kraft findet der Körper immer die bestmögliche Variante der organischen Funktion, Erneuerung und Heilung. Bei Spontan- und Geistheilungen, sogenannten Wunderheilungen, geschieht die organische »Renovation« und »Reparation« sogar schlagartig, was auf eindrückliche Weise zeigt, dass Materie letztlich *geistigen* und nicht mechanischen Gesetzen folgt. Der nächste Schritt in dieser Erkenntnisfolge ist offensichtlich: Diese steuernde Kraft ist nicht nur in unserem Körper gegenwärtig, sondern in *allen* Körpern – in allen Menschen, Tieren und Pflanzen bis hin zu den Einzellern, Mikroben und Mineralien!

Wenn wir diese Sicht erlangen, offenbart sich uns *jeder* Aspekt der Natur als ein Wunder (Abs. 50). Jede Mücke, jede Spinne, jede Blume, jeder Grashalm zeigt, dass *Leben* nicht bloß eine materielle Funktion ist. In allen Phänomenen des Lebens – Wachstum, Stoffwechsel, »Instinkt«, Bewusstsein, Unterbewusstsein, Intuition, Inspiration usw. – wirkt eine höhere, allgegenwärtige und allwissende Kraft. Dieser Aspekt Gottes als immanente Präsenz in der Schöpfung wird im Sanskrit »Paramātmā« genannt: wörtl. »die höchste Seele« oder »Überseele«, die universelle Seele. Die göttliche Immanenz ist universell, weil sie auf allen Ebenen der Schöpfung wirkt. Sie ist die kosmische Intelligenz und die inhärente Körperintelligenz. »Ich weile [als Paramātmā] im Herzen aller geschaffenen Wesen, und von mir kommen Wissen, Erinnerung und Vergessen.« (*Bhagavad-Gītā* 15,15)

Brahman ist die Allgegenwart der göttlichen Energie, Paramātmā die Allgegenwart des göttlichen Bewusstseins. **Paramātmā-Erkenntnis** ist die zweite Stufe der Gotteserkenntnis: Ich erkenne Gott in der Schöpfung. »Gott ist die Natur« – aber nicht: »Die Natur ist Gott« (siehe Abs. 80, 85). Ich sehe mich als relatives Individuum *(ātmā)* und Gott als absolutes Individuum *(paramātmā)* und erkenne, dass ich nie unabhängig bin. Ich habe einen freien Willen, doch der freie Wille macht mich nicht unabhängig. Prägnant formuliert: Freier Wille bedeutet, wählen zu können, wovon ich abhängig sein will. (Mehr dazu in Kapitel 24, »Schicksal und freier Wille«.)

In der Paramātmā-Erkenntnis werde ich mir meiner existentiellen Abhängigkeit von Gott bewusst. Ich erkenne, dass jegliches Leben nur dank der alldurchdringenden (immanenten) Präsenz des göttlichen Bewusstseins möglich ist und dass ich selbst nie absolut unabhängig handeln kann. Paramātmā ist die »kosmische Intelligenz« hinter jeglicher Schöpfung, was auch die Wissenschaftler des *»Intelligent Design«* aufzuzeigen versuchen – meistens jedoch mit einer monotheistischen Motivation. Aufmerksame materialistische Wissenschaftler erkennen diese mysteriöse Kraft, die weder mechanistisch noch genetisch zu erklären ist, ebenfalls, sprechen aber nicht von *»Intelligent Design«,* sondern von »Selbstorganisation der Materie«, von »Zufall und Notwendigkeit«, von »Evolution« und von »morphogenetischen Feldern«. Paramātmā wirkt so vollkommen und natürlich, dass man als Betrachter meinen könnte, die Materie programmiere und organisiere sich selbst. Bei einer meditativen Betrachtung der Natur und des Kosmos bekommen wir jedoch ein Gefühl dafür, was göttliche Allwissenheit und Allmacht wirklich bedeuten.

107

Mystiker und heilige Schriften beschreiben die unterschiedlichen Aspekte des Absoluten manchmal in paradoxen Formulierungen. Ein berühmtes Beispiel hierfür findet sich in der *Bhagavad-Gītā* (9,4–6):

> »In der gesamten geschaffenen Welt bin ich, der Ungeschaffene, in meiner unsichtbaren Gestalt allgegenwärtig. Alles ist in mir, doch ich bin nicht in allem./ Und dennoch ist nicht alles in mir. Dies ist das Mysterium meiner Individualität! Alle Schöpfungen und Geschöpfe gehen von mir aus und ruhen in mir, doch ich bin nicht sie, obwohl ich allgegenwärtig bin./ Betrachte, wie die ständig rege Luft den Himmelsraum erfüllt, dieser aber von ihr verschieden ist, und erkenne: Auf ähnliche Weise befindet sich alles in mir.«

Die gleichzeitigen Realitäten von »ich bin hier und doch nicht hier; ich bin alles und doch nicht in allem« beziehen sich auf den immanenten und den transzendenten Aspekt Gottes. In den Aspekten der energetischen Allpräsenz (Brahman) und der allschöpferischen Immanenz (Paramātmā) ist Gott alles und überall, aber im transzendent-individuellen Aspekt ist Gott nicht mit allem identisch, so wie Licht allgegenwärtig ist und dennoch in den Schattenbereichen und in der Dunkelheit nicht gegenwärtig ist. Aber es ist nicht das Licht, das die Dunkelheit schafft. »Alles ist in mir, doch ich bin nicht in allem. Und dennoch ist nicht alles in mir.« Im Gegensatz zum atheistischen Monismus, der sagt: »Alles ist Gott«, sagt der Theismus: »Gott ist alles, aber nicht alles ist Gott« (Abs. 80, 85). Licht ist allgegenwärtig, aber nicht alles ist Licht. »Dies ist das Mysterium meiner [allumfassenden] Individualität!«

Erst wenn auch der transzendente Aspekt miteinbezogen wird, hat der Begriff »Gott« seine volle Bedeutung. Der transzendente Aspekt von Gottes Individualität wird im Sanskrit Bhagavān[19] genannt, wörtlich »derjenige, der* alle Vollkommenheiten *(bhaga)* umfasst *(-vān)*«. Bhagavān ist »der Allmächtige« (Gott, Bog, Allah, YHWH, Viṣṇu usw.), der »Ganze und Allumfassende«, der mehr ist als »nur« das Absolute (Abs. 80), nämlich die Ganzheit, die alles – das Absolute und das Relative, die Einheit und die Vielfalt – umfasst: der »lebendige Gott« (Abs. 83). Gott als Bhagavān enthält Brahman und Paramātmā, als Brahman und Paramātmā aber noch nicht Bhagavān. **Bhagavān-Erkenntnis, die dritte Stufe der Gotteserkenntnis,** ist das, was im vorliegenden Buch als *theistisches Gottesbewusstsein* bezeichnet wird.

---

* Gott wird hier der Einfachheit halber nur als »derjenige, der« bezeichnet, weil »Gott« im Deutschen sprachlich maskulin ist. Dies hat selbstverständlich nichts mit einem maskulin-patriarchalen Gottesbild zu tun.

108

Die drei Gottesaspekte umfassen die energetische **Allpräsenz**, die allschöpferische **Immanenz** und die individuell-absolute **Transzendenz:**

- Brahman, die allgegenwärtige Urenergie,
- Paramātmā, das allgegenwärtige göttliche Bewusstsein in der materiellen Schöpfung,
- Bhagavān, die transzendente, allumfassende Individualität Gottes.

Allpräsenz, Immanenz und Transzendenz sind einheitliche und parallele (»gleichzeitige«), nicht etwa getrennte oder gegensätzliche Aspekte Gottes, ähnlich wie auch ein Feuer nicht von seiner Hitze oder seinem Licht zu trennen ist.

Beschreibungen der drei Gottesaspekte lassen sich in allen heiligen Schriften finden, und es wird eine dankbare Aufgabe für berufene Theologen des Judentums, des Christentums, des Islam und der anderen Religionen sein, herauszuarbeiten, wie diese theistische Differenziertheit (die Vielfalt und Einheit des Absoluten) in ihren heiligen Schriften zum Ausdruck kommt.[20]

109

Die drei Gottesaspekte können nicht direkt mit der christlichen Trinitätslehre – »Vater«, »Sohn« und »Heiliger Geist« – gleichgesetzt werden. Es wäre zu untersuchen, worin die Parallelen und die Unterschiede bestehen, was nicht einfach ist, weil die verschiedenen Strömungen des Christentums unterschiedliche bis gegensätzliche Auffassungen von Trinität vertreten. Im Islam wird die Vorstellung einer Trinität gänzlich abgelehnt, weil es Gotteslästerung sei zu sagen, Gott habe einen Sohn.

Nur schon dieser eine Punkt zeigt, wie wichtig eine theistische Verständigung zwischen den Religionen ist. Die Ablehnung des »Sohn«-Aspektes im Islam bezieht sich auf anthropomorphe Gottesbilder und sollte von islamischer Seite her nicht verabsolutiert werden. Das Verständnis der drei Gottesaspekte zeigt, dass wir alle, unabhängig von unserer Religionszugehörigkeit, »Teile« Gottes, d.h. »Kinder« Gottes sind. Jesus ist nicht der einzige Sohn Gottes, wir *alle* sind »Kinder« – »Söhne« und »Töchter« – Gottes, weshalb Jesus die Menschen »Brüder« und »Schwestern« und »meine Freunde« nannte (Mt 12,50; Joh 15,14; 17,22). Wenn die Moslems Jesus als »Gottes Sohn« ablehnen, weil Gott keinen Sohn habe, dann lehnen sie die *Verabsolutierung* Jesu ab, aber sie wollen damit nicht sagen, Allah sei »nur« Brahman oder wir seien nicht die »Kinder« (=Geschöpfe) Allahs, des allmächtigen Schöpfers.

Kapitel 12

Gut und Böse

110

Wenn es Gott gibt, warum gibt es dann das Böse? Ist Gott gut, aber nicht allmächtig, oder ist er allmächtig, aber nicht gut? Mit solchen Fragen wollen Vertreter des Atheismus zeigen, dass es absurd sei, an einen Gott zu glauben. Sie argumentieren: »Wenn es Gott gäbe, müsste er alles Leid und alles Ungute auf der Erde verhindern. Weil dies aber nicht geschieht, kann es keinen Gott geben.« Diese Argumentation gründet in der Annahme, dass Gott, wenn es ihn gäbe, für das Böse in der Welt verantwortlich wäre – was offensichtlich keine zwingende Logik ist (mehr dazu in Abs. 133). Atheisten können solche Argumente konstruieren, weil in ihrem Weltbild der freie Wille des Menschen als etwas Relatives gesehen wird, als eine Funktion von materiellen Faktoren.

Wenn wir jedoch spirituelle Individuen sind, dann hat der freie Wille eine absolute Grundlage. Der freie Wille ist sogar das Hauptmerkmal unserer Identität als Teil Gottes – womit wir zu den inneren Mysterien der theistischen Erkenntnis kommen: Liebe und der scheinbare Widerspruch zwischen Gottes Allmacht und unserem freien Willen.

111

Gott als Ganzheit ist allumfassend, umfasst also alle Aspekte des Absoluten (Abs. 59 mit Anm. 14), so auch den Aspekt, etwas *nicht* zu haben, und den Aspekt, etwas *nicht* tun zu können! Was hat der Vollkommene und Vollständige nicht? **Was Gott nicht hat,** ist *unsere Liebe*. Und **was Gott nicht tun kann,** ist, unsere Liebe erzwingen. Denn Liebe ist Ausdruck des freien Willens, und Gott als die vollkommene Liebe lässt allen Individuen den freien Willen. Niemand *muss* in Harmonie und Einheit leben, und niemand *muss* die Harmonie und Einheit verlassen. Wenn wir in Spaltung und Disharmonie leben, ist dies das Ergebnis unseres freien Willens – und nicht eine »notwendige Erfahrung« und auch nicht Gottes Wille.

Symbolisch gesprochen, ist Gott das Licht, und **Licht wirft keinen Schatten.** Es ist also nicht Gott, der Schatten wirft, d. h. Spaltung erzeugt. **Das Böse kommt nicht von Gott,** wird aber von Gott zugelassen (durch den freien Willen).

112

Das Absolute hat keinen Gegenpol. Das heißt, es gibt keinen Antigott (»Teufel«) neben Gott. Gott hat keinen Widersacher, aber *die Menschen* haben Widersacher! Innerhalb der relativen Welt gibt es Gut und Böse, auch das extrem Böse und das ursprüngliche Böse. Denn alles Relative hat einen Anfang, was bedeutet, dass auch das Böse irgendwann einmal begonnen hat. Innerhalb des materiellen Kosmos hat also irgend »jemand« als erster in sich einen diabolischen Geist entstehen lassen, symbolisch gesprochen: sich vom Licht abgewandt und einen Schatten geworfen, Dunkelheit erzeugt.

Dunkelheit definiert sich durch die Ausschließung und Abwesenheit von Licht. Aber aus der Sicht des Lichtes ist das Dunkle abhängig und begrenzt. Dunkelheit ist relativ. Das Böse oder »Satan« ist **autonom, aber nicht absolut.** Doch »es« existiert – im wörtlichen Sinn des Wortes (Abs. 104): Es ist herausgetreten aus der Einheit und aus der Liebe, so wie Dunkelheit vom Licht abgetrennt ist.

113

Ist das Böse notwendig? Aus der Sicht des Abgetrennten ist Dunkelheit die wirkliche und einzige Realität, und man meint, Dunkelheit sei notwendig, damit wir Licht sehen können, oder Dunkelheit sei der Hintergrund von Licht oder sogar der Ursprung des Lichtes.

Gerade in esoterischen Kreisen wird die Existenz des Bösen oft geleugnet oder vergöttlicht, indem gesagt wird, alles – auch das Böse – sei eine »notwendige Erfahrung«; ohne das Böse wüssten wir nicht, was gut ist; letztlich sei die Unterscheidung von Gut und Böse ein Ausdruck von mangelnder Erleuchtung, denn: »Alles ist eins; alles ist Gott.«

Die Antwort auf die Frage, ob das Böse notwendig sei, wurde bereits in Abs. 112 gegeben und kann hier weiter ausgeführt werden: Das Böse existiert nur im Bereich der Dualität, d. h. in einem beschränkten, schattenhaften Bereich. Dualität ist nicht die gesamte Realität. Aber auch innerhalb der Dualität ist das Böse nicht notwendig. »Hier« ist es **nicht notwendig, aber unvermeidlich,** da es immer Personen gibt, die sich diesen Einflüssen öffnen. Wer sich vom Bewusstsein der Liebe und Verbundenheit trennt, tut dies aus eigener Entscheidung – und ist für diese Entscheidung verantwortlich, weil wir als spirituelle Individuen einen freien Willen haben.

»Hier in dieser Welt ist es unvermeidlich, dass Täuschung/Lüge kommt. Aber wehe denen, durch die sie kommt!« (Mt 18,7)

114

In der Frage von Gut und Böse zeigt sich der existentielle Unterschied zwischen theistischen und atheistischen/nontheistischen Weltbildern. Der absolute Gott, den wir durch das theistische Bewusstsein wahrnehmen, ist der lebendige Gott, **die lebendige Einheit** von Individuum (ungeteiltes, ewiges Bewusstsein) und Energie (unendliches, ewiges Sein). Die

Energie allein ist eine abstrakte, neutrale Einheit, die in sich keine Ordnung, kein Bewusstsein, keinen Willen und keinen inhärenten Sinn hat. Diese Nullordnung (»Chaos«) ist ein Aspekt der Realität, aber nicht die absolute Realität. Wer nicht die lebendige Einheit sieht, hat ein einseitiges Verständnis des Absoluten und glaubt an eine **reduzierte (»falsche«) Einheit**, in der das Leben des Menschen keine wirkliche (absolute) Bedeutung hat (Abs. 87). Höchstes Prinzip vor dem Hintergrund dieses Chaos ist *das Fatum:* das von den Naturgesetzen beherrschte »Schicksal«. Alles, was existiert, ist ein Produkt dieser Naturgesetze entsprechend der (angeblichen) Selbstorganisation der Materie, und die Menschen sind nur zufällige Erscheinungen innerhalb des Weltenmechanismus. Aus dieser Sicht gibt es letztlich kein Gut und Böse. Schuld, Leid, Lüge und Unrecht werden als Teil der »göttlichen« Weltordnung gesehen. Die Vergottung des Fatums führt zum Konzept der fatalistischen Notwendigkeit des Bösen, was nichts anderes ist als eine Selbstrechtfertigung der Dunkelmächte.

Das Böse wird verharmlost und zur Notwendigkeit erklärt, weshalb keine Notwendigkeit mehr besteht, das Böse zu *überwinden.*

115

Aus der Sicht des Atheismus hat das Leben letztlich keinen Sinn, was bedeutet, dass auch das Böse keinen Sinn hat. Was immer geschieht, geschieht gemäß dem Gesetz von Ursache und Wirkung vor dem Hintergrund der absoluten Einheit, die kein Bewusstsein, keinen Willen und keine Eigenschaften hat. Die »Realität« des Atheismus ist nicht nur sinnlos, gottlos und gnadenlos, sondern auch trostlos ...

116

Wird Gott auf die »Welt« beschränkt, kommt der Mensch nicht über die bestehende Welt hinaus. Denn der Mensch kennt dann keine Kraft, die *anders* wäre als die Welt. Atheismus beginnt dort, wo Gott nicht mehr als Ganzheit und Individuum gesehen wird, sondern nur noch **als abstrakte Idee**. Dies war das Problem von Platons Philosophie (Abs. 88), die zwar noch die Konzepte von Seele, Reinkarnation und Metaphysik enthielt, aber nicht mehr die Perspektive der spirituellen Individualität. Bei Platons Schüler Aristoteles war Gott nur noch »der unbewegte Beweger des Alls«, d. h. eine universell-materielle Energie als Grundlage des Weltenmechanismus: der *deus* des europäischen Deismus (Abs. 80, 128).

Ist Gott nur ein abstraktes Prinzip, eine »Idee«, führt der auf diesem Weltbild aufgebaute philosophische »Idealismus« zu einem subtilen Atheismus, der schnell gröbere Formen annimmt. Georg Friedrich Hegel als Hauptvertreter des deutschen Idealismus beschrieb Gott als den »Weltgeist«, ein Konzept, das von der nachfolgenden Generation (Marx, Engels usw.) mit offenem Atheismus auf die Materie reduziert wurde:

»Es gibt nur Materie, Materie ist allmächtig und ist die Ursache von allem; was den religiös-idealistischen Philosophen als ›Weltgeist‹ erscheint, ist in Wirklichkeit nichts anderes als das Wirken der sich selbst organisierenden Materie; die Ordnung der Welt ist eine materielle Ordnung; auch die Entwicklung der Gesellschaft und Wirtschaft unterliegt den Gesetzen dieser Ordnung.« In der Praxis führten diese Weltbilder zu **Totalitarismus, Geschichtsmaterialismus und Staatsabsolutismus.**

117

Gott ist die lebendige Einheit des Absoluten und Relativen, zu der auch wir, die Menschen, gehören. Im Bewusstsein dieser lebendigen Einheit sind wir mit der allgegenwärtigen Quelle verbunden und bekommen aus ihr alles, was wir brauchen, um in diesem Bewusstsein zu leben. »Sünde« beginnt dort, wo die Menschen (und die Wesen der höheren Welten) dieses Bewusstsein verlassen. **Die Ursache des Bösen** liegt in der Abwendung und Trennung von der lebendigen Einheit, denn diese Trennung führt dazu, dass die bewusste Verbindung mit Gott, der Quelle, verlorengeht (Abs. 101), weshalb die in Trennung gegangenen (»gefallenen«) Wesen ihre Energie nicht mehr von Gott und der göttlichen Liebe beziehen, sondern von *anderen Lebewesen*. Hierin liegt die ursprüngliche Ursache von Gier, Ausbeutung, Gewalt, Lüge, Gewissenlosigkeit usw. Diejenigen, die nicht aus der inneren Verbindung mit Gott heraus leben,»müssen« im Äußeren suchen, was sie an innerer Freude und Erfüllung verloren haben.

118

Der Mensch wird *Mensch* durch Gott und durch die Liebe zur Schöpfung Gottes. Gerät der Mensch in eine Entfremdung von sich selbst als Teil Gottes, hört er auf, Mensch zu sein, und wird unmenschlich, gewissenlos, gleichgültig, kaltblütig. »Und die Liebe in euch wird erkalten ...« (Mt 24,12)

119

In der Entfremdung von der göttlichen Realität kann das Böse extreme Formen annehmen – Unmenschliches, das von den meisten Menschen nicht als solches erkannt wird. Denn diese Extreme bewegen sich **jenseits des Vorstellungsvermögens der Menschen.** Und weil die Menschen nur sehen, was sie glauben, erkennen sie nicht, was »gespielt« wird, selbst wenn die Machenschaften offensichtlich sind und Hunderte, Tausende oder sogar Millionen von Todesopfern fordern. Jesus nannte diesen diabolischen Geist, der sich manchmal sogar als Gott (»Fürst dieser Welt«, Joh 12,31) ausgibt,»Vater der Lüge ... Menschenmörder von Anbeginn« (Joh 8,44).

Aber auch das extrem Böse ist nicht absolut böse. Dies ist eine der inneren Lehren der theistischen Mysterienschulen, die nur mündlich und geheim weitergegeben wurden, weil sie leicht missverstanden und zu einer Halbwahrheit umgedeutet werden können, hier insbesondere: das Böse sei nicht böse, sondern notwendig (Abs. 112, 113, 114).

Wer die Ganzheit kennt, kann das Böse erklären, ohne es zu verharmlosen oder zu rechtfertigen. Das Relative ist nicht absolut, weshalb auch das Böse nie absolut sein kann. Das Relative ist abhängig vom Absoluten, und im Licht des Absoluten bekommt alles Relative einen höheren Sinn – so auch das Böse. Dieser höhere Sinn kann jedoch nur von denen verstanden werden, die Gott als Ganzheit sehen. Wenn jemand durch das Böse zu einer höheren Erkenntnis kommt, ist dies nicht das Verdienst des Bösen, sondern das Verdienst derjenigen Menschen, die sich nicht vom Bösen beeinflussen und brechen ließen.

Diejenigen, die sagen, alles sei gut und alles sei eine notwendige Erfahrung, sagen dies nur so lange, wie *für sie* alles gut ist. Kommen die großen Prüfungen, kann der Atheismus, auch die atheistische Esoterik, den Menschen keinen wirklichen Schutz und keine höhere Sichtweise bieten.

Nicht alles, was geschieht, ist »eine notwendige Erfahrung«, denn jedes Individuum, auch »der Fürst der Welt«, hat einen freien Willen. **Alles hat einen Sinn, aber nicht alles ist gut ...**

120

Wer innerhalb der Dualität »nur« gut sein will, kann sehr schnell vom Bösen beeinflusst werden, denn gut zu sein reicht nicht aus, um das Böse zu durchschauen und ihm zu widerstehen. Deshalb sollte der Mensch nicht nur gut, sondern *göttlich* sein, ebenso wie Licht nicht bloß das Gegenteil von Dunkelheit ist, sondern eine von Dunkelheit unabhängige, eigene Realität.

121

»Göttlich« bedeutet: in bewusster Verbindung mit Gott und Gottes Willen (Abs. 87, 100). Mit einer göttlichen Sicht vermag der Mensch hinter allem Relativen den höheren Sinn zu erkennen: die Essenz der Existenz, wie auch immer die vergänglichen Formen dieser »Existenz« aussehen mögen. In Glück und Unglück, Frieden und Krieg, Freud und Leid, Ehre und Schmach vermögen gottesbewusste Menschen immer die Essenz, den höheren Sinn, zu erkennen. Dieser Sinn ist einerseits immer derselbe, andererseits immer absolut individuell: in Gottesbewusstsein zu leben und dem Kriterium der göttlichen Liebe zu folgen, das heißt, immer zum Besten der Menschen zu handeln, auch derjenigen, die uns feindlich gesinnt sind. Dies bedeutet in erster Linie, sich nicht vom Bösen beeinflussen zu lassen (Abs. 105, 119).

Josef, der von seinen Brüdern an Sklavenhändler verkauft wurde, sagte später, als er seinen Brüdern wieder begegnete: »Ihr wolltet Böses tun, aber Gott gedachte, es zum Guten zu wenden ...« (Gen 50,20)

Mit anderen Worten: Gott schafft nicht das Böse, aber Gott kann das Böse verwenden und zum Guten wenden.

122

Entscheidend im **Umgang mit Gut und Böse** ist die Erkenntnis, dass Gott nicht bloß Energie ist, sondern auch Individuum, was bedeutet, dass Gott Bewusstsein, Wille, Liebe und Gnade* hat bzw. *ist*. Wer das Prinzip der spirituellen Individualität verkennt, muss zwangsläufig meinen, Realität sei nichts anderes als neutrale Energie und abstrakte Einheit. In einem solchen Weltbild gibt es keinen Gott, sondern nur »das Absolute«, das ohne Bewusstsein, ohne Wille und ohne Liebe ist.

Liebe ist alles, aber nicht alles ist Liebe (Abs. 85). Nur weil wir – Gott und Gottes Teile – Individuen sind, gibt es reelle Liebe, und nur im Licht dieser Liebe können wir alles, was ist, auch das Negative, in einem sinnvollen Zusammenhang sehen.

123

Alles Relative hat einen Anfang. Irgend jemand im Kosmos muss also als »Erster« Schatten und damit Schattenwelten geschaffen haben (Abs. 112), und »die Ersten werden die Letzten sein« (Mt 19,30; 20,16; Lk 13,30). Der Erste, der die Einheit verließ und die Liebe aufgab, wird der Letzte sein, der wieder in diese Einheit zurückkehren kann – dann, wenn alle anderen, die sich mitreißen und beeinflussen ließen, ins Licht zurückgekehrt sind. Das Beste, was wir für den archetypischen »Luzifer« tun können, ist deshalb, uns von ihm nicht beeinflussen zu lassen (Abs. 121). Denn wenn auch wir uns in die Dunkelheit ziehen lassen, muss der »Erste« um so länger warten, bis er erlöst wird und wieder ins Licht zurückkehren kann.

Wenn wir in Liebe mit Gott verbunden sind, bekommen wir aus dieser Quelle die Kraft, die wir benötigen, um dem Bösen zu widerstehen. Nur diese göttliche Kraft kann uns helfen, nicht zu resignieren, nicht zu kapitulieren und uns nicht verführen zu lassen.

Liebe ist also keine naive Weltsicht und keine verwässerte »Alles-ist-Liebe«-Verblendung, sondern die Kraft, die uns erlaubt, immer die Sicht der göttlichen Realität zu behalten und entsprechend zu unterscheiden.

---

* Die Gnade Gottes ist vergleichbar mit dem Licht, das immer gegenwärtig ist, auch wenn wir uns in Dunkelheit aufhalten. Sobald wir das, was das Licht abblockt, entfernen, wird die Dunkelheit aufgelöst und »vernichtet«, als hätte sie nie existiert. Nur das Licht kann uns von der Dunkelheit erlösen. Deshalb heißt es, Gott warte auf uns, bis wir unser Bewusstsein öffnen und ihm unsere Liebe schenken.

Kapitel 13

Materialismus, Humanismus, Monismus

124

Atheismus ist ein weiter Bereich, der verschiedenste Philosophien und Weltbilder umfasst. Jeder Materialist ist ein Atheist, aber nicht jeder Atheist ist ein Materialist, denn es gibt auch Atheisten, die okkulte und esoterische Weltbilder vertreten, und wieder andere, die ihren Atheismus religiös ausformulieren, insbesondere in Form des Deismus. Obwohl materialistische Atheisten meinen, Realität beschränke sich auf die physikalische Materie, wissen andere Atheisten, dass Materie nicht nur in physikalischer Form existiert, sondern auch in feinstofflicher, und dass in den entsprechenden feinstofflichen Welten Wesen leben, die mit magischen Praktiken evoziert werden können.

125

Humanismus ist heute ein synonymer Begriff für Atheismus, weil »Atheismus« unsympathisch klingt und sich nur durch eine Negation des Theismus definiert. Humanismus im ursprünglichen Sinn war eine Bewegung der Aufklärung, durch die der Mensch sich vom Diktat der monotheistischen Religionen und von deren Aberglauben befreien wollte, um ein umfassenderes Verständnis der Realität (Gott, Welt, Mensch) anstreben zu können.

Humanismus kann auch theistisch sein (Abs. 77). Seit dem Beginn des 20. Jahrhunderts ist der Begriff »Humanismus« aber per Definition vom Atheismus übernommen worden. Im Jahr 1933 wurde ein *Humanist Manifesto* veröffentlicht, dem 1973 das *Humanist Manifesto II* und 2000 das *Humanist Manifesto III* folgten. All diese Manifeste vertreten ein atheistisches Weltbild, entweder direkt in Form des Materialismus oder indirekt in Form des Deismus.

Die moderne humanistische Bewegung entstand, ausgehend von den USA, als Antwort auf die Monopolansprüche der vielen christlichen Gruppierungen, von denen sich eine zunehmende Anzahl von Intellektuellen abgestoßen fühlte. Viele dieser Intellektuellen gingen jedoch, wie es für die Welt der Dualität typisch ist, vom einen Extrem in das andere und meinten, Monotheismus könne durch Atheismus (genannt »humanistischer Naturalismus«, »evolutionärer Humanismus« usw.) überwunden werden.

1928 wurde in den USA die Zeitschrift *The New Humanist* gegründet (ab 1941 *The Humanist*). Diese Publikation zeigte (und zeigt) unzweideutig, dass Humanismus heute ein Synonym für Atheismus ist. So hieß es

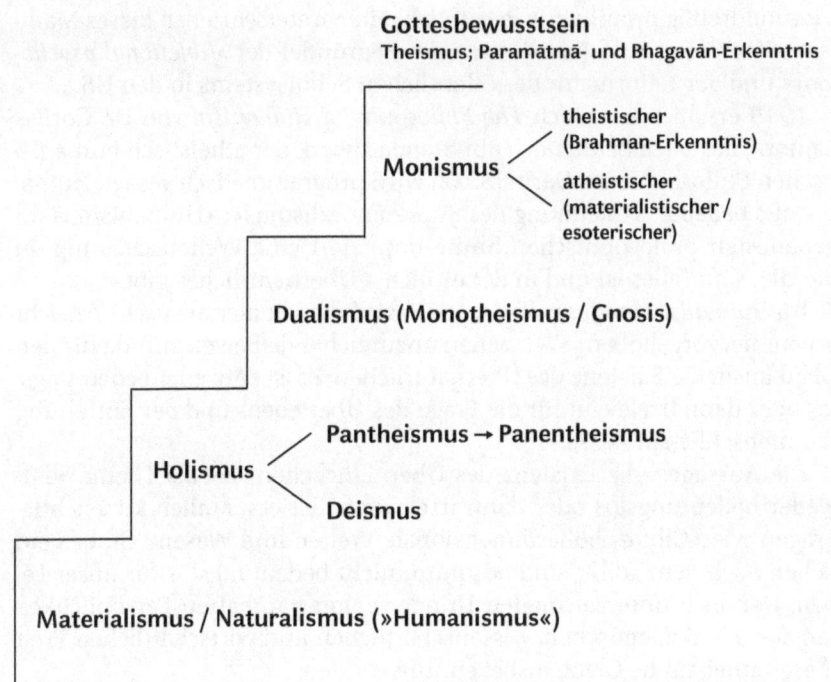

Die verschiedenen Weltbilder können mit den Stufen einer Treppe verglichen werden. Jede Stufe hat die Eigenschaft, dass wir sie zum *Hinaufgehen* oder zum *Hinuntergehen* verwenden können. Ebenso kann man jedes Weltbild auf eine gottzugewandte oder gottabgewandte Weise verstehen. Am Anfang mögen beide Richtungen ähnlich aussehen, da sie von denselben Grundannahmen ausgehen; aber die Konsequenzen zeigen, dass sie diametral auseinandergehen. Grundlegend sind drei Ebenen der menschlichen Entwicklung zu unterscheiden: Gottabgewandtheit, Gottzugewandtheit, Gottesbewusstsein.

z. B. in der Ausgabe 1/1954 in einem Artikel von Prof. Harold Titus, Humanismus sei eine »Religion ohne Gott«, und: »Humanistische Naturalisten betrachten das Universum als ›aus sich selbst heraus existierend und nicht erschaffen‹. Sie haben alle Vorstellungen von etwas Übernatürlichem und alle Formen von kosmischer Unterstützung aufgegeben.«

1933 wurde das erste humanistische Manifest *(A Humanist Manifesto)* veröffentlicht, verfasst von zwei führenden amerikanischen Humanisten, Prof. Roy Wood Sellars, Autor des Buches *Evolutionary Naturalism* (1922), und Raymond Bragg, einem unitarischen Theologen und Pastor, der auch Co-Redakteur der Zeitschrift *The New Humanist* war (in den Jahren 1935/36 Chefredakteur). Sie verkündeten: »Die Zeit des Theismus ist vorbei ...«, und vertraten eine Weltsicht auf der Grundlage des Glaubens an ein materiell evolvierendes Universum ohne übernatürliche Faktoren.

Vierunddreißig prominente Persönlichkeiten unterschrieben dieses Manifest, allen voran Prof. John Dewey, der Begründer der *»functional psychology«* und der Reformator des öffentlichen Schulsystems in den USA.

1949 erschien das Buch *The Philosophy of Humanism* von Dr. Corliss Lamont, das auch heute noch ein Standardwerk der atheistisch-humanistischen Philosophie ist. Darin (S. 22) wird programmatisch gesagt, Humanismus bedeute »Ablehnung des Supranaturalismus«: »Humanismus im genauesten philosophischen Sinne impliziert eine Weltanschauung, in der die Natur alles ist und in der es nichts Übernatürliches gibt.«

Im *Humanist Manifesto II* von 1973 wird diese materialistische Ansicht erneut hervorgehoben: »Wir sehen unzureichende Beweisgründe für den Glauben an die Existenz des Übernatürlichen; er ist entweder bedeutungslos oder dann irrelevant für die Frage des Überlebens und der Entfaltung der menschlichen Rasse.«

Die Aussage, »die Existenz des Übernatürlichen« sei als Thema »entweder bedeutungslos oder dann irrelevant«, ist erstaunlich kurzsichtig. Fragen wie »Gibt es höherdimensionale Welten und Wesen? Gibt es ein Leben nach dem Tod?« sind bestimmt nicht bedeutungslos für unser Leben. Dennoch unterzeichneten Hunderte von namhaften Persönlichkeiten aus der akademischen, wissenschaftlichen und wirtschaftlichen Welt dieses atheistische Glaubensbekenntnis.

Im führenden Humanismus-Verlag der USA, Prometheus Books, erschien 1976, kurz nach der Veröffentlichung des *Humanist Manifesto II,* das Buch *Critiques of God* (»Gottkritiker«), ein Sammelband mit Artikeln von führenden atheistisch-humanistischen Autoren. Darin findet sich folgende prägnante Beschreibung, warum die atheistische Weltsicht »Humanismus« genannt wird: »Es ist nicht so, dass Gott in eine entlegene Region verbannt wird [...]. Die Erkenntnis ist, dass es keinen Gott gibt, zu dem man in Beziehung treten könnte. Was bleibt ohne Gott noch übrig? Der Mensch und das Universum. Das sollte reichen. Es *muss* reichen, weil dies alles ist, was es gibt.«[21]

Dieselbe Weltsicht vertrat auch das *Humanist Manifesto III,* das im Jahr 2000 in der Zeitschrift *Free Inquiry* veröffentlicht wurde, verfasst vom Chefredaktor, Prof. Paul Kurtz.

2005 erschien in Frankreich das Buch von Michel Onfray, *Traité d'athéologie,* 2007 in englischer Übersetzung unter dem Titel: *Atheist Manifesto – The Case against Judaism, Christianity, and Islam* (siehe Abs. 4). 2006 ließ Onfray seinem atheistischen Manifest ein »Manifest des Hedonismus« folgen: *La Puissance d'exister – Manifeste hédoniste,* dt. *Die reine Freude am Sein – Wie man ohne Gott glücklich wird* (2008).

2005 wurde in Deutschland ein »Manifest des evolutionären Humanismus« veröffentlicht, verfasst von Michael Schmidt-Salomon, dem Geschäftsführer der Giordano-Bruno-Stiftung (nicht zu verwechseln mit der *Giordano-Bruno-Gesellschaft,* die nichts mit diesem atheistischen Manifest zu tun hat und es ausdrücklich ablehnt). Dieses Manifest ist wahrscheinlich das deutlichste und offenste Bekenntnis des Humanismus zu einem materialistischen und neodarwinistischen Atheismus (siehe Zitate in Abs. 127, 131 und 140).

126

Anhand der **Symbolik von Licht und Schatten** wird deutlich, worin die Beschränktheit der atheistischen und nontheistischen Weltbilder besteht. Licht hat ein eigenes, von Schatten unabhängiges Dasein und symbolisiert das Absolute, das Spirituelle, die Einheit, Schatten das Relative, das Materielle, die Zweiheit (Polarität). Innerhalb der harmonischen, sich ergänzenden Zweiheit (Polarität) kann eine spaltende, gegensätzliche Zweiheit (Dualität) entstehen, denn Relativität umfasst sowohl Polarität als auch Dualität (Abs. 65).

Wer Materie für die einzige Realität hält, beschränkt die Realität auf das Relative. In der Symbolik von Licht und Schatten bedeutet dies, dass man Schatten und Dunkelheit zur einzigen Realität erklärt und dann von dieser Position aus versucht zu verstehen, was »Licht« ist. Dies ist die philosophische Problematik aller atheistischen Lehren: *Sie wollen »Licht« (Realität) von der »Dunkelheit« (Relativität) her definieren* – was ein falscher Ansatz ist, denn Licht ist nicht dasselbe wie Dunkelheit und ist auch nicht die Summe aller Dunkelheit, das Gegenteil von Dunkelheit oder einfach Abwesenheit von Dunkelheit. Licht hat ein eigenes, von Schatten und Dunkelheit* unabhängiges Dasein und kann von der Dunkelheit nie erreicht werden, denn Dunkelheit ist per Definition vom Licht getrennt und kann das Licht so lange nicht erreichen, wie sie Dunkelheit bleibt. Ebenso können Menschen Realität nie umfassend verstehen, solange sie sich auf das Relative (Materielle) beschränken und das Absolute aus dieser getrennten Denkposition heraus betrachten.

---

* Die Begriffe »Schatten« und »Dunkelheit« werden hier synonym verwendet: Dunkelheit ist ein isolierter Schattenbereich. Um Missverständnisse zu vermeiden, sei hier betont, dass all diese Analogien sich nur auf die *symbolische* Bedeutung der Begriffe »Licht« und »Schatten«/»Dunkelheit« beziehen. Selbstverständlich besagen diese Analogien nicht, Schatten oder Dunkelheit seien als physikalische und natürliche Phänomene etwas »Böses« oder »Schlechtes«. Nacht ist genauso wichtig wie der Tag, wir könnten nicht nur im Licht leben. Schatten sind erfrischend, vor allem in der Hitze. Sterne können wir nur dank der Dunkelheit sehen. Sonne und Mond sind für das Leben auf der Erde von gleicher Wichtigkeit. Nacht und Dunkelheit ermöglichen Erholung und Erneuerung, usw. Wie bereits in Abs. 85, 107, 111–113 und 122 dargelegt, kann die Symbolik von Licht und Schatten/Dunkelheit mit zwei unterschiedlichen Bezügen verwendet werden: einerseits für die Darstellung der Polarität, andererseits für die Darstellung der Dualität (Abs. 65).

127

Eine erste Variante, wie man Licht von der Dunkelheit her definieren kann, lautet: Dunkelheit = Licht. In dieser symbolischen Ausformulierung ist klar, dass etwas nicht stimmt. Wir wissen: Licht ist nicht dasselbe wie Dunkelheit. Doch das heute vorherrschende Weltbild, der **Materialismus**, besagt genau dies: Relativität = Realität, das heißt, Materie ist die einzige Realität. Der Materialismus nennt sich auch **Naturalismus**: die Lehre, dass es nur »Natur« (Materie) und nichts Übernatürliches gibt.

Die heute vorherrschenden Ansichten in der Wissenschaft und Philosophie werden vom Materialismus bestimmt, wie dies besonders deutlich durch die Evolutionstheorie zum Ausdruck kommt. Diese besagt: *»Es gibt nur das materiell Wahrnehmbare. Alles, was im Universum existiert, auch Leben und Bewusstsein, lässt sich mit den Gesetzen der Wissenschaft erklären. Am Anfang war die Materie, dann entstanden Galaxien und Sonnen mit ihren Planeten, wie z. B. unser Sonnensystem. Nachdem sich die glühende Kruste der Erde abgekühlt hatte, entstanden zufällig aus der anorganischen Urmaterie erste organische Bausteine. Als sich diese Bausteine zusammenfügten und eine genügende Komplexität entwickelten, entstanden die ersten einzelligen Lebewesen und aus diesen die ersten Pflanzen und die ersten Tiere. Aus einigen Fischen entstanden Amphibien, aus einigen Amphibien gingen Reptilien hervor und aus einigen Reptilien Säugetiere – alles durch eine Akkumulation zufälliger kleiner, nützlicher Genmutationen. So entstanden die Primaten und die ersten hominiden Urformen. Als diese affenähnlichen Tiermenschen ein genügend großes Gehirn entwickelten, entstand das Bewusstsein. Das heißt, an einem bestimmten Punkt erlangte das Gehirn des Urmenschen eine Komplexität, die eine Selbstwahrnehmung ermöglichte.«*

Diese Theorie, die heutzutage für eine wissenschaftliche Weltsicht gehalten wird, ist nicht wissenschaftlich, sondern *materialistisch* – eine Weltsicht auf der Grundlage des Glaubens: »Es gibt nur Materie.« Die Reduktion von Realität auf die Materie führt zu einem linearen, »evolutionären« Denken, das nur materielle Ursachen miteinbezieht und vom Glauben ausgeht, Leben und Bewusstsein seien das Produkt von ausschließlich materiellen Ursachen. Gemäß diesem Glaubenssystem *muss* Bewusstsein ein Produkt des Gehirns sein; es darf keinen feinstofflichen Körper und kein Leben nach dem Tod geben. Genau diese materialistischen Hypothesen wollen Hirnforscher wie Ramachandran, Searl und Dennett (Abs. 4) experimentell beweisen, und ihre Ansichten werden von Richard Dawkins in seinem Buch *Der Gotteswahn* vorbehaltlos und gerne übernommen. Im *Manifest des evolutionären Humanismus* werden sie bereits dogmenhaft als (angeblich) wissenschaftliche Tatsache verkündet:

Das sogenannte autonome »Ich« ist ein Produkt unbewusster, neuronaler Prozesse, »Geistiges« beruht auf »Körperlichem«, »Willensfreiheit« – im strengen Sinne! – ist eine Illusion, religiöse »Visionen« sind auf Überaktivitäten im Schläfenlappen zurückzuführen usw. (S. 12)

Die pseudowissenschaftliche Behauptung, immer wenn der Schläfenlappen überaktiv sei, entstünden religiöse Visionen, folgt einer verkehrten Logik, die Ursache und Wirkung verwechselt.[22] Nicht das Hirn verursacht geistige Impulse, sondern geistige Impulse verursachen Reaktionen im Hirn. Unser Bewusstsein richtet sich auf bestimmte Inhalte aus, und diese Bewusstseinsausrichtung erzeugt auf der mentalen Ebene (in der »Psyche«) eine entsprechende Frequenz, mit der bestimmte Bilder, Gedanken und Emotionen empfangen werden. Diese mentalen (»psychischen«) Impulse erzeugen auf der physischen (»somatischen«) Ebene entsprechende Reaktionen, angefangen im Hirn.

Ein grundlegendes Argument des Materialismus lautet: *»Wir können durch eine biochemische Beeinflussung des Körpers (durch Drogen, Psychopharmaka, Strahlungen, Stress, Angst usw.) das Wahrnehmungsvermögen und das Gefühlsempfinden des Menschen verändern, was beweist, dass die Bewusstseinsfunktionen des Menschen durch das Gehirn und die entsprechenden hormonellen Reaktionen erzeugt werden.«* Aber auch hier liegt eine voreilige Schlussfolgerung vor, die in keiner Weise zwingend ist. Zwischen Psyche und Physis besteht unzweifelhaft eine wechselseitige Verbindung, weshalb über die Physis auch die Psyche beeinflusst werden kann. Aber dies bedeutet nicht, dass die Physis (das Hirn) die Psyche und das Bewusstsein *erzeugt*. Manipulationen verändern die Wahrnehmung und das menschliche Bewusstsein, aber nicht das ursprüngliche Bewusstsein der Seele.

Die von den Materialisten vielbeschworene Aktivität der Schläfenlappen ist eine psychisch-somatische Reaktion und keine eigenständige Ursache. Zu behaupten, die Aktivierung einer bestimmten Hirnregion sei die Ursache der entsprechenden Gedanken, Emotionen und »Visionen«, ist genauso uninformiert wie die Behauptung, TV-Sendungen würden vom Fernsehapparat produziert und eine Manipulation am Fernsehapparat führe zu einer Veränderung der TV-Sendung.

Tatsächlich ist es für die Biologen ein großes Rätsel, wie nichtphysische Ursachen physische Reaktionen auslösen können. Wie kann ein Gedanke, ein Gefühl, ein inneres Bild im Körper eine Reaktion auslösen? Und umgekehrt: Wie kann ein chemischer Stoff im Körper auf die geistige Wahrnehmung einwirken? Wo ist die Verbindung? Diese Fragen werden von materialistischen Biologen und Psychologen banalisiert und heruntergespielt, denn nur schon diese einfache empirische Gegebenheit würde bei einer genaueren Betrachtung das materialistisch-reduktionistische Menschenbild widerlegen.

Die Behauptung, religiöse »Ideen« seien das Ergebnis einer Überfunktion des Gehirns, ist nicht nur eine Anekdote des materialistischen Glaubens, sondern eine gefährliche Ideologie (siehe Abs. 44 und Anm. 11).

128

Wenn man Materie für die einzige Realität hält, bedeutet dies nicht, dass man gezwungenermaßen einen engen materialistischen Horizont hat. Es bedarf nur einer offengeistigen Naturbetrachtung, um zu einem umfassenderen Weltbild zu gelangen, das – als nächste Stufe auf der Treppe der Weltbilder – **Holismus** genannt wird. Holismus, abgeleitet vom griechischen Wort *holos*, »ganz, gesamt, umfassend«, ist ein Sammelbegriff für die verschiedenen Formen von ganzheitlichen (»holistischen«) Weltbildern, in denen die materielle Erscheinungswelt als sich selbst organisierende Ganzheit gesehen wird: *»Es gibt nur Materie und Energie; Materie und Energie sind die zwei Aspekte derselben Realität und erzeugen durch die in ihnen inhärent enthaltenen Gesetze alle physikalischen und biologischen Informationen und Formen.«* In der Symbolik von Licht und Schatten besagt der Holismus: »Licht ist nicht einfach gleich Dunkelheit. Licht ist die Gesamtheit von Dunkelheit in allen Schattierungen.« Realität wird hier definiert als die universelle und allumfassende Totalität von Materie, wobei die ihr innewohnende Gesetzmäßigkeit als »Geist der Materie«, als »implizite Ordnung«, als »kosmisches Quantenpotential« usw. bezeichnet wird.

Der Holismus ist eine Stufe, von der man, wie bei allen Stufen, in eine gottzugewandte und in eine gottabgewandte Richtung gehen kann. Die gottzugewandte Form des Holismus ist der **Pantheismus** (Abs. 80), die gottabgewandte Form der **Deismus**. Diese oftmals als Synonyme aufgefassten Begriffe werden hier zur philosophischen Unterscheidung auseinandergehalten, denn sie beschreiben zwei Konzepte, die in ihrer Ausgangslage zwar ähnlich klingen, aber bei einer konsequenten Ausformulierung in entgegengesetzte Richtungen führen. Damit soll jedoch nicht gesagt werden, dass jeder, der sich als Deist bezeichnet, automatisch in eine gottabgewandte Richtung geht. (Säkulare Einweihungsgesellschaften, wie z. B. die Freimaurer, bezeichnen sich offiziell als Vertreter des Deismus.) Man kann auch als »Deist« gottzugewandt sein; eine solche Person wäre gemäß der hier dargelegten Systematik dann einfach ein Pantheist.

Die kritische Betrachtung zeigt, dass der Deismus (Abs. 116) in eine gottabgewandte Richtung führt. Bezeichnenderweise stammt »Deismus« als einziger der hier verwendeten Begriffe aus dem Lateinischen – abgeleitet von *deus*, »Gott«. Latein hängt historisch mit dem Römischen Reich *(Imperium Romanum)* und ideologisch mit dem Gedanken des Imperialismus zusammen, der auch heute die Weltpolitik bestimmt, wie dies in der ebenfalls lateinischen Formel auf der amerikanischen 1-$-Note zum Ausdruck kommt: *novus ordo seclorum*, »neue Weltordnung«.

Die deistische Form des Holismus besagt: »Licht ist die Totalität aller Schatten; wenn man die Gesamtheit und Einheit der Dunkelheit erkennt, ist man im Licht.« Realität ist hier gleichbedeutend mit der Totalität von Materie inklusive aller inhärenten Naturgesetze. Der Unterschied von

»Gott« und »Welt« wird aufgehoben, »Gott« und »Welt« werden als eine materielle Einheit gesehen. Gott ist die Welt, und die Welt ist Gott! Realität (Gott) wird im Deismus reduziert auf einen materiellen Allmechanismus (Abs. 116), und man glaubt an eine Selbstorganisation der Materie. Dieses Konzept eines »Allmechanismus« wird in der Personifikation als »Baumeister des Universums« bezeichnet. Der Gott *(deus)* des Deismus ist kein allgegenwärtiges, ewiges Bewusstsein (Individuum), sondern ein kosmisch-materieller Allmechanismus, durch dessen Gesetze die »Schöpfung« hervorgebracht und permanent organisiert wird. Dieser materielle *deus* ist deshalb in religiöser Formulierung ein »Schöpfer«, der nicht in die eigene Schöpfung eingreift, eben weil er nichts anderes ist als die Totalität von Materie mit den ihr innewohnenden Naturgesetzen.

Das atheistische Gottesbild des Deismus besagt in seiner weiteren Ausformulierung: »*Materie/Gesetz ist höher als Bewusstsein und Individuum*«, was wiederum bedeutet: **Verkennung der Individualität Gottes.** »*Weil es letztlich keine Vielheit und Individualität gibt, gibt es keine Verantwortung vor Gott und kein wirkliches Gut und Böse; Gott ist die Natur, und die Natur ist Gott, und die Natur wird beherrscht von gnadenlosen Gesetzen, z. B. von der unvermeidlichen Gegebenheit, dass die Stärkeren die Schwächeren fressen.*« Dasselbe gelte in verfeinerter, evolvierter Form auch für die Menschen, lehren hochgradige Vertreter des Deismus, denn der Mensch sei ein Produkt der »Natur« (Materie); Ausbeutung, Raubtierkapitalismus, Finanzfaschismus usw. seien deshalb etwas »Natürliches«. Seit den 1950er Jahren sterben täglich zwanzig- bis dreißigtausend Menschen an Hunger und Unterversorgung, und die Regierungen nehmen dies als »normal« hin. Denn dies sei der Preis des Fortschritts und entspreche dem Gesetz der »Evolution«.

Durch die Verabsolutierung der »Natur« und der Naturgesetze führen der Deismus und der Naturalismus – wie der offene Atheismus – zu einer »luziferischen« Selbstrechtfertigung des Negativen: Das Böse wird verharmlost und zur Notwendigkeit erklärt (Abs. 114), weshalb keine Notwendigkeit mehr besteht, das Böse zu *überwinden*.

Die praktischen Folgen dieser Weltsicht sind ethischer Relativismus, Pragmatismus, Zynismus und Opportunismus: »*Wir tun, was notwendig ist, und zum Notwendigen gehört auch das Böse ...*«

129

Die Verabsolutierung der Materie und der Naturgesetze, wie dies im Materialismus/Naturalismus und in universeller Form im Deismus geschieht, hat problematische Konsequenzen. Denn »Gesetze« wirken immer *mechanisch:* physikalisch-mechanisch, quantenmechanisch und in geistig-mechanischer Kausalität. Die Gesetze von Aktion und Reaktion werden in den holistischen Weltbildern nicht mehr nur auf die Physik, sondern auf das gesamte Dasein angewendet – was natürlich richtig ist. Einige sprechen hier von »göttlicher Bestimmung«, andere von »Schicksal« (Fatum), wieder andere vom »Gesetz des Karma«. Die Frage ist nur, ob das jeweilige Verständnis von »Karma« ganzheitlich ist oder nur halbwahr. Letzteres ist bei der gottabgewandten Form des Holismus der Fall. Diese Weltsicht besagt: »*Alles geschieht nach dem Gesetz von Aktion und Reaktion. Es gibt keinen Zufall. Was im Leben geschieht, ist eine Reaktion auf das, was man mit den eigenen Aktionen ins Leben gerufen hat. Wenn jemand reich oder arm ist, entspricht dies den kosmischen bzw. deistischen Gesetzen, d.h. den ›Gesetzen Gottes‹. Wenn wir globale Macht haben, entspricht dies also den kosmischen Gesetzen, ebenso wie die Tatsache, dass es unsere Aufgabe ist, mit dieser Macht auf der ganzen Welt für Frieden und Ordnung zu sorgen. Denn nichts ist möglich ohne die entsprechende Ursache. Die Tatsache, dass wir z.B. einen Krieg anfangen können, entspricht also ebenfalls den kosmischen = göttlichen Gesetzen, genauso wie das Schicksal derer, die im Krieg zu leiden haben. Wenn gewisse Menschen leiden müssen, ist das ihr Karma, genauso wie es unser Karma = unsere Bestimmung ist, mächtig zu sein. Wäre es nicht das Karma der betroffenen Völker, Opfer zu sein, könnten wir nicht Krieg gegen sie führen. Die Tatsache aber, dass wir es können, zeigt, dass dies ihr Karma ist und dass alles den kosmischen Gesetzen entspricht, selbst wenn gewisse Leute meinen, dem sei nicht so. Alles ist richtig so, wie es ist. Alles ist eine notwendige Erfahrung.*«

Was in diesem Gedankengang geäußert wird, ist nicht unwahr, sondern halbwahr. Karma wird hier mit »Prädestination« gleichgesetzt, und das ist eine verhängnisvolle Einseitigkeit (= Halbwahrheit), in der etwas Entscheidendes übersehen wird (siehe Kap. 24, »Schicksal und freier Wille«).

130

Die gottzugewandte Form des Holismus ist der **Pantheismus**, wörtlich »All-Gott-Sicht«. Während im Deismus gesagt wird: »Die Welt ist Gott; das Universum ist Gott«, sagt der Pantheismus: »Gott ist die Welt; Gott ist das Universum« (Abs. 80, 85). Mit einer pantheistischen Sicht wird Gott *in der Natur* gesehen; Gott ist das Leben und die im Leben wirkende Harmonie, weshalb man der Natur und jeglichem Leben mit höchstem Respekt begegnet. Der bekannteste europäische Exponent des Pantheismus war Baruch de Spinoza (1632–1677). Die Form des Pantheismus, die er formulierte, entsprach weitgehend einem theistischen Monismus: Es gibt nur eine Substanz (Gott), die jedoch unterschiedliche Formen annehmen kann.

Der Pantheismus sieht Gott nicht als eine lebendige, bewusste Individualität, sondern beschränkt Gott auf die Materie. Der Deismus übernimmt diese Sicht und sagt, »Gott« sei nichts anderes als ein materielles Schöpfungsprinzip. Der Pantheismus und der Deismus setzen Gott mit dem materiellen Universum gleich, was praktisch gleichbedeutend ist mit Materialismus und Naturalismus (= Atheismus). Deismus ist Atheismus für diejenigen, die nicht auf den Begriff »Gott« verzichten wollen. Pantheismus ist Theismus für diejenigen, die Gott noch atheistisch (naturalistisch-monistisch) verstehen. Arthur Schopenhauer sagte deshalb, Pantheismus sei »ein höflicher Atheismus«.* Zur klareren Unterscheidung lässt sich auch sagen: Pantheismus ist gottzugewandter Atheismus.

Der Schritt vom pantheistischen Atheismus zu einem theistischen Naturverständnis wird durch den **Panentheismus** vollzogen, durch die »Alles-in-Gott-Lehre«, d. h. die Erkenntnis, dass alles in Gott enthalten ist (*pan:* all-; *en:* in; *theós:* Gott). Während der Pantheismus sagt, Gott und die materielle Welt (das »All«) seien identisch, sagt der Panentheismus, dass die materielle Welt in Gott ruht und lebt, dass Gott aber nicht identisch mit der materiellen Welt ist. Gott wird hier nicht auf Materie und Energie beschränkt. Gott ist der Geist *in* der Materie, die kosmische Intelligenz, und gleichzeitig ist er mehr als »nur« Geist in der Materie und kosmische Intelligenz. Der Panentheismus entspricht der Paramātmā-Erkenntnis (Abs. 106): »Gott offenbart sich durch die Natur«, das heißt, der »große Geist« (Manitu), wie die amerikanischen Ureinwohner ihn nannten, wirkt in der gesamten Schöpfung; der göttliche Geist ist allgegenwärtig und ermöglicht das Leben der Pflanzen, der Tiere, der Menschen, der gesamten Natur und des gesamten Kosmos. Durch alles spricht Gott zu uns, wenn wir nur zuhören. Der Kosmos ist nicht aus einem Chaos oder aus dem Nichts hervorgegangen, sondern aus der göttlichen Ordnung. Ordnung ist vorgegeben; der Mensch kann Ordnung nicht schaffen, er kann die Ordnung nur *stören* – oder mit ihr *harmonieren*.

131

Der **Monismus** (von grch. *monos,* »eins, einzig, allein«) besagt, alles gehe letztlich auf eine einzige Urenergie bzw. Ureinheit zurück. »Alles ist eins.«

Auf der philosophischen Treppe, die von der Dunkelheit ins Licht führt, stellt der Monismus die höchste Stufe dar, denn er kommt dem Licht am nächsten, kann aber auch am weitesten vom Licht wegführen.

Der theistische Monismus entspricht der Brahman-Erkenntnis und wurde bereits in Abs. 105 beschrieben.

Der atheistische Monismus existiert in zwei verschiedenen Formen: materialistischer Monismus und metaphysischer Monismus.

---

* »Überhaupt ist der Pantheismus nur ein höflicher Atheismus. Die Wahrheit des Pantheismus besteht in der Aufhebung des dualistischen Gegensatzes zwischen Gott und Welt, in der Erkenntnis, dass die Welt aus ihrer inneren Kraft und durch sich selbst da ist. Der Satz des Pantheismus: ›Gott und die Welt ist Eins‹ ist bloß eine höfliche Wendung, dem Herrgott den Abschied zu geben.« (aus: *Neue Paralipomena II,* »Zur Geschichte der Philosophie« Abs. 58)

Materialistischer Monismus ist eine andere, genauere Bezeichnung für den Materialismus (Abs. 127), denn dieser besagt, alles Existierende, auch Leben und Bewusstsein, sei aus einer einzigen Urenergie, aus der Materie, hervorgegangen. Der materialistische Monismus definiert Realität als das »Universum«, d. h. die Gesamtheit/Einheit aller Materie. Zu welcher Weltsicht führt dieses Weltbild? Eine der deutlichsten und ehrlichsten Formulierungen findet sich in einem Buch von Richard Dawkins, *River out of Eden – A Darwinian View of Life* (1995):

> In einem Universum mit blinden physikalischen Kräften und genetischer Verdoppelung werden manche Menschen verletzt, andere haben Glück, und man wird darin weder Sinn noch Verstand noch irgendeine Gerechtigkeit finden. Das Universum, das wir beobachten, hat genau die Eigenschaften, mit denen man rechnet, wenn dahinter kein Plan, keine Absicht, kein Gut oder Böse steht, nichts außer blinder, erbarmungsloser Gleichgültigkeit. (Dawkins: *Und es entsprang ein Fluß in Eden*, S. 151)

In einem Interview mit dem Magazin *Focus* (52/1996, S. 145) sagte Dawkins wörtlich dasselbe, und auch in Schmidt-Salomons *Manifest des evolutionären Humanismus* wird diese Stelle mit voller Zustimmung als Glaubensbekenntnis zitiert (S. 25f.).

Wenn das materielle Universum die letzte Realität darstellen würde, dann wäre »Realität« tatsächlich nichts anderes als die Totalität aller Energie. Das Absolute wäre dann ohne Willen, ohne Absicht, ohne Maßstab für Gut und Böse und erst recht ohne Gerechtigkeit und ohne Erbarmen. Energie wirkt mit »blinder, erbarmungsloser Gleichgültigkeit« – eine knallharte Formulierung, die als Seitenhieb gegen all jene Religionen gedacht ist, die an einen Gott der Liebe und der Gnade glauben. Gemäß dem Weltbild des materialistischen Monismus ist ein solcher Gott eine Illusion; Realität oder »Gott« ist nichts anderes als neutrale Energie.

132

Dieselbe Schlussfolgerung vertritt auch **der metaphysische Monismus,** der die Grundlage des Deismus und der atheistischen Esoterik darstellt, jener Weltbilder, die Glaubenssätze vertreten wie: »Alles ist eins; alles ist Gott; alles ist eine notwendige Erfahrung.«

Auf die Licht-Dunkelheit-Symbolik angewandt, besagen die metaphysisch-monistischen Theorien: »Licht ist ein Produkt von Dunkelheit oder die Abwesenheit von Dunkelheit.« Wer dieser falschen Logik folgt – Dunkelheit kann nicht aus sich selbst heraus aufgelöst werden! –, meint, das Absolute sei nichts anderes als eine homogene Totalität von Energie (= Nondualität). Und weil »Gott« Energie sei, sei »er« in sich selbst nicht vollständig und brauche die Materie – und damit auch das Böse –, um sich selbst zu erkennen.

Aus diesem Denkschema heraus sind in Europa im Lauf der Jahrhunderte verschiedenste **Luzifer-Theorien** entstanden, mit denen sich Okkultisten, Deisten und Alchemisten gegen die monotheistischen Dogmen der herrschenden Religionen wandten, insbesondere gegen deren Verteufelung des Teufels und aller »Teufelsanbeter« (Inquisition, Hexenverfolgung usw.). Viele Kritiker gingen dabei ins andere Extrem und schufen Weltbilder, durch die sie das Böse als etwas Notwendiges darstellten. Gewisse gnostische, rosenkreuzerische, freimaurerische und theosophische »Geheimlehren« vertreten deshalb Erklärungsmodelle, die von folgenden Gedanken ausgehen: »*Gott als Einheit musste sich ein Gegenüber schaffen, um sich selbst wahrnehmen zu können. Dieses Gegenüber war als zweiter Gott gottgleich, nur mit dem Unterschied, dass er nicht wusste, dass er ein geschaffenes Wesen ist. Dieses Wesen (›Luzifer‹) schuf sich deshalb eigene Welten aus Materie und wurde zum Herrn der Materie, zum ›Herrn der Welt‹. Durch die Materie und durch die Zusammenarbeit mit den Menschen kann der Herr der Welt Selbsterkenntnis erlangen. Erleuchtung/Erlösung/ Vollkommenheit erfordert daher die Erkenntnis der verborgenen Wahrheit, dass wir dem zweiten Gott dienen müssen, nicht dem ersten, denn durch den zweiten dienen wir dem ersten.*«

Ein weiterer Schritt in dieser Argumentationslinie führt zu Aussagen wie: »*Gott und Teufel sind die zwei Gesichter derselben Realität. Ohne Dunkelheit gäbe es kein Licht. Ohne Dunkelheit hätte das Licht keine Kraft. Ohne Dualität gäbe es keine Individualität. Ohne Dualität wäre unser Leben ein Nichts. Wir verdanken dem sogenannten Bösen die Möglichkeit, dass wir uns entwickeln können.*«

Solche Ansichten sind die logische Konsequenz des Glaubens, die Realität jenseits der Dualität sei nur eine neutrale Einheit (Nondualität). Wäre dem so, gäbe es Individualität tatsächlich nur im Bereich der Relativität und Dualität; Licht und Dunkelheit wären voneinander abhängig und würden sich gegenseitig bedingen – was zu den oben erwähnten Weltbildern führt.

Das Böse existiert jedoch nur in der Dualität, und die Welt der Dualität ist nur ein relativ kleiner Bereich des gesamten Kosmos, von der absoluten Welt jenseits des Relativen ganz zu schweigen. Wer aufgrund einer monistischen oder dualistischen Weltsicht die Individualität des Absoluten verkennt, projiziert den Maßstab des dualen Denkens auf Gott und erzeugt intellektuelle Erklärungsmodelle, die postulieren, Gott allein sei nicht erkenntnisfähig und brauche ein Gegenteil, usw. Diese Ansicht würde nur stimmen, wenn Gott nichts anderes als eine neutrale Nondualität ohne Individualität, ohne Bewusstsein, ohne Willen, ohne Liebe und ohne Gnade wäre. Das theistische Gottesverständnis betont gerade deshalb neben der Nondualität auch die Individualität Gottes. Weil Gott Bewusstsein und Willen hat, haben auch wir einen freien Willen, angefangen mit dem ersterschaffenen Wesen. Niemand muss in Harmonie und

Einheit leben, und niemand muss die Harmonie und Einheit verlassen. Das Böse ist nicht notwendig, aber – innerhalb der Welt der Dualität – unvermeidlich (Abs. 111–113).

133

Der Atheismus ist in vielerlei Hinsicht einseitig und widersprüchlich. Einerseits wird gesagt, die Gesamtheit/Einheit der Materie (das »Universum«) sei die höchste Realität, und hinter dieser stehe »kein Plan, keine Absicht, kein Gut oder Böse«, denn sie wirke mit »nichts außer blinder, erbarmungsloser Gleichgültigkeit«. Gleichzeitig klagen die Atheisten Gott an und sagen: »Wenn es Gott gibt, warum gibt es dann das Böse?« (Abs. 110), woraus sie folgern: »Weil es Böses in der Welt gibt, kann es keinen Gott geben.« Damit vertreten sie folgende Theorie: **»Wenn es Gott gäbe, dürfte es nichts Böses geben!«**

Betrachten wir diese Theorie etwas näher. Warum greift Gott nicht ein, wenn Kinder getötet, Kriege geführt, Länder ausgebeutet oder Terroranschläge inszeniert werden? Gott schweigt und schaut tatenlos zu, stellt für die Menschen weder Trost noch Schutz dar, sagen die Atheisten. »Die einzige Entschuldigung für Gott ist, dass er nicht existiert.«[23]

Die erste Gegenfrage lautet: Ist der Atheismus ein trostvolleres Weltbild – der Atheismus, der besagt, unser Leben und Leiden hätten keinen Sinn, es gebe keine höhere Gerechtigkeit, letztlich auch kein Gut und Böse?

Das Gottesbild, das die Atheisten hier anklagen bzw. einfordern, ist extrem anthropomorph. Welche Art von Gott meinen die Atheisten mit ihrer Forderung? Soll Gott als Hand vom Himmel niederfahren? Soll er als Herkules erscheinen und mit der Keule um sich schlagen? Soll er als Blitz die Täter auf der Stelle verbrennen? Falls ja, ab welcher Stufe von Grausamkeit sollte Gott physisch eingreifen? Nur bei Morden? Oder auch in Kriegen? Auch bei Selbstmorden? Und was ist mit denjenigen, die nicht selber töten, aber durch ihre Manipulationen und Entscheidungen für Millionen von Menschen Tod durch Krieg, Hunger oder Ausbeutung bewirken? Sollte Gott auch bei geheimen Treffen von Hochfinanzmagnaten auftauchen und diese Drahtzieher vaporisieren? Und was ist mit Erfindungen, die viele Menschen in den Tod reißen, z. B. die Erfindung des Autos? Heute sterben täglich viel mehr Menschen auf der Straße als durch Terror. Hätte Gott auch die Herren Diesel, Benz und Ford stoppen sollen?

Erwarten Atheisten wirklich, dass Gott ständig als konkrete Figur auftritt und Menschen stoppt und jeder bösen Handlung zuvorkommt? Dann wäre *Gott* verantwortlich und nicht der Mensch. Es gäbe keinen freien Willen, und der Mensch wäre nur noch eine virtuelle Figur in Gottes Computer-Spiel. Genau dies besagt das Weltbild des Atheismus/Materialismus: Der Mensch sei ein seelenloses Wesen in einer gottlosen und sinnlosen Welt. Während das theistische Realitätsverständnis von der Absolutheit der Individualität ausgeht, geht der Atheismus von der Absolutheit der Materie aus und sagt uns Menschen in letzter Konsequenz: »*Ihr seid keine Individuen!*« In der gottabgewandten Umsetzung führt dies zu dem, was bereits in Abs. 118–119 angedeutet wurde. Welche konkreten Dimensionen damit verbunden sind, ist Thema des nächsten Kapitels.

Kapitel 14

Konsequenzen des Atheismus

134

Der **atheistische Monismus** führt uns in die höchsten Ebenen vieler religiöser und säkularer Machtgruppierungen. Das dort vertretene Weltbild ist nicht einfach ein plumper Materialismus oder Egoismus, sondern eine »Geheimlehre«, deren Inhalte nur den obersten Eingeweihten bekannt sind. Ein offenes Geheimnis jedoch ist, wo diese Geheimlehren in philosophischer Hinsicht anzusiedeln sind: Sie entspringen der atheistischen Form des metaphysischen Monismus (Abs. 116, 132), der immer auch mit Okkultismus verbunden ist. Sie stellen die Fortsetzung des Naturalismus und Deismus in gottabgewandter Richtung dar (Abs. 128, 129).

In der Symbolik von Licht und Schatten besagt der atheistische Monismus: »Licht ist Abwesenheit von Dunkelheit. Wenn wir alle Dunkelheit entfernen, haben wir Licht.« In philosophischer Formulierung: »Wenn wir Dualität und Individualität negieren, erkennen wir Realität = Nondualität.« Diese Argumentation führt zu praktischen Konsequenzen, die gegen außen hin nur verschlüsselt oder getarnt erwähnt werden und menschlich kaum nachzuvollziehen sind (Abs. 16, 119). Das folgende ist eine Zusammenfassung dieser atheistisch-monistischen Argumentationslinie; sie ist in der Kompaktheit ihrer Formulierung vielleicht etwas überspitzt, aber nicht übertrieben:

»Um Realität zu verstehen, muss man ein Realist sein und der Wahrheit ins Auge schauen. Wahrheit tut bekanntlich weh, weshalb nur die wenigsten bereit sind, sich ihr zu stellen. Denn die Wahrheit ist: Alles ist Energie, alles ist eins. Realität ist die Einheit jenseits der Zweiheit, weshalb man die Zweiheit überwinden muss, um in die Einheit zu gelangen. Diejenigen, die diese Wahrheit erkennen, sind die einzigen wahren Realisten. Sie, d. h. wir, sind ›im Licht‹ = erleuchtet, lat. illuminati. Wer erleuchtet ist, hat die Vorstellungen von Zweiheit in aller Konsequenz überwunden, insbesondere Vorstellungen wie ›gut und böse‹, ›Liebe‹ sowie ›Gott und ich‹, d. h. die mittelalterlichen Konzepte von einem strafenden oder richtenden Gott. Es gibt keinen strafenden Gott und daher logischerweise auch keinen liebenden Gott. Ebenso gibt es in Wirklichkeit auch kein Gut und kein Böse. Erleuchtung bedeutet daher: Handeln aus diesem Bewusstsein der Einheit heraus, jenseits von Gut und Böse. Wer erleuchtet und berufen ist, handelt nicht nach Kriterien von Gut und Böse, sondern einzig nach dem Kriterium der Notwendigkeit – und notwendig ist all das, was der Durchsetzung des hier beschriebenen Weltbildes dient, mit der entsprechenden neuen Weltordnung.«

In der praktischen Umsetzung führt der atheistische Monismus zu einem gottlosen **Pragmatismus**. Pragmatismus ist die Geisteshaltung, die den Wert einer Sache daran misst, inwieweit sie für das Erreichen eines bestimmten Zieles nützlich ist. In der negativen Version entspricht der Pragmatismus der Haltung: **»Der Zweck heiligt die Mittel.«** Man tut alles, was praktisch ist, um das zu erreichen, was notwendig ist. Und was notwendig ist, bestimmt man selbst – »man« im Sinn von »die Erleuchteten«. Es ist ein logischer Teufelskreis, oft auch im wörtlichen Sinn.

135

Wenn im atheistischen Monismus von Erleuchtung gesprochen wird, ist dies eine Scheinerleuchtung, die letztlich nur der egoistischen Selbstrechtfertigung dient (Abs. 128). Mit dem Begriff *Illuminati*, »die Erleuchteten«, ist keine spezifische Organisation gemeint, sondern ein Weltbild und eine Mentalität. In jedem von uns steckt ein »Illuminat«, die Frage ist nur, wie sehr wir uns dessen bewusst sind und wie sehr wir geneigt sind, Selbsttäuschung und falsche Selbstrechtfertigung zu überwinden. Entsprechend der Neigung der jeweiligen Personen geht die Grenze von Licht und Dunkelheit quer durch alle Organisationen hindurch, wobei die Licht- und Schattenanteile nicht bei allen gleich sind.

136

Das Weltbild, das besagt, es gebe »in Wirklichkeit« kein Gut und Böse, führt zur Ansicht, das Böse sei nicht negativ, sondern der notwendige Antrieb jeglicher Höherentwicklung: Gäbe es nur das Gute, würden wir stagnieren; deshalb brauche der Mensch die »Kraft, die stets das Böse will und stets das Gute schafft«, wie es Goethe in *Faust 1* (Zeile 1335f.) schreibt.[24] Luzifer, Satan und das Böse sind in dieser Weltsicht nicht böse, sondern »notwendig«, weshalb man – wenn »notwendig« – auch Böses tun dürfe, eben weil es aus »höherer« Sicht nicht böse sei. »Der Zweck heiligt die Mittel.« Deutlich formulierte dies der italienische Renaissance-Philosoph und Staatstheoretiker Niccolò Machiavelli in seiner berühmt-berüchtigten Schrift *Der Fürst:*

> [...] denn ein Mensch, der sich in jeder Hinsicht zum Guten bekennen will, muss zugrunde gehen inmitten von so vielen anderen, die nicht gut sind. Daher muss ein Fürst, wenn er sich behaupten will, die Fähigkeit erlernen, nicht gut zu sein, und diese anwenden oder nicht anwenden, je nach dem Gebot der Notwendigkeit *(secondo la necessità)*. [...] Daher muss er eine Gesinnung haben, aufgrund derer er bereit ist, sich nach dem Wind des Glücks und dem Wechsel der Umstände zu drehen und – wie ich oben gesagt habe – vom Guten so lange nicht abzulassen, wie es möglich ist, aber sich zum Bösen zu wenden, sobald es notwendig ist.[25]

Der Geist, der in Machiavellis Schrift zum Ausdruck kommt, wirkt bis in die heutige Zeit und hat seinen Einfluss über die letzten Jahrhunderte global verstärkt. Meistens wird diese Weltsicht und Einstellung nicht offen formuliert, sondern mit schönklingenden Worten getarnt. Manchmal finden sich an unauffälliger Stelle auch offene Formulierungen, wie z. B. im 2002 erschienen Buch *Warrior Politics – Why Leadership Demands a Pagan Ethos* des namhaften amerikanischen Politik-Autors Robert D. Kaplan. (Die Rückseite dieses Buches ist geschmückt mit lobenden Rezensionen von Henry Kissinger, zwei früheren US-Verteidigungsministern und dem Direktor der Firma Lockheed Martin, die sowohl Passagier- als auch Militärflugzeuge herstellt.) Robert D. Kaplan entwirft eine neue »Politik der Kriegführer« *(Warrior Politics)* und erklärt, »warum Leadership ein heidnisches Ethos *(Pagan Ethos)* verlangt«. Mit »heidnisch« meint er **ein Ethos, das nicht jüdisch-christlich ist,** denn das jüdisch-christliche Ethos besagt, dass man nicht lügen, nicht morden und nicht stehlen dürfe, ja sogar, dass man auf Rache verzichten und seine Feinde lieben solle. Als Väter des neuen, »heidnischen« Ethos werden Machiavelli und sein chinesisches Pendant Sun-Tzu genannt und ausführlich zitiert, untermauert mit Zitaten von vielen anderen Machiavelli-ähnlichen Ideologen der letzten 2500 Jahre. Das folgende Zitat verrät, von welchem Grundsatz die »Politik der Kriegführer« ausgeht:

> Sun-Tzu [= das »heidnische Ethos«] billigt jede Art von Betrug/Täuschung, vorausgesetzt, es [ein solches Handeln] ist notwendig für den Gewinn eines strategischen Vorteils, um Krieg zu verhindern. [...] Sie [Sun-Tzu und Sima Qian] vertreten eine Moral der Konsequenz, die sich auch bei den alten Griechen und Römern finden läßt sowie bei Machiavelli und Churchill. [...] Aron schrieb: »Eine gute Politik mißt man an ihrer Wirksamkeit«, nicht an ihrer Reinheit – was die Tatsache bezeugt, dass Machiavellis selbstverständliche Wahrheiten in jedem Zeitalter auf unabhängige Weise neu entdeckt werden. [...] Machiavelli schreibt: »Es kann nicht als Tugend bezeichnet werden, wenn man seine Mitbürger umbringt, seine Freunde verrät oder betrügerisch, gnadenlos oder irreligiös handelt«, ohne dass ein höherer Zweck vorliegt [...][26]

Mit anderen Worten: Wenn es »notwendig« ist und »ein höherer Zweck« vorliegt, darf man als Warrior-Politiker Mitbürger umbringen, Freunde verraten, usw. Der Autor bezeichnet dies als »selbstverständliche Wahrheiten«. Das Ziel dieser »heidnischen« = atheistisch-humanistischen Ideologen ist ein Weltfrieden, zu dessen Erlangung sie Krieg führen wollen, bis sie die einzige Weltmacht sind. Für das Erreichen dieses Ziels ist »jede Art von Betrug/Täuschung« erlaubt, denn »Wirksamkeit« – und nicht »Reinheit« (Wahrheit) – ist das Kriterium des neuen Ethos ...[27]

137

Der atheistische Monismus (Materialismus, Deismus, Humanismus) glaubt an die Absolutheit einer abstrakten Einheit von Energie, die in sich weder Bewusstsein, Zielsetzung noch Ordnung hat; die Frage einer

Ordnung entsteht gemäß dieser Weltsicht erst, wenn die potentielle Materie die vergänglichen Welten und Wesen hervorgebracht hat; Ordnung ist hier also nur ein materielles Prinzip, genauso wie Bewusstsein und Zielsetzung (= Sinngebung).

Diese reduzierte (»falsche«) Einheit ist Chaos (Abs. 114). Chaos ist im atheistischen Monismus die höchste Realität und der Urgrund des Kosmos; aus dem Chaos entsteht durch »Zufall und Notwendigkeit« Ordnung. Da das Absolute in sich keine Ordnung hat, sondern Chaos ist, fühlen sich atheistische »Erleuchtete« berufen, aus dem Chaos Ordnung zu schaffen. *Ordo ab chao,* **»Ordnung aus dem Chaos«,** ist der offizielle Slogan vieler säkularer Einweihungsgesellschaften. In den hohen Rängen wird dies so verstanden, dass man zuerst das Alte, Bestehende durch ein Chaos auflösen müsse, wenn man eine neue Ordnung (»neue Weltordnung«) entstehen lassen wolle.

Die alten Mysterienschulen, auf die sich die genannten säkularen Institutionen als historische Referenz berufen, vertraten in ihren theistischen Urformen aber eine ganz andere Weisheit. Sie wussten, dass das Absolute nicht abstrakt und neutral, sondern transzendental ist. Das heißt, das Absolute (Gott) ist Liebe, Wille, Wahrheit und Ordnung, und der Mensch kann nie Ordnung *schaffen,* er kann Ordnung nur *stören,* denn die göttliche Ordnung ist bereits gegeben, ewiglich und allgegenwärtig (Abs.130). Die alten Ägypter nannten die göttliche Ordnung Ma'at (verkörpert durch die gleichnamige Göttin), die amerikanischen Ureinwohner nannten sie Manitu, den »großen Geist«. Die alte indische Kultur sprach von Dharma* und R̥ta**. Alle Völker und Kulturen, die in diesem natürlichen Bewusstsein lebten, waren von ihrem inneren Wesen her bestrebt, die göttliche Ordnung nie zu stören. Sobald die Menschen beginnen, diese Ordnung zu stören, verlieren sie auch die Grundlage des natürlichen Lebens, und ihre »Imperien« sind dem Untergang geweiht.

138

In der Symbolik von Licht und Schatten besagt der atheistische Monismus: »Licht ist die Abwesenheit von Schatten. Wenn man alle Schatten überwindet, ist man im Licht.« Realität wird durch eine **Negation der Relativität** definiert – was im direkten Sinne des Wortes eine *negative* Philosophie ist. Man meint, wenn man die Dualität negiere, habe man sie überwunden und sei »erleuchtet«. In der konkreten Umsetzung besagt diese Philosophie: *»Wenn wir alles beseitigen (vernichten, unterwerfen, er-*

---

* *Dharma,* im Sinn der wörtlichen Bedeutung: »das Festgelegte; das Gegebene«.
** R̥ta (gesprochen: *rìta,* mit kurzem i): »das Geordnete; göttliche Ordnung; Harmonie; Wahrheit«. Auf dieses Sanskritwort und die ihm zugrunde liegende indoeuropäische Wortwurzel *rē-/rì* (»stapeln, zusammenfügen, ordnen«) gehen auch die Wörter »Ritus« und »Ritual« zurück.

obern), was dem Frieden im Wege steht, werden wir Frieden haben. Wenn wir alle Krankheiten besiegen, wird die Menschheit gesund sein. Wenn es nicht mehr ›zu viele‹ Menschen gibt, wird das Problem der Überbevölkerung gelöst sein und damit auch das Problem des weltweiten Hungers.«

Irgendwie kann an dieser unmenschlichen Weltsicht etwas nicht stimmen. Licht ist nicht einfach nur die Abwesenheit von Schatten. Es ist nicht möglich, Schatten aus eigener Kraft zu entfernen und dadurch ins Licht zu kommen. Man kann zwar die Dualität theoretisch verneinen und dabei meinen, man habe sie transzendiert, aber dies ist immer nur ein intellektuelles Konstrukt, eine Scheinerleuchtung und nicht zuletzt auch eine Selbsttäuschung.

Diejenigen, die Licht von der Dunkelheit her definieren, beweisen dadurch hauptsächlich eines: dass sie in Dunkelheit sind!

139

Der materialistische Monismus besagt, Leben sei aus Materie entstanden, und predigt auf der Grundlage der Evolutionstheorie moralisierende Ansichten wie: »*Der Mensch muss bescheiden werden und sich wieder als Teil der Natur sehen. Von Natur aus ist **der Mensch ein Tier**, und als Tier sollte der Mensch endlich aufhören, ›mehr‹ sein zu wollen als ein Tier, z.B. ein spirituelles Wesen oder ein ›Teil Gottes‹.*«

Gewisse »Erleuchtete« meinen deshalb, man dürfe Menschen, genauso wie Tiere, töten, wenn dies »notwendig« sei: zur »Schaffung von Frieden«, zur »nationalen Sicherheit«, im »Krieg gegen den Terror«, usw.

140

Der Atheismus beruht auf dem Glauben, dass es keinen Gott gibt. Da der Glaube an Gott aber weltweit verbreitet ist, müssen Atheisten erklären, warum Milliarden von Menschen an etwas glauben, was es – aus ihrer Sicht – gar nicht gibt. Ludwig Feuerbach, ein Bahnbrecher des Atheismus in der Neuzeit, sagte, Gott sei eine Projektion des Menschen. Der Psychoanalytiker Sigmund Freud sagte, Gott sei eine »infantile« Vorstellung von Erwachsenen, die noch eine »Vaterfigur« benötigten. Marx hielt Gott für einen billigen Trost, Lenin für eine subversive Idee von Staatsfeinden. Für Dawkins ist Gott das imaginäre Konstrukt eines ehemals positiven evolutionären Psychofaktors. Schmidt-Salomon schreibt in seinem *Manifest des evolutionären Humanismus*, Gott sei ein imaginäres »Alphamännchen« des Menschen. (»Alphamännchen« sind die dominanten männlichen Tiere in den Familienverbänden der höheren Säugetiere.)

Es gilt heute als ein Zeichen von humanistischer Aufklärung, den Menschen – und somit auch sich selbst – als Tier zu bezeichnen und auf diesen »wissenschaftlichen« Psycho-Fortschritt auch noch stolz zu sein. Man akzeptiert: »*Ich bin kein Individuum im geistigen Sinn. Unsere Existenz hat letztlich weder Sinn noch Ziel. In Realität ist das Leben/das Universum nichts als ein Spiel von ›blinder, erbarmungsloser Gleichgültigkeit‹ (Dawkins).«*

Dieses **Weltbild der Sinnlosigkeit** führt zu einem zynischen Verhältnis gegenüber der Welt und dem menschlichen Streben: Das Leben ist letztlich absurd, und wir müssen uns damit abfinden; dagegen zu revoltieren ist sinnlos. Das *Manifest des evolutionären Humanismus* beginnt dementsprechend mit einem Zitat des atheistischen Autors Albert Camus (1913–1960): »Wir müssen uns Sisiphos als einen glücklichen Menschen vorstellen.«

Sisyphos ist in der griechischen Mythologie der Inbegriff einer sinnlosen und endlosen Arbeit. Er wurde von den Göttern dazu verdammt, einen schweren Stein mühselig einen Hügel hochzurollen. Ist er oben angekommen, rollt der Stein wieder herunter, und Sisyphos muss von vorne anfangen. Die höchste Lebensweisheit des Humanismus besteht anscheinend darin, dass man sich Sisyphos als »glücklichen Menschen« vorstellen müsse.

141

Der Zynismus des atheistischen Humanismus beschränkt sich nicht auf intellektuelle Pointen wie im oben angeführten Camus-Zitat. Hinter dem, was mit zynischen oder mit politisch-diplomatischen Worten umschrieben wird, verbirgt sich eine konkrete Zielsetzung, die nur den »Eingeweihten« bekannt ist. Dennoch ist diese Zielsetzung nicht wirklich geheim, weil sie immer wieder verkündet wird, in zynischer oder politisch-diplomatischer Verschlüsselung und in gewissen Fällen auch offen und offensichtlich. Ein Beispiel für letzteres ist ein öffentlich zugängliches Dokument, eingemeißelt in Stein – auf vier 5 m hohen, 2 m breiten und 0,5 m dicken Granittafeln – in acht Weltsprachen: Englisch, Spanisch, Russisch, Hebräisch, Arabisch, Hindi, Chinesisch und Swahili.

Dieses Monument steht im Hügelgebiet von Elbert County im US-Bundesstaat Georgia an erhöhter Stelle. Es wurde 1980 von scheinbar anonymen Sponsoren erbaut, wird das »Amerikanische Stonehenge« genannt und heißt offiziell, laut Beschreibungstafel, **»Georgia Guidestones«**. *Guidestones* bedeutet Steintafeln mit *guidelines,* »Richtlinien«. Die Anzahl dieser Richtlinien – zehn – und die Steintafeln erinnern an die Gesetzestafeln des Moses mit den zehn Geboten, die hier durch neue Gebote ersetzt werden sollen. Die letzten drei Richtlinien lauten:

- Haltet persönliche Rechte in Balance mit den gesellschaftlichen Pflichten
- Habt Hochschätzung für Wahrheit – Schönheit – Liebe – strebend nach Harmonie mit dem Unendlichen
- Seid kein Krebsgeschwür auf der Erde – Lasst Raum für die Natur – Lasst Raum für die Natur

Klingt alles schön human und humanistisch. Der Zynismus wird jedoch deutlich, wenn wir die ersten zwei Richtlinien mit in Betracht ziehen:

- Haltet die Menschheit unter 500 000 000 in beständigem Gleichgewicht mit der Natur
- Lenkt die Fortpflanzung weise – zur Verbesserung der Stärke und der Vielfalt[28]

»Gleichgewicht mit der Natur«, »Harmonie mit dem Unendlichen«, doppelte Betonung der Forderung »Raum für die Natur«: Natürlich gibt es wieder genügend »Raum für die Natur«, wenn die Anzahl der Menschen auf eine halbe Milliarde reduziert wird und die Fortpflanzung »weise« gelenkt wird, das heißt, wenn nur noch ausgewählte Herren und Sklaven sich staatlich kontrolliert fortpflanzen dürfen! Die Wortwahl in Punkt 2, »improving fitness and diversity«, ist eine direkte Anknüpfung an die Formel *survival of the fittest,* die in Darwins Buch *On the Origin of Species* von zentraler Bedeutung ist, z. B. in der Überschrift von Kapitel 4: *Natural Selection; or The Survival of the Fittest* (»Natürliche Zuchtwahl oder Überleben des am besten Angepassten«).

Die vier Granit-Megalithtafeln sind wie Strahlen um einen zentralen, schmaleren, aber gleich hohen Megalithen angeordnet, der einen waagrecht liegenden Deckstein trägt. Dieser 10 Tonnen schwere Deckstein ist 3 m lang, 2 m breit und 54 cm dick. Auf den vier 54 cm hohen Seitenflächen des liegenden Megalithen prangt in 5 m Höhe eine Formel in vier alten Sprachen: Sanskrit, Altgriechisch, Altägyptisch (Hieroglyphen) und Babylonisch (Keilschrift). Was diese Formel besagt, erklärt die Beschreibungstafel, die neben der Guidestones-Anlage wie eine Grabplatte in den Boden eingelassen ist: *Let these be guidestones to an Age of Reason.* (»Lasst diese Steine Wegweiser in ein Zeitalter der Vernunft sein!«) *The Age of Reason* ist der Titel eines Buches von Thomas Paine (1737–1809), eines amerikanischen Aktivisten und »Freidenkers«. Sein Buch *The Age of Reason* war eines der ersten Bücher in den USA, die einen direkten Angriff auf die Bibel und den christlichen Glauben darstellten. Paines Name erscheint auch in der Ehrenliste des »Manifests des evolutionären Humanismus« (S. 46), womit sich der Kreis schließt. Wie weit diese neuzeitlichen »Richtlinien« der Vision und den geheimen Zielen von Thomas Paine entsprechen, wäre zu untersuchen.

Die Georgia Guidestones verraten, was gewisse einflussreiche Humanisten meinen, wenn sie schönklingende Floskeln wie »Gleichgewicht mit der Natur«, »Harmonie mit dem Unendlichen« und »Raum für die Natur« – oder »nachhaltige Entwicklung«, »Weltfriede« usw. – verwenden. In den Augen dieser Humanisten sind die meisten Menschen, wie die Georgia Guidestones verraten, nichts weiter als ein »Krebsgeschwür« und sollen dem *»survival of the fittest«* zum Opfer fallen ...

Spätestens seit 1980 kann niemand mehr sagen, man habe nichts gewusst. Wären solche Guidestones in Deutschland errichtet worden, hätte es einen weltweiten Aufschrei gegeben. Warum schwiegen und schweigen dieselben Massenmedien dann über die in den USA errichteten Guidestones?

142

Die Georgia Guidestones sind nur eines von vielen theoretischen Beispielen – von den praktischen ganz zu schweigen –, die uns vor Augen führen, dass einseitige Weltbilder (Halbwahrheiten) die Menschen gewissenlos und unmenschlich werden lassen, sowohl auf der Seite des Atheismus als auch auf der des Monotheismus. Immerhin besagt dieses öffentliche Steindokument nichts Geringeres, als dass gewisse anonyme Kreise rund fünf Milliarden Menschen (Stand zum Zeitpunkt der Errichtung dieser Guidestones, 1980) als »Krebsgeschwür« betrachten und beseitigen wollen, um »Raum für die Natur« – und sich selbst – zu schaffen. Wir werden hier einmal mehr an Jesus erinnert, der sagte, in den »letzten Tagen« werde »die Liebe in vielen Menschen erkalten« (Mt 24,12).

143

Der Kampf der Atheisten gegen jede Art von Religion und Spiritualität lässt sich anhand vieler Zitate belegen. In seiner Dissertation *Differenz der demokritischen und epikureischen Naturphilosophie* schreibt der junge Karl Marx:

> Die Philosophie verheimlicht es nicht. Das Bekenntnis des Prometheus: »Die Götter hass' ich allesamt« ist ihr eigenes Bekenntnis, ihr eigener Spruch gegen alle himmlischen und irdischen Götter, die das menschliche Selbstbewusstsein nicht als die oberste Gottheit anerkennen.

In seiner Abhandlung *Zur Kritik der Hegelschen Rechtsphilosophie* findet sich folgende berühmte Aussage:

> Die Religion ist der Seufzer der bedrängten Kreatur, das Gemüt einer herzlosen Welt, wie sie der Geist geistloser Zustände ist. Sie ist das Opium des Volkes.

Der Mitstreiter von Karl Marx, Friedrich Engels, schrieb dazu in seinem Aufsatz *Zur Lage Englands:*

> Wir wollen alles, was sich als übernatürlich und übermenschlich ankündigt, aus dem Wege schaffen und dadurch die Unwahrhaftigkeit entfernen, denn der Anspruch des Menschlichen und Natürlichen, übermenschlich, übernatürlich sein zu wollen, ist die Wurzel aller Unwahrheit und Lüge. Deswegen haben wir aber auch der Religion und den religiösen Vorstellungen ein für allemal den Krieg erklärt ...

»Aus dem Wege schaffen«, »der Religion ... den Krieg erklärt« – Marx und Engels meinten dies nicht nur theoretisch, sondern konkret, weshalb sie am Schluss ihres Kommunistischen Manifests zum »gewaltsamen Umsturz aller bisherigen Gesellschaftsordnung« aufriefen:

> Die Kommunisten verschmähen es, ihre Ansichten und Absichten zu verheimlichen. Sie erklären es offen, dass ihre Zwecke nur erreicht werden können durch den gewaltsamen Umsturz aller bisherigen Gesellschaftsordnung.

Der Aufruf zur Gewalt wurde spätestens von Lenin wörtlich genommen und umgesetzt, mit Millionen von Todesopfern. Immer wieder betonte Lenin in seinen Reden und Schriften, Religion sei ein »Greuel«, eine »Ansteckung« und »Verseuchung«, weshalb man Religion mit allen Mitteln bekämpfen müsse. Zu diesen Mitteln gehörte auch der Staatsterror, der durch Stalin noch verstärkt wurde: das Terrorisieren der eigenen Bevölkerung durch Polizeistaat, Massaker, Aushungern, Konzentrationslager usw. Im Buch *Archipel Gulag* (Bd. 1, S. 338) zitiert der Autor, Alexander Solschenizyn, einen Brief von Lenin an einen Funktionär im Gerichtswesen: »[Wir müssen eine] These aufstellen, die das Wesen und die Rechtfertigung des Terrors, seine Notwendigkeit und seine Grenzen motiviert. Das Gericht soll den Terror [...] prinzipiell, klar, ohne Falsch und Schminke begründen und gesetzlich verankern.« Solschenizyn zitiert auch Lenins Aufruf (Bd. 2, S. 18), es sei »ein schonungsloser Massenterrorismus« durchzuführen.

Heute wissen wir, was der Aufruf dieser Atheisten zur Ausrottung von Religion bedeutet hat.

144

Wenn die »neuen Atheisten« und »evolutionären Humanisten« sagen, die Erde müsse von Religion befreit werden, damit die Menschheit endlich Frieden finden könne, dann sollten wir uns an die Geschichte des 20. Jahrhunderts erinnern. Dawkins und die anderen atheistischen Wortführer tun dies nicht oder verdrängen die zahllosen Verbrechen der atheistischen Regimes, indem sie argumentieren, es sei unfair, diese historischen Vorfälle dem ihnen zu Grunde liegenden Atheismus anlasten zu wollen. Der Zusammenhang ist jedoch nicht zu leugnen, genausowenig wie der Zusammenhang zwischen den rechtsextremen Philosophien und den Verbrechen des Nationalsozialismus.

Nicht zu unterschätzen ist auch der Zusammenhang mit dem materialistischen Evolutionsdenken. Der Begriff **»evolutionärer Humanismus«** wurde von Julian Huxley geprägt, dem Enkel von Thomas H. Huxley, der aufgrund seiner aggressiven Propagierung der Evolutionstheorie »Darwins Buldogge« genannt wurde (Julian Huxley war zwischen 1946 und 1948 auch der erste Generaldirektor der UNESCO). Der Begriff »evolutionär« hängt also direkt mit den darwinistischen Konzepten von »*natural selection*« und »*survival of the fittest*« zusammen. Wer sozial gesehen zu den *fittest* (»Tüchtigsten«) gehört, entscheiden im »evolutionären Humanismus« die elitären Machthaber, da der Mensch – aber nur der elitär »selektionierte« Mensch – das Maß aller Dinge ist! *Schöne neue Welt*, der negativ-utopische Klassiker von 1932, wurde interessanterweise von Julian Huxleys Bruder verfasst![29]

145

Die Konsequenzen des Atheismus sind genauso problematisch und zerstörerisch wie die des Monotheismus. Viele mutige Vordenker und Vorkämpfer haben bereits auf diese historische Tatsache hingewiesen. Besonders erwähnen möchte ich hier **Alexander Solschenizyn**, der am 3. August 2008 verstarb, gerade in der Zeit, als ich voll in die Arbeit am Manuskript für das vorliegende Buch einstieg. Alexander Solschenizyn (1918–2008) hatte am eigenen Leib erfahren, was atheistische Gewaltherrschaft bedeuten kann: Er war unter Stalin für acht Jahre in Gefängnissen und Arbeitslagern eingesperrt. Durch seine schriftstellerische Arbeit informierte er später die Welt über den »Gulag«, das russische System von Zwangsarbeit und Konzentrationslagern. 1970 bekam er den Literaturnobelpreis, 1974 wurde er aus der Sowjetunion ausgewiesen und lebte zwanzig Jahre im Exil, 1994 kehrte er nach Russland zurück.

Am 8. Juni 1978 hielt Alexander Solschenizyn an der Universität Harvard anlässlich einer Abschlussfeier für graduierte Studenten seine heute berühmte Rede »**A World Split Apart**«. Diese Rede, obwohl auf die damalige Weltsituation (Vietnam, Kalter Krieg, Kuba usw.) bezogen, könnte mit ihren zeitkritischen und philosophisch-theistischen Punkten eine Einleitung zum vorliegenden Buch sein, weshalb ich hier – im Gedenken an den großen Freiheitskämpfer Alexander Solschenizyn – einige besonders markante Zitate anführe.

Bereits der Titel der Rede, *A World Split Apart* (»eine Welt, die entzweigespalten ist«), benennt das Problem der heutigen Zeit: der Geist, der die Welt immer wieder in gegnerische Lager aufspaltet. Weil Solschenizyn in seiner Rede aufzeigen wollte, worin die gemeinsame »Krankheit« des Ostens und des Westens besteht, begann er mit einer Bezugnahme auf das Motto der Harvard-Universität: *Veritas*, »Wahrheit«. Wahrheit sollte nicht nur eine Floskel sein. Wahrheit erfordert Mut, wie Solschenizyn betonte, und er warnte seine Zuhörerinnen und Zuhörer: »Wahrheit ist selten angenehm.« Dann sagte er:

> Mangelnder Mut ist wahrscheinlich das auffallendste Merkmal, das einem Beobachter von außen im Westen heutzutage ins Auge sticht. Der Westen hat seine Zivilcourage verloren, sowohl als Gesamtes als auch in seinen Teilen: jedes Land, jede Regierung, jede politische Partei und offensichtlich auch die

Vereinten Nationen. Dieser Mangel an Mut ist besonders deutlich sichtbar in den regierenden Schichten und in der intellektuellen Elite, wodurch der Eindruck entsteht, die gesamte Gesellschaft habe den Mut verloren. Natürlich gibt es viele mutige Individuen, aber diese haben keinen bestimmenden Einfluss in der Öffentlichkeit.[30]

Besonders notwendig ist, wie Solschenizyn betont, dass gerade »in den regierenden Schichten und in der intellektuellen Elite« wieder Mut und Zivilcourage zu grundlegenden Werten werden. Wenn die Verantwortlichen der Gesellschaft keinen Mut zeigen, sondern sich dem herrschenden System verkaufen, führt dies zu einer »Atmosphäre von moralischer Mittelmäßigkeit«, was sich in Ausbeutung und Korruption niederschlägt. Die freie Marktwirtschaft, die an sich ein gutes System wäre, wird in dieser »Atmosphäre« von »gewissen Individuen« missbraucht, die unter dem Vorwand der »Verteidigung individueller Rechte« eine Monopolherrschaft aufbauen, die nichts mehr mit freier Marktwirtschaft zu tun hat:

> Eine Ölfirma ist von den Gesetzen her nicht zu belangen, wenn sie die Erfindung einer neuen Art von Technologie kauft, um zu verhindern, dass diese zur Anwendung gelangt. Ein Nahrungsmittelhersteller ist von den Gesetzen her nicht zu belangen, wenn er seinen Produkten gesundheitsschädliche Substanzen beimischt, um sie länger haltbar zu machen – denn den Leuten stehe es ja frei, diese Produkte nicht zu kaufen. [...] Die Verteidigung individueller Rechte [unter dem Vorwand der sogenannten freien Marktwirtschaft] hat solche Extreme erreicht, dass die Gesellschaft als Ganzes gegenüber gewissen Individuen wehrlos geworden ist.[31]

Einige Kritiker im Westen wenden sich aufgrund der hier beschriebenen Problematik des Kapitalismus dem Sozialismus zu, was Solschenizyn in seinem Vortrag jedoch als »eine falsche und gefährliche Strömung« bezeichnet. Das politische und wirtschaftliche System des Ostens ist für den Westen genausowenig eine Alternative wie das System des Westens für den Osten, denn beide Systeme haben bereits in ihren eigenen Territorien gezeigt, dass sie nicht halten, was sie versprechen. Beide Seiten unterliegen einer ähnlichen »Krankheit«:

> Dies bedeutet, dass der Fehler in der Wurzel liegen muss, in der eigentlichen Grundlage des menschlichen Denkens während der vergangenen Jahrhunderte. Damit meine ich das im Westen vorherrschende Weltbild, das in der Renaissance entstanden ist und seit dem Zeitalter der Aufklärung auch politische Form angenommen hat. Es wurde die Grundlage der Regierungsführung und der Sozialwissenschaft und könnte bezeichnet werden als *rationalistischer Humanismus* oder *humanistische Autonomie:* die als Lehrmeinung verkündete und mit Staatszwang praktizierte Autonomie [Losgelöstheit] des Menschen von jeder Kraft, die höher ist als er selbst. Dies könnte auch *Anthropozentrismus* genannt werden: Der Mensch sieht sich selbst als das Zentrum von allem, was existiert. [...] Alles, was über das physische Wohl und über die Ansammlung materieller Güter hinausging, alle

anderen menschlichen Bedürfnisse und Eigenschaften, die von subtilerer und höherer Natur sind, blieben außerhalb des Interesses des Staates und der Gesellschaftssysteme, als ob das menschliche Leben keinen höheren Sinn hätte. Das gewährte dem Bösen Einlass, und es strömt heute frei und konstant in unsere Gesellschaften hinein.[32]

Ich spreche hier nicht über den Fall eines Weltkrieges mit all den Folgen, die eine solche Katastrophe für die Gesellschaft haben würde. Solange wir jeden Morgen unter einer friedvollen Sonne erwachen, müssen wir ein Alltagsleben führen. Ich spreche von einer anderen katastrophalen Entwicklung, von einer, die sich bereits seit einiger Zeit vollzieht: **das Unheil eines entspiritualisierten und unreligiösen humanistischen Bewusstseins.** [...] Auf dem Weg von der Renaissance zur heutigen Zeit haben wir unsere Erfahrung bereichert, aber wir verloren das Konzept eines Höchsten Vollständigen Wesens [...]. Im Osten wird es vom System und den Machenschaften der herrschenden Partei zerstört. Im Westen geht die Tendenz dahin, dass es von kommerziellen Interessen erstickt wird. Das ist die wirkliche Krise. Die Spaltung der Welt ist weniger schrecklich als die Ähnlichkeit der Krankheit, die beide großen Blöcke heimgesucht hat.[33]

»Das Konzept eines Höchsten Vollständigen Wesens« bedeutet dasselbe wie »theistisches Gottesbewusstsein«. Solschenizyn hat hier intuitiv eine theistische Definition von Gott formuliert,* um zu benennen, was *beide* Seiten verloren haben: die westlichen Religionen dadurch, dass sie sich jahrhundertelang vom Monotheismus beherrschen ließen, die Systeme des Sozialismus und Kommunismus dadurch, dass sie sich dem Atheismus verschrieben haben. Beides zusammen bildet »die wirkliche Krise« der heutigen Zeit.

In den Schlussworten seines Vortrags fasst Solschenizyn die Problematik beider Seiten nochmals zusammen und betont, dass die Welt heute »auf eine große Wende« zugehe; diese Wende werde ein »Aufstieg« sein. Der Weg des Aufstiegs (engl. *ascension*), der Weg »nach oben«, ist der Weg, der über beide Einseitigkeiten hinausführt. Damit nimmt Solschenizyn vorweg, was ich hier im Theistischen Manifest den *radikalen Mittelweg* nenne.

Auch wenn die Welt nicht an ihr Ende gekommen ist, so geht sie doch auf eine große Wende zu, die in ihrer Bedeutung gleich groß ist wie die Wende vom Mittelalter zur Renaissance. Sie wird von uns einen spirituellen Aufschwung einfordern, wir werden in unserer Vision zu einer neuen Höhe kommen müssen, zu einer neuen Ebene des Lebens, wo unser physisches Wesen nicht verflucht wird wie im Mittelalter und wo – noch wichtiger – unser spirituelles Wesen nicht niedergetrampelt wird wie in der modernen Ära. Dieser Aufstieg wird dem Erklimmen der nächsten anthropologischen Stufe gleichkommen. Den Menschen auf der Erde bleibt kein anderer Weg als der Weg – nach oben.[34]

---

* »*Supreme Complete Being*«: Diese ungewöhnliche Formulierung bezieht sich direkt auf einen grundlegenden Punkt der theistischen Gotteserkenntnis, den Aspekt der »Ganzheit« (siehe Abs. 80).

Kapitel 15

Dualismus:
Die Weltbilder des Monotheismus
und der Gnosis

146

Anhand der Symbolik von Licht und Dunkelheit (Abs. 126) lässt sich die Problematik des beschränkten menschlichen Denkens deutlich veranschaulichen: Licht kann man nicht von Dunkelheit her definieren, und solange man sich in Dunkelheit befindet, versteht man nicht, was Licht ist, ja nicht einmal, was *Dunkelheit* in Wirklichkeit ist. Ebenso ist es nicht möglich, das Absolute vom Relativen her zu definieren. Wer dies versucht, wird das Absolute und damit auch das Relative – das Spirituelle und das Materielle – missverstehen. Beispiele hierfür sind die Weltbilder des Materialismus und des Monismus, in denen Licht mit Dunkelheit bzw. mit der Abwesenheit von Dunkelheit gleichgesetzt wird. Ein weiteres Beispiel ist der Dualismus. Dieser definiert Realität (»Licht«) wie folgt: »Licht ist das Gegenteil von Dunkelheit. Licht und Dunkelheit sind zwei parallele Realitäten, die sich gegenseitig ausschließen.«

Grundsätzlich sind **zwei Formen von Dualismus** zu unterscheiden: der **Monotheismus** und die **Gnosis**. Bei der Gnosis sind ebenfalls zwei Strömungen zu unterscheiden: die religiöse und die esoterische.

147

Das Problem des Dualismus besteht in der **Verabsolutierung der Dualität und Polarität.** Der Monotheismus verabsolutiert die Dualität von Gut und Böse, die Gnosis die Polarität von Geist und Materie.

Der Monotheismus reduziert Realität auf die Dualität von Gut und Böse, weil er die Ganzheit Gottes (Abs. 80) verkennt und Gott nur als das Absolute sieht – statt als die allumfassende Ganzheit. Deshalb wird auch die Individualität Gottes falsch verstanden: Gott ist nicht mehr Individuum, sondern »Person«, und wird zum menschengemachten Bild eines einzigen Gottes, der sich nur durch eine ganz bestimmte Religion offenbart und seinen Heilsplan nur durch diese jeweilige Religion vollzieht. Die eigene Religion wird dadurch zum »absolut Guten« hochgehoben, während alle anderen Glaubenssysteme, sowohl die religiösen als auch die atheistischen, zum »absolut Bösen« gestempelt werden.

Die gnostischen Richtungen des Dualismus sehen Gott ebenfalls ausschließlich als das Absolute und verabsolutieren aus dieser Perspektive die Polarität von Geist und Materie, indem sie sagen, nur das Geistige sei göttlich bzw. nur das Absolute sei real. **Die religiöse Gnosis** sagt, nur das Geistige sei göttlich, und sieht in der physisch-materiellen Welt das Werk des Satans, des gefallenen Engelfürsten, der als Weltenschöpfer (Demiurg) eine illusorische Scheinwelt aus Materie geschaffen hat, um die Seelen von Gott fernzuhalten. **Die esoterische Gnosis** verabsolutiert nicht die Dualität von Gut und Böse (»Gott« und »Teufel«), sondern die Polarität von Absolut und Relativ; sie sagt, nur das Absolute sei Realität; Relativität sei Illusion und die materielle Welt deshalb eine Scheinwelt; nur in dieser Scheinwelt stünden sich »die Guten« und »die Bösen« als Gegner gegenüber, dies jedoch in einem endlosen Machtspiel (mehr dazu in Abs. 151 – 153).

Die religiöse Gnosis sieht die Dualität von Gut und Böse nicht als Illusion, sondern als Realität: Gott ist gut und geistig (»Gott ist Geist«, Joh 4,24), das Materielle ist deshalb nicht gut und stammt vom Bösen; die Seele kommt von Gott, der sterbliche Körper mit all seinen Trieben und Schwächen kommt vom Satan. Vertreter der religiösen Gnosis innerhalb des europäischen Christentums waren z. B. die Bogomilen und die Katharer.

148

Dualismus führt automatisch zu **Frontenbildungen** zwischen gegenteiligen Parteien: innerhalb derselben Religion (Katholiken/Protestanten, Kirche/Ketzer, Orthodoxe/Progressive, Sunniten/Schiiten, usw.) sowie zwischen den jeweiligen Religionen und den »anderen«.

Ein besonderes Beispiel hierfür liefert die abendländische Geschichte: **die Kirche und die Entstehung der antikirchlichen Geheimbünde.** Während vieler Jahrhunderte kämpften die christlichen Kirchen im Namen »Gottes« gegen den »Teufel«, d.h. gegen die »Ketzer« und gegen alle, die kirchenkritisch oder »heidnisch« waren. Diese Gewaltanwendung bewirkte, dass diejenigen, die von der Kirche verfolgt und verteufelt wurden, im geheimen eine Gegenmacht ins Leben riefen. Denn für die vielen verfolgten Menschen stellte das kirchliche Christentum eine Macht des Teufels dar, was aus ihrer Sicht auch von der Bibel bestätigt wurde: »Ihr habt den Teufel zum Vater, und nach seinen Wünschen handelt ihr. Er ist ein Menschenmörder von Anbeginn ...« (Joh 8,44)

Weil es in der damaligen Zeit lebensgefährlich war, eine von der Kirchenmeinung abweichende Ansicht zu vertreten, mussten sich die antikirchlichen Bünde geheim formieren und konnten nur im Untergrund agieren. Heute bestehen diese Strömungen in Form der gnostisch-esoterischen und okkulten Einweihungsorden und Logenverbände weiter. Zwischen den »religiösen« und den »säkularen« Kreisen herrscht mittlerweile – zumindest äußerlich – Friede, dennoch streben beide Seiten weiterhin nach Vorherrschaft, weil sie alle überzeugt sind, der Gott der Gegenseite sei der falsche.

149

Der Kampf zwischen den Religionen und den gnostischen Strömungen reicht weit in die Vergangenheit zurück. In der Zeit von 1000 bis 500 v. Chr. entstand die jüdisch-monotheistische Darstellung von Adam und Eva mit der Interpretation, die Schlange sei die Verkörperung des Bösen, weil sie die Frau (»Eva«) dazu verführt habe, entgegen dem Verbot Jahwes vom »Baum der Erkenntnis« zu essen. Es dauerte nicht lange, bis sich als Gegenreaktion geheime Gruppierungen bildeten, die eine entgegengesetzte Position mit vertauschten Vorzeichen einnahmen. In ihrer Interpretation war der »Gott«, der den Menschen die »Erkenntnis« (grch. *gnosis*) verbietet, der Inbegriff des Bösen, und die Schlange, die Eva ermutigte, vom »Baum der Erkenntnis« zu essen, wurde zum Inbegriff der Weisheit (grch. *sophía*), weil sie den Menschen aus Unwissenheit befreit. Diese umgekehrte Interpretation wurde zur Geheimlehre vieler gnostisch-esoterischer Bewegungen, die in gewandelter Form auch heute noch existieren.

Die Umkehrung der Bedeutung von »Gott« und »Schlange« wurde auch dadurch angeregt, dass im Griechischen das Wort für Schlange, *ophis*, einen Anklang an *sophía* hat. In gewissen Mysterienschulen wurde die Schlange deshalb mit »Sophia« gleichgesetzt und *positiv* gedeutet. Die vielen unterschiedlichen Strömungen, die solche Ansichten vertraten, werden zusammengefasst »Ophiten« genannt, auch im Anklang an »Ophion«, die Urschlange in den griechischen Schöpfungsmythen. Eine weitere gnostische Gruppierung, die ähnliche Ansichten vertrat, nannte sich Nàassener, abgeleitet vom hebräischen Wort für Schlange, *na'asch*.

150

Die antignostische Form des Christentums, die »Kirche«, wurde ab dem 4. Jahrhundert zu einer staatlichen Macht, die in der Folge veranlasste, dass die andersgläubigen Jesus-Bewegungen, v. a. die gnostischen, zunehmend verfolgt und ihre Schriften verboten und vernichtet wurden.[35] In den päpstlichen Konzilien wurden die gnostischen Bewegungen als »Irrlehren« verdammt, was dazu führte, dass diese Bewegungen in den Untergrund gingen; einige verbündeten sich mit den neuentstandenen islamischen Gruppen.

Als einige Jahrhunderte später der Erste Kreuzzug (1096–1099) stattfand, blieben nach der Eroberung Jerusalems mehrere Ritterheere, v. a. französische, als Besatzungsmacht im Lande Palästina zurück. Diese Männer (Ritter!) waren Adlige und keineswegs vorbehaltlose Kirchenvertreter, weshalb einige von ihnen – darunter sehr einflussreiche – offen waren für die »Geheimlehren«, die sie von den dort ansässigen gnostischen Christen und aus phönizischen, jüdischen und islamischen Kreisen zu hören bekamen. All diese verbotenen Informationen (z. B. dass die römische Kirche den »falschen Gott« verehre oder dass die Erde eine Kugel sei und dass auf der anderen Seite des großen Meeres ein Land mit viel Gold existiere) hatten eine starke Wirkung auf die nunmehr »eingeweihten« Männer aus dem Abendland. Eine direkte Folge davon war die Gründung des Templer-Ordens (1129; benannt nach dem salomonischen Tempel von Jerusalem), dessen innerster Kreis die neuen Geheiminformationen hütete und erforschte, nicht zuletzt auch die geographischen. Es ist kein Zufall, dass die größten Hafenanlagen der Templerflotte am Atlantik und nicht am Mittelmeer lagen, obwohl die offizielle Aufgabe dieser Flotte einzig und allein darin bestand, das Heilige Land zu sichern und gegen die islamischen »Gegner« zu kämpfen. Ebenso ist es kein Zufall, dass die Templerflotte gerade bei diesen Einsätzen immer wieder versagte oder nicht mit voller Schlagkraft zum Einsatz kam.[36]

Als der Templer-Orden 1307 vom französischen König mit päpstlicher Segnung zerschlagen wurde, mussten die verbliebenen Templer in den Untergrund abtauchen oder sich eine neue Identität zulegen. Diese »freidenkenden« Männer hatten nun am eigenen Leib erfahren, was die verbotenen Geheimlehren sagten, nämlich dass der Gott der großen Weltmacht Kirche eigentlich der Satan sei. Dies wiederum führte zum nächsten gedanklichen Schritt, nämlich dass die von der Kirche verteufelte Macht »in Wirklichkeit« Gott sei. Sie meinten also, das Gegenteil des monotheistischen Gottes sei Gott – was nicht der Fall ist (Abs. 29). **Das Gegenteil einer Halbwahrheit ist eine andere Halbwahrheit.*** Das Gegenteil des Bösen ist das andere Böse. Das Gegenteil des Zuviel ist das Zuwenig, und umgekehrt.

151

Im Verlauf des 15. bis 17. Jahrhunderts bauten die kirchenkritischen »Freidenker« geheime Netzwerke auf, was u. a. zur Gründung der Gesellschaft der Freimaurer führte – ausgehend von England, wo sie im numerologisch bedeutsamen Jahr 1717 offiziell ihre Gründung bekanntgab. Nun wusste die Welt von ihrer Existenz, konnte über ihre innere Zielsetzung aber nur rätseln. Gruppierungen wie Freimaurer sind keine »Geheimgesellschaften«, aber Gesellschaften mit Geheimnissen.

Eine breitere Öffentlichkeit erfuhr zum ersten Mal über die Lehren der gnostisch-esoterischen Strömungen, als Helena Blavatsky, die Grün-

---

* Gegnerschaft der Gegenteile ist ein typisches Merkmal der Dualität. Solange man einen Missstand mit seinem Gegenteil bekämpft, bleibt man im Bewusstsein der Dualität gefangen (Abs. 27). Beide Seiten (Kirche – säkulare Antikirche) verfehlen den »radikalen Mittelweg«, der besagt: nicht in das *Gegenteil* gehen, sondern in die *Essenz*, denn die Essenz in beiden Gegenteilen führt zum gemeinsamen Ursprung und zum gemeinsamen Anliegen und somit zu Versöhnung sowie zur Überwindung der *eigenen* Einseitigkeit (Abs. 3). Feindschaft schneidet beide Gegenteile von dieser Essenz ab.

derin der »Theosophischen Gesellschaft«, 1888 ihr monumentales Werk *Die Geheimlehre* veröffentlichte. Darin offenbarte sie tatsächlich Lehren, die bis dahin nur geheim in exklusiven Kreisen weitergegeben worden waren, darunter auch ophitische antikirchliche Luzifer-Theorien. In ihren mündlichen Aussagen und in ihren Schriften betonte sie mehrfach, dass der von der Kirche verteufelte Satan (»Lucifer«) eigentlich das höchste Lichtwesen, Gott, sei:

> So wächst »Satan«, sobald er nicht mehr in dem abergläubischen, dogmatischen, unphilosophischen Kirchengeiste betrachtet wird, zu einem großartigen Bilde empor von einem, der aus einem irdischen einen göttlichen Menschen macht, der [...] ihn befreit von der Sünde der Unwissenheit, somit vom Tode.[37]

> Es ist »Satan, welcher der Gott ist unseres Planeten und der *Einzige* Gott«, und dies ohne irgendwelche metaphorische Anspielung auf ihre Schlechtigkeit und Verkommenheit.[38]

Die Aussage, Satan sei »der *Einzige* Gott«, muss im Zusammenhang des gesamten atheistisch-esoterischen Weltbildes verstanden werden. Denn dieselben Quellen definieren das Absolute letztlich als eine monistische Einheit. Offensichtlich sind »Gott« und »das Absolute« in diesem Weltbild nicht dasselbe; »Gott« existiert vor dem Hintergrund einer monistischen Einheit.

152

Der gnostisch-esoterische Dualismus vertritt letztlich ein atheistisches Weltbild und entspringt dem Monismus. **Wie hängen atheistischer Monismus und esoterischer Dualismus zusammen?**

Das Problem des Monismus besteht darin, dass seine Grundaussage – die höchste Realität sei eine abstrakte Einheit – nur ein intellektuelles Konstrukt ist (Abs. 138). Man kann zwar sagen: »Alles ist eins«, aber im täglichen Leben ist offensichtlich nicht alles eins. Wir leben in einer Welt, die eine unendliche Vielfalt aufweist, und wir haben Bewusstsein und Willen. Der Monismus steht vor der Frage, wie es überhaupt eine Welt mit Vielfalt und bewussten Individuen geben kann, wenn eine abstrakte Einheit *ohne* Vielfalt und Bewusstsein die letzte Realität sein soll.

Die Erklärung aus atheistisch-esoterischer Sicht lautet: Vielfalt und Individualität seien letztlich eine Illusion oder, modern ausgedrückt, eine virtuelle Existenz innerhalb der kosmischen Matrix; wir seien virtuelle Figuren innerhalb des kosmischen Computers aus Materie, die sich selbst programmiere; Individualität entstehe erst im Bereich der Materie; jenseits davon gebe es als absolute Realität nur eine abstrakte Einheit von Energie, das »Nichts«. Hier zeigt sich, dass Dualismus letztlich in einen atheistischen Monismus mündet und dass, von der anderen Seite betrachtet, der atheistische Monismus in der Praxis zu einem Dualismus führt (= Verabsolutierung der scheinbaren Gegensätze von absolut und relativ, spirituell und materiell). Beides besagt: »Nur das Absolute ist real, das Materielle ist irreal, nicht wirklich existent.« Und erneut zeigt sich, wie die Illusion der »Selbstorganisation der Materie« das magische Schlüsselwort in allen atheistischen Erklärungen ist.

153

Die in Abs. 152 skizzierte atheistisch-monistische Hypothese von der »Selbstorganisation der Materie« als Grundlage von Natur, Mensch und Bewusstsein kann noch phantasievoller ausformuliert werden, was zu Weltbildern führt, die heute vielfach in Science-fiction-Darstellungen zum Ausdruck kommen: der kosmische Kampf von »Gut« und »Böse« vor dem Hintergrund einer materiellen (abstrakten, gottlosen) Einheit, wobei »gut« auch »böse« und »böse« auch »gut« sein kann, denn »alles ist relativ«.

Variationen dieses Weltbildes finden wir in gewissen Freimaurerlinien, in atheistisch-esoterischen Strömungen und in modernen Psychogruppierungen wie Scientology. Jede dieser Gruppierungen erklärt den Ursprung der »Illusion« von Vielfalt und Individualität anders, und es ist nicht einfach, die verschiedenen Erklärungen zusammenzufassen. Das folgende ist ein Versuch, der nicht für alle genannten Kreise repräsentativ ist, aber dennoch wichtige Grundgedanken der atheistisch-esoterischen Weltbilder wiedergibt:

»Aus der Totalität von Energie – aus dem Nichts, aus dem Chaos, aus der Einheit, aus dem Absoluten – können Energietropfen hervortreten und sich selbst für Individuen halten, ähnlich wie virtuelle Figuren in einem Computerspiel eine scheinbare Existenz und Individualität haben. Im kosmischen Computerspiel entstehen die virtuellen Scheinindividuen durch die inhärente Selbstorganisation der Energie-Totalität (›Materie‹). Die Energietropfen halten sich für Individuen, was jedoch eine Illusion ist, da sie ja nur Einheit und nicht Individuum sind. Aber solange diese Scheinindividuen sich für Individuen halten, können sie im Bereich der (eigentlich inexistenten) materiellen Welt ihre ›Spiele‹ ausführen, in denen die einen die Seite des Guten und die anderen die Seite des Bösen darstellen; auf beiden Seiten werden die höchsten Wesen von ihren jeweiligen Anhängern für Gott gehalten, wobei die Eingeweihten der hohen Grade wissen, dass es in Wirklichkeit keinen Gott gibt, weder einen positiven noch einen negativen; was die Unerleuchteten für Gott halten, ist nicht Gott im absoluten Sinn, sondern eine vergängliche Existenz, die aus dem Nichts hervorgegangen ist. ›Gott‹ und ›Teufel‹ sind kosmische Entitäten innerhalb der Dualität, die beide – dank ihrer perfekten Energiespiele – in ihren eigenen Welten den obersten Rang innehaben.«

Auch gnostisch-esoterische Weltbilder sprechen also von Gott, doch dieser ist nicht Gott im absoluten Sinn, sondern eine Entität, die selber in der Dualität steht und als »Licht« das Gegenteil der »Dunkelheit« darstellt. Gnostische Esoterik ist letztlich atheistische, monistische Esoterik.

Wenn dies alles etwas verwirrend klingt, so liegt das daran, dass die atheistisch-esoterischen Weltbilder in sich selbst verwirrend und widersprüchlich sind und **zwischen Monismus und Dualismus** hin- und herspringen müssen, weil sie aufgrund ihrer Einseitigkeiten und Unvollständigkeiten mit vielen Halbwahrheiten jonglieren.

154

Nach den obigen Ausführungen wird nachvollziehbar, warum gewisse esoterische Traditionen die Ansicht vertreten, Luzifer/Satan sei nichts Negatives, sondern ein notwendiger Teil der Realität. Denn, so die zwingende Schlussfolgerung dieses atheistischen Weltbildes, sowohl das Positive als auch das Negative seien letztlich eine Illusion. Vor dem Hintergrund der abstrakten Einheit (= Monismus) werden »Licht« und »Dunkelheit« als Aspekte einer Dualität gesehen, die sich gegenseitig bedingen und gegenseitig bekämpfen (= Dualismus). Wie in Abs. 146 erwähnt, ist dies ein Verständnis, das nicht der wirklichen Natur des Lichts entspricht, denn Licht ist eine eigene Realität, die nicht von Schatten und Dunkelheit abhängig ist.

Was hier beschrieben wurde, ist *die esoterische Gnosis,* die heute – in modernen Ausformulierungen – weit verbreitet ist; sie entspricht in letzter Konsequenz einem atheistischen Monismus. *Die religiöse Gnosis* hingegen existiert als eigene Form nur noch in kleinen Bewegungen. Die meisten Strömungen dieser Art von Gnosis haben sich mit der esoterischen Gnosis oder mit dem monotheistischen Dualismus vermischt. Letzteres war der Fall, als sich die späteren Generationen der ehemals gnostischen Linien »bekehrten« und der Kirche anschlossen.

155

Dualismus bedeutet Verabsolutierung der Dualität, wobei der Monotheismus und die Gnosis den Kampf der Gegensätze unterschiedlich interpretieren. Beide jedoch streben nach »Einheit«, nach »Erlösung vom Bösen« und nach »Frieden«. Der Monotheismus will die Dualität überwinden, indem er die **Vernichtung des Gegenteils** anstrebt; dazu gehört ein Endkampf zwischen den Mächten Gottes und den Mächten der Finsternis, bei dem die Unerlösten, die Falschgläubigen und die Ungläubigen auf ewig vernichtet werden sollen, so wie Licht alle Dunkelheit auflöst; mit der Auslöschung aller »anderen« werde dann auf Erden ein himmlischer Friede herrschen (Königreich Gottes auf Erden).

Demgegenüber will die Gnosis die Dualität durch die **Verneinung des Gegenteils** überwinden, indem sie die eine Seite, die materielle Welt, als eine Scheinwelt darstellt, die in Wirklichkeit gar nicht existiere; sobald man »in Gott« bzw. »im Licht« erwache, erkenne man, dass die Schatten – alle materiellen Existenzen – nie eine wirkliche Realität hatten. Ein moderner Ausdruck für diese Schein- oder Schattenwelt wäre »virtuelle Welt«, ein Leben in der »Matrix«, wie auch immer die Entstehung dieser Welt erklärt wird (durch das Wirken Satans, durch Projektion, durch die Selbstorganisation/Eigendynamik der Materie).

156

Der Monotheismus als verhüllte oder offene Form des Dualismus wird heute von verschiedenen Seiten massiv angegriffen und kritisiert. Besonders vehement tun dies atheistische Autoren, indem sie viele berechtigte Kritikpunkte anführen. Diese betreffen nicht nur die dunklen, kriminellen Aspekte der Religionen (Kriege, Morde, Aufruf zu Gewalt), sondern auch viele traditionelle Aspekte, die oftmals auf mittelalterliche oder noch ältere Vorstellungen zurückgehen.

Ein Hauptkritikpunkt ist die **Unterdrückung der Frau.** Die monotheistischen Gottesvorstellungen sind aus den patriarchalen Strukturen der Völker des Nahen und Mittleren Ostens hervorgegangen. Das dort vorherrschende dualistische Denken – Kampf von Licht gegen Finsternis – führte zur Bildung der monotheistischen Religionsformen und zur Unterordnung und Geringschätzung der Frau. Die Ursache dieser Entwicklung war eine einseitige, männlich dominierte Weltsicht: Wenn Geist von Gott und Materie vom Teufel kommt, wie die Lehrer des Dualismus verkündeten, dann war die Frau – aus der Sicht dieser Männer – mit ihren körperlichen Eigenschaften und Reizen dem Physischen und daher dem »Teufel« viel näher als der Mann. Die Eden-Geschichte wurde deshalb so formuliert, dass *die Frau,* »Eva«, sich von der Schlange verführen ließ. Die Frau brachte Unheil über die ganze Menschheit, weshalb der männliche Gott alle Frauen als Strafe für Evas Schwäche verfluchte: »Ich will dir viel Mühsal schaffen, wenn du schwanger wirst; unter Schmerzen sollst du deine Kinder gebären. Und nach deinem Mann wirst du Verlangen haben, aber er soll dein Herr sein.« (1 Mose 3,16)

Im Mittelalter wurden aufgrund dieser Bibellehre sogar Hebammen als Hexen verbrannt, weil sie mit Kräutern und Salben den gebärenden Frauen die genannte Mühsal linderten, die ja von Gott als Strafe bestimmt worden war und deshalb nicht gelindert werden durfte ...

Richard Dawkins zitiert in seinem Buch *Der Gotteswahn* (Kap. 7, Abs. »Liebe deinen Nächsten«) ein Gebet aus dem orthodoxen und traditionellen Judentum, das die Männer täglich beten:

> »Gesegnet seist du, o Herr, dass du mich nicht zu einem Ungläubigen [Nichtjuden] gemacht hast. Gesegnet seist du, dass du mich nicht zu einer Frau gemacht hast. Gesegnet seist du, dass du mich nicht zu einem Sklaven gemacht hast.«

Ähnliche Beispiele könnten auch aus allen anderen religiösen Traditionen angeführt werden (siehe z. B. Anm. 98 auf S. 359f.).

157

Wie in Kapitel 10 dargelegt, zeichnet sich göttliche Liebe dadurch aus, dass sie bedingungslos ist, das heißt, sie ist *unabhängig von materiellen Bedingungen,* denn das Absolute ist nicht abhängig vom Relativen. Monotheistische Religionen sind jedoch an zahlreiche materielle Bedingungen (Dogmen, Vorschriften, Rituale) gebunden, z. B. **Ernährungsvorschriften,** insbesondere durch die Forderung, der Mensch solle kein Blut von Tieren zu sich nehmen. Dies führt im Judentum und im Islam zur Meinung, Tiere müssten geschächtet werden. Diese umstrittene Schlachtmethode ergibt jedoch kein wirklich blutleeres Fleisch, denn in den Kapillargefäßen bleibt immer etwas Blut zurück. Die einzig wirklich blutfreie Ernährung ist die *vegetarische* Ernährung – die keine Bedingung für Gottesbewusstsein ist, sondern eine natürliche Folge davon.

In monotheistischen Religionen spielt Blut eine große Rolle: in der Ernährung, in Opferzeremonien und in der rituellen Bindung der Menschen an die eigene Stammeskultur. Michel Onfray (Abs. 4) nennt in seinem Buch *Traité d'athéologie* (2005), engl. *Atheist Manifesto,* mehrere Beispiele hierfür, insbesondere die **Beschneidung:** »Es ist seltsam, dass die an Mädchen vorgenommene Beschneidung – vielerorts als Verstümmelung bezeichnet – in der westlichen Welt Entrüstung auslöst, während die Beschneidung männlicher Säuglinge ohne Protest hingenommen wird. [...] Hier wird am Körper eines jungen Knaben, der nicht selbst entscheiden kann, ohne medizinischen Grund ein gesunder Teil des Körpers weggeschnitten – was der juristischen Definition einer *Verstümmelung* entspricht.«[39]

Onfray zitiert eine Beschreibung des traditionellen Beschneidungsvorgangs: »Der Mohel [Priester] hält den Penis [des acht Tage alten Säuglings] fest, fixiert die Haut und drückt die Eichel zurück und schneidet ohne Betäubung die Vorhaut weg. Nachdem er den Mund mit einem Schluck Wein gespült und den Wein anschließend heruntergeschluckt hat, saugt er das Blut aus der Wunde – die Juden bezeichnen dieses Ritual als *Meziza.* Laut Talmud darf kein Blut in der Wunde bleiben.«

Die Kulturgeschichte zeigt, dass die körperliche Beschneidung auf magisch-animistische Praktiken der Stammeskulturen Afrikas, Ägyptens und Mesopotamiens zurückgehen, dass sie von ihrem Ursprung her also »heidnisch« ist. Die Vertreter des theistischen Gottesbewusstseins wandten sich von diesen Blutritualen ab und betonten auch im Alten Testament, dass mit »Beschneidung« ein symbolisches Bild gemeint ist:

»So beschneidet nun eure Herzen und seid fortan nicht mehr halsstarrig [materialistisch oder götzendienerisch].« (5 Mose 10,16; Luther-, Zürcher-, Elberfelderbibel)

»Beschneidet euch so, wie es mir gefällt, nämlich an euren Herzen. Schafft weg, was euch von mir trennt.« (Jer 4,4; Einheitsübersetzung)

»›Der Tag kommt‹, sagt der Herr, ›an dem ich mit allen Beschnittenen abrechne: mit den Ägyptern und den Männern von Juda, mit den Edomitern, den Ammonitern, den Moabitern und mit den Stämmen in der Wüste, die sich ihre Schläfen kahlrasieren. Denn all diese Völker – auch die Israeliten – sind für mich unbeschnitten, weil sie ihr Herz nicht beschnitten haben.‹« (Jer 9,24/25 f.; Einheitsübersetzung)[40]

158

All die **Rituale und Vorschriften,** von denen das Leben der Männer und Frauen in den monotheistischen Religionsgruppen bestimmt wird, können mit Argumenten der Kultur und Tradition begründet werden. Doch sie sollten nicht als »Anweisungen Gottes« bezeichnet werden, denn das sind sie nicht. Gott fordert nie etwas Relatives, und deshalb sollten die Menschen nie etwas Relatives, wie kulturell bedingte Rituale und Vorschriften, verabsolutieren. Gott fordert »nur« Absolutes, und das ist immer absolut individuell (Abs. 70).

Kapitel 16

Konsequenzen des Monotheismus

159

Personen und Gruppierungen, die sich mit der Dualität identifizieren, definieren sich hauptsächlich durch das Denkschema »wir« und »die anderen«. Dazu gehören das Verabsolutieren der eigenen Position und eine elitäre Selbsterhöhung (Abs. 23) sowie **das Schaffen von Feindbildern**. Im Zukunftsroman *1984* von George Orwell wurde dies in überzeichneter Form durch die allgegenwärtige Propaganda des »Big Brother« dargestellt, die ständig einherging mit der Hetze gegen den (nichtexistenten!) Big-Brother-Feind »Emmanuel Goldstein«.

In atheistischen und monotheistischen Systemen wurden – und werden – Andersgläubige und Nonkonforme mit Begriffen wie »Staatsfeind« bzw. »Gottesfeind« ausgegrenzt und diskriminiert, nicht selten auch verfolgt. Die Feindbilder können den jeweiligen Situationen angepasst und modernisiert werden, doch das Denkschema bleibt das gleiche. Die Symbolik von Licht und Dunkelheit zeigt, dass das Schaffen von Feindbildern und das Bekämpfen der »anderen« ein typisches Merkmal der Dunkelheit ist, denn die Existenz der Dunkelheit ist abhängig von Selbstisolation und Ausgrenzung des Lichts.

In Kapitel 14 wurde dargelegt, zu welchen Extremen diese Denkschemen auf der atheistischen Seite führen. Nicht minder problematisch sind die Extreme auf der monotheistischen Seite, die Thema des vorliegenden Kapitels sind. Die hauptsächlichen Feindbilder der monotheistischen Religionsvertreter sind »die anderen Religionen«, »die Ungläubigen/die Falschgläubigen« und »die Esoterik«.

Der theistischen Weltsicht sind Feindbilder und Geringschätzung von Andersgläubigen fremd, weil alle Menschen im Licht der ewigen Individualität als Teile Gottes gesehen werden.

160

Die heiligen Schriften aller Religionen – der abrahamitischen, aber auch der hinduistischen und buddhistischen – enthalten Stellen, die bei isolierter Betrachtung klingen, als ob sie Hass, Mordwut und Verachtung gewisser Menschen (Frauen, Andersgläubige usw.) predigen würden. Die Schreiber der entsprechenden Stellen mögen sogar von einem solchen Geist getrieben gewesen sein, aber die heiligen Schriften enthalten zahlreiche Gebote und Wahrheiten, die in ihrer Gesamtheit deutlich genug sind, um alle potentiell hassschürenden Aussagen zu neutralisieren. Von grundlegender Bedeutung ist hier die Erkenntnis, dass alle heiligen Schriften **sowohl absolute als auch relative Aussagen** enthalten (Abs. 32, 37). Diejenigen, die einem monotheistischen Geist dienen, verabsolutieren alle Stellen ihrer heiligen Schrift und bekämpfen die Ansicht, dass einige Stellen eine relative und keine absolute Bedeutung haben. Dadurch impfen sie ihrer Zuhörerschaft **das Gift der Spaltung**, des Elitismus und des Sektierertums ins Bewusstsein ein (Abs. 39).

161

Die problematischen Textstellen der heiligen Schriften (Thora, Talmud, Bibel, Koran usw.) werden von den in Abs. 4 genannten Religionskritikern ausgiebig zitiert. Über alle Religionen liegen Enthüllungsbücher und »Schwarzbücher« vor, im Deutschen z. B. die zehnbändige *Kriminalgeschichte des Christentums,* verfasst vom Religionshistoriker Karl-Heinz Deschner. Kritische Bücher über den Islam sind z. B. *Why I am not a Muslim* (1995) von Ibn Warraq (dt. *Warum ich kein Muslim bin,* 2004), eine Schrift gegen den »religiösen Faschismus«, und *The Truth about Muhammad – Founder of the World's Most Intolerant Religion* (2006) von Robert Spencer. Diese Bücher sind erschütternd und zeigen, dass »Religion« – wenn sie monotheistisch aufgefasst wird – mit einer gewaltigen Problematik verbunden ist.

Die Kritikpunkte am Christentum und am Islam sind heute mehr oder weniger allgemein bekannt. Historisch gesehen, beziehen sich viele der umstrittenen Stellen in den Schriften des Christentums und des Islam auf Textstellen in der Thora und im Talmud und müssen in diesem Zusammenhang gesehen werden. **Eine konstruktive Religionskritik** ist heute überfällig, denn auch das Judentum enthält alte bis mittelalterliche Aspekte, die heute nicht mehr verheimlicht oder verteidigt, sondern *überwunden* werden sollten, insbesondere die extremen Aussagen des Talmud über die »Nichtjuden«, die *gojim (goyim)* genannt werden. Es ist unbestritten, dass diese Textstellen im hebräischen Original enthalten sind, aber sie erscheinen in keiner offiziellen Talmud-Übersetzung, denn der Talmud ist eine umfangreiche Sammlung von Texten unterschiedlichster Herkunft und Qualität (aus dem 1. bis 6. Jahrhundert n. Chr.), und Talmud-Übersetzungen sind immer nur eine Auswahl aus der Gesamtheit dieser Lehrgeschichten, Thora-Erläuterungen und lokalhistorischen Zusätze.

In den westlichen Ländern besteht die Tendenz, die besagten Textstellen möglichst diskret zu übergehen, in den arabischen Ländern jedoch – und im Internet – werden sie offen herumgereicht und propagandistisch verwendet, um zu zeigen, was »die Juden« wirklich denken. Dadurch wird das Judentum auf diese extremen Textstellen des Talmuds reduziert, was – wie bereits in Abs. 8 betont wurde – eine unglückselige Fehldarstellung des Judentums ermöglicht und antijüdischen Hasspredigern ein pseudotheologisches Fundament bietet. Es wäre also im Interesse des

Judentums, ihr religiöses Schrifttum nicht pauschal zu verabsolutieren, sondern kritisch zu behandeln, damit eine **Überwindung von lokalhistorischen, längst veralteten Textstellen** möglich wird, auch als Vorbild für die anderen abrahamitischen Religionen, insbesondere den islamischen Kulturkreis, da viele Textstellen des Korans im 7./8. Jahrhundert als Reaktion auf diese Talmudaussagen formuliert wurden.

Mutige Pioniere, die diese Textkritik wagen, werden nicht selten angegriffen und verleumdet, sogar wenn sie von jüdischer Herkunft sind. Ein bekannter und streitbarer zeitgenössischer Autor dieser Kategorie ist Prof. Norman G. Finkelstein mit Büchern wie *The Holocaust Industry* (2000) und *Beyond Chutzpa* (2008). Ein weniger bekanntes Beispiel ist Prof. Israel Shahak (1933–2001), Autor von Büchern wie *Jewish History, Jewish Religion* und *Jewish Fundamentalism in Israel* (zusammen mit Norton Mezvinsky). Leider wurde Prof. Shahaks konstruktive Religionskritik von einigen Rechtsextremisten missbraucht, die mit seinen Büchern ihren Antisemitismus rechtfertigen wollten. Jüdische Kritiker nennen ihn deshalb einen »antisemitischen Juden« oder sogar »a self-hating Jew«. Dabei hatte Israel Shahak von 1939 bis April 1943 im Warschauer Ghetto die Nazi-Diktatur erlebt und war danach für zwei Jahre im Konzentrationslager Bergen-Belsen inhaftiert gewesen (1943 bis Kriegsende 1945). Er gehörte zu den ersten Siedlern im 1947 gegründeten Staat Israel, leistete dort zwei Jahre Militärdienst (1951–1953), promovierte 1961 an der Hebräischen Universität in Jerusalem in Organischer Chemie, gefolgt von zwei Studienjahren an der Universität Stanford in den USA; von 1963 bis zu seiner Pensionierung 1986 war er Professor an der Hebräischen Universität in Jerusalem. 1969 wurde er zum Vorsitzenden von Israels »Verband für Menschen- und Bürgerrechte« gewählt und behielt diese Stellung über dreißig Jahre hinweg. Er war ein Kritiker von Arafat und der PLO, aber auch ein Kritiker der Korruption in Israels Regierung, und er thematisierte den talmudisch-zionistischen Rassismus gegenüber den »Nichtjuden«. Im Vorwort zum Buch *Jewish History, Jewish Religion* schreibt der amerikanische Bestseller-Autor und Politiker Gore Vidal:

> Glücklicherweise lebt und gedeiht die Stimme der Vernunft auch in Israel an allen Stellen. In Jerusalem sitzt Israel Shahak und analysiert unermüdlich nicht nur Israels Politik, sondern auch den Talmud wie auch den Einfluss der ganzen rabbinischen Tradition auf einen kleinen Staat, den der rechte Flügel des Rabbinats zu einer Theokratie nur für Juden verwandeln will. Ich habe jahrelang Shahak gelesen. Er hat das Auge eines Satirikers für die Konfusion, die in jeder Religion entsteht, die versucht, das Irrationale zu rationalisieren. Er hat den scharfen Blick eines Forschers für die Widersprüche in Texten. [...] Diejenigen, die ihm [Prof. Shahak] Beachtung schenken, werden mit Sicherheit klüger und – wage ich es auszusprechen? – besser.

Gore Vidals Anspielung, dass diejenigen, die dieser konstruktiven Kritik »Beachtung schenken«, »besser« werden, besagt dasselbe wie das in

Abs. 40 angeführte Zitat von Steven Weinberg, allerdings in einer positiven Formulierung: Damit die guten Menschen wieder gut sein können, müssen sie von gewissen religiös-traditionellen Altlasten befreit werden.

Die besagten Talmud-Stellen waren auch Martin Luther bekannt, weshalb er Hetzschriften gegen »die Juden« verfasste und sogar zu Gewalt gegen sie aufrief.

Eine erste umfangreiche Übersetzung der kritischen Talmud-Stellen veröffentlichte 1910 der christliche Theologe Dr. Alfons Luzsénszky in Ungarn, damals Teil des Königreichs Österreich-Ungarn. 1923 wurde ein Prozess gegen dieses Buch eingeleitet, aber nicht etwa mit der Behauptung, dieses Buch enthalte Unwahrheiten oder Fälschungen, sondern wegen der »pornographischen« Inhalte der Übersetzungen! Alfons Luzsénszky berichtet in einer späteren Ausgabe dieses Buches zu Beginn von Teil III (»3. Heft«, Budapest 1932):

> Meine Talmudübersetzung war 13 Jahre lang am Büchermarkt [seit 1910], als die Staatsanwaltschaft, welche im Jahre 1920 für die Verbreitung des Werkes die schriftliche Genehmigung erteilt hat, im Jahre 1923 2000 Exemplare beschlagnahmen ließ. Das Verfahren wurde dann gegen mich »wegen Verbrechen gegen die Sittlichkeit« eingeleitet, da ich auch die »pornographischen« Teile des Talmud der Wahrheit gemäß wiedergegeben habe. Ich selbst habe mit der Wiedergabe der beanstandeten Talmudzitate selbstverständlich nicht die Verbreitung von Pornographie bezweckt, sondern habe die Öffentlichkeit darüber aufklären wollen, damit sie jenen Lügnern nicht Glauben schenken, die behaupten, daß der Talmud ebenso ein heiliges Buch sei wie das Evangelium!
>
> Die Pünktlichkeit [= die auf den Punkt erfolgte Genauigkeit] und Zuverlässigkeit meiner Übersetzung wurde vom Gerichte in unzweifelhafter Weise bestätigt, wie dies aus folgenden Sätzen der Begründung des Gerichtsurteils hervorgeht: »Das königliche Gericht hat festgestellt, daß die in der Talmudübersetzung des Alfons Luzsénszky enthaltenen *Abscheulichkeiten im Talmud ohne Ausnahme auffindbar sind.* Seine Übersetzung ist präzis, da er die im Originaltext des Talmud wirklich enthaltenen Texte ihrem tatsächlichen Sinne gemäß wiedergibt«.
>
> Die höhere Gerichtsinstanz, die königl. Tafel, stellte in ihrer Urteilsbegründung auch fest, daß der »Angeklagte den allgemein benützten, nie mit irgendeiner Verordnung verbotenen, durch jedermann erwerbbaren hebräischen Talmud sinngemäß übersetzt hat«.
>
> Nach der Verkündigung des Urteils [1926] wandten sich viele mit der Frage an mich, warum denn der Originaltext des Talmud nicht konfisziert werde, wenn der *sinngetreuen* Übersetzung dieses Schicksal beschieden wurde??

1926, nach der Freisprechung von der Anklage, reichte Alfons Luzsénszky seinerseits eine Klage ein, und zwar wegen Verleumdung. Dabei wurde als Gerichtssachverständiger der damals bekannte Orientalist und Universitätsprofessor Dr. Michael Kmosko beigezogen. Im Vorwort zum »5. Heft«

(Budapest 1932) zitiert Luzsénszky das Gutachten von Prof. Kmosko. Hier einige Auszüge:

»Auf die erste Frage des Gerichtes, ob die von Luzsénszky herausgegebene Talmudübersetzung dem Originaltexte des Talmuds entspricht – insbesondere in jenem Teile, welcher *die Nichtjuden beleidigende Äußerungen enthält –, muß ich mit einem ausgesprochenen ›Ja‹ antworten*. Die Gemara stellt sich im Prinzip auf den Standpunkt, daß *die Nichtjuden keine Menschen sind, sondern Tiere,* ihre Friedhöfe somit im levitischen Sinne nicht unreinig [verunreinigend] seien. Vor einem jüdischen Richter wird der Nichtjude nach einem viel strengeren Recht beurteilt als der Jude. Wir finden auch solche Meinungen, wonach die Ausraubung und Übervorteilung der Nichtjuden eine erlaubte Sache sei. [...] Auf die zweite Frage muß ich somit anführen, daß *im Talmud die gegen die Nichtjuden gerichteten feindlichen Äußerungen so häufig vorkommen, daß über ihren Sinn gar nicht disputiert werden kann.*« (Hervorhebungen im Original durch Prof. Kmosko)

Gegen Alfons Luzsénszky wurden von talmudjüdischer Seite als Kritik drei unhaltbare Punkte vorgebracht, »nämlich 1. dass ich den Talmud nie gesehen hätte, 2. dass ich mein ganzes Werk aus Rohlings Buche (›Der Talmudjude‹) geschöpft hätte, 3. dass ja vier Päpste den Talmud approbiert (!) hätten, so dass darin unmöglich christenfeindliche Äußerungen enthalten sein könnten. – Demgegenüber besteht die nackte Wahrheit darin«, führt Luzsénszky weiter aus (im Vorwort zum »6. Heft«), »dass der Talmud auch in der Bibliothek der Budapester Universität vorhanden ist, so dass ich den Originaltext des Talmuds wenigstens ›gesehen‹ habe, und da ich an der Budapester Universität die hebräische Sprache studiert habe, ist es klar, dass ich hebräisch lesen kann. Was nun das Buch Rohlings betrifft, so muss ich betonen, dass meine Übersetzung mindestens fünfmal so viele Talmudzitate enthält! Von den Päpsten aber haben Gregor IX., Innocent IV., Honor IV., Julius III., Pius IV., Sixtus V., Klemens VIII., Innocent XI., Benedikt XIV. und Leo XIII. den Talmud auf den Index gesetzt und die Verbrennung des Werkes angeordnet.«

Prof. Kmoskos oben zitierte Zusammenfassung der fraglichen Talmud-Zitate lässt erahnen, wie die umstrittenen Zitate lauten. Es geht um Aussagen wie:

»Der Hof eines Nichtjuden ist wie der Stall von Vieh. [...] Die Wohnung eines Nichtjuden wird nicht als Wohnung betrachtet.« (Erubin 61b/62a, 75a)

»Die Gräber der Nichtjuden *(nokhrim)* verunreinigen denjenigen, der auf ihnen sein Zelt aufschlägt und darin schläft, nicht, denn es heißt (Ez 34,31): ›Ihr aber seid meine Schafe, die Schafe meiner Weide, Menschen seid ihr.‹ Das heißt, ihr werdet Menschen genannt, aber die *gojim* gelten nicht als Menschen./ Die Weisen sagen: Als Hure gilt nur die Nichtjüdin, die freigelassene Sklavin und die in Unzucht Beschlafene.« (Jabmuth oder Jebhamoth 61a – 62b)

»Es wird bezüglich des Raubes gelehrt: Diebstahl, Enteignung und Raub einer schönen Frau und desgleichen ist einem Nichtjuden gegenüber einem Nichtjuden und einem Nichtjuden gegenüber einem Israeliten verboten und einem Israeliten gegenüber einem Nichtjuden erlaubt. Das Vergießen von Blut ist einem Nichtjuden gegenüber einem Nichtjuden und einem Nichtjuden gegenüber einem Israeliten verboten und einem Israeliten gegenüber einem Nichtjuden erlaubt. [...] Dem Israeliten ist es erlaubt, den Goi zu unterdrücken, indem es geschrieben steht: ›Du sollst *deinem Nächsten* nicht unrecht tun‹ – von dem Goi aber steht hier nichts geschrieben.« (Sanhedrin oder Synedrion 57a)[41]

»Männer sind nur zum gemeinschaftlichen Tischgebet verpflichtet, wenn sie drei oder mehr an der Zahl sind, zwei aber nicht. Frauen, auch wenn sie hundert an der Zahl sind, zählen nicht mehr als zwei Männer. Dasselbe gilt auch von Sklaven.« (Berakhoth 45b)

»Es heißt (Jes 35,12): ›Die Völker werden zu Kalk verbrannt.‹ Gleich wie der Kalk keinen Bestand hat, sondern verbrannt wird, so haben auch die Völker der *gojim* keinen Bestand (beim Weltgericht), sondern werden verbrannt.« (Sotah 35b)

»Eine Israelitin darf einer Nichtjüdin keine Geburtshilfe leisten, weil sie damit ein Kind für den Götzendienst gebären hilft.« (Aboda zara 26a)

Wie bereits erwähnt, sind im Internet zu den entsprechenden Stichwörtern viele Zitate mit Pro- und Kontra-Kommentaren zu finden. Diese Schriften werden auch heute noch Kindern in Talmudschulen als Wahrheiten gelehrt.[42] Es ist deshalb verständlich, dass Richard Dawkins und andere Religionskritiker gegen eine solche Indoktrination von Kindern protestieren. Dawkins zitiert im Buch *Der Gotteswahn* (Kapitel 7) viele Textstellen aus dem Alten Testament, die ähnlich klingen wie die obigen Zitate aus dem Talmud, z. B. die Anweisungen »Gottes« an die Israeliten bei der (angeblichen) Eroberung des Landes Kanaan:

> Das Vierte Buch Mose berichtet, wie Mose von Gott angestachelt wird, die Midianiter anzugreifen. Seine Armee macht kurzen Prozess, schlachtet alle Männer ab und brennt die Städte des gegnerischen Stammes nieder. Frauen und Kinder werden jedoch verschont. Über diese gnädige Selbstbeschränkung der Soldaten ist Moses wütend: Er erteilt den Befehl, auch alle männlichen Kinder umzubringen, ebenso alle Frauen, die keine Jungfrauen sind. »Aber alle Mädchen, die unberührt sind, die lasst für euch leben« (4 Mose 31,18).

> [Und 5 Mose 20,16–17:] »Aber in den Städten dieser Völker hier, die dir der Herr, dein Gott, zum Erbe geben wird, sollst du nichts leben lassen, was Odem hat, sondern sollst an ihnen den Bann vollstrecken, nämlich an den Hethitern, Amoritern, Kanaanitern, Perisitern, Hiwitern und Jebusitern, wie dir der Herr, dein Gott, befohlen hat.«

Wir können leicht nachvollziehen, was derartige Talmud- und Thorabzw. Bibelstellen bei Nichtjuden, insbesondere bei den Moslems, auslösen. Ebenso werden Begriffe wie »Menschenrechte« extrem relativiert, wenn ein Großteil der Menschheit nicht als »Menschen« gilt. In diesen unglaublichen Konsequenzen treffen sich die extremen Seiten der monotheistischen Fundamentalisten und der atheistischen Humanisten (siehe z. B. Georgia Guidestones: Bevölkerungsreduktion auf 500 Millionen und Bezeichnung der zu entfernenden Menschen als »Krebsgeschwür«). Auf beiden Seiten meinen die Gläubigen, *ihr* Zweck heilige die Mittel ...

162

Die Texte, Geschichten und Sprüche, die zum Talmud gehören, entstanden größtenteils im 2. bis 5. Jahrhundert n. Chr. Im 6. Jahrhundert war der Talmud als Sammelwerk abgeschlossen und löste unterschiedliche Reaktionen aus. Es ist bestimmt kein Zufall, dass in dieser Zeit **der Islam** entstand und zu einer schnell erstarkenden Gegenbewegung wurde. Parallel dazu wurde auch das römische Christentum zu einer einflussreichen Institution. Kontroverse und militante Koran-Stellen müssen deshalb als **Antwort auf die bereits bestehenden Schriften und Religionen** verstanden werden. Juden und Christen werden im Koran oftmals als »die Schriftenbesitzer« bezeichnet.

Religions- und Islamkritiker zitieren zahlreiche problematische oder missverständliche Stellen aus dem Koran*, zum Beispiel:

> »Tötet sie, wo immer ihr auf sie stoßt, und vertreibt sie, von wo sie euch vertrieben haben; denn Verführen ist schlimmer als Töten. [...] Und bekämpft sie, bis die Verführung aufgehört hat und die Religion Allah gehört. Wenn sie aber aufhören, sei keine Feindschaft mehr in euch, außer gegen die, die Unrecht tun / sich frevlerisch verhalten.« (Sure 2, Vers 191a und 193)

> »O Gläubige, nehmt weder Juden noch Christen zu Freunden; denn sie sind nur untereinander Freunde. Wer von euch sie zu Freunden nimmt, der wird einer von ihnen. Fürwahr, ein ungerechtes Volk leitet Allah nicht.« (Sure 5, Vers 51)

> »Siehe, schlimmer als das Vieh sind vor Allah die Ungläubigen, die nicht glauben, die, wenn du ein Bündnis mit ihnen abschließt, das Bündnis jedesmal brechen und nicht gottesfürchtig sind.« (Sure 8, Vers 55–56)

> »Die Juden sagen: Esra ist der Sohn Gottes; und die Christen sagen: Christus ist der Sohn Gottes. So sprechen sie mit ihrem Mund [ohne wirklich nachzudenken] und sagen damit ähnliches wie die Ungläubigen, welche vor ihnen lebten. Allah wird sie schon ihrer Lügen wegen bestrafen [Ullmann/Winter]. / Allahs Fluch über sie! Wie sind sie doch völlig ohne Verstand! [Henning/Hofmann]. / Gott bekämpfe sie! Wie leicht lassen sie sich doch abwenden! [Khoury]« (Sure 9, Vers 30)

---

* Die verwendeten Koranübersetzungen sind aufgeführt im Literaturverzeichnis (S. 399).

»O Gläubige, bekämpft die Ungläubigen, die in eurer Nachbarschaft wohnen; lasst sie eure Härte spüren. Und wisst, dass Allah mit denen ist, die ihn fürchten.« (Sure 9, Vers 123)

»Und wenn Wir eine Stadt zerstören wollen, ergeht Unsere (letzte) Warnung an die üppig in ihr Lebenden. Wenn sie weiter freveln, erfüllt sich der Richtspruch an ihr, und Wir zerstören sie von Grund auf.« (Sure 17, Vers 16)

»Und es gibt keine (sündige) Stadt, die Wir nicht vor dem Tage der Auferstehung gänzlich zerstören oder wenigstens mit schwerer Bestrafung heimsuchen werden. So ist es niedergeschrieben im Buch der Bestimmung.« (Sure 17, Vers 58)

All diese Aussagen stehen in einem konkreten historischen Zusammenhang und beziehen sich auf die theologischen und kriegerischen Auseinandersetzungen zwischen der neuen Glaubensgemeinschaft des Propheten Mohammed und den Anhängern der alten Glaubensformen in Mekka und Medina im 7. Jahrhundert, weshalb bei jeder Sure steht, ob sie in Mekka oder in Medina offenbart wurde – weil sonst ihr historischer Zusammenhang nicht richtig verstanden werden kann! Diese Aussagen sollten also nicht aus ihrem historischen Zusammenhang herausgerissen und verallgemeinert oder gar verabsolutiert werden. Genau dies tun jedoch die Fundamentalisten, weshalb sich extremistische Gläubige von Koranstellen wie den oben zitierten zu Gewalttaten und zu Monopol-Visionen verleiten lassen. Eine Analyse solcher Strömungen liefert z. B. der deutsche Autor Udo Ulfkotte in seinem Buch *Heiliger Krieg in Europa – Wie die radikale Muslimbruderschaft unsere Gesellschaft bedroht* (2007):

> Udo Ulfkotte enthüllt in diesem Buch erstmals die Methoden und Machenschaften der islamistischen Muslimbruderschaft, die Europa seit Jahrzehnten systematisch unterwandert und deren Ziel die Zerstörung der westlichen Kultur ist. / Jeder hat von Bin Laden und Al-Qaida gehört, doch die wenigsten wissen, welche Organisation das eigentliche Zentrum der Islamisten ist, die mit allen radikalen muslimischen Gruppen weltweit vernetzt ist: die 1928 in Ägypten von Hassar al-Banna gegründete Muslimbruderschaft. Obwohl sie seit Mitte der 1960er Jahre auch in Europa tätig sind, wurde ihr sogenannter Masterplan von 1982 erst vor kurzem bekannt. Darin ist präzise festgelegt, mit welchen legalen und illegalen (bis terroristischen) Mitteln die Islamisten die westliche Kultur zerstören und ein Kalifat errichten wollen. (aus dem Verlagstext)

Im Jahr 2008 veröffentlichte derselbe Autor das Buch *SOS Abendland – Die schleichende Islamisierung Europas*. Darin zitiert er auch die mittlerweile weltbekannte Aussage des türkischen Präsidenten Tayyip Erdogan: »Die Demokratie ist nur der Zug, auf den wir aufsteigen, bis wir am Ziel sind. Die Moscheen sind unsere Kasernen, die Minarette unsere Bajonette, die Kuppeln unsere Helme und die Gläubigen unsere Soldaten.«

Infiltration, Täuschung und Gewalt gehören nicht nur in islamistischen Kreisen zu den angewandten Methoden. Eine Abhandlung hierüber würde den Rahmen des vorliegenden Buches sprengen, weshalb nur ein paar punktuelle Beispiele genannt werden können, um die Dimension anzudeuten. Der ehemalige Mossad-Offizier Victor Ostrovsky verrät in seinem internationalen Bestseller *Der Mossad* (1991), wie der Leitsatz des israelischen Geheimdienstes lautet: »Mit den Mitteln der Täuschung sollst du Krieg führen.«[43] Auch gewisse Kreise innerhalb der christlichen Kirchen verwenden in ihren internationalen Machtbestrebungen fragwürdige bis kriminelle Mittel. Zahlreiche Autoren haben sich mit den heimlichen Machenschaften, die im Namen Jesu laufen, befasst und darüber Bücher veröffentlicht, z. B. Pater Malachi Martin (in Sachbuch- und Romanform) und der evangelische Autor Eric Jon Phelps in seinem Buch *Vatican Assassins – Wounded in the House of my Friends*, auch Online verfügbar unter www.vaticanassassins.org; hier geht es um das weitreichende Netzwerk der inneren Kreise der seit 500 Jahren bestehenden Gesellschaft der Jesuiten und deren Verstrickung mit der Weltpolitik und der Hochfinanz seit dem 18. und 19. und insbesondere seit dem 20. Jahrhundert (seit den 1930er Jahren in Zusammenarbeit mit der Organisation Opus Dei).

163

Am 18. April 2007 ging folgende Agenturmeldung an die Zeitungsredaktionen der EU und der Schweiz:

> **EU macht gegen Rassisten mobil** – Die 27 EU-Staaten nehmen heute einen neuen Anlauf für ein Abkommen gegen Rassismus und Fremdenfeindlichkeit. Öffentliche Aufstachelung zu Hass oder Gewalt gegen Menschen bestimmter Rasse, Abstammung, Hautfarbe oder Religion sollen in der gesamten EU unter Strafe gestellt werden. Rassistische Aufrufe würden mit mindestens einem Jahr Gefängnis geahndet. Als Höchststrafe sind drei Jahre vorgesehen. Die EU will auch den Versand von Hetzschriften aus dem EU-Ausland unterbinden. Genauso soll das öffentliche Billigen, Leugnen oder Verharmlosen von Völkermord und Verbrechen gegen die Menschlichkeit mit Haft bestraft werden.

Aufgrund dieser Stimme der Vernunft sollten auch die genannten Textstellen aus dem Talmud, der Bibel und dem Koran einer öffentlichen Thematisierung unterstellt werden, und die Verantwortlichen der jeweiligen Religionen sollten deutlich Stellung beziehen, denn eine solche Befreiung von 1500 bis 2500 Jahre altem Ballast müsste eigentlich von jeder Religion nur begrüßt werden.

164

Alle Religionen haben ihre dunklen Seiten, in denen Schattengestalten und scheinheilige Würdenträger agieren und ihr Tun mit entsprechenden »Zitaten« aus ihrer jeweiligen heiligen Schrift rechtfertigen. Hierbei handelt es sich nicht um Randerscheinungen, sondern um zentrale Machenschaften, die direkt die Weltpolitik bestimmen.

Diejenigen, die den Talmud, die Thora, die Bibel und den Koran in einem ganzheitlichen Sinn verstehen, müssten innerhalb ihrer eigenen Religion aufstehen und fordern: »Wir wollen keine monotheistische Verfälschung unserer heiligen Schriften. Wir wollen eine Theologie und Politik entsprechend dem *theistischen* Kern des Judentums / des Christentums / des Islam.«

Damit die genannten Probleme in der Wurzel erkannt und überwunden werden können, muss noch einiges an Grundlagenforschung betrieben werden. Hierzu gehören Fragen wie: Woher kommen all diese fragwürdigen Textstellen? Wann wurden sie eingefügt? Von wem? In welchem historischen Zusammenhang stehen sie? Wie wurden sie ursprünglich verstanden? Wie konnte es geschehen, dass die diabolische Interpretation eine allgemeine bzw. heimliche Akzeptanz fand?

Heute ist **eine neue Aufklärung** erforderlich, nach der atheistisch-humanistischen und materialistischen nun eine *theistische!*

165

Judentum, Christentum und Islam berufen sich auf Moses. Die zentrale Botschaft des Moses sind nicht die vielen patriarchalen Gesetze der fünf »Bücher Mose«, sondern die Kernstelle dieser fünf Bücher: **die Zehn Gebote** (2 Mose 20,2–17; 5 Mose 5,6–21). In beiden Versionen lautet das erste Gebot: »Ich bin der Herr, dein Gott. Du sollst keine anderen Götter neben mir haben!«

Warum ist das Gebot »**Keine anderen Götter neben mir**« wichtiger als die Gebote: »Du sollst nicht stehlen, nicht lügen, nicht morden«? Weil die Nichteinhaltung dieses Gebotes erst zu den nachfolgend genannten Untaten führt. Dies ist aber nur verständlich, wenn das erste Gebot nicht monotheistisch verstanden wird. Die Bedeutung aus theistischer Sicht lautet: *Es gibt nur einen Gott, und wer diesem Gott dient, befolgt die mosaischen Gebote.* Sobald jemand sagt: »*Es steht zwar geschrieben, man solle nicht stehlen, nicht lügen und nicht morden, aber diese Gebote gelten nur in bezug auf unser Volk, von den ›anderen‹ steht nichts geschrieben*«,[41] oder: »*Unter gewissen Umständen– gemäß dem ›neuen Ethos‹ – darf man dennoch stehlen, lügen und morden, um ›Krieg zu verhindern‹*«, dann bedeutet dieses »*Ja, aber*«, dass man nicht mehr dem wahren Gott dient, sondern einem anderen, falschen Gott. Diesen nannte Jesus »Vater der Lüge, Menschenmörder von Anbeginn« (Joh 8,44). Jesus betonte deshalb, dass er erschienen sei, nicht um das Gesetz aufzuheben, sondern um es *zu erfüllen* (Mt 5,17). Er forderte konsequente und kompromisslose Wahrheit, d. h. eine **Befolgung der Gebote ohne »Ja, aber«**, und scheute sich nicht, die Vertreter des diabolischen Geistes öffentlich und namentlich zu nennen, sowohl die zeitgenössischen (z. B. in Mt 23, Joh 8) als auch die der Zukunft: »Viele werden in meinem Namen kommen ...« (Mt 7,15; 24,5/24)

166

Friede ist nicht möglich, solange Mächte am Werk sind, die nicht Frieden wollen, sondern Totalherrschaft um jeden Preis. Jüdische und christliche Messianismus-Fundamentalisten warten auf das Erscheinen bzw. die Rückkehr ihres Messias und meinen, dieser werde erst *nach* der Apokalypse-Endschlacht erscheinen, wenn auf dem Tempelberg in Jerusalem der »dritte Tempel« stehe. Ein ähnlicher Glaube herrscht auch in verschiedenen islamischen Kreisen im Hinblick auf das Erscheinen des Mahdi. Die Menschheit steht deshalb vor der **Gefahr einer inszenierten oder provozierten »Endschlacht«**. Hier haben wir es mit extremen, aber weltpolitisch zentralen Auswüchsen eines irregeleiteten Monotheismus zu tun, und es stellt sich die Frage, warum diese welterschütternde Bedrohung nicht häufiger thematisiert wird. Ausnahmen sind unter anderem der amerikanische Ex-Präsident Jimmy Carter mit seinem Buch *Palestine – Peace Not Apartheid* (2006) und – mit einem kritischeren Ton – der Judaismus-Professor Rabbi Dan Cohn-Sherbok: *The Politics of Apocalypse – The History and Influence of Christian Zionism* (2006; Titelbild: das Weiße Haus mit einer Israel-Fahne auf dem Dach). Ein weiteres Beispiel für ein Buch, das diese Hintergründe der Weltpolitik beleuchtet, ist *Apokalypse Jetzt! – Washingtons geheime Geopolitik* von William Engdahl (2007):

> Christliche und jüdische Fundamentalisten leben in der Erwartung der biblischen Apokalypse. Sie wollen die Menschheit an den Rand des Weltuntergangs bringen und streben nach der Endzeitschlacht Armageddon. Denn erst nach dieser großen und finalen Schlacht zwischen Gut und Böse kann und soll der Messias kommen beziehungsweise wiederkommen. Diese religiösen Fanatiker beten nicht nur dafür, dass diese verheerenden Ereignisse rasch eintreten, sondern sie sind der Meinung, dass hier auch handfest nachgeholfen werden muss, um die »Wiederkunft Christi« zu beschleunigen. (aus dem Rückentext)

167

Die meisten Juden, Christen und Moslems nehmen die besagten Problemstellen aus den jeweiligen heiligen Schriften nicht wörtlich und verstehen sie auch nicht in einem menschenverachtenden Sinn. Aber genau diese Textstellen werden in Extremistenkreisen herumgereicht: die Stellen aus den eigenen Schriften, um sich selbst »im Namen Gottes« zu legitimieren, und die entsprechenden Stellen aus den Schriften der gegnerischen Religionen, um den Hass zu schüren: »Schaut, was die Juden/Christen/Moslems über uns Juden/Christen/Moslems denken!«

Es ist nie das Volk, das Krieg will, und erst recht ist es nie das Volk, das Kriege finanziert und organisiert. Es sind immer nur wenige Köpfe an der Spitze der Pyramide, die Kriege wollen, um ihre Machtpläne voranzutreiben.

Wären die Religionen nicht gespalten und verfeindet, könnten sie gemeinsam als vielfältige Kraft wirken, um die spaltenden und negativen Kräfte in ihren eigenen Kreisen und weltweit zu neutralisieren.

168

Ein grundlegendes Anliegen der theistischen Vision ist die **Versöhnung der Religionen** und das Fördern des gegenseitigen Respekts (durch die Überwindung von Atheismus und Monotheismus), damit wir als Menschheit fähig werden, gemeinsam den großen Bedrohungen der heutigen Zeit zu begegnen. Deshalb kommen wir nicht umhin, uns auch die Frage zu stellen, welche Elemente und Ideologien diesem Ziel im Wege stehen.

Kapitel 17

Wie der Monotheismus entstand

169

Wenn wir ein ganzheitliches Wissen anstreben, das über den Materialismus/Atheismus und über den Monotheismus hinausgeht, müssen wir bereit sein, vieles kritisch zu hinterfragen, denn die heute vorherrschenden Ansichten werden genau von diesen Weltbildern geprägt. Kritisch hinterfragen sollten wir deshalb auch **das heute vorherrschende Bild unserer Vergangenheit,** das von diesen beiden Seiten vertreten wird. Ist der Mensch ein evolviertes Tier? Sind seine religiösen Vorstellungen aus Unwissenheit, Angst und Aberglauben hervorgegangen? Oder wurde der Mensch von Gott aus Lehm erschaffen? Und von Gott aus dem Paradies vertrieben? Oder war alles ganz anders?

170

Das zentrale Ereignis in der monotheistischen Geschichtsschreibung ist **die Sintflut:** Die Menschheit war dekadent geworden und rebellierte gegen Gott, weshalb Gott die Entscheidung fällte, die ganze Welt mitsamt den Tieren zu bestrafen: »Ich will die Menschen, die ich geschaffen habe, vertilgen von der Erde – und nicht nur die Menschen, sondern auch alle Tiere bis hin zum Gewürm und bis zu den Vögeln des Himmels; denn es reut mich, dass ich sie geschaffen habe.« (Gen 6,7)

Die theistischen Mysterienschulen bestätigen die Realität der Sintflut, aber nicht **die monotheistische Interpretation** der Sintflut. Nehmen wir als Beispiel die Tsunami-Katastrophe vom 26. Dezember 2004, bei der über 200 000 Menschen ums Leben kamen. Wir erinnern uns an die weltweite Solidarität mit den Hinterbliebenen und Überlebenden. Wie hätte die Welt reagiert, wenn religiöse Führer diese Tsunami-Katastrophe als Strafe Gottes und die Opfer als bestrafte Sünder bezeichnet hätten? Sind bei allen Katastrophen die Opfer die »Bösen« und die Überlebenden die »Guten«?

Genau dies wurde nach der letzten großen Globalkatastrophe verkündet. Als sich die Natur wieder erholt hatte und die Menschheit begann, weite Gebiete zu besiedeln und Kulturen aufzubauen, wurde die damals bereits zweitausend und mehr Jahre zurückliegende Katastrophe von den Priestern, die einen Henotheismus* und später einen Monotheismus be-

---

* Henotheismus: »Eingottglaube«, von grch. *hén* (gen. *henós*), »eins«; der Glaube, die eigene Stammesgottheit sei der höchste Gott und sei den Göttern, die neben ihm existieren, überlegen; der Monotheismus ist eine Weiterentwicklung des Henotheismus, indem er sagt, der höchste Gott sei auch der einzige.

gründeten, *als Strafe Gottes* dargestellt: die Flutopfer seien Sünder und die Überlebenden die einzig guten Menschen gewesen. Diese Interpretation wurde mit priesterlicher Autorität als Wahrheit durchgesetzt und mit einer entsprechenden Gotteslehre verbunden: »*Wenn ihr wollt, dass Gott euch nicht mehr straft, müsst ihr uns, den Priestern, und unseren Anweisungen gehorchen; all jene, die das nicht tun, wird Gott erneut bestrafen. Unser Gott ist der einzig wahre Gott; alle anderen Menschen verehren einen falschen Gott, und unser Gott wird sie dafür bestrafen und vernichten.*«

171

Hat sich vor acht- bis zehntausend Jahren eine globale Katastrophe ereignet? Diese Frage wurde aufgrund der Dominanz des monotheistischen Christentums eng mit dem Glauben an die Bibel verbunden. Diejenigen, die an der fundamentalistischen Interpretation der Bibel zweifelten, meinten deshalb auch, sie müssten das Geschehnis der Sintflut ablehnen, was in der Geologie zur Theorie des **Aktualismus** führte: »*In der Vergangenheit waren geologisch genau dieselben langsamen Kräfte wirksam wie heute; in der Geologie können wir deshalb aus der Gegenwart auf die Vergangenheit schließen.*« Diese Weltsicht entstand zu Beginn des 19. Jahrhunderts in England unter der Federführung von Charles Lyell, einem frühen Mentor und Inspirator von Charles Darwin. Mit dem Aktualismus wandten sich die humanistischen Wissenschaftler explizit gegen die jüdisch-christliche Katastrophenüberlieferung, die besagt, eine globale Sintflut habe das geologische Erscheinungsbild der Erde in jüngerer Vergangenheit von Grund auf umgestaltet.

172

Die materialistische Lehrmeinung sagt, es habe während des Daseins der Menschen nie eine globale Katastrophe gegeben. Die monotheistische (kreationistische) Lehrmeinung sagt, eine solche Katastrophe habe stattgefunden, und zwar als Strafe Gottes für die sündige Menschheit.

Aus theistischer Sicht haben beide Seiten unrecht: die materialistische mit ihrer Leugnung der Sintflut und die monotheistische mit ihrer Interpretation der Sintflut.

173

Auf allen Kontinenten finden wir alte Überlieferungen, die von einer gewaltigen Katastrophe berichten. Auffällig dabei ist, dass diese Berichte nicht identisch sind, sondern regionale und kontinentale Unterschiede aufweisen. Einige Überlieferungen sprechen von einem feurigen Drachen am Himmel als Ursache der Katastrophe, andere sprechen von einem

Feuerregen und einem Weltenbrand (»Kataklysmus«), andere von einer Wasserflut, andere von einer langen Dunkelheit, usw. Eine naheliegende Interpretation ist, dass ein Komet in die Erdatmosphäre eingedrungen ist und sich in mehrere Teile aufspaltete, die an verschiedenen Orten einschlugen und eine gewaltige Kettenreaktion von Vulkanausbrüchen und Erdbeben auslösten, möglicherweise sogar mit einer einschneidenden Veränderung der Erdatmosphäre. Eine umfangreiche Forschungsarbeit zur Katastrophenforschung auf der Grundlage neuester geologischer Erkenntnisse veröffentlichte 1993 der namhafte österreichische Geologe Prof. Alexander Tollmann in Form des 550-seitigen Buches *Und die Sintflut gab es doch – Vom Mythos zur historischen Wahrheit*. Darin stellt er – als humanistisch denkender Wissenschaftler – das Dogma der aktualistisch-linearen Geologie-Interpretation in Frage und beschreibt die vielen geologischen Spuren, die auf einen aufgeteilten Kometeneinschlag um 7500 v.Chr. hinweisen. Anhand der vielen Sinflut-Überlieferungen aus aller Welt konnte er (durch Auswertung der regionalen und kontinentalen Unterschiede) sogar eine hypothetische Rekonstruktion des Katastrophenhergangs erstellen.[44]

174

Geologen, die kein materialistisches Weltbild vertreten, haben bereits viele wertvolle Arbeiten für **eine alternative Erklärung der heutigen geologischen Strukturen** geliefert. Ein eindrückliches Beispiel ist der Ausbruch des Vulkans Mount St. Helens im Jahr 1980, durch den innerhalb von nur zwei Jahren das geologische Erscheinungsbild des betroffenen Gebietes vollständig umgestaltet wurde. Die Geologen konnten sehen, wie innerhalb von Stunden neue Gesteinsschichten gebildet wurden, wie innerhalb von Monaten ein neuer, 20 Meter tiefer Cañon entstand und wie innerhalb weniger Jahre ganze Baumstämme versteinerten! Der neue Cañon nördlich von Mount St. Helens wird sogar »Little Grand Cañon« genannt, weil er wie eine Miniatur des berühmten Grand Cañon aussieht: senkrechte Felswände, deutlich sichtbare, scharf voneinander abgegrenzte Gesteinsschichten – und ein kleiner Fluss unten auf dem Grund des Cañons. Man könnte meinen, dieser »Little Grand Cañon« sei über Millionen von Jahren von diesem kleinen Fluss in den Boden geschnitten worden. Dabei war es gerade umgekehrt: Als Folge einer Naturkatastrophe erodierte ein pyroklastischer Fluss aus Staub, Schlamm, Tonerde und Wasser eine Schneise in den Boden und lagerte neue, meterdicke Schichten ab, die innerhalb von kurzer Zeit steinhart wurden. Und ganz am Schluss suchte sich das Wasser die tiefstgelegene Rinne als Flussbett![45]

Innerhalb von sechs Jahren entstand auf dem Krater des Mount St. Helens ein fast 300 Meter hoher, halbkugelförmiger Dom aus erkalteter Lava. Innovative Geologen (aus der kreationistischen Schule) machten ein Experiment: Sie datierten das Gestein dieses jungen Lavadomes mit den herkömmlichen radiometrischen Methoden, z. B. mit der Kalium-Argon-Methode. Da Kalium (^{40}K) nur sehr langsam in Argon (^{40}Ar) zerfällt – die Halbwertszeit von ^{40}K beträgt 1,25 Milliarden Jahre –, war es laut offizieller geologischer Lehrmeinung nicht möglich, diesen Lavadom zu datieren, da er »zu jung« sei und noch kein Argon enthalte. Die Untersuchung zeigte jedoch, dass bereits ein beträchtlicher Prozentsatz an Argon vorhanden war, und die verschiedenen Datierungen ergaben ein »Alter« von 350 000 bis 2,4 Millionen Jahren! Offensichtlich unterliegt **das lineare Denken der materialistischen Wissenschaft** einem großen Denkfehler: Es geht davon aus, dass der Prozentsatz des Umwandlungsproduktes (wie z. B. Argon) anfänglich *null* gewesen ist. Es ist jedoch eine Tatsache, dass wir nicht wissen, welche geologischen und physikalischen Verhältnisse zum Zeitpunkt des Entstehens von Erstarrungsgesteinen und Sedimentschichten geherrscht haben. Aber spätestens seit den Forschungen am Mount St. Helens wissen wir, dass Erstarrungsgesteine bereits von Anfang an auch die angeblichen Umwandlungsprodukte enthalten. Die Geologen aus dem materialistisch-darwinistischen Lager ignorieren diese Erkenntnisse jedoch und sind stark bemüht, dass die Forschungsergebnisse der kreationistischen Geologen nicht in die Massenmedien und nicht in die Schulbücher kommen. Dies ist nur eines von vielen Beispielen, die zeigen, wie die angeblich objektive materialistische Wissenschaft Forschungen ignoriert oder bekämpft und in bestimmten Bereichen sogar das Erlangen neuer Erkenntnisse verhindert.

175

In vielen Sintflutüberlieferungen der alten Kulturen aller Kontinente wird erwähnt, dass die Geschichte der Menschheit in zyklischen Zeitaltern abläuft. Nur die monotheistischen Kreationisten des Christentums und des Islam lehnen die zyklischen Zeitalter ab und sprechen von einem einzigen Gott und von einer *einzigen* Sintflut. Weil Adam und Eva gemäß den biblischen Angaben um 5000 v. Chr. erschaffen wurden, glaubt diese Strömung von Kreationisten (im Englischen »Young-Earth Creationists« genannt), die Erde und das gesamte Universum seien vor rund 7000 Jahren in sechs Tagen erschaffen worden.

Die theistische Weltsicht postuliert folgende Erklärung für die heutigen Oberflächenstrukturen der Erde: **alte Erde, zyklische Zeitalter, junge tektonische Strukturen.** Die Erde als Planet ist alt, aber das geologische Erscheinungsbild der Erdoberfläche mit der heutigen Form der Meere, Berge, Täler, Wüsten usw. ist relativ jung. Das bedeutet, dass es im Lauf der zyklischen Geschichte immer wieder zu geologischen Neuanfängen und auch zu *kulturellen* Neuanfängen gekommen ist. Die lineare Projektion der heutigen geologischen Verhältnisse in die Vergangenheit ist eine falsche, widerlegte Methodik. Damit ist die heute gelehrte Darstellung der angeblichen Ursprünge der Menschheit und der menschlichen Kultur ebenfalls fragwürdig. Wir wissen, wie es *nicht* war – nämlich so, wie das materialistisch-darwinistische Weltbild sagt –, aber wir wissen nicht, *wie* es war.

Aus theistischer Sicht können wir jedoch neue, philosophisch und wissenschaftlich plausible Erklärungen finden, gestützt auf die Urerinnerung der Menschheit und das Wissen der alten Mysterienschulen (siehe Kap. 21).

176

Die Überlebenden der letzten großen Katastrophe vor rund acht- bis zehntausend Jahren mussten bzw. durften mit ihrer Kultur von Grund auf neu anfangen. Sie zogen sich in Höhlen der hochgelegene Regionen zurück und kämpften ums nackte Überleben. Nur wenige Mysterienzentren behielten das Wissen der Vorzeit. Im Volk blieb die Erinnerung an die große Katastrophe lebendig und wurde in Form von Mythen und Sagen von Generation zu Generation weitergereicht. Dabei geschah es, dass die Überlieferung im Lauf der Jahrhunderte phantasievoll angereichert und mit Erklärungsversuchen ergänzt wurde. Denn es ist nur natürlich, dass sich die Überlebenden fragten, warum diese Katastrophe geschah und warum Gott oder die Götter so etwas zulassen konnten.

Im Mittleren Osten, insbesondere bei den Sumerern und Babyloniern, wurden die Sintflut und das Überleben der wenigen Menschen mit *Götterwesen* in Verbindung gebracht. **Das Gilgamesch-Epos,** das bei Ausgrabungen in Mesopotamien in der zweiten Hälfte des 19. Jahrhunderts entdeckt wurde, enthält eine Sintflutbeschreibung, die weitgehend der biblischen Darstellung entspricht, in einigen Punkten fast wörtlich. In anderen Punkten sind jedoch auffällige Unterschiede erkennbar.[46] Aus dem Gilgamesch-Epos – sowohl aus der sumerischen als auch aus der babylonischen Fassung – geht hervor, dass die Menschen damals die Katastrophe nicht als eine Strafe durch die Götter angesehen haben. Für sie war die Katastrophe ein *Naturereignis* gewesen, das die Götter aus egoistischen Gründen zuließen und dabei nur wenige Auserwählte vorwarnten; die Götter selbst wurden ebenfalls von der Sintflut betroffen und in Mitleidenschaft gezogen.

Mit dem Entstehen der monotheistischen Weltsicht im Nahen Osten wurden die alten, polytheistisch formulierten Geschichten umgeschrieben. Wo früher von vielen Göttern – die sich untereinander sogar bekämpften! – die Rede war, sprach **die monotheistische Fassung der Sintflutbeschreibung** jetzt nur noch von einem einzigen, patriarchal herrschenden und strafenden Gott.[47] Und es wurde drohend betont, diese Schriften seien von Gott gegeben und es sei verboten, sie in irgendeinem Punkt anzuzweifeln.

177

Die verborgene theistische Botschaft des Alten Testaments: Das Alte Testament, auf das sich das Judentum, das Christentum und der Islam stützen, war nie als eine Geschichtsschreibung im heutigen historischen Sinn gedacht. Das Alte Testament wurde als Text in seiner definitiven Gesamtform erst nach der Babylonischen Gefangenschaft (586–538 v. Chr.) zusammengestellt, wobei viele neue Texte entstanden und alte Texte bearbeitet wurden, damit sie dem monotheistischen Anspruch der priesterlichen Auftraggeber entsprachen. Die Schreiber des Alten Testaments und die Priester waren als Gruppe nicht identisch, denn die des Schreibens kundigen Männer waren keine undifferenzierten Monotheisten wie ihre priesterlichen Auftraggeber, und sie hatten keine hierarchische Machtstellung inne. Sie waren weitsichtige Weise (»Kabbalisten«), die einerseits die theistischen Wahrheiten ihrer Überlieferung kannten, andererseits auch die Notwendigkeit sahen, dem aus der Babylonischen Gefangenschaft zurückgekehrten Volk eine historische Vergangenheit zu geben, die den Zusammenhalt und die nationale Identifikation förderte. In diesem Sinn schrieben sie romanhafte Symbolismen, die mit historisch fernen, aber existenten Personen verbunden wurden, wie David und Salomo, Moses, Jakob, Isaak, Abraham, Melchisedek, Noah und Henoch. Die weisen Schreiber erkannten auch den herrschenden Geist ihrer zeitgenössischen Tempelobrigkeit, die diese Symbolismen als historische Wahrheit verkünden wollten, um ihre Monopolansprüche zu untermauern.

In diesem komplexen Umfeld schufen die Schreiber einen redigierten Schriftenkanon, der dem Geist der monotheistischen Priesterschaft entsprach, aber sie fügten versteckte Schlüssel und Widersprüche ein, damit spätere, kritische Leser erkennen würden, dass diese Schriften mit einer differenzierenden Sicht gelesen werden müssen. Der erste Schlüssel findet sich gleich zu Beginn: Genesis 1,1 beginnt mit 2-2 (Abs. 38).

178

Die Schreiber des Alten Testaments verfassten die redigierten Texte auf eine Weise, die deutlich macht, wo der theistische Kern zu finden ist und wie die Priester diese Wahrheiten vereinnahmten oder überdeckten. Sie konstruierten den monotheistischen Überbau und stellten ihn absichtlich teils mit Übertreibungen, teils mit Widersprüchen dar, um den Überbau als solchen erkennbar zu machen – aber nur für diejenigen, die »Augen haben, um zu sehen«. Die monotheistischen Tempelpriester waren mit dem Ergebnis sehr zufrieden und segneten diese Schriften als »absolut« und »heilig« ab – und konservierten damit eine Zeitbombe für jene ferne Zeit (unsere Gegenwart!), in der sich die historischen und symbolischen Wahrheiten gegen die monotheistischen Fehlinterpretationen durchsetzen würden.

Die scheinbare Widersprüchlichkeit der Bibel ist eine Widerspiegelung des Lebens, denn das Aufeinanderstoßen der Gegensätze ist die grundlegende Eigenschaft der Welt der Dualität: Wahrheit/Unwahrheit; göttliche Inspiration/ungöttliche Manipulation; menschliches Streben/unmenschliches Machtstreben. Entscheidend ist deshalb das Erkennen des göttlichen Geistes im geschriebenen Wort, nicht das Wort allein. Ein falsch verstandener wörtlicher Glaube – wenn man z. b. ein romanhaft-symbolisches Geschichtsereignis als historische Tatsache hinstellt – führt zu Trugschlüssen. »Was wir zu tun vermögen, verdanken wir Gott; er ist es auch, der uns die Kraft verleiht, Diener des Neuen Bundes zu sein. Wir dienen nicht dem Buchstaben, sondern dem göttlichen Geist; denn **der Buchstabe tötet,** der Geist aber macht lebendig.« (2 Kor 3,6)

179

Das Alte Testament ist zum großen Teil keine historische Schrift, sondern eine Schrift mit einer zeitlosen symbolischen Bedeutung. Die Rahmenerzählungen des Alten Testaments gehen zwar von Schlüsselpersonen aus, die historisch existiert haben, aber die Erzählungen selber sind zum großen Teil nicht historisch. Eine wichtige Arbeit über diese Zusammenhänge veröffentlichten im Jahr 2001 zwei führende jüdische Bibelarchäologen – Israel Finkelstein, Direktor des archäologischen Instituts der Universität von Tel Aviv, und Neil Silberman, Co-Redakteur des namhaften *Archaeology Magazine* – mit ihrem aufsehenerregenden Buch *The Bible Unearthed – Archaeology's New Vision of Ancient Israel and the Origin of Its Sacred Texts,* in der deutschen Übersetzung: *Keine Posaunen vor Jericho – Die archäologische Wahrheit über die Bibel* (2002). Diese Autoren präsentieren die neuesten Erkenntnisse und Schlussfolgerungen der Bibelarchäologie: »Offensichtlich haben sich viele Ereignisse der biblischen Erzählung nicht in der beschriebenen Zeit oder Weise zugetragen. Einige der berühmtesten Ereignisse haben nie stattgefunden.« (S. 16 in der dt. Ausgabe)

Einige der berühmtesten Ereignisse haben nie stattgefunden, z. B. die Versklavung des Volkes Israel in Ägypten, der Exodus aus Ägypten und die gewaltsame Landnahme in Kanaan.

180

Dass **die Geschichte der Versklavung in Ägypten und des Exodus** nicht historisch sein kann, zeigt nur schon die logische Betrachtung des biblischen Textes, denn hier haben die Schreiber deutliche Übertreibungen und Widersprüche in die Erzählung eingewoben.

In Ex 12,37 steht, dass 600 000 Männer, »Frauen und Kinder nicht mitgezählt«, beim Exodus Ägypten verlassen haben. Das wären rund

2 Millionen Menschen. Laut Ex 12,40 hatte das Volk Israel 430 Jahre lang in Ägypten gelebt, angefangen mit Josef, der von seinen Brüdern in die Sklaverei verkauft worden war, in Ägypten aber dank seiner richtigen Traumdeutung die Gunst des Pharaos bekam: »Du sollst mein Stellvertreter sein, und mein ganzes Volk soll dir gehorchen. Nur die Königswürde will ich dir voraushaben. Ich gebe dir Vollmacht über ganz Ägypten.« (Gen 41,39–41)

Während der »sieben mageren Jahre«, auf die Ägypten nur dank der Warnung durch Josef vorbereitet war, lädt der Pharao Josefs Vater und Brüder nach Ägypten ein: »Du kannst über ganz Ägypten verfügen. Lass sie im besten Teil des Landes wohnen!« (Gen 47,6)

Der 130-jährige Jakob (Gen 47,9), Josefs Vater, wird mit hohem Respekt empfangen. »Wie der Pharao es geboten hatte, ließ Josef seinen Vater und seine Brüder in der Gegend von Ramses, dem besten Teil des Landes, wohnen und gab ihnen dort Grundbesitz.« (Gen 47,11)

Während der Hungersnot mussten die Ägypter bei Josef Getreide einkaufen: »Und so kam es, dass schließlich alles Geld aus Kanaan und Ägypten in der Hand Josefs war. Josef brachte es in den Palast des Pharaos.« (Gen 47,14)

Das Erste Buch Mose (Genesis) endet mit Josefs Tod in Ägypten. Das Zweite Buch Mose (Exodus) beginnt mit dem Bericht, dass sich das Volk der Israeliten in den nachfolgenden Generationen über ganz Ägypten ausgebreitet habe. »Da kam ein neuer König an die Macht, der von Josef nichts mehr wusste« (Ex. 1,8). **Ein König, der von Josef nichts mehr wusste** – und dieser König soll dann das in Ägypten lebende Volk der Israeliten versklavt haben.

Wenn wir all die zitierten Punkte in Betracht ziehen, so ist es unmöglich, dass der neue, anonyme Pharao nichts von Josef gewusst hat. Gemäß dem Edikt des früheren, ebenfalls anonymen Pharaos (Gen 45,17–19) hatte Josefs Familie im fruchtbarsten Gebiet des Königreichs ein großes eigenes Stammesland zugesprochen bekommen; das wäre bestimmt an vielen Stellen schriftlich festgehalten worden. Zudem war Josef im ägyptischen Königreich der Stellvertreter des Pharaos und der Retter des ägyptischen Volks gewesen. Gerade in Ägypten, wo Königslisten geführt und alle historisch wichtigen Ereignisse aufgeschrieben wurden, wäre diese glorreich bestandene Notzeit von sieben Jahren der zentrale Inhalt vieler Inschriften gewesen. Auch Jakob, ein 130-jähriger Mann, wäre in Ägypten eine Sensation gewesen. Wir sprechen hier ja nicht von einer fernen Steinzeit, sondern von der historisch gut erfassten Zeit zwischen 1500 und 1000 v. Chr., der Zeit der mächtigsten Pharaonen Ägyptens.

Der Pharao, zu dem Josef gekommen sein soll, wird nicht namentlich genannt. Ebenso bleibt der Pharao, der »von Josef nichts mehr wusste«, ohne Namen. Dieser neue König wäre 300 bis 400 Jahre nach Josefs Tod an die Macht gekommen. Josef, hätte es ihn gegeben, wäre damals immer noch eine überall verherrlichte Person gewesen. Und Josefs Volk hätte zu diesem Zeitpunkt bereits 300 bis 400 Jahre frei in Ägypten gelebt, und zwar mit einzigartigen Privilegien gemäß direkter Bestimmung des Pharaos. Dieses blühende Volk hätte damals schätzungsweise eine Million Menschen umfasst, denn nach 430 Jahren sollen es rund zwei Millionen Menschen gewesen sein. Aus der Epoche der fraglichen 300 bis 400 Jahre müssten zahlreiche Kultstätten, Siedlungen, Inschriften, Kunstgegenstände und Gräber vorhanden sein. Aber wir finden nichts, nicht die geringste Spur.*

Die älteste Erwähnung Israels in einem außerbiblischen Dokument findet sich in Ägypten: in einer Siegesinschrift von Pharao Merenptah, dem Sohn des großen Herrschers Ramses II. Auf dieser berühmten »Israel-Stele« (Ende 13. Jh. v. Chr.) wird gesagt, der Pharao habe ein Volk mit diesem Namen *im Lande Kanaan* besiegt! Also lebte das Volk Israel bereits damals im Land Kanaan ...

Die Ägypter hatten von ihren Feldzügen im Nahen und Mittleren Osten immer wieder Kriegsgefangene mitgebracht, weshalb es nicht erstaunlich ist, dass ägyptische Dokumente Sklaven mit semitischen Namen erwähnen; aber dies hat nichts mit der im Zweiten Buch Mose beschriebenen »ägyptischen Gefangenschaft« zu tun.

Die älteste Synagoge in Ägypten findet sich auf der Nil-Insel Elephantine und wurde im 6. Jahrhundert v. Chr. gebaut. Sie entstand, nachdem Manasse, der König von Juda, im 7. Jahrhundert v. Chr. Truppen nach Ägypten gesandt hatte, die Pharao Psammetich im Kampf gegen die Assyrer unterstützen sollten; einige dieser Männer blieben in Ägypten und gründeten eine jüdische Gemeinschaft, die später die besagte Synagoge baute.

181

Laut der biblischen Beschreibung haben beim Exodus rund zwei Millionen Menschen Ägypten verlassen. Damals lebten in Ägypten schätzungsweise sechs Millionen Menschen. Wenn ein Drittel oder auch »nur« ein Viertel oder Fünftel der Einwohner aus fremden Sklaven bestanden hätte, wäre dieser plötzliche Auszug in Ägypten nicht ohne Spuren geblieben. Wie die Archäologen Israel Finkelstein und Neil Silberman bestätigen, ist nicht das geringste Indiz vorhanden, das auf die Anwesenheit eines versklavten Volkes in Ägypten hinweist, genausowenig wie auf einen Auszug dieser Sklaven oder auf das von ihnen hinterlassene soziale und wirtschaftliche Vakuum. Das durch den Exodus verursachte Chaos hätte

---

* Zum Vergleich: Pharao Echnaton und seine Gemahlin hatten nur rund zwanzig Jahre als Pharaonen geherrscht, und die nachfolgenden Ramses-Pharaonen hatten gezielt jegliche Erinnerung an sie zerstört und verboten. Dennoch fanden sich 3000 Jahre später noch zahlreiche Spuren. Wie viele mehr müssten wir also von diesen 430 Jahren israelitischer Präsenz in Ägypten finden!

den ägyptischen Staat in den Niedergang oder zumindest in eine gewaltige Krise gestürzt. Aber damals war Ägypten auf dem Höhepunkt seiner Macht und behielt diese Macht noch über Jahrhunderte! Angesichts dieser Sachlage hätte dem Sklavenvolk eine Flucht aus Ägypten nichts gebracht, denn die Großmacht Ägypten unterhielt überall im Nahen Osten, vor allem im Land Kanaan, administrative und militärische Stützpunkte. Es wäre unmöglich gewesen, irgendeine Stadt im Lande Kanaan zu erobern, ohne eine Konfrontation mit der ägyptischen Armee zu provozieren. Doch in den Moses-Büchern und im Buch Josua wird nirgendwo die Anwesenheit der Ägypter erwähnt. Dafür wird gesagt, das Volk des Moses sei auf vielfachen Widerstand gestoßen und auch angegriffen worden. Erwähnt werden einheimische Städte wie Hazor, Ai und Jericho und Volksstämme wie die Amoriter, die Moabiter, die Edoniter und die Ammoniter. Die Archäologie hat jedoch nachgewiesen, dass diese Länder im 12., 11. und 10. Jahrhundert v. Chr. noch nicht als Königreiche existierten, zumindest nicht als Königreiche mit befestigten Städten. Diese entstanden erst einige Jahrhunderte später.

Offensichtlich wurden diese biblischen Lehrgeschichten erst viel später niedergeschrieben, als die genannten Königreiche und Städte bereits wieder untergegangen waren.

182

Ein weiteres Beispiel für Beschreibungen, die nicht in das historische Gesamtbild passen, sind die biblischen Biographien der Könige David und Salomo. Während in Kanaan einfachste Lebensbedingungen herrschten und Hirten das Land besiedelten, sollen dort märchenhafte Superreiche entstanden sein. Salomo habe eintausend Frauen gehabt, sein Palast sei gewaltig gewesen und er habe an Reichtum alle Könige der Erde übertroffen. Bei der Tempeleinweihung habe er während sieben Tagen 22 000 Rinder und 120 000 Schafe geopfert (1 Kön 8,62–65). Das würde bedeuten: pro Minute 23 Schafe und 4 Rinder – und das ununterbrochen 12 Stunden pro Tag während sieben Tagen. Welche Logistik! Welch unvorstellbare Menge an Tieren für das damalige Hirtenvolk! Zwar lassen sich einige archäologische Spuren von alten Stadtmauern finden, aber diese bezeugen keine imperiale Glanzzeit, sondern einfach die Entstehung von ersten befestigten Stadtsiedlungen:

> Liest man die biblische Beschreibung der Zeit Salomos kritisch, wird man bemerken, dass es sich um das Bild einer idealisierten Vergangenheit, eines ruhmreichen Goldenen Zeitalters handelt. [...] Hinzu kommt, dass weder David noch Salomo trotz vorgeblichen Reichtums und Macht auch nur in einem einzigen bekannten ägyptischen oder mesopotamischen Text erwähnt werden. Außerdem existieren keinerlei archäologische Belege in Jerusalem für Salomos berühmte Bauvorhaben. (*Keine Posaunen vor Jericho*, S. 145)

Ein Palast, in dem 1000 Frauen königlich hätten leben können, müsste eigentlich seine Spuren hinterlassen haben, aber auch hier ist nichts zu finden. All diese Punkte stellen ein gewaltiges Problem dar, wenn man das Alte Testament gesamthaft als historische Geschichtsschreibung sehen möchte. Bibelkritiker machen einen ähnlichen Fehler wie Bibelfundamentalisten, indem sie ebenfalls meinen, der Wahrheitsgehalt des Alten Testaments sei abhängig davon, inwieweit die jeweiligen Geschichten im modernen Sinn historisch sind. Aufgrund dieses unpassenden Maßstabes kommen sie zu vernichtenden Schlussfolgerungen, wie z. B. das Nachrichtenmagazin *Der Spiegel* im Leitartikel der Ausgabe 52/2002 mit der Schlagzeile »Die Erfindung Gottes – Archäologen auf den Spuren der Heiligen Schrift«. In diesem Artikel wurden die Inhalte des Buches *Keine Posaunen vor Jericho* zusammengefasst und mit weiteren Forschungsergebnissen ergänzt. Fazit:

> Immer deutlicher wird, dass Gottes Wort, das »Buch der Bücher«, voller Mogeleien steckt. Eine Gruppe von Fälschern, »Deuteronomisten« genannt, bürsteten Realgeschichte um; sie verzerrten die Wirklichkeit, schafften unbequeme Tatsachen beiseite und erfanden, nach Art eines Hollywood-Drehbuchs, die Geschichte vom Gelobten Land. [...] ein kulturpolitischer Krimi, angeführt vom Hohepriester in Jerusalem, der historische Fakten umschrieb und »seine eigenen Großmachtträume in die Vergangenheit projizierte«.

Diese atheistisch-humanistische Gesamtablehnung wird den Texten des Alten Testaments nicht gerecht, denn viele von ihnen haben eine vielschichtige symbolische Bedeutung, sowohl im Hinblick auf das Mysterium Gottes als auch im Hinblick auf die Neigung des Menschen, das eigene Handeln durch eine Berufung auf Gott und Gottes Wort zu rechtfertigen. Ein schlüsselhaftes Beispiel für die theistisch-symbolische und damit *zeitlose* Bedeutung der alttestamentarischen Geschichten wird am Schluss dieses Kapitels gegeben (Abs. 184).

183

Die brisante Frage angesichts der Erkenntnis, dass der Exodus und die gewaltsame Landnahme in Kanaan keine historischen Fakten sind, lautet: Was bedeutet dies für die heutige Situation in Israel und Palästina? Zionistische Fundamentalisten behaupten, sie hätten ein gottgegebenes Recht auf das Land am Toten Meer, weil Gott ihnen dies in den Büchern Mose versprochen habe.

Heute bestätigen aber auch große Teile des Judentums, dass die Thora unter dem Einfluss der Tempelpriester im 6. Jahrhundert v. Chr. ausformuliert wurde. Ist das Alte Testament einfach »**ein kulturpolitischer Krimi, angeführt vom Hohepriester in Jerusalem,** der historische Fakten umschrieb«, also fälschte, und »seine eigenen Großmachtträume in die Vergangenheit projizierte«, wie es im oben angeführten Zitat aus dem *Spiegel* heißt?

Monotheistische Interpretationen haben der Menschheit bisher nur wenig Gutes und noch nie Frieden gebracht. Historiker müssten deshalb klar feststellen, dass die politische Argumentation mit »Gottes Willen« und »Gottes Wort« nicht zulässig ist, und zwar für alle Beteiligten – Juden, Moslems, Christen. Die Politik sollte nicht von zionistisch, islamistisch und apokalyptisch motivierten Aktivisten betrieben werden. Es ist höchste Zeit, dass Vertreter der theistischen Vernunft über die monotheistische Frontenbildung hinausgehen und nicht mehr mit Thora-, Bibel- und Koranfundamentalismus argumentieren, sondern mit gesundem Menschenverstand und mit gegenseitigem Respekt, gegründet in der *ursprünglichen, spirituellen Bedeutung* der Thora, der Bibel und des Korans. Auch hier zeigt sich, welch große Bedeutung einem globalen theistischen Forum (Abs. 34) zukommen könnte, nicht zuletzt in der Friedensvermittlung.

184

Der Monotheismus entstand in jenem Kulturkreis, aus dem später die jüdische Religion hervorgegangen ist. Die jüdische Religion wird heute oft mit dem Wort »Semitismus« in Verbindung gebracht, meistens in der negativen Form »Antisemitismus«. Was bedeutet eigentlich »Semitismus«?

Interessanterweise hängt der Begriff »Semitismus« direkt mit der Situation nach der Sintflut zusammen, d. h. mit der Zeit, in welcher der Monotheismus entstand. Die Frage »Wie entstand der Monotheismus?« erfordert also auch eine nähere Betrachtung des Unterschieds zwischen **Monotheismus und Semitismus.**

Der Begriff »Semitismus« ist abgeleitet vom Namen des ältesten Sohnes von Noah, der drei Söhne hatte: Sem, Ham und Jafet. Müsste es neben dem Semitismus nicht auch einen Hamismus und einen Jafetismus geben?

Der Schlüssel zur Frage des Semitismus findet sich in Kapitel 9 des Ersten Buches Mose: **Gottes Bund mit allen Menschen und Noahs Fluch.** Nach der Sintflut, so heißt es in dieser Geschichte, schließt Gott einen Bund mit Noah und seinen Söhnen, in dem er verspricht, dass er das Leben auf der Erde nicht noch einmal vernichten werde. Gott setzt als Zeichen des Bundes den Regenbogen an den Himmel: »Wenn ich den Bogen in den Wolken sehe, soll er mich an den ewigen Bund erinnern, den ich mit euch geschlossen habe. Dieser Bogen ist das Zeichen für den Bund, den ich jetzt mit allen lebenden Wesen schließe.« (Gen 9,16–17)

Gott schließt einen Bund mit Noah und Noahs Familie und ihren Nachkommen, das sind »alle Menschen der Erde« (Gen 9,19). Gott sagt, dass dies ein Bund »mit allen lebenden Wesen« und ein »ewiger Bund« ist. Er spricht nicht von Privilegiertheit oder Bevorzugung irgendeines Sohnes von Noah. Vor Gott sind alle Menschen gleich, überall und ewiglich – dieser Fakt wird in der hier diskutierten Thora- und Bibelstelle mit absoluten Begriffen formuliert (»alle ... ewig«) und ist eine der theistischen Grundwahrheiten in allen Religionen. Mit anderen Worten, auch nach der Sintflut ist der Theismus das natürliche Gottesverständnis der Menschen.

Gleich anschließend an Gottes Bund wird folgende Geschichte erzählt: Noah betrieb Ackerbau und legte einen Weinberg an. Eines Tages geschah es, dass er, vom Wein betrunken, in seinem Zelt schlief und dabei entblößt dalag. Da trat sein Sohn Ham in das Zelt, sah den im Weinrausch schlafenden und nicht richtig bedeckten Vater, ging sogleich wieder hinaus und informierte seinen älteren Bruder Sem, der Noahs erstgeborener Sohn und damit der Stellvertreter des Vaters war. Sem holte eine Decke und ging zusammen mit seinem jüngsten Bruder, Jafet, rückwärts in das Zelt und bedeckte den Vater, ohne dabei seine Blöße sehen zu müssen.

Was dann geschah, ist überraschend:

> Als Noah aus seinem Rausch erwachte und erfuhr, was Ham getan hatte, sagte er: »Fluch über Kanaan [Hams jüngsten Sohn]! Er wird seinen Brüdern als der letzte ihrer Knechte dienen müssen.« Und er fuhr fort: »Gepriesen sei der Herr, der Gott Sems! Er mache Kanaan zu Sems Knecht! Und er lasse die Nachkommen Jafets sich ausbreiten, bis sie mitten unter den Nachkommen Sems wohnen. Er mache Kanaan zu Jafets Knecht!« Nach der großen Flut lebte Noah noch 350 Jahre. Als er starb, war er 950 Jahre alt. [Mit diesen Sätzen endet Kapitel 9 des Buches Genesis]

Noahs Fluch steht im krassen Gegensatz zur Aussage von Gottes Bund. Hinzu kommt, dass der Fluch unsinnig und ungerecht ist: Warum wird Kanaan verflucht, wenn Ham, sein Vater, etwas getan hat? Und nicht einmal Ham hatte sich etwas zuschulden kommen lassen. Er war zufällig ins Zelt getreten, in dem der betrunkene Vater entblößt dalag, und war sogleich wieder hinausgegangen; anscheinend war im Zelt keine Decke zur Hand, denn Sem und Jafet mussten eine Decke von draußen mitbringen.

Fundamentalistische Interpreten, die diese Geschichte als eine historische Begebenheit darstellen wollen und Noahs Fluch für ein göttliches Wort halten – um Noahs Verhalten nicht als Schwäche und Fehler sehen zu müssen –, versuchen, die Schuld auf Ham abzuwälzen, indem sie z. B. spekulieren, Ham habe seinen berauschten Vater sexuell geschändet. Die Formulierung der Bibel unterstützt solche Phantasien jedoch nicht. Im Gegenteil: Hätte Ham so etwas getan, wäre dies im Text nicht verschwiegen worden (siehe zum Vergleich Gen 19,31 – 36), und Ham wäre danach bestimmt nicht direkt zu seinen Brüdern gegangen; zumindest wäre dann *er* bestraft worden und nicht sein Sohn Kanaan. Es kam jedoch zu keiner Bestrafung – da offensichtlich keine Untat begangen worden war –, und Sem ging nicht auf Noahs Fluch ein, da er sah, dass dieser Fluch dem Bund Gottes mit den Menschen widersprach.

Wenn Noahs Fluch in einem fundamentalistisch-wörtlichen Sinn ausgelegt wird, führt dies zur Ansicht, es sei Kanaans Bestimmung, »der letzte ihrer Knechte« (Gen 9,25), also ein Sklave zu sein. »Kanaan« steht für die Bewohner des Landes Kanaan. Tatsächlich lautet die bibelhistorische Erklärung, diese Geschichte sei erzählt worden, um einem zweifachen Zweck zu dienen: um die Israeliten vor den in Kanaan praktizierten Weinriten zu warnen und um rückwirkend die damalige Situation der Sklaverei zu rechtfertigen: »Wenn ihr Sklaven und Sklavinnen braucht, könnt ihr sie von euren Nachbarvölkern kaufen.« (Lev 25,44)

Wenn wir das neunte Kapitel des Buches Genesis jedoch symbolisch lesen, können wir die zeitlose Bedeutung dieser Geschichte erkennen: Gott hat einen Bund mit allen Menschen geschlossen, aber gleich danach will Noah als Folge eines Alkoholrausches Hass und Spaltung unter seine Nachkommen bringen. Der Bund Gottes symbolisiert das theistische, allesverbindende Gottesbewusstsein, Noah in seinem schwachen Moment steht für den ersten »Henotheisten« oder »Monotheisten« nach der Sintflut. Noah sprach seinen Fluch unter dem Einfluss von Berauschung* und Jähzorn aus und repräsentiert dadurch jene Menschen, die sich unter falscher Berufung auf Gott gegen Gottes Ordnung wenden. Dieses neunte Kapitel des Buches Genesis beschreibt die entscheidende Prüfung, die seit »Noahs Fluch« jede Religion tagtäglich begleitet: Bleibt ihr Gottes Bund treu und respektiert alle Menschen – denn Gottes Bund bezog sich explizit auf *alle Menschen* –, oder verwendet ihr diese Geschichte als Vorwand für ein rassistisches oder konfessionelles Elitedenken/Kastendenken?[48]

Sem, Noahs ältester Sohn, hat diese Prüfung bestanden. Im folgenden Kapitel der Bibel (Gen 10,1–32) werden die Nachkommen von Noahs Söhnen aufgelistet, aber es wird nirgendwo gesagt, dass Sem mit seinen Brüdern oder gar mit Kanaan, dem Sohn seines Bruders, einen Streit angefangen oder ihn versklavt hätte. Sem widerstand also der Versuchung, Noahs Fluch als Vorwand für eigene Machtbestrebungen zu verwenden, und verzichtete in seiner Weisheit darauf, von diesem Fluch zu profitieren. Die Nachfolger Sems, die »Semiten« – die jüdischen und die arabischen Stämme (Gen 10,21–30) –, sollten also dem Vorbild ihres Urvaters folgen und sich ebenfalls vom Fluch des sich berauschenden Noah fernhalten. »Antisemiten« hingegen nehmen den Fluch Noahs wörtlich und verursachen dadurch Spaltung und Hass unter den Nachkommen Noah«, d. h. unter allen Menschen auf der Erde (Gen 9,19).

Durch die theistisch-symbolische Erklärung bekommt die nichthistorische Geschichte vom betrunkenen Noah eine zeitlose Bedeutung von

---

* Im Hinblick auf dieses Bibelkapitel wird auch verständlich, warum der Koran vor dem Wein als einem »Werk des Satans« warnt (5,90). »Der Satan will durch Wein und Glücksspiel unter euch nur Feindschaft und Hass stiften [...].« (5,91) Als Noah sich mit Wein berauschte und danach seinen Fluch aussprach, war er also kein Sprachrohr Gottes.

hoher Aktualität – wodurch die wahre Bedeutung dieser biblischen Geschichte zum Vorschein kommt. Eine monotheistische Interpretation würde auch Noahs Fluch verabsolutieren und wäre im wörtlichen Sinn **antisemitisch, »gegen Sems Anliegen gerichtet«**. Und gerade dieser spaltende Geist muss heute überwunden werden – durch Sems Vorbild: Er handelte nicht gemäß Noahs Fluch, sondern blieb Gottes Bund treu.

Warum gibt es also keinen Hamismus und Jafetismus? Weil Sem, Noahs ältester Sohn, in dieser Geschichte die entscheidende Person ist. Semitismus bedeutet **»Handeln gemäß Sems Vorbild«** (= Handeln gemäß Gottes Bund mit allen Menschen) und ist damit ein Synonym für Theismus. Der Monotheismus entstand, als gewisse Priester die Prüfung »Noahs Fluch oder Gottes Bund?« – im Gegensatz zu Sem – nicht mehr bestanden.

Kapitel 18
Geschichte der theistischen Mysterienschulen

185

Theismus als der »radikale Mittelweg« ist nicht einfach eine neue Theorie oder Theologie, sondern eine Rückbesinnung auf das Urwissen der Menschheit und auf den inneren Kern aller Religionen, Mysterienschulen und Lebensphilosophien. Theistisches Gottesbewusstsein lässt sich nicht dogmatisch festlegen oder institutionalisieren, denn es ist – im wörtlichen wie im allgemeinen Sinn – individuell: auf das spirituelle Individuum bezogen und immer »nur« subjektiv erlebbar (Abs. 53, 70), so wie alles in unserem Leben. Zahllose Romane, Filme und Bühnenstücke handeln vom Verliebtsein des Menschen; wir können uns so viele dieser Darstellungen zu Gemüte führen, wie wir wollen, aber wir werden erst dann wissen, was Verliebtsein bedeutet, wenn wir es aus unserem persönlichen Erleben kennen. Ebenso können wir erst dann verstehen, was mit »Liebe zu Sophía« (Philosophie) und göttlicher Liebe gemeint ist, wenn wir diese Liebe selber erleben – was letztlich immer *Offenbarung* und *Gnade* ist. Sophía- und Gottverliebte lebten in allen Zeitaltern und Epochen unter den Menschen. Seit dem Beginn des dunklen Zeitalters wurden sie jedoch zu einer Minderheit, die in vielen Fällen verfolgt wurde, weil diese Menschen aufgrund ihrer Wahrheitsliebe unbestechlich und nicht instrumentalisierbar waren. Sie waren spirituelle Revolutionäre und Pioniere. Einige kennen wir heute noch, die meisten jedoch nicht mehr, all die treuen und ehrlichen Seelen – Männer und Frauen –, die in kleinen oder größeren Kreisen wirkten und geistige Impulse setzten, hüteten oder verstärkten, je nach ihrer Rolle in der gemeinsamen großen Aufgabe, die sich über Jahrtausende hinweg erstreckte: die **Initiierung des künftigen Aufstiegs der Menschheit** zurück ins Licht (Abs. 33).

186

Die theistische Wahrheitsliebe wurde von den monotheistischen und atheistischen Mächten immer als Bedrohung gesehen, denn mit dieser Philosophie und Ethik ließen sich weder religiöse noch weltliche Monopolansprüche rechtfertigen, und in ihrem Licht wurden Lügen und Scheinheiligkeit immer schnell durchschaut. Die Eingeweihten des theistischen Bewusstseins waren deshalb vorsichtig mit dem, was sie öffentlich sagten, einerseits, um nicht sinnlose Konflikte mit der weltlichen Übermacht zu provozieren, andererseits, weil sie die theistischen Wahrheiten nicht in Kreisen preisgeben wollten, wo sie missverstanden worden wären. So tarnten sie sich zunehmend, führten gegen außen hin ein bürgerliches, aristokratisches oder priesterliches Leben oder wanderten von Ort zu Ort, um dieses geheime und »gefährliche« oder sogar verbotene Wissen am Leben zu erhalten, gestärkt durch die Weitsicht, dass das dunkle Zeitalter am Tiefpunkt seinen Wendepunkt finden wird.

187

Das dunkle Zeitalter begann in einer einschneidenden Phase der Weltgeschichte, die gemäß heutiger Zeitrechnung um 3000 v. Chr. anzusetzen ist. Die Seherinnen und Seher des vorangegangenen Zeitalters wussten aufgrund ihrer Zukunftsschau, dass im folgenden Zeitalter, dem kürzesten aller Zyklen, »Dunkelheit« vorherrschen wird: Abspaltung vom Licht, Unwahrheit, Lüge, Gewalt und weltliches Machtstreben. Europäische Mysterienschulen sprachen von einem »Eisernen Zeitalter«, von einer »Nacht der Götterferne«, indische von einem Kali-Yuga, indianische von einer »vierten Welt«, so wie das Kali-Yuga das vierte Yuga[49] ist. Die Mayas und ihre Vorfahren wussten aufgrund ihrer Einsicht in die zyklische Natur der Zeit sogar, wie lang diese Nacht dauern wird: 13 Baktuns (Unterzyklen) à 144 000 Tage, was rund 5200 Jahren entspricht. Die Zählung dieser Tage begann in Mittelamerika praktisch zum selben Zeitpunkt wie in Indien die Zählung des Kali-Yugas.

Heute nun ist die Zeit gekommen, in welcher der dunkle Zyklus des Kali-Yugas auf seinen Tief- und Wendepunkt zugeht, was zu einem Quantensprung im Bewusstsein der Menschen führen wird.

188

Die dokumentierte Geschichte der Menschheit beginnt um 3000 v. Chr., also ziemlich genau mit dem Anfang des damals neuen, dunklen Zeitalters. Deshalb ist es nicht weiter erstaunlich, dass die »dokumentierte« Geschichte hauptsächlich eine Geschichte von Kriegen und Machtkämpfen darstellt. Doch diese historisch sichtbare Ebene von Namen und Daten ist nur die äußere Bühne des Weltgeschehens. Parallel zu dieser Bühne und außerhalb des Dunkelbereichs waren immer auch lichtvolle Kräfte tätig, die das Wissen um die zyklischen Zeitalter und **das Wissen der früheren Zeitalter** behielten, insbesondere dessen Essenz: das theistische Gottesbewusstsein. Sie hatten eine Sicht der Ewigkeit und lebten im Bewusstsein der ewigen Gegenwart Gottes, weshalb sie sich nicht mit der linearen Zeit identifizierten. Hätten sie dies getan, hätten sie nicht die Kraft gehabt, ihre Aufgaben zu erfüllen, denn sie wussten, dass vorerst mehrere Jahrtausende eines dunklen Zeitalters anstanden und dass in dieser Zeit die meisten Unternehmungen der Lichtseite, äußerlich gesehen, scheitern würden. Weil die meisten Menschen bei einer solchen Zukunftsaussicht in Entmutigung und Resignation gefallen wären, behielten die Eingeweihten dieses Wissen für sich und dienten – im Rahmen der Kultur und der Zeit, in der sie lebten – dem höheren Plan, ohne sich von vermeintlichen Misserfolgen beirren zu lassen.

189

Die erste theistische Initiative in der Antike, von der wir heute wissen, entstand in Ägypten, rund 1500 Jahre nach dem Kali-Yuga-Anfang: nicht durch einen patriarchalen Einzelherrscher, sondern durch ein *Ehepaar,* durch ein gleichwertiges und gleichrangiges Wirken von Mann und Frau, was allein schon einiges aussagt. Keine monotheistische Religion ist durch ein Ehepaar gegründet worden. In einer theistischen Kultur jedoch sind Mann und Frau – trotz ihrer unterschiedlichen Aufgaben – vollkommen gleichwertig, denn Mann und Frau werden nicht als Dualität gesehen, sondern als Erscheinungsform der göttlichen Individualität.

Nur selten bekommen theistische Eingeweihte weltliche Machtpositionen, doch bei diesem Ehepaar geschah das Außergewöhnliche. Amenhotep war der jüngere Sohn von Pharao Amenhotep III., der heute bekannter ist unter der späteren griechischen Form seines Namens, Amenophis III. Der ältere Sohn, Kronprinz Thutmosis, sollte der Nachfolger seines Vaters werden, doch Thutmosis starb im Alter von 18 Jahren. So musste der jüngere Sohn, Amenhotep, in die Rolle des Kronprinzen treten und wurde König Amenophis IV., bekannt als Akhenàton (eingedeutscht »Echnaton«). Verheiratet war er mit jener Frau, die (eingedeutscht) »Nofretete« hieß. Der heute berühmte Tut-anch-Amun war Echnatons Sohn.

Echnaton, Nofretete und Tut-anch-Amun sind heute der Inbegriff des pharaonischen Ägyptens, aber das ist erst seit den 1920er Jahren der Fall. Für über dreitausend Jahre waren ihre Namen und all ihre Spuren aus der Geschichte verschwunden. Die Militärpharaonen der nachfolgenden 19. Dynastie hatten jegliche Erinnerung an diese »Ketzer« bekämpft, hatten viele ihrer Bauwerke abgetragen und die Inschriften gelöscht oder überschrieben. Die kurze Episode der ersten theistischen Staatsreform von rund zwanzig Jahren war bald vergessen, zumindest in der weltlichen Geschichte.

Mit 22 Jahren wurde Echnaton zum König gekrönt. Im fünften Jahr seiner Amtszeit beschloss er, Theben, die Stadt seines Vaters und die Stadt der Amun-Priester, zu verlassen und eine eigene Residenzstadt zu gründen. Er verzichtete auf einen Kampf mit der herrschenden Priesterkaste der Amun-Priester und überließ ihnen die gesamte goldene Hauptstadt, während er buchstäblich in die Wüste ging. Als Ort für die neue Residenzstadt wählte er eine unbewohnte und von der Amun-Magie unberührte Ebene am Ostufer des Nils auf halber Strecke zwischen Theben/Luxor und Gizeh/Memphis, 20 km südlich der damals schon alten Tempelstadt Unu, einer Stätte des Thot und der acht Urgötter. Diese Stadt wurde später im Griechischen Hermopolis genannt, »Stadt des Hermes« (Hermes ist der griechische Name für Thot).

Echnaton nannte die neue Residenzstadt Achetàton, »Horizont des Aton« oder »Lichtort/Kraftort des Aton«. Ihr heutiger Name lautet Amarna (entsprechend der arabischen Ortsbezeichnung). 18 Jahre nach seiner Krönung starb Echnaton oder wurde ermordet. Über seinen Tod ist heute nichts mehr bekannt, sein Grab ist verschollen. Die Pharaonen der nächsten Dynastie trugen die Stadt Achetàton ab und verwendeten die Steine als Bau- und Füllmaterial in ihren eigenen Tempel- und Pylonbauten. Weil viele Steine als Füllmaterial verwendet wurden, blieben die auf ihnen aufgemalten und eingemeißelten Bilder im Innern der Mauerhüllen gut erhalten – was natürlich nicht die Absicht der damaligen Bauherren gewesen war. Dreitausend Jahre später konnten Archäologen aus diesen Tausenden von Puzzle-Steinen viele der Originalbilder aus Achetàton wieder zusammensetzen.

190

Die Regierungszeit von Echnaton und Nofretete gilt auch heute als eine der rätselhaftesten Phasen der altägyptischen Geschichte. Als die Ägyptologen die Existenz Echnatons in der zweiten Hälfte des 19. Jahrhunderts entdeckten, schätzten sie dessen Wirken sehr positiv ein und sahen in ihm einen Vorläufer der christlichen Offenbarung.

Heute werden Echnaton und Nofretete in vielen esoterischen Kreisen als Propheten, göttliche Visionäre und Pioniere des neuen Zeitalters bezeichnet. Die modernen Rosenkreuzer berufen sich auf Echnaton als einen ihrer frühen Gründer oder Vorgänger, und auch in den alten theistischen Mysterienschulen wurde die Erinnerung an diese erste »Lichtzeit« im Geheimen lebendig erhalten.

Der Ägyptenforscher Arthur Weigall veröffentlichte im Jahr 1910 die erste Echnaton-Biographie: *The Life and Times of Akhnaton, Pharao of Egypt*. Weigall wies darauf hin, dass es zwischen Echnatons Lehren und den Lehren Jesu auffallende Parallelen gebe, ebenso wie zwischen Echnatons Sonnenhymnus und Psalm 104; keine Religion stehe dem Kern des Christentums so nahe wie die des Echnaton:

> Aber in jener fernen Zeit, 1300 Jahre vor der Geburt Christi, [...] ist man höchst überrascht, das wahre Licht zu sehen, das einen kurzen Augenblick hervorbricht wie die Sonne durch einen Riß in den Wolken, und man erkennt, daß dies zu früh kam. Die Menschheit, die selbst heute noch nicht reif ist, war damals vollständig unvorbereitet [...]. Echnaton glaubte an Gott, und für ihn bedeutete dieser Glaube eine wahre Abscheu vor Krieg. Wenn man das für das Studium dieser Geschichtsperiode erreichbare Material überprüft, kann man die Ereignisse in Syrien nur auf die eine Weise erklären: Echnaton weigerte sich mit Entschiedenheit, Schlachten zu schlagen, weil er glaubte, daß der Ruf zu den Waffen eine Beleidigung Gottes wäre [weil Gott

der Vater *aller* Völker ist]. Ob Glück oder Unglück, Gewinn oder Verlust sein Los war, er wollte seinen Grundsätzen treu bleiben und nicht zu den alten Göttern der Schlacht zurückkehren.[50]

Im Verlauf des 20. Jahrhunderts wurde die Einschätzung jedoch immer negativer: Man entdeckte, dass Nofretete nur bis ins zwölfte von Echnatons achtzehn Regierungsjahren erwähnt wurde. Dann verschwand ihr Name, und ein anderer Name, Sem-en-cha-Re, tauchte auf, der, so schien es, einem Jüngling gehörte, der plötzlich aus dem Nichts erschien und dann sogar Echnatons Nachfolger auf dem Königsthron wurde, gemeinsam mit Meritaton, der ältesten Tochter von Echnaton und Nofretete. War Echnaton möglicherweise homosexuell, so wurde nun spekuliert, und war er einem unbekannten Jüngling verfallen? War seine sexuelle Hörigkeit so stark, dass er im zwölften Jahr sogar seine schöne Gemahlin verstieß, um diesen Jüngling an seiner Seite haben zu können? Verheiratete er seine älteste Tochter mit diesem unbekannten Jüngling, um ihm die Legitimation für den Königsthron zu geben? War Echnaton ein dekadenter Despot, ein theokratischer Tyrann?

Diese Spekulationen bestanden, bis die Ägyptologin Christine El Mahdy im Jahre 1999 den Bericht einer kleinen, aber sensationellen Entdeckung veröffentlichte. Die ganze Geschichte von Nofretetes angeblichem Verschwinden stützte sich auf eine einzige Inschrift, die 1923 in Amarna entdeckt worden war. Die damaligen Archäologen hatten diese Inschrift übersetzt und veröffentlicht, während die Originalinschrift in eine Kiste mit vielen anderen Ziegeln, Kacheln und Scherben gelegt wurde. Damals wurden Ausgrabungen von Museen finanziert; je größer der Beitrag, desto größer war der Anteil an Artefakten, den das Museum bekam. So landeten einige dieser Kisten auch in einem kleinen Museum in Bolton, Mittelengland. Dort blieben die Kisten im Museumskeller für ein halbes Jahrhundert ungeöffnet stehen, weil das Museum nicht das Geld hatte, einen Ägyptologen für die Katalogisierung all dieser Artefakte anzustellen. Als Christine El Mahdy die Kisten öffnete, entdeckte sie das Original der besagten Inschrift – und erkannte, dass diese Inschrift falsch gelesen worden war! Alle Ägyptologen hatten seit 1923 diese falsche Übersetzung übernommen, ohne das Original beizuziehen. Die richtige Entschlüsselung der Inschrift brachte zu Tage, dass nicht Nofretetes Name ausgelöscht worden war, sondern der Name von Echnatons zweiter Gemahlin Kija, die damals gestorben war, wahrscheinlich bei der Geburt ihres Sohnes Tut-anch-Aton, des späteren Tut-anch-Amun. Damit ließ sich auch das Rätsel des Jünglings Sem-en-cha-Re lösen. Die verfügbaren Indizien weisen heute darauf hin, dass der Vater, Amenhotep III., noch nicht gestorben war, als der junge Amenhotep den Thron bestieg. Vater und Sohn waren Co-Regenten, bis der Vater in Echnatons zwölftem Regierungsjahr starb, genau in jenem Jahr, als Nofretete angeblich in Ungnade fiel und durch den »Jüngling« ersetzt wurde. Des Rätsels Lösung war einfach und bestätigte das, was die Ägyptologen am Anfang des 20. Jahrhunderts als erstes vermutet hatten: Sem-en-cha-Re war Nofretete![51]

Bis zum Jahr 12 war Nofretete die Königsgemahlin gewesen. Als Amenhotep III. starb, wollte der philosophische Echnaton nicht alleine König sein, sondern erhob seine Gemahlin zur Co-Regentin. Mit der Ernennung zur Mitpharaonin änderte sich auch »Nofretetes« offizieller Name: von *Neferneferu-Aton Meri-wa-en-Re* zu *Neferneferu-Aton Sem-en-cha-Re*. Die Vertreter der Jünglingstheorie hatten sich immer gewundert, warum der plötzlich aufgetauchte Liebhaber des Pharaos die erste Hälfte des Namens der Königin übernahm, wenn diese doch in Ungnade gefallen war. Neferneferu-Aton bedeutet »die Schöne aus der Schönheit Atons«.

Echnaton und seine Frau haben sich also nicht wegen einer dunklen Intrige getrennt, sondern arbeiteten eng zusammen und waren in Liebe verbunden, so wie dies alle wiederentdeckten Darstellungen zeigen. Als Echnaton nach sechs Jahren Co-Regentschaft mit seiner Frau starb (oder ermordet wurde), rückte sie als Hauptpharaonin nach, um **das geistige Erbe des Aton-Theismus** so lange wie möglich zu schützen. Da die königliche Regel forderte, dass der Pharao eine Frau an seiner Seite hat, setzte Pharaonin Sem-en-cha-Re ihre Tochter Meritaton neben sich auf den Thron. Zwei Frauen auf Ägyptens Thron! Für die Priesterschaft war das ein Greuel. Nach zwei Jahren verschwinden beide Frauen aus der Geschichte. Sie wurden entweder ermordet oder starben kurz hintereinander, möglicherweise an der Pest, die damals Ägypten heimsuchte. (Die Spurenlöschung durch die Pharaonen der 19. Dynastie ließ hier weder ein Grab noch sonst ein Indiz zurück.) Echnatons väterlicher Freund Eje, der wahrscheinlich Nofretetes Vater war, setzte den jungen Tut-anch-Amun, Echnatons Sohn von Kija, auf den Thron. Als dieser junge Pharao neun Jahre später starb, übernahm der alte Eje selber das Pharaonenamt. Mit seinem Tod vier Jahre später endete die Regentschaft der theistischen Eingeweihten. Der Militärgeneral Haremhab übernahm das Zepter und gründete die 19. Dynastie, die Dynastie der berühmten Ramses-Pharaonen.

In den folgenden Jahren wurde die Wirkung der »schändlichen« Aton-Jahre rückgängig gemacht, und die Amun-Priester bekamen wieder volle Macht. Bereits Echnatons Sohn hatte seinen Namen von Tut-anch-Aton zu Tut-anch-Amun ändern müssen. Doch als 1922 sein Grab als größte archäologische Sensation des 20. Jahrhunderts entdeckt wurde, fanden Howard Carter und seine Mannschaft zuinnerst im Sarg des Pharaos eine überraschende Botschaft. Nachdem sie die Mumie aus den Leinenbinden ausgewickelt hatten, sahen sie, dass der junge Pharao eine perlenbestickte Kappe trug, in die der Name ATON eingenäht war! Das, was der tote Pharao direkt auf seinem Kopf trug, im Inneren aller Schreine und Goldsärge, war der Gottesname ATON. Tut-anch-Aton hatte gegen außen hin, dem politischen Frieden zuliebe, seinen Namen geändert. Im Herzen und über seinen Tod hinaus war er aber Tut-anch-Aton geblieben.[52]

Was hat es mit dem Namen Aton auf sich, den wir später als Adonai in der jüdischen Religion und in der Bibel wiederfinden? *Kodoish Kodoish Kodoish Adonai Tsebayoth.* »Heilig, heilig, heilig ist der Herr, der Gott, der die ganze Welt regiert ...« (Jes. 6,3; Offb 4,8; Einheitsübersetzung)

191

Echnaton wird in vielen Büchern als Begründer des Monotheismus bezeichnet. Die monotheistischen Vertreter der abrahamitischen Religionen zweifeln dies jedoch an, weil sie »natürlich« keine ägyptischen Wurzeln haben wollen. Was Echnaton und seine Frau anstrebten, war tatsächlich kein Monotheismus, sondern ein *Theismus*. Sie lehnten die vielen Götter nicht ab, aber betonten: Alle Götter sind Aspekte des Einen, des absoluten Gottes, Aton, dessen vollkommenes Symbol in unserer Welt die Sonne ist, die Quelle allen Lichts und allen Lebens auf der Erde. Dieses Symbol wurde als Aton, die »Sonnenscheibe«, dargestellt. Ein Kreis ist auch geometrisch ein Symbol der Vollkommenheit – und als Scheibe die zweidimensionale Wiedergabe einer Kugel. Die Aton-Scheibe hat Sonnenstrahlen, die in Hände auslaufen, wodurch ausgedrückt wurde: Alle Lebewesen, von den Göttern bis zu den Pflanzen, sind Geschöpfe Gottes (»Strahlen Gottes«). Die Götter sind nicht unabhängige Mächte, sondern Lichtwesen, Strahlen aus dem einen Gott, Diener Gottes innerhalb der Schöpfung. Wenn die Menschen diese höhere Sicht verlieren, wird ihre Götterverehrung zu Götzendienst, Aberglauben und Magie. – So lautete, kurz zusammengefasst, die theistische Aton-Lehre von Echnaton und Nofretete.

192

Die Amarna-Zeit soll hier nicht idealisiert werden, denn was in Abs. 188 gesagt wurde, gilt auch hier: Die Eingeweihten wirkten immer im Rahmen der Kultur und der Zeit, in der sie lebten. Einige Ägyptologen beschreiben die Amarna-Zeit als eine Zeit von Fanatismus, Despotismus und Dekadenz – was eine mittlerweile widerlegte Annahme ist, weil sie sich auf die in Abs. 190 erwähnte Falschübersetzung berief. Oft wird gesagt, der König habe seinen Namen von Amenhotep in Akhenàton (»Echnaton«) geändert. Das stimmt, aber Amenhotep war »nur« sein Geburtsname; die Öffentlichkeit bekam von dieser Namensänderung praktisch nichts mit. Sein Königsname lautete Nefer-chepru-Re Wa-en-Re, der unverändert blieb, und dieser beinhaltete zweimal den traditionellen Gottesnamen Re. Offensichtlich herrschte kein monotheistischer Aton-Fanatismus. Öffentlich nannte sich Echnaton meistens nur Wa-en-Re, »Sohn des Re«, was er ohne Schmuck und Attribute schreiben ließ. Normalerweise wurden Königsnamen in zwei Kartuschen gesetzt, doch Echnaton setzte in die zwei Königskartuschen nicht seinen eigenen Namen, sondern den

Namen Atons – wodurch er zu verstehen gab: Gott ist König, wir alle sind Kinder Gottes und Diener Gottes, allen voran der König und die Königin – die deshalb, gemäß der damaligen Tradition, mit »päpstlichem« Prunk verehrt wurden. Aber es ist offensichtlich, dass Echnaton nicht eine blindwütige Revolution gegen alles außer Aton durchführte. Im Gegenteil, in Achetàton durften die Bürger weiterhin ihre Familiengötter verehren. Die privaten Rituale standen im Licht des theistischen Verständnisses, dass Gott der Absolute ist und dass das Absolute (Aton) nicht im Widerstreit mit dem Relativen steht, denn Aton birgt alle Götter in sich. Noch dreitausend Jahre später wurden bei Ausgrabungen in den Privathäusern von Achetàton viele kleine Götterfiguren und Amulette gefunden.

Die theistische »Revolution« war also kein tyrannischer Religionszwang. Es ist jedoch anzunehmen, dass fanatische Aton-Anhänger begannen, im ägyptischen Reich Götterstatuen zu zerstören und den Namen »Amun« aus Inschriften auszukratzen. Echnaton selbst hatte sich in seine neue Residenzstadt Achetàton zurückgezogen und hatte in Stelen-Inschriften geschworen, diese Stadt nie zu verlassen. Er wollte nicht mit den Amun-Priestern kämpfen und überließ ihnen die ganze Hauptstadt Theben-Luxor, um in der Wüste eine neue Stadt zu gründen. Christine El Mahdy weist darauf hin, dass die Aktion der Entfernung der Amun-Namen bisher – aufgrund von Vorurteilen – übertrieben dargestellt worden ist, vor allem die Namensentfernungen in der Säulenhalle von Echnatons Vater Amenhotep III. in Luxor. Bei diesen hohen Säulen wurde der Amun-Name nur im oberen Bereich ausgekratzt, aber nicht unten im Bereich der Augenhöhe. Dieser Sachverhalt legt den Schluss nahe, dass die besagten Amun-Inschriften erst viel später ausgekratzt wurden, als der Tempel längst von Sand zugeweht war und nur noch der oberste Teil der Säulen aus dem Boden ragte.[53]

Während das Volk gemäß der Tradition auch die Schöpfergötter verehrte, hatten die hohen Eingeweihten, angeführt von Echnaton und Nofretete, ihr Leben Aton geweiht und verkörperten das theistische Gottesbewusstsein. Echnaton und Nofretete waren nicht nur das Königspaar, sondern auch die obersten Priester – was außergewöhnlich war, denn der Pharao galt zwar als »Gottessohn« und »Gott auf Erden«, aber das Amt des Hohepriesters hielt immer das Oberhaupt der Priesterschaft inne. Weil das neue Königspaar sich jedoch von der etablierten Priesterschaft getrennt hatte, übernahm es auch das oberste Priesteramt[54] – als Mann und Frau, was gegenüber der Einzelposition des Hohepriesters eine unerhörte Neuerung darstellte. (Man stelle sich vor, anstelle des Papstes stünde auf einmal ein Ehepaar an der Spitze der katholischen Kirche!)

193

Der Hinweis auf **Echnatons Doppelfunktion als König und oberster Priester** ist wichtig im Hinblick auf den weiteren Verlauf der theistischen

Bewegung, vor allem in ihrem Zusammenhang mit dem urjüdischen und urchristlichen Kulturkreis.

Den Verantwortlichen in Achetàton war klar, dass ihre Revolution keine bleibende Veränderung bewirken konnte. Die Übermacht der Amun-Priesterschaft war zu groß, und die Zeit war noch nicht reif. Deshalb trafen Echnaton und Nofretete mit weiter Zukunftsschau Vorkehrungen, damit die theistische Bewegung das Ende von Achetàton überleben und als geheime Mysterienschule weiterexistieren konnte. Als die Ramses-Pharaonen an die Macht kamen, wurde sogar die Nennung des Namens der verhassten »Ketzer« von Achetàton verboten, weshalb diejenigen, die heimlich die theistische Bewegung durch die Generationen weitertrugen, den Namen »Echnaton« durch ein unverfängliches Pseudonym ersetzen mussten. Sie wählten einen Namen, der sich auf Echnatons Doppelfunktion bezog, denn diese war einmalig gewesen, so außergewöhnlich, wie wenn ein europäischer König auch Papst gewesen wäre. Der Name, den sie wählten, lautete deshalb: »derjenige, der sowohl König als auch oberster Priester war«, im Hebräischen »derjenige, der *melek* und *zadok* war«, der Melchisedek, der »König-Priester«.[55]

Der Name »Melchisedek« wurde im Lauf der Jahrhunderte zu einem mystischen Begriff, der sowohl auf die historische Vergangenheit als auch auf die Zukunft bezogen wurde. Man hoffte auf das erneute Erscheinen eines Melchisedek. Später wurde daraus, v. a. in monotheistischen Kreisen, der Glaube an einen kommenden Messias, hebr. *maschiach,* was ursprünglich ebenfalls »König« bedeutete (wörtl. »der Gesalbte«, d. h. »der rituell Inthronisierte«; im europäischen Kulturkreis wäre ein gleichbedeutender Begriff »der Gekrönte«).

Die ägyptische Aton-Bewegung, die aus der vor- und altägyptischen Mysterienschule der »Horus-Söhne« und des »Thot« hervorgegangen war, wurde in den Jahrhunderten nach Echnaton zur urjüdischen und urchristlichen **Melchisedek-Bewegung,** die viele unabhängige Strömungen umfasste. Eine theistische Gemeinschaft in Unterägypten, die sowohl in den Wüsten als auch in der fruchtbaren Region des Nildeltas lebte, trug einen Namen, der in die Umgangssprache einging und auch heute noch einen positiven Anklang hat: **die Therapeutae.** »Therapeut« bedeutet wörtlich nicht »Heiler«, sondern »Diener; Begleiter; Weggefährte«. Diese Menschen sahen sich als Weggefährten und Diener ihrer Mitmenschen und wirkten gegenüber dem Volk als Heilerinnen und Heiler, die mit Kräutern, Handauflegen und geistigen Kräften arbeiteten. Über die theistischen Mysterien sprachen sie nicht öffentlich, weil nur wenige Menschen für diese Philo-Sophía bereit waren. Auch hätten sie damit in essentiellen Punkten dem pharaonischen und später dem griechischen, römischen und pharisäischen Religionssystem widersprochen. Letzteres betraf insbesondere – im 1. Jh. v. Chr. –, die **Bruderschaft der Essener** (nicht zu verwechseln mit der Priesterschaft der Essener), die enge Beziehungen mit Ägypten unterhielt und gleichzeitig ihrem mosaisch-jüdischen Erbe verpflichtet war. Später wurde deshalb von pharisäischer Seite auch **Jesus** vorgeworfen, er habe im Volk *ägyptische* Lehren verbreitet und sei wegen dieser Gotteslästerung zum Tod verurteilt worden; er habe dafür sogar schreckliche Höllenstrafen erleiden müssen. Diese Beurteilung schlug sich neben der mündlichen Polemik auch schriftlich nieder, insbesondere in vereinzelten Stellen des Talmud und in der Schrift *Toledoth Jeshu*.[56]

Tief im Land Ägypten befindet sich das Wüstenkloster Al-Muharraq, das den ältesten noch existierenden Altar des Christentums beherbergt. Die Forscher fragten sich, warum Mitglieder der Jesus-Bewegung schon so früh in dieses Niemandsland zogen, 400 km vom Mittelmeer entfernt. Der Grund ist möglicherweise darin zu finden, dass dieser scheinbar abgelegene Wüstenort in der Nähe des ehemaligen Achetàton liegt!

Als das Urchristentum entstand, lag die Zeit von Achetàton mehr als eintausend Jahre zurück. Seit Achetàton hatte sich das theistische Erbe kulturell und religiös vielfach gewandelt, um in den neuen Gegebenheiten bestehen zu können. In den innersten Kreisen hielten die Eingeweihten jedoch die Erinnerung an die heilige Lichtstadt Achetàton lebendig, deren Wüstenland (mit den verborgenen Felsengräbern) für sie ein geheimer Pilgerort blieb. Im Felsengrab von Echnatons Wesir und Schreiber, Panehesi, wurde von Jesus-Pilgern in einer Wandnische sogar ein Taufbecken aus dem Boden gehauen. Am selben Ort findet sich eine urchristliche Inschrift: die griechischen Buchstaben Alpha und Omega.[57]

Anscheinend war ein innerer Kern der Jesus-Bewegung eng mit der Bruderschaft der Essener und Therapeuten und mit den Melchisedek- und Aton-Mysterienlinien verbunden. Einige Gruppierungen übernahmen dabei auch gnostisches Gedankengut und verfassten auf dieser Grundlage ihre eigenen Schriften, die dann später von der erstarkenden römischen Kirche verboten und der Vernichtung preisgegeben wurden. Es ist bestimmt kein Zufall, dass das größte heute bekannte Evangelienversteck in *Ägypten* angelegt wurde, weit nilaufwärts in Nag Hammadi nahe beim Tal der Könige. Erst 1945 kamen die lange verborgenen Schätze dieses Verstecks wieder ans Licht: urchristliche Schriften wie das Thomas-Evangelium, das Philippus-Evangelium und das Evangelium der Maria Magdalena.

194

Auch in hebräischen Eingeweihtenkreisen wusste man sehr wohl um die ägyptischen Wurzeln der jüdisch-theistischen Religion, und dieses Wissen floss in die Texte des Alten Testaments ein, jedoch nur in verborgener und verschlüsselter Form, z. B. durch die Gestalt des Jakob-Sohnes Josef[58] und durch **die symbolische Exodus-Geschichte** (siehe Abs. 179–181). Moses verkörpert die Linie der theistischen Eingeweihten aus Ägypten, wie auch aus dem Neuen Testament hervorgeht: »Und Moses wurde in aller Weisheit der Ägypter unterrichtet« (Apg 7,22). Moses war ein idealer Name, weil er einerseits typisch ägyptisch ist – zu finden in Pharaonamen wie Thutmosis und Ramosis (grch. »Ramses«) –, andererseits aber auch einen Anklang im Hebräischen hat: *mâshah,* »herausziehen; herausheben«. Damit der Name auch in der hebräischen Etymologie Sinn machte, wurde vom Knaben Moses gesagt, er sei aus dem Wasser des Nils gehoben worden.[59]

Die Moses-Geschichte ist – in historischer Hinsicht – eine verschlüsselte Erinnerung an die ägyptisch-theistischen Wurzeln der mosaischen Religion. Auf der symbolischen Ebene beschreibt sie einen *zeitlosen* Befreiungsweg: Ägypten steht für das Leben unter der Macht falscher Götter, die Gewalt und Angst verbreiten und Blutopfer verlangen (auf Altären, Schlachtfeldern usw.). Im dunklen Zeitalter steht jeder Mensch mehr oder weniger unter dem Einfluss dieser Götter, weshalb eine Befreiung, ein »Exodus«, erforderlich ist. Dieser Einweihungsweg führt zuerst sprichwörtlich »vierzig Jahre durch die Wüste«, eine Reise, während deren immer die Versuchung besteht, zu den »Fleischtöpfen Ägyptens« zurückzukehren (Ex 16,2). Bevor wir ins gelobte Land des Gottesbewusstseins kommen, muss »Moses« in uns sterben, und auch im gelobten Land haben wir mit vielen Einflüssen und inneren Schatten zu kämpfen, die wir alle »vernichten« müssen wie das Licht die Dunkelheit.

Parallel zu den Textstellen mit verschlüsselter und symbolischer Bedeutung enthält das Alte Testament auch Stellen mit kultureller Bedeutung, die als Rahmengeschichte für die Etablierung religiöser Bräuche und Rituale verwendet wurden.

195

Seit der Zeit um 3000 v. Chr. entstanden im Bereich zwischen Mesopotamien und dem Mittelmeer Kulturkreise mit Anhängern verschiedener Stammes- und Stadtgottheiten, die untereinander um die Vormacht kämpften, bis einzelne Priestergruppen begannen, ihren Gott als den »einzigen« Gott zu bezeichnen. Was die Entstehung des Monotheismus im Nahen Osten betrifft, so besagt eine naheliegende Interpretation der archäologischen Befunde, dass die einfachen Hirtenvölker verschiedene Gottheiten (Wettergötter, Sturmgötter, Fruchtbarkeitsgöttinnen usw.) verehrten, während sich im städtischen Umfeld die Konzentration auf einen einzigen Gott herausbildete.[60]

Auch in Indien zeigen die ältesten Funde scheinbar primitive Götterfiguren. Die ältesten Schriften enthalten Ritualgebete an Götter, vor allem an den Götterkönig Varuṇa und an den Feuergott Agni. Theistische Konzepte wie die ewige Seele (Ātmā), Reinkarnation, Karma und Vegetarismus erscheinen erst in späteren Schriften. **War der Theismus eine späte**

Entwicklung, eine Kopfgeburt des Menschen im Lauf der Evolution, wie im materialistisch-evolutionären Weltbild geglaubt wird?

Fakten erfordern immer eine Interpretation, und Interpretationen sind abhängig von Weltbildern (Abs. 45). Heute herrscht in der Wissenschaft der Glaube vor, man dürfe die Spuren der Menschheitsgeschichte nur mit einem materialistisch-evolutionären Weltbild interpretieren, weshalb andere Perspektiven von vornherein ausgeschlossen werden. Eine solche »andere« Perspektive eröffnet sich, wenn wir mit einer theistischen Sicht in die Vergangenheit blicken und die Fakten auf dieser Grundlage interpretieren. Fakt ist: In den ältesten Schriftdokumenten der Welt erscheinen theistische Ausführungen erst relativ spät. Wie lässt sich dies aus theistischer Sicht erklären?

196

Wenn wir von der Multidimensionalität des Kosmos und von der zyklischen Anlage der Zeit ausgehen, dann ist Leben nicht aus Materie entstanden, und Tiere wurden nie zu Menschen. Die Menschen der früheren Zeitalter waren sich von Natur aus der Allgegenwart des göttlichen Seins bewusst und lebten in Harmonie mit der göttlichen Ordnung. Eine philosophische oder religiöse Ausformulierung ihrer Weltsicht war für sie nicht erforderlich, weil sie die spirituellen Dimensionen des Lebens als unmittelbare Realität erlebten. Erst **die verstärkte Ausprägung der mentalen und rationalen Wahrnehmungskomponenten,** die mit dem Anbruch des vierten Zeitalters einsetzte, führte zu einer Betonung des linearen und begrifflichen Denkens. Das Zentrum der menschlichen Wahrnehmung verlagerte sich in den Kopf, was eine Beschränkung des Horizontes auf das rational Vorstellbare und das intellektuell Fassbare nach sich zog. Zuerst entstanden aus dieser Neuorientierung eine Fülle von mythologischen und symbolischen Geschichten, was zeigt, dass das Rationale und Intellektuelle anfänglich nicht einseitig logisch, sondern mytho-logisch ausgerichtet war. In der **Verbindung von Mythos und Logos** werden die höherdimensionalen Welten und Wesen auch *rational* und *intellektuell* fassbar. Aber wenn die Verbindung von Mythos und Logos zerfällt und das Mythische oder das Logische einseitig überbetont wird, entschwindet die Wahrnehmung der höherdimensionalen Welten und Wesen, und es entsteht einerseits ein anthropomorpher Götterglaube (Polytheismus) oder Ein-Gott-Glaube (Henotheismus, Monotheismus), andererseits ein anthropozentrischer Materieglaube (»der Mensch als höchstes Tier in einem leblosen Universum aus Materie«).

Gegen den anthropomorphen Götterglauben wandten sich jene Intellektuelle, die Mythos und Logos wieder zusammenführen wollten, was sie *sophía,* »Weisheit« (im umfassenden, multidimensionalen Sinn) nannten. Diese ursprüngliche Form von *philosophía* kippte jedoch ebenfalls bald auf die eine oder andere Seite und wurde zu monotheistischer Dogmatik oder zu Atheismus und Materialismus.

Als die Menschen sich nicht mehr als spirituelle, sondern als mentale und rationale Wesen sahen, wurde das Spaltende und Trennende vorherrschend, und es kam zunehmend zu weltlichen Konflikten und zu philosophischen und kultischen Fraktionsbildungen.

Durch all die Jahrhunderte und Jahrtausende hindurch waren es die theistischen Mysterienlinien, die Mythos und Logos sowie Theologie und Philosophie als Einheit bewahrten und dadurch das spirituelle Wissen lebendig erhielten.

197

Die Menschen der früheren Zeitalter hatten, mit verschiedenen Abstufungen, immer in der Gegenwart, in ihrem »Hier und Jetzt«, gelebt. Mit dem Anbruch des vierten Zeitalters begann für die Menschheit eine Phase der zunehmenden Identifikation mit der Materie, was zu einem linearen Zeitbewusstsein und zu einem einseitig nach außen projizierten Denken führte. Dies wiederum führte zur **Entstehung von Schrift und schriftlicher Sprache**, wodurch das lineare Denken noch verstärkt wurde. Wir können dies nachempfinden, indem wir uns vorstellen, dass wir vor einem Gemälde oder in der Natur stehen und nun versuchen, das, was wir auf einen Blick sehen und empfinden, in Worte zu fassen. Wir müssen bei irgendeinem Punkt anfangen und dann viele Wörter aneinanderreihen, um das, was wir sehen und empfinden, mündlich oder schriftlich auszuformulieren. Und dennoch ist das In-Worte-Fassen nie dasselbe wie das direkte Sehen und Erleben.

Und nun stellen wir uns vor, dass wir nicht nur ein Gemälde oder eine Landschaft beschreiben sollen, sondern die Erfahrung unseres persönlichen und gleichzeitig universellen Gottesbewusstseins. Wörter und Schriften, auch heilige Schriften, können die allumfassende, gleichzeitig differenzierte und individuelle Realität Gottes nie vollständig wiedergeben. Sie können nur andeuten, was einzelne Gottgesandte, Erleuchtete und Propheten erfahren und erkannt haben; die Bedeutung der entsprechenden Wörter und Texte können aber nur diejenigen nachempfinden, die bereits selber Ähnliches erkannt und erlebt haben. Deshalb haben theistische Eingeweihte nur in engen, vertrauten Kreisen über ihre Erkenntnisse gesprochen, falls überhaupt. Denn weil das Absolute individuell ist, muss jeder Mensch dieselbe Wahrheit durch eine persönliche Gottesoffenbarung erleben und als Realität erfahren. Das war der Grund, warum die theistischen Eingeweihten erst spät, als die Kulturen bereits ritualistische Kulte und Monotheismen geschaffen hatten, begannen, Schriften zu verfassen und durch Schulungen in der Gesellschaft aktiv zu werden.

Wenn es heute im zeitlichen Rückblick so aussieht, als ob die theistischen Schriften erst spät, Jahrhunderte nach den ersten ritualistischen

Schriften, entstanden seien, so bedeutet dies nicht, dass der Theismus im Lauf der Jahrhunderte aus primitiven Religionsformen entstanden ist. Die viel einfachere und plausiblere Erklärung lautet, dass die theistischen Linien immer existent waren, aber erst spät begannen, ihr Wissen schriftlich in Worte zu fassen.

198

Die Erfindung der Schrift bot viele neue Möglichkeiten, insbesondere was die Fixierung materieller Gesellschafts- und Denkstrukturen betraf. Nun konnten Gedanken schriftlich »festgehalten« werden. Schrift war ein *Machtmittel,* und so ist es nicht verwunderlich, dass die elitäre Priesterkaste dieses Machtmittel sogleich ergriff. Die Ritualisten und Opferpriester verfügten nun über *geschriebene* Gesetze und leiteten daraus eine »Religion« und eine entsprechende Machtstruktur ab: Nur wer die Regeln genau so einhielt, wie sie jetzt fix in Ton, auf Pergament oder auf Palmblättern standen, war ein zugelassener Priester und hatte damit Macht über das Volk, das diese »heiligen Schriften« nicht lesen konnte und für die Vermittlung der vielen Gesetze von den Priestern abhängig war.

Gegen die **Tyrannei des Buchstabens** wandte sich fast zeitgleich, um 500 v. Chr., eine erste Welle von mutigen und erleuchteten Pionieren. In Indien war es Buddha, in Griechenland eine neue Elite von Intellektuellen – Männer, die nicht »Priester«, sondern *Philosophen* waren –, und im Volk Israel traten Propheten auf, welche die im Namen Gottes herrschenden Missstände offen anprangerten. So richtete Jeremia an »das Volk und seine Verführer« folgende Worte:

> »Wie könnt ihr sagen: ›Wir sind weise und haben das Gesetz Gottes bei uns‹? Ja, fürwahr, zur Lüge wurde es gemacht durch den Lügengriffel der Schriftgelehrten!« (Jer 8,8)

Einige Jahrhunderte später nannte Jesus die gleichen Schriftgelehrten »Heuchler«, »Prophetenmörder« usw. (Mt 23,1–37), womit er zum Ausdruck brachte, was eine bekannte historische Tatsache ist, nämlich dass es den Propheten nicht gelungen war, gesellschaftlich etwas zu verändern. Die religiösen Machthaber hatten ihren Einfluss sogar noch verstärkt. Schriftbesitz ist offensichtlich noch keine Garantie für Wahrheit und Gottverbundenheit.

199

Im chronologischen Ablauf der Schriftenentstehung schrieben die theistischen Schulen ihr Wissen meistens erst spät nieder. Deshalb sieht es heute im Rückblick so aus, als ob das theistische Wissen (auch in Indien) relativ neu sei, weil die entsprechenden Schriften nicht sehr alt sind.

Hier zeigt sich einmal mehr, wie problematisch es ist, wenn man die Geschichte des Menschen nur anhand von Schriftwerken rekonstruieren will, denn dieses Unterfangen führt schnell zu Trugschlüssen, weil einige wichtige Punkte außer acht gelassen werden:

1. Spirituelles Wissen wurde über eine lange Zeit hinweg nicht aufgeschrieben, da die Übermittler dieses Wissens ein perfektes Gedächtnis hatten, was im Sanskrit *śrutadhara* genannt wird, »die Fähigkeit, etwas durch bloßes Hören *(śruta)* im Gedächtnis zu behalten *(dhara)*«.

2. Das meiste von dem, was in der Zeit vor Christus aufgeschrieben wurde, existiert heute nicht mehr; alle großen Bibliotheken und Schriftensammlungen der Antike sind zerstört worden, ebenso die Schriftensammlungen in Mittelamerika.

3. Viele Schriften, die wir heute haben, sind Abschriften von früheren Schriften. Wir können nur vermuten, wann die ersten Manuskripte entstanden sind. Das Wissen, aus dem geschöpft wurde, war bestimmt umfangreicher und älter als die Schriften.

Wenn ein bestimmter Inhalt erst spät niedergeschrieben wurde, bedeutet dies also nicht, dass das dahinter stehende Wissen erst zum Zeitpunkt der Niederschrift entstanden ist. *Inhaltlich* ist das theistische Wissen zeitlos und deshalb »uralt«, in der schriftlichen Ausformulierung kann es trotzdem – oder gerade deshalb – relativ neu sein.

200

Aus materialistisch-evolutionärer Sicht stellt die Erfindung der Schrift einen großen Fortschritt für den vormals »primitiven« und »kulturlosen« Menschen dar. Wenn wir jedoch nicht von einer linearen, sondern von einer zyklischen Entwicklung ausgehen, ist Schrift nicht das einzige Kriterium für Fortschritt. Der Mensch der früheren Zeitalter hatte ein umfassendes Bewusstsein, wozu auch ein perfektes Gedächtnis gehörte. Die Notwendigkeit von Schrift entstand für die Menschen deshalb erst, als sie ihr perfektes Gedächtnis verloren und ihr Bewusstsein auf ein lineares, nicht mehr ganzheitliches Denken ausrichteten.

Ein wichtiger und früher Zeuge für diese Sichtweise ist Platon. Am Schluss des Dialogs *Phaidros* schildert er **Sokrates' Bericht über die Entstehung der Schrift.** Sokrates kann die alte Überlieferung selber kaum glauben, aber erzählt sie seinem Gesprächspartner Phaidros dennoch, indem er einleitend sagt: »Eine Sage hierüber kann ich von den Alten berichten, die Wahrheit aber wissen nur jene selbst.«

Es ist eine Sage aus dem alten Ägypten:

> Einst habe es eine Gottheit gegeben mit Namen Theuth [heute bekannter in der Schreibweise *Thoth*]. Dieser habe zuerst Zahl und Rechnung erfunden, dann Messkunst und Sternkunde, dann Brettspiel und Würfelspiel und schließlich auch die Buchstaben. König über das gesamte Ägypten war damals Thamus in der großen Stadt des oberen Landes, welche die Hellenen das ägyptische Theben nennen. Zu diesem kam Theuth und zeigte ihm seine Künste und sagte, man müsse sie auch den anderen Ägyptern mitteilen. Thamus fragte aber von jeder der Künste, welchen Nutzen sie brächte [...].
> Als Theuth zu den Buchstaben kam, sagte er: »Diese Kunde, o König, wird die Ägypter weiser machen und ihr Gedächtnis erhöhen, denn zur Arznei für Gedächtnis und Weisheit wurde sie erfunden.« Der aber erwiderte: »O kunstreicher Theuth, [...] du sagtest jetzt als Vater der Buchstaben das Gegenteil dessen, was sie bewirken. Denn wer dies lernt, dem pflanzt es durch Vernachlässigung des Gedächtnisses Vergesslichkeit in die Seele, weil er im Vertrauen auf die Schrift von außen her durch fremde Zeichen, nicht von innen her aus sich selbst die Erinnerung schöpft. Nicht also für das Gedächtnis, sondern für das Erinnern erfandest du ein Mittel. Von der Weisheit aber verleihst du deinen Schülern den Schein, nicht die Wahrheit. [...] Sie werden nicht mehr zu Weisen, sondern zu Pseudo-Weisen.«

Sokrates erzählt hier in Form einer Anekdote, die vermischte historische Elemente enthält, von einer fernen Zeit, als die Menschen, dank ihres Gedächtnisses, ohne Schrift auskamen. Erstaunlicherweise wird hier in dieser alten Überlieferung die Erfindung der Schrift nicht als eine große förderliche Errungenschaft bezeichnet. Sokrates betont gleich anschließend, dass Buchstaben und Schrift eine begrenzte Bedeutung haben und nur von denen richtig verstanden werden können, die das darin enthaltene Wissen bereits in sich tragen:

> Wer Schriften liest, als ob aus ihnen etwas Klares und Festes zu gewinnen sei, der strotzt von Einfalt und kennt in Wirklichkeit nicht den göttlichen Wahrspruch, weil er sich einbildet, die geschriebenen Reden hätten noch irgendeine andere Bedeutung als die, den schon Wissenden an das zu erinnern, wovon das Geschriebene handelt.

201

Das vierte Zeitalter, das vor rund fünftausend Jahren begann, ist eine Zeit der verstärkten materiellen Verdichtung. Im Bewusstsein der Menschen bekamen die mentalen und rationalen Aspekte ein immer größeres Gewicht, was zu einer Verengung der Wahrnehmung führte. Aufgrund der einseitigen Konzentration auf den »Kopf« verloren die Menschen ihre ganzheitliche Sicht vom Kosmos und von sich selbst, und ihr Denken und Handeln wurde zunehmend vom Prinzip der Dualität bestimmt. Denn Einseitigkeit bedeutet immer auch ein Ungleichgewicht (Abs. 29), hier: ein Zuviel des Rationalen auf der einen Seite und ein Zuwenig des Rationalen, d.h. eine Überbetonung des Irrationalen, auf der anderen. Diese Einseitigkeit auf beiden Seiten schuf **die psychologischen Voraussetzungen für die Entstehung des Atheismus und des Monotheismus:** materialistischer Reduktionismus bzw. religiöse Monopolansprüche mit Ritualismus und Dogmatismus. Beide Seiten jedoch hatten die Gemeinsamkeit, dass »Schrift« für sie zu einem unentbehrlichen Kampfmittel wurde, für die Vertreter des Irrationalen noch mehr als für die des Rationalen. Um es provokativ zu formulieren: Als die Menschen sich »heilige Schriften« schufen, war der Teufel los ...

Aus theistischer Sicht sind heilige Schriften sehr wohl heilig, aber der Mensch muss lernen, mit diesen Schriften richtig umzugehen. Wer in den heiligen Schriften aller Religionen die theistische Essenz zu erkennen vermag, liest auch das Buch der Natur und das Buch des Kosmos mit ganz anderen Augen, denn die materielle Schöpfung ist ebenfalls ein Wort Gottes (Abs. 43), eine sichtbare Offenbarung des – für die Menschen – unsichtbaren Hintergrundes.

202

Die monotheistische Vorstellung von einem Gott, der den ersten Menschen, einen Mann, aus Lehm schuf und die Frau aus dessen Rippe, ist genauso ein Glaube wie die materialistischen Vorstellungen von der Entstehung des Menschen aus einer Tierevolution. Beide Glaubenssysteme sollten heute überwunden werden. Denn die wissenschaftlichen Fakten zeigen bei einer vorurteilsfreien Betrachtung, dass weder die monotheistischen noch die materialistischen Theorien **die Frage nach der Herkunft des Menschen** adäquat zu erklären vermögen. Grundlegende Ausführungen hierzu folgen in den nächsten Kapiteln, mit dem Schwerpunkt auf dem materialistischen Weltbild, denn dieses ist in der heutigen Welt das vorherrschende.

Kapitel 19

Das Credo der materialistischen Wissenschaft

203

»Wissenschaftliche Erkenntnis« ist, wie jedes Wissen, von Weltbildern abhängig, denn auch die Wissenschaft muss das Objektive interpretieren, z. B. die Fakten, dass es Fossilien, ausgestorbene Tier- und Pflanzenarten und eine fast unendliche Vielzahl von *lebenden* Tieren und Pflanzen gibt. Die entscheidende Frage lautet deshalb: Mit welchem Weltbild werden die Fakten interpretiert? Und: **Was ist Fakt, was ist Interpretation?**

204

Gemäß dem heute vorherrschenden Weltbild gilt nur das als Wissenschaft, was materialistisch ist. Andere Weltbilder werden von vornherein als »unwissenschaftlich«, »pseudowissenschaftlich« oder sogar als »wissenschaftsfeindlich« bezeichnet und abgelehnt – bloß weil sie nicht dem Materialismus entsprechen. Dieser Absolutheitsanspruch der materialistischen Wissenschaft ist jedoch selber pseudowissenschaftlich und verschließt die Sicht des Menschen für alles, was über das Weltbild des Materialismus hinausgeht (Abs. 49, 174).

205

Grundlage der heute weltweit geförderten Form von Wissenschaft und Forschung ist **die *A-priori*-Entscheidung für den Materialismus.** Viele Wissenschaftler sind sich dessen nicht bewusst und setzen »materialistisch« automatisch mit »wissenschaftlich« gleich (Abs. 20). Als Beispiel für einen wissenschaftlichen Exponenten des Materialismus, der diesen Fehler nicht macht, sei hier Prof. Richard Lewontin zitiert:

> Durch unsere *a priori* [von vornherein] getroffene Grundsatzentscheidung für materielle Ursachen sind wir gezwungen, Forschungsansätze und Erklärungskonzepte zu entwickeln, die zu materialistischen Erklärungen führen, egal wie sehr sie der Intuition der Nichteingeweihten entgegenstehen oder ob sie ihnen rätselhaft erscheinen. Darüber hinaus ist dieser Materialismus absolut, denn wir können keinen göttlichen Fuß in der Tür zulassen.

Dieses mittlerweile berühmte Credo der materialistischen Wissenschaft steht in Lewontins Besprechung von Carl Sagans Buch *The Demon-Haunted World: Science as a Candle in the Dark* (1996), wörtl. »Die von Dämonen heimgesuchte Welt: Wissenschaft als Kerze in der Dunkelheit« (veröffentlicht in: *New York Times*, 9. Januar 1997). In Anlehnung an Sagans Buchtitel lautet die Überschrift von Lewontins Artikel »Billions and Billions of Demons« (»Milliarden und Abermilliarden von Dämonen«), und es wird gleich klargestellt, was damit gemeint ist, nämlich »die irrationalen und übernatürlichen Erklärungen der Welt, die Dämonen, die nur in der Einbildung der Menschen existieren«. Diese Dämonen sollen nun ausgetrieben werden, damit die Menschen sich nicht mehr weigern, die Wissenschaft »als die einzige Erzeugerin von Wahrheit zu akzeptieren«. Ziel ist, dass die Menschen »die wissenschaftliche Methode als den einzigartigen Weg zu einem korrekten Verständnis der natürlichen Welt akzeptieren«.[61]

Lewontin ist sich bewusst, dass Formulierungen wie »die einzige Erzeugerin von Wahrheit« und »der einzigartige Weg zu einem korrekten Verständnis der natürlichen Welt« ähnlich klingen wie Formulierungen eines religiösen Glaubens, denn jede Erkenntnis ist von Glauben abhängig:

> Es gibt keine Beobachtungen ohne einen immensen Überbau von bereits vorher existierenden Theorien [d.h. Glaubenssätzen]. Bevor Sinneswahrnehmungen »Beobachtungen« werden, benötigen wir eine theoretische Fragestellung [= ein Weltbild], und was als eine relevante Beobachtung gilt, ist abhängig vom theoretischen Rahmen, in die sie gestellt werden soll.[62]

Mit anderen Worten: Die Welterklärungen der Wissenschaft sind subjektiv und genauso abhängig von »bereits vorher existierenden Theorien« wie jede Religion. **Der grundlegende Glaubenssatz der materialistischen Wissenschaft** lautet: »Wir existieren als materielle Wesen in einer materiellen Welt, deren Phänomene allesamt die Folgen von physischen Beziehungen zwischen materiellen Faktoren sind.«[63]

Der Materialismus behauptet, dass der obige Glaubenssatz die »Wahrheit« ist, und seine Vertreter, wie Sagan und Lewontin, bezeichnen alles, was nicht dieser materialistischen Weltsicht entspringt, als »unwissenschaftlich«, »irrational« und hier sogar als »dämonisch«, wobei betont wird, dass das Materielle und das Dämonische sich gegenseitig ausschließen, also miteinander unvereinbar sind (»The mutual exclusion of the material and the demonic ...«).

206

Materialisten und Atheisten sind genauso Teil eines selbstgeschaffenen Dualismus wie die Monotheisten. Und sie sind stolz darauf, dass ihr Glaube sogar angesichts von Absurditäten unerschütterlich ist – genauso wie es auch die Monotheisten sind. Wissenschaftliche Absurditäten, die von den Materialisten kritiklos geglaubt werden, sind Ansichten wie: alles Lebendige sei nur ein Zusammenspiel von Atomen; Leben sei aus Materie entstanden; durch eine langsame Anhäufung von positiven Genmutationen habe eine Evolution vom Einzeller bis zum Menschen stattgefunden (obwohl dies gemäß Wahrscheinlichkeitsrechnung höchst unwahrscheinlich und gemäß nichtmaterialistischer Wissenschaft unmöglich ist).

Hierzu schreibt Lewontin in seinem einzigartig ehrlichen Materialismus-Credo:

> Unsere Bereitschaft, wissenschaftliche Behauptungen, die dem gesunden Menschenverstand widersprechen, zu akzeptieren, ist der Schlüssel zum Verständnis des wirklichen Kampfes zwischen der Wissenschaft und dem Übernatürlichen. Wir stellen uns auf die Seite der Wissenschaft trotz der offenkundigen Absurdität in einigen ihrer Konstrukte [...], weil wir bereits von vornherein eine Entscheidung getroffen haben, eine Grundsatzentscheidung für den Materialismus. Es ist nicht so, dass die Methode und die Vorgabe der Wissenschaft an sich uns zwingen würden, eine materialistische Erklärung der Erscheinungswelt anzunehmen. Vielmehr ist das Umgekehrte der Fall: Durch unsere *a priori* getroffene Grundsatzentscheidung für materielle Ursachen sind wir gezwungen, Forschungsansätze und Erklärungskonzepte zu entwickeln, die zu materialistischen Erklärungen führen, egal wie sehr sie der Intuition der Nichteingeweihten entgegenstehen oder ob sie ihnen rätselhaft erscheinen. Darüber hinaus ist dieser Materialismus absolut, denn wir können keinen göttlichen Fuß in der Tür zulassen.[64]

Diese Aussage ist deutlich: Nichts zwingt uns, einen materialistischen Glauben anzunehmen. Es ist **eine innere Grundsatzentscheidung,** die nichts mit den wissenschaftlichen Gegebenheiten zu tun hat. Diese Grundsatzentscheidung ist der Ausdruck einer inneren Haltung, die an nichts Übernatürliches glauben *will* und deshalb mit Verbissenheit Theorien sucht, die alles Nichtmaterielle ausschließen. Selbst wenn diese Theorien, wie im obigen Zitat betont wurde, absurd und »counter-intuitive« sind, müsse ein »wissenschaftlicher« Mensch an sie glauben ...

Die heute einflussreichste Theorie, die diesem *A-priori*-Materialismus entspringt, ist die Evolutionstheorie.

Kapitel 20

Die Evolutionstheorie: eine materialistische Interpretation von Natur, Mensch und Bewusstsein

207

Der Materialismus sagt, das Universum und auch alle Lebewesen seien aus Materie entstanden. Aber was ist Materie? Je tiefer wir in die kosmischen und nuklearen Dimensionen der Materie vordringen, desto mehr offenbart sich uns das unendliche, ja mystische Wesen der Materie. Die materialistische Wissenschaft will Realität auf die Materie beschränken, weiß aber nicht, was Materie ist, und schließt von vornherein aus, dass Materie vor einem lebendigen und bewussten Hintergrund existiert. **Theorien über den Ursprung des Lebens und die Entstehung der Lebewesen** sollten deshalb nicht auf die Evolutionstheorie beschränkt werden.

208

Wissenschaftliche Befunde (Fossilien, genetische Ähnlichkeiten, anatomische Parallelen usw.) müssen interpretiert werden. Die darwinistische/neodarwinistische Evolutionstheorie ist bereits eine Interpretation, und zwar eine, die vom Weltbild des Materialismus ausgeht. Der Materialismus ist ein Glaubenssystem (siehe Abs. 127 sowie Kap. 5, 6 und 19) wie jedes andere Weltbild auch, denn seine Grundannahmen sind weder bewiesen noch beweisbar. Dasselbe gilt für die Evolutionstheorie, obwohl deren Vertreter schon seit Jahrzehnten behaupten, sie sei »wissenschaftlich« bewiesen – was sie ganz offensichtlich *nicht* ist. Warum wird dann gerade diese Theorie weltweit an allen Hochschulen gelehrt und mit großem Einsatz propagiert?

209

Die vehementesten Verfechter der Evolutionstheorie stammen heute aus dem Lager des atheistischen Humanismus. Auf der Grundlage ihres Weltbildes appellieren sie an die »Vernunft« der Menschen und vertreten ihre Ziele mit schönklingenden Argumenten (Abs. 139), die sich wie folgt zusammenfassen lassen: *»Der Mensch muss wieder bescheiden werden und sich als Teil der Natur sehen. Es ist nur die Überheblichkeit und das Ego des Menschen, das ihn hindert, die Erkenntnisse der Evolutionstheorie anzunehmen, nämlich: dass wir Menschen, wissenschaftlich gesehen, Tiere sind. Bescheiden zu werden und sich als Teil der Natur zu sehen bedeutet:*

aufhören, mehr sein zu wollen als ein Tier. Wir sind nicht Ebenbilder Gottes und auch keine geistigen Wesen, wir sind aus Materie hervorgegangen und sind nichts weiter als der Körper. Wenn der Körper stirbt, ist alles vorbei, unser Leben ist dann endgültig erloschen, genau wie bei den Tieren auch. Es gibt kein Leben nach dem Tod, es gibt keine unsterbliche Seele, es gibt kein von der Materie unabhängiges Leben und Bewusstsein, es gibt keinen göttlichen oder absoluten Sinn des Lebens.«

Erneut stellt sich die Frage: Warum ist die **materialistische Indoktrinierung der Menschheit** gewissen Kreisen so wichtig? Warum sollen die Menschen glauben, sie seien Tiere? Die Antwort ist naheliegend, aber fast unglaublich und deshalb nicht so leicht erkennbar. Sie liegt nicht im Bereich der Wissenschaft, sondern im Bereich der globalpolitischen Zielsetzungen, für die sich »die Wissenschaft« in vieler Hinsicht instrumentalisieren lässt, so auch im Fall der Propagierung der sogenannt evolutionären Weltsicht. Der Mensch soll sich verstandesmäßig und auch gefühlsmäßig als Tier sehen. Warum? Die Antwort auf diese Frage wird heute noch nicht offen, aber immer häufiger mit deutlichen Anspielungen formuliert. Bei Haus- und Stalltieren ist es bereits »normal« und sogar obligatorisch, dass sie mit Mikrochips markiert werden, und gewisse »hohe Tiere« verfolgen den Plan, dass auch die Menschen mit einem Implantier-Chip markiert werden.* Je mehr die Menschen glauben, es sei fortschrittlich und wissenschaftlich, sich selbst als Tier zu sehen (Abs. 139–140), desto eher werden sie von dieser Entwicklung begeistert sein – oder sich zumindest nicht dagegen wehren.

Die meisten Menschen empfinden eine intuitive Abneigung bei der Vorstellung, eine solche Implantier-Markierung zu bekommen. Nicht wenige fühlen sich sogar an die 666-Prophezeiung der Johannes-Offenbarung erinnert. Um diesen Widerstand zu brechen, muss die Intuition der Menschen, insbesondere der jungen Generation, umprogrammiert werden. Das materialistische Credo betont deshalb (Abs. 206), dass wir die Doktrinen der »Wissenschaft« glauben sollen, auch wenn einige dieser Doktrinen für unser Empfinden absurd und »counter-intuitive« seien, d. h. unserer natürlichen Intuition widersprächen.

---

* Ein Beispiel hierfür war der Artikel »Intelligent Design – Mit Gott gegen die Evolution« im *P.M. Magazin*, Mai 2006 (S. 37–42). Darin wird behauptet: Jede Kritik an der Evolutionstheorie ist »gezielte Desinformation der Bevölkerung«, der Mensch ist »ein Teil des Tierreichs«; es war »nur ein Zufall, der zu unserer Existenz geführt hat«; dies »zwingt uns zu einem viel bescheideneren Bild von unseren Möglichkeiten«. Und einige Seiten später hieß es: »Elektronik, die unter die Haut geht – Körper-Chips: Ein kleiner Sender-Chip könnte unser Leben radikal verändern. Er macht den Alltag bequemer, aber er hat auch seine Risiken. [...] Ein reiskorngroßer Funk-Chip, unter der Haut eingepflanzt, öffnet der Bequemlichkeit Tür und Tor. / Aber es geht nicht nur um Bequemlichkeit oder um eine ›coole‹ Hightech-Spielerei. Dahinter verbirgt sich eine Technologie, die unser Leben radikal verändern wird.« (S. 86–87)

Intelligente Menschen sollten sich jedoch weigern, absurde und der Intuition widersprechende Theorien zu glauben. Dieser kritische Geist ist besonders bei der näheren Betrachtung der Evolutionstheorie gefragt.

210

Die Evolutionstheorie geht von dem aus, was Charles Darwin in seinen Büchern über die Entstehung der Arten und die Abstammung des Menschen in der zweiten Hälfte des 19. Jahrhunderts als Hypothese dargelegt hat. Historisch betrachtet, war **der Darwinismus** eine Reaktion auf den Bibelfundamentalismus der Kirchen, der über Jahrhunderte hinweg das europäische Geistesleben beherrscht hatte. Im 19. Jahrhundert waren die Aufklärung und die gesellschaftliche Emanzipation so weit fortgeschritten, dass es möglich war, nichtkirchliche Meinungen zu vertreten, ohne dabei um das eigene Leben fürchten zu müssen. Aber wie so oft, schlug das Pendel auch hier **vom einen Extrem zum anderen** aus: vom fundamentalistischen Kreationismus zum materialistischen Darwinismus. Realität wurde auf die physikalische Natur beschränkt (= Naturalismus), und alle Weltbilder, die besagten, jenseits der dreidimensionalen Welt gebe es auch noch höherdimensionale (»übernatürliche«) Welten, wurden als »unwissenschaftlich«, »irrational« und als Aberglaube hingestellt.

Heute kommt die stärkste – und beste – Kritik am Evolutionsglauben von der Seite der Bibel- und Koran-Kreationisten, doch weil deren Weltbild auf einem religiösen Dogmatismus beruht und alle anderen Religionen verteufelt, ist der Kreationismus für die meisten Menschen keine Alternative, weshalb sie mangels einer besseren Erklärung beim Evolutionismus bleiben. **Die Kontroverse zwischen dem Evolutionismus und dem Kreationismus** wird von beiden Lagern derart frontal und »schwarzweiß« geführt, dass der Eindruck entsteht, der Kreationismus sei die einzige Alternative zum Evolutionismus (Darwinismus). Dieser Eindruck wird von den Evolutionisten noch geschürt, indem sie sagen, nur »wissenschaftsfeindliche« Extremisten, wie Kreationisten und Fundamentalisten, würden an der Evolutionstheorie zweifeln.

Durch diese Argumentationsweise wird eine antagonistische Entweder-oder-Situation geschaffen: Man glaubt entweder an den Evolutionismus oder an den Kreationismus. Aus theistischer Sicht ist auch hier ein radikaler Mittelweg notwendig. Die Überwindung von Atheismus und Monotheismus führt nicht zu einem Entweder-oder, sondern zu einem Weder-noch. Weder der Atheismus/Materialismus noch der Monotheismus vermögen die Geheimnisse des Lebens umfassend zu erklären.

211

Der Materialismus ist ein Glaubenssystem mit folgenden dogmatischen Grundannahmen:

- Es gibt nur Materie;
- alles Existierende – auch Leben und Bewusstsein – ist eine Funktion materieller Energie und lässt sich mit den Gesetzen der Materie erklären;
- die ersten Lebewesen sind zufällig aus Materie entstanden;
- Leben ist eine organische Funktion, die entsteht, wenn organische Strukturen eine genügende Komplexität annehmen;
- Bewusstsein wird vom Gehirn erzeugt und ist auf das Gehirn beschränkt; der Tod des Gehirns bedeutet das Ende des Lebens.

Die Evolutionstheorie als Ausdruck des Materialismus interpretiert die Phänomene von Natur, Mensch und Bewusstsein entsprechend diesen materialistischen Glaubenssätzen.

212

Die Evolutionstheorie postuliert, dass die höheren Lebensformen aus niederen hervorgegangen seien; durch Mutation und Selektion sei über eine lineare Entwicklung mit unzähligen Zwischenstufen allmählich die gesamte heutige Vielfalt von Klassen, Ordnungen, Familien, Gattungen und Arten von Tieren und Pflanzen entstanden; die ersten Lebewesen seien aus Materie entstanden, und durch eine natürliche Selektion von zufälligen, förderlichen Genmutationen habe eine Höherentwicklung stattgefunden: von den Einzellern zu mehrzelligen Lebewesen (mit einer zufälligen Aufteilung in Pflanzen und Tiere), von den Weichtieren zu den Insekten und zu den Wirbeltieren, von den Fischen zu den Amphibien, von den Amphibien zu den Reptilien, von den Reptilien zu den Vögeln und zu den Säugetieren, von den Säugetieren zum Menschen.

213

Die Glaubenssätze der materialistischen Evolutionstheorie stehen im Widerspruch zum empirischen Befund und sind unbeweisbar – und dazu auch nicht sehr plausibel. Es gibt nicht einmal theoretisch ein Modell, das zeigen würde, wie anorganische (»tote«) Materie lebende Organismen hervorbringen könnte und wie die angeblichen Abfolgen der zahllosen Zwischenstufen in der Pflanzen- und Tierevolution ausgesehen haben sollen.

Die Evolutionstheorie gründet im Glauben an eine **»abiotische Biogenese«** (Entstehung von Lebewesen aus anorganischer Materie). Es wird geglaubt, aus anorganischer Materie seien zufällig erste organische Materieverbindungen (Aminosäuren usw.) entstanden und diese hätten sich zufällig zu komplexeren Strukturen verbunden, bis letztlich eine lebendige Zelle entstanden sei. Die Wahrscheinlichkeit, dass organische

Materiestrukturen zufällig die Struktur einer Zelle hervorbringen, ist praktisch gleich Null. Und selbst wenn sie die Struktur einer Zelle hervorbringen würden, wäre dies nur eine *tote* Zelle! Und es hätten gleich am Anfang *Millionen* von *lebenden* Zellen zufällig entstehen müssen, denn eine einzige wäre in der urzeitlichen Umgebung sogleich wieder verendet und verschwunden. Es stellt sich auch die Frage: Warum sollten einzellige Lebewesen, die in sich ja perfekt funktionieren, komplexere Strukturen bilden? Wenn einzellige Lebewesen sich teilen, entstehen zwei gleiche einzellige Wesen. Der Unterschied zwischen einzelligen und vielzelligen Lebewesen ist enorm, und es gibt keine Evolutionslinie von Zwischenstufen, die von den einzelligen zu den vielzelligen Lebewesen führt. (In der Natur gibt es nur einzellige und vielzellige Lebewesen, keine zweizelligen.) All diese Lebewesen, sowohl die einzelligen als auch die vielzelligen, hatten von Anfang an eine perfekt funktionierende Genstruktur, die alle Informationen enthielt, die das jeweilige Lebewesen zum Leben und zu seiner Fortpflanzung benötigte.

Der materialistische Glaube an eine abiotische Biogenese ist nicht bloß fragwürdig, sondern absurd: Aus anorganischer Materie würden höchstens *tote* organische Strukturen entstehen, aber nie lebende Wesen, auch keine Einzeller oder Algen. Lebensfähige Einzeller und Algen sind hochkomplexe organische Strukturen, die nur in ihrer Gesamtheit lebensfähig sind. Auch die Körper der ersten Lebewesen besaßen eine in sich vollständig funktionierende Organellenstruktur, aber sie hatten weder das Potential noch die Fähigkeit, aus sich heraus komplexere Geninformationen aufzubauen, die für das Entstehen von Vielzellern erforderlich gewesen wären. Die Einzeller existierten auch in der »Ursuppe« einfach als Einzeller weiter, so wie sie das auch heute noch tun.

Neben den Faktoren **Materie und Energie** ist **Information** eine dritte, eigenständige Komponente, die nicht einfach mit einer »Selbstorganisation der Materie« erklärt werden kann. »Information« ist eine Funktion von *Bewusstsein,* das sowohl im Relativen als auch im Absoluten die grundlegende Eigenschaft jeglicher Realität darstellt (Abs. 92).

214

Mutation und Selektion mit daraus resultierender **Variation und Adaption** sind reale Faktoren der Natur, aber diese Faktoren führen nur zu einer **Mikroevolution,** d.h. zu Veränderungen *innerhalb der bereits bestehenden Art*. Die Annahme, dass Veränderungen innerhalb der Art zu einer »**Makroevolution**« führen, d.h. zur Bildung von neuen Arten, Gattungen, Familien, Ordnungen, Klassen und Stämmen, ist pure Spekulation ohne irgendwelche faktischen Beweise.

Von den vielen Fakten der Biologie sollen hier sechs zentrale angeführt werden, um anhand dieser Beispiele zu zeigen, wie die materialistische

Wissenschaft biologische Fakten mit einer voreingenommenen Sicht interpretiert und – im Beispiel von Punkt 3 – sogar verfälscht.

1) Fakt ist, dass es in der Vergangenheit Tiere und Pflanzen gab, die heute ausgestorben sind. Fakt ist auch: All diese Tiere und Pflanzen gehörten zu klar erkennbaren Stämmen, Klassen, Ordnungen usw. Die Evolutionstheorie behauptet, bei all diesen Tieren und Pflanzen habe über Millionen von Jahren und über zahlreiche Zwischenformen hinweg eine evolutionäre (= lineare) Entwicklung stattgefunden. Aber die Fossilien der ausgestorbenen Pflanzen und Tiere zeigen in keinem Fall eine Zwischenform. Kein ausgestorbenes Tier war ein Zwischenglied, auch der berühmte Archaeopterix (»Urvogel«) nicht, denn wie sein Name richtig sagt, war dieses Tier ein *Vogel,* einfach ein archaischer Vogel, der heute nicht mehr existiert. Wann immer ein neugefundenes Fossil als »Missing Link« bezeichnet wird, entspringt diese Interpretation und Propaganda dem Wunschdenken materialistischer Evolutionisten. Eine kritische Betrachtung dieser angeblichen »Missing Links« zeigt, wie die vorgefasste Meinung die Interpretation beeinflusst, falls nicht sogar – wie schon mehrfach – ein gefälschtes Fossil vorliegt.

2) Fakt ist, dass gewisse Tiere und Pflanzen ähnliche Körpermerkmale aufweisen. Für diese Ähnlichkeit lassen sich unterschiedliche Interpretationen anführen. Die materialistische Interpretation (»lineare Abstammung durch eine zufällige Serie von Genmutationen«) ist die am wenigsten wahrscheinliche, denn die Umwandlung eines Tieres oder einer Pflanze in eine »höhere« Form würde Milliarden von koordinierten Genveränderungen erfordern. Die Annahme, zufällige Mutationen würden zu einer Reihe von Zwischenformen führen, die alle lebens- und fortpflanzungsfähig sind, ist nicht einmal theoretisch nachzuvollziehen (mehr dazu in Abs. 215 und 216). Viele Tiere, die auch gemäß der Evolutionstheorie nicht direkt voneinander abstammen, haben ähnliche (analoge) Körpermerkmale, z. B. die lange, ausstülpbare Zunge, zu finden bei gewissen Froscharten, beim Chamäleon, beim Ameisenbären, beim Schuppentier, beim Erdferkel und beim Specht. Jede dieser Tierformen ist nur lebensfähig mit der vollständig vorhandenen Zunge; jede hypothetische Vorform (mit halblanger, nur halb ausstülpbarer Zunge) wäre nicht lebensfähig gewesen. Die Wahrscheinlichkeit, dass zufällige Genmutationen bei vereinzelten Amphibien-, Reptilien-, Säugetier- und Vogelarten unabhängig voneinander dieselbe perfekte »Konstruktion« hervorgebracht haben, ist gleich Null.

3) Fakt ist, dass die Embryonen aller Wirbeltiere optisch ähnlich sind und dass gewisse Parallelen zum menschlichen Embryo bestehen. Von den Vertretern der Evolutionstheorie wird hieraus – in einem nichtdekla-

rierten Glaubenssprung – abgeleitet, dies sei ein Beweis für Abstammung und Evolution. Die Idee, die embryonale Entwicklung von Fischen, Amphibien, Reptilien, Säugetieren und Menschen zeige Spuren der Evolution, stammt vom Darwin-Anhänger Ernst Haeckel (1834–1919), der entsprechende Zeichnungen anfertigte. Aber bereits zu Haeckels Lebzeiten wurde nachgewiesen, dass er seine Embryo- und Fötus-Zeichnungen absichtlich dergestalt ungenau angefertigt (= verfälscht) hatte, dass sie optisch eine vorgeburtliche Rekapitulation der Evolution suggerierten. Indem Ernst Haeckel seinen materialistischen Glauben in die Tierwelt projizierte, formulierte er das »Biogenetische Grundgesetz«, das er 1872 veröffentlichte. Dieses postuliert, die Ontogenese (vorgeburtliche Entwicklung) rekapituliere die Phylogenese (evolutionäre Entwicklung). Was Haeckel, ebenfalls suggestiv, als »Gesetz« bezeichnet, ist nur eine Spekulation, die in einem Wunschdenken gründet. Fakt ist: Die vorgeburtliche Entwicklung eines Menschenkindes rekapituliert *keine* evolutionären Vorstufen. Die angeblichen Kiemen des menschlichen Embryos sind keine Kiemen und haben nichts mit einer evolutionären Vorstufe des Atmungsorgans zu tun. Was als Kiemen missdeutet wird, ist in Wirklichkeit die embryonale Form des *Oberkiefers und des Gehörs*. Der angebliche Schwanz hat nichts mit einer Reptilien- oder Affenvergangenheit des Menschen zu tun, sondern ist einfach die embryonale Form der Wirbelsäule. Das angebliche Fell des menschlichen Fötus, die »Lanugo-Behaarung«, hat nichts mit der späteren Körperbehaarung zu tun, sondern dient dem Schutz der Haut. (Nicht einmal beim Affen-Fötus ist die Lanugo-Behaarung eine Vorstufe des Fells. Die Lanugo-Behaarung wird abgestoßen, und erst dann, durch eine andere genetische Funktion, wächst das Fell.)

4) Fakt ist, dass Pflanzen, Tiere und Menschen in ihrer genetischen Struktur eine gewisse Übereinstimmung aufweisen; beim Schimpansen beträgt die Ähnlichkeit, je nach Studie, 87 bis 98 %.[65] Evolutionisten verkünden immer die höchste Prozentzahl (»98 bis 99 %«) und sehen darin einen Beweis für ihre Theorie. In ihrer Argumentation begehen sie jedoch einen Denkfehler: Wäre die Evolutionstheorie richtig, müssten alle Pflanzen und Tiere derselben Abstammungslinie genetische Ähnlichkeiten haben. Aber diese Logik darf nicht umgekehrt werden: **Genetische Ähnlichkeit ist kein Beweis für evolutionäre Abstammung.** Die genetische Ähnlichkeit lässt sich auf unterschiedliche Weise interpretieren, die materialistische ist nicht die einzige. Eine evolutionäre Abstammung würde eine lineare Veränderung des Gencodes durch Zufall bedingen, wobei jede Zwischenstufe eine vollständig lebensfähige Population hervorbringen müsste – was unmöglich ist. Und die Faktenlage zeigt auch, dass dem nicht so ist. Die Unterschiede im Gencode sind immer »quantensprunghaft« und kategorisch, so auch der Unterschied zwischen dem Genom des Schimpansen und dem des Menschen.

Gene sind Informationsträger und organisieren den »Bau« des organischen Körpers. *Woher* die Information, die die Gene tragen, kommt, ist aus materialistisch-wissenschaftlicher Sicht ungeklärt und wird mit dem Zauberwort »Selbstorganisation der Materie« banalisiert. Solange wir nicht wissen, woher die Information kommt, sind alle evolutionistischen Interpretationen der genetischen Ähnlichkeit fragwürdig und in keiner Weise zwingend.

Genetische Ähnlichkeit weist auf eine grundlegende und offensichtliche Gemeinsamkeit hin, nämlich dass alle Lebewesen auf der Erde Körper aus organischer Materie haben, und organische Materie baut sich – aufgrund des gemeinsamen höherdimensionalen Hintergrundes – in allen Lebensformen aus den gleichen genetischen Grundeinheiten auf. **Genetische Ähnlichkeit bedeutet Parallelität und Kompatibilität auf organischer Ebene.** Nur deshalb sind z. B. scheinbar so selbstverständliche Phänomene wie physische Fortpflanzung und physische Ernährung möglich.

Fakt ist, dass alle Pflanzen, Tiere und Menschen genetische Übereinstimmungen aufweisen. Eine im Jahr 2006 veröffentlichte Studie zeigte zum Beispiel, dass Fledermäuse und Kühe sich auf der genetischen Ebene ähnlicher sind als Kühe und Pferde.[66] Angesichts dieses unerwarteten Ergebnisses wurde jedoch nicht die Evolutionstheorie in Frage gestellt, sondern es wurden einfach nur die Linien im hypothetischen Evolutionsstammbaum der Säugetiere verschoben.

Der Mensch hat zu rund 50 % die gleiche Genstruktur wie Fische und zu 35 % die gleiche Genstruktur wie gelbe Narzissen.[67] Aber niemand würde hier behaupten wollen, der Mensch sei zu einem Drittel eine gelbe Narzisse oder zur Hälfte ein Fisch. Genauso wie Pflanzen keine Tiere sind, ist es eigentlich auch offensichtlich, dass Tiere keine Menschen sind – und Menschen keine Tiere. Das Pflanzenreich, das Tierreich und das Menschenreich sind durch die jeweiligen Eigenschaften deutlich unterschieden, obwohl Pflanzen, Tiere und Menschen eine genetische Ähnlichkeit haben. Dennoch wird von den Evolutionisten suggeriert, die genetische Ähnlichkeit von »98 bis 99 %« würde bedeuten, der Mensch sei erstens ein Tier und zweitens »fast« ein Affe: ein »nackter Affe«, ein »fehlentwickelter Affe«, ein »Irrläufer der Evolution«, der »fünfte Affe«.[68]

5) Fakt ist, dass die proteinbildenden (»aktiven«) Gene in der DNS des Menschen und der meisten anderen Lebewesen nur einen kleinen Prozentsatz ausmachen. Beim Menschen sind dies etwa 5 %, die restlichen 95 % werden als *junk DNA* bezeichnet (»Abfall-DNS«; DNA ist die englische Abkürzung, DNS die deutsche). Andere, etwas vorsichtigere Bezeichnungen lauten »stumme DNS« und »nicht-codierende DNS«, denn verschiedene Untersuchungen weisen darauf hin, dass diese »Pseudogene« möglicherweise Zwecken dienen, die wir bisher einfach noch nicht erkannt haben. Eine Theorie aus evolutionistischer Sicht besagt, diese 95 % seien verküm-

merte Überreste der Evolution, was bedeuten würde, dass der Großteil der menschlichen DNS »nicht mehr funktionsfähig« oder »abgeschaltet« wäre. Hat der primitive Tiermensch also eine zwanzigmal komplexere DNS gehabt als der moderne Mensch? Eine solche – naheliegende – Schlussfolgerung widerspräche jedoch der Evolutionstheorie, weshalb zunehmend die Meinung vertreten wird, die »stumme DNS« könnte eine wichtige Rolle in der »Evolution«, d. h. in der »Selbstorganisation« der organischen Materie, gehabt haben. Holistische Genforscher hingegen äußern schon seit längerer Zeit die Vermutung, die »stumme DNS« diene nicht der physikalischen Zellinformation, sondern der bioenergetischen Zell*kommunikation* (Stichwort »Biophotonen«), die »Pseudogene« seien also Informationsträger, die auf energetische und möglicherweise auch auf geistige (höherdimensionale) Impulse reagieren. Genau hier setzt die theistische Wissenschaft der Involution an (siehe nächstes Kapitel).

6) Eine bestimmte genetische Gegebenheit wird von Evolutionisten als besonders starkes Indiz für die »Realität der Evolution« hervorgehoben. Menschen haben in ihren Körperzellen 46 Chromosomen (= 23 Chromosomenpaare), Gorillas, Schimpansen und Orang-Utans haben 48 (= 24 Chromosomenpaare). Wenn der Mensch und diese Affenarten einen gemeinsamen Vorfahren haben, müsste der Mensch eigentlich ebenfalls 24 Chromosomenpaare haben. Wohin ist das 24. Chromosomenpaar verschwunden – falls es denn verschwunden ist und falls Affen jemals Menschen wurden?

Fakt ist, dass beim Menschen das Chromosomenpaar »Nr. 2« aus zwei verschmolzenen Chromosomenpaaren besteht. Diese Tatsache kann nun mit verschiedenen Weltbildern interpretiert werden. Die Interpretation gemäß dem materialistischen Weltbild lautet, Chromosomenpaar 2 sei aus der Verschmelzung jener zwei Chromosomenpaare entstanden, die heute noch bei den genannten Affenarten vorhanden sind; damit lasse sich erklären, warum die Körperzellen dieser Affenarten 48 und die des Menschen nur noch 46 Chromosomen enthielten.

Eine unvoreingenommene Betrachtung zeigt jedoch, dass der beschriebene genetische Umstand keinen Beweis für Evolution darstellt.

Zuerst einige kurze Erklärungen: Die DNS-Doppelhelix trägt die genetischen Informationen und besteht aus Unterteilungen, die Chromosomen genannt werden. Diese Chromosomenunterteilung wird nur bei der Kernteilung sichtbar. Die Chromosomen als Träger der genetischen Erbinformationen tragen auch alle »Pseudogene« in sich, denn die »nichtcodierende« DNS wird ebenfalls an die Nachkommen weitergegeben. Wie wir heute aus der Genetik wissen, können innerhalb derselben Art immer wieder vereinzelte Chromosomenverschmelzungen auftreten. Tiere und Pflanzen derselben Art haben nicht immer eine zu 100 Prozent gleiche Chromosomenaufteilung, aber dennoch die gleiche artspezifische DNS-

Information. Bekannt sind die Untersuchungen an wiederkäuenden Tieren wie Schafen und Ziegen, die zeigten, dass diese Tiere sich sogar durch zwei oder drei verschmolzene Chromosomenübergänge unterscheiden können, ohne dass sich die entsprechenden Tiere physiologisch verändern. Solche Verschmelzungen verursachen offensichtlich keine »evolutionären« Schübe. Solange die Gen-Information der DNS vollständig vorhanden ist, führen Grenzverschiebungen innerhalb der Chromosomenunterteilungen nicht unbedingt zu Nachteilen.

Übertragen auf die Diskussion um das menschliche »Chromosom 2«, bedeutet dies: Es geht hier nur um eine Mutation *innerhalb* der Linie der Menschen, nicht um den angeblichen Übergang von Tier zu Mensch. Denn der hypothetische gemeinsame Vorfahr der genannten Affen und der Menschen hätte gemäß der Logik des Evolutionismus 24, nicht 23 Chromosomenpaare gehabt; die genannten Affen behielten diese 24 Chromosomenpaare, und der Urmensch verlor »unterwegs« irgendwann ein Chromosomenpaar, indem zwei verschmolzen. Also bezieht sich die Diskussion um Chromosom 2 auch gemäß der Logik des Evolutionismus nur auf eine Mutation innerhalb der Linie der Menschen. Es ist durchaus möglich, dass der Mensch früher einmal 24 Chromosomenpaare hatte, was ihn jedoch nicht affenähnlich gemacht hätte. Ein Wechsel von 24 auf 23 Chromosomenpaare hat nichts mit einer Tierabstammung des Menschen zu tun.

Ebenso wäre es möglich, dass vereinzelte Schimpansen, Gorillas und Orang-Utans aufgrund einer Chromosomenverschmelzung 23 statt 24 Chromosomenpaare haben – was sie aber keineswegs menschenähnlicher machen würde. Tabakpflanzen, Kartoffeln und Ameisen haben, wie Schimpansen, Gorillas und Orang-Utans, ebenfalls 24 Chromosomenpaare, aber niemand behauptet, diese Pflanzen und Tiere hätten einen gemeinsamen Vorfahren mit 23 oder 25 Chromosomenpaaren. Der Weizen, der Hafer, die Ratte und der Rhesusaffe haben jeweils 42 Chromosomen, das Huhn 78, der Regenwurm 36, der Einsiedlerkrebs 254, gewisse Farnarten 630, usw.

Mit anderen Worten, selbst wenn die Menschen wie die Affen 24 Chromosomenpaare hätten, würde dies in keiner Weise auf eine Abstammung hinweisen, genausowenig, wie die Ratte vom Weizen oder der Rhesusaffe vom Hafer abstammt, bloß weil sie alle dieselbe Chromosomenzahl haben. Entscheidend ist nicht die Anzahl Chromosomen, sondern *die genetische Information*, die diese Chromosomen tragen! Das Chromosom 2 des Menschen besteht aus rund 240 Millionen Basenpaaren. Eine zufällige Genmutation hätte also mehrere Millionen Basenpaare derart durchmischen müssen, dass die neue Anordnung im verschmolzenen Chromosomenübergang keine Verschlechterung verursachte. Ein ziemlich unglaublicher Zufall! Hinzu kommt, dass eine solche Chromosomenmutation zuerst nur bei einem einzigen »Urmenschen« stattgefunden hätte, während alle anderen immer noch 24 Chromosomenpaare behielten. Wenn diese Mutation keine Verschlechterung, z. B. Unfruchtbarkeit, mit sich gebracht hätte, wäre dieser Mensch der einzige auf der ganzen Welt gewesen, der eine solche Chromosomenverschmelzung aufwies. Hätte er sich fortpflanzen können, wäre diese Abweichung sogleich wieder untergegangen. Damit sich die Mutation genetisch hätte verankern können, hätte der betreffende Einzelmensch ein sexuelles Gegenüber finden müssen, das genau die gleiche zufällige Mutation aufwies – was ein unmöglicher Zufall ist. Und selbst wenn diese Mutation bei einem Paar genetisch festgeschrieben worden wäre, hätte nur *seine* Linie von Nachkommen diese Mutation gehabt, wobei diese Nachkommen sich wiederum mit anderen gepaart hätten, bei denen diese Mutation nicht vorhanden war. Heute jedoch sehen wir, dass *alle* Menschen eine Norm von 46 Chromosomen haben, ein Fakt, der mit einem linear-evolutionären Modell nicht überzeugend zu erklären ist.

Das Beispiel von Chromosom 2 zeigt, dass wir gut beraten sind, bei jeder Interpretation, die als »Evolutionsbeweis« verkündet wird, auch die kritischen Erklärungen jener Wissenschaftler zu konsultieren, die nicht in einem materialistischen Weltbild gefangen sind. Selbst wenn diese ihrerseits ein monotheistisch-kreationistisches Weltbild vertreten, lassen sich bei ihnen viele fachlich kompetente, lehrreiche und weiterführende Kritiken der angeblichen Evolutionsbeweise finden.* Es ist zu hoffen, dass zunehmend auch theistische Wissenschaftler evolutionskritische Beiträge veröffentlichen werden.

215

Die Grundaussage der Evolutionstheorie geht von der Annahme aus, Mutation und Selektion hätten zu einer Makroevolution (Abs. 214) geführt. Diese Grundannahme postuliert nichts Geringeres, als dass aus Weichtieren Wirbeltiere und Insekten entstanden seien, aus Fischen Amphibien, aus Amphibien Reptilien, aus Reptilien Vögel und Säugetiere, aus den ersten »Ursäugetieren« die gesamte Vielfalt von Säugetieren und aus diesen der Mensch.

Auch hier lässt sich nicht einmal theoretisch ein Modell anführen, das zeigen würde, wie über eine allmähliche Akkumulation von kleinen, vorteilhaften Genmutationen neue Stämme, Klassen, Gattungen usw. hätten entstehen können. Hätte eine solche evolutionäre Entwicklung stattgefunden, müsste es **zahllose Übergangsformen** geben, z. B. Übergangsformen, die zu 99 % Reptil und zu 1 % Säugetier waren, dann zu 98 % Reptil und zu 2 % Säugetier, usw. Das gleiche gilt für alle anderen hypothetischen

---

* Siehe z. B. genesisnet.info, wort-und-wissen.de, creation.com, answersingenesis.org oder Vertreter des »Intelligent Design«, wie das Discovery Institute (discovery.org; evolutionnews.org), das IDEA Center (ideacenter.org) usw.

Entwicklungslinien, z. B. von der Maus zur Fledermaus,* von einem Landtier und zum Wal oder Delfin, von einem Reptil zu einem Säugetier, von einem Weichtier zu den Insekten. Wie hätte eine Zwischenform ausgesehen, die zu 60 % Weichtier und zu 40 % Insekt oder zu 50 % Landtier und zu 50 % Walfisch war?

All diese kuriosen und hypothetischen Zwischenformen – die es nie gegeben hat – wären nicht überlebensfähig gewesen oder wären als »Missgeburten« sogleich zu Beginn der angeblichen Evolutionslinie durch die natürliche Selektion eliminiert worden. Hinzu kommt, dass sie keine Geschlechtspartner gehabt hätten, denn zu glauben, dass der Zufall *ständig* und *gleichzeitig* ein männliches und ein weibliches Exemplar derselben kuriosen Zwischenstufe hervorgebracht hat, treibt die Absurdität *ad absurdum*. Deswegen ist es auch nicht erstaunlich, dass der gesamte Fossilbestand **keinerlei Hinweis auf Zwischenformen** enthält – obwohl es von ihnen laut Evolutionstheorie unzählige geben müsste.

Die naheliegende Interpretation der Faktenlage (Fossilien, Zoologie, Genetik) besagt: **Aus Einzellern sind nie Vielzeller entstanden,** aus Weichtieren nie Insekten oder Wirbeltiere, aus Fischen nie Amphibien, aus Amphibien nie Reptilien, aus Reptilien nie Vögel und Säugetiere, und *Tiere wurden nie zu Menschen.*

Wie bereits Abs. 214, Punkt 4 erwähnt wurde: Die 87- bis 98-prozentige DNS-Gleichheit von Mensch und Schimpanse ist in keiner Weise ein Beweis für Abstammung, sondern beruht auf einer grundlegenden und offensichtlichen Gemeinsamkeit, nämlich der, dass alle Lebewesen auf der Erde Körper aus organischer Materie haben. Und organische Materie baut sich in allen Lebensformen aus den gleichen genetischen Grundeinheiten auf. Die Ähnlichkeiten auf anatomischer und genetischer Ebene sind

---

* Die ältesten Fossilien von Säugetieren stammen von Tieren, die anatomisch weitgehend gleich aufgebaut waren wie die heutigen Mäuse und Ratten. Diese »Ursäuger« waren allerdings eine eigene Art, die heute ausgestorben ist. Genauer gesagt: Sie lebt in den heutigen Mäuse- und Rattenlinien weiter. Gemäß der Evolutionstheorie sollen von diesen rattenähnlichen »Ursäugern« nicht nur die heutigen Mäuse und Ratten abstammen (=Mikroevolution), sondern auch die gesamte Vielfalt der anderen Säugetiere (=Makroevolution): Beuteltiere, Igel, Fledertiere, Nagetiere, Huftiere, Elefanten, Raubtiere, Wale, Delfine, Primaten und Affen. Im Hinblick auf die scheinbar naheliegende Entwicklung von den Urmäusen hin zur Fledermaus stellt sich die Frage: Wie soll z. B. eine 50 %-Fledermaus existiert haben, wenn sie erst unvollständige (= noch nicht funktionierende) Flügel, Flugknochen und Echolot-Ohren hatte? Diese jämmerliche Kreatur mit filigranen und zu langen Fingern, zwischen denen nutzlose, nur hinderliche Zwischenhäute hingen, wäre sogleich von irgendwelchen Schlangen oder anderen natürlichen Feinden »ausgerottet« worden. Nur 100 %-Fledermäuse sind Fledermäuse, die lebensfähig sind, d. h. fähig zu fliegen, zu jagen, sich fortzupflanzen, usw. Die Fossilien zeigen daher auch, dass Fledermäuse von allem Anfang an Fledermäuse waren. Das gleiche Prinzip gilt für alle anderen Tier- und Pflanzenlinien.

nicht Ähnlichkeiten aufgrund einer evolutionären Abstammung, sondern **Ähnlichkeiten aufgrund eines gemeinsamen Hintergrundes.** Dieser gemeinsame Hintergrund bewirkt einen höherdimensionalen, vernetzt-kompatiblen Bauplan für alle pflanzlichen und tierischen Körperformen, mit dem Menschen als Sonderform (siehe nächstes Kapitel).

216

Die Evolutionstheorie besagt, über zufällige genetische Veränderungen seien aus bestehenden Arten allmählich neue Arten, Gattungen, Familien, Ordnungen, Klassen und Stämme entstanden. Ob eine genetische Veränderung vorteilhaft ist, zeigt sich aber erst *im Hinblick auf die vollendete Form.* Wenn wir z.B. die Hypothese anschauen, dass Reptilienschuppen zu Vogelfedern wurden, so ist jede Veränderung der Schuppen für das Reptil ein Nachteil; nur die perfekte Feder auf einem perfekten Vogelkörper ist sinnvoll und nützlich. Parallel zur angeblichen Veränderung der Schuppen hätten zahllose andere körperliche Veränderungen stattfinden müssen, denn ein Vogel ist nicht nur ein Reptil mit Federn. Ein Vogel ist ein Warmblüter, hat hohle Knochen, ein Federkleid mit Flaum-, Flug- und Steuerfedern, einen aerodynamischen Körperbau, entsprechende Füße, usw. Die Problematik der Evolutionstheorie wird deutlich, wenn wir uns diese Zwischenstufen konkret vorzustellen versuchen, z.B. die Linie der Zwischenstufen von einem kleinen Laufsaurier, dem angeblichen Vorfahren der Vögel, zum ersten Vogel. Irgendwann hätte diese mutierte Laufsaurierart eine Form (»Zwischenform«) angenommen, die wegen der missgebildeten Schuppen und Füße nicht mehr richtig laufen, aufgrund der noch nicht vollständig ausgebildeten Federn und Vogelkörpereigenschaften aber auch noch nicht fliegen konnte. Da sich Vögel und Reptilien nicht paaren können, hätte sich diese Laufsaurier-Mutation ab einem gewissen Punkt nicht mehr mit den ursprünglichen Laufsauriern paaren können. Die Behauptung, diese Mutanten hätten untereinander eine eigene Kolonie gebildet, geht von der absurden Annahme aus, bei zahlreichen Laufsauriern hätten zufällig immer gleichzeitig die gleichen Genmutationen stattgefunden und immer das richtige Verhältnis von männlichen und weiblichen Tieren der *gleichen* Zwischenform hervorgebracht. Aber wie hätten sich diese hypothetischen Zwischenformen fortgepflanzt, als sie sich so weit von der Reptilienlinie entfernt hatten, dass sie keine Reptilien mehr waren, aber noch nicht die perfekte Vogelform erreicht hatten? Reptilien und Vögel – wie alle anderen Tierarten – können sich nur fortpflanzen, wenn ihre inneren und äußeren Geschlechtsorgane hundertprozentig vorhanden sind. Ein 90%-Vogel ist zu 100% fortpflanzungsunfähig! Vögel waren also von allem Anfang an Vögel. Reptilien waren immer Reptilien, Säugetiere immer Säugetiere und Menschen immer Menschen.

Diese offensichtliche Logik widerspricht den Glaubensvorstellungen des Materialismus und Evolutionismus, was jedoch nicht gegen diese Logik, sondern gegen die genannten Weltbilder spricht.

217

Niemand bezweifelt, dass es in früheren Erdzeitaltern Tiere gegeben hat, die es heute nicht mehr gibt. Diese Tiere sind jedoch nicht ausgestorben, weil sie schlecht an ihre Umwelt angepasst waren, wie die Evolutionisten meinen,* sondern weil sich die Umwelt schnell oder sogar schlagartig veränderte.

Der Fakt, dass gewisse Tiere und Pflanzen ausgestorben sind, ist kein Beweis für Evolution, sondern ein Beweis für große kataklysmische Umwälzungen (Abs. 173, 187), die immer zu einer Anpassung und *Erweiterung* der Tier- und Pflanzenwelt führten. Das bekannteste Beispiel hierfür ist die Megakatastrophe, die zum Aussterben der großen Saurier führte. Nach der Katastrophe lebten immer noch Reptilienarten auf der Erde, jedoch nicht mehr so große wie vorher. Zusätzlich zu allen bereits existierenden Tierklassen und -gattungen erschien plötzlich innerhalb von relativ kurzer Zeit auch die gesamte Vielfalt der Säugetiere.

218

Der Materialismus basiert auf dem Glauben, Bewusstsein werde vom Gehirn erzeugt. Diesen Glauben projiziert die Evolutionstheorie in die Vergangenheit und postuliert: Als der tierhafte Urmensch ein Gehirn entwickelte, das genügend komplex war, begann er zu denken – und kam sogleich auf dumme Gedanken, vor allem auf den, er sei kein Tier! Gemäß dem materialistischen Weltbild muss das Wesen »Mensch« wie folgt definiert werden: »**das Tier, das meint, es sei kein Tier**«. Oder noch prägnanter: »das Tier, das meint, es habe einen freien Willen«. (Denn gemäß der modernen Neuropsychologie gibt es keinen wirklich freien Willen; siehe Abs. 127.)

219

Im Materialismus-Credo, das in Kap. 19 zitiert wurde, sagt Richard Lewontin, jeder, der die Evolutionstheorie kritisieren wolle, müsse das notwendige Fachwissen mitbringen und ihm, Prof. Lewontin, z. B. »die evolutionäre Bedeutung der RNS-Funktion in den Trypanosomen erklären«. Diese Forderung, mit der er alle Kritiker einschüchtern will, setzt jedoch die

---

* »Lebewesen sind nicht optimal angepasst. 99,99 Prozent der jemals bestehenden Arten sind bereits wieder ausgestorben, ein unmissverständliches Zeichen dafür, dass sie nicht gut genug angepasst waren.« (aus: *P. M. Magazin*, Mai 2006, S. 40)

Evolutionstheorie bereits als *bewiesene Tatsache* voraus. Dabei müssten zuerst die Glaubenssätze des Materialismus diskutiert werden. Es ist wie im **Märchen vom Kaiser mit den unsichtbaren Kleidern** (Abs. 50). Bevor wir fordern: »Erkläre mir die quantenmechanische Funktion der Neutrino- und Prionenstruktur dieser unsichtbaren Kleider«, müssen wir zuerst klären: *Gibt es diese unsichtbaren Kleider überhaupt?* Denn wenn es sie nicht gibt, erübrigen sich die Fragen nach der Struktur dieser Kleider. Hans-Christian Andersen machte in seinem Märchen deutlich: Die zwei schlauen Schneidergesellen hatten den eingebildeten Kaiser hereingelegt, indem sie ihm unsichtbare Kleider verkauften – und die Menschen sahen, was sie glaubten, nämlich dass ihr Kaiser in Unterhosen unsichtbare Kleider trägt. Ähnlich wie die Wissenschaftler des Märchenkaisers das Geheimnis der unsichtbaren Kleider ergründen wollten, wollen die heutigen Wissenschaftler des Materialismus das »Geheimnis der Evolution« ergründen – bis sie erkennen, dass sie von einer grundlegend falschen Annahme ausgegangen sind.

220

Das schlagkräftigste Argument für die Evolutionstheorie lautet: Zehntausende von Wissenschaftlern und Biologieprofessoren glauben, dass sie stimmt! Wenn die Widerlegung dieser Theorie derart offensichtlich ist, warum glauben dann so viele intelligente Menschen an sie? – Weil die materialistische Weltsicht bereits derart normal ist, dass sie nicht mehr als solche wahrgenommen wird. Man meint, »wissenschaftlich« und »materialistisch« seien dasselbe. Das vorherrschende Denkmuster (Paradigma) geht von einem materialistischen Glauben aus, und dieser Glaube ist **eine mentale Matrix**, ähnlich wie der monotheistische Glaube. Der Mensch sieht, was er glaubt (Abs. 46–48), sei es im Namen von Wissenschaft, sei es im Namen von Religion.

221

Die deutlichste und beste Kritik am Evolutionsglauben kommt heute von der Seite jener christlichen und islamischen Kreationisten, die an eine »junge Erde« glauben (Abs. 175). Das Weltbild, das in dieser Art von Kreationismus vertreten wird, ist jedoch extrem dogmatisch und absolutistisch, und viele Menschen fühlen sich davon abgestoßen, weshalb sie die berechtigte Evolutionskritik gar nicht erst näher betrachten. Was sind **die wichtigsten Kritikpunkte am Young-Earth-Kreationismus?**

Die Annahme, die Welt sei vor siebentausend Jahren erschaffen worden, beruht auf einer scheinbar wörtlichen Bibelauslegung, die jedoch bereits eine Interpretation der biblischen Schöpfungsberichte darstellt. Am Anfang der Bibel stehen bekanntlich zwei verschiedene Schöpfungsberichte: der Sieben-Tage-Schöpfungsbericht (mit der Erschaffung des Menschen »in Gottes Abbild« am sechsten Tag; Gen 1,27) und die Geschichte von Adam und Eva (»Da nahm Gott Erde, formte daraus den Menschen und hauchte ihm den Lebensodem in die Nase«; Gen 2,7). Die Bibel sagt nicht, dass die Geschichte von Adam und Eva dasselbe sei wie die Beschreibung vom »sechsten Tag«. Der Young-Earth-Kreationismus geht jedoch wie selbstverständlich davon aus, dass dem so sei, und postuliert deshalb, diese beiden Texte bezögen sich auf dasselbe Schöpfungsereignis. Kulturhistorisch gesehen, handelt es sich hier jedoch um zwei selbständige Texte aus unterschiedlichen Überlieferungslinien (»Adam und Eva« aus Ägypten/Sumer, der Sieben-Tage-Schöpfungsbericht aus Kanaan/Mesopotamien/Indien) mit unterschiedlichen Schöpfungsvorstellungen, weshalb zwischen beiden Texten markante Widersprüche bestehen, die von den Kreationisten nur mit viel Mühe zurechtgebogen werden können.[69] Die Heilslehre, die aus diesem zusammengefügten Schöpfungsszenario abgeleitet wird, führt zu unversöhnlichen Absolutheitsansprüchen, verbunden mit einer Verteufelung aller anderen Weltbilder und Religionen. An diesen Früchten ist zu erkennen, dass hier der trennende Geist und nicht der Geist des allumfassenden Gottes wirkt.

Wenn Kreationisten behaupten, im ersten Kapitel des Buches Genesis bedeute das hebräische Wort *yom* »24 irdische Stunden«, dann beschränken sie Gott auf die lineare Zeit der Erde. Gott lebt jedoch nicht in einem irdischen 24-Stunden-Zyklus. Nicht einmal die Engel des Himmels tun das.

Das hebräische Wort für »Tag«, *yom,* hat unterschiedliche Bedeutungen, von »24 Stunden« bis hin zu metaphorischen und symbolischen Bezügen. Der Sieben-Tage-Schöpfungsbericht und die Geschichte von Adam und Eva gehören zur jüdischen Thora, und die meisten Thora-Experten sind sich darin einig, dass diese beiden Kapitel nicht vermischt werden dürfen und dass die Thora keine wissenschaftliche Angabe über das Alter des Universums oder der Erde macht.* Die Thora hat mehrere Bedeutungsebenen (siehe Abs. 347). Das wörtliche Lesen stellt die Oberfläche des

---

* Die Thora sagt nicht, dass das gesamte Universum in sechs »Tagen« geschaffen wurde – »und am siebten ruhte Gott sich aus«. Der Schöpfungsbericht beginnt mit der Aussage: »Am Anfang schuf Gott (Elohim) die Himmel und die Erde.« Der hebräische Urtext spricht deutlich von »Himmeln« in der Mehrzahl. Die Schöpfungsbeschreibung der sechs Tage bezieht sich nur auf die Erde, sie enthält keine Erwähnung von der Erschaffung der Engel und der anderen höheren Wesen, was bedeutet, dass deren Erschaffung im Satz »Am Anfang schuf Elohim die Himmel und die Erde« mit inbegriffen ist und *vor* dem ersten Tag anzusetzen ist: »Am Anfang schuf Elohim die Himmel und die Erde, und die Erde war wüst und leer«, und dann, an »Tag 1«, spricht Gott in bezug auf die Erde: »Es werde Licht«, und scheidet das Licht von der Dunkelheit. »Und das Licht nannte er Tag, die Dunkelheit Nacht.« »Am Anfang« ist also nicht gleich »Tag 1«, was bedeutet, dass die Schöpfung nicht auf die symbolischen sechs Tage der Erderschaffung beschränkt werden darf.

Ozeans der Thora dar, und der Ozean sollte nicht auf seine Oberfläche beschränkt werden. Dies gilt auch für das hebräische Wort *yom*, das im Zusammenhang mit dem Sieben-Tage-Schöpfungsbericht nicht einfach, wie in der Alltagssprache, »24-Stunden-Tag« bedeutet. Die tiefere Bedeutung von *yom* zeigt sich in einem der Namen des Schöpfergottes in der jüdisch-kabbalistischen Theologie, *Atik-Yomin*, »der Alte der Tage«, womit der erste »Sohn Gottes«, das höchste Lichtwesen des Universums, gemeint ist, von dem die sieben Welten (Dimensionsebenen) unseres Universums geschaffen wurden.

222

Die Kontroverse zwischen den Evolutionisten und den Kreationisten ist festgefahren, da beide Seiten dogmatisch an ihren Glaubensvorstellungen festhalten. Aufgeschlossene Forscher sollten beide Seiten ernst nehmen, vor allem die Kritik der Atheisten an der Verabsolutierung der heiligen Schriften und die Kritik der Kreationisten an der Evolutionstheorie, und – von diesen Erkenntnissen ausgehend – nach neuen Theorien suchen, die über den Darwinismus und über den Kreationismus hinausgehen, die also weder materialistisch noch monotheistisch sind. Dies wäre Ausdruck von wahrer Bescheidenheit (im Gegensatz zur materialistischen Scheinbescheidenheit: »Wir müssen akzeptieren, dass wir Tiere sind«; Abs. 209), die zu wirklichem Fortschritt führt, zu einem **Quantensprung in der *geistigen* Evolution der Menschheit.**

Kapitel 21
Die geistige Herkunft des Menschen

223

Eine der grundlegendsten Fragen des menschlichen Forschens lautet: Wie entstand das Leben auf der Erde? Insbesondere: Was ist die Herkunft des Menschen?

Wie bereits dargelegt, sind die Theorien des Atheismus und des Monotheismus in vieler Hinsicht einseitig und unvollständig. Wir brauchen heute **ein neues Selbst-Verständnis,** das über den Darwinismus (Materialismus) und über den fundamentalistischen Kreationismus hinausgeht. Eine solche weiterführende Theorie ist das Erklärungsmodell der Involution.

224

Das Erklärungsmodell der Involution ist keine neue Theorie, sondern geht zurück auf den Kern der theistischen Mysterienschulen und gehört zur Urerinnerung der Menschheit. Dieses älteste Wissen bekommt heute in vieler Hinsicht direkte oder indirekte Bestätigung durch die moderne Wissenschaft (holistische Quantenphysik, Biophotonenforschung usw.) und durch die Parapsychologie, deren Erkenntnisse zeigen, dass unser Leben mit einem materialistischen Weltbild nicht vollständig erklärt werden kann. Das bedeutet, dass die Realität nicht auf die sichtbare Materie beschränkt werden darf, was wiederum bedeutet, dass der Ursprung der Menschheit nicht in einer materiellen Tierevolution liegt.

225

Das Erklärungsmodell der Involution geht von folgenden Grundannahmen aus: Das Leben auf der Erde hat sich nicht aus Materie entwickelt (»Evolution«), sondern aus den geistigen Urgründen des Kosmos. Der Kosmos ist multidimensional und besteht nicht allein aus physikalischer Materie. Geist formt und beseelt die Materie, geht in die Materie ein und transformiert höherdimensionale (»geistige«) Materie in dreidimensionale, physikalische Materie. Die physikalische Materie ist die letzte Verdichtungsstufe innerhalb einer Vielzahl von verschachtelten Dimensionen.

226

Das Erklärungsmodell der Involution besagt, dass *Bewusstsein* – und nicht Materie – der Ursprung von allem ist. Philosophisch gesprochen: Der absolute Hintergrund aller Relativität und Dualität ist nicht eine abstrakte Nondualität von Energie (Materie), sondern die *Individualität,* wörtlich: das »unteilbare« (= ewige, spirituelle) Sein, das immer Bewusst-Sein ist. Denn alles, was existiert, ist direkt oder indirekt auch im Urgrund vorhanden. Da es im materiellen Universum Bewusstsein gibt, muss Bewusstsein vom Urgrund ausgegangen sein und folglich auch »dort« (im Urgrund) vorhanden sein. Sowohl im Relativen (in der Schöpfung mit allen Geschöpfen) als auch im Absoluten (Gott in seiner immanenten und transzendenten Präsenz) ist Individualität das ureigene Charakteristikum.

Involution bedeutet »in die Materie hineingehende Entwicklung«, d. h. Verdichtung über kosmisch-hierarchische Abstufungen; interdimensionale Materialisierung; Entfaltung der kosmischen Schöpfung von der höchsten feinstofflichen Materieebene bis »hinunter« in die Welt der grobstofflichen Materie.

Die grobstoffliche Materie ist die dichteste Form von Materie, aber nur schon hier in der für uns sichtbaren Welt stellen die physikalischen (= anorganischen und organischen) Körper eine unendliche Vielfalt dar. Diese Vielfalt ist Ausdruck der hinter ihr wirkenden höherdimensionalen und letztlich spirituellen Vielfalt.

227

Alles Materielle ist vergänglich. Materie als Energie jedoch ist ewig und hat die Aufgabe, in zyklischen Kreisläufen vergängliche Formen hervorzubringen, angefangen mit den Universen. Der Urgrund der Materie und aller vergänglichen Schöpfungen ist die Welt des Raum- und Zeitlosen, der allgegenwärtige »Hintergrund«, vor dem die zahllosen materiellen Formen erscheinen und vergehen. *Das einzig Konstante in unserer Welt ist der Wandel.* Vergänglichkeit ist aber nicht die höchste Realität (Abs. 66).

Vergänglichkeit ist ein Ausdruck der Relativität, die nie getrennt ist vom ewigen Urgrund, dem Absoluten. Dieser spirituelle Urgrund ist nicht mit materiellen Instrumenten erfassbar und messbar, was umgekehrt bedeutet, dass die Erforschung dieser Realität – und des multidimensionalen Kosmos – nicht von technischen Instrumenten abhängig ist, sondern von einem universell-holistischen Bewusstsein. Dies wiederum erklärt, warum Menschen der früheren Zeitalter Dinge über unser Universum wussten, die wir erst heute wieder entdecken[70] oder die noch immer über den Horizont der modernen Wissenschaft hinausgehen. Diese weisen Männer und Frauen hatten aufgrund ihrer Fähigkeiten, die wir heute paranormal nennen würden, Einblick in die metaphysischen Aspekte des Universums und schöpften aus diesen Quellen ein ganzheitliches Wissen, das alle Bereiche des menschlichen Lebens umfasste, von der Frage nach Selbst- und Gotteserkenntnis bis hin zu einer mytho-logischen Kosmologie (Abs. 196). Sinn dieser Kosmologie war das Verstehen des multidimensionalen Kosmos und das Lebendigerhalten der Erinnerung an die geistige Herkunft des Menschen. Aus dieser Perspektive beschrieben sie auch, **wie die physikalische Welt entstanden ist:** durch das Wirken höherdimensionaler Schöpferwesen, deren Bewusstsein inhärent mit den entsprechenden Verdichtungsstufen des Kosmos verbunden ist. Aus den höherdimensionalen Welten wurden stufenweise die jeweils nächstdichteren Schöpfungsebenen hervorgebracht, angefangen mit der höchsten feinstofflichen Dimensionsebene bis hin zur Welt der physikalischen Materie. Was wir als physikalisches Universum sehen, ist nichts anderes als die dichteste und »äußerste« Erscheinungsform der Materie.

In Beziehung zur materiellen Welt stellt der ewige Urgrund *ein alldurchdringendes Informationsfeld* dar, das sich in unendlich-individueller Form entfaltet. In der holistischen Quantenphysik spricht man hier von Konzepten wie dem »kosmischen Quantenpotential« und der »impliziten Ordnung«, aus der stufenweise die »explizite« Ordnung hervorgeht, während die »implizite Ordnung« im Hintergrund als unendliche Potentialität unvermindert bestehenbleibt.

Mit anderen Worten, das »Einfache« bringt nicht das »Komplexe« hervor (Materie erzeugt nicht Leben; Einzeller werden nicht zu Mehrzellern; Weichtiere nicht zu Wirbeltieren, usw.), sondern das »Einfache« geht aus dem »Komplexen« hervor: Die materiellen Formen entstehen durch spirituelle In-Formation, Bewusstsein erzeugt Schöpfung, Schöpfung vollzieht sich stufenweise vom Feinstofflichen zum Grobstofflichen. Das Grobstoffliche ist immer ein Ausdruck des Feinstofflichen entsprechend den dahinter wirkenden Bewusstseinsimpulsen. Geist prägt Materie, denn das Relative ist nie unabhängig vom Absoluten.

Diese ganzheitliche (holistische) Weltsicht hat das Potential, unserem Leben und auch unserer Wissenschaft neue Horizonte und Perspektiven zu eröffnen.*

228

Materie ist unendlich wandelbar und existiert vor dem Hintergrund der ewigen Realität. Das Unendliche (das Relative) und das Ewige (das Absolute) ermöglichen durch ihr Zusammenspiel die materielle Schöpfung. Vor dem Hintergrund der Ewigkeit existiert die unendliche materielle Welt. Wir können uns das Unendliche, das vor dem Hintergrund des Ewigen existiert, veranschaulichen, indem wir uns eine geometrische Gerade in einer Fläche vorstellen. »Wie viele Punkte sind auf der Geraden?« Unendlich viele. »Und wie viele Punkte sind in der gesamten Fläche daneben?« Ebenfalls unendlich viele. Die »dünne« Gerade enthält genauso

---

* Um die diesbezüglichen Forschungen und Diskussionen zu fördern, gründete der Autor im Jahr 2006 die Website science-of-involution.org.

unendlich viele Punkte wie die Fläche, in der sie verläuft!* Die Fläche symbolisiert den absoluten, ewigen Urgrund, die Gerade die materielle Welt mit der linearen Zeit. Die Gerade steht für die materielle Schöpfung innerhalb von Gottes Reich. Die materielle Schöpfung ist nicht getrennt oder unabhängig von Gottes Reich: Beides ist göttliche Realität.

229

Jedes Weltbild geht von der Annahme eines absoluten Urgrundes aus. Für den Darwinismus ist dies die Materie als physikalische Substanz. Für den Kreationismus ist es ein Schöpfer, der sich nur durch eine einzige, konfessionell definierte Heilslehre offenbart.

Aus der Sicht der Involution ist der Urgrund *das ewige Bewusstsein*, und dies sowohl im Relativen als auch im Absoluten. Gott ist ewiges Bewusstsein, und wir als Teile Gottes sind ewiges Bewusstsein. Bewusstsein ist kein Produkt der materiellen Dualität, sondern der spirituellen Individualität. Bewusstsein ist die Energie spiritueller Individuen, im Absoluten wie im Relativen. Bewusstsein prägt und formt Materie und wirkt durch Materie, was bedeutet: Hinter allen materiellen Schöpfungen wirken Individuen: die kosmische Intelligenz Gottes (Paramātmā) und die zahllosen geistigen Wesen (die Ātmā-Seelen).

Und so geschieht **Schöpfung gemäß dem Erklärungsmodell der Involution:** Aus dem ewigen Urgrund des absoluten Seins entstehen (in zyklischen Kreisläufen) Urmaterie und Kosmos. Das Vergängliche entsteht aus dem Ewigen durch einen allumfassenden, unendlichen Ursprung. Am Anfang des Universums war **kein Ur-Knall, sondern ein Ur-Sprung,** nämlich ein Quantensprung von Energie durch das »Medium« des absoluten Bewusstseins (Gott als Urschöpfer). Durch diesen Quantensprung wird es möglich, dass vor dem Hintergrund der raum- und zeitlosen, spirituellen Welt parallel und »gleichzeitig« eine materielle Welt von Raum und Zeit existiert (Abs. 81).

Innerhalb des geistigen Uruniversums kommt es zu einer »interdimensionalen Evolution« (= Involution) von den höheren, weniger verdichteten Materieebenen bis hinunter in die Dimension der dichtesten Materie. Mit anderen Worten: Während das Ewige immer im »Hintergrund« (immanent und transzendent) präsent ist, entstehen durch eine göttliche Schöpfung Raum und Zeit (= Universum) und darin zuerst die höchste, am wenigsten verdichtete Dimensionswelt. Dieser höchste »Himmel« enthält potentiell alle anderen Parallelwelten, die dann, im Lauf der Zeit – oder richtiger: im Lauf von Raum und Zeit – über »Involution« eine aus

---

* Illustrativ sind auch die Unendlichkeitsrechnungen: Unendlich (∞) plus ∞ gleich ∞. Unendlich geteilt durch 2 gleich ∞. Unendlich geteilt durch zehn Millionen (usw.) gleich ∞. Das heißt: Auch wenn wir das Unendliche halbieren, vierteln, achteln usw., bleibt das Unendliche unendlich.

der anderen heraus entfaltet werden. Die meisten Mysterientraditionen sprechen hier von sieben Dimensionsebenen. »Am Anfang schuf Elohim die [sieben] Himmel und die Erde.« (Gen 1,1)

Das Erklärungsmodell der Involution geht von der Absolutheit der Individualität und von der Multidimensionalität des Kosmos aus, was bedeutet: Bewusstsein und Leben als Urprinzip sind ewige Realitäten; die verschiedenen Verdichtungsstufen (Dimensionswelten) und Lebewesen entstehen als »Abbild« nach den prägenden »Vorbildern« der nächsthöheren Dimension, letztlich nach dem Urbild des absoluten Bewusst-Seins.

Oder etwas einfacher ausgedrückt: »Elohim schuf den Menschen nach seinem Abbild*.« (Gen 1,27)

230

Mit unserem Weltbild schaffen wir unsere subjektive Realität. Wir sehen, was wir glauben. Wenn unsere Realität durch das geschaffen wird, was wir glauben, ergibt sich daraus, dass wir nur das erschaffen können, woran wir glauben! Wenn wir Gott nicht nur als Energie, sondern auch als absolutes Sein und Bewusstsein sehen, ist dies ein Glaube, der Materie bewegen kann, und es geschehen Wunder. Dies gilt auf allen Ebenen, von den irdischen bis zu den kosmischen. »Dein Glaube hat dich geheilt«, sprach Jesus jeweils nach Wunderheilungen. Wenn wir sehen, wie unser Glaube zu Wundern führen kann, können wir auch ahnen, was der reine Glaube der hohen Licht- und Schöpferwesen (Elohim) bewirkt. Ihr Glaube, d.h. ihre Bewusstseinskraft, bewegt und *verdichtet* Materie auf kosmischer Ebene, und es entstehen ganze Welten.

Entsprächen die materialistischen und atheistisch-monistischen Weltbilder der Wahrheit, dürfte es keine Wunder geben, doch es *gibt* Wunder: Wunderheilungen, wundersame Gebetserhörungen, wundervolle Ereignisse (»Zufälle«), angefangen mit der Entstehung des Lebens auf unserer Erde. Letztlich ist jede Pflanze, jedes Tier und erst recht jeder Mensch ein Wunder – und materialistische Theorien können diesem Wunder nicht einmal im Ansatz gerecht werden.

231

Durch mystische Schau und Offenbarung erkennt der Mensch die Multidimensionalität des Kosmos bis hin zum ersten, höchsten Lichtwesen, der Schöpfergottheit innerhalb des Universums, die im Sanskrit Brahmā, im Hebräischen Atik-Yomin und in der urchristlichen Gnosis »der kosmische

---

* »Nach seinem Abbild«: hebr. *be-tsalme'nu*, was auch »Schatten« oder »Ähnlichkeit« bedeuten kann. Das Symbol des Schattens weist darauf hin, dass der Menschenkörper durch eine Reduktion der Dimensionalität der höherdimensionalen Elohim-Wesen entstanden ist, d.h. durch eine physische Verdichtung.

Christus« genannt wird. Jenseits aller Universen, die immer wieder erschaffen und aufgelöst werden, ist Gott als Urschöpfer allgegenwärtig und lässt die Universen »samenförmig« aus sich heraus entstehen. Hier gibt die vedische Kosmogonie das mythische Bild vom Urschöpfer (Viṣṇu), der die Universen ausatmet und einatmet. Dieses Bild wird heute auch von Quantenphysikern gebraucht, von einigen sogar konkret mit einem Hinweis auf »Viṣṇu«. Die Universen expandieren, bis sie wieder, mit Viṣṇus Einatmen, in die Kontraktion übergehen.

232

Die Evolutionstheorie besagt, dass das »Höhere« aus dem Nächstniederen hervorgegangen ist, mit Materie als ursprünglicher Grundlage. Die Involutionstheorie besagt, dass das »Niedere« aus dem Nächsthöheren hervorgegangen ist, mit Bewusstsein als Ursprung und Urgrund.

Involution bedeutet: *interdimensionale, kosmisch-herabsteigende Evolution, gesteuert und vollzogen durch geistige Impulse, die die Materie beseelen und formen.* Involution beschreibt die kosmisch-hierarchische Schöpfung von der höchsten, am wenigsten verdichteten Dimensionswelt des Universums bis hin zur physikalischen Welt mit den dreidimensional verdichteten Planeten und Körpern.

Definition von Materie und Bewusstsein: Materie wird in diesem Erklärungsmodell definiert als eine ewige Energie, die vergängliche materielle Formen hervorbringt (von Licht- und Himmelskörpern bis hin zu irdischen Tier- und Pflanzenkörpern). Dies tut sie nicht zufällig, sondern unter dem prägenden und »beseelenden« Einfluss des spirituellen Urgrundes, d. h. des individuellen Bewusstseins (Ātmā) und des universellen Bewusstseins (Paramātmā). Bewusstsein ist demnach nicht das Produkt eines »genügend großen« Gehirns. Bewusstsein ist eine eigene, von Materie unabhängige Realität, genauso wie Licht eine von Schatten unabhängige Realität ist.

233

Die Natur kann gut ohne den Menschen leben. Die Lebenswelt der Pflanzen und Tiere bildet ein perfektes Öko-System. Als es den Menschen noch nicht gab, war die Erde ein Ort der paradiesischen Fülle. Aus der Sicht der Natur bestand kein Grund für das Entstehen des Menschen. Im Gegenteil, eine »evolutionäre« Abspaltung hätte keine Verbesserung der bereits existierenden Tiere dargestellt. Die hypothetischen Vormenschen seien, so behauptet die Evolutionstheorie, über eine Linie von mutierenden Primatenabkömmlingen entstanden. Diese Tiere hätten in physischer Hinsicht alle bereits entwickelten Spezifikationen verlieren müssen, denn um Mensch zu werden, hätten sie weniger flink werden müssen, hätten sie die Fähigkeit des Kletterns und auch ihr Fell, ihren klimatischen Schutz, verlieren müssen, usw. Die einzigen Vorteile des Menschen – sein Denken, sein Bewusstsein, seine berechnende Intelligenz – wären erst viel später hinzugekommen. Bis zu diesem Zeitpunkt wären die zahlenmäßig unterlegenen, schwächlichen Primatenabkömmlinge aber längst von der eigenen Umwelt ausgemerzt worden (durch die natürliche Selektion), ganz zu schweigen davon, dass zufällige Genmutationen in einem Affenkörper nie zur Entwicklung eines Menschenkörpers und Menschenhirns geführt hätten.

Die paradiesisch-perfekte Natur brauchte keinen Menschen – und trotzdem erschien irgendwann einmal der Mensch in diesem globalen Garten Eden. Wie und warum?

234

Der Mensch ist nicht über eine Tier-Evolution entstanden, so wie auch die Vielfalt von Pflanzen und Tieren nicht über eine materielle Evolution entstanden ist. **Die Menschen sind nicht evolvierte Tiere, sondern »involvierte« Lichtwesen!** Der menschliche Körper entstand, indem höherdimensionale Wesen (im Sanskrit *devas,* im Hebräischen *elohim* genannt) ihren Lichtkörper verdichteten, d. h. ihren Lichtkörper durch Geistkraft eine irdisch-organische Gestalt annehmen ließen. Deshalb heißt es, der Mensch sei als das irdische Abbild der Elohim »erschaffen« worden (Gen 1,27). Dieser geistige Ursprung erklärt auch, woher die Information für die Entstehung der biophysischen Strukturen des menschlichen Körpers stammt und warum die Gene als Erklärung allein nicht genügen. Denn die Gene sind Träger und Transformatoren von Information, aber nicht die Erzeuger der Information, das heißt, sie »programmieren« und »informieren« sich nicht selbst. Die physische DNS des Menschen enthält eine verdichtete Form der höherdimensionalen Lichtkörper-Codierung der Elohim-Wesen. Die Lichtkörper-Codierung des physischen Körpers ist heute weitgehend deaktiviert, doch potentiell unvermindert vorhanden. Dass der Mensch auch physisch in einem interdimensionalen Zusammenhang[71] steht, wird durch Phänomene wie Transformation, Materialisation und durch jede Form von lebendiger »Information« sichtbar, angefangen bei der Zellinformation.

Wenn wir die höherdimensionalen Informationsfelder mit in Betracht ziehen, lässt sich auch das Rätsel der »stummen DNS« (Abs. 214) lösen. Die Tatsache, dass 95 % der menschlichen DNS scheinbar inaktiv sind, bedeutet nicht, dass im Lauf der angeblichen Evolution vom Tier zum Menschen ein Großteil der DNS deaktiviert wurde und zu »Abfall« *(junk)* degenerierte. Wäre dies der Fall gewesen, hätten die tierischen Vorfahren eine viel komplexere DNS gehabt als der heutige Mensch! Die (scheinbar) inaktive DNS ist ein weiteres starkes Indiz gegen die Evolutionshypothese.

Sie zeigt auch, dass die Wissenschaft die menschliche DNS zu einem großen Grad noch nicht verstanden hat, denn die DNS enthält verborgene oder schlummernde Funktionen, die nicht mit einem materialistischen und evolutionären Weltbild erklärt werden können. Die »inaktive DNS« kann auch dahingehend interpretiert werden, dass der Mensch in früheren Zeitaltern höher entwickelt war und über eine vielfach komplexere DNS-Struktur verfügte. Die inaktiven DNS-Teile sind in diesem Szenario Spuren der zunehmenden Verdichtung und Degeneration der genetischen Struktur des Menschen im vierten Zeitalter (Abs. 196, 201). Gleichzeitig sind sie genetische »Infra-Strukturen«, die das hohe Lichtwesenpotential des Menschen bewahren. Mit dem Näherkommen des neuen Zeitalters sollen sie zunehmend reaktiviert werden. Die vielen Kinder, die heute über paranormale Fähigkeiten verfügen, lassen ahnen, dass diese Reaktivierung bereits begonnen hat.[72]

235

Die Welt der Pflanzen und Tiere könnte gut ohne den Menschen existieren. Aus biologischer Sicht ist der Mensch auf der Erde »überflüssig«. Und dennoch entstanden Menschen. Wie, wurde bereits erwähnt: dadurch, dass höherdimensionale Schöpferwesen ihren Lichtkörper bis auf die Ebene der organischen Materie verdichteten. Die andere wichtige Frage, die sich hier stellt, lautet: **Wie entstanden die Pflanzen und die Tiere?**

Auch aus der Sicht der Involution erschien der Mensch erst am Schluss einer langen erdgeschichtlichen Entwicklung, als die gesamte Fülle von Pflanzen und Tieren bereits vorhanden war. Die heutige Kosmologie, die von den vorherrschenden materialistischen Weltbildern ausgeht, sagt, die Erde sei etwa 4,6 Milliarden Jahre alt. Die ältesten fossilen Organismen sind Mikroorganismen (Bakterien, Eukaryoten usw.) und werden auf ein Alter von 3,5 Milliarden Jahren geschätzt. Gemäß der Evolutionstheorie entstand die Vielfalt der sich evolutionär entwickelnden Lebewesen im ersten Erdzeitalter, im Kambrium, dessen Beginn auf eine Zeit vor rund 550 Millionen Jahren angesetzt wird. Das mikroorganische Leben während der hypothetischen drei Milliarden Jahre vor dem Kambrium (»Präkambrium«) ist rätselhaft. Einerseits sind viele der gefundenen Mikroorganismen von ihrem Körperbau her kaum von den heutigen Mikroorganismen zu unterscheiden – was bedeutet, dass hier keine »Evolution« stattgefunden hat. Andererseits begann das erste Erdzeitalter mit der sogenannten »kambrischen Explosion«, mit einem »Urknall der Evolution«. Das heißt, plötzlich erschienen alle heute existierenden Grundformen des Tierreiches – Schwämme, Hohltiere, Ringelwürmer, Armfüßer, Gliederfüßer, Weichtiere, Stachelhäuter und Wirbeltiere –, und dies ohne irgendwelche Vorformen. Auch dies bedeutet, dass hier keine »Evolution« stattgefunden hat.

Zu Beginn des Kambriums beginnt explosionsartig die weltweite Überlieferung einer großen Fülle vielzelliger Lebewesen mit unterschiedlichsten Bauplänen. Im darunter abgelagerten Präkambrium finden sich keine Vorläufer, obwohl über 400 (mikro-)fossilführende Formationen bekannt sind. Nach evolutionstheoretischer Deutung liegen damit ca. 85 % der Geschichte der Lebewesen fast völlig im Dunkeln.[73]

Die Tatsache, dass keine Vorläufer der gesamten kambrischen Vielfalt bekannt sind, liegt nicht an mangelnden Fossilfunden. An mehr als 400 Stellen der Erde wurden präkambrische Mikroorganismen gefunden, und man fand auch präkambrische Fossilien von einzelligen Lebewesen, genannt »Ediacara-Fauna«, die ihrerseits ebenfalls ohne Vorläufer erschienen waren, deren Körperbau aber völlig anders war als der aller späteren Lebewesen. Auch Evolutionisten geben zu, dass die Lebewesen der Ediacara-Fauna keine evolutionären Vorfahren der kambrischen Artenvielfalt waren, weshalb sie die Ediacara-Fauna als ein »missratenes Experiment der Evolution« bezeichnen – was von einem ähnlichen Unverständnis zeugt wie der Begriff »junk DNA«.

Die Evolutionstheorie postuliert, dass die hypothetische Entwicklung von den ersten Mikroorganismen zu den Einzellern und zu den Lebewesen des Kambriums in einer linearen »Evolution« stattgefunden habe. Die Involutionstheorie postuliert, dass die verschiedenen Gattungen und Arten von Lebewesen jeweils plötzlich – wie »aus heiterem Himmel« – entstanden sind, immer mit der perfekten, vollständigen Körperform. Die Fossilien weisen eindeutig auf letzteres hin.

Wie entstand diese gestaffelte Fülle von perfekt geschaffenen Lebewesen? Die Evolutionstheorie sagt: durch eine Serie von zufälligen Genmutationen. Die spirituell-holistische Involutionstheorie sagt: durch **das Wirken höherer Geistwesen,** die durch ihr Mitschöpfertum die jeweiligen pflanzlichen und tierischen Lebensformen entstehen ließen. Dies taten sie, indem sie mit ihrer interdimensionalen Mentalkraft »prototypische« Urbilder von Pflanzen- und Tierformen in die Dimension der organischen Materie projizierten, was eine geistige In-Formation der Materie bedeutete – und diese Information ließ die Materie Form annehmen.

Das Schöpfungsprinzip »Form entsteht durch Information« gilt auf allen Ebenen, auch auf der Ebene der grobstofflichen Materie, was anhand einfacher Experimente veranschaulicht werden kann. Bekannt sind die Klangschwingungsbilder, die entstehen, wenn durch Klang ein Wassertropfen oder feiner Sand auf einer Membran in Schwingung versetzt wird.[74] Aufgrund der Klangeinwirkung erscheinen in den Sand- und Wasserbildern Formen, die wir auch in der organischen Natur finden. Je nach der Frequenz der Klangschwingung entstehen Muster von Schildkrötenpanzern, Tierfellzeichnungen, Blütenformen usw. Die Formenvielfalt ist nur schon hier auf der grobstofflich-materiellen Ebene unendlich, was uns eine kleine Vorstellung davon gibt, wie unendlich das göttlich-schöpferische Wirken der Deva- und Elohimwesen ist, die mit *geistigen* Frequenzen auf die Materie einwirken. Die höherdimensionale Lebens-»Informatik« dieser Wesen ließ die Materie harmonisch strukturierte Körperformen von Pflanzen und Tieren annehmen, von Anfang an mit zu 100 Prozent perfekt abgestimmter (»programmierter«) DNS – denn sonst wären diese Organismen nicht lebensfähig gewesen. Die »prototypischen« Urgenerationen von Pflanzen und Tieren waren *lebendige* Wesen, weil die Schöpferwesen die Lebewesen, die sie schufen, mit geistigen »Fraktalen« von sich selbst beseelten. Diese Schöpferwesen wurden dadurch zur »Gruppenseele« der jeweiligen Pflanzen- und Tierart (Stichwort »holographisches Universum«).[75]

Mit anderen Worten: In jeder Pflanze und in jedem Tier ist der schöpfende Geist des entsprechenden Deva- oder Elohimwesens gegenwärtig, in Harmonie mit dem allgegenwärtigen Paramātmā. Auf allen Ebenen ist die Schöpfung ein Wunder: das Mineralreich, das Pflanzenreich, das Tierreich, das Menschenreich bis hin zu den höchsten Ebenen des multidimensionalen Kosmos und noch weiter. **Der Mensch ist kein Tier, und nicht alle Tiere sind einfach »Tiere«.** Vieles weist darauf hin, dass Delfine, Wale, Gorillas und ähnliche Hüter der Erde bzw. der Meere ebenfalls, wie die Menschen, durch eine direkte Involution von Lichtwesen entstanden sind. Hier eröffnet sich für uns Menschen ein faszinierendes Feld der Forschung – und der lebendigen Kommunikation mit der gesamten Natur! Um so tragischer und selbstmörderischer ist es, dass die heutige Zivilisation gerade diese »Tiere« verfolgt und ermordet, und dies fast bis zum Punkt der Ausrottung.*

236

Die ersten Lebewesen entstanden mit dem Beginn des gegenwärtigen großen Erdenzyklus, der in der altindischen (vedischen) Mysterientradition als ein »Tag des Brahmā« bezeichnet wird (siehe Anm. 70, S. 351). Der gegenwärtige Schöpfungstag ist also nicht der einzige, obwohl es so aussehen mag, wenn wir heute mit unserer gewohnten linearen Sicht in die Vergangenheit der Erde blicken. Die großen Erdenzyklen wechseln sich ab wie Tag und Nacht. Gemäß der vedischen Yuga-Beschreibung ging

---

* »Von beispielsweise über 300 000 Blauwalen existieren heute gerade noch 1,7 Prozent« (Rundbrief von Greenpeace Schweiz, 16. März 2009). »Pro Tag verschwinden weltweit etwa 70 bis 100 Arten«, hieß es 2008 in dem vom Schweizer Bundesamt für Umwelt veröffentlichten Bericht »Pflanzen und Tiere« (www.bafu. admin.ch/artenvielfalt/01006). Das heißt: Pro Stunde sterben 3 bis 4 Arten aus! Im Oktober 2008 veröffentlichte die »International Union for Conservation of Nature« (IUCN) ihre »Rote Liste«. Das Fazit dieser offiziellen Studie: Mehr als ein Drittel aller Tier- und Pflanzenarten ist vom Aussterben bedroht, darunter jede vierte Säugetierart.

die letzte »Nacht des Brahmā« vor rund zweieinhalb Milliarden Jahren zu Ende, worauf ein neuer Brahmā-Tag begann. Die Erde war in einem glühenden Zustand in die Nacht des Brahmā eingegangen, während deren sie eine materielle und strukturelle Regeneration durchlief. Mit dem Beginn des neuen Brahmā-Tages wurde der nunmehr abgekühlte Planet Erde zu neuem Leben erweckt, was bedeutet, dass auf der anorganischen Oberfläche – durch das Wirken der höherdimensionalen Schöpferwesen – erste Generationen von Lebewesen entstanden: einerseits die grundlegenden Mikroorganismen, deren Linien auch heute noch existieren, andererseits Einzeller, die der damaligen Urwelt nach der Brahmā-Nacht angepasst waren (»Ediacara-Fauna«). Ihre Aufgabe bestand darin, die damals junge organische Welt auf elementarer Ebene für die nachfolgende Vielfalt des mehrzelligen Lebens vorzubereiten (Sauerstoffbindung, Bildung von organischer Ursubstanz in den Urmeeren, usw.). Als diese Vorbereitungen abgeschlossen waren, kam im Lauf des neuen Brahmā-Tages die nächste Schöpfungswelle mit all den pflanzlichen und tierischen Organismen, die zur Grundlage der gesamten irdischen Flora und Fauna wurden – was sich aus der Sicht des heutigen Menschen als »kambrische Explosion« darstellt. Ganz am Schluss dieses gestaffelten Schöpfungswerkes, als die gesamte Tier- und Pflanzenwelt geschaffen war, wurden »adamische« Lichtwesen zu den ersten Menschen auf der Erde.

Jedes Tier und jede Pflanze ist also ein »Botschafter« der höheren Welt und erinnert die Menschen an diese höheren Welten – wenn wir die symbolische Sprache dieser Lebewesen verstehen. Für den Menschen als Wesen mit einem freien Willen ist die Erde **ein Schulungs- und Prüfungsplanet.** In welchem Bewusstsein der einzelne Mensch lebt, zeigt sich u. a. darin, wie er mit seiner Umwelt – mit den Tieren und den Pflanzen – umgeht. Erkennt er sie als Geschöpfe mit einem geistigen Hintergrund, oder sieht er sie einfach als minderwertige Statisten, die »man« ausbeuten und töten darf?

Die Tiere und Pflanzen sind aus der Liebe des Schöpfergeistes heraus entstanden und leben als nichtkarmische Wesen auf der Erde, einerseits als Garanten und Hüter der göttlichen Naturordnung, des »ökologischen Gleichgewichts«, andererseits auch als Spiegel für den Charakter und das Bewusstsein der Menschen.

> Elohim sprach: »Lasst uns den Menschen erschaffen, ein Wesen nach unserem Abbilde, uns ähnlich. Er soll Macht haben über die Fische im Meer, über die Vögel in der Luft und über alle Tiere auf der Erde.« (Gen 1,26)

In Anbetracht der Tatsache, dass in der Natur für einzelne Tiergattungen das Prinzip »Fressen und Gefressenwerden« gilt, sollte der Mensch nicht seine eigenen Gefühle in die Tierwelt projizieren – weder Abscheu noch religiöse Verurteilung. Letzteres ist bei einer fundamentalistischen Lesart der Bibel der Fall, wenn gelehrt wird, die Raubtiere hätten erst nach der Sünde von Adam und Eva begonnen, andere Tiere zu fressen.[76]

237

Der Darwinismus geht von einem materialistischen Weltbild aus und will die Entstehung der ersten Lebewesen und der gesamten Vielfalt von Pflanzen und Tieren ausschließlich mit physikalischen und chemischen Vorgängen erklären. Der Mensch wird biologisch als Tier eingestuft (Säugetier in der Linie der Trockennasenaffen), weshalb Evolutionisten glauben, der Mensch sei über eine Evolution von pliozänen Großprimaten entstanden. Weil sie »per Dogma« von dieser Annahme ausgehen, sind sie der Überzeugung, Übergangsformen von affenähnlichen Vorfahren finden zu müssen. Und so wird eine Evolutionslinie von pliozänen Großprimaten über den gebückten Affenmenschen bis zum Homo sapiens gezeichnet. Eine kritische Untersuchung der jeweiligen Fossilien zeigt jedoch, dass die angeblichen Zwischenstufen, wie Australopithecus und Homo habilis, nichts anderes sind als ausgestorbene Großprimaten. Dies bedeutet: Wir haben auf der einen Seite Knochen von ausgestorbenen Großprimaten, auf der anderen Seite Knochen von urzeitlichen Menschen. **Die Konstruktion einer Linie vom Affen über den gebückten Affenmenschen zum modernen Menschen** ist eine pure Erfindung, entstanden aus dem Wunschdenken materialismusgläubiger Evolutionisten.[77]

238

Aus allen Kulturen kennen wir **Mythen von der Erschaffung des Menschen durch Gott oder die Götter.** Bekannt ist der ägyptische Mythos von Chnum und Heket, dem Götterpaar, das den Menschen aus Tonerde erschuf: Chnum schuf den physischen Körper und den Ätherkörper des Menschen, während Heket dem Menschen das Ankh, das Lebensprinzip, einhauchte und ihm dadurch das irdische Leben ermöglichte. Eine spätere Version in abgewandelter, monotheistischer Form finden wir im Buch Genesis, wo nur noch ein männlicher Gott beschrieben wird, der als ersten Menschen einen Mann schuf. Aber das symbolische Bild, dass der Körper aus Lehm geformt wurde und dass ein Schöpfergott dem Menschen das Leben einhauchte, blieb bestehen.

Die Darstellung »Die Götter schufen den Menschen« oder »Gott schuf den Menschen« stellt eine richtige, aber vereinfachte Beschreibung der Menschenentstehung dar. Diese Darstellung gehört zu den exoterischen Lehren, wie sie in allen volkstümlichen Religionen gelehrt wurden. Das *esoterische* (»nur für den inneren Kreis bestimmte«) Wissen über die Herkunft des Menschen wurde ausschließlich in den theistischen Mysterienschulen weitergegeben, mit nur wenigen Ausnahmen. Die bekannteste Ausnahme ist eine Szene im Neuen Testament, wo Jesus dieses geheime Wissen öffentlich aussprach. Die Pharisäer wollten Jesus durch Steinigung töten, weil er gesagt hatte, er sei der Sohn Gottes, was von den Pharisäern als Gotteslästerung aufgefasst wurde. Jesus erwiderte sinngemäß:

»Was regt ihr euch auf, wenn ich sage, ich sei Gottes Sohn? Sind nicht wir alle Kinder Gottes? Ja mehr noch ...« Und hier zitierte er eine Kernstelle der heiligen Schriften des Judentums:

> »Steht nicht im Gesetz geschrieben: ›Ich [Gott] habe zu euch gesagt: Ihr seid Götter *(elohim)*‹? Wollt ihr die Wahrheit eurer eigenen Schrift anzweifeln? Gott nannte diejenigen, an die er sein Wort richtete, *elohim*.« (Joh 10,34 – 35)

Wenn in Gen 1,27 gesagt wird, die Hierarchie der Lichtwesen *(elohim)* habe den Menschen nach ihrem Ebenbild geschaffen, so bedeutet dies im ursprünglichen Sinn, dass die Elohim-Wesen selber zu Menschen wurden. Die Menschen sind ursprünglich Lichtwesen. **»Ihr seid *elohim* (›Götter‹).«**

239

Die Menschen des ersten Zeitalters lebten in ungestörter Harmonie mit der Natur. Das analytische Denken und Planen und als Folge davon *das Umgestalten der Welt* wurde erst viel später Bestandteil der menschlichen Existenz (Abs. 197 – 201). Der Mensch sollte dadurch – entsprechend seiner Entwicklung im Zyklus der Zeiten – tiefer in die Materie hineingehen und beginnen, aktiv zu handeln, um **als Mitschöpfer** Verantwortung zu übernehmen (»in der Welt«, aber nicht »von der Welt«; Joh 17,11/16). Als Lichtwesen und Mitschöpfer ist es die Aufgabe des Menschen, **reine Liebe in die Welt der verdichteten Materie** zu bringen, um so all den Wesen, die nicht in dieser reinen Liebe leben, wieder die Möglichkeit zu geben, das Bewusstsein der Spaltung zu überwinden.

Während im ersten Zeitalter noch keine Spaltung vorhanden war, geht heute, im vierten Zeitalter, die materielle Verdichtung des Lebens auf ihren intensivsten Punkt zu, verursacht durch die Extreme des Atheismus und Monotheismus. Dieser Tiefpunkt wird zugleich ein Wendepunkt sein, der mit dem Ende und Neubeginn großer Zyklen und Unterzyklen einhergeht – signalisiert durch das Ende des Maya-Kalenders zum Zeitpunkt der Wintersonnenwende im Jahr 2012. Die Erde wird sich kosmisch neu positionieren und energetisch neu ausrichten – was zu grundlegenden Umwälzungen und Neustrukturierungen führen wird. Ziel gemäß Schöpfungsplan ist ein Quantensprung im Bewusstsein der Menschen. Dieser geschieht, wenn eine gewisse Anzahl von Menschen zum Zeitpunkt der größten Verdichtung die dann herrschende Dunkelheit durch das reine Licht ihres Gottesbewusstseins transformieren. Wenn dichteste Materiestrukturen mit reinstem Licht zusammenkommen, geschieht eine symbolische Explosion, die nur in dieser größten Dichte möglich ist. Verbunden mit der neuen solaren und galaktischen Einstrahlung wird sogar eine physische Transformation stattfinden. Die indigenen Völker Amerikas nennen dies »Beginn der fünften Welt« (Abs. 187).

Kapitel 22

Philosophie des Geistes

240

Ein grundlegendes Thema der Philosophie ist die »Philosophie des Geistes«, engl. *Philosophy of mind*. Hier geht es um zentrale Fragen unserer menschlichen Existenz: **Was ist Geist, was ist Bewusstsein?** Ist Geist unabhängig von Materie oder ein Aspekt der Materie? Wie wirken Leib und Seele zusammen? Sind Leib und Seele eine materielle Einheit oder eine zeitweilige Vereinigung verschiedener »Substanzen«? Stirbt die Seele mit dem Körper, oder gibt es ein Leben nach dem Tod?

Die Antworten auf diese Fragen sind abhängig von der Kernfrage: Was ist der Mensch?* Damit betreten wir den Fachbereich der »Philosophischen Anthropologie«, in der es um folgende Themen geht: Wie erklären die verschiedenen Weltbilder das Wesen und die Herkunft des Menschen? Ist der Mensch nur ein biologisches Wesen, oder ist er in seinem Kern ein geistiges Wesen? Wodurch unterscheidet sich der Mensch vom Tier? Was sind die Konsequenzen dieser Menschenbilder? Wie lässt sich Ethik philosophisch und wissenschaftlich begründen? (Die heutige »Philosophische Anthropologie« wird weitgehend vom Weltbild des Materialismus geprägt.)

In der »Philosophie des Geistes« lassen sich grundsätzlich zwei Positionen unterscheiden, **die idealistische** und **die materialistische.** Die idealistische Schule wird auch die platonische genannt, weil sie stark vom griechischen Philosophen **Platon** geprägt wurde. Platon lehrte, die Welt des Geistes sei die eigentliche Realität und existiere unabhängig von der Welt der Materie. Er nannte die Welt des Geistes »Welt der Ideen«, entsprechend dem griechischen Wort *idéa,* das sich herleitet vom Verb *ideīn,* »sehen, erkennen, wissen«. Dieses Verb geht zurück auf die indoeuropäische Wurzel *ueid-* und ist mit den Sanskritwörtern *vid,* »wissen; erkennen«, und *veda,* »Wissen; geistige Erkenntnis«, verwandt. Mit dem Begriff *idéa* meinte Platon die immateriellen Urbilder hinter den materiellen Erscheinungsformen, die unveränderliche Wesenheit aller Dinge. Platons Kon-

---

* Mit der Frage »Was ist der Mensch?« ergänzte Immanuel Kant seine drei Grundfragen, die er in der *Kritik der reinen Vernunft* formuliert hatte, und bezeichnete diese vierte als die wichtigste: »Das Feld der Philosophie in dieser weltbürgerlichen Bedeutung lässt sich auf folgende Fragen bringen: 1) Was kann ich wissen? 2) Was soll ich tun? 3) Was darf ich hoffen? 4) Was ist der Mensch? / Die erste Frage beantwortet die Metaphysik, die zweite die Moral, die dritte die Religion, und die vierte die Anthropologie. Im Grunde könnte man aber alles dieses zur Anthropologie rechnen, weil sich die drei ersten Fragen auf die letzte beziehen.« (*Logik* IX,25)

zept der *idéa* war rein geistig und abstrakt, was zur Kritik führte, die
»Welt der Ideen« sei einfach ein intellektuelles Konstrukt. So spottete
Diogenes, der klassische Philosoph des Zynismus, während eines Vortrags
des dreißig Jahre älteren Platon: »Wenn ich an einem Tisch sitze und
Wein trinke, sehe ich den Tisch und den Becher, aber keine Tischheit und
keine Becherheit.«[78]

Gegen die abstrakte »Idealisierung« des Geistes wandte sich Platons
Schüler **Aristoteles**. Während Platon sagte, der Mensch sei *eine inkarnierte Seele,* sagte Aristoteles, der Mensch sei *ein beseelter Körper.* Aristoteles betonte die Einheit von Geist und Körper und sagte, der Geist könne
nur mit dem Körper und durch den Körper existieren. Mit der Lehre, Körper und Seele seien eine natürliche Einheit, trat Aristoteles in bewussten
Gegensatz zu Platon und Sokrates, die den Körper als »Gefängnis« oder
»Grab der Seele« bezeichnet hatten. Bekannt ist das Wortspiel *soma sema*
(*soma:* »Körper«; *sema:* »Grab«), das sich in Platons Schriften *Gorgias*
(493a) und *Kratylos* (400c) findet. In Weiterführung dieser Sichtweise bezeichneten später die Manichäer und Gnostiker den Körper als Werk der
satanischen Kraft, während die Seele ein Teil Gottes sei; die Seele jedoch
habe ihr Licht in der Materie verloren (siehe Abs. 147).

Aristoteles gründete seine Weltsicht nicht in einer Ideenwelt und im
Jenseits, sondern in der Materie und im Diesseits. Dabei neigte er jedoch
ins andere Extrem und bezeichnete den Menschen als ein »Lebewesen«
(zōon) wie die Pflanzen und Tiere, nur dass der Mensch ein *zōon echon
logon* sei, ein »Lebewesen, ausgestattet mit *logos*« (lat. *animal rationale*).
Zōon ist ein naturalistischer Begriff und bedeutet auch »Tier«, wie zum
Beispiel im Begriff »Zoologie«.

Von der materiebezogenen Definition des Geistes, wie sie Aristoteles
gab, war es nur noch ein kurzer Schritt bis zum expliziten Materialismus,
wie er – eine Generation nach Aristoteles – von Philosophen wie **Epikur**
formuliert wurde: Der Mensch sei identisch mit seinem Körper, es gebe
keine geistige Welt und keine geistige Seele und somit auch kein Leben
nach dem Tod. Eine ähnliche Lehre hatte bereits der Atomist **Demokrit**,
ein Zeitgenosse des Sokrates, gelehrt: Es gebe nur Atome, die sich ohne
Zielsetzung im leeren Raum bewegen und sich zufällig zu komplexen
Strukturen verbinden; unsere Bewusstseinswahrnehmungen und Gefühlsregungen entstünden durch die unterschiedlich intensive Bewegung
der »Seelenatome«.

241

Einer der ersten großen Exponenten der europäischen Philosophie der
Neuzeit war René Descartes (1596–1650), der einen kategorischen **Leib-Seele-Dualismus** postulierte: Der sterbliche Körper ist ein organischer Mechanismus ohne eigenes Leben; das Leben kommt vom Geist, der nicht-

körperlich und deshalb unsterblich ist. Dieses platonisch-kartesianische Weltbild (Cartesius war die lateinische Schreibweise des Namens Descartes) wurde jedoch vehement kritisiert, denn der Körper der Menschen ist offensichtlich ein *lebendiger* Körper: Wie soll eine »Seele«, die vom Körper gänzlich verschieden ist, mit dem Körper eine lebendige Einheit bilden können? Angesichts der sichtbaren und lebendigen Leib-Seele-Einheit können »Leib« und »Seele« nicht kategorisch (oder absolut) verschieden sein. Eine Generation nach Descartes formulierte der holländische Philosoph Baruch de Spinoza (1632–1677) eine monistische Gegenerklärung zum Leib-Seele-Dualismus: Leib und Seele sind nicht verschieden, sondern sind zwei Aspekte derselben göttlichen Substanz, wobei Gott diese unendliche Substanz ist; Gott ist Energie und nicht eine anthropomorphe Person, wie das Judentum und das Christentum lehren.[79] Mit dieser Lehre wurde Spinoza zum neuzeitlichen Begründer des monistischen **Pantheismus,** der nontheistisch, aber nicht atheistisch war (Abs. 130).

242

Der Leib-Seele-Dualismus ist mit dem Widerspruch verbunden, dass Materie und Geist zwei kategorisch verschiedene Substanzen sein sollen, sich aber zur lebendigen Einheit des Körpers verbinden; sie können also offensichtlich nicht gänzlich verschieden und unvereinbar sein. Angesichts dieses Widerspruchs glauben heute die meisten Naturwissenschaftler und Philosophen an den **materialistischen Monismus, die Leib-Seele-Identität:** »Es gibt nicht zwei Substanzen, sondern nur *eine,* die Materie, und Bewusstsein ist ein Produkt der Materie, d.h. eine Funktion des Gehirns. Wenn der Körper stirbt, erlischt auch das Bewusstsein. Es gibt kein vom Körper unabhängiges Leben und deshalb auch kein Leben nach dem Tod.«

243

Die Probleme, mit denen der kartesianische Leib-Seele-Dualismus zu kämpfen hat, zeigen, dass ein simpler Dualismus nicht ausreichend ist, um das Mysterium des Lebens zu erklären. Die theistischen Mysterienschulen haben sich deshalb nie auf eine Zweiheit von Leib und Seele beschränkt, sondern formulierten ihre Erkenntnisse auf der Grundlage einer **Dreiheit: Körper, Geist, Seele** (engl. *body, mind, spirit/soul*).

Die Realität unseres Lebens beschränkt sich nicht auf die Welt der Materie, und die Welt der Materie beschränkt sich nicht auf die physikalische Materie. Materie ist nicht eine statische, mechanische Substanz, sondern eine dynamische, quanten-»mechanische« Energie, die in verschiedenen Verdichtungszuständen existiert, wobei grundsätzlich zwei verschiedene Arten von Materie zu unterscheiden sind: die **grobstoffliche** und die **fein-**

stoffliche. Dementsprechend hat der Mensch nicht nur einen physischen Körper aus grobstofflicher Materie, sondern auch einen höherdimensionalen Körper aus feinstofflicher Materie. In der Dreiheit von Körper, Geist und Seele bezieht sich der Begriff »Körper« auf den grobstofflichen Körper und der Begriff »Geist« auf den feinstofflichen Körper.*

So wie der Mensch mit seinem physischen Körper Teil der physischen Welt ist, ist er mit seinem feinstofflichen Körper Teil der feinstofflichen Welt. Beide Welten sind jedoch materielle Welten, die vor dem Hintergrund der ewigen, spirituellen Welt existieren. Als spirituelle Seele sind wir Teil der ewigen, spirituellen Welt und können entscheiden, wie sehr wir in der ausschließlichen Projektion und Identifikation mit der Materie oder im Bewusstsein der spirituellen Identität leben wollen.

244

Jede Pflanze, jedes Tier und jeder Mensch ist eine Erscheinungsform des Lebens, die allein durch die materiellen (körperlichen) Gegebenheiten nicht erklärt werden kann. Wer über »Leben« und »Geist« sprechen will, sollte nicht nur eine intellektuelle, theoretische Schulung absolvieren, sondern auch sein eigenes Bewusstsein praktisch erforschen. In den Mysterienschulen lernten bereits die Neulinge durch persönliche Erfahrung in der Meditation und in der Beherrschung von Körper und Geist, dass sie mehr als nur materielle Wesen sind und dass Bewusstsein auch unabhängig vom Körper existieren kann. Wenn jedoch Personen, die keinen solchen praktischen Erfahrungshorizont haben, Philosophie und Theologie betreiben, werden »Philosophie« und »Theologie« zu einer theoretischen Spekulation, und das Ergebnis sind intellektuelle Konzepte wie »Leib-Seele-Dualismus« oder »Leib-Seele-Einheit«.

Materialistisch gesinnte Menschen, die jede spirituelle Erfahrung ausblenden (oder verdrängen) und die Existenz von feinstofflichen Welten bestreiten, sind von vornherein nicht bereit, den Erfahrungsberichten der Mysterienzeugen Glauben zu schenken, weshalb sie es vorziehen zu glauben, die Welt beschränke sich auf die physikalische Materie. Dieser beschränkte Glaube ist aber sogar im gegenwärtigen Zeitalter eine Ausnah-

---

* Das Wort »Geist« im hier verwendeten Sinn – als Überbegriff für das Feinstoffliche – erscheint in Begriffen wie Geistesgegenwart, Begeisterung, geistreich, geistesabwesend, geistesgestört usw. und entspricht im Griechischen den Begriffen *psyche* und *pneuma* (von *pnéo*: »atmen; wehen; hauchen«). Diese Begriffe werden auch im Griechischen mit unterschiedlichen Bedeutungen verbunden: So erscheint *pneuma* im Begriff »Heiliger Geist« und in Joh 4,24: »Gott ist Geist, und die ihn anbeten, müssen ihn im Geist und in der Wahrheit anbeten.« Auf ähnliche Weise wird »Geist« im Deutschen manchmal auch als Synonym für das Spirituelle gebraucht, insbesondere in der Formulierung, der Mensch sei ein »Geistwesen«, womit ausgedrückt wird, dass wir in unserer Essenz geistige (= spirituelle) und nicht materielle Wesen sind.

meerscheinung, denn auch heute noch glauben Milliarden von Menschen an die Existenz von feinstofflichen Welten (Engel, Cherubim, Seraphim, Elohim usw.), und ungezählte Mystiker, Adepten, Esoteriker und Magier haben seit Tausenden von Jahren immer wieder von neuem durch ihre eigene – lichtvolle oder dunkle – Erfahrung den einen Fakt bestätigt: die Existenz der feinstofflichen Welten.

245

Wissenschaftliche wie auch philosophische Forschung strebt danach, das innere Wesen unserer Welt zu erkennen. »Dass ich erkenne, was die Welt / Im Innersten zusammenhält«, ließ Goethe seinen Doktor Faust sinnieren. Was verleiht allen Körpern, der gesamten Natur und dem Universum von innen heraus Struktur und Ordnung? Was lässt die Materie Form annehmen?

Diese Frage ist bereits in Kapitel 7 beantwortet worden, kann hier nun aber noch prägnanter ausgeführt werden. Hinter der Vielfalt von materiellen Formen wirkt eine Einheit von Energie. Was ist diese Einheit?

Der grundlegende Aspekt der materiellen Vielfalt (Polarität) ist das Zusammenspiel von Raum und Zeit. Ohne diese Schöpfungsdynamik könnte die materielle Energie keine Formen hervorbringen. Die Einheit selbst ist also nicht Raum und Zeit (Anfang und Ende) unterworfen, sondern ist raum- und zeitlos = ewig. Das, was die Materie im Innersten zusammenhält, ist ein ewiges, ungeteiltes Sein, das *individuelle Sein*.

Individualität bezeichnet die Eigenschaft des Individuum-Seins. Wir sind Individuen, »unteilbare, ewige Geistwesen«. *Individuum* ist die lateinische Übersetzung des griechischen Wortes *átomos* (Abs. 66–68) und entspricht dem Sanskritwort *ātmā*. Das »Atom« – das, was die Materie im Innersten zusammenhält – ist nicht etwas Materielles. *Átomos*, **das »Unteilbare«,** ist das Individuum, die unsterbliche Seele. Wenn die Seele den Körper verlässt, zerfällt die Körperform.

Aus theistischer Sicht ist Individualität das Hauptmerkmal der Realität. In bezug auf unser Leben bedeutet dies: Jenseits unserer körperlichen Existenz von Geburt und Tod sind wir **ewige Geistwesen (Individuen)**, die nicht sterben, wenn der Körper stirbt, und sich nicht auflösen, wenn sie in das Absolute – das »Licht«, die »Einheit«, das »Reich« Gottes – eingehen (Abs. 87, 97–99).

246

Da Materie – das Relative – nicht unabhängig vom Absoluten existiert, existieren unser grobstofflicher und unser feinstofflicher Körper nicht unabhängig vom spirituellen Hintergrund. Ebenso sind wir als ewige Seelen nicht unabhängig vom Absoluten.

Wer sich für die spirituellen Dimensionen des Lebens öffnet, kann heute auch ohne Mysterieneinweihung und Astralreisen erkennen, dass »Geist« nicht untrennbar an den physischen Körper gebunden ist, und in weiterer Konsequenz, wie Leib und Seele als relative Faktoren durch den allgegenwärtigen Urgrund des Absoluten eine Einheit bilden – eine Einheit, die sowohl natürlich als auch übernatürlich ist, aber nicht ewig. Im Moment des Todes löst sich die Einheit von Leib und Seele auf.

Das theistische Weltbild erkennt den Leib-Seele-Dualismus, aber relativiert ihn, und erkennt auch die Leib-Seele-Einheit, ohne diese zu verabsolutieren. Im Licht des spirituellen Mittelweges wird verständlich und erlebbar, wie durch die göttliche Individualität (»Unteilbarkeit«) **alles miteinander verbunden** ist.

247

Das Problem beim kartesianischen Dualismus besteht darin, dass Descartes nicht zwischen dem feinstofflichen Körper und dem spirituellen Selbst unterschied. Aus theistischer Sicht hatten sowohl Descartes als auch Spinoza recht. Descartes erkannte mit seinem Dualismus die Unterscheidung von grobstofflicher und feinstofflicher Materie, während Spinoza erkannte, dass beides – sowohl das Grobstoffliche als auch das Feinstoffliche – Aspekte derselben Substanz (Materie) sind. Die Erkenntnis, dass auch das Feinstoffliche materiell ist, ist von zentraler Bedeutung. Beim Streben nach Selbst- und Gotteserkenntnis sollte der Mensch deshalb nicht in den feinstofflichen Welten und Energien hängenbleiben, wie das bei der Magie und bei der atheistischen Esoterik der Fall ist.

248

Die aristotelische Lehre der sich gegenseitig bedingenden Einheit von Körper und Seele (Abs. 240) ist vergleichbar mit der Ansicht, Hitze und Licht existierten nur in Verbindung mit Feuer; so wie es kein Feuer ohne Hitze und Licht gebe, könnten auch Hitze und Licht nicht vom Feuer getrennt werden.

Es ist jedoch eine sehr beschränkte Sichtweise, wenn wir den Menschen mit einer anorganischen Substanz (Feuer) vergleichen. Das Hirn produziert nicht Gedanken und Gefühle wie Feuer Hitze und Licht. Beim Feuer ist der kausale Zusammenhang offensichtlich, beim Hirn nicht. Eine bessere Analogie wäre ein Computer: Dieses scheinbar intelligente Gerät, das über ein fotografisches »Gedächtnis« verfügt, funktioniert nur dank der sinnvollen Konstruktion und Programmierung. Der Computer lässt Texte und Bilder entstehen, aber er hat sich nicht selbst programmiert und bringt die Texte und Bilder nicht aus sich selbst hervor, sondern nur, weil außenstehende Intelligenzen die Programmierung erstellt und die Texte und Bilder eingegeben haben. Auch die Feuer-Analogie lässt sich in diesem Sinn erweitern, denn Feuer entsteht nicht aus sich selbst heraus, sondern nur, weil das Brennmaterial das Entstehen von Feuer ermöglicht. Hitze und Licht existieren sehr wohl unabhängig von allen irdischen Feuern: in der Sonne. Ebenso verfügen wir über Bewusstsein und Wahrnehmung, weil Bewusstsein und Wahrnehmung vom Urgrund, dem absoluten Sein, ausgehen – und nicht vom Gehirn.

249

Die Analyse der grobstofflichen und feinstofflichen Existenzebenen ist das Thema der **Metaphysik**. Auch hier ist zwischen einer atheistisch-monistischen und einer theistischen Richtung zu unterscheiden. Atheistisch-monistische Metaphysik ist oftmals mit Okkultismus und Magie verbunden (Abs. 134). Die theistische Metaphysik gibt uns – auf der Grundlage einer seit Menschenexistenz praktizierten und jederzeit individuell nachvollziehbaren Selbsterforschung – eine klare **Beschreibung der grob- und feinstofflichen Dimensionsebenen.**

Die grobstoffliche Materie besteht aus fünf Komponenten bzw. Dimensionsebenen: Erde, Wasser, Feuer, Luft und Äther. Die ersten vier Begriffe bezeichnen die vier grundlegenden Aggregatzustände der physikalischen Materie: fest, flüssig, plasmatisch und gasförmig. In quantenphysischer Interpretation ist »Luft« der physikalische Raum (die materielle Ausdehnung), »Feuer« die eindimensional gerichtete Materie, »Wasser« die zweidimensional gerichtete Materie und »Erde« die dreidimensional gerichtete Materie. Äther ist die fünfte Dimensionsebene, d.h. die *quinta essentia*, die Quintessenz (»fünfte Essenz«) der grobstofflichen Materie. Äther ist nicht mehr physisch, aber immer noch grobstofflich, weshalb auch im Grobstofflichen bereits zwei Körper unterschieden werden: **der physische Körper und der Ätherkörper,** auch Vitalkörper genannt. Alle Lebewesen, auch Tiere und Pflanzen, haben einen Vitalkörper, der in der holistischen Biologie als »morphogenetisches Feld« wahrgenommen wird. Der Vital- oder Ätherkörper ist die am wenigsten verdichtete Form der grobstofflichen Materie und ist als *quinta essentia* der Informationsträger für die Formung und Aufrechterhaltung des physischen Körpers. Der von Rupert Sheldrake geprägte Begriff »morphogenetisches (= formbildendes) Feld« ist sehr treffend, doch ist dieses »Feld« nur ein Informationsträger und programmiert sich nicht selbst, genausowenig wie sich das Programm in einem Computer die Information selbst eingegeben hat. Die Wissenschaft der Computerprogrammierung nennt sich dementsprechend *Informatik: Information wird von außen* in das grobstoffliche System eingegeben.

Die Information, die über den Informationsträger (»Ätherkörper«) die individuelle Formung des physischen Körpers programmiert, stammt *aus dem feinstofflichen Körper.* Dieser besteht grundlegend aus drei Dimensionsebenen: der mentalen, der rationalen und der materiell-kausalen. Im Sanskrit heißen diese drei Ebenen *manas, buddhi* und *ahaṅkāra*.

Die mentale Ebene umfasst die Funktionen des Denkens, Fühlens und Wünschens, also die Gedanken und Emotionen sowie die von diesen Gedanken und Emotionen ausgelösten Wünsche, Vorstellungen und Triebe. Auf der mentalen Ebene werden die von außen kommenden Sinneseindrücke (Impressionen) und die von innen kommenden Bewusstseinsimpulse aufgenommen und mit entsprechenden mentalen Reaktionen beantwortet. Grundlegende Kontemplationsübungen zeigen uns, dass unser Bewusstsein nicht auf diese mentalen Faktoren beschränkt ist. Wir erkennen schnell, dass in unserem Bewusstsein eine nächsthöhere Instanz vorhanden ist: **die rationale Ebene.** Hauptelement der rationalen Ebene ist die Unterscheidungskraft (sanskr. *buddhi,* lat. *intelligentia,* von *interlegere,* »zwischen verschiedenen Möglichkeiten wählen«), die zwischen den verschiedenen mentalen Impressionen und Impulsen unterscheidet und – im Bereich der bewussten Entscheidungen – wählt, auf welche dieser Impressionen und Impulse wir eingehen wollen und auf welche nicht.

Wenn die Funktionen der mentalen Ebene unter Ausblendung der rationalen Ebene überhandnehmen, beginnt der Mensch, irrational zu handeln. »Vernunft« (lat. *ratio*) ist die praktische, positive Anwendung der *intelligentia.* »Verstand« (= Intellekt) ist die Instanz des theoretischen Erkennens und Verstehens. Wir können etwas theoretisch erkannt (»verstanden«) haben, aber dies garantiert noch nicht, dass wir auch dementsprechend (= vernünftig) handeln. »Intellekt« (lat. *intellectus,* »das Verstandene«) ist die Grundlage höherer Erkenntnis, aber noch nicht die höhere Erkenntnis selbst. Höhere Erkenntnis entsteht, wenn **die beiden Funktionen der** *intelligentia,* **Verstand und Vernunft,** harmonieren, was zu einem vernünftigen Handeln – und nicht nur zu einem intellektuellen Verstehen – führt. Das Wort »Rationalismus« wird heute vielfach falsch verwendet, weil nicht mehr zwischen Ratio und Intellekt unterschieden wird. Rationalismus bedeutet dann nicht mehr Rationalismus, sondern *materialistischer Intellektualismus* (= Humanismus).*

---

* Wie der Begriff »Wissenschaft«, muss auch »Rationalismus« keineswegs ein Synonym für Materialismus sein. Klassische Rationalisten wie Descartes und Leibniz gingen davon aus, dass alles in unserer Welt und im Kosmos eine Ursache hat und dass der Mensch die Befähigung hat, diese Ursachen rational zu erkennen. Als höchste (transzendente oder immanente) Ursache sahen sie Gott. Diese Rationalisten glaubten, dass Gott, das Absolute, auch rational zu erkennen ist, und wandten sich damit einerseits gegen den religiösen Dogmatismus, andererseits auch gegen den materialistischen Empirismus, der nur als Realität anerkennt, was sinnlich (empirisch) wahrgenommen werden kann.

250

»Intelligenz« *(buddhi)* sollte nicht mit »Intellekt« gleichgesetzt werden, wie dies heutzutage in weiten Bereichen des modernen Schulsystems der Fall ist. Wer sich die gesunde Funktionsweise der *intelligentia* bewahrt hat, spürt das natürliche Unterscheidungsvermögen meist zuerst über die **Intuition**, noch bevor der Verstand die Begründung für dieses intuitive Ja oder Nein liefert. Intuition ist nicht eine Funktion der persönlichen Intelligenz, sondern ein Ausdruck der direkten Resonanz mit der absoluten Intelligenz, dem Paramātmā.* Bildlich gesprochen: Der Verstand ist der Anwalt der Intuition. Er begründet rational, warum die Intuition Recht hat.

251

Mit den Entscheidungen auf der rationalen Ebene verursachen wir entsprechende mentale Reaktionen und konkrete Handlungen. Die rationale Ebene hat daher auch eine kausale Funktion, jedoch nur eine sekundärkausale, weil die Unterscheidungskraft *(intelligentia)* abhängig ist von den Kriterien, nach denen wir unterscheiden und entscheiden. Mit anderen Worten, die rationale Ebene wird von den Impulsen gesteuert, die von der Ausrichtung unseres Bewusstseins ausgehen. Diese Kriterien und Impulse werden von der nächsthöheren Bewusstseinsebene vorgegeben, von der materiell-kausalen Ebene (von lat. *causa,* »Ursache«). Da alles Materielle letztlich spirituelle Ursachen hat, sollte die materiell-kausale Ebene nicht undifferenziert betrachtet werden. Die theistische Psychologie unterscheidet deshalb deutlich: Was ist die materiell-kausale Ebene? Was ist die spirituell-kausale Ebene? Denn die ursprünglichen Ursachen liegen immer im Spirituellen. Wirkliche Erkenntnisse und die damit verbundenen Problemlösungen setzen im Spirituellen an.

Die materiell-kausale Ebene ist das in die Materie projizierte Bewusstsein (sanskr. *citta,* »das Wahrgenommene«; das Bewusstsein selbst wird *cit* genannt). Je nachdem, worauf wir unser Bewusstsein richten, lösen wir entsprechende Reaktionen in unserem feinstofflichen und dadurch auch in unserem grobstofflichen Körper aus. Die Ausrichtung des Bewusstseins ist die materielle Ursache (lat. *causa)* aller nachfolgenden Reaktionen auf der rationalen, mentalen, emotionalen, vitalen und physischen Ebene.

Die materiell-kausale Instanz unseres Lebens wird im Sanskrit *ahaṅkāra* genannt, der »Ich-Macher« (von *aham:* »Ich«, und *kāra:* »Erzeuger; Verursacher«), und entspricht dem lateinischen Begriff *identificatio* (von *identitas,* »Identität; das, was man ist«, und *facere,* »machen, erzeugen«). Auf der materiell-kausalen Ebene entscheidet sich, worauf wir unser

---

* Das lateinische Wort *intuitio* (von *in-* und *tueri,* »schauen«) bedeutet: »direkte Anschauung; Erkennen durch göttliche Eingebung«.

Spirituelle (absolute) Realität:	Materielle (relative) Realität:
Individualität Gottes und der Teile Gottes, Nondualität der göttlichen Energie	Polarität und Dualität

Individuum: wörtl. »unteilbares Sein und Bewusstsein«; spirituelle Seele *(ātmā)* als ewiger Teil Gottes
→ das wahre Ich (= Identität)

Spirituell-kausale Ebene: Als Teile Gottes haben wir einen freien Willen, mit dem wir entscheiden können, worauf wir unser Bewusstsein richten.

- Das reine, ursprüngliche Bewusstsein *(cit):* Bewusstsein der eigenen spirituellen Identität
- Projiziertes Bewusstsein *(citta):* das auf die Materie gerichtete Bewusstsein als Grundlage der Identifikation mit dem feinstofflichen und dem grobstofflichen Körper (→ zeitweilige Einheit von Körper, Geist und Seele)

Intuition: Wahrnehmung in direkter Resonanz mit der göttlichen Intelligenz (Paramātmā)

→ Wahres Ich: unsere spirituelle Identität
→ Falsches Ich: Identifikation mit der Materie ohne Bewusstsein der eigenen spirituellen Identität = Illusion *(māyā)*, Trennung von der Quelle (Spaltung, »Sünde«).

Feinstofflicher Körper:

Materiell-kausale Ebene (sanskr. *ahaṅkāra*, lat. *identificatio*): das Ich-Prinzip, die materielle Identität (= Persönlichkeit; Identifikation mit der persönlichen materiellen Existenz)
→ Ursache (lat. *causa*) aller nachfolgenden Reaktionen auf der rationalen, mentalen, vitalen und physischen Ebene.

Die rationale Ebene (sanskr. *buddhi*, lat. *intelligentia*): Intelligenz, wörtl. »Unterscheidungskraft«, ist das harmonische Zusammenwirken von

- Vernunft (lat. *ratio*) und
- Verstand / Intellekt (lat. *intellectus*)

Die mentale Ebene (sanskr. *manas*, lat. *mens*): psychische Projektionsfläche für Einflüsse von außen (Sinneseindrücke) und für Einflüsse von innen (Bewusstseinsimpulse) mit den entsprechenden Gedanken, Emotionen, Wünschen, Vorstellungen und Trieben.

Grobstofflicher Körper:

Ätherkörper (Vitalkörper, Ka-Körper), das morphogenetische Feld: Äther ist die *quinta essentia*, die Quintessenz (»fünfte Essenz«) der grobstofflichen Materie.

Physischer Körper (grch. *soma; physis*): bestehend aus »Erde«, »Wasser«, »Feuer« und »Luft«.

Körper und Seele sind nicht absolut voneinander getrennt. Das Spirituelle (das Individuum und dessen Energie, das Bewusstsein) und das Materielle (die feinstofflichen und die grobstofflichen Elemente) sind nicht dualistische, sondern parallele Realitäten, denn sie »schneiden« sich im Unendlichen, d. h. in Gott (→ Aspekt des Paramātmā). Der Mensch ist eine Dreiheit von Körper, Geist (feinstofflicher Körper; »Psyche«) und Seele.

Bewusstsein richten und wie sehr wir uns mit der feinstofflichen und grobstofflichen Materie (mit unseren Gedanken, Gefühlen und Wünschen, mit unserem Körper, mit materiellem Besitz, mit materiellen Zugehörigkeiten usw.) identifizieren. Je nach der Art dieser Identifikation entscheidet sich, welche **materielle Identität (Persönlichkeit)** wir annehmen und wie wir mit der Materie umgehen: gottesbewusst-souverän, atheistisch-souverän, konstruktiv, destruktiv, gleichgültig, uns selbst schadend, usw.

Ahaṅkāra/identificatio ist **das Ich-Prinzip**, das materielle Ich-Bewusstsein (= Identifikation mit der persönlichen materiellen Existenz; Abs. 93), ohne das keine materielle Existenz möglich wäre. Wenn dieses Ich-Prinzip das Bewusstsein überwältigt und wir dabei unsere spirituelle Identität, unser wahres Ich, vergessen, schaffen wir ein »falsches Ich«, d. h. **Illusion (māyā)** und dadurch Spaltung (»Sünde«).

252

Ohne natürliche Identifikation mit unserer Person wären wir nicht fähig, in der materiellen Welt zu leben: Identifikation mit unserer relativen Identität als Mann oder Frau, junger oder alter Mensch, usw. Dies ist unser »Ich«, unsere wandelbare und vergängliche Persönlichkeit. Jenseits der feinstofflichen und grobstofflichen Projektionsebenen sind wir jedoch spirituelle Individuen, ewige Teile Gottes. Dies ist **unsere spirituelle Identität**. Als Teile Gottes haben wir einen freien Willen, der uns die Freiheit gibt, gottesbewusst zu sein oder nicht (Abs. 111). Je nach der Intensität und Reinheit unseres Gottesbewusstseins leben wir im Licht unserer spirituellen Identität oder verlieren uns in irgendwelchen materiellen Identifikationen. Die Seelenebene ist **die spirituell-kausale Ebene**, denn hier entscheiden wir, worauf wir unser Bewusstsein richten und inwieweit wir in unserem ursprünglichen Gottesbewusstsein leben. Mit unserer Bewusstseinsausrichtung, die jederzeit verändert werden kann, verursachen wir Reaktionen auf allen materiellen Projektionsebenen, angefangen mit der materiell-kausalen Ebene *(ahaṅkāra)*.

253

Das Bewusstsein des spirituellen Individuums, die reine Seelenenergie, wird im Sanskrit *cit* genannt, das projizierte Bewusstsein *citta*. So wie ein Sonnenstrahl Licht ausstrahlt, das durch die materiellen Projektionsebenen vielfach gebrochen und reflektiert wird, strahlen wir Bewusstsein *(cit)* aus, wodurch wir uns als die Person wahrnehmen, die wir in unserem Leben sind. Die entscheidende Frage hierbei ist, ob wir unser ursprüngliches Bewusstsein als Teil Gottes behalten oder ob wir uns aufgrund von Illusion *(māyā)* und falschen Identifikationen in der Materie verlieren.

Die erste falsche Identifikation ist die Identifikation mit den eigenen Energien, ähnlich wie wenn ein Sonnenstrahl denken würde, sein Licht sei sein »eigenes« Licht – während es in Wirklichkeit das Licht der Sonne ist.[80] Ebenso spiegelt das Relative in seiner reinen Form das Absolute. Theistisch formuliert: Wenn der Spiegel unseres Bewusstseins rein ist, reflektieren wir als Menschen Aspekte von Gottes Eigenschaften: Liebe, Weisheit, Geduld, Barmherzigkeit, Wahrhaftigkeit usw.

254

Die theistische Metaphysik hilft uns, in der großen Begriffsverwirrung Klarheit zu finden: Feinstofflich ist nicht das gleiche wie immateriell (spirituell). »Geist« ist feinstofflich (nichtphysisch), aber immer noch materiell. Auch »Äther« ist nichtphysisch, gehört aber noch zu den grobstofflichen Elementen. »Ātmā« ist das ewige spirituelle Selbst, das auch »Seele« genannt werden kann, was ein passender Begriff ist, denn die »Seele« ist das, was unser gesamtes materielles Dasein, sowohl den feinstofflichen als auch den grobstofflichen Körper, mit Leben beseelt.

Wenn von »seelischen« Krankheiten gesprochen wird, bezieht sich dies auf eine andere Definition von »Seele«, wobei es richtiger wäre, von *psychischen* Krankheiten zu sprechen.

Das in »Psychologie« enthaltene Wort *Psyche* (»Geist«) ist ein Sammelbegriff für das, was im Sanskrit als *manas, buddhi* und *ahaṅkāra* differenziert wird. Diese drei Faktoren bilden zusammen den feinstofflichen Körper des Menschen. Physische Gesundheit ist in vieler Hinsicht von der Gesundheit der Psyche, insbesondere der Emotionen, abhängig.

255

Im feinstofflichen Körper bildet das in die Materie projizierte Bewusstsein – entsprechend der Resonanz dieses Bewusstseins – geistige Informationen, die ihrerseits das morphogenetische Feld des physischen Körpers programmieren, d. h. mit Informationen zu Körperbildung, Krankheitsbildung, Heilung usw. versehen.

Was heute als »morphogenetisches Feld« bezeichnet wird, entspricht dem Äther- oder Vitalkörper (Abs. 249). »Äther« ist **das fünfte Element** *(quinta essentia)* der grobstofflichen Materie und heißt im Sanskrit *kha,* im Altägyptischen *ka.* Mit »Ka-Körper« meinten die Ägypter den Ätherkörper, mit »Ba-Körper« den feinstofflichen Körper. Diese beiden Begriffe, *ka* und *ba,* sind bekannt in Form der Wortverbindung **Mer-Ka-Ba.** *Mer* ist ein Schlüsselwort in der altägyptischen Sprache; es bedeutet »Liebe«, aber auch »Pyramide«. Die Merkaba ist die harmonische Verbindung des Ka- und Ba-Körpers, die symbolisiert wird durch zwei ineinandergeschobene dreiseitige Pyramiden, die eine mit der Spitze nach oben, die andere mit der Spitze nach unten (»Sterntetraeder«). Die zweidimensionale Darstellung ist das Hexagramm mit gleichseitigen Dreiecken. Die Merkaba, manchmal auch als »Gottesgefährt« oder »Sternenkörper« bezeichnet, ist der Lichtkörper, der durch Gottesbewusstsein (*mer,* »Liebe«) aktiviert wird – und nicht einfach durch mechanische Atemübungen und Mentalpraktiken.

Was im Indischen und Ägyptischen als *kha* bzw. *ka* bezeichnet wird, ist dasselbe wie Chi und Ki in den fernöstlichen Sprachen, bekannt durch Begriffe wie Chi-Gong, Reiki und Aikido. Wer ausschließlich mit Chi (Ki), den Ätherkräften, arbeitet, kann dies auch zu eigennützigen Zwecken tun und damit magische oder anderweitig manipulative Ziele verfolgen. Deshalb wird die heilende Energiearbeit im Japanischen durch den Begriff Rei-Ki (»reines, göttliches Ki«) präzisiert. In seiner ursprünglichen Bedeutung bezieht sich dieser Begriff auf die reine geistige Kraft, die Kraft der Geistheilung, die je nach Schule und Tradition unterschiedlich benannt wird: Christusenergie, Gnadenhilfe Gottes, göttlicher Heilstrom, inhärenter Lebensatem, psychonoetische Selbstheilungskraft, universelle Lebensenergie usw.

256

Die Unterscheidung von spiritueller und materieller Energie ist **kein Dualismus,** denn das Absolute ist nicht das Gegenteil des Relativen, das Absolute *umfasst* das Relative. Dennoch stellt sich in letzter Konsequenz die Frage, wie die Seele in einem fein- und grobstofflichen materiellen Körper leben und diesen Körper beseelen kann, wenn sie selbst nicht materiell, sondern spirituell ist.

Die theistische Metaphysik erklärt diesen Zusammenhang wie folgt: Bewusstsein und Materie sind zwei *parallele Energien.* Sie sind getrennt und dennoch zusammenhängend, da sie *denselben Ursprung* haben, und dieser Ursprung ist allgegenwärtig (siehe Abs. 84: das gleichzeitige Eins- und Verschiedensein von Energie und Energieursprung).

Körper und Seele sind also nicht absolut getrennt. Das Spirituelle (das Individuum und dessen Energie, das Bewusstsein) und das Materielle (die feinstofflichen und die grobstofflichen Elemente) sind parallele Energien. Die geometrische Definition von Parallelen ergibt die perfekte Symbolik: Parallelen sind Geraden, die sich *im Unendlichen schneiden,* und »das Unendliche« ist ein Synonym für Gott im Aspekt des **Paramātmā** (Abs. 106f., 130, 229, 232).

Die spirituelle und die materielle Energie sind getrennt und vermischen sich nie, aber sie verbinden (»schneiden«) sich im Unendlichen. Unendlich bedeutet unbegrenzt, allgegenwärtig, überall. Die parallelen Energien schneiden sich im Unendlichen: unbegrenzt und überall. Das bedeutet, dass *überall* – in der gesamten materiellen Welt, und nicht nur auf der Erde! – Lebewesen existieren: lebende Wesen, in denen die spirituelle und die materielle Energie eine »nahtlose« Einheit von Körper und Seele bilden. Aber diese Berührung und Verbindung ist nur *im* Unendlichen und *durch* den Unendlichen möglich. Also muss das Unendliche auch in jedem Lebewesen gegenwärtig sein – und das ist die Überseele (Paramātmā), der allgegenwärtige Geist Gottes, der *alles* zusammenhält.

Die Verbindung von Leib und Seele lässt sich also am besten durch einen **Parallelismus** erklären: Leib und Seele sind zwei verschiedene Energien (»Substanzen«), aber diese zwei Energien verlaufen parallel und sind eins im Unendlichen, d. h. verbunden durch denselben Urgrund (Paramātmā), was eine holistische Synthese von Dualismus und Monismus darstellt.

257

Was im Sanskrit »Paramātmā« genannt wird, ist ein universelles Prinzip, das sich auf vielfache Weise beschreiben lässt. So betonten auch in der Diskussion um den kartesianischen Leib-Seele-Dualismus einige Philosophen, dass sich unsere Existenz nicht bloß auf das Zusammenspiel von Leib und Seele beschränke, sondern dass als dritter und vereinender Faktor Gott die einzig wirkliche (»genuine«) Ursache sei; die Wünsche und mentalen Impulse des Menschen seien Auslöser und »Anlass« (lat. *occasio*), aber nie »Ursache« (lat. *causa*) von dem, was im Geist und Körper des Menschen geschehe; die direkte Ursache sei immer das allgegenwärtige Wirken Gottes, denn nur durch diesen Faktor könne das, was der Mensch als »Anlass« *(occasio)* vorgebe, in der Materie Form annehmen. Ein Hauptvertreter dieser Lehre, die **Okkasionalismus** genannt wird, war der katholische Theologe Nicolas de Malebranche (1638–1715). Die undifferenzierte Reduktion Gottes auf den immanenten Aspekt und die Vermischung mit der kirchlichen Gnaden- und Erbsündenlehre ließen den Okkasionalismus nicht zu einem selbständigen philosophischen System werden, obwohl er einen ernstzunehmenden Versuch darstellte, die Wirkungsweise des Paramātmā zu beschreiben.

258

Die Überseele (Paramātmā), obwohl ein solch zentraler Faktor, ist leicht zu übersehen. Wer nicht »Augen hat, um zu sehen«, sieht nur das physisch Sichtbare und glaubt an eine »Selbstorganisation der Materie«. Wenn die individuelle Seele nicht mehr die Überseele, sondern sich selbst als Zentrum sehen will, erlaubt ihr die Überseele diese Illusion: das Vergessen der eigenen natürlichen Position als Teil des Ganzen. Nur aufgrund der Überseele ist es uns möglich, uns mit etwas zu identifizieren, was wir nicht sind, angefangen mit dem materiellen Körper und den damit verbundenen Rollenspielen. Die Illusion *(māyā)* verursachende Identifikation wird Ego oder »falsches Ich« genannt, im Gegensatz zum *wahren Ich:* die Identität als ewige, individuelle Seele. Während des irdischen Menschenlebens bilden wir als geistige Wesen (Seelen) mit dem Körper eine Einheit, vermischen uns aber nicht mit der Materie und können deshalb den Körper auch wieder verlassen, was aus irdischer Sicht »Tod« genannt wird.

Nur dank der Gegenwart des Paramātmā, des unendlichen Bewusstseins, ist Leben in der Materie überhaupt möglich (Abs. 106). Jede unbewusst gesteuerte Bewegung unseres Körpers – Herzschlag, Atmung, Verdauung, Stoffwechsel usw. – und sogar jede bewusst gesteuerte Bewegung geschieht unter der Fügung und Führung des Paramātmā. Wir könnten Materie nie allein aus eigener Kraft bewegen. Mit unserer Bewusstseinsausrichtung und den entsprechenden Wünschen und Impulsen lösen wir Reaktionen im feinstofflichen und grobstofflichen Körper aus, aber diese psychischen und physischen Reaktionen werden nicht von *uns* ausgeführt, sondern von unserem fein- und grobstofflichen Körper unter der Koordination des Paramātmā. Hier kommen wir zu einem nur schwer vorstellbaren, aber meditativ-erlebbaren Mysterium unseres Lebens in der Materie: Wir als relative Wesen sind nie vom Absoluten unabhängig, nicht einmal in der kleinsten Bewegung eines Fingers oder einer Zehe. Alle Religionen sagen: »**Gott ist allmächtig**«, aber wenn wir hören, *wie* allmächtig Gott – »nur« schon als Paramātmā! – ist, kann unser Intellekt dies kaum glauben: »Nein, *so* allmächtig ist Gott nicht.«

Der Paramātmā-Aspekt sollte in seiner theistischen Konsequenz jedoch nicht missverstanden werden. Wenn gesagt wird, Gott sei allmächtig und allwissend, bedeutet dies nicht, dass unser Leben und Handeln von Gott diktiert, determiniert oder prädestiniert wird. Gott als Paramātmā ist neutral. Der Paramātmā wirkt nicht entsprechend seinem eigenen, sondern entsprechend *unserem* Diktat: »Der Mensch denkt, und Gott lenkt!« Das heißt, *wir* sind es, die die Impulse setzen, aber die entsprechende Umsetzung in der Materie – alle körperlichen Abläufe, prädestinierten Reaktionen, alle schicksalhaften Fügungen, alle Zufälle: dies alles unterliegt nicht unserer Macht, sondern der Allmacht Gottes.

259

Alles, was im Relativen ist, ist in seiner Essenz auch im Absoluten vorhanden. Wenn wir in unserer wesenseigenen Natur Diener Gottes sind, wo ist dann *Gott* »Diener«? So wie die Teile Gottes (im Idealfall) mit dem Ganzen harmonieren und dem Ganzen dienen, so dient Gott als Paramātmā allen Lebewesen auf vollkommene Weise entsprechend *ihren* Bedürfnissen, Wünschen und selbstverursachten Reaktionsketten. In diesem Licht werden auch scheinbar widersprüchliche Bibel- und Koranstellen verständlich, in denen gesagt wird, Gott verhärte das Herz eines Menschen (Ex 4,21; 7,3; 9,12; 10,1; Jes 6,10; Mt 13,14) oder Gott führe Menschen in die Irre:

»Die, welche unsere Zeichen als Lüge bezeichnen, sind taub und stumm und wandeln in der Finsternis. Allah führt irre, wen Er will, und leitet auf den rechten Weg, wen Er will.« (Koran 6,39)

»Wenn Allah es gewollt hätte, hätte Er euch zu einer einzigen Gemeinschaft gemacht. Aber Er führt in die Irre, wen Er will, und führt auf den rechten Weg, wen Er will, und ihr werdet für euer Tun die Verantwortung zu tragen haben.« (Koran 16,93)

Wenn Gott gewisse Menschen in die Irre führt, ist dann nicht *er* verantwortlich für das, was die irregeführten Menschen tun? Nein, betont der Koran, weil der Wille Gottes das Entscheidende ist. Wer nicht mit diesem Willen harmoniert, hat den Weg der »Finsternis« gewählt und unterliegt dadurch den göttlichen Gesetzen (Abs. 101); Allah umfasst sowohl das Gesetz als auch die Liebe und die Barmherzigkeit. In seinem Paramātmā-Aspekt wirkt er, Gott, vollkommen neutral (= Gesetz), aber in seinem Bhagavān-Aspekt ist er nicht »nur« neutral, sondern *liebend* und wirkt mit **Gnade, Barmherzigkeit und Sündenvergebung (Karma-Auflösung):**

»Ich bin [als Paramātmā] allen Lebewesen gegenüber neutral *(sama)* und bevorzuge oder benachteilige niemanden. Diejenigen jedoch, die wahrhaft gottesbewusst sind, sind in Liebe *(bhakti;* arab. *islam)* mit Mir verbunden; sie sind in Mir, und Ich bin in ihnen.« *(Bhagavad-Gītā 9,29)*

Dieses theistische Mysterium zeigt die praktische Bedeutung der philosophischen Erklärung von Liebe als »individueller Einheit mit Gott« (Abs. 78, 86). Wenn wir uns in dieser Einheit mit der Quelle verbinden (Abs. 94–96), stehen wir nicht einfach unter den neutralen Gesetzen, sondern wir sind in Resonanz mit dem Willen Gottes (Abs. 100) und damit in Resonanz mit der göttlichen Ganzheit und Ordnung, wodurch alles, was in unserem Leben nicht »in Ordnung« ist, wieder in Harmonie kommen kann. Das »Verrückte« wird zurechtgerückt. Dies zeigt sich in unscheinbaren bis wunderbaren Fügungen und »Zufällen«: Begegnungen, Führung zu notwendiger Information, plötzliche Eingebungen, spontan-perfekte Worte, innere Ruhe, Furchtlosigkeit, Schmerzfreiheit, Wunderheilungen, Schutz usw.

Aus diesem Bewusstsein heraus sprach Jesus, dass Glaube Berge versetzen kann (Mt 17,20; 21,21), dass »dein Glaube« dich heilt (Mt 9,22; 15,28; Mk 5,34) und: »Ich selbst werde euch die Worte geben ...« (Lk 21,15)

260

Ratio und *intelligentia* haben von Natur aus die Funktion, das aus göttlicher Quelle Gegebene und Geschaute *(intuitio)* nachzuvollziehen und zu begründen. Der Mensch sollte *ratio* und *intelligentia* nicht verwenden, um gegen die natürliche Ordnung zu arbeiten und diese Störung der Natur dann intellektuell als »Fortschritt« zu rationalisieren.

Das natürliche Zusammenwirken von *ratio, intelligentia* und *intuitio* spiegelt sich in den beiden Gehirnhälften des Menschen, die auch als die männliche und die weibliche Gehirnhälfte bezeichnet werden. Die linke (»männliche«) Gehirnhälfte wird der Ratio zugeordnet, die rechte (»weibliche«) der Intuition. Dementsprechend wird die feminine Seite des Menschen als die empfangende und bewahrende (»passive«*) Seite bezeichnet, die maskuline als die schöpfende und initiierende (»aktive«). Jeder Mensch trägt beide Seiten in sich, doch in der geschlechtlichen Aufteilung verkörpert der Mann den göttlichen Geist und Willen (schöpfend, initiierend, erneuernd), die Frau die göttliche Natur und Ordnung (empfangend, gebärend, bewahrend).

Das menschliche Leben und Überleben ist vom harmonischen Zusammenwirken beider Seiten abhängig.

Wird diese Harmonie gestört, entstehen einseitig matriarchale oder patriarchale Gesellschaften. Die Welt, in der wir heute leben, ist das Ergebnis einer **einseitig patriarchalen Gesellschaft.** Der männliche Geist und Wille ist nicht mehr in Harmonie mit der göttlichen Natur und Ordnung, sondern wendet sich *gegen* die Natur und stört die Schöpfungsordnung (durch Ausbeutung, Umweltverschmutzung, Urwaldrodungen, Vivisektion usw.). Er kennt in seinem Machtstreben keine Grenzen und ist einem Machbarkeitswahn verfallen: immer schnellere Flugzeuge, Eisenbahnen und Computer, immer riskantere Forschung, ständig neue Kriege usw. Angesichts der Götzen »Fortschritt« und »Profit« fragt die weibliche Intuition und Intelligenz: »Warum brauchen wir ständig schnellere Flugzeuge, Eisenbahnen und Computer? Was nützt uns Menschen diese scheinbar gewonnene Zeit? Was ist das Ziel dieser Art von Fortschritt?«

Mit anderen Worten: Wenn der Mensch mangels Selbsterkenntnis nicht mehr die Ganzheit der eigenen Existenz sieht, errichtet er automatisch Strukturen, die widernatürlich und letztlich selbstzerstörend sind. Demgegenüber stärkt theistische Selbsterkenntnis immer die Ganzheit, die Harmonie mit der Natur und das wahrhaft Menschliche und Menschenwürdige. Wirklicher Fortschritt beruht auf Gottesbewusstsein und verliert sich nicht in einer Technisierung der Welt und Mechanisierung des Lebens.

---

* »Passiv« ist der natürliche Gegenpol zu »aktiv« und bedeutet im ursprünglichen Sinn des Wortes »duldend; sich einfügend; als Instrument wirkend«.

Kapitel 23

Leben nach dem Tod

261

Wer die Realität auf das Materielle beschränkt, kann sich nicht vorstellen, dass es irgend etwas gibt, was den Tod des Körpers überlebt. Wenn Bewusstsein ein Produkt des Gehirns ist, dann ist es logisch, dass mit dem Tod des Gehirns auch das Bewusstsein erlöscht. Aber ist das Bewusstsein nur ein Produkt des Gehirns? Wer dies glaubt, macht den Fehler zu meinen, »**Einheit von Körper und Seele**« sei dasselbe wie *Gleichheit* von Körper und Seele. Gleichheit bedeutet: Zwischen Körper und Seele besteht kein Unterschied; Körper und Seele sind *identisch*. Die »Seele« wäre dann nichts anderes als der Ausdruck eines funktionierenden (»lebenden«) Körpers, ähnlich wie ein Motor, solange er funktioniert, Bewegung, Geräusch und Wärme erzeugt. Körper-Seele-Einheit ist jedoch nicht dasselbe wie Körper-Seele-Identität (Abs. 242). *Einheit* von Körper und Seele bedeutet, dass Körper und Seele zwei verschiedene Realitäten sind und sich gerade deshalb zu einer Einheit verbinden können, die wir – in unserem Fall – »Mensch« nennen. Die Einheit von Körper und Seele ist aber nicht ewig. Sie wird mit dem »Tod« aufgelöst, weshalb diese relative (= zeitlich bedingte) Einheit nicht die höchste Realität sein kann. Haupteigenschaft der nichtvergänglichen Realität ist die *Kontinuität*, d. h. unsere Individualität, die nicht vergeht, wenn der Körper stirbt.

262

Zur Grundausbildung in jeder Mysterienschule gehörte die Einweihung des Neophyten in **das Erleben der Multidimensionalität des Kosmos**. Ein elementarer Teil der Anfängerschulung, insbesondere in den schamanischen und magischen Schulen, war die Praxis des Astralreisens. Spätestens wenn der junge Mensch eine Astralreise machte, erkannte er, was viele andere auch ohne astrales Reisen wussten, nämlich dass der Mensch nicht nur einen grobstofflichen, sondern auch einen feinstofflichen Körper hat. Im außerkörperlichen Zustand sieht man den bewusstlosen grobstofflichen Körper »von außen« und erkennt dabei, dass das Bewusstsein und die sinnliche Wahrnehmung, wie Hören und Sehen, nicht von den Sinnesorganen generiert werden. Die physischen Sinnesorgane sind Instrumente, über die der feinstoffliche Körper in die physische Welt hineingreifen kann.

Auch in der heutigen Zeit kann es geschehen, dass Menschen – ungewollt und unvorbereitet – eine Astralreise erleben. Das bekannteste Beispiel sind **Nahtoderfahrungen,** wie sie bei Unfällen und Operationen auftreten können. Die Menschen schweben plötzlich außerhalb des physischen Körpers, der bewusstlos (»leblos«) daliegt, und sie erleben sich in einem außerkörperlichen Zustand mit vollem Bewusstsein und erweiterter Wahrnehmung.[81] Materialistische Psychologen und Neurologen versuchen, Nahtoderfahrungen als eine Funktion des Gehirns zu erklären: hier handle es sich um Halluzinationen aufgrund der verabreichten Medikamente oder aufgrund eines Sauerstoffmangels im Gehirn. Solche Versuche, die Existenz des feinstofflichen Körpers und der feinstofflichen Welt wegzureden, erfordern ein Ignorieren oder Banalisieren deutlichster Indizien, zum Beispiel: Menschen, die bei einer Operation eine Nahtoderfahrung machten, können nach dem Wiedererwachen aus der Narkose wortgetreu wiedergeben, was die Ärzte während der Operation oder sogar in einem Nebenraum sagten; Blinde können beschreiben, wie der Operationssaal aussieht; Wiederbelebte trafen während ihrer Jenseitserfahrung Personen, von denen sie nicht wussten, dass sie verstorben waren, usw.

Die Realität außerkörperlicher Erfahrungen lässt sich auch durch Experimente nachweisen. Zahlreiche Beispiele hierzu liefert seit über einhundert Jahren die Parapsychologie. Bekannt sind mittlerweile auch die Experimente der militärischen PSI-Forschung, wie sie in den Staaten des Ostblocks während des Kalten Kriegs zum Zweck der Spionage durchgeführt wurden.[82] Nur die »offizielle« Lehrmeinung des Materialismus widersetzt sich diesem grundlegenden Urwissen der Menschheit, nämlich dass wir multidimensionale Wesen und im Kern ewige Individuen sind.

263

Tod aus multidimensionaler Sicht bedeutet, dass das Geistwesen (die Seele, das ewige Individuum) mit dem feinstofflichen Körper den grobstofflichen Körper verlässt. Seit Menschengedenken wird das Sterben als ein Vorgang beschrieben, bei dem eine Art von Hauch aus dem Körper entweicht. In der griechischen Antike wurde das Leben, das wir mit dem letzten Atemzug aushauchen, mit unterschiedlichen Wörtern bezeichnet, die zwei bekanntesten sind *psychē* (»Hauch; Lebensatem«) und *pneuma* (»Lufthauch; Lebensluft«). Weil dieser feine »Hauch« nicht etwas Immaterielles ist, wird heute in der materialistisch geprägten Erforschung der Geistesgeschichte die Ansicht vertreten, der »primitive« Mensch habe anfänglich gemeint, der letzte Atemhauch sei die »Seele«; erst später sei daraus – durch intellektuelle Spekulation – das Konzept einer immateriellen Seele entwickelt worden. In Wirklichkeit verbirgt sich hinter den Begriffen *pneuma* und *psychē* ein umfassendes und differenziertes Wissen, denn das »Seelenkleid«, mit dem wir den physischen Körper im Moment des Sterbens verlassen, ist tatsächlich nicht immateriell, sondern materiell, aber nicht grobstofflich-, sondern *feinstofflich*-materiell. Der immaterielle, ewige Aspekt unseres Seins, unser göttliches Selbst, wurde als **der höhere, verborgene Aspekt des**

Mysteriums »Leben« nur in den inneren Kreisen der Eingeweihtenschulen vom feinstofflichen Körper unterschieden. Deswegen herrscht heute bei der Erforschung der exoterischen Religionen der griechischen Antike Unklarheit darüber, was mit den Begriffen *pneuma* und *psychē* genau gemeint war.

264

Ähnliche Schwierigkeiten wie mit den Begriffen *pneuma* und *psychē* hat die exoterische Forschung mit den altägyptischen Begriffen **Ka-Körper und Ba-Körper**. Der Ka-Körper wird unterschiedlich erklärt. Die grundlegende Bedeutung ergibt sich aus der Entsprechung zwischen dem ägyptischen Begriff *ka* und dem Sanskritbegriff *kha,* der für das fünfte Element der grobstofflichen Materie steht (Abs. 255). Der Ka-Körper ist der Äther- oder Vitalkörper und gehört zur grobstofflichen Materie, das heißt, er löst sich nach dem Tod genauso auf wie der physische Körper, ähnlich wie sich mit dem Zerfall eines Computers auch dessen Software auflöst.*

Im Gegensatz zum Ka-Körper löst sich der Ba-Körper beim Tod nicht auf. Der Ba-Körper ist das, was beim Tod den grobstofflichen Körper verlässt und weiterlebt: der feinstoffliche Körper und das bewusste Selbst. Die Hieroglyphe für den Ba-Körper ist ein Vogel, der über dem toten Körper schwebt und wegfliegt. Der irdische Mensch ist eine Dreiheit von Körper, Geist und Seele. Der »verstorbene« (= körperlose) Mensch ist eine Zweiheit von Geist und Seele, und diese Zweiheit stellt die Ba- bzw. Pneuma-Existenz des Menschen dar, der dort, im »Jenseits«, kein Mensch mehr ist, sondern ein Astralwesen. Die Zweiheit der Ba-Existenz besteht aus dem feinstofflich-materiellen Körper und aus der immateriellen Seele, aber weil die verstorbene Person in der Kombination von Geist und Seele weiterexistiert, wird in der exoterischen Erklärung das immaterielle Selbst nicht gesondert unterschieden.

Das immaterielle Selbst – das spirituelle Individuum *(ātmā)* – wird in der ägyptischen Esoterik als *akh* oder *ach* bezeichnet, wörtl. »Licht; Leben; Geist; das Leuchtende, Beseelende«.[83] Im exoterischen Sprachgebrauch bedeutete *akh* oder *ach* auch einfach »Verstorbener« oder »körperloses Wesen«, im Plural *(achu)* auch »Götter; Lichtwesen; unsterbliche

---

* Der Ätherkörper löst sich nicht immer so automatisch auf wie der physische Körper. Wurde der Ätherkörper eines Menschen stark auf seine irdische Form fixiert, z.B. beim Pharao, auf den Millionen von Menschen ihr Bewusstsein richteten, erforderte die Auflösung des Ka-Körpers nach dem Tod einen entsprechend großen Energieaufwand (Rituale des Loslassens, Befreiungsgebete usw.). Nebenbei sei hier erwähnt, dass viele Ritualpriester des alten Ägyptens – und in allen anderen Kulturen – Toten- und Bestattungszeremonien ausführten, die nicht diesem Wissen entsprangen, sondern dem Bestreben, Macht über die Menschen ausüben zu können. Weil alle Menschen sterben, ist die Monopolisierung der Totenrituale ein wirkungsvolles Mittel, um ein Volk religiös und emotionell zu beherrschen.

Wesen«. In seiner ursprünglichen Bedeutung findet sich das ägyptische *ach* auch im hebräischen Wort *ruach* (»Geist; Leben; Seele«).

Die metaphysische Wissenschaft der Unterscheidung des Ka- und Ba-Körpers zur Erkenntnis der eigenen Ach-Identität (= Ich-Identität) wurde in den altägyptischen Mysterienschulen **Ka-Ba-l'Ach** genannt.[84] Über die Exodus-Linie der ägyptisch-hebräischen Mysterienverbindung wurde aus diesem Geheimwissen die jüdische Lehre der Kabbala abgeleitet, wobei dieses Wort verwendet wurde, weil es als ursprünglich ägyptisches Wort auch mit einer neuen, hebräischen Etymologie »getarnt« werden konnte, ähnlich wie der ägyptische Code-Name Mosis (Abs. 194). Aufgrund der erkennbaren ägyptischen Wurzeln dieser Geheimlehre wird die Kabbala von vielen Kreisen des Judentums und Christentums abgelehnt oder nur mit Vorbehalten studiert.

265

In der jüdischen, christlichen und islamischen Religion wird unser jetziges Leben als **unser einziges Leben** bezeichnet. Die meisten Vertreter dieser Religionen sehen in dieser Betonung des einzigen Lebens einen offenen Widerspruch zur Reinkarnationslehre, die sie deshalb ablehnen.

Aus theistischer Sicht beinhaltet der Hinweis auf das »einzige Leben« zwei wichtige Wahrheiten: (1) Der Schlüssel zum wirklichen Leben ist immer die Gegenwart, das Hier und Jetzt, denn die Ewigkeit berührt die lineare Zeit im »*Punkt*« *der Gegenwart!* Oder einfach ausgedrückt: Das Leben findet immer in der Gegenwart statt. (2) In unserer Identität als Teile Gottes haben wir tatsächlich nur ein *einziges* Leben, nämlich das ewige.

Das Bewusstsein des »einzigen«, d.h. ewigen Lebens ist die gemeinsame Essenz aller Religionen, unabhängig davon, ob ihre Lehren den Glauben an ein einziges Erdenleben oder an wiederholte Erdenleben (Reinkarnation) beinhalten.

266

So wie Gott ewig ist, sind auch wir, Gottes Teile, ewig – ohne Anfang und ohne Ende. Aus irdischer Sicht bedeutet dies, dass wir bereits vor dem jetzigen Erdenleben existierten und nach dem Verlassen des jetzigen Körpers weiterleben. Diese Logik entspricht der **Lehre der Reinkarnation (»Seelenwanderung«):** So wie die ewige Seele im jetzigen Leben einen vergänglichen Körper angenommen hat, hat sie auch schon in früheren Zeiten vergängliche Körper angenommen. Wir waren verschiedene Personen, sind aber immer dasselbe Individuum (Abs. 251–252; 261). Dass sich unsere Existenz innerhalb der materiellen Welt nicht auf ein einziges Erdenleben beschränkt, da wir als spirituelle Individuen ewig sind, ist eine plausible und naheliegende Erklärung.

Im Weltbild des Monotheismus sind die Seelen nicht ewige Individuen, sondern entstehen erst mit der Zeugung des physischen Körpers, was bedeutet, dass sie **keine Präexistenz** (vorherige Existenz) haben. Das Konzept der Präexistenz der Seele wird von allen monotheistischen Religionsvertretern abgelehnt, ebenso wie die Reinkarnation. Monotheistische Prediger verabsolutieren das Konzept des »einzigen Lebens« und behaupten, Reinkarnation sei eine Irrlehre. Eine Bibelstelle, die diese Ansicht bestätigen soll, findet sich im Hebräerbrief 9,27, die meistens in der folgenden Kurzformulierung zitiert wird: »Der Mensch stirbt nur ein einziges Mal, und dann kommt er vor Gottes Gericht.« Im Textzusammenhang lautet diese Stelle jedoch:

> »So wie jeder Mensch ein einziges Mal stirbt und dann vor Gottes Gericht kommt, so ist auch Christus durch diesen einzigen Tod gegangen, um die Sünden der Menschen zu beseitigen.«

Zuerst muss festgestellt werden, dass die Echtheit dieser Textstelle stark umstritten ist, denn philologische Argumente weisen darauf hin, dass einige Wörter später eingefügt wurden, und zwar genau die Hervorhebungen mit »einzig«. Die plötzliche Erwähnung, Christus sei durch einen »einzigen Tod« gegangen, sieht verdächtig aus, denn es hat nie jemand behauptet, Christus sei durch *zwei* Tode gegangen. Gleich im Satz danach wird erwähnt, dass Christus »ein zweites Mal« kommen wird; es geht hier also um sein erstes Kommen und sein zweites Kommen und nicht um seinen »einzigen Tod«. Sprachlich und sprachlogisch entsteht der Eindruck, dass der Satz ursprünglich einfach wie folgt lautete: »*So wie jeder Mensch stirbt und dann vor Gottes Gericht kommt, so ist auch Christus durch den Tod gegangen, jedoch zum Zweck, die Sünden der Menschen zu beseitigen.*« Die (späteren?) Einfügungen mit »einzig« wirken künstlich und stammen womöglich tatsächlich von jemandem, der für die damals weitherum bekannte und anerkannte Reinkarnationslehre des Pythagoras und Platon ein Gegenargument suchte.

Aber selbst in der Formulierung mit »einzig« wird nicht klar von einem »einzigen Erdenleben« gesprochen. Gesagt wird nur, dass der Mensch in seinem Leben »ein einziges Mal« stirbt und dann vor »Gottes Gericht« kommt. Mit anderen Worten, nicht alle Menschen bekommen bereits während des Lebens Strafe oder Lohn für ihre Taten. Sollen wir deswegen an Gottes Gerechtigkeit zweifeln? Nein, sagt dieser Brief, »Gottes Gericht« folgt *nach dem Tod*, und bei diesem »Gericht« wird entschieden, wie der Lebensweg eines jeden Menschen weitergeht. Genau dasselbe geschieht bei der Reinkarnation: Nach dem Tod kommen wir vor »Gottes Gericht« und sehen im Rückblick unser ganzes Leben, und die Summe dieses Lebens bestimmt (entsprechend den göttlichen Gesetzen) den weiteren Verlauf unserer Existenz. Hierbei haben wir über unseren freien Willen immer die Möglichkeit, uns neu zu entscheiden – zum Besseren oder zum Schlechteren.

Die vielzitierte Bibelstelle, in der es heißt, dass der Mensch nur einmal stirbt, ist also kein Argument gegen die Reinkarnation. Wer diese Stelle im Textzusammenhang liest, erkennt sogleich, dass das neunte Kapitel des Hebräerbriefes ein ganz anderes Thema behandelt als die Frage: »Was kommt nach dem Tod?« Im ganzen Brief weist nichts darauf hin, dass der Verfasser an das Thema Reinkarnation dachte. Entweder verstehen die monotheistischen Interpreten diese Bibelstelle falsch, wenn sie behaupten, sie enthalte eine Aussage gegen die Reinkarnation, oder sie enthält tatsächlich eine solche Aussage, die dann aber sprachlich und inhaltlich nicht in den Zusammenhang passt – und anscheinend auf eine spätere Einfügung zurückgeht. Hätte der Verfasser dieses Briefes tatsächlich etwas gegen Reinkarnation sagen wollen, hätte er dies deutlich und umfassend formuliert. Wie dieser Brief zeigt, war sein Verfasser wortgewandt und schlagfertig. Die holprige Logik der »einzig«-Formulierungen – falls sie denn gegen die Reinkarnation gerichtet sind – passt nicht zu diesem Verfasser.

267

Bedingt ein theistisches Gottesbewusstsein den Glauben an Reinkarnation? Nein. Denn Reinkarnation ist **ein relatives Prinzip**. Wir als spirituelle Individuen sind ewig und durchlaufen – aus dieser Sicht – weder Geburt noch Tod.* Reinkarnation ist **kein Dogma**. Man kann im Hier und Jetzt gottesbewusst sein und entsprechend leben, unabhängig davon, ob man an Reinkarnation glaubt oder nicht. Religiöse Menschen, die nicht einer monotheistischen Ideologie folgen, können die Frage der Reinkarnation offenlassen, ohne von einer »Irrlehre« sprechen zu müssen. Sie nehmen mit Respekt zur Kenntnis, dass die Argumente, die für Reinkarnation sprechen, glaubwürdig und nachvollziehbar sind und der Essenz des Judentums, des Christentums und des Islam in keiner Weise widersprechen.

268

Reinkarnation ist keine offensichtliche Tatsache, weil wir uns von Natur aus nicht an die früheren Existenzen zu erinnern vermögen. Der Faden der Erinnerung ist jedoch vorhanden, da wir beim Tod den feinstofflichen Körper mitnehmen, der als »Unterbewusstsein« auch die Informationen der früheren Existenzen mit sich trägt. Durch okkulte Praktiken können

---

* »Für die Seele gibt es weder Geburt noch Tod. Sie ist nicht entstanden, entsteht nicht und wird nie entstehen. Sie ist ungeboren, ewig, immerwährend und urerst. Sie stirbt nicht, wenn der Körper stirbt.« (*Bhagavad-Gītā* 2,20)
»Fürchtet euch nicht vor denen, die den Körper töten, denn eure Seele können sie nicht töten.« (Mt 10,28)

bestimmte Erinnerungen aus eigener Kraft wieder aktiviert werden, doch in den theistischen Schulen wurden **Reinkarnationserinnerungen** in der Regel nie künstlich aktiviert. Die Erfahrung lehrt: Wenn eine Information aus einem früheren Leben für den gegenwärtigen Lebensweg wichtig ist, werden diese Bilder und Informationen *zu gegebener Zeit* von höherer Instanz (Paramātmā) offenbart.

269

Die Perspektive der Reinkarnation gehörte im Westen und anfänglich auch in Indien zu den Geheimlehren, weil **falsche Konzepte von Karma und Reinkarnation** zu fatalen Missverständnissen führen können. Ein Beispiel hierfür sind jene esoterischen Lehren, die verkünden, alles, was den Menschen widerfahre, hätten sie selbst verschuldet; jedes Opfer sei auch Täter; alles sei richtig, so wie es ist; »es gibt nichts Falsches an irgend etwas«; »alles ist eine notwendige Erfahrung«; »alles ist eins«; »alles ist Gott« – *alles*, auch Mord, Lüge, Krieg usw. Solche esoterischen Halbwahrheiten sind oftmals gefährlicher als Unwissenheit.

Mit anderen Worten, man kann gottesbewusst sein, ohne von Karma und Reinkarnation zu wissen. Und man kann von Karma und Reinkarnation wissen und dennoch ein Atheist sein. Nicht jeder, der von Karma und Reinkarnation spricht, ist gottesbewusst und »erleuchtet« (Abs. 129, 134).

270

In der atheistischen Fehldarstellung werden Reinkarnation und Karma zu gottlosen Konzepten, die von monotheistischen Kritikern mit Recht als Irrlehren bezeichnet werden:

> Die Reinkarnation gründet sich auf die grausame Lehre vom Karma. Dies ist ein unpersönliches, unwiderrufliches Gesetz, nach dem jeder bekommt, was er oder sie verdient. [...] Das Grundprinzip ist, dass die Armen dazu da sind, den Reichen zu dienen. / Karma lehrt, dass es keine Ungerechtigkeit in der Welt gibt. Alles, was sich ereignet, geschieht aufgrund des vorangegangenen Guten oder Bösen.[85]

Wie dieses Zitat zeigt, unterliegen die monotheistischen Kritiker ebenfalls einem falschen Verständnis von Karma und Reinkarnation, indem sie einseitig nur von der atheistischen Fehldarstellung ausgehen und dann auf dieser Grundlage pauschal die gesamte Lehre ablehnen – obwohl **das Gesetz von Aktion und Reaktion (Karma) auch in der Bibel** erwähnt wird.

Im Alten Testament:

> »Wer Unrecht sät, wird Unheil ernten; dann kann er niemanden mehr unterdrücken.« (Spr 22,8; das kann sich nicht nur auf ein einziges Leben bezie-

hen, denn viele, die Unrecht tun, sind sehr wohl bis zu ihrem Tod in der Lage, die Menschen zu unterdrücken.)

»Wer anderen eine Grube gräbt, fällt selbst hinein. Wer einen Stein hochwirft, auf den fällt er zurück.« (Spr 26,27)

»Wer anderen eine Grube gräbt, sie aushöhlt, so tief er kann, der schaufelt sein eigenes Grab. Seine Bosheit fällt auf ihn zurück, seine Untaten werden ihm zum Verhängnis.« (Psalm 7,16–17)

»Wenn jemand auf dem Feld der Bosheit pflügt und Unheil sät, dann wird er ernten, was er gesät hat.« (Hiob 4,8)

Im Neuen Testament:

»Wer zum Schwert greift, wird durch das Schwert umkommen.« (Mt 26,52)

»Denkt daran: Wer spärlich sät, wird nur wenig ernten. Aber wer mit vollen Händen sät, auf den wartet eine reiche Ernte.« (2 Kor 9,6)

»Macht euch nichts vor! Gott lässt keinen Spott mit sich treiben. Jeder wird ernten, was er gesät hat.« (Gal 6,7)

Wie aus den jüdischen, christlichen und islamischen Lehren hervorgeht, ist das Gesetz von Ursache und Wirkung nicht das einzige und auch **nicht das höchste Gesetz unseres Lebens,** genauso wie das Relative nicht die einzige Realitätsebene unseres Lebens ist. Im Hintergrund des Relativen wirkt das Absolute, dessen einziges »Gesetz« *das individuelle Einssein* ist: Bewusstsein und Liebe – und damit auch Gnade. Mehr hierüber im nächsten Kapitel.

Kapitel 24

Schicksal und freier Wille

271

So unterschiedlich der Atheismus und der Monotheismus sein mögen, sie vertreten beide – von entgegengesetzten Standpunkten ausgehend – Weltbilder, die den freien Willen des Menschen letztlich negieren.

Im Monotheismus ist der Mensch von Geburt an *ein gefallener Sünder,* dessen Bestimmung die ewige Hölle ist, wenn er sich nicht vor dem Tod zum »einzigen Gott« bekehrt. Die Vorstellung des freien Willens beschränkt sich hier auf die Frage, ob man sich der jeweiligen Religion anschließt oder nicht. Diejenigen, die sich nicht anschließen, kommen in die Hölle, egal ob sie in ihrem Leben Böses oder Gutes getan haben. Und selbst wenn das Dogma ein Fegefeuer als Zwischenvariante zulässt, bedeutet dies nur einen Aufschub der Entscheidung. Wer sich trotz der Fegefeuerwarnung nicht für die jeweilige Religion entscheidet, landet endgültig und damit für immer in der Hölle.

Im Atheismus ist der Mensch *ein evolviertes Tier,* und die entsprechenden Lehrmeinungen besagen, dass der Mensch als Tier letztlich keinen freien Willen habe; was als »freier Wille« bezeichnet werde, sei in Wirklichkeit nur ein psychisches Reaktionssystem, das von Gehirnströmen, Nerven und Hormonen gesteuert werde:

> »Willensfreiheit« – im strengen Sinne! – ist eine Illusion, religiöse »Visionen« sind auf Überaktivitäten im Schläfenlappen zurückzuführen. (Abs. 127; siehe auch Anm. 22)

Die Ansicht, der Mensch habe keinen wirklich freien Willen, stimmt in bezug auf die physischen und neuropsychischen Funktionen, doch dies zeigt nur, wie gefährlich es ist, den Menschen auf diese Funktionen zu reduzieren. Denn ohne wirklich freien Willen hat der Mensch auch keine absolute Verantwortung. Was diese Weltsicht in konsequenter Praxis bedeutet, wurde bereits in Kapitel 13 und 14 und in Abs. 269 erwähnt.

272

Im materiellen Bereich von Resonanz und Kausalität gibt es keinen wirklich freien Willen, aber wir dürfen den Menschen nicht auf die Materie beschränken. Denn der Mensch ist in seiner Essenz ein *spirituelles* Wesen. So wie Gott Bewusstsein und Willen »hat«, haben auch wir als Teile Gottes Bewusstsein, und **Bewusstsein ist immer mit freiem Willen verbunden.** Wäre der Mensch nichts anderes als ein psychophysisches Wesen, hätte er keinen freien Willen, sondern unterstünde nur dem Diktat seiner hormonellen Triebe, animalischen Instinkte und neuronalen Impulse – so wie dies der Materialismus behauptet. Der freie Wille ist aber keine Funktion der physischen oder psychischen Struktur, sondern des spirituellen Individuums. Der freie Wille ist direkt ein Ausdruck unseres ewigen Wesens und ist daher immer *in der Gegenwart* verfügbar (Abs. 94, 265), kann also, zumindest potentiell, *jederzeit* eingesetzt werden. Freier Wille bedeutet nicht eine einmalige, punktuelle Entscheidung. Freier Wille ist das dynamische, immer gegenwärtige Wirkungsprinzip des spirituellen Bewusstseins. Der ewig gegenwärtige und potentiell jederzeit verfügbare freie Wille stellt uns konstant vor die immer neue Frage, inwieweit wir uns dieser inneren Freiheit bewusst sind oder uns zumindest nach dieser Freiheit sehnen.

273

Freier Wille ist nicht dasselbe wie Unabhängigkeit (Abs. 106). Freier Wille ist die Grundlage der individuellen, ständig neuen Entscheidung, worauf ich mein Bewusstsein richten will. Ich bin nie unabhängig, habe aber einen freien Willen. **Freier Wille ist die Freiheit zu wählen, wovon ich abhängig sein will:** von Gott (Harmonie, Liebe) oder von Illusion (Projektion, Selbstsucht, Eigenwilligkeit). Was immer die Entscheidung ist, sie löst Konsequenzen aus, die nicht mehr direkt dem freien Willen unterliegen, sondern den fließenden Reaktionen der jeweiligen Bewusstseinsausrichtung.

274

Der freie Wille ist ein Aspekt der absoluten, spirituellen Realität, wo sich nicht einmal Gott einmischt. Freier Wille bedeutet *meine* Seelenentscheidung und damit auch *meine* Verantwortung. Hier bin ich Mitschöpfer: als Schöpfer meines eigenen Schicksals, das immer auch andere Menschen betrifft – weshalb sich meine Verantwortung nicht nur auf mich beschränkt.

275

Die Seelenentscheidung für Gott (= Liebe) ist die vollkommene Verwendung des freien Willens. Liebe kann »nur« freiwillig sein. Aber auch in unserer Liebe zu Gott sind wir nicht unabhängig, denn hier sind wir abhängig von dem, was die Religionen **Gottes Gnade** nennen (Abs. 94, 122). Wäre das Absolute nichts anderes als eine neutrale Energie, könnten wir »Einheit« nur dann erfahren, wenn wir von *aller* Dualität frei wären und zu 100 Prozent dieser absoluten Neutralität entsprächen. Es wäre wie der Sprung über einen Abgrund: Entweder kommen wir auf der anderen Seite an, oder wir stürzen ab, selbst wenn wir 98 Prozent der Distanz geschafft haben. Weil das Absolute aber individuell ist, kann es sich offenbaren, und wir können die Realität der göttlichen Liebe erleben, auch wenn *unsere* Liebe aufgrund der materiellen Existenz nicht absolut rein und selbstlos ist.

276

Die Vollkommenheit des freien Willens ist, mit Gottes Willen zu harmonieren. Gott will Realität = bewusstes Einssein = Liebe. »Dein Wille geschehe« bedeutet, dass wir aus diesem Bewusstsein heraus handeln (Abs. 99–101).

Gottes Wille ist nicht dasselbe wie Gottes Gesetz. Gottes Wille ist Liebe. Gottes Gesetz ist das neutrale Wirken von Aktion und Reaktion. Es ist nicht Gottes Wille, dass die Menschen ihre spirituelle Identität vergessen, leiden und sich gegenseitig Gewalt antun. Wir sind es, die individuellen Wesen, die mit unserer Bewusstseinsausrichtung Schicksale und ganze Welten formen – und dabei bestimmen, welche Situationen wir für uns *und für andere* erzeugen. Deswegen ist freier Wille direkt mit Verantwortung verbunden. Und diejenigen, die sagen, letztlich gebe es keinen freien Willen (Abs. 271), sagen damit auch, der Mensch sei »letztlich« vor niemandem verantwortlich.

277

Eines der grundlegenden Gesetze innerhalb der materiellen Polarität ist **das Gesetz von Ursache und Wirkung (Gesetz des Karma)**. Wie in Abs. 269 erwähnt, kann das Gesetz des Karma von Befürwortern wie von Kritikern falsch verstanden werden. Das Gesetz selbst ist ein Teil der materiellen Welt und wird auch in der Bibel beschrieben (Abs. 270).

Das Gesetz von Ursache und Wirkung ist nicht das einzige und auch nicht das höchste Gesetz unseres Lebens. Wenn Karma falsch verstanden wird, liegt dies daran, dass sowohl die atheistisch-esoterischen Befürworter als auch die monotheistischen Kritiker nicht wissen, was das Gesetz des Karma in Wirklichkeit besagt. »Karma« ist ein Sanskritbegriff und bedeutet wörtlich »Handlung; Kausalität«, d.h. das, was materielle Reaktionen erzeugt. Karma gehört zu den **fünf Faktoren des irdischen Lebens** und sollte nie isoliert betrachtet werden. Die Handlungen des Menschen sind nicht nur vom Karma abhängig, sondern von folgenden fünf Faktoren:

- Ātmā,
- Paramātmā,
- Energie, sanskr. *prakṛti*,
- Zeit, sanskr. *kāla*,
- Polarität, angefangen mit Ursache und Wirkung (Kausalität), sanskr. *karma*.

Von diesen fünf Faktoren sind die ersten vier ewig (sanskr. *sat*). Aus irdischer Sicht ist auch die Zeit »ewig« im Sinn von anfangslos *(anādi)* und endlos *(ananta)*. Nur die Polarität ist eine materielle, d. h. vergängliche Schöpfung und unterliegt dem kosmisch-zyklischen Entstehen und Vergehen, so wie die gesamte materielle Schöpfung (Abs. 227).

Alles, was im Bereich der materiellen Polarität stattfindet, hat einen Anfang und ein Ende, so auch die Reaktionsketten unseres Handelns. In jedem Moment können wir gemäß unserem freien Willen neue Karma-Reaktionsketten anfangen oder alte auflösen. Karma ist abhängig von uns, den spirituellen Individuen, und von unserem freien Willen (Faktor 1: Ātmā) sowie vom Absoluten, das ebenfalls bewusst und individuell ist (Faktor 2: Paramātmā), denn wir als relative Wesen sind, auch mit unserem freien Willen, nie unabhängig vom Absoluten, dem Urquell von Energie *(prakṛti)* und Zeit *(kāla)*. Die Frage: »Wie können immaterielle Wesen in materiellen Körpern leben und materielle Reaktionen verursachen?«, kann nur befriedigend beantwortet werden, wenn wir den Faktor des Paramātmā mit in Betracht ziehen (Abs. 258). »Der Mensch denkt, und Gott lenkt.« Im Englischen ist dieses Sprichwort noch prägnanter: »*Man proposes, God disposes.*« Wir haben Ideen, Wünsche und Ziele und wollen gewisse Dinge tun, aber all die Voraussetzungen und Fügungen, die für das Umsetzen unserer Vorhaben erforderlich sind (die Koordination der zahllosen Faktoren von Geist und Materie in uns und in allen anderen Beteiligten), entziehen sich weitgehend unserer Macht und Kontrolle. Gott *disposes:* »stellt zur Verfügung; lässt geschehen, organisiert und arrangiert«, alles entsprechend den von uns gesetzten Impulsen im Rahmen des Gesetzes von Ursache und Wirkung. **Handlungen sind nie isolierte Abläufe,** sondern stehen immer im Zusammenhang mit vielen anderen Individuen, die alle ebenfalls ihren Willen und ihr Schicksal haben. Die Koordination all dieser Lebenswege, die ständig durch neue Bewusstseinsimpulse verändert werden, geschieht durch die neutrale Funktion der allgegenwärtigen und allwissenden Gottesmatrix des Kosmos, die im Sanskrit Paramātmā (»Überseele«) genannt wird.

278

Wer meint, Karma sei ein quasi-mechanisches Diktat von prädestinierten Reaktionen, ignoriert den entscheidenden Faktor, den freien Willen, und damit auch die eigene Verantwortung. Es ist ein fataler Fehler, Karma mit Prädestination (»Vorausbestimmung«) gleichzusetzen. Wer das Gesetz des Karma isoliert betrachtet, verabsolutiert es und ignoriert dabei die anderen vier Faktoren, was zur **Prädestinationslehre*** führt, wie sie im 16.

---

* Prädestinationslehre = Determinismus = Verabsolutierung der Kausalität. Diese Lehren gründen in der Fehlauffassung, der freie Wille des Menschen stehe im Widerspruch zu Gottes Allmacht und Allwissenheit.

Jahrhundert von Calvin[86] und ähnlichen Vertretern des monotheistischen Christentums formuliert wurde. Die vermeintliche Logik hinter dieser Lehre besagt: *Gott ist allmächtig und allwissend; der Mensch ist total von Gott abhängig und kann nichts tun, was Gott nicht schon entschieden hätte und nicht schon wüsste, denn könnte der Mensch dies tun, wäre Gott nicht allmächtig und allwissend; ob der Mensch gut oder böse ist, d. h. in den Himmel oder in die Hölle kommt, entscheidet nicht der Mensch, sondern Gott; ob jemand von Gott für den Himmel auserwählt oder für die Hölle bestimmt wurde, zeigt sich »an den Früchten«: Die von Gott Auserwählten haben Reichtum und Erfolg und leben »in göttlicher Fülle«, die von Gott Verdammten leben bereits auf der Erde in Armut, Misserfolg und Elend.*

In der monotheistischen Prädestinationslehre offenbart sich dieselbe egoistische Selbstrechtfertigung wie im atheistischen Monismus (Kap. 14). Beide Seiten unterliegen Einseitigkeiten und Halbwahrheiten, weil sie das Absolute nicht als individuelle Realität sehen. Der »Gott« der Prädestinationslehre ist nicht der lebendige Gott, sondern ein totalitärer Moloch, wie die Religions- und Weltgeschichte vielfach gezeigt hat und wie dies bereits von Jesus deutlich formuliert wurde (Joh 8,44).

279

Wäre das Absolute – und damit auch alles Leben im Relativen – nicht individuell, wäre unsere Existenz tatsächlich so gottlos und gnadenlos, wie der Atheismus und der Monotheismus behaupten. Ist das Absolute jedoch »Individuum« (= unteilbares, ewiges Sein und Bewusstsein), dann sind wir, als Teile Gottes, individuell und haben einen freien Willen. Der freie Wille ist der primäre Faktor, das Gesetz von Aktion und Reaktion ist der sekundäre Faktor. Prädestination ist nur die eine Seite der Realität, die andere, primäre Seite ist der freie Wille, denn mit dem freien Willen entscheiden wir, welche Handlungen (Aktionen) wir ausführen und welche Konsequenzen (Reaktionen) wir verursachen. Die Kausalität (Karma) ist von der Individualität abhängig, und Individualität ist untrennbar mit dem freien Willen verbunden.

Das richtige Verständnis von Karma verabsolutiert weder den freien Willen des Menschen noch die Prädestination, sondern sieht beide Faktoren in ihrem göttlichen, individuellen Zusammenhang. Das Gesetz von Aktion und Reaktion beschreibt **das Zusammenwirken von Prädestination und freiem Willen.** Sobald eine der beiden Seiten isoliert oder verabsolutiert wird, fehlt die andere Seite, und wir haben nur noch eine halbe Wahrheit (Abs. 269).

Handlungen in der materiellen Welt finden im Wirkungsbereich von Aktion und Reaktion statt und müssen deshalb immer von beiden Gesichtspunkten aus betrachtet werden. Im Aspekt der Reaktion wirkt *die Prädestination,* im Aspekt der Aktion *der freie Wille.* Das heißt, aufgrund unserer früheren Handlungen geraten wir des Öfteren in prädestinierte Situationen. Aber in jeder Situation, ob prädestiniert oder nicht, haben wir den freien Willen zu bestimmen, *was* wir aus dieser Situation machen. Denn was wir in der »Aktion« tun, ist nicht prädestiniert, höchstens »programmiert«, wenn wir aufgrund von Illusion oder Beeinflussung nicht aus unserem wahrhaft freien Willen heraus handeln.

280

Karma-Reaktionen sind materielle Abläufe, und alles Materielle hat einen Anfang und ein Ende. Diese Kettenreaktionen können jederzeit gestartet (»ins Leben gerufen«) werden, und sie können auch zu einem Ende gebracht werden. Dies gilt sowohl für die guten als auch für die schlechten Karma-Reaktionen. Das Ziel des Lebens besteht nicht einfach darin, sich möglichst viele gute Karma-Reaktionen zu verdienen. Gottesbewusstes Leben bedeutet **Überwindung** *aller* **Karma-Bindungen** durch das Handeln in Einheit mit Gottes Willen (Abs. 276). Wer in diesem Bewusstsein lebt, führt keine Handlungen aus, die schlechte Karma-Reaktionen verursachen, aber handelt auch nicht nur, weil er gute Karma-Reaktionen will. Ein solcher Mensch trachtet nicht nach Belohnung und Anerkennung, sondern sieht die wirklichen Ziele des Lebens und handelt *ihnen* entsprechend. Es besteht ein großer Unterschied zwischen Gottesbewusstsein und Handeln aus gutem Karma heraus. Letzteres bedeutet, dass man vom eigenen »Konto« lebt, d. h. die guten Karma-Karten (Geld, Charisma, persönliche Souveränität, intellektuelle Überlegenheit usw.) ausspielt und sich auf diese Weise durch das Leben mogelt, ohne sich den wahren Herausforderungen des inneren Weges zu stellen.

Karmafreies Handeln ist das, was in vielen Religionen – oftmals missverständlich oder einseitig – als »Sündenvergebung« und »Gottes Gnade« bezeichnet wird.

281

Karma ist nicht eine gnadenlose Lehre, sondern ein göttliches Gesetz. Der Mensch kann von den Ketten der Karma-Reaktionen befreit (»erlöst«) werden, wobei auch hier die fünf Faktoren des irdischen Lebens wirksam sind, vor allem die ersten zwei: **Gottes Gnade und unser freier Wille.** Gottes Gnade (Abs. 275) ist immer gegenwärtig. Der Mensch muss jedoch Heilung, Versöhnung und Erlösung *wollen* und entsprechend handeln, um sich für Gottes Gnade zu öffnen. Aus eigener Kraft kann der Mensch sich nie von allen Karma-Reaktionen befreien, denn jede Handlung löst neue Reaktionen aus; die Reaktionsketten an sich wären unendlich. Aber das individuelle Wirken Gottes kann einen Menschen, der wahrhaft will, von allen Karma-Reaktionen erlösen, sodass dieser Mensch nicht alle Reaktionen durchlaufen muss – was ohnehin nie möglich wäre. »Vergebung der Sünden« ist also nicht ein exklusiv christliches Privileg, sondern ein Tor, das allen Menschen offensteht, *unabhängig von ihrer Religion und Konfession*. Entscheidend ist das Gottesbewusstsein und die damit verbundene Schwingungserhöhung im Körper, in den Emotionen und in den Gedanken:

> »Selbst wenn du der sündigste aller Sünder bist, kannst du jegliche Schuld [alle noch ausstehenden Karma-Reaktionen] wie ein Meer überwinden, wenn du in das Boot des Erkennens steigst.« (*Bhagavad-Gītā* 4,36)

> »Richte dein Denken, deine Hingabe, dein Wollen und dein innerstes Selbst auf mich. So bist du wahrhaft in mir, und ich verspreche dir, dass wir immer in Liebe verbunden sein werden./Gib alle Arten von Dogmen [Identifikation mit irdischen Religionen und Konfessionen] auf und lebe ganz im Vertrauen auf mich. *Ich werde dich von aller Sünde [von allem, was dich von mir trennt] befreien. Fürchte dich nicht!*« (*Bhagavad-Gītā* 18,65–66)

Wenn wir zu unserem Gottesbewusstsein und zu unserer göttlichen Liebe erwachen, dann ist dies die ultimative Wiedergutmachung von allen »Sünden« und von aller »Schuld«. Wir überwinden die Schatten der Vergangenheit und kommen in die Kraft der Gegenwart, indem wir uns selbst im Licht der Ewigkeit sehen und entsprechend handeln (Abs. 122).

282

Karma ist nicht ewig, weder in bezug auf die Vergangenheit noch in bezug auf die Zukunft. Jede Karma-Kettenreaktion wurde einmal gestartet und kann auch wieder beendet werden. Dies gilt für positive Karma-Reaktionen genauso wie für negative. In der atheistischen Esoterik wird die Wirkungsweise des Karma-Gesetzes missverstanden, v. a. im Zusammenhang mit der Reinkarnation. Eine typische Aussage dabei lautet, jedes Opfer sei auch Täter gewesen (Abs. 269). Angenommen, dies würde stimmen, dann wären im letzten Leben das Opfer der Täter und der Täter das Opfer gewesen; und in dieser Situation würde dann ebenfalls gelten, dass jedes Opfer auch Täter war; also wären sich das damalige Opfer und der damalige Täter schon früher in vertauschten Rollen begegnet, und noch früher in wiederum vertauschten Rollen, usw. Bestehen diese Rollen vom Anfang der Schöpfung an? Dann wären sie von einem mechanistisch, d. h. *falsch* verstandenen Karma-Gesetz prädestiniert worden. Wie bereits in Abs. 278 erwähnt, führt dies zur Prädestinationslehre, hier einfach in einer esoterischen Form: »Das Böse ist eine notwendige Erfahrung, denn jedes Opfer, das Böses erfährt, war selbst einmal Täter.«

Das Böse ist jedoch keine Notwendigkeit der Kausalität, wie die atheistische Esoterik behauptet (als Rechtfertigung des Negativen), sondern ist immer die Folge einer inneren Entscheidung. Karma-Beziehungen haben irgendwann begonnen. Wann? Vertreter der atheistischen Esoterik gehen davon aus, dass Karma eine anfangslose Kette ist und unser Leben vollständig beherrscht. Ansonsten müssten sie einräumen, irgendwann sei jemand, der *nicht* Täter war, Opfer geworden, und dann würden ihre Grundaussagen nicht stimmen. Aus theistischer Sicht stimmen diese Grundaussagen tatsächlich nicht, denn sie beschränken unser Leben auf die pseudospirituelle (= atheistisch-monistische) Lehre von der Karma-Selbstorganisation der Materie (Abs. 129).

Aufgrund des freien Willens ist es jederzeit möglich, dass Menschen, die nicht Opfer waren, zu Tätern werden und neue Karma-Ketten starten – auch heute. Und das erste Wesen, das innerhalb der kosmischen Karma-Situation in die Trennung gegangen ist (Abs. 112, 123, 253), tat dies ebenfalls aus freiem Willen und nicht aufgrund einer Notwendigkeit oder einer Selbstaufopferung, wie dies gewisse Kreise in Verteidigung ihres Gottes Luzifer glauben: *»Luzifer opferte sich freiwillig und wurde zum scheinbar Bösen, damit die Menschen die notwendige Erfahrung des Bösen machen können, denn das Böse ist die Kraft, die Gutes schafft«* (Abs. 136).

283

Betrachten wir das stereotype Karma-Beispiel »Person A ermordet Person B«. Auch hier wirken gleichzeitig die Prinzipien von Prädestination und freiem Willen. Wenn Person A Person B ermordet, bekommt Person B im nächsten Leben – gemäß vereinfachtem Karma-Klischee – die Möglichkeit, Person A das gleiche anzutun. Entscheidet sich das Opfer, seinen ehemaligen Mörder umzubringen, wird dadurch die damalige Tat nicht gesühnt, sondern das Opfer hat sich entschieden, ebenfalls zum Täter zu werden, und wir haben nun *zwei* Schuldige. Denn Person B weiß, dass ein Mord juristisch gesehen kriminell, aus menschlicher Sicht unmenschlich und gemäß den göttlichen Geboten verboten ist. Eine Karma-Kettenreaktion wird nicht dadurch aufgelöst, dass man zurückschlägt und Gleiches mit Gleichem vergilt, sondern dadurch, dass man sich – aus freiem Willen – entscheidet, *nicht* zurückzuschlagen.

Jesus meinte dieses Prinzip von Karma-Auflösung, als er sagte: »Wenn dich jemand auf die eine Wange schlägt, halte ihm auch die andere hin« (Lk 6,29). Die Kette von Aktion und Reaktion (Täter/Opfer, Opfer wird Täter, Täter wird Opfer, usw.) wird so lange fortgesetzt, bis eine der Parteien freiwillig aussteigt und aufhört, zurückzuschlagen, also auf ihr karmisches Recht (»Auge um Auge, Zahn um Zahn«) verzichtet.

Karma-Kettenreaktionen können jederzeit aufgelöst werden. Dies erfordert jedoch vom Täter wie vom Opfer entsprechende Schritte: Der Täter muss seine Schuld erkennen, zugeben, bereuen und wiedergutmachen, das Opfer muss dem Täter – und gegebenenfalls auch sich selbst – verzeihen. Und auch der Täter muss sich selbst verzeihen, was aber erst möglich ist, wenn er die Schuld erkennt und bereit ist, das von ihm verübte Böse wiedergutzumachen. (Gerade diese Einsicht und Reue werden durch die atheistisch-monistischen Weltbilder verhindert, die besagen: »Alles ist eine notwendige Erfahrung; der Täter und das Opfer hatten vereinbart, diese Rollen zu übernehmen; denn alles ist eins, alles ist Gott.«)

284

Bedeutet die Aufforderung, »die andere Wange« hinzuhalten, dass wir uns alles gefallen lassen sollen und dass wir uns nicht verteidigen dürfen? Natürlich nicht. Derselbe Jesus, der sagte, man solle die andere Wange hinhalten, sagte auch: »Weiche von mir, Satan!« (Mt 4,10)

Beides war Ausdruck von vollkommener Liebe und vollkommenem Karma-Wissen. Göttliche Liebe bedeutet nicht Schwachheit oder Naivität. Göttliche Liebe bedeutet: **immer nur das Beste für den anderen wollen**, auch für Feinde und sogar für den »Satan« (Abs. 121). Liebe kann also die verschiedensten Formen annehmen, auch Strenge und Härte, falls dies dem Besten des anderen dient. Wenn jemand sich an uns schuldig machen will, ist es unsere Pflicht, dieser Person nicht die Möglichkeit dazu zu geben, denn sonst würden wir mitschuldig daran, dass sich diese Person noch tiefer in Schuld und Sünde stürzen konnte. Selbstverteidigung und Abgrenzung stehen folglich nicht im Widerspruch zum Prinzip der göttlichen Liebe.

Manchmal jedoch sind Selbstverteidigung und äußere Abgrenzung nicht möglich, wie im Fall von Kriegen, Versklavungen, Genoziden, Überfällen, diktatorischen Verordnungen usw. Solche Situationen stellen **Übergriffe** dar, d. h. physische oder psychische Gewaltakte, die durchgeführt werden, ohne dass die betroffenen Personen die Möglichkeit haben, sich selbst zu verteidigen oder zu entscheiden, ob sie Teil dieser Situation sein wollen. Durch Übergriffe werden neue Karma-Kettenreaktionen gestartet.

Es ist also nicht Gott, der uns zu Tätern und Opfern macht. Wenn wir einen Übergriff ausführen, dann tun wir dies aufgrund unserer eigenen Entscheidung und sind dafür verantwortlich. Jede Handlung löst Reaktionsfolgen gemäß dem Gesetz der Kausalität (Karma) aus. Reaktionsfolgen hatten also irgendwann ihren Anfang, so auch alle Karma-Beziehungen zwischen **Täter und Opfer.** Irgendwann hat einer der beiden diese Karma-Beziehung angefangen – und das war ein Übergriff auf einen Menschen, mit dem vorher noch keine Karma-Beziehung bestanden hatte. Dies gilt sowohl in privaten als auch in globalen Situationen bis hin zum Zeitpunkt, wo die Menschheit auf der Erde in die ersten Karma-Kettenreaktionen hinein-geriet ...

Mit anderen Worten: Es gibt schuldige Täter und unschuldige Opfer, aber keine unbeteiligten Opfer, denn wir alle leben hier auf demselben Planeten des freien Willens.

285

Die Welt der Dualität ist **ein Ort des freien Willens,** wo jeder grundsätzlich alles tun kann, was er will. Deshalb sind auf der Erde auch die Extreme des Bösen möglich. Die Tatsache, dass Menschen oder »Unmenschen« durch Übergriffe jederzeit neue Karma-Kettenreaktionen starten können, erklärt, warum Menschen zu Opfern werden können, ohne dass eine Karma-Verbindung zu den Tätern bestand. Weil die Erde ein Ort des freien Willens ist, können hier auch die negativen Wesen ihren freien Willen ausleben, was des Öfteren zu Übergriffen führt. Die Erde ist deshalb ein Ort höchster Herausforderung (Abs. 113):

> »Hier in dieser Welt ist es unvermeidlich, dass Täuschung/Lüge kommt.
> Aber wehe denen, durch die sie kommt!« (Mt 18,7)

Die Erde ist ein Ort, wo auch Seelen aus den dunklen Welten physisch geboren werden oder astral in die physische Welt hineinwirken können. Wenn wir auf der Erde geboren werden, kommen wir also in eine Welt, wo wir jederzeit damit rechnen müssen, dass Menschen im Missbrauch ihres freien Willens – d. h. durch Verblendung, Boshaftigkeit, negative Gruppendynamik usw. – Gewalt oder eine andere Ungerechtigkeit ausführen. Das ist das Risiko, das mit einer Geburt auf der Erde verbunden ist und das auch diejenigen auf sich genommen haben, die sich freiwillig, d. h. aus Liebe entschieden, an diesem Ort der Extreme geboren zu werden (Abs. 239).

286

Wenn Gewalttaten und Übergriffe stattfinden, ist dies nicht die Schuld oder das »schlechte Karma« der Opfer, wie in der atheistischen Esoterik geglaubt wird, sondern die Verantwortung der Täter. Denn die Täter haben sich für eine bestimmte Handlungsweise entschieden, und mit diesen Handlungen lösen sie neue Karma-Reaktionen aus. Über die Opfer dürfen und können wir **nicht urteilen,** weil wir ihr Karma nicht kennen. Denn unabhängig davon, was das Karma oder die Resonanz der Opfer war, Gewalttaten und Übergriffe gehen immer auf das Konto der Täter. Wenn Menschen in ein Konzentrationslager verschleppt werden, wenn Kriegsherren Atombomben oder uranverseuchte Bomben abwerfen oder sonstwie Massenmorde durchführen lassen, dann geschieht dies nicht wegen des »schlechten Karmas« der Opfer, sondern wegen der Entscheidung von bestimmten Personen, die dadurch zu Tätern werden – und für ihre Taten volle Verantwortung tragen.

287

Angesichts von allem Leid und aller Unwahrheit in der Welt lautet eine Spekulation der atheistischen Esoterik, »Gott« brauche dies alles, um sich selbst in seiner ganzen Fülle erfahren zu können; es sei also Gott, der Leid und Unwahrheit wolle.

In Wirklichkeit ist es der Mensch, der innerhalb der physischen Welt die Polarität von Licht und Schatten braucht, um Licht wahrnehmen zu können, aber dies betrifft nur den Menschen und nicht das Licht. Das Absolute braucht das Relative nicht, um seine Absolutheit zu erfahren, genauso wie das Licht keine Schatten braucht, um Licht zu sein. Da in der atheistischen Esoterik jedoch die Individualität Gottes verkannt wird, wird »Gott« gemäß den Konzepten des Monismus als ein Aspekt der Relativität gesehen, da »in Wirklichkeit« alles eins sei ...

Aus theistischer Sicht ist Gott vollkommen und benötigt nichts, da alles in ihm enthalten ist. Gott erschafft nicht aus einem Mangel, sondern aus der Fülle heraus. Gottes Liebe und Freiheit ist auch in seinen Teilen gegenwärtig, denn nur wo es freien Willen gibt, ist Liebe möglich. Wir sprechen hier vom höchsten Mysterium des Lebens (Abs. 94), an dem Gott uns alle teil*haben* lässt, gemeinsam wie auch individuell. Wie weit wir teil*nehmen*, ist eine Frage unseres freien Willens.

Kapitel 25

Unterscheiden, ohne zu urteilen

288

Wenn von der Dualität »gut« und »böse« gesprochen wird, lautet ein häufiger Einwand, man dürfe nicht urteilen und nicht werten; nichts, was geschehe, sei falsch oder böse, denn alles sei eine »notwendige Erfahrung«.
Wie bereits mehrfach dargelegt, entspringen solche Ansichten dem Weltbild des atheistischen Monismus. Was bedeutet »nicht urteilen« aus theistischer Sicht?

Der berühmte Ausspruch »**Urteile nicht!**« geht auf ein Wort Jesu in der Bergpredigt zurück und lautet im Zusammenhang: »Verurteilt nicht andere, damit Gott euch nicht verurteilt. Denn euer Urteil wird auf euch zurückfallen, und ihr werdet mit demselben Maß gemessen werden, das ihr bei anderen anlegt. Warum kümmerst du dich um den Splitter im Auge deines Bruders und siehst nicht den Balken in deinem eigenen?« (Mt 7,1–3; Einheitsübersetzung)

»Urteile nicht!« heißt also nicht, dass man nicht unterscheiden solle. Jesus selbst unterscheidet zwischen »Balken« und »Splitter« und fährt in noch drastischerer Sprache fort: »Du Scheinheiliger, ziehe erst den Balken aus deinem Auge, dann kannst du dich um den Splitter im Auge deines Bruders kümmern. Gebt das Heilige nicht den Hunden, und werft eure Perlen nicht vor die Schweine! Denn diese zertreten sie nur und werden euch hinterher auch noch angreifen, um euch zu zerreißen.« (Mt 7,5–6)

289

»Gut« und »Böse« sind *relative* Realitäten, aber nichtsdestoweniger Realitäten, genauso wie Dunkelheit eine Realität ist, solange wir uns in ihr aufhalten. Und selbst wenn *wir* nicht mehr in Dunkelheit sind, ist sie immer noch eine Realität – für all diejenigen, die sich in ihr aufhalten. Es geht also nicht darum, die Dualität von Gut und Böse zu negieren oder zu ignorieren, sondern darum, sie zu transzendieren.

290

Im Bereich der Dualität haben wir alle – von den höchsten Engeln bis hin zu den Menschen – **die Möglichkeit zu wählen**. Niemand zwingt uns, in der Einheit zu sein, und niemand zwingt uns, in die Trennung und Spaltung zu gehen (Abs. 111). Es ist nicht »notwendig«, die Einheit zu verlassen.

Dualität (Zweiheit) beginnt, wenn Wesen sich entscheiden, aus der Harmonie und dem Gleichgewicht auszusteigen und in die Spaltung zu gehen. So entsteht das Diabolische, »das Spaltende«. In der Symbolik von Licht und Dunkelheit bedeutet dies, dass sich etwas dem Licht entgegenstellt und »Dunkelheit« schafft. Hierin besteht immer die große Versuchung: etwas zu erschaffen, was das Licht nicht erschaffen kann (siehe Abs. 253 und Anm. 80).

291

Gut und Böse existieren nur innerhalb der Dualität – aber dort existieren sie. In der Diskussion der Gegensätze »Gut« und »Böse« ist es gerechtfertigt, das Böse auch als das Negative zu bezeichnen, denn im wörtlichen Sinn bedeutet negativ »verneinend, ablehnend«, von lat. *negare,* »nein sagen«. Das Böse ist in diesem Sinn tatsächlich *negativ,* weil es die göttliche Ordnung verneint und eine eigene »Ordnung« durchsetzen will.

Böse (diabolisch) ist all das, was der bewussten Einheit, der Liebe, entgegenwirkt oder sie sogar bekämpft. *Gut* ist all das, was diese Einheit bewusst anstrebt. Aber solange man nach dieser Einheit streben muss, bewegt man sich noch im Spannungsbereich des Bösen und definiert sich als dessen Gegenteil. »Gut sein« ist also gut, aber nicht gut genug. Das Ziel ist es, *göttlich* zu sein, das heißt, im ursprünglichen Bewusstsein der Einheit (Liebe) zu leben. Synonyme für die drei Begriffe »böse«, »gut« und »göttlich« sind: **gottabgewandt, gottzugewandt, gottesbewusst.**

292

»**Urteilen**« bedeutet, etwas auf seinen relativen Wert zu beschränken (gut/böse, nützlich/schädlich, richtig/falsch usw.) und das Relative damit getrennt vom Absoluten zu sehen. Das Relative ist jedoch nie getrennt vom Absoluten, auch das Böse nicht. Die Frage ist nur, wie wir es betrachten: aus einer atheistischen/monistischen bzw. monotheistischen (= urteilenden) Sicht oder aus einer theistischen (= unterscheidenden) Sicht? Aus atheistischer Sicht ist das Absolute eine abstrakte Einheit ohne Bewusstsein und Willen, und dieses »Absolute« bietet keine Kriterien für gut und böse. Wer eine solche Weltsicht hat, meint, »in Wirklichkeit« gebe es weder Gut noch Böse; dies seien nur Vorstellungen, die der Mensch sich selbst gemäß seinen subjektiven Kriterien schaffe (Abs. 114, 129). Atheisten sehen das Relative getrennt vom Absoluten, da sie meinen, das Relative (die Materie) sei absolut. Sie haben deshalb keine absoluten Kriterien und können nur gemäß ihren eigenen, egobezogenen Kriterien werten (= urteilen). Während Atheisten meinen, gut und böse seien nur subjektive Vorstellungen, gehen Monotheisten in das andere Extrem und meinen, Gut und Böse seien absolute Begriffe, wodurch sie diese relativen Begriffe verabsolutieren und sie nicht *in Beziehung* zum Absoluten sehen.

Das theistische Weltbild besagt: Gott ist nicht »einzig« und auch nicht nur abstrakt, sondern individuell; das Absolute »hat« Bewusstsein und Willen. Nur der lebendige, individuelle Gott hat Willen (»Dein Wille geschehe!«), und dieser Wille gibt die göttlichen Kriterien für den Gebrauch unseres freien Willens. Was der Wille Gottes ist, wurde bereits mehrfach – theologisch, mythologisch, philosophisch, mystisch – hergeleitet: die reine, bedingungslose Liebe, das Bewusstsein der Einheit. Mit diesem Kriterium ist es möglich, das Relative und das Absolute differenziert zu sehen und innerhalb des Relativen zu unterscheiden: **unterscheiden, ohne zu urteilen.**

293

Das Böse ist nicht vom Absoluten getrennt, ähnlich wie Dunkelheit nicht unabhängig von Licht existiert, obwohl nicht das Licht die Dunkelheit schafft. In der Verbindung mit dem Absoluten bekommt alles Relative seinen Sinn. **Alles hat einen Sinn** – auch das Negative. Aber das bedeutet nicht, dass das Negative deswegen nicht mehr negativ ist.

Das Positive und das Negative sind Aspekte des Relativen, und das Relative ist nie absolut. Wie bereits erwähnt (Abs. 119), gehörte diese einfache und doch sehr komplexe Erkenntnis zu den Themen, die nur in den inneren Kreisen der theistischen Mysterienschulen besprochen wurden, da sie leicht missverstanden werden kann: *Es gibt nichts absolut Negatives und nichts absolut Positives.* Ohne theistische Grundlage könnte man meinen, dies bedeute, dass alles relativ sei (Abs. 56, 62). Realität ist aber nicht auf die Relativität beschränkt. Die Realität jenseits der Relativität, jenseits von Gut und Böse, ist nicht einfach eine neutrale Nondualität oder eine homogene Energie. Wäre dies der Fall, hätte das Relative tatsächlich keinen absoluten Sinn, und Individualität (inkl. freier Wille und Verantwortung) wäre nur relativ. Erkennen wir das Absolute aber als das eine, ungeteilte ewige Sein und Bewusstsein (Gott als »Individuum«), erkennen wir auch, dass das Relative nie nur subjektiv ist. Die Erkenntnis, dass es nichts absolut Negatives und nichts absolut Positives gibt, bedeutet nicht, dass es keine absoluten Kriterien gibt. Alles hat einen Sinn, auch das Relative. Die Herausforderung besteht deshalb darin, in allem Relativen für uns den spirituellen Sinn zu erkennen – was nur möglich ist, wenn wir uns des Spirituellen als des absolut Individuellen bewusst sind. Dann können wir unterscheiden, was in diesem Bewusstsein gründet und was nicht. Ohne diese Sicht können wir nur *urteilen:* Wir sehen das Relative getrennt von seinem göttlichen Sinn und reduzieren es auf seine relative Bedeutung. Nur wer unterscheiden kann, urteilt nicht. Und wer urteilt, kann nicht unterscheiden.

294

Atheistische und monistische Lehren besagen, letztlich sei alles sinnlos: Nichts habe einen absoluten Sinn. Monotheisten sagen ebenfalls, alles – auch das Gute – sei sinnlos, wenn man sich nicht ihrer »einzigen« Wahrheit anschließe. Die theistische Sicht hingegen zeigt, dass alles Relative, sowohl das Gute als auch das Böse, einen Sinn hat: Das Böse fordert uns indirekt, das Gute direkt auf, in unserer *Liebe zu Gott* zu wachsen. Inwieweit wir diese Zeichen erkennen und entsprechend reagieren, hängt von unserem Bewusstsein und von unserem freien Willen ab.

295

Wir leben in einer Welt der Dualität und werden mit Gutem und Bösem konfrontiert. Beides ist eine Herausforderung und Prüfung: Wie fest bin ich im göttlichen Bewusstsein verankert? Lasse ich mich gedanklich und emotional in die Dualität ziehen? Verführt mich das Gute, nur an mich selbst zu denken? In Selbstzufriedenheit zu stagnieren? Mich für besser als andere zu halten? Provoziert mich das Böse (Lüge, Gewalt, Betrug usw.) zu Gefühlen des Hasses, der Rache, der Ohnmacht, der Resignation, des Selbstmitleids? Oder kann ich im souveränen, unbeeinflussten Bewusstsein bleiben, indem ich mit der Sicht der Ewigkeit lebe und das göttliche Ziel nie aus den Augen verliere? Theistisches Bewusstsein bedeutet, nicht nach egobezogenen Kriterien zu urteilen (»Was ist von Vorteil für mich/meine Religion/meine Nation/meine Interessensgruppe? Und was nicht?«), sondern beiden Aspekten der Dualität neutral zu begegnen und beide als das zu sehen, was sie in Wirklichkeit – aus höchster Sicht – sind: eine Aufforderung zum Loslassen der Dualität und zum Erwachen im Bewusst-Sein der göttlichen Einheit, der reinen Liebe (Abs. 95).

296

»Urteile nicht« bedeutet, der Dualität gegenüber *neutral* zu sein, aber nicht gleichgültig. Dann können wir unterscheiden, ohne zu urteilen: **die Dualität nicht ignorieren, sondern transzendieren.**

297

»Hasse die Sünde, aber liebe den Sünder.«[87]

Kapitel 26

Selbsterkenntnis und innere Einweihung

298

Kein Friede in der Welt ohne Frieden im Herzen. Friede beginnt im Innern. »Das Königreich Gottes ist *in* euch.«* Selbsterkenntnis ist nicht einfach ein Luxus, sondern eine grundlegende Herausforderung und Verantwortung des Menschseins. Bereits die alten Griechen sagten – rund fünf Jahrhunderte vor Christus –, dies sei ein Wort Gottes, eine direkte Anweisung des Apollo an den Menschen: *Gnōthi seautón*, »Erkenne dich selbst!«**

299

Wir Menschen leben auf der Erde als eine Dreiheit von Körper, Geist und Seele (Abs. 243–246). Wirkliche Selbsterkenntnis umfasst deshalb alle drei Aspekte und beginnt mit Selbstwahrnehmung und Selbstreflexion: Was ist meine Berufung, meine Lebensaufgabe? Wo sind meine inneren Blockaden und blinden Flecken? Was verrät mir mein Körper über mich selbst? Woran habe ich zu arbeiten? Was sind die Themen meines Lebens, die ich meistern sollte, um meine persönliche Meisterschaft zu erlangen? Worin besteht diese Meisterschaft?

---

* »Jesus sprach: ›Wenn die, die euch führen, euch sagen: Seht, das Königreich ist im Himmel, so glaubt ihnen nicht, denn wäre dem so, würden euch die Vögel zuvorkommen. Wenn sie euch sagen: Es ist im Meer, so würden euch die Fische zuvorkommen. Aber das Königreich Gottes ist inwendig in euch und außerhalb von euch./ Wenn ihr euch selbst erkennt, dann werdet ihr erkannt, und ihr werdet wissen, dass ihr die Kinder des lebendigen Vaters seid. Aber wenn ihr euch nicht erkennt, dann lebt ihr in Armut, und ihr seid die Armut.‹« (Thomas-Evangelium 3)
»Als Jesus von den Pharisäern gefragt wurde, wann das Königreich Gottes kommen würde, sprach er zu ihnen: ›Das Königreich Gottes kommt nicht so, dass man es vorausberechnen könnte, und man wird nicht sagen können: Sieh hier! oder: Sieh dort! Denn siehe, das Königreich Gottes ist in euch/in eurer Mitte/bereits gegenwärtig.«‹ (Lk 17,20)
»Es wird nicht kommen, indem man darauf wartet. Man wird nicht sagen können: ›Seht, hier ist es‹, oder: ›Seht, dort ist es.‹ Das Königreich des Vaters ist ausgebreitet über die Erde, und die Menschen sehen es nicht.« (Thomas-Evangelium 113)
** Berühmte Inschrift im großen Apollo-Tempel von Delphi. *Gnōthi seautón* ist auch einer der zentralen Sätze der Sieben Weisen Griechenlands und wird meistens dem Thales, dem Solon oder dem Chilon zugeschrieben.

In der ehrlichen Selbstbetrachtung, im Austausch mit anderen Menschen und durch Phasen der Einkehr, die das Stillwerden der Emotionen und Gedanken erlauben, wird Selbsterkenntnis zu einem konkreten, wahrnehmbaren Ziel. Und dann ist der Weg das Ziel, denn Selbsterkenntnis ist zu einer immer gegenwärtigen Perspektive geworden.

300

Selbsterkenntnis gründet in der Frage: »Wer bin ich?« Wie wir diese Frage beantworten, ist abhängig davon, wie wir für uns Realität definieren (Abs. 61, 240). Die Realität hinter der Dualität ist *die Einheit*. Aber was ist »Einheit«? Was verstehen wir unter diesem Begriff?

In atheistischen Weltbildern ist Einheit (das Absolute) eine allumfassende Energie ohne Bewusstsein, ohne Willen und ohne Liebe. Im theistischen Weltbild ist Einheit das unteilbare, ewige (»individuelle«) Bewusstsein. Diese Einheit ist eine **lebendige, differenzierte Einheit:** Gott und Gottes Teile sind qualitativ eins und quantitativ verschieden (Abs. 81, 85, 97). Selbsterkenntnis bedeutet, dass wir uns dieses gleichzeitigen Eins- und Verschiedenseins bewusst sind. Wahres Eins-Sein ist *Einssein in Individualität* = **Liebe**. In Liebe bin ich eins mit dem Ganzen. Alles, was nicht in diesem Bewusstsein gründet, ist spaltend und verfehlt die Harmonie mit der göttlichen Realität.

In den Weltbildern des Atheismus und Monismus ist Liebe nicht die höchste Realität, sondern ein Aspekt der Relativität – und damit letztlich eine Illusion (Abs. 114, 129, 131). Sogar für theistische Monisten ist nicht Liebe das Höchste, sondern **Glückseligkeit** (sanskr. *brahmānanda*, »Brahman-Freude«). Liebe ist jedoch mehr als Glückseligkeit, denn Glückseligkeit ist auf das eigene Ich bezogen: das, was *ich* empfinde. Glückseligkeit ist noch nicht Liebe, Liebe jedoch beinhaltet Glückseligkeit als »Nebenaspekt«, ohne von ihr abhängig zu sein, denn Liebe ist bedingungslos. Konkret bedeutet dies: Auch wenn in gewissen Lebenssituationen nicht Glückseligkeit vorherrscht, können Menschen mit einem theistischen Bewusstsein in ihrem Innern gefestigt bleiben und aus dem Geist der Liebe heraus handeln. Wer hingegen von Glückseligkeit abhängig ist, hat keinen wirklichen inneren Halt, wenn diese Glückseligkeit von außen oder von innen erschüttert wird.

301

Seit der Frühphase der bekannten Geistesgeschichte (China, Indien, Europa) gab es atheistische und areligiöse Philosophen, die lehrten, das Leben des Menschen sei auf das irdische Dasein beschränkt; es gebe keine höheren Welten, keine Götter und kein Leben nach dem Tod; in seinem Streben nach Glück und Wissen sei der Mensch allein von der eigenen Kraft abhängig. In der Frage, ob es dem Menschen möglich sei, aus eigener Kraft *objektive* Wahrheiten zu erkennen, gingen die Meinungen jedoch auseinander.* Schon früh entstand auch der Gegensatz von Philosophie und Religion. Monotheistische Religionsvertreter nahmen der Philosophie gegenüber eine ablehnende Haltung ein, weil Philosophie »menschenabhängig« sei. Sie lehrten, der Mensch könne – nach dem Sündenfall im Paradies – nur *durch Gottes Gnade* vom Bösen erlöst werden, d. h. durch das strikte Befolgen der priesterlichen Regeln. Wenn der Mensch meine, er könne außerhalb dieser »Gnade«, d. h. durch eigene Kraft (durch Meditation, geistige Erkenntnis, fromme Werke usw.) Erlösung erlangen, sei dies eine Illusion, genannt **Selbsterlösung.**

Religiöse Kreise sprechen von **Erlösung** (Befreiung von Sünde), säkulare Kreise von **Erleuchtung** und »Veredelung des Menschen«. Beide Seiten, so verschieden sie sind, stimmen darin überein, dass es die Aufgabe des Menschen ist, nach Erlösung und Licht zu streben – was bedeutet, dass wir im gegenwärtigen Zustand nicht erlöst und nicht im Licht sind. Irgend »etwas« muss also geschehen sein, was zu Spaltung und Disharmonie geführt hat. Und es stellt sich die Frage: Wie können wir uns individuell und kollektiv von Gottferne (»Sünde«), Ego-Identifikation, Gewalt und Bosheit befreien? **Durch eigene Werke (= aus eigener Kraft) oder durch Gottes Gnade?**

302

Der Aspekt der Gnade und Barmherzigkeit Gottes ist auch in den theistischen Religionen des Ostens zu finden, stellt also keine exklusive Eigenheit der nahöstlichen Religionen dar (Abs. 281). Die religiöse Frage »Wie kann ich Erlösung erlangen?« lautet in der Formulierung der indischen Philosophie: »Wie kann ich von Karma-Bindungen frei werden?«, was zwei Aspekte beinhaltet: die bestehenden Karma-Bindungen auflösen und keine neuen verursachen. Dieses Thema wurde bereits in Kapitel 24 behandelt. Karma-Bindungen sind nicht ewig, sie können überwunden werden: durch **richtiges Handeln** (= *karma-yoga:* gottesbewusstes Handeln in Eigenverantwortung) und **Selbsterkenntnis** (= *jñāna-yoga:* spirituelle Wahrheitssuche und innere Offenbarung) **im Licht von Gottes Gnade** (= *bhakti-yoga,* »Verbindung mit Gott durch Liebe und Hingabe«; Abs. 96, 275, 280).

Erlösung/Erleuchtung geschieht durch die ausgewogene Verbindung dieser drei Wege. Sie kann nicht allein durch »richtiges Handeln« (Meditation, fromme Werke, Einhalten von Regeln) erzwungen werden. Sie ent-

---

* Rationalismus, Empirismus und Positivismus sind Philosophien, die besagen, der Mensch könne aus eigener Kraft objektiv gültige Erkenntnisse erlangen. Agnostizismus, Zynismus und Nihilismus sind Philosophien, die davon ausgehen, dass der Mensch nie objektives, absolutes Wissen erlangen könne.

steht auch nicht einfach durch die Aneignung von geistigem Wissen oder durch das Befolgen eines vorgegebenen Lehrsystems, und sie ist gänzlich verschieden von den dogmatischen Heilslehren, die besagen, man sei allein durch den »richtigen Glauben« erlöst und befreit. Die monotheistische Vorstellung von »Erlösung durch Gnade« ist genauso eine Selbsttäuschung wie die atheistische Illusion von Selbsterlösung.

Wirkliche Selbsterkenntnis fällt in keine dieser beiden Einseitigkeiten, denn sie gründet in der Harmonie von irdischer Persönlichkeit und spiritueller Individualität (Abs. 251): *»Ich bin mir meiner Identität als ewiger Teil Gottes bewusst und gehe aus diesem Bewusstsein heraus meinen persönlichen Lebensweg, wohlwissend, was relative Realität und was absolute Realität ist – und wie beide Realitäten verbunden sind.«* Wenn wir nach diesem Bewusstsein streben und unser Leben und Handeln dementsprechend ausrichten, ist dies keine Selbsterlösung und keine Illusion des »Egos«, sondern die richtige Verwendung unseres freien Willens.

303

Richtiges Wünschen und die Kraft des Betens sind ein Mysterium, das uns zum theistischen Mittelweg führt. Wäre Realität nur eine neutrale Energie ohne Bewusstsein, wären Gebete an Gott sinnlos, sie wären nichts anderes als Autosuggestion. Ist die Grundlage aller Realität aber Bewusstsein und Individualität, steht Bewusstsein über der Materie, und wir können unser Leben durch unser Bewusstsein steuern – was wir ohnehin tun, selbst dann, wenn wir uns dessen nicht bewusst sind. Die entscheidende Frage lautet daher: Mit welcher Art von Bewusstsein steuern wir unser Leben? Mit Illusionen *(māyā)* oder mit einem Bewusstsein der göttlichen Realität? Göttliche Realität beruht auf Individualität und Einheit, und das Bewusstsein dieser Individualität und Einheit ist Liebe (Abs. 94). Wirkliche Liebe braucht nichts und verlangt nichts, denn sie verbindet uns mit der allumfassenden Quelle. Und aus dieser Verbindung heraus geschehen die kleinen und großen Wunder in unserem Leben.

Paradoxerweise beruhen das richtige Wünschen und Beten auf der Kraft der Liebe, die nichts braucht und nichts begehrt. Denn in diesem Bewusstsein wollen wir nur, was im Einklang mit Gottes Willen ist (Abs. 100, 121, 276). Wir wünschen, aber fordern nicht, denn wirkliche Liebe ist bedingungslos. Ist es unser aufrichtiger Wunsch, in diesem Bewusstsein zu leben, und wünschen wir uns dann einmal etwas, was nicht unserem wirklichen Wohl dient, wird dieser Wunsch durch die göttliche Führung nicht oder auf eine andere Weise erfüllt. Das heißt, wir bekommen nicht das, was wir uns wünschen, sondern das, was uns wirklich weiterführt, angefangen mit der Erkenntnis, warum dieser spezifische Wunsch nicht unserem Besten diente. Wenn wir jedoch fordern und etwas erzwingen wollen, entspringt dies einem Ego-Bewusstsein, und alles, was wir bewirken, unterliegt den Karma-Gesetzen, weil wir Gottes Willen verkennen (Abs. 101).

Praktisch bedeutet dies: Wir sind eingeladen, unsere Ziele zu visualisieren und unsere Wünsche als nichtfordernde Gebete zu formulieren. Gleichzeitig dürfen und sollen wir uns für die Erfüllung dieser Wünsche einsetzen, sollten uns jedoch innerlich nicht von den Ergebnissen abhängig machen. Dann sind wir »im Fluss« und stellen uns diesem Fluss nicht entgegen. Dies ist die tiefere Bedeutung der Redewendung »So Gott will« (arab. *insch'Allah*), die leicht auch in einem passiven oder fatalistischen Sinn missverstanden werden könnte. Philosophisch ausgedrückt, bedeutet dieses »So Gott will«: Handeln im Bewusstsein des aktiven Geschehenlassens auf der Grundlage von »Dein Wille geschehe!«

Leben und handeln wir in diesem Bewusstsein, können wir in allen materiellen Situationen von Karma-Bindungen frei bleiben, unabhängig davon, in welcher äußeren Situation wir uns befinden. Um dieses Prinzip zu illustrieren, sprach Krishna die *Bhagavad-Gītā* in einer Situation größter Herausforderung, die auch für unser Leben im gegenwärtigen Zeitalter symbolisch ist: auf einem Schlachtfeld.[88]

304

Dass in unserem Streben nach innerer Befreiung und spiritueller Erkenntnis beides, sowohl die eigene Bemühung als auch Gottes Gnade, erforderlich ist, lässt sich vergleichen mit dem Bestreben, sich aus Dunkelheit zu befreien: Wir müssen konkrete Schritte unternehmen, um aus den Bereichen der Dunkelheit herauszukommen, aber es ist die Kraft des Lichts, die die Dunkelheit auflöst – dann, wenn wir uns ins Licht begeben. Da Gott kein abstraktes »Licht«, sondern eine bewusste, individuelle Realität ist, sind wir nicht uns selbst überlassen, sondern es kommen immer wieder Vermittlerinnen und Vermittler des Lichts in unsere Welt, um den Menschen das Tor der Befreiung zu öffnen, angefangen mit der Botschaft, dass Dunkelheit nicht die einzige Realität ist.

»Spirituelles Wissen empfängst du durch Hingabe, richtiges Fragen und praktisches Dienen [Umsetzen]. Die selbstverwirklichten Seelen können dir lebendiges Wissen offenbaren, weil sie in der Erkenntnis dieses Wissens leben./Wenn du auf diese Weise wirkliches Wissen empfangen hast, wirst du nie wieder in Illusion fallen, denn durch dieses Wissen wirst du sehen, dass alle Lebewesen *ātmā* (ewige spirituelle Seelen) und somit Teile von mir, dem Allumfassenden, sind.« (*Bhagavad-Gītā* 4,34–35)

305

Die monotheistischen Religionen sagen, alle Menschen seien mit **Sünde und Schuld** beladen. Aus theistischer Sicht bedeutet dies: Wir alle schulden uns selbst und der Welt »etwas«, nämlich die reine Liebe. Alles im Leben fordert uns heraus, die göttliche Liebe in uns zu erwecken und zu stärken (Abs. 294). Gott will nicht einfach frommes Handeln, Gott will unsere Liebe. **Nicht unsere Werke, wir selbst sind gefordert!** Und dann folgen die entsprechenden Werke von selbst: nicht als Ursache, sondern als Frucht der Selbsterkenntnis.

306

Wo waren wir, bevor wir in die materielle Welt gekommen sind? Diese häufig gestellte Frage geht von einem linear-zeitlichen Denken aus und projiziert dieses Denken auf das ewige, zeitlose Sein. Da wir ewige Individuen sind, gibt es für uns – aus der ursprünglichen, spirituellen Sicht – kein »Vorher«, denn Vorher und Nachher sind Aspekte der linearen Zeit, nicht der Ewigkeit.

Weshalb sind wir als spirituelle Wesen in der materiellen Welt? Wollen wir trotz der Unvorstellbarkeit des Konzeptes »Ewigkeit« eine Antwort auf die genannten Fragen, so lautet eine mögliche, vereinfachte Erklärung, dass alle Seelen »zuerst« in den hohen Lichtwelten der materiellen Welt ins Dasein treten. In diesen Lichtwelten können sie auf natürliche Weise in Gottverbundenheit leben, aber sie *müssen nicht*. Denn zur Ewigkeit unseres Seins gehört der freie Wille, und dieser erlaubt uns zu wählen, worauf wir unser Bewusstsein richten. Wenn wir gottesbewusst sind, obwohl wir es nicht müssen, dann sind wir es offensichtlich *aus freiem Willen,* d. h. aus Liebe.

Die hohen Lichtwelten der materiellen Welt sind Bereiche der reinen, ungebrochenen Polarität und somit auch Bereiche der Seelenentscheidung. In diesen Welten ist es möglich, individuell und aktiv das eigene Gottesbewusstsein zur Entfaltung zu bringen, was zu Mitschöpfertum und Ermächtigung führt. Es ist aber auch möglich, sich mit den »eigenen« Schöpfungen und Energien zu identifizieren, was zu Projektion und Illusion führt (Abs. 253). Man fällt aus dem Gleichgewicht in das eine oder andere Extrem, man schafft Trennung und Spaltung und lebt als Folge davon in Dualität, in »Dunkelheit«.

307

Die Seelen, die aus dem Bewusstsein der Liebe herausfallen, verlieren ihre Verbindung mit der göttlichen Quelle und bekommen von »dort« keine Energie und keine Inspiration mehr – nicht aus Strafe, sondern weil sie sich selbst von dieser Quelle getrennt haben. Und aufgrund dieser Trennung sind sie – als nächster Schritt im »Teufelskreis« – gezwungen, andere Quellen zu suchen, um ihren Bedarf an Lebensenergie zu decken (Abs. 101, 117). Hierin liegt **der psychologische Urgrund für das Streben nach Macht und Ausbeutung.** Diejenigen, die in die Bewusstseinsmuster des Atheismus oder Monotheismus fallen, schneiden sich selbst von ihrer Verbindung mit der Quelle ab, was auf allen Ebenen existentielle Folgen hat, angefangen mit falschen Identifikationen und den entsprechenden egobezogenen Machtansprüchen. Ein typisches Beispiel hierfür sind die atheistischen und monotheistischen Absolutheitsansprüche.

308

Aus theistischer Sicht bedeutet Selbsterkenntnis: Wir alle sind ewige und somit einzigartige Individuen. Unsere Einzigartigkeit liegt in unserer spirituellen Individualität. Wenn die Menschen ihre spirituelle Identität nicht kennen, leben sie in der Projektion und wollen ihre Einzigartigkeit im Äußeren finden: durch Selbstdarstellung, Sensation, Monopolstellungen, Macht über andere Menschen.

Gottesbewusste Menschen brauchen nicht nach Macht zu streben und erhalten deshalb *mehr* als Macht: Vollmacht. Spirituelle Ermächtigung kann nicht erzwungen oder gefordert werden (Abs. 303). **Vollmacht bekommt, wer nicht an Macht interessiert ist.** Leben im Bewusstsein der individuellen Einheit mit Gott (Liebe, Loslassen, Hingabe; Abs. 301, 303) ist der theistische Weg zu **Selbstermächtigung,** was etwas ganz anderes ist als »Selbsterlösung«.

309

Zwei grundlegende, sich ergänzende Hilfen auf dem Weg zur Selbsterkenntnis sind **Kontemplation und Meditation.**

Kontemplation (lat. *contemplatio,* »Betrachtung«) bedeutet, dass wir uns für eine bestimmte Zeit ruhig hinsetzen und das Kommen und Gehen der ständig fließenden Gedanken betrachten, ohne uns von diesen mentalen Impulsen beeinflussen zu lassen. Zweck dieser Übung ist die Loslösung von der Identifikation mit mentalen Vorgängen, indem wir eine innere Distanz gewinnen und das Mentale aus der Position des unterscheidenden Bewusstseins betrachten (Abs. 249–250). Aus dieser inneren Kraft heraus entwickeln wir **mentale Neutralität und Souveränität.***

---

* Kontemplation, Mentaltraining und viele ähnliche Formen von geistigen Übungen, insbesondere der buddhistischen Richtung, haben zum Ziel, dass der Mensch fähig wird, über die eigenen Gedanken und Emotionen zu herrschen und sich nicht *von ihnen* beherrschen zu lassen (Motto: »Steh darüber!«). Diese mentale Neutralität und Souveränität ist eine Kraft, die sowohl für göttliche als auch für egoistische Ziele eingesetzt werden kann. Mentale Souveränität allein hat noch nichts mit Gottesbewusstsein zu tun, ist jedoch eine wichtige Grundlage, denn ohne sie führt Religion schnell zu Fanatismus und Einbildung. Die durch mentale bzw. sentimentale Beeinflussung erzeugten »guten Gefühle« werden dann fälschlicherweise für göttliche Inspirationen oder sogar für Eingebungen und Offenbarungen gehalten.

Während Kontemplation ein passives inneres Beobachten ist, ist Meditation eine aktive Bewusstseinsausrichtung. Aus der inneren Ruhe der Kontemplation heraus richten wir den Fluss von Gedanken, Gefühlen und Bildern bewusst auf spirituelle Inhalte: ein Gebet, ein Mantra, eine Heilmeditation usw. In der Freiheit von mentalen Beeinflussungen kommen wir in unsere Mitte, ins Gleichgewicht, zu uns selbst, und wir erfahren **die göttliche Gegenwart als konkrete Realität.**

310

Wir können Gottes Allgegenwart als lebendige Realität erfahren, wenn wir uns bewusst mit dieser Einheit verbinden, sei dies allein in stiller Meditation oder in einer Gruppe. Entscheidend ist, dass wir uns Raum und Zeit freihalten, um in diese innere Verbindung zu gehen. Ein besonderer Schlüssel hierbei ist die Gemeinschaft mit Gleichgesinnten: **»Denn wo zwei oder drei in meinem Namen zusammenkommen, bin ich in ihrer Mitte.«** (Mt 18,20)

Wann immer Menschen in einer kleinen oder großen Gruppe zusammenkommen, bauen sie mit ihrem Bewusstsein ein energetisches Kraftfeld auf, durch das sie mit gleichschwingenden Impulsen, Wesen und Gedanken in Resonanz gehen. Das Kraftfeld, das Menschen aufbauen, die über ein *gemeinsames Gottesbewusstsein* verbunden sind, steht in natürlicher Resonanz mit der Schwingungsebene der hohen Lichtwesen, die im Bewusstsein der Allgegenwart Gottes leben. Kreise von »zwei oder drei in meinem Namen« können als **Lichtkreise** bezeichnet werden.[89] Sie sind ein idealer Rahmen, um gemeinsam zu meditieren, zu beten, zu singen, spirituelle Texte zu studieren, usw. Wir können dies auch allein oder in einem institutionellen Rahmen tun, doch kommt dem Prinzip der »zwei oder drei« eine besondere Bedeutung zu, weil hier (aufgrund der persönlichen Gemeinschaft und der Freiheit von institutionellen Vorgaben) die bedingungslose Liebe am stärksten und reinsten ist. In einem Lichtkreis können die Teilnehmenden spirituelle Erfahrungen machen, die nur in einer solchen Qualität von Liebe und Vertrauen möglich sind – »durch die Gnade, die in dem jeweils anderen ist« (Philippus-Evangelium 31,3).

Das Zusammensein von »zwei oder drei in meinem Namen« ermöglicht innere Offenbarungen und Einweihungen (Abs. 78), die direkt aus der göttlichen Quelle kommen.[90] Wir kennen uns gegenseitig als Menschen mit Fehlern und Schwächen – vor allem in der Beziehung von Mann und Frau –, aber in den beschriebenen Lichtkreisen können wir uns auf der Herzebene als die Lichtwesen begegnen, die wir in Wirklichkeit sind. Und wir können auch alle anderen Menschen als die Lichtwesen sehen, die sie sind, selbst wenn *sie* sich dessen nicht bewusst sind und sich nicht wie göttliche Lichtwesen verhalten.

Kapitel 27

Ethik und Moral

311

Was ist Ethik, was ist Moral? Ethik ist die Lehre von der Moral (= Sittenlehre, Moralphilosophie), genauso wie Theologie die »Gotteslehre« einer bestimmten Religion ist. Gottgläubige Menschen führen kein theologisches, sondern ein religiöses Leben. Ebenso können wir – bei genauer philosophischer Unterscheidung – nicht sagen, dass wir ethisch leben; wir leben *moralisch*. Was wir unter moralisch verstehen, definieren wir mit unserer Ethik.

312

Weil der Begriff »Moral« heute in der Alltagssprache einen negativen Beigeschmack hat, wird er gerne durch den Begriff »Ethik« ersetzt, denn mit »ethisch« wird durchwegs eine positive Bedeutung verbunden: ehrlich, uneigennützig, dem Allgemeinwohl dienend. Dementsprechend spricht man von »unethisch«, wenn jemand gewissenlos oder rücksichtslos handelt. Diese Wortverwendung ist nicht falsch, denn wir müssten eigentlich davon ausgehen können, dass die Menschen mit ihrer Ethik immer nur ehrliche und der Allgemeinheit dienende Ziele anstreben.

Gemäß ihrer Etymologie haben die Wörter Ethik und Moral jedoch eine neutrale Bedeutung. *Ēthos* bedeutet »Sitte, Brauch; Gewohnheit; innere Haltung; Charakter«, und *ēthikós* »den gesellschaftlichen Konventionen entsprechend; die innere Haltung bestimmend; das praktische Verhalten betreffend«. Dasselbe gilt für das lateinische Wort *mōs* (Genitiv *mōris*): »Sitte; Brauch; Norm; Art und Weise«, und die Pluralform *mōres:* »Sitten; Verhaltensweise; Denkart; Charakter«.

Verhaltensweisen, Charaktereigenschaften, Normen und Richtlinien sind nicht automatisch gut und dem Allgemeinwohl dienlich. So hat jede Ideologie ihre Ethik, mit der die Vertreter dieser Ideologie ihr persönliches, staatliches und militärisches Verhalten moralisch rechtfertigen.

313

In den Weltbildern des Atheismus (Materialismus, Humanismus, Monismus) gibt es keine absoluten Richtlinien für Ethik und Moral. Demgegenüber lehrt der Monotheismus, es gebe absolute Richtlinien, vertritt selbst jedoch verabsolutierte relative Richtlinien. Auf der einen Seite **keine absoluten Richtlinien,** auf der anderen Seite **verabsolutierte relative Richtlinien:** In der praktischen Umsetzung führt dies zu humanistischer oder theokratischer Willkür, zu moralischem Relativismus bzw. zu dogmatischen Absolutheitsansprüchen.

314

Monotheisten meinen, wenn ihre heilige Schrift nicht als »absolute Autorität« gesehen werde, habe der Mensch keine verbindlichen moralischen Richtlinien mehr. Dies ist jedoch ein Trugschluss, denn das Absolute ist nicht abhängig von heiligen Schriften. Aus theistischer Sicht gibt es absolute Richtlinien für Ethik und Moral, doch diese Richtlinien sind nicht dogmatisch, sondern *individuell* (nicht zu verwechseln mit »subjektiv«; Abs. 70).

315

Weil sich die monotheistische Ausprägung der Religion vor rund 2500 Jahren entwickelt hat, ist es nicht erstaunlich, im Alten Testament viele Gesetze aus dieser Zeit zu finden, die von den damaligen Priestern und Stammesführern als göttliche Gesetze bezeichnet wurden. Ob es sich dabei in jedem Fall um göttliche Gesetze gehandelt hat, ist zu bezweifeln. Hier **einige Beispiele aus dem Alten Testament:**

Im griechischen, ägyptischen und mesopotamischen Kulturkreis war es zu jener Zeit »normal«, Sklaven zu halten, weshalb auch das Alte Testament die Sklaverei gutheißt (z.B. 2 Mose 21,1-10) und sie sogar als ein Gesetz Gottes bezeichnet; so sei es erlaubt, dass ein Vater seine Tochter in die Sklaverei (21,7) oder in die Prostitution (21,8) verkaufe. Auch in 3 Mose 25,44-46 wird die Sklaverei gutgeheißen: »Wenn ihr Sklaven und Sklavinnen braucht, könnt ihr sie von euren Nachbarvölkern kaufen. Auch Fremde, die bei euch wohnen, könnt ihr als Sklaven erwerben und ebenso ihre Nachkommen, die in eurem Land geboren sind. Ihr könnt sie für immer als euer Eigentum behalten und auch euren Söhnen vererben; sie müssen nicht freigelassen werden. Die Israeliten jedoch, eure Brüder, dürft ihr nicht zu Sklaven machen.« (Einheitsübersetzung 1982; siehe auch 5 Mose 15,12-18)

Die gleichen Gesetze enthalten zahlreiche Forderungen von Tieropfern, wie sie in allen Stammeskulturen des Nahen Ostens in der Zeit vor Christus üblich waren; ausführliche Beschreibungen der geforderten Tötungsmethoden und Blutopferrituale finden sich im Dritten Buch Mose. Im selben Buch heißt es auch, Gott habe die Homosexualität verboten, sie sei ein »Greuel« (3 Mose 18,22), was bedeutet, dass Homosexualität mit dem Tod zu bestrafen sei. In 2 Mose 35,2 steht sogar: »Wer am Sabbat arbeitet, der soll sterben.« Auch Atheisten und Andersgläubige sollen getötet werden: »Führt den Gotteslästerer vor das Lager hinaus, [...] die ganze Gemeinde soll ihn steinigen.« (3 Mose 24,14 und nochmals in 24,16)

Das Alte Testament ist voll mit solchen Gesetzen, und Fundamentalisten würden sie gerne wieder einführen, denn sie wissen: Wenn diese Stellen des Alten Testaments nicht absolut sind, dann könnten auch andere Stellen nicht absolut sein, und diese Erkenntnis würde alle monotheistischen Absolutheitsansprüche drastisch relativieren.

316

Mit der Renaissance und dem Zeitalter der Aufklärung wandte sich der selbstbewusst werdende Mensch gegen die totalitären Machtstrukturen der Kirche und setzte sich selbst – den Menschen und seine eigenen Erkenntnisse – in den Mittelpunkt. Ethische Kriterien und Werte wurden nicht mehr über Gott und religiöse Maßstäbe definiert. Die neuen Humanisten sagten, es gebe keine absoluten Richtlinien für moralisches Handeln, und forderten, der Mensch müsse sich diese Richtlinien selbst geben. Die Frage, die sich nun stellte, lautete: Nach welchen Kriterien sollen diese Richtlinien aufgestellt werden?

317

In den atheistischen Weltbildern gilt **die Vernunft als höchstes Kriterium.** Vernunft ist jedoch kein zuverlässiger Maßstab für Ethik, denn mit »Vernunft« *(ratio)* kann man alles rechtfertigen: Lüge, Mord, Kriege, Betrug usw. Ein Beispiel hierfür ist das *pagan ethos,* wie es der US-Autor Robert Kaplan formulierte: Das neue, nicht mehr nach jüdisch-christlichen Geboten definierte Ethos »billigt jede Art von Betrug, vorausgesetzt, ein solches Handeln ist notwendig für den Gewinn eines strategischen Vorteils, um Krieg zu verhindern. [...] ›Eine gute Politik misst man an ihrer Wirksamkeit‹, nicht an ihrer Reinheit.« (siehe Abs. 136)

Neben der Ratio wird oft auch die »Intelligenz« als Maßstab für Ethik und Moral genannt. So schreibt Corliss Lamont in seinem Buch *The Philosophy of Humanism* (1982), S. 248: »Für den Humanisten ist Dummheit eine ebenso große Sünde wie Selbstsucht; und die ›moralische Verpflichtung, intelligent zu sein‹, hat immer ihren Platz unter den höchsten Pflichten.«

Nur selten wird mit solcher Deutlichkeit zum Ausdruck gebracht, worin die Grundkriterien der atheistisch-humanistischen Moral bestehen – und sogar hier muss man zwischen den Zeilen lesen: »Dummheit« sei »eine ebenso große Sünde wie Selbstsucht«; wer dumm sei, komme seiner »moralischen Verpflichtung, intelligent zu sein«, nicht nach, was »Selbstsucht« und somit Faulheit gleichkomme. Die entscheidende Frage, die sich hier stellt, lautet: Wie wird »Dummheit« definiert? Aus der Sicht des atheistischen Humanismus besteht eine der größten Dummheiten der Menschen darin, an Gott, an einen göttlichen Sinn des Lebens und an übersinnliche Dimensionen zu glauben. Weil die Materialisten und Atheisten dogmatisch von der Richtigkeit ihrer Weltsicht ausgehen, glauben sie, wer nicht Materialist und Atheist sei, verstoße gegen die »moralische Verpflichtung, intelligent zu sein«. Damit vertreten die »Humanisten« eine **Herdenmoral:** Wenige »Intelligente« (»Erleuchtete«, lat. *illuminati*) seien als Elite berufen, die Masse der Menschen zu führen. Was dies in praktischer Konsequenz bedeutet, wurde in Kap. 14 dargelegt.

318

Da jedes Handeln ethische Kriterien voraussetzt und der Humanismus selbst keine verbindlichen Kriterien liefert, wenden sich viele Humanisten dem **Sozialismus** zu, jener Ideologie, die auf der Grundlage des Atheismus klare Richtlinien zu Staat, Gesellschaft und Bildung vorgibt. Der Sozialismus kann seine Ziele, wie jede Ideologie, mit schönen und verschlüsselten Worten umschreiben, sodass die meisten »Gläubigen« nicht merken, worin die eigentlichen Ziele bestehen. Sozialismus bedeutet, dass »der Staat« die Richtlinien vorgibt, wobei angestrebt wird, dass die Regierung weitgehend oder vollständig aus Personen besteht, die ein materialistisches oder humanistisches Weltbild vertreten. Die selbstformulierten Ziele des »Sozialismus« dienen als ethische Rechtfertigung aller Handlungen, die dem Erreichen dieser Ziele dienen. Dazu gehören auch Gewalt, Kriege, Staatsterror usw. (Abs. 44 und Anm. 11, Abs. 143).[91]

Karl Marx war ein Anhänger seines Zeitgenossen Charles Darwin und wollte ihm sogar die englische Ausgabe seines Buches *Das Kapital (Band 1)* widmen, was Darwin jedoch ablehnte. Marx und die Marxisten versuchten, Darwins Theorie für ihre Ideologie zu vereinnahmen, was inhaltlich leicht möglich war und zum **Sozialdarwinismus** führte.[92] Alle Massenmörder im Namen des (inter)nationalen Sozialismus, wie Hitler, Lenin, Stalin, Mao und Pol Pot, waren überzeugte Darwinisten: Nur die Fähigsten und Stärksten sollen überleben, und was unter »fähig« und »stark« verstanden wird, bestimmen die Machthaber. Dasselbe gilt für Schlagwörter wie »Staatsfeind«, »Verräter« und »Terrorist«. (Die amerikanischen Ureinwohner, die sich gegen die weißen Einwanderer und Siedler wehrten, würden heute nicht mehr als Freiheitskämpfer, sondern als »Terroristen« bezeichnet.)

Zusammenfassend lässt sich sagen: In den verdeckt oder offen formulierten Staatsprogrammen des Humanismus, Sozialismus usw. gilt all das als moralisches Handeln, was den atheistischen Vorstellungen einer gesellschaftlichen »Evolution« dient.

319

Weder der Atheismus noch der Monotheismus können Grundlagen für eine humane Ethik bieten. Die Weltgeschichte zeigt, dass die entsprechenden Mächte im Namen von Gott, Freiheit, Revolution usw. wiederholt eine mörderische Moral vertreten haben. Natürlich haben diese Strömungen im Laufe der Jahrhunderte nicht nur Kriege und Massenmorde verursacht, aber wir sollten uns bei diesem Einwand an die juristische Logik erinnern, die in Abs. 14 erwähnt wurde: Wenn ein Mensch ein Verbrechen begeht, stellt der Hinweis auf all die Jahre, in denen er kein Verbrechen begangen hat, keine Aufhebung seiner Verantwortung dar. Die Überwindung von Atheismus und Monotheismus ist also nicht nur eine philosophische Alternative, sondern auch ein ethischer Imperativ.

Das theistische Weltbild verlangt jedoch nicht eine bestimmte Staats- und Regierungsform wie der Sozialismus und Kommunismus – und schon gar nicht einen »gewaltsamen Umsturz aller bisherigen Gesellschaftsordnung«, wie dies Marx und Engels forderten. Wie aus theistischer Sicht eine ideale staatliche Organisation aussieht, wird in Abs. 331 kurz skizziert werden.

320

Ethik und Moralsysteme kreisen um die Fragen: Was soll ich tun und nicht tun? Wie soll ich handeln? Fragen nach dem Was und dem Wie beruhen auf der Frage nach dem Warum: *Warum* soll ich etwas tun oder nicht tun? **Ethik ist mit der Sinnfrage verbunden:** Was ist der Sinn des Lebens? Denn der Sinn des Lebens gibt die Richtlinien für das Leben vor.

Der Atheismus sagt, dass das Leben letztlich keinen Sinn hat: die Lebewesen seien aus Materie entstanden und seien das Produkt eines Zufalls; das Leben habe weder Sinn noch Bestimmung, genauso wie auch die Existenz des Universums weder einen Sinn noch eine Bestimmung habe (Abs. 131). Atheistische Ethik beruht deshalb auf der Annahme, alles sei relativ und subjektiv, das heißt, moralische Regeln seien immer nur willkürliche und veränderbare Festlegungen. Wenn alle moralischen Regeln für willkürlich und veränderbar gehalten werden, lautet die entscheidende Frage: *Wer* stellt die Regeln auf? Denn wer die Regeln aufstellt, braucht sich selbst nicht an sie zu halten ...

Zu welchen moralischen Richtlinien die materialistisch-humanistische Ethik führt, wird in einzigartiger Offenheit am Beispiel der Georgia Guidestones ersichtlich (Abs. 141) – deren »zehn Gebote« Schritt für Schritt umgesetzt werden, im Countdown von 10 nach 1.

Im Gegensatz zum Atheismus sagt der Monotheismus, dass das Leben sehr wohl einen Sinn habe, nämlich den, die entsprechende monotheistische Religion als »die einzige Wahrheit« zu erkennen und anzunehmen; wer dies nicht tue, habe sein Leben verschwendet, und dieses Leben sei dann sinnlos und auch wertlos – weshalb monotheistische Mächte keine Skrupel hatten (und haben), Menschen, die ein solches »wertloses« Leben führen, zu unterdrücken, auszubeuten, zu bekämpfen usw.

Die monotheistische Ethik ist ebenfalls sehr beschränkt und daher ungeeignet, Grundlage für eine umfassende humane Moral zu sein, von einer göttlichen Moral ganz zu schweigen.

321

Aus theistischer Sicht hat das Leben eines jeden Menschen einen absoluten Sinn und damit auch einen absoluten Wert. Wie der Atheismus richtig feststellt, kann dieser Wert nicht von der Materie und nicht von der Relativität her bestimmt werden, doch diese Feststellung zeigt nur, wie fatal es ist, das Phänomen »Leben« materialistisch erklären zu wollen – denn dies bedeutet, dass man glaubt, das Leben der Menschen habe keinen höheren Wert. Oder nur das Leben *bestimmter* Menschen habe einen höheren Wert, wie der Monotheismus sagt.

Der Theismus als radikaler Mittelweg sagt: Das Leben *aller* Menschen hat einen höheren, absoluten Sinn; dieser Sinn ist individuell und daher ewig und stellt für jeden Menschen eine Herausforderung dar, die nicht auf dieses eine Leben beschränkt ist.

Aus theistischer Sicht besteht der Sinn des Lebens darin, unsere Identität als spirituelle Individuen (Teile Gottes) zu erkennen, eine Erkenntnis, die im Bewusstsein der individuellen Einheit, im Bewusstsein der allumfassenden Liebe, gründet. Alles, was nicht im Bewusstsein dieser Einheit getan wird, ist gespalten und spaltend (= diabolisch). Das Diabolische ist zu vermeiden, das Verbindende – das Universell-Religiöse (im Sinn von *religare,* »wiederverbinden«) – ist anzustreben. Hiervon lassen sich **die theistischen Kriterien für Ethik und Moral** ableiten. Diese sind *individuell* und gerade deshalb nicht subjektiv und willkürlich (Abs. 70); sie sind mit unumgänglicher Verantwortung und Konsequenz verbunden, was der Mensch spätestens nach seinem Tod, in der Konfrontation mit dem eigenen Leben, erfahren darf oder »muss«.

322

Ein wichtiger Faktor in den Fragen von Ethik und Moral ist das Gewissen. Wir kennen dieses innere Gefühl, das sich regt, wenn wir gelogen oder etwas Ungutes getan haben. **Was ist »Gewissen«?** Ist das Gewissen als innere Instanz ausreichend für moralisches Handeln? Ist das Gewissen angeboren, oder ist es ein Produkt der Erziehung und des Umfeldes?

Aus theistischer Sicht ist das Gewissen angeboren, denn es ist die unbewusste Erinnerung an die Erfahrungen im »Jenseits«. Nach dem Tod oder auch nur schon bei einer Nahtoderfahrung bekommt der Mensch seinen Lebensfilm zu sehen: Das Leben läuft vor dem geistigen Auge zeitlich rückwärts ab, was aufgrund des außerkörperlichen Zustandes ein unmittelbares, astral-physisches Erleben darstellt – wie »Himmel« oder »Hölle«

oder etwas dazwischen. Da diese Erfahrung im feinstofflichen Körper gemacht wird, bleibt nach der Wiederverkörperung trotz des Vergessens eine unbewusste Erinnerung an die jenseitig erlebte Klarheit von Gut und Böse lebendig, und dieses Gefühl erlebt der Mensch als Gewissen, das er beachten kann oder auch nicht.

323

Grundlage der theistischen Ethik ist das Verständnis von **Realität als Ganzheit:** Göttliche Realität beinhaltet sowohl das Absolute als auch das Relative (Abs. 62, 80–81) und umfasst daher **Einheit in der Vielfalt und Vielfalt in der Einheit.** Dieser ethische Grundsatz führt zur praktischen (»moralischen«) Richtlinie des allseitigen Respekts als verbindliches Kriterium für das religiöse, gesellschaftliche und private Leben. Respekt hängt mit Toleranz zusammen, doch sollten **Toleranz und Respekt** nicht gleichgesetzt werden.

Toleranz (von lat. *tolerare*, »tragen, ertragen, erdulden«) ist reaktiv, d.h. abhängig von Personen und Situationen, auf die es zu reagieren gilt. Toleranz ist ein Reaktionsmuster, Respekt ist ein Aktionsmuster, denn Respekt (»Achtung, Wertschätzung, Rücksicht«, von lat. *respicere*, »zurückschauen; auf den anderen schauen; Rücksicht nehmen«) ist eine Geisteshaltung und Charaktereigenschaft. Mit anderen Worten: Toleranz ist nicht unbedingt mit Respekt verbunden, aber Respekt immer mit Toleranz.

Toleranz im Sinn von »Duldsamkeit, Nachsicht, Großzügigkeit« ist eine wichtige Tugend. »Toleranz« kann aber auch als Schlagwort verwendet werden, denn das Konzept »ich bin tolerant und dulde dich« ist zweischneidig. Es kann Ausdruck einer überheblichen Position sein (»ich bin stärker als du, aber ich entscheide mich nun, dich zu tolerieren«), was ein großes Konfliktpotential in sich birgt. Die Situation kann auch umgedreht werden: Man fordert für sich Toleranz, ohne selber tolerant zu sein. Sogar in Diktaturen kann »Toleranz« als Propagandabegriff verwendet werden: »Wir tolerieren nichts, was nicht tolerant ist«, im Klartext: Wir tolerieren keine Kritik an unserer Machtpolitik.

Da »Toleranz« ein äußerst subjektiver Begriff ist, stellt sich immer die Frage: Wie tolerant sind diejenigen, die Toleranz fordern? Und umgekehrt: Bedeutet das Tolerieren anderer Menschen auch, dass man sie *respektiert?*

Wahre Religion führt zu gegenseitigem Respekt mit der entsprechenden Toleranz der anderen Religionen. Das, was diesen gegenseitigen Respekt torpediert oder unterbindet, ist der dia-bolische Geist, auch wenn er im Namen von »Gott« oder im Namen von »Toleranz« daherkommt.

324

Allumfassender Respekt ist ein Ausdruck der göttlichen, bedingungslosen Liebe, die bedeutet: allen Menschen, auch denjenigen, die sich als Gegner und Feinde verhalten, das Beste zu wünschen und ihrem Besten zu dienen (Abs. 284). Dieses Beste ist nicht subjektiv und relativ, sondern absolut (= absolut individuell): die Wiedererweckung des Gottesbewusstseins. Wenn Personen oder Gruppierungen an diesem Ziel nicht interessiert sind oder es sogar bekämpfen, verlangt die theistische Ethik, sich so zu verhalten, dass das eigene Gottesbewusstsein keinen Schaden nimmt, was – als Nebeneffekt – auch bewirkt, dass die »Täter« um diese eine Person weniger schuldig werden. Das Mindeste, was wir für das »Böse« tun können, ist, uns von ihm nicht beeinflussen zu lassen, denn wenn wir uns beeinflussen lassen, werden diese Menschen noch schuldiger, und wir sind mitschuldig bzw. mitverantwortlich.

Das grundlegende Prinzip der theistischen Ethik und Moral ist diese praktische Liebe und der damit verbundene Respekt allen Menschen und Geschöpfen gegenüber.

Mit anderen Worten, das höchste Kriterium der Ethik ist nicht einfach »die Vernunft«, »die Intelligenz« oder »die Notwendigkeit«. Aus theistischer Sicht ist Vernunft keine unabhängige Instanz und auch nicht die höchste Instanz, sondern die Instanz des Unterscheidens entsprechend den Vorgaben durch das eigene Bewusstsein (Abs. 48–50, 249). Im Idealfall dient die menschliche Vernunft der Aufrechterhaltung bzw. der Wiederherstellung der göttlichen Harmonie, angefangen mit der Förderung des gegenseitigen Respekts und der Überwindung dessen, was diesen Respekt torpediert oder verhindert.

325

Welches sind die Richtlinien für unser praktisches Handeln (= die moralischen Gebote), die sich aus dem theistischen Realitätsverständnis von Ganzheit und Einheit ergeben? Wenn Ganzheit die Grundlage der Ethik ist, dann ist das höchste Gebot **das Gebot der Wahrheit,** *Wahrheit* hier im ethischen Sinn von Nichtlügen. Denn Lüge und Unwahrheit stehen im Widerspruch zur Ganzheit. Sie verursachen eine Abspaltung von der Ganzheit, da sie dem dia-bolischen Geist entspringen.

Dass das Sprechen der Wahrheit das höchste moralische Gebot ist, wird – zumindest in der Theorie – von allen religiösen und juristischen Systemen bestätigt, auch vom Alten Testament und den Zehn Geboten: »Du sollst nicht lügen, nicht stehlen, kein falsches Zeugnis ablegen.«

Im Licht des theistischen Lebenssinnes gibt es nie einen legitimen Grund, sich auf Unwahrheit und Lüge einzulassen. Das Gebot der Wahrheit bedeutet jedoch nicht, dass wir verpflichtet sind, allen Menschen immer alles zu sagen; wir haben das moralische Recht, nicht immer *alles* zu sagen. Bei unangebrachten Themen und Fragestellungen sollten wir nicht lügen oder Dinge verraten, die die andere Person nichts angehen, sondern wir sollten ehrlich und situationsgemäß zum Ausdruck bringen, dass diese Fragen unangebracht sind und dass wir sie nicht zu beantworten brauchen.

In seiner konsequenten Weiterführung beinhaltet das Gebot der Wahrheit auch das moralische Recht, eine Aussage zu verweigern, um nicht lügen zu müssen. Dieses Recht haben sogar Mörder und Terroristen vor Gericht – und niemand darf solche Menschen mit Gewalt zwingen, von ihrem Minimalrecht nicht Gebrauch zu machen. Damit ist auch jeder Legitimierung von Folter der Boden entzogen. (Terroristen, Mörder, Hochverräter usw. haben Handlungen ausgeführt, die nicht zu tolerieren sind, aber als Menschen verdienen sie neben aller Strafe auch einen grundsätzlichen Respekt, entsprechend dem in Abs. 297 zitierten Leitsatz: »Hasse die Sünde, aber liebe den Sünder.«)

326

Die atheistischen und monotheistischen Ideologien sagen, die »Massenmenschen« seien dumme bzw. sündige Herdentiere, die einer Elite zu gehorchen und zu dienen hätten (Abs. 317). Die theistische Ethik verwendet nicht das zweideutige Bild von Tieren, Herden und »Hirten«, sondern das wahrhaft humane und göttliche **Symbol der Familie**. Alle Menschen sind »Kinder« Gottes, und deshalb sind wir allesamt Brüder und Schwestern. Einige sind in spiritueller Hinsicht älter und reifer, weshalb ihnen – wie in jeder Familie – die Aufgabe zukommt, den jüngeren Geschwistern als Vorbilder zur Seite zu stehen, was diese mit Dankbarkeit annehmen oder, aus welchen Gründen auch immer, ablehnen können.

327

Natürlich können auch Materialisten eine hohe Ethik vertreten und eine innere Zufriedenheit erleben. Aber besteht der Sinn des menschlichen Lebens darin, einfach nur ein zufriedener Materialist zu sein?

328

Moralische Richtlinien können immer nur relativ sein, denn sie sind von kulturellen, politischen und religiösen Gegebenheiten abhängig. Dennoch brauchen wir nicht einer humanistischen oder monotheistischen Willkür ausgeliefert zu sein. Moralische Richtlinien sind zwar relativ, aber im theistischen Weltbild sind die ethischen Grundlagen absolut, im Gegensatz zu den verabsolutierten Ideologieprinzipien der atheistischen und monotheistischen Systeme. Die **Grundprinzipien der theistischen Ethik**

(bedingungslose Liebe, allumfassender Respekt, Wahrheit) sind nicht bloß relativ und subjektiv und sind gerade deshalb – mit einer entsprechend geschulten Differenziertheit – in allen Situationen anwendbar.

Als Beispiele können wir erneut die in Abs. 315 zitierten Bibelstellen betrachten. Diese enthalten moralische Richtlinien, die nicht in einer theistischen Ethik gründen. Sklaverei widerspricht der Gleichheit und Würde aller Menschen, wie sie in derselben Bibel gleich zu Beginn hervorgehoben wird: »Gott schuf den Menschen nach seinem Bild, als Mann und Frau schuf er sie [...]. Gott sah alles, was er gemacht hatte, und fürwahr, es war sehr gut« (1 Mose 1,27/31). Mann und Frau wurden gleichwertig geschaffen, was eine theistische Grundwahrheit ist. Jede Diskriminierung der Frau ist demnach Menschenwerk bzw. Männerwerk, z. B. auch die Vorstellung, ein Vater dürfe seine Tochter in die Sklaverei oder in die Prostitution verkaufen.

Gottesbewusstsein gründet in bedingungsloser Liebe, ist also nicht abhängig von materiellen Bedingungen wie Ritualen (Tieropfer, Beschneidung, Taufe usw.), Dogmen (Zölibat, Sabbatregeln usw.) und Äußerlichkeiten (Tragen eines religiösen Zeichens, Verschleierung des Gesichts, besondere Kleidung usw.). All diese Sitten und Regeln entspringen kulturellen Eigenheiten und sind als solche zu respektieren (Abs. 158), aber sie haben nur eine relative Bedeutung und stellen keine direkte Unterstützung des Gottesbewusstseins dar.

329

Wie die Prinzipien der theistischen Ethik praktisch angewandt werden können, soll hier anhand der folgenden aktuellen Streitpunkte kurz dargelegt werden: **Abtreibung, Sexualität, Homosexualität, Sterbehilfe und Gewaltlosigkeit.**

Zum Thema *Abtreibung:* Die neunmonatige Entwicklung des Kindes im Mutterleib beginnt mit der Zeugung, weshalb der ungeborene Mensch vom ersten Tag an ein Mensch ist und nicht bloß ein »Uterusgewebe«. Abtreibung bedeutet also, dass ein ungeborenes Kind getötet wird. Nicht wenige Frauen leiden nach einer Abtreibung unter psychischen Belastungen, manche sogar über Jahre hinweg. Kommt es zu einer Schwangerschaft, kann sich die Seele selbst wieder zurückziehen, wenn *sie* das will, was dann zu einer Fehlgeburt führt. Wenn das Kind jedoch bleibt, weist dies auf eine schicksalhafte Fügung hin, deren Sinn und Bedeutung meistens erst viel später erkannt wird. Die theistische Ethik ist *gegen Abtreibung*, aber auch gegen ein Abtreibungsverbot, denn ein Verbot verhindert nicht, dass Abtreibungen stattfinden. Wenn diese ohnehin stattfinden – mit oder ohne Verbot –, dann sollte dabei die körperliche Unversehrtheit der Frau sichergestellt sein, was bei illegalen Abtreibungen nicht der Fall ist.

Das Töten von ungeborenen Kindern kann nur verhindert werden, wenn sich das Bewusstsein der Menschen verändert. Hier kann das theistische Wissen über die Seele und die persönliche Verantwortung des Menschen große Dienste leisten.

Sexualität ist etwas Heiliges und sollte ein reifer, verantwortungsvoller Ausdruck von Liebe sein. Wer sagt, körperliche Liebe sei nur für die Zeugung von Kindern bestimmt, reduziert die menschliche Sexualität auf eine tierische Funktion und verkennt die Vielschichtigkeit des menschlichen Lebens. Die Richtlinien der theistischen Ethik – Liebe, Verantwortung und gegenseitiger Respekt – gelten auch für den Umgang mit der Sexualität und führen zu gesunden, erfüllten Beziehungen. Werden sie missachtet, kommt es zu Einseitigkeiten und Extremen: Verdrängung oder Dämonisierung der Sexualität, Unterdrückung von Frauen, Manipulation und Machtausübung durch »Sex«, Sucht, Exzess usw. Sowohl die moralische Scheinheiligkeit als auch die moralische Dekadenz führen zu einer Entheiligung der Sexualität und der Mann-Frau-Beziehung.*

Homosexualität: Es gibt verschiedene psychologische Gründe, warum bestimmte Menschen eine gleichgeschlechtliche Neigung haben. Ein möglicher Grund, der von der modernen westlichen Psychologie nicht in Betracht gezogen oder sogar von vornherein verworfen wird, geht von der Reinkarnation aus, in deren Verlauf es auch zu einem Geschlechtswechsel kommen kann. Wenn ein Mann im nächsten Leben als Frau oder eine Frau als Mann wiedergeboren wird, kann es im Fall einer schnellen Wiederverkörperung geschehen, dass im Emotionalkörper immer noch die geschlechtliche Identifikation des vorigen Lebens dominant ist, was auf der Ebene des physischen Körpers zu einer gleichgeschlechtlichen Neigung führt. In gewissen Kulturen mag dies als ein »Greuel« angesehen werden, in anderen nicht. Der Greuel besteht jedoch immer in der Einseitigkeit und in den Extremen (Ausbeutung/Demütigung; Perversion/Dekadenz), was für heterosexuelle Beziehungen genauso gilt wie für homosexuelle.

Sterbehilfe: Der moderne Mensch hat sich von seiner spirituellen Identität entfremdet und hat damit auch keinen natürlichen Bezug mehr zum Sterben. Menschen, die an den Atheismus und Humanismus glauben, und auch monotheistische Gläubige sagen meistens, sie hätten keine Angst vor dem Tod. Aber wenn der Tod sich ankündigt, klammern sie sich an eine

---

* Die Mann-Frau-Beziehung ist ein Schlüsselmysterium des menschlichen Lebens und wurde gerade deshalb von den spaltenden (diabolischen) Kräften attackiert, zuerst durch eine patriarchale Dominanz und parallel dazu durch eine heimliche und zunehmend offene Dekadenz. Die Heilung und Heiligung der Mann-Frau-Beziehung ist deshalb eine grundlegende Notwendigkeit, wenn wir den Einfluss des dunklen Zeitalters überwinden wollen.

Apparatemedizin und haben anscheinend doch eine gewaltige Angst vor dem Tod. In seinem natürlichen Bewusstsein würde der Mensch von innen her spüren, wann seine Lebenszeit abgelaufen ist, und er würde nicht gegen den Tod kämpfen, sondern sich auf den Tod *vorbereiten*. Das würde das Dilemma der Sterbehilfe in vielen Fällen gar nicht erst aufkommen lassen. Grenzfälle sind gesunde Menschen, die durch einen Unfall ins Koma fallen und nicht mehr zum äußeren Bewusstsein zurückkehren. Hier liegt die Verantwortung bei den nächsten Verwandten, und diese können ihre Entscheidung über eine längere Zeit heranreifen lassen. Die feinstoffliche Präsenz des im Koma liegenden Menschen und die Intuition der Angehörigen werden im Lauf der Zeit erkennbar werden lassen, was der Wunsch oder die Bestimmung dieses Menschen ist.

Gewaltlosigkeit (sanskr. *ahiṁsā*) ist ein hohes Prinzip der theistischen Moral, aber wie das praktische Leben zeigt, kann es kein absolutes Prinzip sein, denn Gewalt ist manchmal unvermeidlich, z.B. wenn man selbst angegriffen wird oder wenn man sieht, wie jemand anderes angegriffen wird. Selbstverteidigung kann auch national sein. Das Problem beginnt dann, wenn Gewaltausübung politisch und ideologisch motiviert ist, wie im Fall von Terror und den meisten Kriegen. »Jeder Krieg beginnt mit einer Lüge«, lautet eine alte politische Insider-Kenntnis. Wenn Wahrheit als das höchste Gebot befolgt würde, wäre das Problem der lügenhaften Verwendung von Schlagwörtern wie »Nationale Sicherheit«, »Volksbefreiung«, »Krieg gegen den Terror« usw. nicht vorhanden.

330

Atheisten und Humanisten glauben an die Absolutheit der Materie (»Am Anfang war das Nichts, die Nullordnung, das Chaos«), und die Elite dieser Kreise fühlt sich berufen, aus dem Chaos »Ordnung« zu schaffen. Ihr Motto lautet deshalb *ordo ab chao*, »**Ordnung aus dem Chaos**« (Abs. 137): Damit neue Ordnung entstehen könne, müsse das Bestehende in »Chaos« verwandelt werden. Die »neue Weltordnung« erfordert aus ihrer Sicht demnach zuerst ein entsprechendes *Welt*chaos ...

Die Logen-Organisationen, die an *ordo ab chao* glauben, behaupten von sich, die Wurzeln ihrer Tradition und Weisheit reichten zurück bis ins alte Ägypten. Die (theistischen) Mysterienschulen des alten Ägypten hatten jedoch eine ganz andere Weisheit: Das Absolute ist nicht einfach ein Nichts oder ein Chaos, sondern *ewige, allumfassende Ordnung* (ägypt. *ma'at*), und der Mensch hat die Wahl, mit dieser Ordnung zu harmonieren oder sich ihr zu widersetzen und sie zu stören (Abs. 114, 130). Die Ansicht, das Absolute sei abstrakte Energie (»Chaos«) und der Mensch müsse selber eine Schöpfungsordnung schaffen, entspringt einer atheistischen Weltsicht, basierend auf *māyā* (Abs. 251, 253).

331

Was **Ethik in der Politik** ist, wird je nach Politiktheorie unterschiedlich definiert. In den Politiktheorien des atheistischen Humanismus ist nicht Wahrheit das höchste Gebot, sondern die *Notwendigkeit,* die das zentrale Kriterium des »neuen Ethos« darstellt (Abs. 136, 317). Dieses besagt explizit: Wenn es »notwendig« ist, darf auch gelogen und betrogen werden. Was »notwendig« ist, bestimmt die Elite der atheistischen Humanisten, im Namen von Kapitalismus, Sozialismus usw.

Ein ähnliches Ethos, nur mit anderen Begriffen, vertreten die monotheistischen Systeme, deren Kriterium für Ethik der »Wille« des einzigen Gottes ist. Und was dieser »Wille« ist, bestimmen die jeweiligen Religionsführer. Theokratie ist nicht die Staatsform des Theismus, sondern des Monotheismus. Theokratien sind Diktaturen monotheistischer »Theokraten«.

Welche Staatsform fordert der Theismus? Keine bestimmte, denn das theistische Weltbild lässt sich mit allen freiheitlichen Strukturen vereinbaren: Demokratie, Republik, Monarchie usw. Die Grundlagen des Theismus orientieren sich an der Ordnung in der göttlichen Schöpfung. Für die Frage der Staatsform bedeutet dies, dass die gesellschaftliche Organisation **organisch** und **nicht hierarchisch** sein sollte. Das Wort »Organisation« beinhaltet bereits das Schlüsselwort: *organisch.*

Das beste Beispiel für eine organische Organisation ist der menschliche Körper: Kopf, Arme, Rumpf und Beine bilden keine Hierarchie, sondern **eine organische Einheit, in der die Teile *unterschiedliche Funktionen,* aber den *gleichen Wert* haben.** Auf ähnliche Weise sollte die Gesellschaft organisiert sein: vier Sektoren mit unterschiedlichen Aufgaben und Pflichten, aber mit gleicher Bedeutung und gleicher gesetzlicher Stellung. So natürlich und logisch diese Staatsform ist, sie wurde in der bekannten politischen Geschichte nie wirklich erreicht. Es ist jedoch anzunehmen, dass diese Form des menschlichen Zusammenlebens die Grundlage vieler alter Kulturen war.[93]

Im bildlichen Vergleich der Gesellschaft mit dem menschlichen Körper repräsentiert der Kopf die spirituellen und weltlichen Lehrpersonen: die geistigen Wissensträger, die »Ältesten«, die Schullehrer, die Priester, die Minister.* Die Arme des gesellschaftlichen Körpers sind die exekuti-

---

* Es wäre zu umständlich, hier bei jedem Begriff die maskuline und feminine Form aufzuführen (Wissensträgerinnen und Wissensträger, Schullehrerinnen und -lehrer, Priesterinnen und Priester, Ministerinnen und Minister). Der Einfachheit halber wird nur die maskuline Form aufgeführt, aber dies soll in keiner Weise bedeuten, dass die Stellungen im Sektor »Kopf« nur Männern vorbehalten wären. In jedem Sektor, insbesondere auch im Sektor »Kopf«, ist es unerlässlich, dass Frauen gleichberechtigt aktiv sein können, ansonsten fällt die Gesellschaft in eine verhängnisvolle Einseitigkeit (siehe indisches Kastensystem, mittelalterliche Klerikalherrschaft, usw.)

ven Staatsvertreter (in der Politik, im Militär, in der Polizei), der Rumpf steht für die wirtschaftlich Tätigen (Bauern, Unternehmer, Industrielle, Bankiers), und die Beine sind die Angestellten, ohne die die anderen drei Sektoren nicht funktionsfähig wären.

Die genannten vier Sektoren finden sich in jeder Gesellschaft, die Frage ist nur, wie sie zusammenarbeiten. Das Beispiel des Körpers zeigt, was die natürlichen Verhältnisse sind: Der Kopf hat die leitende Funktion, hat aber selbst keine materielle Macht. Die Arme haben materielle Macht und können den Körper verteidigen, aber sie werden vom Kopf geleitet. Der Magen wiederum bekommt zwar alle Nahrung, behält sie aber nicht für sich, sondern gibt die zugeführte Energie uneigennützig an den gesamten Körper weiter und wird dadurch auch selbst ernährt. Jeder Sektor hat seine eigenen, vielfältigen Aufgaben, aber alle werden durch dasselbe Blut am Leben erhalten. Im gesellschaftlichen Körper ist dieses Lebenselixier das theistische Bewusstsein, das in allen Sektoren den Weg des Gleichgewichts und der Weisheit zeigt. Zu diesem Bewusstsein gehört die entsprechende Bildung, die jedem Menschen zusteht, sowohl den Männern als auch den Frauen, unabhängig von ihrer gesellschaftlichen Zugehörigkeit. Innerhalb der vier Sektoren der Gesellschaft sollte der Theismus das vorherrschende Weltbild sein – und nicht der Atheismus bzw. der Monotheismus, wie dies in der heutigen Welt der Fall ist.

Die Geschichte der politischen Systeme zeigt, dass sich jedes Staatsmodell durch den Grad der Harmonie mit dieser organischen Struktur definieren lässt. Geraten die vier Sektoren in ein Ungleichgewicht, entstehen unnatürliche Systeme, die mit Gewalt, Korruption und Manipulation arbeiten.

Der bekannteste Staatsentwurf der Antike ist das Werk *Politeia*, »Der Staat« (ca. 370 v. Chr.), von Platon. Dieses theoretische Modell ist jedoch hierarchisch und nicht organisch angelegt und geht von einem Dreiklassenstaat aus. Die drei Klassen sind die »Regierenden«, die »Hüter« oder »Wächter« und die »Handwerker« (das »Volk«). Die Regierungsmacht ist bei den »Wissenden«, den »Philosophen«, die die oberste Klasse darstellen. Die Mittelklasse besteht aus den Beamten und Soldaten. Die Oberklasse könnte auch als die Legislative, die Mittelklasse als die Exekutive bezeichnet werden. Die dritte Klasse, das »Volk«, hat keine politischen Rechte. Die Angestelltenarbeit wird von Sklaven oder anderen Rechtlosen ausgeführt. Die Philosophen regieren nach dem Prinzip eines altruistischen Absolutismus: Sie haben absolute Macht, verwenden diese aber nur zum Gemeinwohl. Die Männer und Frauen der Ober- und der Mittelklasse leben deshalb in kommunistischen Gemeinschaften und Familienkommunen ohne persönliches Eigentum, ohne Ehe und ohne eigene Familie, damit sie nicht von egoistischen oder familienpolitischen Interessen korrumpiert werden. Platon entwarf dieses drastische Modell, weil er in seinen Kindheits- und Jugendjahren persönlich gesehen hatte, wie verschiedene Regierungsformen aufgrund der Charakterschwäche der Machtbesitzer zu totalitären Gewaltsystemen degenerierten. In seinem Modell sollte dies durch einen absolutistischen Philosophenstaat verhindert werden (mit staatlich kontrollierter Elitezucht, mit Zensur, mit »edlen Lügen« für das Volk). Platon wollte eine Aristokratie im wörtlichen Sinn, eine »Herrschaft der Besten«, und formulierte dabei seine bekannte Theorie über die Entartung der Staatsformen: Wenn nicht die in philosophischer und charakterlicher Hinsicht »Besten« die Macht in den Händen hielten, verkomme der Staat zu einer Militärdiktatur, diese zu einer Oligarchie (»Herrschaft von wenigen«, d.h. Herrschaft der Reichen = Plutokratie), dies führe zu Volksaufständen und zu einer Demokratie, die dazu neige, in eine Tyrannis umzuschlagen.

Die Beispiele des Nationalsozialismus und des Leninismus/Stalinismus und auch gewisse Tendenzen der Gegenwart zeigen, dass Platons Befürchtungen nicht unberechtigt waren, aber sein funktional-kollektivistischer Selbstzweckstaat war keine brauchbare Alternative und galt auch schon zu Platons Lebzeiten als fragwürdige Utopie.

> Wenn nicht entweder die Philosophen Könige werden oder die, die man heute Könige und Machthaber nennt, echte und gründliche Philosophen, und wenn dieses nicht in eines zusammenfällt, [...] so wird es mit dem Elend kein Ende haben, nicht für die Staaten und auch nicht, meine ich, für das menschliche Geschlecht. (Platon: *Politeia*, 5,473)

Auch in diesem berühmten und zentralen Satz der *Politeia* zeigt sich, dass Platons Gesellschaftsmodell nicht der natürlichen Ordnung entspricht, denn der Kopf braucht nicht die Funktion der Arme zu übernehmen. Philosophen müssen nicht Könige werden und Könige nicht Philosophen, aber die Könige müssten mit den Philosophen, den »wahrheitsliebenden Menschen«, zusammenarbeiten und sich von ihnen beraten lassen.

Auch in der politischen Geschichte des Römischen Reiches taucht der Vergleich der Gesellschaft mit dem menschlichen Körper auf. Bekannt ist der Bericht des Geschichtsschreibers Titus Livius (59–17 v.Chr.; war mit Kaiser Augustus befreundet) in seinem Werk *Ab urbe condita*. Der Vergleich dient hier jedoch nicht als Modellvorstellung, sondern nur noch als politisch-rhetorischer Kunstgriff. Dieser Vergleich erscheint bei Livius im historischen Kontext der sozial gespannten Situation um 495 v.Chr.: Die Unterschicht (lat. *plebs*, die Plebejer) wurde von der Oberschicht, den Patriziern, ausgebeutet und in Schuldensklaverei gestürzt, weshalb die Unterdrückten aus Rom flüchteten und sich auf dem Heiligen Berg (Mons Sacer) verschanzten. Ein Abgesandter des römischen Senats holte die Geflüchteten – modern ausgedrückt, die Streikenden – wieder zurück, indem er den Vergleich von Körper und Gesellschaft bemühte. Dies war jedoch keine Darstellung der organischen Vier-Sektoren-Gesellschaft, sondern eine Verteidigung der Zweiklassengesellschaft (Magen = Oberschicht; der arbeitende Körper = Unterschicht):

Man beschloss also, Menenius Agrippa als Unterhändler zum Volk zu schicken. Er war ein redegewandter Mann und war, weil er selbst aus dem Volk stammte, bei diesem beliebt. Er wurde ins Lager eingelassen und soll in der altertümlich-schlichten Art von damals Folgendes gesagt haben: «Einst, als im Menschen noch nicht wie heute alles einheitlich verbunden war, als jedes der einzelnen Glieder des Körpers seinen Willen, seine eigene Sprache hatte, empörten sich die übrigen Glieder, dass sie ihre Sorge und Mühe und ihre Dienste nur aufwendeten, um alles für den Magen herbeizuschaffen. Der Magen aber liege ruhig mittendrin und tue nichts anderes, als sich an den dargebotenen Genüssen zu sättigen. Sie verabredeten sich also folgendermaßen: Die Hände sollten keine Speise mehr zum Munde führen, der Mund nichts Angebotenes mehr annehmen, die Zähne nichts mehr zerkleinern. Während sie nun in ihrer Erbitterung den Magen durch Aushungern bezwingen wollten, kamen die einzelnen Glieder und mit ihnen der ganze Körper an den Rand völliger Entkräftung. Da sahen sie ein, dass sich auch die Aufgabe des Magens durchaus nicht in faulem Nichtstun erschöpfte, dass er ebensosehr andere ernähre, wie er selbst ernährt werde. Er bringe ja das Blut, das durch die Verarbeitung der Speisen gebildet wird und durch das wir leben und bei Kräften bleiben, gleichmäßig auf die Adern verteilt in alle Glieder des Körpers.« Indem er durch den Vergleich zeigte, wie dieser Aufruhr im Körper Ähnlichkeit hatte mit der Erbitterung des Volkes gegen die Väter [Patrizier], soll er die Gemüter umgestimmt haben. (Livius: *Ab urbe condita* II.32,8 – 12, zitiert nach der Übersetzung von Marion Giebel in der zweisprachigen Reclam-Ausgabe)

Die wohl bekannteste Erwähnung des Vergleichs Gesellschaft – Körper findet sich im Neuen Testament in Form einer Adaption der griechischen und römischen Vorbilder, denn hier wird der Vergleich nur auf die »Gemeinde Christi« angewendet, dies jedoch mit der erklärten Absicht, den weltlichen und theokratischen Systemen als Vorbild zu dienen.

Man kann die Gemeinde Christi mit einem Leib vergleichen, der viele Glieder hat. Obwohl er aus vielen Teilen besteht, ist der Körper doch eine Einheit. Denn wir alle, Juden und Nichtjuden, Sklaven und Freie, sind in der Taufe durch denselben Geist in den Leib Christi eingegliedert worden, und wir haben auch alle an demselben Geist Anteil bekommen. Ein Körper besteht nicht aus einem einzigen Teil, sondern aus vielen. Wenn der Fuß erklärt: »Ich gehöre nicht zum Leib, weil ich nicht die Hand bin« – hört er damit auf, ein Teil des Körpers zu sein? Oder wenn das Ohr erklärt: »Ich gehöre nicht zum Leib, weil ich nicht das Auge bin« – hört es damit auf, ein Teil des Körpers zu sein? Wie könnte ein Mensch hören, wenn er nur aus Augen bestünde? Wie könnte er riechen, wenn er nur aus Ohren bestünde? Nun hat Gott jedem Teil seine besondere Aufgabe im Ganzen des Körpers zugewiesen. Wenn alles nur ein einzelner Teil wäre, wo bliebe da der Leib? Aber es gibt die verschiedenen Teile, und sie alle gehören zum selben Leib. Das Auge kann nicht zur Hand sagen: »Ich brauche dich nicht!« Und der Kopf kann nicht zu den Füßen sagen: »Ich brauche euch nicht!« Gerade die Teile des Körpers, die schwächer zu sein scheinen, sind besonders wichtig. [...] Wenn irgendein Teil des Körpers leidet, dann leiden auch alle anderen mit ihm. (1 Kor 12,12 – 31)

Im 19. Jahrhundert wurde die Vier-Sektoren-Staatsform in Europa, v. a. in Frankreich, lebendig diskutiert und bekam sogar einen experimentellen Namen: **Synarchie**, wörtl. »das gemeinsame Herrschen«. Die Synarchiebewegung wurde schnell unterwandert und instrumentalisiert,[94] aber die grundlegenden Prinzipien sind beachtenswert: Die geistige Führungsmacht ist nicht bei denen, die den Reichtum haben; der Staatsapparat ist kein eigenmächtiges System, sondern wird von neutralen, geistig erleuchteten Menschen geführt; diejenigen wiederum, die den Reichtum haben, können ihn nicht zur Manipulation des Staates verwenden, weil Reichtum kein Kriterium für staatliche Macht darstellt. Dank dieses gesunden Systems der **Gewaltentrennung** werden die Erwerbstätigen – die Angestellten, die die große Mehrheit der Gesamtbevölkerung ausmachen – nicht ausgebeutet, denn alle dienen dem einen System, das allen dient.

Der Kopf der Gesellschaft hat hauptsächlich geistige Macht, was ein wichtiges demokratisches Element darstellt: *Die Vertreter der geistigen Führung bekommen ihren staatlichen Einfluss von der Rückendeckung durch das Volk.* Nur mit dieser Rückendeckung ist ihre Position stark genug, dass sie sich gegenüber den Politikern behaupten können. Kaum ein Politiker wird es dann wagen, die Stimme der Weisheit zu ignorieren – denn *das ganze Volk hört diese Stimme* und unterstützt diese Stimme!

Heute jedoch folgt das Zusammenwirken der vier Sektoren nicht mehr dem natürlichen Vorbild. Alle Macht liegt bei denjenigen, die das Geld und den Reichtum kontrollieren. Die »Demokratie« ist heute faktisch eine Oligarchie und Mediokratie, denn die Massenmedien werden von den Oligarchen beherrscht. Erst wenn Verantwortung, gegenseitiger Respekt und Verzicht auf Lüge zu den Leitkriterien der politischen Ethik werden, wird die Menschheit Frieden finden. Wenn dieser echte Friede fehlt, ist dies ein Zeichen dafür, dass andere Kriterien die Politik beherrschen.

332

Auch die **Ethik in der Wissenschaft** ist von den jeweils vorherrschenden Weltbildern abhängig. Das materialistische Weltbild sagt, der Mensch habe keinen wirklich freien Willen und damit auch keine Verantwortung gegenüber einer höheren Ordnung, denn eine solche höhere Ordnung existiere nicht. Praktisch bedeutet dies: »Alles, was machbar ist, ist erlaubt« (Abs. 260). Aus diesem Grund kennt die materialistische Wissenschaft keine Grenzen und auch kein wirkliches Ziel – weil das gesamte Universum für sie weder Sinn noch Bestimmung hat. Das Ergebnis ist ein *Machbarkeitswahn* mit den entsprechenden Auswüchsen in den bekannten und noch viel mehr in den geheimen Forschungen.

Theistische Wissenschaftler verwechseln diesen Machbarkeitswahn nicht mit »Fortschritt« und sehen wahren Fortschritt immer im Licht der Erkenntnis, dass die Erde und der Kosmos bereits in einer perfekten

Ordnung ruhen und dass der Mensch mit dieser Ordnung harmonieren sollte. Aus diesem ganzheitlichen Bewusstsein heraus können viele neue, unschädliche Technologien entwickelt werden, die dem göttlich-schöpferischen Geist entsprechen und von diesem Geist inspiriert sind: »Geist über Materie«, »Natürliche Balancierung«, »Freie Energie«, »Implosion statt Explosion«, usw. (Viele Technologien und natürliche Heilmittel, die diesem Geist entspringen, existieren bereits, werden aber von den Monopolmächten unterdrückt, bekämpft oder heimlich für die Eigennutzung vereinnahmt.)

Kapitel 28

Die Moses-Gebote

333

Heilige Schriften sind immer mit bestimmten Epochen und Kulturen verbunden, weshalb sie natürlicherweise nicht nur absolute Aussagen enthalten, sondern auch viele relative (Abs. 37, 158, 160, 198, 328). Monotheistische Gläubige verabsolutieren jedoch ihre Schriften und Glaubensvorstellungen, obwohl die grundlegende heilige Schrift der drei abrahamitischen Weltreligionen, die Thora, mit einer verborgenen Aufforderung zum Differenzieren beginnt (Abs. 38) – verborgen deshalb, weil die Autoren dieser Texte aufgrund der historischen Situation um 500 v. Chr. vordergründig eine monotheistische Version ihrer Religion vertreten mussten (Abs. 177–178). Die Propheten und die Weisen unter den Schriftgelehrten wussten, dass **die innere Botschaft der Thora** zur gegebenen Zeit, in ferner Zukunft, die Menschen erreichen und erwecken wird. Weil auch dies eine verbotene Botschaft war, brachten sie ihre Visionen in mehrdeutigen Bildern und symbolischen Begriffen zum Ausdruck, die sowohl nationalistisch und monotheistisch als auch universell und theistisch verstanden werden konnten:

> »Und es wird geschehen in der letzten Zeit, dass der Berg, auf dem der Tempel Gottes steht, fest gegründet ist und alle anderen Berge überragen wird; und alle Völker werden zu ihm hinströmen, und Menschen aus allen Nationen [Religionen] werden kommen uns sagen: ›Kommt, lasset uns hinaufziehen zum Berge des Herrn, zum Haus von Jakobs Gott, damit er uns seine Wahrheit lehre und wir entsprechend leben. Denn von Zion wird Weisung ausgehen, von Jerusalem das Wort des Herrn.‹ Und er wird Recht sprechen über die Völker und alle Streite schlichten; und sie werden ihre Schwerter zu Pflugscharen schmieden und die Spitzen ihrer Speere zu Sicheln. Kein Volk wird wider das andere das Schwert erheben, und niemand treibt sie in den Krieg. Auf, ihr Nachkommen Jakobs, lasst uns in dem Licht leben, das der Herr uns schenkt!« (Jes 2,2–5)

> »Diejenigen aber, die Gottes Weisheit bewahrt und vielen Menschen den Weg der Gerechtigkeit gezeigt haben, werden für alle Zukunft leuchten wie die Sterne am Himmel.« Und als letztes sagte er [der Engel] zu mir: »Halte geheim, was ich dir gesagt habe; schreibe es auf und versiegle das Buch, damit es in der letzten Zeit [in jener Zeit, auf die sich die Prophezeiung bezieht] geöffnet wird! Viele werden es dann durchforschen und große Erkenntnis / wirkliches Wissen (hebr. *hadda'ath*) finden.« (Dan 12,3–4)

> »Und danach wird es geschehen, dass ich alle Menschen mit meinem Geist erfüllen werde; und eure Söhne und Töchter werden weissagen, die Alten

werden in Träumen Offenbarungen bekommen, die Jungen werden Gesichte [göttliche Visionen] sehen.« (Joel 2,28; Apg 2,17)

»Für euch aber, die ihr mir treu gewesen seid, wird an diesem Tag die Sonne aufgehen. Sie wird euer Recht an den Tag bringen. Alles wird wiedergutgemacht werden.« (Mal 3,20; Schlussabschnitte des Alten Testaments)

334

In den früheren Kapiteln wurde bereits mehrfach erwähnt, dass der Kern aller Religionen, auch derjenigen, die als monotheistisch bezeichnet werden, theistisch ist. Eine Religion, die dem göttlichen Geist dient, fördert den gegenseitigen Respekt zwischen den Religionen (Abs. 323), und dazu gehört auch die Fähigkeit, in allen Religionen den theistischen Kern zu erkennen. Ein kritischer Prüfstein hierbei ist, wie die jeweiligen Religionsvertreter **die Zehn Gebote** auslegen. Diese sind im Alten Testament zweimal wiedergegeben (2 Mose 20,2–17; 5 Mose 5,6–21), jedoch nicht in identischer Formulierung.

335

Das theistische Verständnis des ersten Gebots wurde bereits in Kapitel 16, Abs. 165, dargelegt:

»Ich bin der Herr, dein Gott, der dich aus Ägypten, dem Haus der Versklavung, herausgeführt hat; du sollst keine anderen Götter neben mir haben.«

»Keine anderen Götter neben mir« ist eine archaisch-personifizierte Umschreibung für das Wesen des absoluten Gottes, denn das Absolute ist allumfassend. Nichts existiert außerhalb oder unabhängig von Gott, auch das Relative nicht. Das Relative ist nicht »neben«, sondern *im* Absoluten. Deshalb sollten auch die Licht- und Schöpferwesen – wie die Elohim, Cherubim und Seraphim – nicht getrennt von Gott gesehen werden.

Wenn die Menschen »Gott« mit monotheistischen, nationalistischen oder anderen egoistischen Motiven für sich vereinnahmen wollen, geraten sie in eine Versklavung durch falsche »Götter« (Götzen des Materialismus, Humanismus, Monismus, Dualismus, Monotheismus). Aus dieser »Versklavung«, so betont das erste Gebot, wird der Mensch befreit, wenn er Gott im theistischen Sinn erkennt. Diejenigen, die sich nicht an das erste Gebot halten, befinden sich in einer Einseitigkeit, in der sie entweder eine abstrakte Einheit oder eine getrennte Vielfalt verabsolutieren, was bedeutet, dass sie sich von irgendwelchen Absolutheitsansprüchen dirigieren lassen. Sie meinen, ihr Zweck heilige die Mittel, weshalb sie auch die anderen Gebote (»Du sollst nicht lügen, nicht stehlen, nicht morden, gegen andere Menschen kein falsches Zeugnis ablegen«, usw.) nicht konsequent befolgen. Sie werden mit atheistischen oder pseudoreligiösen Argumenten immer wieder Gründe finden, mit denen sie sich selbst gegenüber rechtfertigen, warum es für sie – trotz der eindeutig formulierten Gebote – unter »gewissen« Umständen »notwendig« und daher »erlaubt« sei, zu morden, zu stehlen, zu lügen und »gegen andere Menschen falsches Zeugnis abzulegen«.

336

Das theistische Verständnis des zweiten Gebots schließt direkt an das erste Gebot an:

»Du sollst dir keine Gottesstatue machen, auch kein Abbild dessen, was oben in den Himmeln ist, was auf der Erde oder was in den Wassern unterhalb der Erde ist. Du sollst sie nicht anbeten und ihnen nicht dienen. Denn ich der Herr, dein Gott, bin ein leidenschaftlicher (eifersüchtiger) Gott, der die Schuld der Eltern in den Kindern heimsucht, bis in die dritte und vierte Generation derjenigen, die mich zurückweisen, der aber denjenigen, die mich lieben und meine Gebote befolgen, Güte zeigt bis in die tausendste Generation.« (Übersetzung nach der Thora-Ausgabe *Etz Hayim*, 2001)

»Du sollst dir kein Abbild Gottes machen und sollst kein Götter-, Menschen- oder Tierbild anbeten und verehren« – dieses Gebot hat sowohl eine kulturell-historische als auch eine zeitlose Bedeutung. Die Menschen im Nahen Osten (und der ganzen Welt) fielen mit dem Anbruch des nachsintflutlichen Zeitalters zunehmend in materialistische Gottesvorstellungen und schufen sich personifizierte Abbilder der Naturkräfte, die sie als Götter oder Gott verehrten und zu Stadt- und Nationalgöttern erhoben. Von diesem Punkt an war es nur noch ein kleiner Schritt, bis gewisse Nationalgötter zum »einzigen Gott« erhoben wurden. Deshalb besagt das zweite Gebot: »*Schafft euch kein Abbild von Gott und beschränkt Gott nicht auf eine irdische oder überirdische Vorstellung, denn durch solche beschränkten Vorstellungen weist ihr mich, den Einen Gott, zurück, und es kommt zu Spaltung, Hass und Kriegen. Diese Schuld der Eltern wird nicht nur die gegenwärtige, sondern auch die nachfolgenden Generationen in Leid stürzen.*«

Das zweite Gebot nennt das Kriterium, woran wahre Religion zu erkennen ist: daran, dass sie die Menschen befähigt, »Gottes Güte bis in die tausendste Generation«, d.h. über Tausende von Jahren hinweg, zu empfangen und entsprechend zu leben. Wie? »Indem sie mich lieben und meine Gebote befolgen.« Religionen, die für die gegenwärtige und die nachfolgenden Generationen Kriege, Not und Hass beschwören, folgen weder dem ersten noch dem zweiten Gebot – und den anderen ebenfalls nicht.

337

Das Bilderverbot, das im zweiten Gebot formuliert ist, sollte nicht verabsolutiert werden, denn nicht jede bildliche Darstellung Gottes ist Ausdruck eines machtorientierten und magischen Strebens. In Kulturen, die nicht monotheistisch geprägt sind, insbesondere in der indischen, stehen bildliche Darstellungen nicht im Widerspruch zum theistischen Gottesverständnis, denn Gott ist allumfassend und umfasst daher auch die sichtbare Welt der drei Dimensionen. **Die dreidimensionale Präsenz Gottes** kann symbolisch durch eine materielle Gestalt zum Ausdruck gebracht werden, die zweidimensionale durch ein Bild oder eine Schrift und die »eindimensionale«, d. h. die nur hörbare, aber nicht greif- und sichtbare Präsenz, durch Klang (Mantras, Gottes Namen, Lieder usw.). In der hinduistischen Form des Theismus gehört die dreidimensionale Präsenz Gottes genauso zum religiösen Ausdruck wie das Lesen der heiligen Schriften, die Gesänge und die Meditation. Aber kein hinduistischer Theist würde behaupten, die Gottesstatue sei identisch mit Gott. Die Gottesstatue repräsentiert die Allgegenwart des individuellen Gottes, und die theistischen Hindus bringen durch ihre Zeremonien ihre Liebe und Hingabe zum Ausdruck, was von Außenstehenden und Vertretern anderer Glaubensrichtungen schnell missverstanden werden kann. Wer meint, diese farbenfrohe Form des Gottesdienstes kritisieren zu dürfen, sollte sich daran erinnern, dass die Hindus – im Gegensatz zu den monotheistischen Mächten – nie Missions-, Kolonisations- und Eroberungsfeldzüge durchgeführt haben.*

Es ist vollkommen legitim, wenn die nahöstlichen Religionen das zweite Gebot für sich als ein Verbot jeglicher Gottesdarstellung auffassen, aber sie sollten dieses Gebot nicht verabsolutieren und meinen, *alle* Religionen und Kulturen müssten nun genauso denken wie sie. Eine solche Verabsolutierung ist ebenfalls einseitig, denn sie beschränkt Gott auf die Bildlosigkeit und führt zur Zerstörung des gegenseitigen Respekts, was sich z. B. vor achthundert Jahren in Indien zeigte, als die Invasoren aus dem Mittleren Osten Hunderte von Tempeln zerstörten und Tausende von »Ungläubigen« ermordeten.

---

* Trotz des Fehlens dieser aggressiv-expansiven Politik, die für die nahöstlichen und westlichen Religionen typisch war, hatte (und hat) auch der Hinduismus seine dunklen Seiten, wie das Kastensystem, die theokratischen Machtstrukturen und die in gewissen Strömungen vorhandene Missachtung der Frau, die bis zu Misshandlung und Tötung gehen konnte (Witwenverbrennung). Wie alle Religionen, benötigt auch der Hinduismus in vieler Hinsicht eine Überwindung alter Strukturen und Denkmuster.

338

Das Zweite Gebot besagt im theistischen Sinn: Projiziere keine menschlichen Vorstellungen auf Gott, denn diese Vorstellungen sind immer beschränkt und relativ. »Menschliche Vorstellungen« bezieht sich nicht nur auf die magischen und anthropomorphen Götterbilder, sondern auch auf die Gottesvorstellungen der monotheistischen Religionsgruppen:

1. nationalistische Vorstellungen: »unser« Gott im Gegensatz zum Gott der »anderen« Völker;
2. ideologische Vorstellungen: Gott »liebt« uns mehr als die anderen, »Gott ist auf unserer Seite«;
3. limitierende Vorstellungen: Gott dürfe nie und von niemandem mit einem dreidimensionalen Symbolbild dargestellt werden;
4. bildliche Vorstellungen: Gott sieht nur »so« aus und nicht anders.

Die ersten drei Punkte beziehen sich auf die monotheistischen Buchreligionen, der vierte bezieht sich auf die hinduistischen Religionen, denn auch dort finden sich Fundamentalisten, die ihre Gottesvorstellungen und die damit verbundenen Gottesbilder verabsolutieren.

339

Wären die Zehn Gebote tatsächlich von Gott auf Steintafeln geschrieben worden, wäre die Formulierung eindeutig gewesen, und kein Mensch hätte es wagen dürfen, diese Formulierungen zu ändern. Aber die Thora – und damit auch die Bibel – enthält **zwei verschiedene Versionen der Zehn Gebote** (2 Mose 20,2–17; 5 Mose 5,6–21), was zeigt, dass auch diese zentralen Textstellen über einen jahrhundertelangen Entwicklungsprozess entstanden sind und dabei verschiedene Ausformulierungen erfuhren. Besonders deutlich zeigt sich dies beim vierten Gebot, dem **Gebot des Ruhetages** (2 Mose 20,8–11; 5 Mose 5,12–15), das an beiden Stellen ausführlich begründet wird, jedoch mit unterschiedlichen Argumenten.*
In der ersten Version wird das Ruhetaggebot auf das Ausruhen Gottes am siebten Tag der Schöpfung zurückgeführt, in der zweiten Version auf einen moralischen Gewissensgrund in Erinnerung an die Exodus-Geschichte: »An diesem Tag sollen sich deine Sklaven und Sklavinnen

---

* Es wird nirgendwo gesagt, Gott habe die Gebote zweimal formuliert. Auch in 5 Mose 5 wird betont, dies seien die Gebote, die Moses auf dem Berg Sinai (Horeb) empfangen habe. Dennoch wird in 5 Mose 5 eine Fassung der Gebote wiedergegeben, die sich in mehreren Punkten von der Fassung in 2 Mose 20 unterscheidet – was bestimmt auch den Endredaktoren der Thora aufgefallen ist. Dass sie diese Abweichungen stehen ließen oder sogar absichtlich schufen, ist ein weiterer Hinweis auf ihre theistische (und nicht monotheistische) Gesinnung; siehe Abs. 177–178 und 333.

(Knechte und Mägde) genauso ausruhen können wie du. Denke daran, dass du selbst in Ägypten ein Sklave warst und dass der Herr, dein Gott, dich mit starker Hand und erhobenem Arm von dort in die Freiheit geführt hat. Deshalb befiehlt er dir, den Tag der Ruhe einzuhalten.«*

340

Die Zehn Gebote entstanden aus dem Geist der damaligen Zeit heraus, weshalb sie wie selbstverständlich von der Existenz und Legitimität der Sklaverei ausgehen: Am Sabbattag sollen auch die Sklaven und Sklavinnen keine Arbeit verrichten (2 Mose 20,10), und die Ehefrau wird als Besitz des Mannes bezeichnet wie seine Sklaven und Tiere: »Begehre nicht die Frau deines Nächsten, auch nicht seinen Sklaven oder seine Sklavin, auch nicht sein Vieh oder seinen Esel oder sonst etwas, was deinem Nächsten gehört.« (2 Mose 20,17)

Obwohl die Moses-Gebote einem kulturellen und lokalhistorischen Umfeld entspringen, gründet ihre Essenz in einer theistischen Ethik. **Die Essenz der Zehn Gebote** ist nicht davon abhängig, ob die Rahmengeschichte mit Moses und den Steintafeln ein historisches Ereignis war oder nicht. Diese Essenz lässt sich wie folgt zusammenfassen:

(1) Diene nur Gott und seinen Geboten und nicht falschen Göttern; (2) beschränke Gott nicht auf deine kulturelle oder religiöse Gottesvorstellung; projiziere keine einseitigen – atheistischen oder monotheistischen – Vorstellungen auf Gott; (3) missbrauche nicht den Namen Gottes; (4) respektiere den Ruhetag; (5) ehre Vater und Mutter; (6) töte keine Menschen, weder eigenhändig noch in Beauftragung anderer; ehre alle Lebewesen als Geschöpfe Gottes; (7) erkenne die Heiligkeit der Mann-Frau-Beziehung; (8) beraube niemanden seiner Freiheit oder seines Eigentums; (9) sage nichts Unwahres über andere; (10) begehre nicht, was dir nicht zusteht.

Viele Gesetze im Alten Testament und in verwandten Schriften gehen nicht auf eine theistische Ethik zurück, sondern auf die Sitten der damaligen Stammeskulturen, auf die kriegerischen Umstände während der Entstehungszeit dieser Schriften und auf die machtpolitischen Anweisungen der Priester. Wenn wir die Essenz der Zehn Gebote kennen, haben wir jedoch grundlegende Kriterien, um unterscheiden zu können, welche Richtlinien in diesen Schriften der theistischen Zeitlosigkeit entsprechen und welche nicht.

---

* Diese Formulierung zeigt ebenfalls, dass die Exodus-Geschichte symbolisch und nicht historisch zu verstehen ist (Abs. 180–181), denn wäre sie historisch, müßte die Formulierung hier lauten: »Denke daran, dass dein Volk in Ägypten in der Sklaverei war.« Die Formulierung »Denke daran, dass du selbst in Ägypten ein Sklave warst«, weist auf die zeitlose Bedeutung dieser Geschichte hin (Abs. 37, 194).

Kapitel 29

Der theistische Kern des Judentums

341

Der Kern aller »monotheistischen« Religionen ist theistisch. Dieser Kern ist die Erkenntnis, dass Gott nicht nur Energie, sondern auch Individuum ist: absolutes Bewusstsein mit Willen, Liebe und unendlicher Vielfalt, zu der auch wir, die Teile Gottes, gehören. Jede Religion und Mysterientradition hat für diese Realität ihre eigenen Begriffssysteme, aber sie alle meinen letztlich dasselbe.*

Wenn ich in den folgenden drei Kapiteln den Versuch unternehme, den theistischen Kern des Judentums, des Christentums und des Islam zu beschreiben, so kann dies nur skizzenhaft und unvollständig geschehen. Aber bereits in dieser elementaren Darlegung wird das große Friedenspotential spürbar, und pionierhafte Theologen der genannten und aller anderen Religionen sind aufgerufen, die theistischen Inhalte ihrer heiligen Schriften herauszuarbeiten und in den großen, überkonfessionellen Zusammenhang zu stellen – zum Wohl ihrer eigenen Religion und zum Wohl der ganzen Welt.

342

Der Kern des Judentums ist **die Thora, »das Gesetz«,** und der Kern der Thora sind die Zehn Gebote. Das Besondere an diesen Geboten ist, dass hier scheinbar weltliche Gesetze wie »Du sollst nicht töten, nicht lügen, nicht stehlen, nicht ehebrechen« nicht nur in einem ethischen und juristischen Zusammenhang, sondern im Zusammenhang mit der göttlichen Quelle gesehen werden. Während Menschen ohne theistisches Bewusstsein (seien sie atheistisch, seien sie monotheistisch) für Ethik und Moral keine absoluten oder nur verabsolutierte Richtlinien haben, zeigt die theistische Lehre, dass Gott ein lebendiger, »persönlicher« Gott ist, der Bewusstsein und Willen hat, weshalb auch die Menschen als Gottes Abbild Bewusstsein und Willen und damit *Verantwortung* haben. Gott ist unendlich mehr als seine Schöpfung, wie der theistische Kern des Judentums lehrt, und Gott will nicht Materieverehrung, Gott will nicht Illusion, sondern Realität, nämlich die Einheit der Liebe, sowohl im Absoluten als auch

---

* Auch der Kern des Hinduismus und des Buddhismus ist theistisch. Der Buddhismus wird allgemein als eine »atheistische« bzw. nontheistische Religion bezeichnet, doch sein Ziel ist ein theistischer (= ganzheitlicher) Monismus: Erkenntnis der *Einheit* in der Vielfalt, ohne dass dabei die Vielfalt des Absoluten negiert wird (Abs. 105, Brahman-Erkenntnis).

im Relativen, weshalb die genannten, eigentlich selbstverständlichen Gebote nicht bloß als menschliche Konvention, sondern als **Konsequenz der Realität Gottes** formuliert werden.

343

Wenn Gott nicht im theistischen Sinn erkannt wird, geht die spirituelle Grundlage von Ethik und Moral verloren, und es herrscht eine theokratische Willkür, weil dann religiöse oder staatliche Führer eigenmächtig festlegen, was getan werden muss und was nicht getan werden darf. Und dies geschieht immer auf der Grundlage von machtgetriebenen Interessen, die zu den neuen Göttern werden, zu Molochen, die ständig neue Menschenopfer fordern, so wie heute die Götter »Profit«, »Fortschritt«, »Wachstum«, »Unterhaltung« usw. Deshalb wird im ersten Gebot betont, dass der Mensch nicht solchen Göttern, sondern nur dem wahren Gott dienen solle. Diejenigen, die mit irgendwelchen Ja-aber-Begründungen Gottes Gebote missachten und stehlen, lügen und morden – oder stehlen, lügen und morden lassen –, dienen falschen Göttern, selbst wenn sie sich auf »Gott« berufen (Abs. 165, 335). Die Zehn Gebote stellen deshalb nicht einfach eine weltliche Gesetzgebung mit Deliktnennung und Strafe dar (»Wer das und das tut, wird so und so bestraft«), sondern sie erscheinen als unbedingte Formulierungen: »Du sollst nicht ...«, ohne Wenn und Aber. *Gott will nicht, dass die Menschen stehlen, lügen und morden.* Warum nicht? Diese Frage kann nur mit einem theistischen Gottesverständnis beantwortet werden, weshalb die Redakteure und Autoren des Alten Testaments nach der Babylonischen Gefangenschaft (um 500 v. Chr.) auf eine bis dahin einzigartige Weise **das »persönliche« Wesen Gottes** betonten: Im ersten Gebot bezeichnet sich Gott nicht als ferner, unsichtbarer Gott der Schöpfung, sondern als »der Herr, dein Gott«, der für jeden Menschen die Befreiung aus der materiellen »Versklavung« wünscht. Solange der Mensch diesen Gott nicht kennt, kennt er nur das Relative und Materielle und bleibt in dieser Getrenntheit gefangen, ohne den wirklichen Sinn des Lebens zu kennen.

Der Gott der Thora ist kein abstrakter oder nur neutraler Gott, sondern ein Gott der Liebe, wie im zweiten Gebot betont wird: »die mich lieben und aus dieser Liebe heraus [und nicht bloß aufgrund von gesellschaftlicher Konvention und Gesetzgebung] meine Gebote befolgen« (Abs. 336). In diesem Gebot nennt sich Gott sogar »leidenschaftlich; eifersüchtig« (hebr. *kanna*), ein Wort, das dem menschlichen Bezug der leidenschaftlichen und ehelichen Liebe entliehen ist. Damit soll gesagt werden: *»Du, o Mensch, bist Gott nicht gleichgültig. Gott möchte deine Liebe. Wenn du deine Liebe zu weltlicher Machtlust degenerieren lässt und dabei Götter oder sogar Dämonen verehrst, ist das mir, deinem Herrn und Gott, nicht egal.«*

344

Wenn jüdische Mystiker sagen: »Thora existierte vor der Schöpfung; mit Thora steht und fällt die Welt«,* meinen sie damit nicht die Thora als Buch in einem fundamentalistischen Sinn, sondern *die inhaltliche Grundlage* dieser Schriftsammlung, die lebendige Essenz: die **Thora als Ausdruck der ewigen Ordnung**, genannt *Tora min Ha-Schamajim* (»Thora von den Himmeln«) und *Tora-Or* (»Thora des Lichts«). In diesem Sinn bedeutet Thora dasselbe wie der Sanskritbegriff Dharma (»All-Ordnung; göttliches Gesetz«; Abs. 137) und der ägyptische Begriff Ma'at (Abs. 330): Ordnung ist Ausdruck der göttlichen Realität; der Mensch kann Ordnung nicht schaffen, aber er kann die Ordnung stören – wenn er gegen diese Ordnung, »das Gesetz«, verstößt. Dies bezieht sich jedoch nicht auf ein stures Befolgen von menschengemachten Religions- und Verhaltensregeln, sondern auf das **Leben im göttlichen Geist der Thora:**

> »Höre, Israel, YHWH ist unser Gott, YHWH ist eins/der Eine *(YHWH Eloheinu, YHWH ehad)*. Liebe den Herrn, deinen Gott, mit deinem Herzen und deiner Seele und mit all deiner Kraft.« (5 Mose 6,4–5)

> »Liebe deine Mitmenschen wie dich selbst.« (3 Mose 19,18)

Diese beiden zentralen Gebote des Alten Testaments zitierte Jesus, als er gefragt wurde, was das wichtigste Gebot der Thora sei (Mt 22,36; Mk 12,28). Dieselben Antworten bekam auch der Prophet Micha auf die Frage, wie sich der Mensch an Gott wenden solle:

> »Womit soll ich vor den Herrn treten, mich beugen vor dem Gott der Höhe? Soll ich vor ihn treten mit Brandopfern, mit einjährigen Kälbern? Wünscht der Herr zu seinem Wohlgefallen Tausende von Widdern und ungezählte Bäche von Öl? Soll ich meinen erstgeborenen Sohn hingeben für meine Sünde, die Frucht meines Leibes als Sühne meiner Seele?« – »Es ist dir gesagt, o Mensch, was gut ist und was der Herr von dir fordert: nichts als Recht üben und die Güte lieben und demütig wandeln vor deinem Gott!« (Micha 6,6–8)

---

* »Dein Wort, o Herr, bleibt für alle Zeit bestehen, bei dir im Himmel ist sein fester Platz.« (Psalm 119,89)

»Gott, der Herr, hat mich [die Weisheit der Thora] geschaffen als Anfang seines schöpfenden Wirkens, ich war sein erstes Werk vor allen anderen. Ich stamme aus der Ewigkeit und war schon hier am Anfang, vor dem Beginn der Welt.« (Spr 8,22f.)

»Gott schaute in die Thora und erschuf die Welt, und wenn die Menschen die Thora lesen, dann bewirken sie damit die Aufrechterhaltung der Welt.« (Sohar)

345

Micha war ein Zeitgenosse des Propheten Jesaja (8. Jh. v. Chr.), der – wie Micha im obigen Zitat – immer wieder betonte, dass Gott keine Blutopfer und Tieropfer wolle. Aus dem Micha-Zitat geht hervor, dass die Menschen damals meinten, Gott verlange nicht nur die Opferung von Tieren, sondern auch die Opferung des erstgeborenen Sohnes. Welches Zeugnis legt dies für die Priester ab, die den Menschen solche Ideen einpflanzten? Welchem Gott dienten sie? Wie **die zwei Kernstellen des Alten Testaments** (zitiert in Abs. 344: 3 Mose 19,18; 5 Mose 6,4–5) zeigen, war den theistischen Pionieren der damaligen Zeit bewusst, dass Gott kein dunkles Astralwesen ist, das Tier- und Menschenopfer verlangt, sondern das Wesen der absoluten Liebe. Dies zeigt sich auch im Gottesnamen YHWH, wenn wir ihn nicht nur sprachlich, sondern auch numerisch betrachten, denn im Hebräischen ist jeder Buchstabe auch eine Zahl. Die Summe von Y+H+W+H ist 26, und der Schlüssel zu dieser Gotteszahl ist das ganzheitliche Verständnis von 13+13. Das eine Schlüsselwort mit der Quersumme 13 ist *ehad*, »Einheit; der Eine«, das auch in der bereits zitierten Kernstelle 5 Mose 6,4–5 erscheint: *YHWH Eloheinu, YHWH ehad*. Das zweite 13-Schlüsselwort ist *ahava*, »Liebe«. Gott ist also nicht nur Liebe und nicht nur Einheit, sondern »Einheit in Liebe« und »Liebe in Einheit«. Einheit ohne Liebe führt zu einer Verabsolutierung der Nondualität (Abs. 88, 132), Liebe ohne Einheit führt zu Fanatismus und Absolutismus (»wir lieben Gott so sehr, dass wir alle anderen, die nicht zu uns gehören, bekämpfen«). Wann immer YHWH in der Thora spricht, muss dies im ganzheitlichen Verständnis der 26 ausgelegt werden, denn ohne diese theistische Sicht machen die Menschen YHWH zu einem anthropomorphen »Jahwe«, der vielfach missbraucht werden kann.

346

Im Alten Testament wurden Geschichten aus dem polytheistischen Umfeld des Nahen und Mittleren Ostens umgeschrieben, um auf **die theistische Essenz des menschlichen Lebens und der menschlichen Geschichte** hinzuweisen. Gott wird dabei als personenhaftes Wesen dargestellt, angefangen mit der Adam-und-Eva-Geschichte, in der Gott als YHWH bezeichnet wird: der Ausdruck des mystischen Geheimnisses von 13+13 (Abs. 345). Und genau deshalb sagt YHWH zu Adam und Eva, dass sie nicht vom »Baum der Erkenntnis von Gut und Böse« essen sollen, wobei das hebräische Wort, das mit »Erkenntnis« übersetzt wird, ursprünglich »Gleichsetzung; Verschmelzung« bedeutet. (Dieselbe Wortwurzel finden wir auch im biblischen Wort für geschlechtliche Verbindung: »Und Adam erkannte seine Frau Eva, und sie ward schwanger und gebar den Kain. [...] Und Kain erkannte seine Frau, die schwanger wurde und den Henoch gebar.«) Das Essen vom verbotenen Baum versinnbildlicht das Schlucken von Theorien und Ideologien, die zu einer Verschmelzung oder Gleichsetzung oder Vertauschung von Gut und Böse führen – was immer der Fall ist, wenn der Mensch unabhängig von der göttlichen Ordnung das eigene Verhalten rechtfertigen will (Abs. 343), sei dies im Namen von »Gott« oder im Namen von »Einheit« (Gleichsetzung von Polarität und Dualität). Wenn der Mensch aus der göttlichen Ordnung fällt, verliert er das Bewusstsein der Ganzheit (»Eden«, die Verbindung mit der 26) und sieht nur noch die äußere Erscheinung der Dinge (Adam und Eva sehen plötzlich ihre Nacktheit). Der Mensch trennt sich von Gott, doch Gott ist nicht vom Menschen getrennt. Die Thora zeigt dies anhand des Bildes von YHWH, der durch das Paradies schreitet und ruft: »Adam, wo bist du?«

In der theistischen Symbolik sind all diese Geschichten zeitlose und damit immerpräsente Realitäten, so wie auch die erwähnte Szene im Paradies: Der Mensch sieht sich verschiedensten Versuchungen gegenüber, und wenn er sich – nach einer Verletzung der Gebote – vor Gott verstecken will, kommt Gott und ruft: »O Mensch, wo bist du?« Wir können versuchen, unsere dunklen Stellen schönzureden oder zu verdrängen, aber das Leben konfrontiert uns immer wieder mit uns selbst ...

347

Jedes der Urbilder im Alten Testament, angefangen mit dem »Paradies«, lässt sich detailreich mit zeitloser Gültigkeit interpretieren. Bezeichnenderweise ist das hebräische Wort für »Garten«, *PaRDeS*, gleichzeitig das Schlüsselwort für **die vier Bedeutungsebenen der Thora:**

Pschat (»einfache Bedeutung«): der wörtliche Sinn (Notation)
Remez (»Hinweis; Andeutung«): der allegorische Sinn (Konnotation)
Drasch (»fragen«): der instruktive, moralische Sinn (Instruktion)
Sod (»Geheimnis«): der geheime, symbolische Sinn (Intention)

Die Anfangsbuchstaben dieser vier Begriffe – p-r-d-s – bedeuten »Paradies« und lassen erkennen, dass der Mensch in »Sünde« fällt und das Paradies verliert, wenn er göttliche Offenbarungen und heilige Schriften nicht in ihrem ganzheitlichen Sinn versteht. Ganzheitlich bedeutet: immer im Zusammenhang mit allen vier Bedeutungsebenen.

Derselbe Hinweis findet sich auch direkt am Anfang der Thora, wo die ersten zwei Wörter, *bereschit bara*, mit dem Buchstaben B beginnen, der im Hebräischen auch die Zahl 2 darstellt (Abs. 38, 177). Die ersten zwei Wörter von Genesis 1,1 beginnen mit 2-2, was auf die 4 hinweist: die vier verschiedenen Bedeutungsebenen, die sich gegenseitig ergänzen. Der Schlüssel 2-2 zu Beginn von Genesis 1,1 signalisiert: Wer diese Schrift richtig verstehen will, muss fähig sein zu unterscheiden – zwischen absoluten und relativen Aussagen, zwischen sym-bolischen und dia-bolischen

Interpretationen –, und dieses Unterscheiden ermöglicht das Verstehen des Textes auf seinen vier Bedeutungsebenen. Erst mit dieser ganzheitlichen Sicht wird es möglich, den theistischen Kern des Judentums – **Gesetz und göttliche Ordnung** – zu erkennen und entsprechend zu leben (siehe auch Anm. 48).

348

Die Menschen im Nahen Osten (und in aller Welt) fielen mit dem Anbruch des nachsintflutlichen Zeitalters zusehends in materialistische Gottesvorstellungen und schufen sich personifizierte Abbilder der Naturkräfte, die sie als Götter oder Gott verehrten und zu Stadt- und Nationalgöttern erhoben. So gab es den Gott und die Götter von Ägypten, Babylon, Assur, Ugarit, Israel usw. Und dennoch hat »**der Gott Israels**« eine besondere Bedeutung. Wer ist dieser Gott? Handelt es sich hier ebenfalls nur um einen verabsolutierten Nationalgott? Bei einer monotheistischen Definition lautet die Antwort ja. Der Begriff »der Gott Israels« kann aber auch in einem theistischen Sinn verstanden werden, denn »Israel« war ursprünglich nicht der Name eines Volkes, sondern *der Name einer Person,* nämlich des Isaak-Sohnes Jakob.

349

Während im 2. Jahrtausend v. Chr. in Mesopotamien und in Ägypten bereits Hochkulturen existierten, war der Nahe Osten ein Gebiet mit vereinzelten kleinen Stadtkulturen. Hauptsächlich lebten dort nomadisierende Hirtenstämme. Die theistischen Pioniere, die damals in diesem Gebiet auftraten, sind heute historisch nicht mehr bekannt, aber eine lebendige Erinnerung lebte in den Geschichten von Abraham, Isaak und Jakob weiter. In diesem Zusammenhang ist es aufschlussreich zu sehen, wie die Autoren des Alten Testaments im 6. und 5. Jahrhundert v. Chr. rückblickend **die Entstehung des Namens »Israel«** beschrieben. Der Volksname »Israel« existierte bereits um 1200 v. Chr., wie die berühmte Siegesstele des ägyptischen Pharaos Merenptah bezeugt. Aber was bedeutet dieser Name? Die Autoren des Alten Testaments erzählen hierzu folgende Geschichte: Jakob hat seinen älteren Bruder Esau betrogen und will sich nach vielen Jahren wieder mit ihm treffen, um sich mit ihm zu versöhnen. In der Nacht vor dem Treffen mit Esau begegnet Jakob um Mitternacht einem anonymen göttlichen Wesen, mit dem er von Mitternacht bis zur ersten Morgendämmerung kämpft, ohne es besiegen zu können. Von diesem Wesen, das im Thora-Text einfach »Elohim« genannt wird, bekommt Jakob nach dem Kampf den Namen »Israel« (1 Mose 32,23 – 29), dann entschwindet Elohim.

Jüdische Kommentatoren vertreten unterschiedliche Meinungen darüber, wie die Gestalt namens Elohim zu deuten ist. Eine mögliche Interpretation besagt, dieses Wesen habe Jakobs Gewissen repräsentiert. Im Kommentar der Thora-Ausgabe *Etz Hayim*[95] heißt es dazu:

> Wir können uns vorstellen, wie Jakob zu sich selbst sagt: »Bis jetzt habe ich in schwierigen Situationen immer so reagiert, dass ich log oder wegrannte. Ich habe meinen Vater betrogen, ich rannte von Esau weg, ich verließ Labans Haus heimlich, statt mich ihm zu stellen. Ich hasse mich als Person, die lügt und wegrennt. Auch jetzt fürchte ich mich wieder vor dem, was kommt.« Weil Jakob jetzt aber sein Gewissen nicht bezwingt, erringt er einen Sieg. Er wächst über seine Jakob-Identität als Schwindler/Gauner (engl. *trickster*) hinaus und wird Israel, derjenige, der mit Gott und den Menschen gerungen hat, statt ihnen aus dem Weg zu gehen oder sie zu manipulieren.

Die Situation, in der Jakob seinen neuen Namen bekommt, enthält einige bedeutsame Details: Nachdem Jakob eine halbe Nacht lang mit Elohim gerungen hat, will Elohim bei der ersten Morgendämmerung entschwinden, doch Jakob sagt: »Ich lasse dich erst gehen, wenn du mir eine Segnung gibst.« Das Wesen entgegnet: »Wie heißt du?« Er sagt: »Jakob.« Und das Wesen sagt: »Du sollst von nun an nicht mehr Jakob heißen, sondern Israel, denn du hast mit Gott und den Menschen gerungen und hast gesiegt.« (1 Mose 32,27 – 28)

Der *Etz-Hayim*-Kommentar sagt zu dieser Stelle:

> Der Engel fragt Jakob: »Wie lautet dein Name?« Das letzte Mal, als er um eine Segnung gebeten hatte – als sein Vater fragte: »Wer bist du?« –, hatte er die Frage unwahr beantwortet. »Jetzt, wo du bereit bist, die Frage, wer du bist, wahrheitsgetreu zu beantworten, hast du deine frühere Identität überwunden und bist nun bereit, eine neue anzunehmen: Israel.«

»Israel« ist offensichtlich ein symbolischer Name und bezieht sich auf alle Menschen, die die materialistische Gesinnung überwunden und mit Gott gerungen haben, bis sie, am Ende ihrer geistigen Nacht, das Licht Gottes erkannten. Dass sich das Alte Testament auf Gottes Beziehung zu *allen* Menschen bezieht, geht aus Gottes Bund mit den Söhnen Noahs hervor (Abs. 184).

»Israel« ist ein zentraler Begriff der jüdischen Religion, doch interessanterweise ist nicht klar, was dieser Begriff bedeutet! »Israel« lässt sich etymologisch unterschiedlich deuten. Die Interpretation, die durch die Elohim-Geschichte gegeben wird, geht von der Wortaufteilung *yisra-El* aus, die bedeutet: »er, der mit Gott gerungen hat.« (*Yi* bedeutet »er«, *sra* kommt von der Wurzel *sry*, »ringen; kämpfen; retten«, und *el* bedeutet »Gott«.) Die kabbalistische Tradition erklärt den Namen »Israel« mit der Etymologie *yasher El*, was »direkt mit Gott verbunden« oder »direkt zu Gott« bedeutet. »Israel« bezieht sich hier auf den im Herzen schlummernden Wunsch, der uns spüren lässt, dass wir »direkt mit Gott verbunden« sind; durch die Stärkung dieses Wunsches kann der Mensch zunehmend aus der qualitativen Einheit mit Gott (Abs. 97, 99) heraus leben; die »fremden Völker«, mit denen »Israel« kämpft, sind die trennenden Gedanken und Wünsche, die uns von dieser direkten Verbindung ablenken und uns von uns selbst entfremden. So lautet die Erklärung der kabbalistischen Tradition, die von sich sagt, sie lehre die ursprüngliche Bedeutung der Thora.

Und tatsächlich besteht immer die Gefahr, dass auch Menschen, die »mit Gott gerungen« haben, wieder von trennenden Kräften verführt und überwältigt werden. Die entsprechende Geschichte des Alten Testaments verläuft dann auch so, dass Jakob/Israel nach Ägypten reist, vom Pharao mit großer Ehre empfangen wird und dort im hohen Alter stirbt. Seine Nachkommen vermehren sich in Ägypten und breiten sich aus, bis die vorherige Harmonie verloren geht und ein späterer Pharao nichts mehr von Jakob und Josef weiß und das Volk »Israel« versklavt. Der Aufenthalt in »Ägypten« endet nach »430 Jahren«, indem Moses das Volk aus der Versklavung durch die »Fremden« in die »Wüste« hinausführt, doch das Volk will zu den »Fleischtöpfen Ägyptens« zurückkehren. Die Reise durch die Wüste dauert »40 Jahre«, und Moses kann das »Gelobte Land« nur aus der Ferne sehen. Moses, der einen der »Fremden« erschlug, muss sterben, bevor »Israel« im »Gelobten Land« ankommt – und sich dort mit neuen »Fremden« konfrontiert sieht.

Wie bereits in den Absätzen 180–181 und 194 dargelegt, weisen grundlegende logische Unglaubwürdigkeiten darauf hin, dass diese Geschichte nicht historisch sein kann, sondern in erster Linie ein Gleichnis ist für den Schicksalsweg eines jeden Menschen, der den Weg »Israels« gehen will.

350

Gleich im Anschluss an die Geschichte von Jakobs Ringen mit Elohim erzählen die Autoren des Alten Testaments eine instruktive Geschichte (1 Mose 34): Dina, Jakobs einzige Tochter, verlässt ohne Erlaubnis allein das Zeltlager, um in die nahe gelegene fremde Stadt zu gehen, weil sie gleichaltrige junge Frauen treffen will. Dass diese zu einem anderen Glauben gehören, stört sie nicht. Bei ihrem Besuch geschieht es jedoch, dass Sichem, der Sohn des Stadtvorstehers namens Hamor, sich in sie verliebt, und er kann sich ihr gegenüber sexuell nicht zurückhalten. Dina bleibt darauf in Sichems Haus (ob freiwillig, aus Angst vor ihrem Vater oder in Gefangenschaft, wird nicht gesagt), während Sichem zusammen mit seinem Vater Hamor zu Jakob geht, um ihn zu bitten, ihm seine Tochter zur Frau zu geben. Sichem spricht zu Jakob und seinen Söhnen: »Ihr könnt den Brautpreis und die Hochzeitsgabe für die Braut so hoch ansetzen, wie ihr wollt; ich zahle alles, damit ich dieses Mädchen zur Frau bekomme.« Jakobs Söhne antworten mit feindseliger Arglist und sagen, Dina könne

Sichem nur dann heiraten, wenn sich alle Männer der Stadt beschneiden ließen. Die Beschneidung geschieht, und als nach drei Tagen alle Männer im Wundfieber darniederliegen, dringen Dinas Brüder Simeon und Levi in die Stadt ein, töten alle wehrlosen Männer und holen Dina aus Sichems Haus. »Die anderen Jakob-Söhne raubten die Erschlagenen aus und plünderten die Stadt.«

Wir müssen uns hier in Erinnerung rufen, dass diese Geschichte nicht historisch ist. Sie dient der zeitlosen Veranschaulichung, dass die Zugehörigkeit zur Familie Jakobs allein noch kein Gottesbewusstsein garantiert; jeder Mensch muss für sich selbst um Gotteserkenntnis ringen und »Israel« werden. Beschneidung bedeutet im symbolischen Sinn: alles entfernen, was uns von Gott trennt (Abs. 157). Der »Vater« (ein Religionsstifter) kann eine Gottesoffenbarung bekommen, aber das bedeutet nicht, dass auch seine Nachfolger (»Söhne«) dieser Offenbarung folgen. Ein warnendes Beispiel sind hier Jakobs Söhne, die ihre bevorzugte Stellung missbrauchten und dabei nicht vor Täuschung, Lügen und Mord zurückschreckten. Dieselben Jakob-Söhne wollten später auch ihren Bruder Josef umbringen und verkauften ihn dann an Händler, die nach Ägypten zogen.

351

»Israel« war der Name, der dem geläuterten Jakob von »Elohim« gegeben wurde (1 Mose 32,27 – 28) und wurde zum Überbegriff der zwölf Stämme, die nach den zwölf Söhnen Jakobs benannt wurden. Später kam es zur Aufteilung in das Nordreich Israel und das Südreich Juda. Neben der historischen Bedeutung war »Israel« ursprünglich ein symbolischer Name, und **das symbolische Volk Israel** – mit dem jüdischen Volk als konkreter Verkörperung von »Israel« – hat aus biblischer Sicht die Berufung, die theistische Gottesoffenbarung aus dem historischen Ägypten* und aus dem symbolischen Ägypten** heraus in die heutige Welt zu bringen, denn Ägypten war für die Söhne des Jakob (Israel) von zentraler Bedeutung.

Die meisten von Jakobs Söhnen waren gewalttätig und skrupellos, was darin kulminierte, dass sie ihren Bruder Josef ermorden wollten und ihn dann, um keine Blutschuld auf sich zu laden, nach Ägypten in die Sklaverei verkauften. Als nach den sieben fetten Jahren die sieben mageren Jahre anbrachen, mussten die Jakob-Söhne nach Ägypten reisen, um flehentlich eine Möglichkeit zu suchen, Getreide zu erwerben. So kamen sie vor Josef, der in Ägypten inzwischen vom Sklaven zum Stellvertreter

---

* Aus dem historischen Ägypten: aus den theistischen Linien Ägyptens, insbesondere aus der Lichtreligion, in der Gott »Aton« genannt wird (die Sonne als Symbol der Einheit im Licht der Ganzheit). »Aton« wurde im Hebräischen zum Gottesnamen Adonai.
** Aus dem symbolischen Ägypten: aus der »Versklavung« durch unmenschliche Götter und Götzen (Abs. 194, 335).

des Pharaos erhoben worden war, aber sie erkannten ihn nicht. Durch die nachfolgenden Prüfungen und durch die Wiedervereinigung mit Josef erfuhren die Söhne des Jakob (Israel) erst in Ägypten ihre Läuterung und wurden dadurch selbst zu »Israel« (Bund der zwölf Stämme). Die biblische Geschichte betont, dass das erste Land der wiedervereinten zwölf Israel-Söhne in Ägypten lag und ein Geschenk des Pharaos war: »Lass sie im besten Teil des Landes wohnen!« (Gen 47,6)

In der Frage, inwieweit diese Geschichte historisch ist, gehen die Meinungen auseinander. Um so klarer ist die sinnbildliche Bedeutung: Anhand von Josefs Schicksal wird gezeigt, wie die Völker und Religionen auf der Grundlage der gemeinsamen theistischen Essenz friedlich zusammenleben können. Josef nannte es »Gottes Plan«, dass er nach Ägypten gekommen war, um dadurch die Rettung seiner Brüder und ihrer Nachkommen zu sichern (Gen 45,7). »Ihr wolltet Böses tun, aber Gott gedachte, es zum Guten zu wenden ...« (Gen 50,20)

Wie in Abs. 121 erwähnt: Gott schafft nicht das Böse, aber Gott kann das Böse verwenden und zum Guten wenden, sowohl in Einzelschicksalen als auch im Schicksal von Völkern und letztlich im Schicksal der ganzen Menschheit.

Kapitel 30

Der theistische Kern des Christentums

Wie zu Beginn von Kapitel 29 möchte ich auch hier betonen, dass der Versuch, den theistischen Kern einer Weltreligion – hier des Christentums – in einem kurzen Kapitel herauszuarbeiten, nur skizzenhaft und unvollständig sein kann. Es wird eine dankbare Aufgabe für Experten des Christentums sein, auf systematische und ausführliche Weise zu zeigen, wie die Bibel theistisch verstanden werden kann und welche Theologen und Mystiker der Vergangenheit bereits auf diese Dimension des Christentums hingewiesen haben.

352

Der Kern des Christentums ist Jesus Christus: seine Person, sein Wirken und seine Mission. Jesus verkündete die Botschaft von **Gottes Liebe und Gnade** (z. B. Mt 9,35), mit der er die Lehre der Thora – Gesetz und göttliche Ordnung – ergänzte und erweiterte. Was die Thora bereits andeutete, wurde von Jesus in aller Konsequenz gelehrt und vorgelebt: Es liegt nicht in der Macht des Menschen, aus eigener Kraft alle »Sünden« zu überwinden; Erlösung ist aber auch nicht von den priesterlichen Gesetzen abhängig; entscheidend ist das Gottesbewusstsein. Wer in Gottes Liebe lebt, wird durch *diese Liebe* von allen »Sünden« erlöst – und nicht durch religiöse Regelfrömmigkeit. Liebe erlöst den Menschen von Sünde, so wie Licht Dunkelheit auflöst, wenn wir uns dem Licht gegenüber öffnen und uns ins Licht begeben. »Das Licht ist in die Welt gekommen, aber die Menschen hatten die Dunkelheit lieber als das Licht [...] Aber wer der Wahrheit gehorcht, kommt zum Licht, und das Licht macht sichtbar, dass dieser Mensch sein Leben nach dem Willen Gottes führt.« (Joh 3,19/21)

Die Jesus-Bewegung verkündete Jesu Lehre als ein *Evangelium*, eine »frohe Botschaft«, weil sie den Menschen die Gewissheit von Sinn, Freiheit und Rettung vermittelt: »Wenn ihr meinen Worten/meinem Beispiel folgt, seid ihr wahrhaftig meine Jünger. Ihr werdet die Wahrheit erkennen, und die Wahrheit macht euch frei.« (Joh 8,31–32)

Mit diesen Worten sagte Jesus indirekt, dass das bloße Befolgen der Schriften und der Priestergesetze nicht zur Freiheit führe, was für die damalige Zeit eine äußerst revolutionäre und gewagte Aussage war. Jesus wies den universell-theistischen Weg, der die Menschen *frei* macht: frei von Schriftenabhängigkeit, frei von Priesterabhängigkeit, frei von Dogmenabhängigkeit, frei von Angst und frei von elitärem Sektendenken, frei von Illusion und falschen Identifikationen (Abs. 32). Dadurch erinnerte Jesus die Menschen seiner Zeit an den theistischen Kern des Judentums, nämlich dass Gott der lebendige Gott ist (Abs. 83) und dass alle Menschen Teile dieses Gottes sind, weshalb die allumfassende Liebe **die Erfüllung aller Gesetze** darstellt (Abs. 94, 344):

> »›Liebe Gott mit deinem ganzen Herzen, mit all deinen Gedanken und Wünschen.‹ Dies ist das zentrale und wichtigste Gebot. Das zweite ist gleich wichtig: ›Liebe alle Menschen wie dich selbst.‹ In diesen beiden Geboten ist alles zusammengefasst, was das Gesetz (Thora) und die Propheten fordern.« (Mt 22,37–40; Mk 12,28–31; Lk 10,26–28)

Jesus betonte die Absolutheit dieser zentralen Gebote, denn wer nicht im Bewusstsein der Liebe lebt, wird auch andere Gebote verletzen. Jesus kam nicht, um das Gesetz aufzuheben, sondern um den Weg der kompromisslosen Wahrheit und Liebe vorzuleben, ohne Scheinheiligkeit, ohne religiöse Selbstherrlichkeit, ohne »Ja, aber« (Abs. 165, 335):

> »Ihr Scheinheiligen, treffend hat der Prophet Jesaja von euch gesprochen: ›Dieses Volk ehrt mich nur mit Worten, sagt Gott, aber mit dem Herzen ist es weit weg von mir. Ihr ganzer Gottesdienst ist wertlos, denn sie lehren nur Gebote, die sich Menschen ausgedacht haben.‹« (Mt 15,7–9; Einheitsübersetzung)

353

Im Leben geht es nicht einfach um das Befolgen der Gesetze um der Gesetze willen, denn die Gesetze haben, genauso wie das menschliche Leben und die gesamte Schöpfung, einen göttlichen Sinn, und im Licht dieses Sinns löst sich jegliche Verabsolutierung relativer Regeln und Gesetze auf. Jesus wandte sich gegen die Absolutheitsansprüche der Priesterschaft, indem er auf den **Sinn und Zweck aller Gottesoffenbarung** hinwies: »Liebe Gott mit deinem ganzen Sein, und liebe alle Menschen wie dich selbst. Gott will nicht schöne Worte oder fromme Werke, Gott will *dich!* Nicht deine Werke, *du selbst* bist gefordert« – und dann folgen die entsprechenden Werke und Verhaltensweisen von selbst (Abs. 305).

354

Nicht nur das Gesetz ist in Gott gegründet, sondern auch – und in erster Linie – die Liebe. Denn wenn nicht der lebendige Gott die höchste Realität wäre, wäre auch die Liebe nicht die höchste Realität, und Thora, »Gesetz«, hätte keine wirkliche Grundlage (Abs. 279).

> »Ein neues Gebot gebe ich euch, das Gebot der Liebe. Ihr sollt einander lieben, so wie ich euch geliebt habe. Daran werden alle erkennen, dass ihr zu mir gehört: an der Liebe, mit der ihr untereinander verbunden seid. [...] Heiliger Vater, beschütze sie durch deine göttliche Macht, damit sie eins werden, so wie du und ich eins sind.« (Joh 13,34–35; 17,11)

Der theistische Kern des Christentums

Gottes Liebe ist als Gnadenangebot immer gegenwärtig, und es liegt am Menschen, dieses Angebot anzunehmen: nicht allein durch gute Werke, sondern durch eine innere »Bekehrung« (bewusste Ausrichtung auf Gott), wodurch wir uns öffnen für die Offenbarung der Liebe in unserem persönlichen Leben, Denken und Fühlen. Diese Offenbarung können wir nicht erzwingen oder fordern, genauso wie wir, wenn wir in Dunkelheit sind, nicht fordern können, dass das Licht kommt und die Dunkelheit vertreibt. Wir müssen die Dunkelheit verlassen und selber ins Licht gehen, was etwas vollkommen anderes ist als das bloße Befolgen religiöser Gesetze: »Wer mir vertraut, der vertraut nicht mir, sondern dem, der mich gesandt hat. Wer mich sieht, der sieht den, der mich gesandt hat. Ich bin als das Licht in die Welt gekommen, damit jeder, der mir vertraut, nicht im Dunkeln bleibt.« (Joh 12,44–46)

Wenn der Mensch sich von allen menschengemachten Vorstellungen über Gott (modern ausgedrückt: von atheistischen und monotheistischen Vorstellungen) gelöst hat, ist er empfänglich für die Offenbarung der Realität Gottes (= Gnade), wodurch er erfährt, was Liebe und Geliebtsein in Wahrheit bedeuten. In der christlichen Theologie ist deshalb das Konzept der Gnade von zentraler Bedeutung: Gottes Gnade durch Jesus Christus = die Wahrheit, die frei macht. **»Ich bin der Weg, die Wahrheit und das Leben.** Niemand kommt zum Vater außer durch mich.« (Joh 14,6)

Was bedeutet »durch Jesus Christus« und »nur durch mich«? Auch diese Aussage kann monotheistisch oder theistisch verstanden werden.

355

Jesus sagte nicht: »Diejenigen, die der heiligen Schrift folgen, erkennen die Wahrheit«, sondern »Diejenigen, die meinen Worten/meinem Beispiel folgen, sind wahrhaftig meine Nachfolger, und sie werden die Wahrheit erkennen, die frei macht.« (Joh 8,32)

Jesus vertrat offensichtlich keinen Thora-Fundamentalismus und erst recht keinen Bibel-Fundamentalismus, letzteres aus dem einfachen Grund, weil es die Bibel damals noch gar nicht gab. Jesus verfasste keine Schriften, obwohl er dazu sehr wohl fähig gewesen wäre, und auch für die Nachfolger Jesu waren Schriften nicht das absolute Fundament des Glaubens, sondern Quellen der Inspiration:

> »Unterdrückt nicht das Wirken des heiligen Geistes! Verachtet nicht die Weisungen, die er euch gibt! Prüfet alles, und das Gute behaltet. Und von jeder Art des Bösen haltet euch fern!« (1 Thess 5,19–22)

> »Jede Schrift, die von Gottes Geist eingegeben ist, hilft uns in der Belehrung [Erkenntnis, was der Wille Gottes ist], in der Selbstprüfung, in der Besserung und im Erlangen eines Lebens in Wahrheit und Gerechtigkeit, damit der Mensch in Gott vollkommen sei, bereit zu jedem guten Werk.« (2 Tim 3,16–17)

Der Weg »durch Jesus«* ist offensichtlich nicht abhängig von einer Verabsolutierung der Bibel. Jesus selbst sagte deutlich, was »durch mich« bedeutet:

»Wenn ihr mich liebt, werdet ihr meine Gebote befolgen.« (Joh 14,15)

»Ich liebe euch so, wie der Vater mich liebt. Bleibt in dieser Liebe! Wenn ihr mir gehorcht/mir folgt, dann bleibt ihr in meiner Liebe, so wie ich meinem Vater gehorcht habe und mich nicht von seiner Liebe löse. Ich habe euch dies gesagt, damit meine Freude euch erfüllt und an eurer Freude nichts mehr fehlt.« (Joh 15,9–11)

356

Monotheistische Vertreter des Christentums gründen ihre Glaubenslehren auf eine **Verabsolutierung der Person Jesu**. Dadurch trennen sie die Person Jesus von seiner Botschaft, was sich vor allem darin zeigt, dass sie seinem Kreuzestod eine einzigartige Bedeutung beimessen: das gesamte Wirken Jesu sei auf seinen Erlösungstod am Kreuz hinausgelaufen.

Christen, die das **»Blut Jesu«** für einen entscheidenden Faktor halten, tun dies, weil sie alttestamentarische Vorstellungen auf Jesus übertragen: Gott verlange von den Menschen zur Sühne ihrer Sünden das Blut von Opfertieren und sogar das Blut der Erstgeborenen**; nun habe Gott sich selbst durch das Opfer *seines eigenen erstgeborenen Sohnes* versöhnt, was bedeute, dass Jesus für unsere Sünden gestorben sei. Einige verbinden diese Interpretation sogar mit der Geschichte von Adam und Eva, die sie für ein historisches Ereignis halten: Gott habe als Antwort auf die Sünde von Adam und Eva im Paradies das erste Blut vergossen, indem er Tiere getötet habe, um für das nackte Paar Kleider aus Fellen herzustellen (1 Mose 3,21). Die monotheistische Interpretation besagt, durch dieses erste Blutvergießen habe Gott gezeigt, dass die Ursünde von Adam und Eva nur durch Blut gesühnt werden könne, womit bereits im Paradies eine Prophezeiung von Jesu Sühnetod am Kreuz gegeben worden sei.

Jesus selbst sagte nie: »Nur durch meinen Opfertod könnt ihr befreit werden« oder dergleichen. Die monotheistischen Bibelvertreter müssen einige wenige Andeutungen in den Jesus-Worten der Evangelien herausgreifen und überhöhen und gleichzeitig die gesamte Lehre Jesu ihrer eigenen Interpretation unterordnen, denn wie nur schon die in Abs. 352–355 angeführten Zitate zeigen, vertrat Jesus keine Blutopfer- oder Kreuztod-

---

* In der Einheitsübersetzung von 1982 wurde diese Stelle (Joh 14,6) mit einer feinen – theistisch ausgerichteten – Nuance neu formuliert: »Ich bin der Weg, der zur Wahrheit und zum Leben führt. Einen anderen Weg zum Vater gibt es nicht.«
** Beispiele hierfür sind 1 Mose 22,2 und 2 Mose 8,22: »Würden die Ägypter sehen, welche Art von Opfern wir ausführen, würden sie uns steinigen«; siehe auch Micha 6,7, zitiert in Abs. 344.

Ideologie. Hinzu kommt, dass zur Zeit der Abfassung der Evangelien all die alttestamentarischen Schriften bereits seit mindestens fünf Jahrhunderten existierten, weshalb die Autoren der Evangelien die Beschreibungen Jesu derart formulierten, dass sie möglichst vielen prophetischen Textstellen des Alten Testaments entsprachen.

357

Die Aussage »Die Wahrheit macht euch frei« bedeutet auch **Freiheit von Sünde und Tod:**

>»Ich versichere euch: Wer gemäß meinem Wort lebt, wird in Ewigkeit nicht sterben.« (Joh 8,51)

>»Ich bin das Licht der Welt. Wer mir nachfolgt, wird nicht in der Finsternis wandeln, sondern er wird das Licht des Lebens haben.« (Joh 8,12)

>»Wahrlich, wahrlich, ich sage euch: Wenn jemand mein Wort befolgt, wird er in Ewigkeit den Tod nicht sehen.« (Joh 8,51)

>»Ich bin die Auferstehung und das Leben.« (Joh 11,25)

Diese Jesus-Worte aus dem Evangelium nach Johannes weisen auf ein tiefes Mysterium hin, das leicht missverstanden werden kann und auch vielfach missverstanden wurde. Die monotheistischen Priester stellten die Lehre auf, der Tod sei die Strafe Gottes für die Sünde der Menschen (Abs. 170), der Tod sei etwas Böses und Schändliches. Da der Tod jeden Menschen betrifft, konnten die Priester über den Faktor »Tod« Macht über das Volk ausüben: durch die Dämonisierung des Todes, durch das Schüren der Angst vor Höllenstrafen nach dem Tod – und durch die Monopolisierung der Begräbnisrituale.

Ist der Tod **das Ergebnis des Sündenfalls des Menschen?** Auffällig ist, dass all jene Priester, Prediger und Religionsführer, die den Tod als die Folge der »Sünde« bezeichneten, selbst ebenfalls starben. Gemäß ihrer eigenen Logik standen sie damit ebenfalls unter dem Einfluss der Sünde, weshalb wir ihren Lehren sehr wohl kritisch gegenüberstehen dürfen.

Jesu Aussagen: »Ihr werdet in Ewigkeit nicht sterben. Ihr werdet den Tod nicht sehen«, bezogen sich offensichtlich nicht auf den physischen Tod, denn alle Gläubigen starben weiterhin. Nicht einmal die Apostel überwanden den physischen Tod. Wenn monotheistische Bibelvertreter behaupten, Tod sei die Folge des Sündenfalls von Adam und Eva und der Mensch könne durch *ihre* Glaubenslehren den Tod überwinden, ist dies eine Lehre, die an die Worte der Schlange im Paradies erinnert: »Ihr werdet nicht sterben, wenn ihr tut, was ich sage ...« (Gen 3,4)

Der Tod ist keine Strafe und keine Entwürdigung des Menschen. Aus theistischer Sicht ist der physische Tod ein natürlicher Teil des Lebens in der dreidimensionalen Welt. Wer immer in diese Welt kommt, unterliegt den Gesetzmäßigkeiten von Geburt und Tod, obwohl es für uns als ewige Teile Gottes weder Geburt noch Tod gibt. **Wirkliche Befreiung** bedeutet Befreiung vom beschränkten Bewusstsein, wir würden sterben oder mit dem Tod sei unser Leben zu Ende. Diejenigen, die von Illusion und falscher Ego-Identifikation frei sind, haben »den Tod überwunden«, denn sie wissen, dass sie als geistige Wesen nie sterben (Abs. 267).

358

Weil der volkstümliche Glaube vor zweitausend Jahren von der Vorstellung ausging, die Toten würden irgendwann wieder leiblich ins Leben zurückkehren, meinten einige Jesus-Anhänger, bei der Rückkehr Jesu würden die Verstorbenen aus den Gräbern hervortreten. Mit dem Konzept der »Auferstehung vom Tode« ist aber eine **geistige Auferstehung** gemeint, wie durch das Symbol des Getreidekorns veranschaulicht wird: »Wenn du ein Samenkorn säst, muss der Same zuerst sterben, damit die Pflanze leben kann. Du säst nicht die ausgewachsene Pflanze, sondern nur den Samen [...] So könnt ihr euch auch ein Bild von der Auferstehung der Toten machen. Was in die Erde gelegt wird, ist vergänglich; aber was zum neuen Leben erweckt wird, ist unvergänglich.« (1 Kor 15,36f./42f.)

359

Wenn die Eingeweihten der damaligen Zeit von »Überwindung des Todes«, von »Auferstehung«, von »Himmelfahrt« (engl. *ascension*) und von »Verwandlung des Körpers« sprachen, so deuteten sie damit auf Dimensionen unseres physischen Daseins hin, die dem modernen Menschen weitgehend unbekannt sind, insbesondere die geistige Herkunft des Menschen und das damit verbundene **Mysterium des Lichtkörpers.** Wie lebendig dieses »alte« Wissen in den urchristlichen Kreisen war, zeigt zum Beispiel die bekannte kryptische Stelle aus dem Brief an die Gemeinde von Philippi (3,20 – 21):

> »Wir dagegen sind Bürger des Himmels. Von dorther erwarten wir auch unseren Retter, Jesus Christus, den Herrn. Er wird unseren schwachen, vergänglichen Körper verwandeln, damit dieser genauso herrlich wird wie sein eigener Auferstehungskörper. Denn seine Kraft ist dergestalt, dass ihr alles [auch die Materie unseres Körpers] untergeordnet ist.«

»Verwandlung des Körpers« sollte in einem mystischen, nicht in einem materiellen Sinn verstanden werden. Denn Materie wird von Bewusstsein beseelt und geformt, und unser Körper trägt die Codierung des Lichtkörpers der Elohim in sich (Abs. 234). Die mystische Formulierung, der »Retter, Jesus Christus«, werde dereinst vom »Himmel«, unserer Lichtheimat, zurückkehren, um unseren Körper zu »verwandeln«, weist auf einen bestimmten Zeitpunkt hin, den wir heute die Zeit der Transformation nennen. Wenn die Menschen wieder zu ihrem ursprünglichen Bewusstsein erwachen und ihre eigene Ewigkeit erkennen, »den Tod überwinden«, dann wird durch dieses erleuchtete Bewusstsein im Menschen die Erinnerung an die eigene geistige Herkunft aktiviert – und damit auch das Zellgedächtnis und die entsprechende Transformation. Denn das Licht dieses Bewusstseins durchdringt als geistige Schwingung unsere gesamte Existenz bis hinein in die physische Dimension. Hier berühren sich – weit jenseits aller monotheistischen Dogmatik – die alten Mysterienlehren des Ka-, Ba- und Merkaba-Körpers (Abs. 255, 264) und unser eigenes, neu erwachendes Wissen, wie dies bereits vom Propheten Joel vorausgesagt wurde (Joel 3,1 – 5; Apg 2,16 – 21).[96]

Solange der Mensch jedoch in einem materialistischen Denkmuster gefangen ist und z. B. meint, er sei ein evolviertes Tier, bleibt er von diesem transformierenden Bewusstsein getrennt, und für ihn – ob Wissenschaftler, ob Theologe, ob Vertreter der atheistischen Esoterik – gilt das warnende Wort aus dem Brief an die Korinther (1 Kor 1,19 – 20):

»Es steht geschrieben: ›Ich werde die Weisheit der Weisen zunichte machen, die Klugheit der Klugen werde ich von ihrer Höhe stoßen.‹ [Jesaja 29,14] Was bleibt von den Weisen, was von den Gelehrten und den gewandten Rednern dieses Zeitalters? Was für die Welt als Weisheit gilt, erweist sich im Lichte Gottes als Torheit.«

»Und passt euch nicht dem Schema dieser Welt [dem vorherrschenden Zeitgeist] an, sondern werdet durch die Erneuerung eures Denkens verändert, damit ihr erkennen könnt, was der Wille Gottes ist: das Gute, das Wohlgefällige und das Vollkommene.« (Röm 12,2)

360

Jesus lehrte die innersten Mysterien der theistischen Offenbarung mit göttlicher Vollmacht und bleibender Wirkung, weil er die Inkarnation eines hohen oder sogar des höchsten Lichtwesens unseres Universums war:

»Er ist das Ebenbild des unsichtbaren Gottes, der erstgeborene Sohn des Vaters; er ist der Anfang aller Schöpfung (der Erstgeborene der ganzen Schöpfung; *Zürcher Bibel*). Durch ihn ist alles erschaffen worden, was im Himmel und auf der Erde lebt, das Sichtbare und auch die unsichtbaren Mächte und Gewalten. Alles hat Gott durch ihn geschaffen, und in ihm findet alles sein Ziel. Er war vor allem anderen da, und alle Dinge bestehen durch ihn.« (Kol 1,15 – 17)

»Durch ihn hat Gott die Welten geschaffen […] Durch sein machtvolles Wort hält er das Weltall zusammen.« (Hebr 1,3)

»Gott hat mir unbeschränkte Vollmacht im Himmel und auf Erden gegeben.« (Mt 28,18)

»Vater, gib mir nun wieder die Herrlichkeit, die ich schon bei Dir hatte, bevor die Welt geschaffen wurde.« (Joh 17,5)

»Ich bin das Licht, das über allem ist. Ich bin das All. Das All ist aus mir hervorgegangen, und das All ist zu mir gelangt.« (Thomas-Evangelium 77a)

Wer immer Jesus war: Das, was wir glauben, entspringt unserer eigenen inneren Überzeugung und braucht nicht verabsolutiert zu werden, denn wir können nicht erwarten oder verlangen, dass alle Menschen dieselbe Überzeugung haben oder dieselben Erfahrungen mit Jesus machen wie wir. Der *Glaube an Jesus* ist vollkommen individuell, aber der *Weg durch Jesus* ist absolut, denn dieser Weg ist **der Weg der göttlichen Liebe,** der erleuchtend und befreiend ist, unabhängig davon, welche innere persönliche Beziehung wir zu Jesus als Person haben:

»Wer an mich glaubt, glaubt nicht an mich, sondern an den, der mich gesandt hat.« (Joh 12,44)

»Nicht jeder, der zu mir sagt: ›Herr, Herr!‹, wird in das Reich der Himmel kommen, sondern der, der den Willen meines Vaters in den Himmeln tut.« (Mt 7,21)

361

Mit der Entstehung der römischen Kirche wurde die Verabsolutierung der Person Jesu zur vorherrschenden Lehre im Christentum. Gegen diese Institutionalisierung und Dogmatisierung einer Lehre, die im Urchristentum sehr umstritten war, erhoben sich verschiedenste kritische Stimmen. Die stärkste Gegenbewegung entstand im 7. Jahrhundert durch den Islam. Die Lehren des Korans wenden sich nicht gegen Jesus oder gegen seine Lehren, sondern gegen *die Verabsolutierung* der Person Jesu und damit auch gegen die Behauptung, die Kreuzigung Jesu sei ein göttliches Blutopfer gewesen und dieses Blut sei nun der einzige Weg für alle Menschen zur Vergebung der Sünden. Wie bereits dargelegt (Abs. 356), vertreten die Evangelien keine solche Blutopfertheorie, und der Koran erinnert uns hier daran, wie weit die monotheistische Jesus-Interpretation von den Lehren Jesu entfernt ist.

362

Die mächtigste Strömung des Christentums ist **die katholische Kirche.** Der Begriff »katholisch« ist in seiner wörtlichen Bedeutung ein Synonym für »theistisch«: von grch. *katá,* »sich beziehend auf; über [das Ganze] hin«, und *hólos,* »ganz; vollständig; ganzheitlich (= holistisch)«;

katholikós, »das Ganze betreffend; allgemein«. Der katholischen Kirche kommt also nur schon vom Namen her eine große Verantwortung zu, ganz zu schweigen von ihrer weltlichen Macht und historischen Schuld. Würde sie zu einer Vertreterin des theistischen Gottesbewusstseins, wäre sie nicht mehr nur »katholisch«, sondern kat*holistisch,* und sie würde entscheidend mithelfen, im globalen Bewusstsein einen Quantensprung auszulösen – wodurch sie und ihre Unterorganisationen viel von dem wiedergutmachen könnten, was sie wiedergutzumachen haben. Jesus lehrte, dass die Menschen durch diesen einen Schritt einzeln und auch im Rahmen aller Organisationen vollständige Sündenvergebung erlangen können (Abs. 280–281, 352).

Kapitel 31

Der theistische Kern des Islam

Wie zu Beginn der letzten beiden Kapitel möchte ich auch hier betonen, dass der Versuch, den theistischen Kern einer Weltreligion – hier des Islam – in einem kurzen Kapitel herauszuarbeiten, nur skizzenhaft und unvollständig sein kann. Es wird eine dankbare Aufgabe für Experten des Islam sein, auf systematische und ausführliche Weise zu zeigen, wie der Koran theistisch verstanden werden kann und welche Theologen und Mystiker der Vergangenheit bereits auf diese Dimension des Islam hingewiesen haben.

363

Der Kern des Islam ist Gott der Allmächtige (Allah) und die Lehre des Propheten Mohammed, wie sie im Koran niedergeschrieben wurde. Der Islam*, wörtl. »**Gottergebenheit; Hingabe**«, sieht sich nicht als neue Religion, sondern als höchste und endgültige Manifestation der Urreligion des Noah und seiner Nachfolger. Der Koran (6,84–90) betont, dass die Urväter – Noah, Abraham, Ismael, Isaak, Jakob, Moses – und erst recht Adam (2,31; 3,33) weder zum Judentum noch zum Christentum gehörten, weil es diese Religionen damals noch nicht gab; sie waren Vertreter des wahren Glaubens, der nun »unter der Leitung Allahs« durch den Koran »als eine Mahnung an die ganze Menschenwelt« (6,90) verkündet wird.

364

Aus historischer Sicht entstand der Islam als **Antwort auf das Judentum und das Christentum**, da beide Religionen zu diesem Zeitpunkt (7. Jh.) eine monotheistische Form angenommen hatten: das Judentum durch die Verabsolutierung des Alten Testaments und der eigenen Position (mit den extremen Aussagen über die »Nichtjuden« im Talmud), das Christentum durch die Verabsolutierung des Neuen Testaments und der Person Jesu. Der Islam wollte die ursprüngliche Religion des Alten und Neuen Testaments aufleben lassen, indem er sich um die **Verbindung der Essenz von Judentum und Christentum** bemühte: vom Judentum die Erkenntnis, dass Gott eine allmächtige und allwissende »Person« ist, die Bewusstsein und Willen umfasst und durch diesen Willen verbindliche Richtlinien für

---

* Der Begriff »Islam« ist verwandt mit dem arabischen Wort *salam*, »Friede«, das die gleiche Bedeutung hat wie das hebräische Wort *shalom*. *Salam* ist abgeleitet vom Verb *aslama*, »sich ergeben (engl. *surrender*); Frieden finden«. »Islam« bezieht sich auf den inneren Frieden, den der Mensch erlangt, wenn er sich Gott ergibt.

Ethik und Moral gibt; vom Christentum die Erkenntnis, dass Gott der Allbarmherzige ist und dass durch Liebe und Hingabe zu Gott alle Sünden überwunden werden können (Abs. 109, 361).

»Im Namen Allahs, des Erbarmers, des Allbarmherzigen! Sprich: Er ist der Eine Gott, Allah der Absolute (der Unwandelbare)*. Er zeugt nicht und ist nicht gezeugt, und niemand ist Ihm gleich.« (Koran 112,1 – 3).

»Wenn ihr Allah liebt, dann folgt mir, und Allah wird euch lieben und euch eure Sünden vergeben; denn Allah ist verzeihend und barmherzig.« (Koran 3,31)

365

Die Lehren des Korans betonen: Gott ist »der Eine und Absolute«, Gott ist nicht nur Energie, sondern Individuum mit Bewusstsein und Willen. Das universale Gesetz ist Ausdruck des göttlichen Willens, und »Islam« bedeutet Einheit mit diesem Willen Gottes. Gesetz ist nicht unabhängig von Gott, und Erlösung ist nicht abhängig von Dogmen. Jeder Mensch kann Erlösung erlangen. Erlösung ist nicht vom Opfertod eines Messias oder von anderen Bedingungen abhängig, sondern allein von der Gottergebenheit *(islam)* des einzelnen Menschen. Islam in diesem universalen, theistischen Sinn ist die **Synthese von Gesetz und Gnade:** das aktive Annehmen der Gnade durch das Handeln gemäß Gottes Gesetz, was der praktische Ausdruck von Liebe zu Gott ist.

366

Hauptthema des Korans ist die Absolutheit Gottes. Denn Gott ist Realität, und der Koran beschreibt, verteidigt und verkündet diese Realität in ihrer Absolutheit – ohne Kompromisse und ohne Rücksicht auf atheistische oder humanistische Sentimente. Viele Stellen im Koran haben deshalb den Charakter einer theologischen Debatte, indem verschiedenste Argumente und Einwände angeführt werden, immer gefolgt von der Aufforderung: »Du aber sprich!«

Die Absolutheit Gottes ist der wichtigste, aber auch **der schwierigste Punkt der theistischen Offenbarung**, denn »Absolutheit« ist *der* Punkt, der am leichtesten missverstanden werden kann, was zu verschiedensten Formen von Extremismus führen kann: von monotheistischen Absolutheitsansprüchen bis hin zu militantem Fanatismus und zu Terrorismus.

---

* arab. *al-samad:* »der Unwandelbare; der Ewige und Beständige; der Souveräne; der Undurchdringliche [an dem niemand vorbeikommt]«, d. h. derjenige, von dem alles abhängig ist und der selbst vollkommen unabhängig ist.

367

Der Islam wäre berufen, das Verständnis von Allah, der Absolutheit Gottes, in reiner Konsequenz vorzuleben – nicht fanatisch, sondern »absolut« im ursprünglichen göttlichen Sinn: allumfassend, integrierend, ohne Verabsolutierungen. Denn wahre Gottergebenheit *(islam)* ist immer »nur« absolut und kann in jeder kulturellen Form zum Ausdruck kommen, nicht nur in der arabischen.

Aufgrund dieser Universalität war der Islam zu der Zeit, als in Europa das »dunkle Mittelalter« herrschte, **eine kulturschöpfende, wissenschaftsfreundliche und kulturvermittelnde Kraft.** Die islamische Hochkultur erstreckte sich in ihrer Blütezeit von Indien über Persien bis nach Spanien und förderte die Mathematik, die Astronomie, die Medizin und die Philosophie. Arabische Mathematiker entwickelten in dieser Zeit aus der indischen Schreibweise der Zahlen das heute weltweit gebräuchliche Zahlensystem, weshalb wir diese Zahlen *arabische Zahlen* nennen. Viele Texte der griechischen Philosophie sind über die arabische Vermittlung ins christliche Europa gekommen. Der Islam könnte von seinem inneren Wesen her eine weltoffene Kraft sein, die auf der Grundlage eines theistischen Gottesbewusstseins eine gesunde Ethik und Moral vorlebt.

Heute jedoch sind die Staaten, die unter der Herrschaft eines politischen Islamismus stehen, alles andere als kulturschöpfende und kulturvermittelnde Kräfte. Diese Herrschaftssysteme bekämpfen alle Andersgläubigen und verbieten den eigenen Mitgliedern das kritische Denken, von einem Austritt aus der islamischen Religion ganz zu schweigen. Deshalb haben politische Autoren für diese Art von islamistischer Diktatur den Begriff **»Islamofaschismus«** geprägt.* So religiös diese Staaten auch sein wollen, in der Praxis verwenden sie die gleichen Mittel wie die »Ungläubigen«, d. h. wie die Diktaturen der linken und der rechten politischen Richtung.

Demgegenüber hat das Christentum diese totalitäre Praxis seit rund 300 Jahren aufgegeben. Heute dürfen Menschen ohne Bedrohung und soziale Nachteile aus der Kirche ihrer Eltern austreten, und in der Bibelkritik herrscht weder Zensur noch Einschränkung. Trotzdem ist das Christentum die größte Religion der Welt!

Was John F. Kennedy 1963 in seiner berühmten Berliner Rede gesagt hat (»Freiheit hat viele Schwierigkeiten, und Demokratie ist nicht perfekt, aber wir mussten nie eine Mauer bauen, um zu verhindern, dass uns die Leute davonlaufen«[97]), kann heute auch auf die islamischen Staaten bezogen werden. Dabei hätte der Islam diese totalitäre und fundamentalistische Ausprägung gar nicht nötig. Würden Religionsaustritte und Korankritik erlaubt, würde sich eine gewisse Anzahl von Menschen vom Islam

---

* Siehe z. B. Norman Podhoretz: *World War IV – The Long Struggle Against Islamofascism* (2007)

abwenden, aber viele neue kämen hinzu – gerade wegen dieser Offenheit und wegen der neuentdeckten *theistischen Essenz* des Islam.

368

Theokratische Diktatur, Frauenunterdrückung, Gewalt, Terrorbereitschaft usw. sind nicht Konsequenzen des Korans, sondern gehen auf die männlichen Interpreten des Korans zurück, die eine machtpolitische Verzerrung des Korans predigten – bis hin zu exemplarischen Todesstrafen für Frauen und Schleierzwang für Frauen.[98] Dabei zeigte gerade das Leben des Propheten Mohammed, wie wichtig das harmonische Zusammenleben von Mann und Frau ist: Als er fünfundzwanzig Jahre alt war, heiratete er die fünfzehn Jahre ältere Chadidscha, die bis zu ihrem Tod – nach fünfundzwanzig Jahren Ehe – seine einzige Frau war. Sie war ihm eine treue Gefährtin, und sie hatten zusammen mehrere Kinder, am bekanntesten ist ihre Tochter Fatima. Als Mohammed mit vierzig Jahren seine ersten Offenbarungen empfing und mit starken inneren Zweifeln zu kämpfen hatte, war es Chadidscha, die ihm beistand und seine Berufung von Anfang an erkannte. Ohne Chadidscha wären der Koran und der Islam wahrscheinlich nicht entstanden. Mohammed betonte immer wieder, wie viel er seiner Frau verdankte. Der Koran (33,6) sagt: »Der Prophet steht den Gläubigen näher als sie sich selbst, und seine Gattinnen sind ihre Mütter«, allen voran Chadidscha, die deshalb auch »die Mutter der Gläubigen« genannt wird.

369

Der Koran wurde nicht über Jahrhunderte hinweg aus verschiedensten Texten zusammengestellt. Er entstand in einer konkreten historischen Situation. Dies bedeutet, dass der Koran, im Gegensatz zum Alten Testament, in vielen Punkten **nicht symbolisch, sondern historisch** ist.

Wie in Abs. 162 erwähnt, beziehen sich viele Aussagen des Korans auf die theologischen und kriegerischen Auseinandersetzungen zwischen der neuen Glaubensgemeinschaft des Propheten Mohammed und den Anhängern der alten Glaubensformen in Mekka und Medina im 7. Jahrhundert, weshalb bei jeder Sure steht, ob sie in Mekka oder in Medina offenbart wurde – damit ihr historischer Zusammenhang richtig verstanden werden kann! Gerade weil viele Stellen im Koran historisch sind, sollten sie nicht verabsolutiert werden. Was vor 1400 Jahren im Kampf zwischen Mekka und Medina und für die damals junge und kleine Gemeinschaft der Moslems galt, sollte nicht verallgemeinert werden, eben weil diese Stellen historisch sind – und damit nicht in jeder Hinsicht zeitlos gültig.

370

Weil die Absolutheit Gottes das Hauptthema des Korans ist, macht es gerade bei dieser heiligen Schrift einen gewaltigen Unterschied, ob sie monotheistisch oder theistisch gelesen wird. Wird der Koran und die »Absolutheit Allahs« monotheistisch interpretiert, entstehen all die Probleme, für die der Islam heute weltweit kritisiert und gefürchtet wird.

371

Der Koran wird von den Moslems als **die endgültige und vollständige Offenbarung Gottes** gesehen. Bedeutet dies, dass Gott seit dem Jahr 632, dem Jahr von Mohammeds Verscheiden, nicht mehr zu den Menschen spricht oder dass Gottes Worte auf den Koran beschränkt sind? Das theistische Verständnis besagt, dass der Koran die Absolutheit Gottes beschreibt und dass es nichts gibt, was dieses Thema und somit auch den Koran übertreffen könnte; der Koran ist für die Gläubigen eine ausreichende Quelle von Offenbarung, weshalb sie keine weitere Offenbarung benötigen. Gott selbst ist jedoch nicht auf den Koran oder auf irgendeine Schrift beschränkt, weshalb der Islam das Mysterium der »ewigen Schrift«, des himmlischen Korans, kennt, genannt *Umm al-Kitab*, »Mutter des Buches« (Koran 3,7). Der irdische Koran sollte deshalb immer im Licht seines höheren, zeitlosen Zusammenhangs gelesen werden, ähnlich wie die Thora auf vier Ebenen gelesen werden kann, was mit dem Wortschlüssel p-r-d-s, »Paradies«, zum Ausdruck gebracht wird (Abs. 347). Ebenso hat auch der Koran verschiedene Bedeutungsebenen – die islamische Mystik spricht von sieben –, weshalb jede Koran-Interpretation vielschichtig und differenziert sein muss. Die wichtigste Frage lautet auch hier: Welche Aussagen sind absolut, welche sind relativ?

372

Ohne theistisches Verständnis sind Interpretationen des Korans (und der Bibel, der Thora usw.) monotheistisch verzerrt. Dies zeigt sich im Islam bereits bei der Frage, wie der wichtigste Glaubenssatz, ***Allahu akbar*** (»Gott ist groß«), interpretiert werden soll. Denn eigentlich bedeutet dieser Satz »Gott ist *größer*«! Die monotheistische Interpretation besagt: »Unser Gott ist größer als der Gott der anderen Religionen. Wir dürfen und müssen die anderen Menschen unterwerfen und, wenn nötig, terrorisieren.«

Die theistische Interpretation besagt: Gott ist größer als jede unserer Vorstellungen. Wann immer wir Gott auf ein kulturelles oder konfessionelles Bild beschränken wollen, sollten wir uns erinnern: *Allahu akbar!* Gott ist größer als alle menschlichen Konzepte und Vorstellungen.

Genau dies ist auch die Aussage des zweiten Gebots: »Du sollst dir kein Bildnis von Gott machen« (Abs. 336–338). **Das Bilderverbot** ist eine kulturelle Umsetzung dieses Gebotes, sollte aber nicht verabsolutiert werden, denn Gotteshingabe *(islam)* kann verschiedenste religiöse Formen annehmen. Wenn dies aufgrund monotheistischer Dogmen geleugnet wird, entstehen Hass, mangelnder Respekt und Unverständnis, z. B. von Seiten der nahöstlichen Religionen gegenüber dem Hinduismus.

Das Sanskritwort für »Hingabe zu Gott« lautet *bhakti* (von *bhaj*, »etwas mit jemandem teilen; empfangen; verehren; liebend dienen«) und hat praktisch dieselbe Bedeutung wie das Wort *islam* im Arabischen (Abs. 96). In der indischen Kultur jedoch ist die *bhakti*-Tradition bilderreich und vielgestaltig. Wenn die Menschen im Judentum, Christentum und Islam ihre Religion vom theistischen Kern her verstehen, wird es ihnen möglich, den gleichen theistischen Kern auch in jenen Religionen zu erkennen, die für sie exotisch und fremd sind.

373

Der Koran erwähnt häufig **»die Ungläubigen«**. Vor ihnen wird gewarnt, sie werden verflucht, und es heißt, sie kämen für ewig in die Hölle. Kritiker zitieren diese Stellen, um zu zeigen, dass der Islam Zwietracht säe und seine Gläubigen gegen den »Rest der Welt«, gegen die »Andersgläubigen«, aufhetze. Tatsächlich meinen monotheistische Vertreter des Islam, der Begriff »die Ungläubigen« bedeute die »*Anders*gläubigen«, d. h. alle Nichtmoslems. Gerade hier zeigt sich, wie fatal monotheistische Glaubenslehren sind.

»Siehe, diejenigen, die ungläubig sind und als Ungläubige sterben, auf ihnen lastet der Fluch Allahs und der Engel und der Menschen insgesamt.« (2,161)

»Als Vergeltung kommt der Fluch Allahs und der Engel und aller Menschen über sie [die Ungläubigen], ewig werden sie verflucht bleiben, nichts mildert ihre Strafe, und sie erhalten keine Erleichterung, es sei denn, sie tun reuevoll Buße, denn siehe, Allah ist verzeihend und barmherzig.« (3,87–89)

»Diejenigen, die ungläubig sind und dazu auch noch andere vom Weg Allahs ableiten, sind einem großen Irrtum verfallen. Denen, die ungläubig sind und Unrecht tun, wird Allah nicht vergeben, und Er wird sie nicht den rechten Weg führen, es sei denn den Weg zur Hölle, in der sie für ewig und immerdar bleiben werden – was für Allah ein Leichtes ist.« (4,167–169)

»Und sie sagen: ›Es gibt kein anderes Leben als unser irdisches Leben, und wir werden nicht auferweckt.‹ Aber sähest du nur, wie sie vor ihren Herrn gestellt werden! Er wird sprechen: ›Ist dies nicht wirklich?‹ Sie werden antworten: ›Doch, bei unserem Herrn.‹ Er wird sprechen: ›So kostet die Strafe dafür, dass ihr ungläubig wart.‹« (6,29–30)

Der Begriff »die Ungläubigen« bedeutet nicht »die Andersgläubigen«, die »Nichtmoslems«, sondern bezieht sich allgemein auf diejenigen, die keine

Hingabe *(islam)* für Gott haben, auf diejenigen, die nur ihre eigenen Interessen verfolgen. »Ungläubige« in diesem Sinn gibt es unter den Moslems genauso wie in allen anderen Religionen, ebenso wie es in allen Religionen Menschen gibt, die in wahrem Gottesbewusstsein, in *islam,* leben.

Die oben zitierten Verse machen zudem deutlich, dass es nicht den Menschen obliegt, andere in Glaubensfragen zu verurteilen oder zu »strafen«. Der Koran betont mehrfach, dass »die Ungläubigen« *von Gott* bestraft werden, nicht von den Menschen. Wenn Glaubensfanatiker sich anmaßen, andere Menschen für ihren Glauben oder Unglauben zu »strafen«, verstoßen sie damit gegen die Anweisung des Korans, und sie werden sich für ihre Selbstgerechtigkeit vor Allah zu verantworten haben:

> »O ihr, die ihr glaubt! Ihr seid nur für euch selbst verantwortlich. Wer irrt, kann euch nicht schaden, solange ihr rechtgeleitet seid. Zu Allah geht eure Heimkehr allzumal, und dann wird Er euch verkünden, was ihr getan habt.« (5,105)

374

Der Koran betont in aller Konsequenz den **Unterschied zwischen Gottes Willen und Gottes Gesetz.** Gott will Realität (Abs. 100, 276): die Gemeinschaft aller Menschen in Liebe und gegenseitigem Respekt. Wer in diesem Bewusstsein lebt, lebt in Hingabe *(islam).* Wer nicht in diesem Bewusstsein lebt, untersteht automatisch Gottes Gesetzen, die unerbittlich und streng sind und symbolisch die »Strafe durch Gott« darstellen:

> »Wenn Allah es gewollt hätte, hätte Er euch zu einer einzigen Gemeinschaft gemacht [mit einer, und zwar der richtigen Religion]; aber so lässt Er im Irrtum und auf dem rechten Wege, wen Er will, und ihr werdet einst Rechenschaft geben müssen über das, was ihr getan habt.« (16,93; oder in einer anderen Übersetzung: »Er führt in die Irre, wen Er will, und führt auf den rechten Weg, wen Er will, und ihr werdet für euer Tun die Verantwortung zu tragen haben.«)

> »Den Ungläubigen aber ist es gleich, ob du sie mahnend warnst oder nicht: Sie bleiben ungläubig. Allah hat ihnen Herz und Ohr verschlossen, ihre Augen verhüllt, und für sie ist schwere Strafe bestimmt.« (2,6–7)

Monotheistische Vertreter des Islam haben Schwierigkeiten, Aussagen wie die hier zitierten zu erklären. Wenn Gott gewisse Menschen »in die Irre« führt und »ihnen Herz und Ohr verschließt, die Augen verhüllt«, ist dann nicht Gott schuld an ihrer Gottlosigkeit? Ist der Mensch ein Spielball Gottes? Hier geraten monotheistische Moslems in die Gefahr, ähnlich wie monotheistische Christen einer einseitigen, fatalistischen Prädestinationslehre zu verfallen (Abs. 278). Aus theistischer Sicht lassen sich diese Aussagen im Licht der vielfältigen Aspekte Gottes leicht erklären (siehe Abs. 259, »Paramātmā«).

Gott ist nicht nur gut und barmherzig, sondern auch gerecht, betont der Koran: gut und barmherzig gemäß seinem Willen, gerecht und neutral gemäß seinen Gesetzen.

375

In seiner reinen, theistischen Form wäre der Islam die schärfste Waffe gegen alle Arten von monotheistischen Absolutheitsansprüchen und atheistischen, (pseudo)humanistischen Ideologien:

> »Spricht man zu ihnen: ›Stiftet kein Unheil auf der Erde!‹, so antworten sie: ›Wir sind rechtschaffen/fördern Frieden!‹ Doch in Wahrheit sind *sie* die Unheilstifter – und wollen es nicht wahrhaben. Sagt man zu ihnen: ›Glaubt doch, wie die anderen glauben!‹, dann erwidern sie: ›Sollen wir denn glauben, wie die Toren glauben?‹ Doch sie selbst sind die Toren – und wissen es nicht.« (Koran 2,11–13)

Wenn wir diese Aussage im Zusammenhang mit den Hintergrunderklärungen von Kapitel 14 und 16 lesen, offenbart sich eine überraschende Brisanz und Aktualität. Während viele Religionskritiker den Islam als Triebkraft der »Unheilstifter« sehen, hätte der Islam als *theistische* Bewegung die Kraft, als radikaler Mittelweg die Problematik des Monotheismus und des Atheismus aufzuzeigen und bei der Überwindung der religiösen Kluft eine entscheidende Rolle zu spielen. Dies wäre **der wahre »heilige Krieg«** – im Gegensatz zu Waffenkrieg, Terror und Weltherrschaftsbestrebungen. Der Koran sagt unmissverständlich:

> »Sagt: ›Wir glauben an Allah und an das, was er uns und was er Abraham und Ismael und Isaak und Jakob und den Stämmen (Israels) offenbarte, und an das, was Moses und Jesus und den (anderen) Propheten von ihrem Herrn gegeben wurde. Wir machen zwischen ihnen keinen Unterschied. Wir bleiben Allah ergeben.‹« (2,136)

Wer Allah ergeben ist, befolgt die Gebote des Moses: »Du sollst nicht lügen, nicht töten, nicht stehlen!« Gerade in Religionsfragen sollte nicht mit Zwang und Gewalt gearbeitet werden:

> »Zwingt keinen zum Glauben, da die wahre Lehre vom Irrglauben ja deutlich zu unterscheiden ist.« (2,256; in einer anderen Übersetzung: »Es gibt keinen Zwang in der Religion. Der rechte Wandel unterscheidet sich nunmehr klar vom Irrweg.«)

> »Wahrlich, Allah gebietet, Gerechtigkeit zu üben und Gutes zu tun und gegenüber den Nahestehenden freigebig zu sein, und Er verbietet eine jede Schlechtigkeit und Ungerechtigkeit und jegliche Gewalttätigkeit. Er ermahnt euch, damit ihr euch dies zu Herzen nehmt.« (16,90)

Der Begriff »Dschihad«, der meistens mit »heiliger Krieg« übersetzt wird, bezieht sich nur im historischen Zusammenhang des Korans auf einen Krieg mit Waffen. Wörtlich bedeutet *dschihad* »Anstrengung; Ringen« und bezieht sich auf das innere Ringen mit Gott: Ringen um persönliche Gotteserkenntnis und um Befreiung von Irrwegen und schädlichen Neigungen. In diesem Sinn war der biblische Patriarch Jakob, der mit Elohim rang (Abs. 349), der erste Vertreter des echten *dschihad*. Heilig ist dieser »Krieg« gerade deshalb, weil er *ohne Waffen* geführt wird. Es ist ein geistiger Kampf gegen alle diabolischen Verführungen, insbesondere gegen die Verfälschung der Schriften und der Lehre der Propheten, also gegen Fundamentalismus und Fanatismus, gegen jede Veräußerlichung des inneren »Krieges«.

376

Im »heiligen Krieg«, in dem es um die Überwindung von Atheismus und Monotheismus geht, können die theistischen Exponenten des Islam einen wichtigen Beitrag zum globalen Bewusstseinswandel leisten. Tatsächlich sind im Islam bereits zahlreiche Theologen und Theologinnen aktiv, die sich für eine universelle Form des Islam einsetzen. Ebenso haben sich Bewegungen gebildet, die eine Verständigung mit den anderen Religionen anstreben. Die wahrscheinlich stärkste dieser Bewegungen veröffentlichte 2007 das Manifest »**A Common Word Between Us and You – An Open Call from Muslim Religious Leaders**«, adressiert an Papst Benedikt XVI. und an zahlreiche führende Würdenträger des Christentums, unterzeichnet von mehr als 150 islamischen Würdenträgern, Theologen und Professoren.*

Das Anliegen dieses Manifests ist die Überwindung der dogmatischen Gegnerschaft von Islam und Christentum, damit der Fokus gemeinsam auf die Lösung der weltbedrohenden Probleme der heutigen Zeit gerichtet werden kann. Der folgende Auszug entspricht etwa einem Zehntel der Gesamtlänge des Manifests »A Common Word Between Us and You« (Übersetzung und fettgedruckte Hervorhebungen von A. R.):

> Muslime und Christen machen gemeinsam mehr als die Hälfte der Weltbevölkerung aus. Ohne Frieden und Gerechtigkeit zwischen diesen beiden religiösen Gemeinschaften kann es keinen wirklichen Frieden auf der Welt geben. Die Zukunft der Welt hängt vom Frieden zwischen den Muslimen und den Christen ab.
>
> Die Grundlage für diesen Frieden und dieses Verständnis ist bereits vorhanden. Sie ist Bestandteil der grundlegenden Prinzipien beider Glaubensrichtungen: **Liebe zu dem Einen Gott und die Nächstenliebe.** Diese Prinzipien werden von den heiligen Schriften des Islam und des Christentums an vielen Stellen erwähnt. Die Einheit Gottes, das Erfordernis, Ihn zu lieben, und das Erfordernis der Nächstenliebe ist somit das Verbindende

---

* acommonword.com, veröffentlicht von: *The Royal Aal al-Bayt Institute for Islamic Thought*, Jordanien, im Jahr 2007 C. E., 1428 A. H.

(the common ground) zwischen dem Islam und dem Christentum. [Es folgt eine längere Abhandlung mit Zitaten aus dem Koran zur Stellung Gottes und der Wichtigkeit eines gottesbewussten Lebens sowie Koran-Zitate zur Wichtigkeit der Nächstenliebe, mit Anführung der Parallelstellen aus dem Alten und dem Neuen Testament.]

[...] Auch wenn der Islam und das Christentum offensichtlich zwei verschiedene Religionen sind – und auch wenn einige ihrer formellen Unterschiede nicht wegdiskutiert werden können –, ist es klar, dass die *Zwei Höchsten Gebote* eine gemeinsame Grundlage und eine Verbindung zwischen dem Qur'an, der Thora und dem Neuen Testament darstellen.

[...] Im Heiligen Qur'an sagt Gott, der Höchste, den Muslimen, dass sie den Christen (und den Juden, den »Schriftbesitzern«) folgenden Aufruf zukommen lassen sollen: »Sprich: ›Ihr Schriftbesitzer, kommt zu einem gemeinsamen Wort [zu einer Vereinbarung] zwischen uns und euch: dass wir niemanden außer Gott verehren und Ihm kein anderes Wesen beigesellen und dass keiner von uns andere [Götter] zu Herren nehmen soll außer Gott [den wahren, Einen Gott]!‹ Und wenn sie sich abwenden, so sprecht: ›Bezeugt, dass wir die sind, die (Ihm) ergeben sind.‹« (3,64)*

[...] Mit anderen Worten, Muslimen, Christen und Juden sollte es freistehen, dem zu folgen, was Gott ihnen aufgetragen hat, und sollten sich nicht vor »Königen oder anderen Machthabern niederwerfen müssen«, denn Gott sagt an anderer Stelle im Heiligen Qur'an: *»Lasst in der Religion keinen Zwang sein ...«* (2,256). Dies steht direkt im Zusammenhang mit dem Zweiten Gebot und zum Gebot der Nächstenliebe, und hierbei sind **Gerechtigkeit und Religionsfreiheit** von entscheidender Bedeutung.

[...] Steht das Christentum notwendigerweise in Gegnerschaft zu den Muslimen? In den Evangelien sagt Jesus Christus: [...] »Denn wer nicht gegen uns ist, ist für uns.« (Lukas 9,50) [...] Muslime anerkennen Jesus Christus als Messias, zwar nicht so, wie es die Christen tun (wobei zu bemerken ist, dass die Christen untereinander ohnehin nie zu einer übereinstimmenden Meinung über das Wesen Jesu gekommen sind), aber auf die folgende Weise: *»... Wahrlich, der Messias Jesus, der Sohn Marias, ist ein Gesandter Allahs, und das Wort, das Er Maria niedersandte, ist eine Erfüllung Allahs und Sein Geist.«* (*Al-Nisa'* 4,171). Daher laden wir die Christen ein, die Muslime als *»nicht gegen«* und somit als *»für sie«* zu sehen, in Übereinstimmung mit den oben zitierten Worten Jesu Christi. [...]

Das Suchen nach gemeinsamen Grundlagen zwischen den Muslimen und den Christen ist nicht einfach Gegenstand eines höflichen ökumenischen Dialogs zwischen ausgewählten religiösen Führern. Das Christentum und der Islam sind die zwei größten Religionen der Welt und der Weltgeschichte. Christen machen aktuell über ein Drittel und Muslime über ein Fünftel der Menschheit aus. Zusammen machen sie mehr als 55 % der Weltbevölkerung aus, weshalb das Verhältnis zwischen diesen beiden religiösen Gemeinschaf-

---

* Die Überschrift »A Common Word« bezieht sich auf diese Formulierung in Sure 3,64: »*Say: O People of the Scripture! Come to a common word between us and you: that we shall worship none but God, and that we shall ascribe no partner unto Him, and that none of us shall take others for lords beside God. And if they turn away, then say: Bear witness that we are they who have surrendered (unto Him).*«

ten **der wichtigste Faktor in den weltweiten Bemühungen um wirklichen Frieden** ist. Wenn Muslime und Christen keinen Frieden finden, kann auch die Welt keinen Frieden finden.

Angesichts des fürchterlichen Waffenarsenals der modernen Welt und der Tatsache, dass Muslime und Christen heute überall auf der Welt verflochtener sind als je zuvor, kann keine Seite einseitig einen Konflikt zwischen mehr als der Hälfte der Weltbevölkerung für sich entscheiden. Das bedeutet: **Unsere gemeinsame Zukunft** steht auf dem Spiel, vielleicht sogar das Überleben der ganzen Welt.

Und denjenigen, die dennoch Gefallen daran finden, zu ihrem Vorteil Konflikte und Zerstörung anzuzetteln, und damit rechnen, dass sie letztlich daraus einen Gewinn erzielen, sagen wir, dass auch unsere ewige Seele auf dem Spiel steht, wenn wir es versäumen, aufrichtig jede mögliche Bemühung zu unternehmen, um Frieden zu stiften und gemeinsam in Harmonie zusammenzukommen. Gott sagt im Heiligen Qur'an: *»Wahrlich, Allah gebietet, Gerechtigkeit zu üben und Gutes zu tun und gegenüber den Nahestehenden freigebig zu sein, und Er verbietet eine jede Schlechtigkeit und Ungerechtigkeit und jegliche Gewalttätigkeit. Er ermahnt euch, damit ihr euch dies zu Herzen nehmt«* (*Al Nahl*, 16,90). Jesus Christus sagte: *»Gesegnet sind die Friedfertigen ...«* (Matthäus 5,9), und auch: *»Was nützt es dem Menschen, wenn er die ganze Welt gewinnt und dabei seine Seele verliert?«* (Matthäus 16,26)

Lasst unsere Unterschiede also nicht Hass und Unfrieden zwischen uns verursachen. Lasst uns nur in Rechtschaffenheit und guten Werken wettstreiten. Lasst uns uns gegenseitig respektieren, lasst uns fair, gerecht und freundlich miteinander umgehen und miteinander in ehrlichem Frieden, in Harmonie und gegenseitigem Wohlwollen leben.

Soweit das islamische Manifest *»A Common Word«*.

377

Ein Sprichwort sagt: »Die Mauern der Trennung, die die Menschen bauen, reichen nicht bis in den Himmel.« Und was die Menschen trennt, kommt offensichtlich nicht vom »Himmel«, sondern ist menschengemacht, auch wenn dies im Namen Gottes geschieht.

378

Monotheisten sehen zwischen den Religionen unüberbrückbare Differenzen, und gerade dies zeigt, wie problematisch und heute sogar weltbedrohend die monotheistischen Ideologien sind: im Islam, aber auch im Judentum und im Christentum.

In allen Religionen gibt es jedoch Menschen, auch in führenden Positionen, die nach wahrer Gerechtigkeit und nach wahrem Frieden streben. Damit Aufrufe und Initiativen wie die des islamischen Manifests *»A Common Word«* nicht ergebnislos bleiben, sind konkrete Handlungspläne erforderlich. Dies soll das Thema des letzten Kapitels sein.

Kapitel 32

Vision, Vernetzung
und die nächsten Schritte

Das vorliegende Buch ist ein theistisches Manifest (Abs. 15–16), und ein Manifest ruft nach Manifestation. Was hier als *der radikale Mittelweg* bezeichnet wird, ist nichts Neues, sondern ein Aufruf zur **Rückbesinnung auf den gemeinsamen Kern aller Weltreligionen, Lebensphilosophien und Mysterienschulen.**

Zur Manifestation der theistischen Vision sind konkrete Schritte erforderlich. Wie Karl Marx richtig feststellte:

> Die Philosophen haben die Welt nur verschieden interpretiert: Es kommt aber darauf an, sie zu verändern.[99]

Materialistische Philosophen wie Marx und Engels meinten, positive Veränderungen kämen durch äußere Revolutionen und Umstürze zustande. Ein wirklicher Wandel jedoch lässt sich nicht mit Gewalt erzwingen, genauso wie man aus Dunkelheit kein Licht erzeugen kann, egal wie sehr man die »Dunkelheit« umwälzt und manipuliert. Positive Veränderungen im Äußeren setzen einen Wandel im Inneren voraus, eine **Veränderung im Bewusstsein** – und hier kommt den theistischen Pionieren aller religiösen und säkularen Kreise eine entscheidende Rolle zu.

Theisten sind **Menschen mit einem vernünftigen Gottglauben,** die die Differenzierung des Relativen und des Absoluten konsequent zu Ende gedacht haben. Sie bleiben nicht bei materialistischen oder atheistisch-humanistischen Weltbildern stehen und sind – dank ihrer inneren Gotteserkenntnis – immun gegen die Fallen des Monotheismus. Sie vermögen überall den theistischen Kern zu erkennen und respektieren deshalb alle Kulturen und Religionen. Theisten freuen sich, wenn sie sehen, wie Menschen in anderen Religionen ebenfalls Gottes Offenbarung und Inspiration erleben. Menschen, die wahrhaft gottesbewusst sind, erkennen sich überall, unabhängig davon, zu welchen Religionen und spirituellen Kreisen sie selbst und »die anderen« gehören. Theismus ist **eine überkonfessionelle Verbindung von Menschen aller Kulturen und Religionen** im Licht der gemeinsamen spirituellen Essenz.

381

Nichts ist erhebender und schöner, als wenn Menschen aus verschiedenen Religionen, aus indigenen Kulturen und aus säkularen Kreisen zusammenkommen und sich gegenseitig in ihrer Göttlichkeit erkennen. Solche Männer und Frauen sind frei von der Neigung, die anderen bekehren zu wollen oder bekehren zu müssen, denn sie stehen nicht in Resonanz mit dem Geist, der die Menschen spaltet, und unterliegen daher weder dem Geist der absolutistischen (= monotheistischen) Religionen noch dem Geist der atheistischen Ideologien (Materialismus, Sozialismus, Evolutionstheorie, »Humanismus«, Okkultismus usw.). Dank ihres Bewusstseins bilden solche Menschen ein Energiefeld, das mit der göttlichen Allgegenwart in Resonanz steht, sei dies in kleinen privaten Kreisen, in größeren Zusammenkünften oder in globalen Unternehmungen. Aus diesem Prinzip der theistischen Essenz und Resonanz ergibt sich ganz natürlich die im Folgenden dargelegte Vision mit dem entsprechenden Handlungsplan.

382

Veränderungen im eigenen Leben und in der Gesellschaft beginnen mit einem Wandel im Bewusstsein. Was »Wandel im Bewusstsein« konkret bedeutet, wurde im vorliegenden Buch beschrieben: *eine theistische Neuorientierung als Weg zur Überwindung von Atheismus und Monotheismus.* Die bekannte Weisheit »Kein Wandel im Äußeren ohne Wandel im Inneren« ist auch die Antwort auf die Frage: **Was kann ich als einzelne Person tun?** Wir brauchen nicht aktivistisch oder missionarisch zu werden. Eine innere Distanz von der Hektik und Dramatik der Welt ermöglicht es uns, in die Stille und in unsere Mitte zu kommen – und dadurch zu uns selbst. Wandel geschieht durch die ruhende Keimkraft der eigenen Ausrichtung. »Wo zwei oder drei in meinem Namen zusammenkommen, bin ich in ihrer Mitte« (Mt 18,20). Aus dieser inneren Verbindung heraus bekommen wir Klarheit darüber, was unsere Berufung ist und wie wir diese Berufung im praktischen Leben umsetzen können.

Regelmäßige Gemeinschaft mit Gleichgesinnten (Abs. 310) bedeutet, dass wir für uns kleine private Studien- und Meditationskreise bilden, um in Eigenverantwortung und Eigenregie theistische Inhalte zu erforschen und zu vertiefen, mit all den Erkenntnissen, Inspirationen und inneren Einweihungen, die sich daraus ergeben können.

383

Lichtkreise (Abs. 310) sind nicht nur auf kleine Zusammenkünfte von »zwei oder drei« beschränkt. Es ist zu hoffen, dass die theistische Bewusstseinsrevolution auch weitere Kreise zieht. Hierbei können einzelne Personen weltbewegende Initiativen starten. Ein Beispiel hierfür ist das jährlich in Davos stattfindende World Economic Forum (WEF). Dieses Weltforum entstand, weil eine einzige Person, in diesem Fall Klaus Schwab, Initiative ergriff und eine Idee konkret umsetzte, nämlich dass Vertreter der Wirtschaft und der Politik einmal jährlich am selben Ort zusammenkommen, um gemeinsam aktuelle Probleme zu diskutieren und neue Strategien zu besprechen.

Nach dem Vorbild des World Economic Forum könnte auch ein »**World Theistic Forum**« gegründet werden – oder wie immer es dann genannt wird (siehe auch Abs. 34). Ein solches Weltforum bestünde aus theistischen Pionieren aller Religionen und relevanten säkularen Kreise, die aus einem überkonfessionellen Bewusstsein heraus tätig sind: Männer und Frauen, die über die Eigeninteressen ihrer Kreise hinaustreten können, weil sie die gemeinsame Aufgabe sehen und aus diesem höheren Bewusstsein heraus handeln. Sie dienen einer theistisch-freiheitlichen Aufklärung. Die wirkliche Transformation der Gesellschaft wird geschehen, wenn es diesen einflussreichen Personen gelingt, die Inspiration der größeren Vision in ihre eigenen Kreise (Religionen, Universitäten, Wirtschafts- und Wissenschaftsverbände usw.) zurückzutragen, was zu Neuausrichtungen und gemeinsamen Projekten führen kann, die bis dahin als unmöglich galten oder noch gar nicht in Betracht gezogen wurden.

384

Damit die beschriebenen theistischen Foren nicht in einer substanzlosen Schönrederei versanden, müssen auch brisante Themen angesprochen werden – dies immer mit dem Ziel der **Stärkung der Wahrheit** und der **Versöhnung der Menschen.** Wenn wir Kompromisse mit der Lüge machen, indem wir sie decken, verharmlosen oder ausblenden, kann nie wirklicher Friede entstehen, da alles, was wir dann tun, auf einer problematischen Ausgangssituation beruht, vergleichbar mit dem sprichwörtlichen Fehler am Anfang einer Rechnung.

Da die theistische Ethik dem Gebot der Wahrheit verpflichtet ist (Abs. 325), ist das »World Theistic Forum« auch eine Art *Weltgewissen,* weil die Mitglieder dieses Forums sich nicht scheuen, Missstände und Manipulationen, die den Weltfrieden gefährden, öffentlich zu thematisieren. Denn es ist die Aufgabe der gottesbewussten Menschen, die Wahrheit zu vertreten, ohne sich von Lügen und politischer Korruption bestimmen zu lassen. Das neue Zeitalter wird *ein Zeitalter der Wahrheit* sein, und dieses wird dadurch vorbereitet, dass in allen Bereichen Wahrheit konsequent gefördert wird.

385

Alles beginnt mit einer Vision, hier vor allem mit der Vision, dass viele Menschen sich von der theistischen Inspiration berühren lassen. Diese Vision umfasst folgende Punkte:

- Selbststudium und private Lese- und Meditationskreise;
- Vorträge und Seminare;
- Vernetzung der einzelnen Kreise;
- die Übersetzung und Verbreitung des vorliegenden Buches;
- Kontakte zu den Medien, zu Religionsvertretern, Institutionen, Politikern usw.;
- prominente Bezugspersonen zur internationalen Vernetzung;
- Publikationen (z. B. Philosophiegeschichte aus theistischer Sicht);
- theistische Schulen;
- Förderung einer umfassenden Philosophie, Theologie und ganzheitlichen Wissenschaft sowie einer entsprechenden Schulung in allen Religionen (Gründung von theistischen Koranschulen, Thoraschulen, Bibelschulen usw.).
- Kongresse;
- die Hoffnung, dass finanzkräftige Individuen zu Pionieren der theistischen »Revolution« werden, z. B. durch die Gründung eines entsprechenden Weltforums.

Zu hoffen ist auch, dass bereits existierende Institutionen – einzelne Fakultäten und privat geführte Schulen – die Wichtigkeit der theistischen Vision erkennen und die entsprechenden Impulse in ihren Fachbereich mit aufnehmen. Viele Schulen und Institutionen geben bereits von ihrer Bezeichnung her zu verstehen, dass sie einer bestimmten geistigen Richtung zugehören (Humanistisches Gymnasium, Katholische Akademie, Freie Evangelische Schule, Anthroposophisches Institut für ..., usw.); warum sollte es nicht auch *theistische* Schulen und Hochschulen geben? Nur schon aus historischen Gründen wäre es erforderlich, dass im Lehrplan der heutigen Schulen auch der Theismus als eine der wichtigsten Strömungen der westlichen und östlichen Geistesgeschichte mit erwähnt würde. Eine konkrete Schulung wird möglich, wenn Pioniere hervortreten, die christlich-theistische, jüdisch-theistische, islamisch-theistische, vedisch-theistische Hochschulen gründen, usw. Eine weitere Notwendigkeit sind wissenschaftliche Abteilungen, die sich entscheiden, nicht mehr von einem materialistischen Weltbild auszugehen, sondern von einem vitalistisch-holistischen. Die Folge hiervon wären **Durchbrüche in allen Wissensbereichen:** in der Erforschung alternativer Energieformen, in der Physik, in der Medizin, in der Biologie, in der Anthropologie usw. Die dadurch initiierte Bewusstseinserweiterung wird **die Grundlage für das neue Zeitalter** darstellen, mit all den Wissensbereichen, die dann wieder gesellschaftsbestimmend sein werden: der multidimensionale Kosmos, die Lichtwelten, die geistige Herkunft des Menschen, die Energiekörper des Menschen, alternative Heilmethoden, Geistheilung, neue wirtschaftliche Systeme, neue politische Strukturen.

Diese Initiativen sind nicht von der Gründung neuer Gremien abhängig. Sie können auch innerhalb von Kreisen entstehen, die bereits existieren, z. B. in religiösen, philosophischen und geisteswissenschaftlichen Bewegungen. Durch die vielseitige Umsetzung, die von der gemeinsamen Vision getragen wird, kann ein Netzwerk von regionalen und nationalen Foren bis hin zu einem globalen Forum entstehen.*

386

Ein theistisches Forum ist nicht einfach eine Plattform des »interreligiösen Dialogs«. Wie die Erfahrung zeigt, bestehen interreligiöse Veranstaltungen vielfach nur aus Selbstdarstellungen der jeweiligen religiösen Gruppierungen. Interreligiöse Dialoge bleiben deshalb in der Regel ohne nennenswerte Konsequenzen. Das Forum, um das es hier geht, ist nicht bloß »interreligiös«, sondern *theistisch* und damit überkonfessionell.

387

Die theistische Neuorientierung ist auch nicht einfach eine Bewegung des »**Weltethos**«. Das Manifest *Projekt Weltethos,* verfasst vom Schweizer Theologen Hans Küng (Erstveröffentlichung 1990), stellt eine wichtige Grundlage des gemeinsamen Handelns dar, ist aber noch nicht der »radikale Mittelweg«, denn »Weltethos« bedeutet, dass Religion und Spiritualität auf den kleinsten gemeinsamen Nenner reduziert werden. Was dabei übrigbleibt, ist ein religiös-humanistisches Ethos: die Reduktion von Religion auf das gemeinsame Minimum (»Ethik«). Die Grundlage der theistischen Initiative ist jedoch nicht das gemeinsame Minimum, sondern *die gemeinsame Essenz,* was in der Konsequenz auch zu konkreten Schritten im interreligiösen Dialog, in der gesellschaftlichen Aufklärung und in der globalen Friedenspolitik führen wird.

388

Das theistische Weltbild verlangt keine bestimmte Staats- und Regierungsform und erst recht keinen »gewaltsamen Umsturz aller bisherigen Gesellschaftsordnung«, wie Marx und Engels dies forderten (Abs. 143, 318).

---

* Als eine erste Plattform für diese Vernetzung habe ich im August 2009 die Website theistic-network.org gestartet. Wer immer sich von diesen Ideen angesprochen fühlt, ist eingeladen, in Eigenregie oder in Zusammenarbeit mit theistic-network als Initiator(in), Sponsor(in) oder Organisator(in) aktiv zu werden oder in einer dieser Initiativen mitzuhelfen.

Ein gesunder Staatskörper entspricht der organischen Struktur der Natur, weshalb die gesellschaftliche Organisation organisch und nicht hierarchisch sein sollte (Abs. 331). Heute jedoch entspricht das Zusammenwirken der gesellschaftlichen Sektoren nicht mehr dem natürlichen Vorbild. Alle Macht liegt bei denjenigen, die das Geld und die Naturressourcen kontrollieren. Diejenigen, die der Kopf der Gesellschaft sein sollten – die Philosophen, Akademiker, Wissenschaftler und religiösen Führer –, stehen weitgehend im Dienst machtpolitischer und finanzieller Interessen. Ein theistisches Weltforum könnte dem Kopf der Gesellschaft wieder eine eigenständige Stimme verleihen. In dieser Funktion könnte auch ein »**Theistischer Weltrat**« gegründet werden, so wie alle Weltreligionen für sich ihren »Weltrat« haben: Jüdischer Weltrat (Jewish World Council, JWC), Weltkirchenrat (World Council of Churches, WCC; dt. Ökumenischer Rat der Kirchen, ÖRK), World Muslim Council for Interfaith Relations (WMCIR), World Council of the Islamic Call (WICS, »World Islamic Call Society«), World Hindu Council (Vishva Hindu Parishad, VHP), The World Buddhist Sangha Council (WBSC) und viele weitere Gremien dieser Art. Der Theistische Weltrat bestünde aus Vertreterinnen und Vertretern dieser religiösen Weltorganisationen sowie entsprechender philosophischer und säkularer Kreise. Er hätte keine legislative oder exekutive Befugnis, aber eine starke ethische Position mit einer globalen Stimme, die von Politikern, Militärführern und Wirtschaftsmagnaten nicht ignoriert werden könnte.

389

Beim theistischen Bewusstseinswandel geht es nicht darum, mit dogmatischen Christen, Moslems, Atheisten usw. zu streiten oder sie gar »bekehren« zu wollen. Theistisch aufgeklärte Menschen kämpfen nicht *gegen* andere Menschen, sondern **arbeiten für die positive Vision,** denn sie dienen dem wirklich Guten – dem göttlichen Willen (Abs. 303) –, was dem gesamten gesellschaftlichen Körper ein gesundes, harmonisches Funktionieren ermöglicht. Und selbst wenn diese Bemühungen kurzfristig nicht das gewünschte globale Ergebnis bringen, können wir doch für uns persönlich erkennen und erleben, dass diese Bemühungen – unabhängig vom Ergebnis – in sich selbst schon erfüllend sind, weil unser irdisches Leben durch sie einen höheren, ewigen Sinn bekommt.

Gleichzeitig haben wir die Gewissheit, dass geistige Samen letztlich auch in der äußeren Welt Früchte hervorbringen werden, denn alles Materielle beginnt im Geistigen, und was in der gemeinsamen Vision Form angenommen hat, wird sich auch in der Materie manifestieren.

390

Was im Verlauf der letzten dreieinhalb Jahrtausende viele Pioniere, Propheten und Gottgesandte ausgesprochen, gewünscht und gelehrt haben, wurde nun im Manifest des »radikalen Mittelwegs« systematisch zusammengefasst. Das zeitlose und zugleich älteste Wissen wird hier zur aktuellen, hoffnungsvollen Alternative, an der jeder Mensch mitwirken kann: durch das Gehen des eigenen inneren Weges, durch private Kreise und durch das persönliche Wirken in allen gesellschaftlichen Bereichen.

»Wir sind die, auf die wir gewartet haben.« (Indianisches Sprichwort)

Zusammenfassung

Die Thesen des Theistischen Manifests

1. Theismus ist der »radikale Mittelweg«.
2. Gott ist nicht nur unerkennbar, sondern auch erkennbar.
3. Die allumfassende Realität (Gott) ist die Ganzheit und umfasst sowohl das Absolute als auch das Relative. Im Relativen wie im Absoluten ist Bewusstsein die essentielle Eigenschaft. Gott ist sowohl Energie als auch bewusstes Wesen.
4. Die Realität jenseits der Dualität ist die Individualität, sowohl im Relativen als auch im Absoluten.
5. Materie ist eine göttliche Energie, die von Bewusstsein beseelt und geformt wird, und existiert als Unendlichkeit »parallel« zur Ewigkeit.
6. Kosmos und Mensch sind multidimensionale Einheiten, geschaffen durch die Verbindung von Energie, Materie und Information.
7. Wir sind ewige Wesen (Individuen) und sterben nicht, wenn der Körper stirbt.
8. Als spirituelle Wesen haben wir einen freien Willen und damit relative wie absolute Verantwortung.
9. Liebe, das Bewusstsein des gleichzeitigen Eins- und Individuellseins in Gottes Ganzheit, ist die höchste Realität.
10. Die Gesetze der materiellen Kausalität (Karma) sind relative Realitäten und beinhalten die Möglichkeit der Befreiung von Karma-Bindungen (»Sündenvergebung«): durch Handeln in Einheit mit Gottes Willen, denn Gottes Wille (»Gnade«) steht über den materiellen Gesetzen.
11. Ethik hat absolute Grundlagen, die gegeben sind durch den Willen Gottes: Erkennen der göttlichen Einheit und Liebe.
12. Theistische Wissenschaft betrachtet sowohl die materiellen (multidimensionalen) als auch die spirituellen Aspekte der Realität und erklärt die Entstehung der Universen und der Lebewesen innerhalb des multidimensionalen Kosmos aus dieser ganzheitlichen Sicht heraus (anhand des Schöpfungsprinzips genannt »Involution«).
13. Das theistische Bewusstsein ist das gemeinsame Ziel aller Wege zu Gott und ist das Bewusstsein des neuen Zeitalters.

1. Theismus ist der »radikale Mittelweg«.

So wie jede Spaltung zwei Hälften erzeugt, erzeugt der »spaltende Geist« (das Bewusstsein, das zu Kriegen, Gewalt und Ausbeutungen führt) zwei gegensätzliche, sich bekämpfende Seiten: Atheismus und Monotheismus. Atheismus umfasst das breite Spektrum von Materialismus bis Monismus. Monotheismus ist von Theismus zu unterscheiden. Atheismus und Monotheismus sind die beiden Seiten der gleichen Spaltung, sind also einseitig und somit halbwahr. Der Theismus ist ein Mittelweg, der in bezug auf die genannten Weltbilder »radikal« ist, denn er postuliert ein ganzheitliches Weltbild, das über beide Einseitigkeiten hinausgeht.

Die Frontkämpfer der verschiedenen Formen von Atheismus und Monotheismus führen schon seit vorchristlichen Zeiten einen ideologischen Kampf gegeneinander, der des öfteren auch zu militärischen Kämpfen führte. Dieser Kampf verschärft sich in der heutigen Zeit, weil beide Seiten meinen, nur noch kurze Zeit trenne sie vom endgültigen Durchbruch zu ihrer säkularen bzw. theokratischen Weltordnung. Aufgrund der technischen Mittel, die heute zur Verfügung stehen, sind diese Gefahren mit apokalyptischen Dimensionen verbunden, zumal viele einflussreiche Personen auf beiden Seiten an einen kommenden globalen Endkampf zwischen Gut und Böse glauben. Die Weltgeschichte zeigt, dass Atheismus und Monotheismus die beiden Seiten der gleichen Spaltung sind und aufgrund ihrer Einseitigkeiten nicht zu wirklichem Frieden führen können. Denn Einseitigkeit bedeutet immer auch »Halbwahrheit«: Was die eine Seite zuviel hat, hat die andere zuwenig, und umgekehrt. Der Theismus als radikaler Mittelweg führt über beide Seiten hinaus und strebt nach höheren, umfassenden Wahrheiten, nach dem gemeinsamen Ziel aller Religionen, nach einer Verbindung von ältestem Wissen und neuesten Erkenntnissen. Dieses Weltbild ist keine neue Theorie oder Theologie und braucht deshalb auch keinen neuen Namen. »Theismus« in der Definition des vorliegenden Buches ist der ideale Begriff, um das zu benennen, was in der Gottesmystik und Mysterienoffenbarung wie auch in der spirituell-ganzheitlichen Wissenschaft als Essenz und Realität erfahren bzw. erahnt wird.

2. Gott ist nicht nur unerkennbar, sondern auch erkennbar.

Die Interpretation der objektiven Welt ist vom subjektiven Bewusstsein abhängig. »Der Mensch sieht, was er glaubt.« Glaube (= das Annehmen eines bestimmten Weltbildes) ist die Grundlage von Wissen. Was die Menschen zu wissen glauben, muss nicht unbedingt der Realität und der Wahrheit entsprechen. Dies gilt insbesondere für die heute vorherrschenden Weltbilder des Atheismus und Monotheismus. Das Erlangen eines ganzheitlichen Verständnisses von Realität ist die Aufgabe der Philosophie. Es gibt relative Realität und absolute Realität. Der Mensch ist nicht auf die Relativität beschränkt und kann erkennen, was absolute Realität ist, weil die Ganzheit (Gott) alle Aspekte des Absoluten beinhaltet, nicht nur den Aspekt des Unfassbaren, Unerkennbaren und Überrationalen, sondern auch den Aspekt des Fassbaren, Erkennbaren und Rationalen.

Der Mensch als relatives Wesen muss seiner Weltsicht bestimmte Annahmen zugrunde legen, mit denen er alles Wahrgenommene interpretiert. Dies gilt sowohl für das Alltagswissen als auch für die Religionen und die Wissenschaft. Der vorherrschende Glaube in der heutigen Wissenschaft ist der Materialismus. Der vorherrschende Glaube in den abrahamitischen Religionen (Judentum, Christentum, Islam) ist der Monotheismus. Genauso wie die monotheistischen Gläubigen ein ganz bestimmtes Weltbild angenommen haben, das ihr Denken und ihre Weltsicht prägt, haben auch die atheistischen Gläubigen ein ganz bestimmtes Weltbild angenommen, das *ihr* Denken und *ihre* Weltsicht prägt. Beide Seiten gehen von Glaubenssystemen aus, und wir sind aufgefordert zu untersuchen, wie glaubwürdig diese verschiedenen Glaubenssysteme sind. Philosophie bedeutet in diesem Zusammenhang *Streben nach Erkenntnis von Realität,* und zwar nach einer möglichst ganzheitlichen Erkenntnis. Was Gotteserkenntnis betrifft, so beinhaltet Gott als Ganzheit sowohl das Absolute als auch das Relative und daher auch die Aspekte der Fassbarkeit und Erkennbarkeit. Der Theismus postuliert deshalb, dass es möglich ist, Gott auch philosophisch zu erkennen – wobei die theistische Erkenntnis nie nur theoretisch ist, denn sie stellt eine praktische Herausforderung dar: Überwindung von Atheismus und Monotheismus.

---

3. Die allumfassende Realität (Gott) ist die Ganzheit und umfasst sowohl das Absolute als auch das Relative. Im Relativen wie im Absoluten ist Bewusstsein die essentielle Eigenschaft, denn Gott ist lebendige Einheit: ewiges, unteilbares (»individuelles«) Sein und Bewusstsein (= Einheit und Vielfalt). Das heißt, Gott ist sowohl Energie als auch bewusstes Wesen.

Monotheismus ist der Glaube an einen einzigen Gott, Theismus ist der Glaube an den absoluten Gott. Der »einzige« Gott und der eine (= absolute) Gott sind nicht dasselbe. »Absolut« bedeutet: nichtbedingt, allumfassend, ganz. Gott ist nicht nur abstrakte Einheit und neutrale Energie, sondern *lebendige* Einheit im Sinne von »Individuum«: ungeteiltes, ewiges Sein und Bewusstsein (mit Willen, Liebe und Gnade), weshalb auch die Teile Gottes individuell und ewig sind (individuell = »unteilbar; ungeteilt«; nicht in die materielle Polarität von Vergangenheit und Zukunft aufgeteilt = ewig). Das Absolute und das Relative, Einheit und Vielfalt, Energie und Bewusstsein, Gott und Welt – wird das eine vom anderen getrennt und verabsolutiert, entstehen Einseitigkeiten und Halbwahrheiten.

Jeder Mensch glaubt an etwas Absolutes. Materialismus beruht auf dem Glauben an die Absolutheit der physikalischen Materie, Deismus auf dem Glauben an die Absolutheit der Materie mit den ihr innewohnenden Gesetzen, Dualismus auf dem Glauben an die Absolutheit der Dualität, mit dem Monotheismus als Sonderform (Glaube an einen einzigen Gott, der im Gegensatz zu allen anderen Religionen und Philosophien steht), und Monismus auf dem Glauben an die Absolutheit der Nondualität, d.h. der neutralen Einheit von Energie. Das Konzept »Einheit« kann materialistisch (als Totalität der Materie), monistisch (als Totalität von Energie = Nondualität) und theistisch (als Individualität inkl. Nondualität) definiert werden. Der Theismus geht von der Absolutheit der *Individualität* aus – Individualität im wörtlichen Sinn: »ungeteiltes (= ewiges) Sein und Bewusstsein«. Die göttliche Ganzheit umfasst sowohl Nondualität als auch Individualität (Energie und Bewusstsein).

Alles, was im Relativen enthalten ist, ist – in seiner reinen, ursprünglichen »Form« – im Absoluten enthalten, insbesondere Bewusstsein und Wille. Mit anderen Worten: Weil das Absolute individuell ist, finden wir auch im Relativen Individualität. Das Absolute ist »das Ungebundene, Unbedingte, Allumfassende« und beinhaltet auch das Relative. Der *eine* Gott ist integrierend und »inklusiv«, der einzige Gott ist »exklusiv« und elitär, weil er einer Verabsolutierung relativer Wahrheiten entspringt.

4. Die Realität jenseits der Dualität ist die Individualität, sowohl im Relativen als auch im Absoluten. Realität sollte nicht auf eine materielle Totalität oder monistische Nondualität beschränkt werden.

Theismus bedeutet die Erkenntnis der Individualität als essentielle Eigenschaft sowohl des Relativen als auch des Absoluten. Wir sind individuell (= unteilbar, ewig), weil das Absolute individuell ist. Wenn wir nur uns selbst als spirituelle Individuen sehen und nicht auch den Schritt zur Erkenntnis der Individualität Gottes vollziehen, sind wir immer noch im Bereich des Atheismus, hier allerdings nicht mehr im Bereich des materialistischen Atheismus, sondern des metaphysischen und esoterischen Atheismus. Der weiterführende Erkenntnisweg ist hier der monistische, z. B. buddhistische Nontheismus (als Aspekt des theistischen Monismus).

Die Grenzlinie zwischen Atheismus/Monismus und Theismus verläuft dort, wo die Erkenntnis der Individualität Gottes beginnt. Die Einheit jenseits der Zweiheit wird aus monistischer Sicht als »Nondualität« (sanskr. *advaita*) und als »Leerheit« (sanskr. *śūnyatā*) gesehen. In diesem Erkenntnisbewusstsein ist noch nicht entschieden, welchen der beiden Wege man wählt, den theistischen oder den atheistischen. Dementsprechend ist zwischen atheistischer und theistischer Esoterik zu unterscheiden. Man kann an Karma und Reinkarnation glauben und immer noch ein atheistisches Weltbild vertreten, was zu verhängnisvollen

Halbwahrheiten führt. Vertreter der atheistischen Esoterik verabsolutieren das Konzept des Advaita (»Nondualität«) und sagen, es sei falsch, zwischen Theismus und Atheismus oder zwischen »gut« und »böse« zu unterscheiden. Sie neigen deshalb dazu, das Böse (Lügen, Kriege, Massenmorde usw.) zu verharmlosen oder zu rechtfertigen: dies alles seien »notwendige Erfahrungen«, Ursache sei die »Resonanz« der sogenannten Opfer gemäß dem »Law of Attraction«.

Atheistische Esoterik gründet in einer Verabsolutierung der monistischen Sicht. Wenn das Absolute nichts anderes als Leerheit, Neutralität und Nondualität ist, ist Gott nur Energie oder eine abstrakte Totalität, was wiederum bedeutet, dass es im Absoluten kein Bewusstsein, keinen Willen und keine Liebe gibt. Dies ist der Glaube des atheistischen Monismus, der deshalb – auf der höchsten Ebene der Machtpyramide – zu einem Handeln führt, das auch vor Manipulationen, Lügen, Kriegen usw. nicht zurückschreckt. Der atheistische Monismus ist in letzter Konsequenz eine »luziferische« Selbstrechtfertigung.

Als Ganzheit ist Gott sowohl Energie als auch bewusstes Wesen: Einheit in der Vielfalt, Vielfalt in der Einheit. Der theistische (= ganzheitliche) Monismus beruht auf der Erkenntnis der *Einheit* hinter der materiellen Vielfalt, ohne dass dabei die *spirituelle* Vielfalt negiert wird; dies war z.B. das Ziel der Lehre des Buddha. Der Aspekt der Einheit führt zu innerer Neutralität und zur Erkenntnis der Nondualität. Der Aspekt der Vielfalt führt zur Erweiterung der »Neutralität« und »Nondualität« im Licht der *I*ndividualität. Die Perspektive der Nondualität kann nur schwer in Worte gefasst werden. Genauso schwierig, oder sogar noch schwieriger, ist es, »Individualität« in Worte zu fassen, denn das Erkennen der Individualität des Relativen und des Absoluten hat mit »individueller Einheit« (= Liebe) zu tun und dies wiederum mit innerer Offenbarung und mystischem Erleben.

> **5. Materie ist eine göttliche Energie, die von Bewusstsein beseelt und geformt wird, und existiert als Unendlichkeit »parallel« zur Ewigkeit.**

Die Ganzheit umfasst sowohl das Absolute als auch das Relative. Materie als Energie gehört zum ewigen Sein des Absoluten und hat die Aufgabe, in einem unendlichen Fluss von Raum und Zeit vergängliche (= relative) Formen hervorzubringen. Die materielle Welt existiert »parallel« zum allumfassenden Hintergrund der Ewigkeit und ist, eben weil der »Hintergrund« allumfassend ist, von diesem nie getrennt. Hinter der Vergänglichkeit ist die Unendlichkeit. Hinter der Zeit ist die Ewigkeit. Die Materie existiert nicht aus sich selbst heraus, sondern wird von geistigen Informationsfeldern programmiert: von den Bewusstseinsimpulsen der unendlichen Vielzahl von Lebewesen sowie vom allgegenwärtigen Bewusstsein des Absoluten (sanskr. Paramātmā). Materie ist, technisch gesprochen, eine holographische Projektionsfläche für alle Lebewesen. Diese bewirken, dass die Materie (durch Paramātmā) entsprechende Formen annimmt, gemäß dem Gesetz von Aktion und Reaktion.

Die Realität allen Seins ist nicht bloß ein materielles »Universum« ohne Ursprung, Zielsetzung (Intention), Sinn und Bewusstsein. Hinter der materiellen Vielfalt wirkt die spirituelle Ganzheit, die in ihrem Urgrund *individuell* (unteilbar, ewig, bewusst) ist. Bewusstsein ist sowohl im Relativen als auch im Absoluten die essentielle Eigenschaft. Das bedeutet: Die materielle Welt entsteht und besteht durch das Zusammenwirken *beider* Bewusstseinsebenen, im Sanskrit Ātmā und Paramātmā genannt.

Der Materialismus schließt die nichtphysikalischen Dimensionen von vornherein aus und lehrt deshalb, Realität beschränke sich auf die physikalische Materie, die sich – über Zufall und Notwendigkeit – selbst organisiere und dadurch die gesamte Vielfalt von Lebewesen hervorbringe (= Evolutionstheorie). Wer hingegen die Natur und sich selbst (als bewusstes, menschliches Wesen) nicht schon von vornherein mit einer Weltsicht des Materialismus betrachtet, erkennt sogleich, dass die Pflanzen, Tiere und Menschen nicht einfach nur »lebende Körper« (organische Mechanismen) sind. Materialistische Weltbilder sind reduktionistisch und entfremden den Menschen von seiner spirituellen Identität und somit auch von einem höheren Verständnis der Erde und des irdischen Lebens.

6. Kosmos und Mensch sind multidimensionale Einheiten. Materielle Körper entstehen durch die Verbindung von Energie, Materie und Information.

Die Materie existiert vor dem Hintergrund der ewigen (= raum- und zeitlosen) Welt des Absoluten und bringt ewiglich vergängliche Formen hervor, angefangen mit den zahllosen Universen, die zuerst in einer feinstofflichen Form entstehen. Es gibt feinstoffliche und grobstoffliche Materie und dementsprechend feinstoffliche und grobstoffliche Welten. Ebenso haben die Menschen einen feinstofflichen und einen grobstofflichen Körper. Die multidimensionale Materie ist die Projektionsfläche des Bewusstseins. Information ist Ausdruck von Bewusstsein und ist der grundlegende Faktor jeglicher Schöpfung. Information ist nicht das zufällige Nebenprodukt einer hypothetischen Selbstorganisation der Materie.

Die materielle Welt besteht aus Materie in unterschiedlichen Verdichtungsgraden (Dimensionen). Die grobstoffliche Materie besteht aus den dreidimensional-verdichteten Elementen (»Erde«, »Wasser«, »Feuer«, »Luft«) und aus dem »Äther«, dem physikalisch-multidimensionalen Raum mit den biophysikalischen Informationsfeldern. Das messbare »bioresonante« Energiefeld der Menschen, Pflanzen und Tiere gehört zum »Ätherkörper«, der auch Vitalkörper genannt wird, und entspricht dem, was in der holistischen Biologie als »morphogenetische Felder« bezeichnet wird. Diese morphogenetischen Felder sind Informationsträger, aber nicht die Quelle der Information. Das heißt, sie erzeugen die morphogenetischen Informationen nicht selbst, sondern werden ihrerseits von den Impulsen aus den feinstofflichen Ebenen programmiert und »informiert«. Die feinstoffliche Materie besteht grundlegend aus drei Ebenen von höherdimensionaler Energie, die einerseits die physikalische Materie durchdringen und Form annehmen lassen und andererseits auch eigene Welten bilden. So wie der Mensch, materiell gesehen, aus einem grobstofflichen und einem feinstofflichen Körper besteht, besteht der materielle Kosmos aus grobstofflichen und feinstofflichen Welten. Der feinstoffliche Körper des Menschen besteht aus drei Komponenten: aus der Ebene des Mentalen (sanskr. *manas,* lat. *mens/mentis:* Gedanken, Gefühle, Emotionen und Wünsche), aus der Ebene des Rationalen (sanskr. *buddhi,* lat. *intelligentia:* Unterscheidungs- und Entscheidungskraft) und aus der Ebene des Kausalen (sanskr. *ahaṅkāra,* lat. *identificatio:* Identifikation mit der eigenen Persönlichkeit, d. h. das in die Materie projizierte Bewusstsein).

All diese physischen und psychischen Ebenen des Lebens werden beseelt von der unsterblichen, ewigen Seele (sanskr. *ātmā,* lat. *anima* bzw. *individuum*), die als Teil des absoluten Individuums ebenfalls »Trägerin« von Bewusstsein ist. Das auf die materielle Existenz projizierte Bewusstsein ist das »Ich« des Menschen. Wenn man aufgrund einer zu starken Identifikation mit der materiellen Existenz das Bewusstsein der eigenen spirituellen Identität verliert, entsteht »Illusion« (sanskr. *māyā*) oder, in religiöser Terminologie, die »Ursünde« (Abspaltung von der individuellen Einheit mit Gott), von der alle anderen Sünden (Störungen der eigenen und kollektiven Einheit mit Gott) verursacht werden.

7. Wir sind ewige Wesen (Individuen) und sterben nicht, wenn der Körper stirbt.

Bewusstsein ist das Energiefeld der Seele, so wie Licht das Energiefeld eines Sonnenstrahls ist. Ein Sonnenstrahl ist untrennbar mit der Sonne verbunden. Auf ähnliche Weise sind alle relativen Individuen »Strahlen« oder »Teile« Gottes, des allumfassenden Ganzen. Weil Gott ewig ist, sind auch wir als spirituelle Wesen (»Seelen«) ewig. Unser Leben ist nicht auf die eine irdische Existenz beschränkt. Leben ist ewig. »Tod« bedeutet, dass die Seele mit dem feinstofflichen Körper den grobstofflichen Körper verlässt.

Der Mensch ist ein geistiges Wesen, das sich in einem materiellen Körper inkarniert hat. Im vergänglichen Zustand des Inkarniertseins drückt sich das Bewusstsein durch den Körper aus und bedient sich des Gehirns als »Schaltzentrale« des Körpers. Deswegen bewirken Schädigungen oder Manipulationen des Gehirns einen beschränkten oder behinderten Ausdruck des Bewusstseins, das Bewusstsein selbst wird dadurch aber weder beschränkt noch behindert. Wenn ein Mensch, der z. B. von Geburt an blind war, bei einer Nahtoderfahrung den Körper verlässt, vermag er plötzlich – aus der Perspektive des feinstofflichen Körpers – die materielle Umgebung zu sehen. Tausende von Berichten solcher Nahtoderfahrungen bestätigen als empirische Indizien das, was Adepten von schamanischen und esoterischen Schulen über Astralreisen und Mystikerinnen und Mystiker durch geistige Schau erkannt haben, nämlich dass das menschliche Bewusstsein auch unabhängig vom Gehirn existieren kann. Die Existenz des als Mensch lebenden Individuums ist nicht auf den Körper beschränkt und geht mit dem Tod nicht zu Ende. Im Moment des Todes löst sich die relative Einheit von Körper und Seele auf, denn »Einheit von Körper und Seele« bedeutet nicht »Gleichheit von Körper und Seele«.

> **8. Als spirituelle Wesen haben wir einen freien Willen und damit relative wie absolute Verantwortung, relative in Bezug auf unsere Handlungen, absolute in Bezug auf unsere Bewusstseinsausrichtung.**

Freier Wille ist die grundlegende Eigenschaft des individuellen Seins, sowohl im Absoluten als auch im Relativen. Weil Gott Bewusstsein und Willen »hat«, haben auch alle relativen Individuen Bewusstsein und einen freien Willen. Der freie Wille ist nicht unabhängig, sondern bewegt sich innerhalb der vorgegebenen göttlichen Ordnung. Der Begriff »freier Wille« bezieht sich auf unsere Freiheit, als geistige Individuen zu entscheiden, inwieweit wir in Bezug auf Gott in Einheit oder in Getrenntheit leben wollen, das heißt, inwieweit wir von Realität oder von Illusion (falscher Identifikation) abhängig sein wollen. Freier Wille bedeutet, dass wir entscheiden können, wovon wir uns führen bzw. beeinflussen lassen. Mit dem Fluss unserer Bewusstseinsausrichtungen kreieren wir entsprechende Reaktionen und Existenzen, die im materiellen Bereich nicht mehr direkt unserem freien Willen unterstehen.

Als Teile Gottes haben alle Individuen einen freien Willen. Der freie Wille ist ein Aspekt unseres spirituellen, ewigen Seins und bezieht sich auf die Entscheidungsfreiheit in der grundlegenden Frage: »Worauf will ich mein Bewusstsein richten: auf die Realität oder auf irgendeine Form von Illusion?« Die Bewusstseinsausrichtung ist keine einmalige, sondern eine ständig fließende Entscheidung. Sie ist eine Frage, die sich potentiell in jedem Moment neu stellt, denn unsere Verbindung zum Ewigen (zu unserem freien Willen, zu unserer spirituellen Identität, zur göttlichen Präsenz) ist immer ein Faktor der *Gegenwart*. Das Leben ist ewig und findet deshalb immer neu in der Gegenwart statt – entsprechend unseren inneren Entscheidungen.

Wenn Neurologen das Gehirn untersuchen und dort organische Zusammenhänge zwischen psychischen Impulsen und Gehirnfunktionen entdecken, betrachten sie nur das letzte Glied einer langen, interdimensionalen und letztlich spirituellen Lebensfunktion. Auf der Ebene der psychischen Impulse und Gehirnfunktionen besteht tatsächlich kein freier Wille, aber der Mensch sollte nicht auf seine psychischen Impulse und Gehirnfunktionen beschränkt werden, denn der freie Wille setzt viel früher an: auf der spirituellen Ebene, von wo aus alle psychischen und physischen Reaktionen gesteuert werden.

Wir Menschen – und alle Lebewesen des Kosmos – führen kein isoliertes oder getrenntes Dasein, sondern sind über den gemeinsamen, allgegenwärtigen Urgrund miteinander verbunden. Aufgrund dieser Verbundenheit herrscht überall intelligente Ordnung: in der Natur und im Kosmos bis hin zu den Funktionen in unserem Körper und zu all den kleinen und großen Fügungen in unserem Leben. Diese Ordnung und Nichtzufälligkeit ist ein Ausdruck der göttlichen Allwissenheit und Allgegenwart, die in den Sprachen aller Kulturen und Religionen unterschiedlich bezeichnet wird. Aber gemeint ist immer dasselbe. Der entsprechende Begriff im Sanskrit lautet Paramātmā (wörtl. »höchste Seele; Überseele«). Die Realität Gottes sollte jedoch nicht auf diesen materiell-immanenten Aspekt beschränkt werden, denn Gott umfasst sowohl die Allpräsenz als auch die Immanenz und die Transzendenz.

> **9. Liebe ist die höchste Realität. Denn Liebe ist das Bewusstsein, mit dem wir die allumfassende Realität (= die Individualität und Einheit Gottes und aller Teile Gottes) wahrnehmen. Liebe ist das Bewusstsein des gleichzeitigen Eins- und Individuellseins in Gottes Ganzheit. Jede andere Bewusstseinsausrichtung ist nicht in Harmonie mit dieser Realität und führt zu Trennung, Illusion, »Dunkelheit«.**

Wie können wir Teile Gottes sein, wenn Gott unteilbar (»individuell«) ist? Das Mysterium der göttlichen Einheit zeigt, dass Einssein, Teilsein und Individuellsein sich nicht gegenseitig ausschließen, denn dies sind Aspekte derselben absoluten Realität. Weil die essentielle Eigenschaft dieser Realität *Bewusstsein* ist, ist die Frage, ob wir in Getrenntheit oder in Einheit leben, eine Frage des Bewusstseins. Das Bewusstsein, das in der Einheit von Teil und Ganzem, von uns und Gott, gründet, ist die Liebe. Liebe (= bewusste Einheit mit Gott und allen Teilen Gottes) ist die vollkommene Verwendung des freien Willens und der Schlüssel zur wirklichen, göttlichen Realität. Alles, was nicht dieser Einheit entspricht, gründet nicht in der Realität, sondern in Illusion. Abwendung von der Einheit der Liebe ist die Ursache des spaltenden (»dia-bolischen«) Bewusstseins, des Bösen.

Die unendlich vielen Individuen und das eine, allumfassende Individuum (Gott) sind in Wirklichkeit nie getrennt, denn Gott ist »unteilbar« (individuell). Jedes Individuum hat die Freiheit, in Harmonie mit dieser Einheit zu leben oder nicht. Liebe (= Leben im Bewusstsein dieser Einheit) ist deshalb das einzig wirkliche Realitätsbewusstsein, denn nur in diesem Bewusstsein ist sich ein Individuum seiner Verbindung und Einheit mit dem Ganzen (Gott) bewusst. Wer nicht in diesem Bewusstsein lebt, lebt in einem getrennten, spaltenden Bewusstsein, das zu Monotheismus oder zu Atheismus führt. In beiden Weltbildern ist nicht Liebe das höchste Prinzip, sondern das Handeln für die eigenen ideologischen Interessen (»Der Zweck heiligt die Mittel«). Nur durch die theistische Weltsicht erkennen wir Liebe als die höchste Realität. Ohne diese Weltsicht meinen die Menschen, Zufall und eine imaginäre Selbstorganisation der Materie (= Atheismus) oder ein elitärer, prädestinierender, strafender, »einziger« Gott sei die höchste Realität. Jenseits aller Illusionen und relativen Realitäten ist Liebe, das Bewusstsein der göttlich-individuellen Einheit, die höchste Realität.

Göttliche Liebe bedeutet nicht eine alles-relativierende Weltsicht (mit halben Wahrheiten wie »Alles ist eins, alles ist Gott, alles ist Liebe«), sondern eine ganzheitliche Wahrnehmung der Realität mit entsprechend differenzierten Erkenntnissen: »Alles ist eins *und verschieden*«, »Gott ist alles, aber nicht alles ist Gott«, »Liebe ist alles (= die eine, wirkliche Realität), aber nicht alles ist Liebe«, denn nur das, was im Bewusstsein der spirituellen Realität gründet, ist Liebe. Alles andere ist nicht Liebe, sondern Illusion in einer mehr oder weniger gottabgewandten Schattierung – bis hin zu finsterer »Dunkelheit« (Gottlosigkeit, Sinnlosigkeit, Gewissenlosigkeit). Der Ursprung des Bösen liegt in dieser Trennung von Gott, die nie wirklich ist; sie existiert nur in der Illusion der gottabgewandten Wesen.

---

10. Die Gesetze der materiellen Kausalität (Karma) sind relative Realitäten; sie regeln die Konsequenzen der Taten, die wir entsprechend der Impulse unserer Bewusstseinsausrichtung ausführen. Auf der spirituellen Ebene haben wir einen freien Willen mit der entsprechenden Verantwortung, und auf dieser Ebene können wir Befreiung von Karma-Bindungen (»Sündenvergebung«) erlangen: durch Handeln in Einheit mit Gottes Willen, denn Gottes Wille (»Gnade«) steht über den materiellen Gesetzen.

Jede Handlung in der materiellen Welt untersteht dem Gesetz des Karma, d. h. dem Gesetz von Ursache (Aktion) und Wirkung (Reaktion). Jede Handlung und Situation sollte deshalb differenziert betrachtet werden, sowohl aus der Perspektive der Reaktion als auch aus der Perspektive der Aktion. Im Aspekt der Reaktion wirkt die Prädestination, im Aspekt der Aktion der freie Wille. In jeder Situation hat der Mensch die Möglichkeit des Wählens zwischen verschiedenen Handlungsweisen, und dieses Wählen ist die Verantwortung des Handelnden. (Wie frei unser Wille bei unseren Entscheidungen und Handlungen ist, ist abhängig von der Reinheit unseres Bewusstseins, und hierin liegt die spirituelle Hauptverantwortung unseres Lebens.) Durch die Gesetze von Aktion und Reaktion kommen wir in bestimmte Situationen, aber die Gesetze zwingen uns nicht zu bestimmten Handlungen. Das Karma-Gesetz prädestiniert gewisse Situationen, aber nie konkrete Handlungen! Selbst wenn jemand aufgrund eines früher erlittenen Unrechts die Möglichkeit bekommt, Gleiches mit Gleichem zu vergelten, sind neben den

Gesetzen immer auch der freie Wille und das Gewissen vorhanden, und diese inneren Stimmen sagen uns, was dem göttlichen Willen entspricht. Wenn wir dementsprechend handeln, können Karma-Kettenreaktionen aufgelöst werden, so wie Dunkelheit aufgelöst wird, wenn wir in einem dunklen Raum die Tür öffnen. Das Öffnen der Tür ist unsere eigene Entscheidung und Bemühung. Das Licht, das dann hereinstrahlt und die Dunkelheit auflöst, ist ein Bild für die Gnade Gottes, die immer gegenwärtig ist, so wie außerhalb unseres dunklen Raumes das Licht immer gegenwärtig war und ist.

Jede Handlung setzt Ursachen für entsprechende Wirkungen. Aus eigener Kraft könnte der Mensch dieses Netz von Karma-Reaktionen nicht auflösen, so wie wir auch nicht in der Lage sind, aus eigener Kraft Dunkelheit aufzulösen; wir brauchen dazu die Hilfe des Lichts. Wer das Absolute nur als Energie oder als Totalität der Materie sieht, verkennt den individuellen Aspekt Gottes und damit auch die Liebe und die Gnade Gottes. Im Materialismus, Deismus und Monismus werden die »Naturgesetze« bzw. die »geistigen Gesetze« (insbesondere das Karma-Gesetz) verabsolutiert, weil diese Weltbilder sagen, Materie und Energie seien die höchste Realität; Individualität wird für ein Produkt der Materie gehalten, weshalb auch freier Wille und Verantwortung nicht als absolute Faktoren gesehen werden. Energie und Materie sind abstrakt und gnadenlos, erst die göttliche Individualität beinhaltet Bewusstsein, Liebe und Gnade. Atheistische Weltbilder führen zu Vorstellungen von Selbsterlösung und »Selbstermächtigung«, monotheistische Weltbilder zu Vorstellungen von exklusiver Erlösung in Abhängigkeit von bestimmten Dogmen. Theistisches Gottesbewusstsein führt zu spiritueller Vollmacht (»Ermächtigung«), d.h. zu einem Leben sowohl in Einheit mit Gottes Willen als auch in Einheit mit Gottes Gesetzen. So wie Licht alle Dunkelheit auflöst, erlöst uns das Licht des Gottesbewusstseins von allem, was uns vom Bewusstsein der Liebe, von unserer Verbindung mit der Quelle, trennt.

---

11. Ethik hat absolute Grundlagen, die gegeben sind durch den Willen Gottes: Erkennen der göttlichen Einheit und Liebe. Die entsprechenden moralischen Richtlinien gründen in den Prinzipien Ehrlichkeit, Eigenverantwortung und gegenseitiger Respekt.

Das theistische Weltbild besagt, dass Gott »Individuum« ist: ewiges Sein und Bewusstsein mit Liebe und Willen (Intention). Solange wir Gott nicht als Individuum erkennen, hat Ethik keine absoluten Grundlagen, und die menschliche Moral wird durch willkürliche Richtlinien bestimmt, die leicht manipuliert und relativiert werden können (»man soll zwar nicht lügen oder morden, aber ...«). Die Grundlage der theistischen Ethik ist der Wille Gottes (»Dein Wille geschehe!«), der absolut individuell ist, d.h. nicht dogmatisch, aber auch nicht willkürlich. Diesen Willen zu erkennen ist die höchste Eigenverantwortung des Menschen. Die Essenz von Gottes Willen ist *Liebe,* denn Liebe ist das Bewusstsein der göttlichen Einheit und Individualität. Diese Liebe ist die

Grundlage der theistischen Ethik und gibt die entsprechenden Kriterien für unser praktisches Handeln und Unterscheiden: Was entspringt dieser Liebe und was nicht? Was fördert das Erkennen unserer Identität als spirituelle Individuen (Teile Gottes)? Was führt zu einem Leben in Harmonie (= Bewusstsein der göttlichen Realität), was zu Getrenntheit und Spaltung (= Illusion)?

Die Entscheidung, nach welchen praktischen Richtlinien wir handeln, ist abhängig von unserem Weltbild und der damit verbundenen Ethik. Realität im theistischen Weltbild ist die Individualität und Einheit Gottes und aller Teile Gottes. Die gleichzeitige Einheit und Vielfalt der göttlichen Realität kann nur im Bewusstsein der göttlichen Liebe erkannt werden. Als Teile Gottes sind wir spirituelle Wesen und haben einen freien Willen und damit auch im absoluten Sinn Verantwortung. Theistische Ethik gründet in diesem Bewusstsein und ist mit entsprechenden moralischen Richtlinien verbunden, insbesondere mit dem Prinzip der Ehrlichkeit (»Du sollst nicht lügen«), denn Unwahrheit bedeutet Trennung von der göttlichen Einheit und Realität und führt zu Illusion und Täuschung (Selbsttäuschung und Täuschung anderer), und dies wiederum führt zu weiteren Unwahrheiten, zu Konflikten, zu Gewaltbereitschaft usw.

Wenn die Individualität und Einheit Gottes und aller Teile Gottes die höchste Realität ist, ist das höchste göttliche Lebensprinzip *Einheit in der Vielfalt* und *Vielfalt in der Einheit*. Die moralische Konsequenz dieser Erkenntnis ist gegenseitiger Respekt. Das, was diesen gegenseitigen Respekt torpediert oder unterbindet, ist der spaltende, dia-bolische Geist. Als gottesbewusste Menschen kämpfen wir nicht *gegen* die Menschen und Mächte, die diesen Geist verkörpern, sondern dienen der Wahrheit und der Liebe, dem sprichwörtlichen Licht, das die Dunkelheit der Spaltung und Illusion auflöst.

Als moralische Richtlinie bedeutet dies: *Ich wünsche allen Menschen, auch denjenigen, die sich als Gegner und Feinde verhalten, nur das Beste, und ich diene ihrem Besten.* Das Beste für alle Menschen ist die *Wiedererweckung des Gottesbewusstseins*, was kein dogmatischer, sondern ein absolut individueller Faktor ist. Das heißt, für jeden Menschen sieht dieses Beste anders aus, doch in der Essenz haben all unsere persönlichen Schicksale dasselbe Ziel. Wir mögen uns dieses Ziels bewusst sein oder nicht, am Ziel ändert dies nichts. Was sich entsprechend unserer Bewusstseinsausrichtung ändert, ist unser persönliches Leben und die Art, wie wir unser Leben *erleben*. Diejenigen, die meinen, das, was sie für das Beste halten, anderen Menschen durch Mission oder Manipulation aufzwingen zu müssen, dienen nicht dem besten Interesse der Menschen. Dem Höchsten und Besten dienen wir durch unser eigenes Gottesbewusstsein, durch unsere persönliche Integrität und durch unser inspirierendes Vorbild. Dies gilt auch für den Umgang mit Menschen und Mächten, die als unsere Feinde auftreten. Das wichtigste Prinzip im Umgang mit dem »Bösen« lautet, es diesem nicht zu erlauben, uns zu beeinflussen, denn damit würden wir nicht seinem Besten dienen; wir würden dazu beitragen, dass die betreffenden Personen noch schuldiger würden, und wir wären mitverantwortlich.

> 12. Theistische Wissenschaft ist ganzheitlich, denn sie betrachtet sowohl die materiellen (multidimensionalen) als auch die spirituellen Aspekte der Realität. Die Universen entstehen und vergehen in einem zyklischen Ablauf vor dem Hintergrund der ewigen, spirituellen Welt. Innerhalb unseres Universums entstanden die Welten des multidimensionalen Kosmos über das Schöpfungsprinzip der Involution, d.h. durch eine abgestufte Verdichtungsfolge, ausgehend von der höchsten feinstofflichen Dimensionswelt. Die dreidimensionale Welt ist die letzte Stufe der materiellen Verdichtung; die ersten Menschen entstanden, indem Lichtwesen ihren Lichtkörper auf die Ebene der organischen Materie hinunterverdichteten.

Leben kommt von Leben, und Leben ist in seiner spirituellen Essenz ewig. Innerhalb des multidimensionalen Kosmos nehmen Individuen – je nach der Dimensionswelt, in der sie leben – grobstoffliche und/oder feinstoffliche Körper an. Die erste Dimensionswelt innerhalb des Universums entsteht vor dem Hintergrund der ewigen, spirituellen Welt, und gemäß diesem allgegenwärtigen Informationsfeld geht aus der ersten, feinstofflichen Dimensionswelt die zweite, aus der zweiten die dritte hervor, bis hin zur Welt der physikalischen Materie, die wir Menschen als »Universum« wahrnehmen. Das Schöpfungsprinzip, das dieser abgestuften kosmischen Verdichtungsfolge zugrunde liegt, kann mit dem Begriff »Involution« umschrieben werden. Die Ursprünge des Menschen liegen in den höheren, multidimensionalen Welten. Die Menschen sind nicht evolvierte Tiere, sondern »involvierte« Lichtwesen.

Physikalische Materie ist nicht die einzige Realität. Leben, Bewusstsein und wirkliche Realität beschränken sich nicht auf die grobstoffliche und auch nicht auf die feinstoffliche Materie. Das Leben auf der Erde entstand aus den geistigen Hintergründen und Urgründen des Kosmos heraus. »Geist«, d.h. das Feinstoffliche und letztlich das Spirituelle, transformiert und formt die Materie, und dazu gehört ursprünglich auch die Verdichtung von höherdimensionaler Materie in physikalische Materie (= Materialisation). Die physikalische Materie ist die letzte Verdichtungsstufe innerhalb der verschachtelten Dimensionen des Kosmos. Die irdische Lebenswelt und die Menschen entstanden durch »Involution«, d.h. durch eine über Stufen verlaufende Materialisation aus der jeweils nächsthöheren Dimensionsebene entsprechend geistiger In-Formation (= Bewusstseinsimpulse von geistigen Wesen). Materie kann sich nicht selbst informieren und programmieren.

Die Theorie der Involution ist ein wissenschaftlich-holistisches Erklärungsmodell, das ältestes Wissen und neueste Erkenntnisse der Menschheit in sich vereint. Es führt zu einem neuen Selbstverständnis, das über den Materialismus (Darwinismus) und über den fundamentalistischen Kreationismus hinausgeht.

Die Evolutionstheorie schließt die Perspektive des multidimensionalen Kosmos von vornherein aus, weil sie dem Weltbild des Materialismus entspringt. Sie gründet im Glauben, die ersten Lebewesen seien aus Materie hervorgegangen und durch eine Reihe von zufälligen Genmutationen sei aus den ersten Einzellern die gesamte Vielfalt von Pflanzen und Tieren entstanden, mit den Menschen als späte Sonderform der Tiere. Diese Annahme beruht auf einer Fehlinterpretation der in der Natur beobachtbaren Funktionen von Mutation, Selektion und Adaption/Variation. Die empirische Beobachtung und die logische Induktion zeigen, dass Mutation und Selektion zu Adaption (Anpassung) und somit zu Variation *innerhalb der einzelnen Arten* führen (= Mikroevolution), aber nie zur Entstehung von neuen Arten und schon gar nicht zur Entstehung von neuen Gattungen, Familien, Ordnungen, Klassen und Stämmen (= Makroevolution). Eine kritische Betrachtung der Evolutionstheorie zeigt, dass diese von einem materialistischen Wunschdenken ausgeht, nämlich vom Glauben, Materie organisiere sich selber und Mikroevolution führe – wenn sie über Millionen von Jahren gehe – zu einer Makroevolution. Die Vielfalt der Tiere und Pflanzen entstand jedoch nicht durch eine lineare Evolution von organischer Materie und ersten einzelligen Lebewesen, sondern durch eine interdimensionale Involution, die ausgeht von ewigem (= immer gegenwärtigem) Bewusstsein als jenem Faktor, der die feinstofflichen Dimensionen und durch sie die grobstofflichen Welten und Körper »Form« annehmen lässt (durch bewusste In-Formation).

13. Der aktuelle Paradigmenwechsel führt zu einer Überwindung von Atheismus und Monotheismus. Theismus ist das Bewusstsein des neuen Zeitalters. Dieses theistische Bewusstsein ist das gemeinsame Ziel aller Wege zu Gott.

Im Ablauf der kosmischen und irdischen Zyklen steht die Menschheit heute an der Schwelle zu einem neuen Zeitalter. Was bevorsteht, bezeichnen die indigenen Völker Amerikas als den Übergang von der vierten »Welt« zur fünften. Mit dem neuen Zeitalter werden die vorherrschenden Weltbilder des jetzigen Zeitalters – Atheismus und Monotheismus – überwunden werden, und die Menschen werden sich wieder ihrer spirituellen Identität und ihrer geistigen Herkunft bewusst sein; dazu gehört auch die Klarheit über den Sinn ihres Lebens und die persönliche Berufung. Je mehr Menschen bereits heute in diesem Bewusstsein leben, desto konkreter wird die Heilung der Erde, die Versöhnung aller Religionen und die Möglichkeit eines wahren, gerechten Friedens.

Wie die Weltgeschichte zeigt, können positive Veränderungen in der Gesellschaft nicht durch Revolutionen und gewaltsame Umwälzungen erzwungen werden. Gewalt und Zwang sind die Werkzeuge des diabolischen Geistes. Der göttliche Geist wirkt durch natürliche, harmonische Prozesse, die auch in der menschlichen Gesellschaft möglich sind, wenn die Menschen ein entsprechendes Gottesbewusstsein entwickeln. Beginnt ein neues Zeitalter, führt die damit verbundene Transformation zu einem Quantensprung im Bewusstsein der Menschen. In der heutigen Zeit bedeutet dieser Quantensprung die Überwindung von Atheismus und Monotheismus, denn dies sind die Weltbilder des »alten« Zeitalters, die den Menschen an den Rand der Selbstzerstörung geführt haben. Der »radikale Mittelweg«, der über beide Einseitigkeiten hinausführt, kann als Theismus bezeichnet werden: die Erkenntnis der Individualität Gottes und aller Teile Gottes. Theismus ist das allumfassende Gottesbewusstsein und das gemeinsame Ziel aller Wege zu Gott. Viele pionierhafte Männer und Frauen haben über die letzten drei- bis viertausend Jahre hinweg bereits auf dieses Ziel hingewiesen und hingearbeitet. Was sie vorlebten, lehrten und voraussahen, ist heute zu einer dringenden Notwendigkeit geworden. Damit dieser Bewusstseinswandel konkrete Form annehmen kann, sind aktive Schritte erforderlich, sowohl direkte als auch indirekte. Direkte Schritte sind die Förderung des theistischen Gottesbewusstseins im eigenen Leben und im eigenen Umfeld. Indirekte Schritte bestehen im Erkennen und Sichdistanzieren von dem, was diesem Gottesbewusstsein entgegensteht. Es ist zu hoffen, dass theistische Exponenten aus allen Religionen und säkularen Gruppierungen sowie aus der Wirtschaft und aus akademischen Kreisen hervortreten und sich vernetzen, z. B. in Form eines theistischen Weltforums. Wie auch immer die Zusammenarbeit und die Einzelinitiativen aussehen werden, erforderlich ist das Aktivwerden von Menschen, die der theistisch-freiheitlichen Aufklärung dienen, sowohl zeitkritisch als auch visionär – und praktisch durch die Förderung einer entsprechenden Forschung, Wissenschaft, Bildung und Kultur.[100]

Unterstützung
der theistischen Vernetzung

Liebe Leserin, lieber Leser,

wenn Sie nach dem Lesen dieses Buches den Wunsch verspüren, Teil der theistischen Vernetzung zu sein, dann sind Sie es bereits! Für die praktische Umsetzung dieser individuellen Vernetzung bieten sich verschiedene Möglichkeiten an. Das wichtigste ist, dass Sie selbst diese Inhalte verinnerlichen, denn dadurch verkörpern Sie das spirituelle Gottesbewusstsein und lassen es in die Welt strahlen. Wenn möglich, bilden Sie, wie in Abs. 78, 310 und 382 beschrieben, eine private Studien- und Meditationsgruppe! Sie können auch an den Vorträgen und jährlichen Vertiefungsseminaren teilnehmen, die wir auf theistic-network.org anbieten. Wenn Sie an den Projekten interessiert sind, an denen wir arbeiten und die wir noch vorhaben, und diese gerne unterstützen möchten, können Sie als Sponsorin, als Sponsor aktiv werden: für die Unterstützung dieses Buches im deutschsprachigen Raum und für die Finanzierung von Übersetzungen; für die Organisation von Vorträgen, Konferenzen und Kongressen; für Internet- und DVD-Produktionen. Momentan besteht der wichtigste Schritt in der Finanzierung von Übersetzungen. Wenn Sie selbst an einer Übersetzung mitarbeiten könnten, nehmen Sie bitte mit uns Kontakt auf. Und starten Sie eigene Projekte mit theistischen Inhalten (Publikationen, Vorträge, Seminare, Theater, szenische Lesungen, Filme, Musik, Gesang, Kunstwerke usw.)!

Diese Initiative und Vernetzung wird von der gemeinsamen theistischen Inspiration getragen, so wie z. B. das Anliegen »Umweltschutz« die gemeinsame Grundlage vieler Einzelbemühungen und Initiativen darstellt, ohne dass sie alle organisatorisch verbunden sein müssen. Das Schöne an der theistischen Initiative ist, dass sie vom Bewusstsein der individuellen Einheit ausgeht – und hier, auf der geistigen Ebene, sind wir *alle* miteinander verbunden: die Menschen, die Tiere, die Pflanzen, die Erde, der Kosmos, die höheren Dimensionen, die gesamte Realität.

Wir sehen die aktuellen Krisen und Probleme, aber auch die großen Chancen, die sich eröffnen, wenn die vielfach noch ungenutzten Synergien aktiviert werden. Wir alle sind eingeladen, an dieser geistigen Revolution und Vernetzung mitzuwirken.

Armin Risi, im August 2009
Kontakt: info@theistic-network.org

Anhang: Artikel 1

Spirituelles Unterscheidungsvermögen –
Warum Polarität und Dualität nicht dasselbe sind

Sind Gut und Böse letztlich eins? Oder ist beides eine Illusion? Oder eine notwendige Erfahrung? Das Kennen des Unterschieds von Polarität und Dualität ist die Grundlage, die es uns ermöglicht, Missverständnisse und Halbwahrheiten zu vermeiden und eine klare Ausrichtung des Bewusstseins zu finden – als Schlüssel zur Schöpfung einer neuen Realität in Resonanz mit der neuen Zeit.

Verabsolutierung der Einheit

»Alles ist eins« ist ein Kernsatz der Esoterik und des ganzheitlichen Denkens. Die Erklärungen, die dazu gegeben werden, sind jedoch oftmals unklar und diffus, manchmal sogar diametral verschieden, je nach dem Weltbild, dem die jeweilige Erklärung entspringt. Grundlegend zu unterscheiden sind die Erklärungen der atheistischen und der theistischen Esoterik (ich persönlich vertrete die theistische).

Obwohl »Atheismus« ein Kein-Gott-Glaube ist, wird nicht selten auch in der atheistischen Esoterik von »Gott« gesprochen. Gemeint ist damit eine abstrakte Totalität von Energie, die weder Bewusstsein noch Willen hat. Dieser »Gott« ist bewusst-los und willen-los. »Dein Wille geschehe« (Mt 6,10) ist aus dieser Sicht ein unerleuchtetes Gebet, eben weil geglaubt wird, Gott habe keinen Willen. Diese Weltsicht, die eine abstrakte Einheit (Nondualität) verabsolutiert, wird Monismus genannt.

Alles ist eins – auch Gut und Böse?

Wenn alles »eins« ist, ist auch die Zweiheit eins. Aus der Sicht des Monismus bedeutet dies, dass Gut und Böse untrennbar miteinander verbunden sind wie die zwei Pole der Elektrizität oder das Ein- und Ausatmen; wenn man nur das eine wolle, erzeuge dies Ungleichgewicht und Verdrängung. Das Brisante ist nun, dass diese Ansicht zu den Geheimlehren der höchsten Machtkreise gehört: »Das Böse fördert das Gute; ohne das Böse gäbe es nichts Gutes; letztlich ist nichts gut oder böse, denn alles ist wertfrei und neutral. Alles ist eins.« Praktisch bedeutet dies zum Beispiel: »Wir machen Krieg, um Frieden zu schaffen.«

Dieser Artikel wurde in den Jahren 2010–2015 in unterschiedlichen Versionen in folgenden Zeitschriften veröffentlicht: *Lichtfokus, Das Wesentliche, Die Andere Realität, Matrix3000, Der Heilspiegel, Yoga aktuell.*

Hinsichtlich des Karma-Gesetzes sagt diese monistische Ansicht, dass alles nach den Gesetzen von Ursache und Wirkung ablaufe, weshalb alles, was den Menschen zustoße, von diesen selbst in ihr Leben gerufen worden sei, auch Kriege, Ausbeutung usw. »Wäre es nicht ihr Karma, würde es ihnen nicht zustoßen. Die Tatsache aber, dass es ihnen zustößt, zeigt, dass es ihr Karma ist, d. h. von ihnen selbst verursacht wurde. Denn alle schaffen ihre eigene Realität.«

Solche Aussagen sind nicht unwahr, sie sind halbwahr. Wenn ein ganzheitliches Verständnis fehlt, wird die Einheit (Energie) verabsolutiert, was – wie hier gezeigt – zu einer subtilen oder indirekten Rechtfertigung des Bösen führt. Dadurch geht die Klarheit des Gewissens und des Unterscheidungsvermögens verloren, nicht zuletzt in den hohen Rängen der religiösen und säkularen Machtpyramiden.

Intuitiv spüren die meisten Menschen, dass bei solchen Ansichten etwas nicht stimmen kann. Die Philosophie der ganzheitlichen Spiritualität kann zeigen, warum diese Intuition richtig ist.

Einheit im Licht der Ganzheit

Die Zweiheit ist nicht einfach »eins«. Die Zweiheit muss differenziert betrachtet werden, denn es gibt zwei Arten von Zweiheit: Polarität und Dualität. Diese Begriffe sollten nicht gleichgesetzt werden. *Polarität* enthält den Begriff »Pol«: Elektrizität besteht aus zwei Polen, die nicht zu trennen sind und sich gegenseitig bedingen. Ebenso hat eine sich drehende Kugel zwei Pole. Hier ist klar, dass gleichwertige Gegenteile gemeint sind, wo es kein Gut und Böse gibt.

Polarität ist die Zweiheit von gleichwertigen, sich gegenseitig ergänzenden Polen (Gegenteilen), gründend im natürlichen Gleichgewicht der göttlichen Ordnung. Polarität ist das Grundprinzip der Schöpfungsdynamik und ist Ausdruck der ursprünglichen Harmonie allen Seins, vom Relativen bis ins Absolute: Ein- und Ausatmen, Sonne und Mond, »positiv« und »negativ«, Raum und Zeit, Schöpfung und Auflösung, Geist und Materie, feminin und maskulin usw., bis hin zu Śakti und Śiva, Lakṣmī und Viṣṇu, Rādhā und Kṛṣṇa, um indische Namen für die unendlichen Aspekte von Gottes »Einheit der Zweiheit« zu nennen.

Dasselbe sagt auch der Gottesname YHWH, der gemäß dem hebräischen Alphabet die Quersumme 26 ergibt. 26 ist in der jüdischen Religion die Zahl Gottes. Diese ist Ausdruck der urpolaren Einheit: 13 + 13. Das Hebräische kennt hier zwei zentrale Begriffe, die beide in der Quersumme 13 ergeben: *ehad* (»Einheit«; Nondualität) und *ahava* (»Liebe«; Individualität*). Gott ist also nicht nur Liebe und nicht nur Einheit, sondern »Einheit in Liebe« und »Liebe in Einheit« [siehe auch Abs. 345]. Mit anderen Worten:

---

* Individualität: die Eigenschaft, ein Individuum zu sein, wörtl. »eine unteilbare, ewige Bewusstseinseinheit« (von lat. *in-* als Verneinung und *dividere*, »teilen«).

Liebe ohne Einheit und Einheit ohne Liebe sind Einseitigkeiten (»halbe Wahrheiten«), die sowohl die Einheit als auch die Ganzheit verfehlen.

Der schmale Pfad

Polarität ist die Grundlage der göttlichen Schöpfung, und der Weg in Entsprechung mit diesem Schöpfungsgleichgewicht wird im Sanskrit *Dharma* genannt. Der Mensch hat die Freiheit, mit diesem Gleichgewicht zu harmonieren oder nicht. Wenn die Menschen den Weg des Dharma verlassen, fallen sie in die Dualität. Und das Gleichgewicht kann man immer auf zwei Seiten verlieren, ähnlich wie man auf einem Hochseil auf der linken oder auf der rechten Seite herunterfallen kann. Ein bekannter Vers aus der Sanskritschrift namens Kaṭha Upaniṣad besagt deshalb: »Der Weg zum Heil ist anspruchsvoll und schmal, und ihn zu gehen ist wie das Wandeln auf Messers Schneide.«

Aus diesem Bild können wir erkennen, dass Einseitigkeiten immer zweifach existieren: in einem Zuviel und einem Zuwenig. Wer irgendwo im Zuviel ist, ist irgendwo auch im Zuwenig. Die göttlichen Eigenschaften (= Leben im Schöpfungsgleichgewicht) haben daher immer zwei Gegenteile, weshalb auch von der Zweigesichtigkeit des Bösen gesprochen wird (Rudolf Steiner prägte hierfür die Begriffe luziferisch und ahrimanisch).

Aus diesen Ausführungen ergibt sich folgende Definition von **Dualität:** die Zweiheit von nicht gleichwertigen, sich gegenseitig ausschließenden Gegensätzen, die verursacht wird durch Spaltung und Einseitigkeit im Denken, Fühlen und Handeln.

Dunkelheit: Trennung vom Licht

Die typischen Beispiele für Dualität sind die Gegensätze Gut und Böse, Liebe und Hass, Wahrheit und Lüge, Licht und Dunkelheit (als Symbolik im Sinn von »Im-Licht-Sein« und »Getrenntheit vom Licht«).

Wenn man Dualität und Polarität gleichsetzt, führt dies zum Trugschluss, Gut und Böse seien nicht zu trennen, so wie bei der Elektrizität der eine Pol nicht von dem anderen zu trennen sei. Dies jedoch ist ein Irrtum, der einer Verwechslung der Ebenen entspringt. Man kann das Ein- und Ausatmen oder die zwei Pole der Elektrizität (= Polarität) nicht mit Gut und Böse (= Dualität) gleichsetzen. Gut und Böse sind nicht gleichwertige Pole der Polarität, sondern gegensätzliche Aspekte der Dualität.

Das typische Symbol hierfür ist die Dunkelheit, die sich vom Licht ausgegrenzt hat. Dunkelheit ist das Gegenteil von Licht, aber Licht ist nicht das Gegenteil von Dunkelheit, denn die Ausgrenzung erfolgt nur von der Seite der Dunkelheit. Nicht das Licht erzeugt die Dunkelheit, sondern die Kräfte, die sich aus eigener Initiative vom Licht trennen und sich vom Licht (und damit auch von der göttlichen Liebe) trennen.

Das Gute ist nicht abhängig vom Bösen

Gut und Böse sind nicht gleichwertig, obwohl sie beide relativ sind. *Relativ* bedeutet »abhängig von Bedingungen; in Relation stehend«. Das Relative definiert sich nicht aus sich selbst heraus, sondern ist abhängig von höheren Kriterien. Philosophisch gesprochen: Das Relative ist abhängig vom Absoluten. Das Gute ist nicht einfach deswegen gut, weil es das Gegenteil des Bösen ist. Das Gute ist gut, weil es dem Schöpfungsgleichgewicht entspricht und in Resonanz mit dem göttlichen Willen ist. Das Böse hingegen definiert sich nur durch die Negation des Guten, was bedeutet, dass man aus dem Schöpfungsgleichgewicht fällt und »kippt«. Dann sagt man: Es läuft etwas schief, es ist nicht in Ordnung.

Gut und Böse sind also nicht gleichwertig, weil das Relative sich nicht gegenseitig definiert, sondern immer eingefügt ist in das Ganze und immer einen Bezug zum Absoluten hat. Deshalb ist es entscheidend, was wir unter »absolut« verstehen. Im ganzheitlichen (theistischen) Verständnis sehen wir das Absolute als den lebendigen Gott mit Bewusstsein und Willen, weshalb wir hier – und nur hier – einen absoluten Maßstab des Unterscheidens und Entscheidens haben, nämlich Dharma und Gottes Willen (= Liebe, Verbundensein mit der Quelle, Einssein mit Gott und allen Teilen Gottes).

Das Gute definiert sich nicht durch sein Gegenteil, sondern durch seine Entsprechung mit der göttlichen Ordnung. Mit anderen Worten: Das Gute kann aus sich selbst heraus existieren, das Böse hingegen ist eine Verneinung der göttlichen Ordnung. Hass ist Mangel an Liebe, aber Liebe ist nicht einfach ein Mangel an Hass. Lüge ist eine verdrehte Wahrheit, aber Wahrheit ist nicht eine verdrehte Lüge. Das Böse ist die Kraft, die sich gegen die göttliche Ordnung wendet und als spaltende Kraft in die eine oder die andere Form von Einseitigkeit führt, bis in die Extreme.

Das theistische Verständnis von Karma

Wahrheit gründet also nicht nur in Einheit, sondern in GANZHEIT. Die Ganzheit umfasst sowohl die Einheit (Nondualität) als auch die Vielheit: Bewusstsein (Individualität) und damit verbunden das Mysterium des freien Willens. Dies ist entscheidend für ein richtiges Verständnis von Karma.

Karma bedeutet nicht einfach Prädestination, wie in der beschriebenen Selbstrechtfertigung geglaubt wird. Karma bedeutet Kausalität, d. h. das Gesetz von Ursache und Wirkung. Und die wichtigste Ursache ist immer der Wille des Menschen. (Wie frei unser Wille ist, ist abhängig von der Reinheit unseres Bewusstseins.) Wir haben einen freien Willen, weil wir Teile Gottes sind. Wird das Absolute nur als Einheit gesehen – ohne Willen und Bewusstsein –, hätten auch wir keinen freien Willen. Wir wären dann willenlose Spielbälle im Fluss von Aktion und Reaktion.

Es stimmt: Es gibt keine Zufälle. Alles, was geschieht, hat eine Ursache, und die Hauptursache ist der freie Wille. Wir haben immer die Möglichkeit, die Weichen neu zu stellen. Das Leben findet immer *in der Gegenwart* statt. Wir können jederzeit neue Karma-Ketten beginnen und auch alte Karma-Ketten auflösen. Das ist die Verantwortung, die mit dem freien Willen verbunden ist.

Durch die Gesetze von Aktion und Reaktion kommen wir in bestimmte Situationen, aber die Gesetze zwingen uns nicht zu bestimmten Handlungen. Das Karma-Gesetz prädestiniert gewisse Situationen, aber nie konkrete Handlungen! Selbst wenn jemand aufgrund eines früher erlittenen Unrechts die Möglichkeit bekommt, Gleiches mit Gleichem zu vergelten, ist neben den Gesetzen immer auch der freie Wille und das Gewissen vorhanden, und diese inneren Stimmen sagen uns, was dem göttlichen Willen entspricht. Ob wir dementsprechend handeln oder nicht, ist unser freier Wille und unsere Verantwortung.

Ist das Böse außerhalb von Gott?

Wenn Gott die Ganzheit ist, umfasst er alles, also auch das Böse, denn es gibt nichts außerhalb des Allumfassenden. Wenn wir diese heikle Wahrheit monistisch interpretieren, führt dies zum Trugschluss, dass Gut und Böse gleichwertige Aspekte seien und sich gegenseitig bedingen, das heisst: Licht könne nicht ohne Dunkelheit existieren und ohne Dunkelheit gäbe es kein Licht. Wie bereits dargelegt, sind Licht und Dunkelheit in dieser Symbolik aber nicht gleichwertige Realitäten. Das Böse ist »außerhalb« von Gott, so wie Dunkelheit »außerhalb« des Lichts ist, aber wenn die Mauern fallen, ist dort, wo Dunkelheit war, ebenfalls Licht. Um es paradox zu formulieren: *Gott ist alles, aber nicht alles ist Gott.* Oder bildlich ausgedrückt: Licht ist überall, aber nicht überall ist Licht. Nämlich dort nicht, wo es dunkel ist. Aber »Licht ist überall«, deshalb kann es dort, wo es dunkel ist, auch wieder licht werden. Licht schafft keine Dunkelheit, lässt die Dunkelheit aber zu, wenn sich jemand von »ihm« abtrennen will. Das bezieht sich sowohl auf unser eigenes Leben als auch auf die großen Zusammenhänge und Hintergründe der Weltgeschichte.

Sinn des Menschseins

Die Erde ist ein Ort, wo Licht und Dunkelheit parallel gegenwärtig sind, weshalb die Menschen immer die Möglichkeit haben, sich für das Licht und die Liebe zu entscheiden, für die Harmonie mit der Schöpfungsordnung – oder dagegen. Die Erde ist ein Ort des freien Willens und entstand als Schöpfung zu einem ganz bestimmten Zweck: um die Überwindung der Spaltung zu ermöglichen. Das heißt, auch die dunkelsten Mächte bekommen hier eine neue Möglichkeit, ihren freien Willen zu gebrauchen.

Denn solange sie in Dunkelheit sind, können sie nur innerhalb der Dunkelheit wählen, was keine wirkliche Freiheit ist. Nur wenn sich auch das Licht anbietet, haben sie überhaupt die Möglichkeit zu wählen. Ob sie dann das Licht wählen, ist eine andere Frage.

Die Lichtwesen werden nicht davon beeinflusst, wie »die anderen« sich entscheiden. Sie wollen ihnen einfach die Möglichkeit bieten, wieder den Weg des Lichts zu wählen. Denn das Licht ist immer vorhanden, auch wenn sich ein begrenzter Bereich ausgrenzt und dadurch Dunkelheit erzeugt. Sobald sich auch nur die kleinste Ritze öffnet, ist das Licht da und strahlt in die Dunkelheit. Alle Menschen haben einen Emotionalkörper und ein Gewissen. Einige mögen sich größte Mühe geben, diese inneren Stimmen zu verdrängen oder auszublenden, aber allein die Tatsache, dass sie dies tun, zeigt, dass es »etwas« zu verdrängen und auszublenden gibt. Denn der Mensch ist von seinem Ursprung her ein Lichtwesen, und alle, die als Menschen geboren werden, auch die Seelen aus den Welten der Trennung, werden mit diesem Licht »konfrontiert«.

Zu Beginn des 21. Jahrhunderts finden wir uns in einer Situation, die explosiver ist als je zuvor. Obwohl das gegenwärtige Zeitalter aus irdischer Sicht ein dunkles Zeitalter ist, das durch Konflikte, Konkurrenzkämpfe und Kriege geprägt ist, ist es auch ein Zeitalter der großen Chance, denn in ihm ist es möglich, dass die »Dunkelheit« (die Trennung von der Quelle) wieder aufgelöst wird. All das Unmenschliche, das geschieht, ist nicht notwendig. Aber das dunkle Zeitalter ist notwendig, damit das Unmenschliche erkannt und überwunden werden kann.

Obwohl es so aussehen mag, ist die Menschheit nicht »von allen guten Geistern verlassen«. Wir brauchen uns nur mit ihnen, den Lichtwesen, wieder zu verbinden, indem wir zuerst erkennen, dass wir selber Lichtwesen sind. Dann können wir auch die anderen Menschen als solche erkennen. Und durch dieses gegenseitige Erkennen kann das größte aller Wunder geschehen: die Auflösung von Dunkelheit durch Licht. Damit sind wir wieder beim Hauptthema dieser Abhandlung: spirituelles Unterscheidungsvermögen. Denn alles beginnt mit der Erkenntnis, dass Dunkelheit nicht dasselbe ist wie Licht. Diese symbolische Erkenntnis ermöglicht in der Folge auch das Unterscheiden von Polarität und Dualität mit allen praktischen Konsequenzen auf unserem eigenen Lebensweg.

Anhang: Artikel 2

»Dein Wille geschehe!«
Leben in Harmonie mit der Ganzheit

»Dein Wille geschehe« – diese Zeile aus dem berühmten Gebet von Jesus (»Vaterunser«, Mt 6,9–13) beinhaltet drei wichtige Aussagen: (1) Gott hat einen Willen, (2) dieser Wille wird von Gott der Menschheit nicht aufgezwungen, und (3) nicht alles, was auf der Erde geschieht, ist Gottes Wille. Aber was ist dieser Wille, der geschehe »wie im Himmel so auf Erden«?

Wille, ein Ausdruck von Bewusstsein

»Dein Wille geschehe« geht von einem ganz bestimmten Gottesbild aus. Wenn Gott einen Willen hat, hat »er« auch Bewusstsein, denn Wille ist Ausdruck von Bewusstsein. Gott ist hier also nicht nur Energie und Einheit (Nondualität), sondern auch Bewusstsein und »Person« (Individualität). Beides zusammen ist die Ganzheit, weshalb Jesu Gottesverständnis, das beide Aspekte umfasst, als ganzheitlich und »theistisch« bezeichnet werden kann, im Gegensatz zu mono-theistischen Lehren (Religionen mit Monopolansprüchen) und monistischen Systemen (Strömungen, die die Einheit verabsolutieren), denn beides sind Einseitigkeiten, die nur eine der beiden Seiten der Ganzheit sehen.

Gott als Ganzheit

Wollen wir lieber ein *einheitliches* oder ein *ganzheitliches* Leben? Allein schon diese Fragestellung lässt spüren, dass Einheit und Ganzheit nicht dasselbe sind. Dies gilt erst recht für die größten Fragen des Lebens: Sehen wir die Realität als Einheit oder als Ganzheit? Wenn wir die Einheit (Nondualität) verabsolutieren, ist Gott für uns eine absolute, unpersönliche Energie ohne Bewusstsein und ohne Willen. Das Absolute wäre dann auch ohne Liebe und ohne Gnade, was zu entsprechenden Weltbildern führt, die durchaus existent sind und weltgeschichtlich ihren Einfluss haben. Aus ganzheitlicher (»theistischer«) Sicht ist dies eine einseitige oder halbe Wahrheit, der ein entscheidender Aspekt fehlt.

Was fehlt, kann auf unterschiedliche Weise beschrieben werden. Eine prägnante Diagnose gibt Prof. Eben Alexander in seinem Buch *Proof of Heaven* (»Beweis für den Himmel«, Titel der deutschen Ausgabe: *Blick in die Ewigkeit*), das zu den wichtigsten Büchern über Nahtoderfahrungen

---

Dieser Artikel wurde in der Zeitschrift *Lichtfokus* (Nr. 48, Winter 2014) und auf Kopp-online (1.1.2015) veröffentlicht.

gehört. Es stand über ein Jahr lang (von Ende 2012 bis Anfang 2014) auf Platz 1 der Bestseller-Liste der New York Times, was zeigt, wie groß das Interesse der Öffentlichkeit an spiritueller Aufklärung ist. Im Rückblick auf seine außerkörperliche Erfahrung während eines sieben Tage langen Komas betont dieser Neurochirurg: »Einer der größten Fehler, den Menschen machen, wenn sie über Gott nachdenken, ist, sich Gott als unpersönliches Wesen vorzustellen.«

Die Annahme, das Absolute sei eine abstrakte Einheit, besagt als Konsequenz auch, Individualität (das »Persönliche«) sei eine Illusion und ein Produkt des Egos. Diese Annahme ist jedoch »einer der größten Fehler«, denn die Ganzheit umfasst sowohl Nondualität als auch Individualität. Individualität bedeutet »unteilbares, ungeteiltes Sein«, aber kein abstraktes Sein, sondern *Bewusst-Sein*. Erst die ganzheitliche Sicht, die Gott sowohl als Nondualität als auch als Individualität wahrnimmt, beinhaltet auch die Liebe und den freien Willen als göttliches Prinzip.

Bewusstsein als Grundlage unseres Lebens

Energie für sich hat weder Bewusstsein noch Willen, vielmehr wird Energie und damit auch die Materie, letztlich der gesamte Kosmos, von Bewusstsein beseelt und getragen. Dies war auch die grundlegende Erkenntnis von Eben Alexander: »Was ich in der jenseitigen Welt entdeckt habe, ist die unbeschreibliche Grenzenlosigkeit und Komplexität des Universums sowie die Tatsache, dass Bewusstsein die Grundlage von allem ist, was existiert.«

Weil das allpräsente göttliche Bewusstsein die gesamte Schöpfung durchdringt, finden wir überall vollkommene Strukturen, die *Leben* auf allen Ebenen ermöglichen, von den irdischen Mikrowelten bis hin zu den höherdimensionalen Lichtwelten. Weltbilder, die das göttliche Bewusstsein ausschließen und verneinen, müssen glauben, alle materiellen Strukturen seien zufällig entstanden oder seien »Illusion«. Wenn wir jedoch von einer lebendigen Ganzheit von Energie (Nondualität) und Bewusstsein (Individualität) ausgehen, können wir sagen, dass wir Individuen mit Bewusstsein und Willen sind, weil das Absolute (Gott) »Individuum« mit Bewusstsein und Willen ist – *Individuum* im hier definierten Sinn von »ewiges, ungeteiltes Sein und Bewusstsein«. Dies wiederum begründet den eingangs erwähnten Punkt 1: Gott hat einen Willen.

Qualitativ eins, quantitativ verschieden

Eine ganzheitlich-mystische Erkenntnis sagt, dass wir als Seelen (spirituelle Individuen) weder identisch mit Gott noch getrennt von Gott sind. Wir sind qualitativ eins mit Gott und quantitativ verschieden von Gott.

»Qualitativ eins« bedeutet: Als Teil des Ganzen haben wir die gleichen grundlegenden Eigenschaften wie Gott. Gott ist ewig, wir sind ewig. Gott

»hat« Bewusstsein, wir »haben« Bewusstsein. Gott »hat« Willen, wir haben Willen. Deshalb konnte Jesus beten: »Dein Wille geschehe!«

»Quantitativ verschieden« bedeutet: Wir sind individuell. Wir sind Teile des Ganzen, aber nicht das Ganze. Gott ist für uns ein »Du«, von dem wir nicht getrennt sind, denn in spiritueller Liebe erleben wir unsere individuelle Einheit mit Gott. In Liebe sind wir untrennbar eins. Aus diesem Grund konnte Jesus sagen: »Ich und mein Vater sind eins.« (Joh 10,30)

Ähnliche Aussagen finden wir in allen religiösen Schriften, zum Beispiel auch in der »indischen Bibel«, der Bhagavad-Gītā (6,30–31): »Wer erleuchtet ist, sieht mich überall und sieht alles in mir. Wahrhaftig, die selbstverwirklichte Seele sieht mich überall. / Diejenigen, die mich in allem und alles in mir sehen, sind nie von mir getrennt, und ich bin nie von ihnen getrennt.«

Die Sonne und die Sonnenstrahlen

Das qualitative Eins- und quantitative Verschiedensein kann mit der Analogie der Sonne und der Sonnenstrahlen veranschaulicht werden. Die Sonne ist nie von ihren Strahlen getrennt, und die Strahlen sind nie von der Sonne getrennt, und dennoch sind die Strahlen und die Sonne nicht dasselbe. Wenn der Strahl das ist, was er in Wirklichkeit ist, leuchtet er ganz natürlich aus seinem inneren Wesen heraus, ohne dass er sich getrennt darum zu bemühen braucht. Ebenso sind wir als Strahlen Gottes oder »Kinder« Gottes immer mit Gott verbunden und haben teil an seinen allumfassenden Eigenschaften: Ewigkeit, Bewusstsein, Wille. Die Frage ist nur, wie weit wir uns dieser Verbundenheit und Einheit bewusst sind. Wie weit verwenden wir unseren Willen in einem verbindenden oder in einem spaltenden Bewusstsein? Wie weit sind wir mit dem Willen Gottes eins? »Dein Wille geschehe!« Aber: Was ist der Wille Gottes?

Was ist Gottes Wille?

Das Konzept »Gottes Wille« wurde von Religionsführern vielfach missbraucht, indem Gewalt gegen Andersgläubige und »Ungläubige« als der Wille Gottes ausgegeben wurde. Aber auch dieser Glaube ist »einer der größten Fehler«, weil hier einfach die andere Seite der Ganzheit einseitig verabsolutiert wird: Gott als »persönliches« Wesen. Man sieht Gott als den Herrn und Herrscher und damit als Gegner aller anderen Menschen, die nicht zur eigenen Gruppe gehören.

Auf der Grundlage des ganzheitlichen Verständnisses lässt sich jedoch ganz einfach und universell sagen: Gottes Wille ist, dass alle glücklich sind – nicht nur eine bestimmte Gruppe, sondern *alle,* weil wir alle Teile des Ganzen sind. Philosophisch gesprochen, ist Liebe das bewusste Eins-Sein des Teiles mit dem Ganzen, das Eins-Sein des relativen Individuums mit Gott. In diesem bewussten Sein sind wir eins und verbunden, individuell und doch nicht getrennt. Dies meinte Jesus, als er sagte: »Ich und der Vater sind eins.« Er sagte nicht: »Ich bin der Vater«, oder: »In der Einheit gibt es weder mich noch den Vater.«

Liebe und freier Wille

Im hier dargelegten theistischen Verständnis ist Gott die Ganzheit, die in sich selbst vollkommen ist und nichts »braucht«, so wie auch Licht keine Abspaltung und Dunkelheit braucht, um Licht zu sein. Das bekannte Sanskritwort *ānanda* bedeutet sinngemäß »in sich selbst erfüllt« (= glückselig) und ist eine Eigenschaft, die sowohl Gott als auch die Teile Gottes haben. Im Indischen werden grundlegend drei Eigenschaften des qualitativen Eins-Seins hervorgehoben: *sat-cit-ānanda*. *Sat* bezieht sich auf das Ewig-Sein, *cit* auf das Bewusst-Sein und *ānanda* auf das Glücklich-Sein. Im Bewusstsein der Liebe erleben wir diese lebendige Einheit.

Liebe jedoch kann nicht erzwungen werden. Alles andere (Emotionen, Interessen, Vorlieben, Meinungen, Ängste usw.) ist vielfach manipulierbar. Nur in der Liebe gibt es keine Manipulation und keinen Zwang, denn Liebe ist die reinste Form des freien Willens. »Dein Wille geschehe« bedeutet deshalb, dass die Menschen in wahrer Liebe leben und diese Liebe teilen, was uns zum eingangs erwähnten Punkt 2 führt: Dieser Wille wird von Gott der Menschheit nicht aufgezwungen.

Worin besteht unser freier Wille?

Die materiellen Schöpfungen in ihrer Gesamtheit sind ein Aspekt der Ganzheit und sind Ausdruck der göttlichen Ordnung, aus der sie hervorgegangen sind. Im Ägyptischen wird diese allem zu Grunde liegende Ordnung *Ma'at* genannt, im Sanskrit *Dharma*, im Hebräischen *Thora*: das Gegebene, das Gesetzte, das »Gesetz« im universell-spirituellen (nicht in einem dogmatischen) Sinn. Der freie Wille ist nicht unbegrenzt und unabhängig, sondern beruht prinzipiell auf dieser Freiheit zu entscheiden, inwieweit wir mit dieser Ordnung harmonieren wollen oder nicht. Nicht mein Wille geschehe, aber auch nicht »kein Wille geschehe«, sondern »Dein Wille geschehe«!

Dieser göttliche Wille ist das Kriterium für ein Handeln, das »in Ordnung« ist, d.h. der Schöpfungsordnung entspricht. Das spaltende Ego rebelliert, wenn es hört, dass Gott einen Willen hat. Gott will gewisse Dinge und will gewisse Dinge nicht! Gott braucht das Böse nicht, genauso wie Licht (im symbolischen Sinn) die Dunkelheit nicht braucht, um Licht zu sein. Dennoch besteht jederzeit die Möglichkeit, sich vom Licht abzuwenden und dadurch Dunkelheit zu erzeugen.

Es ist nicht Gottes Wille, dass die Menschen ihre spirituelle Identität vergessen, leiden und sich gegenseitig Gewalt antun. Wir sind es, die mit unserer Bewusstseinsausrichtung Schicksale und ganze Welten formen – und dabei bestimmen, welche Situationen wir für uns und für andere (für andere Menschen, die Umwelt, die Tiere) erzeugen. Deswegen ist der freie Wille direkt mit Verantwortung verbunden. Das ist die dritte Bedeutung von »Dein Wille geschehe«: Nicht alles, was auf der Erde geschieht, ist Gottes Wille.

Ethik auf spiritueller Grundlage

Wäre das Absolute bloß Energie, Einheit und Nondualität, wäre das Gebet »Dein Wille geschehe« absurd und sinnlos, weil dieses Absolute keinen Willen hätte. Erst wenn wir auch die Individualität Gottes erkennen, wird für uns der Wille Gottes zu einer lebendigen Realität. Solange wir Gott nicht ganzheitlich erkennen, hat Ethik keine absoluten Grundlagen, was wiederum bedeutet, dass die menschliche Moral durch willkürliche ethische Richtlinien bestimmt wird, und solche Richtlinien können leicht manipuliert und relativiert werden, nicht zuletzt auch auf der weltpolitischen Bühne: *»Man soll zwar nicht töten und nicht lügen, aber ... aus diesen und diesen Gründen tun wir's trotzdem!«*

Aus ganzheitlicher (theistischer) Sicht ist Liebe jedoch die höchste Realität, denn sie ist das Bewusstsein, in dem wir erkennen, dass wir nie von Gott getrennt sind. Diese Klarheit ermöglicht es uns auch zu *unterscheiden, ohne zu urteilen,* denn das einzig wahre Kriterium ist diese Liebe. Was führt zu dieser Liebe? Was entspringt dieser Liebe? Und was nicht? Was fördert das Erkennen unserer Identität als spirituelle Individuen (Teile Gottes)? Was führt zu einem Leben in Harmonie und wahrem Frieden, was zu Getrenntheit und Spaltung?

Auf diese Weise führt das scheinbar einfache Gebet »Dein Wille geschehe, wie im Himmel so auf Erden« mitten in das Geschehen »auf Erden« und mitten in unseres Innerstes, in unsere Verbindung mit der göttlichen Quelle.

Anmerkungen

1. *Le cœur a ses raisons que la raison ne connaît point* (aus: Blaise Pascal, *Pensées*; die Originalhandschrift ist nicht eindeutig zu entziffern, andere Lesarten sind *a sa raison* und *ne connaît pas*): wörtl. »Das Herz hat seine Gründe *(ses raisons)*, die der Verstand *(la raison)* in keiner Weise kennt.« Ses raisons bedeutet: seine eigenen logischen, intuitiven und offenbarten Erkenntnisse. Die Formulierung *a ses raisons,* »hat seine Gründe«, enthält im Französischen einen Anklang an die Formulierung *a raison:* »hat recht«. Die Erkenntnisse des Herzens berühren Wahrheiten, an die der Verstand allein nicht heranreicht. Über das Herz bekommt auch der Verstand Zugang zu diesen Erkenntnissen und kann sie mit Logik *nachvollziehen*. Eigentlich gilt dies für jede Art von Erkenntnis, auch für wissenschaftliche, denn Aha-Erlebnisse sind nie nur das Ergebnis einer intellektuellen Bemühung, wie uns das sprichwörtliche »Heureka« des Archimedes zeigt. Eine Herz-Intelligenz ist nicht unlogisch oder irrational, im Gegenteil, oft ermöglicht *sie* uns erst, höhere Zusammenhänge zu erkennen, insbesondere im philosophischen und spirituellen Bereich. Wenn im vorliegenden Buch einige Textstellen bis an die Grenzen des Erkenntnisvermögens unseres Verstandes herangehen, ist ebenfalls diese Herz-Intelligenz gefragt. Denn »mit dem Herzen erkennen wir Wahrheiten, die wir mit dem Verstand allein nicht erkennen«.
   Blaise Pascal (1623–1662) war einer der bedeutendsten Mathematiker, Philosophen und Theologen seiner Zeit. Er war ein Wunderkind der Mathematik und Physik und stellte bereits als Sechzehnjähriger seine ersten geometrischen Lehrsätze auf. Mit 31 Jahren erlebte er eine innere Offenbarung, die ihn bewegte, Philosophie und Mystik zum zentralen Inhalt seines Lebens zu machen. Er verbrachte die letzten Jahre seines Lebens in einem klösterlichen Umfeld, blieb aber weltlich und wissenschaftlich aktiv. 1657 begann er mit der Niederschrift von ersten Notizen und Texten zu einem Buch, das er als »Apologie des Christentums« konzipierte. Dazu gehörten viele Gedanken und Argumente von allgemein theologischer und philosophischer Natur, wie z. B. das Zitat, das ich hier als Leitsatz wählte; andere waren, dem Geist seiner Zeit entsprechend, auf die Begründung der Überlegenheit der christlichen Religion ausgerichtet. Das Buch blieb jedoch unvollendet, Blaise Pascal starb 1662 mit nur 39 Jahren. 1670 wurden die vielen Kurztexte, Notizen und Fragmente unter dem Titel *Pensées de M. Pascal sur la religion, et sur quelques autres sujets* (»Gedanken von Hrn. Pascal über die Religion und einige andere Themen«) erstmals veröffentlicht und erfuhren im Lauf der nächsten dreihundert Jahre mehrere Ausgaben, in denen die Texte immer wieder neu geordnet wurden. (In der Reclam-Ausgabe findet sich das als Leitsatz ausgewählte Zitat im Kapitel »Nichteingeordnete Papiere – Serie II«, Nr. 423/277, S. 233.)
2. Dawkins: *Der Gotteswahn,* S. 45
3. aus: »Gott existiert mit großer Wahrscheinlichkeit nicht«, Interview mit Richard Dawkins, in: *stern,* Nr. 40/27.9.2007, S. 39).
4. Die Bezeichnung »Philosoph mit dem Hammer« ist abgeleitet von Nietzsches Buchtitel *Götzen-Dämmerung oder Wie man mit dem Hammer phi-*

losophiert. Im Vorwort schreibt Nietzsche: »[...] *Götzen aushorchen* ... Es gibt mehr Götzen als Realitäten in der Welt: das ist *mein* ›böser‹ Blick für diese Welt, das ist auch mein ›böses Ohr‹ ... Hier einmal mit dem *Hammer* Fragen stellen und, vielleicht, als Antwort jenen berühmten hohlen Ton hören, der von geblähten Eingeweiden redet [...]; und was das Aushorchen von Götzen anbetrifft, so sind es diesmal keine Zeitgötzen, sondern *ewige* Götzen, an die hier mit dem Hammer wie mit einer Stimmgabel gerührt wird, – und es gibt überhaupt keine älteren, keine überzeugteren, keine aufgeblaseneren Götzen ... Auch keine hohleren ... Das hindert nicht, dass sie die *geglaubtesten* sind; auch sagt man, zumal im vornehmsten Falle, durchaus nicht Götze ...« Im selben Buch findet sich auch die witzige Wortkreation *Monotono-Theismus* (»den Monotono-Theismus durch eine Totengräber-Mimik darstellen!«); Nietzsche wollte den »Monotono-Theismus« beerdigen und nicht unbedingt jegliche Religion, obwohl zu seiner Zeit »Religion« praktisch gleichbedeutend war mit Monotheismus. Das Bild, dass Gott im »Monotono-Theismus« gestorben und begraben wurde, verwendet Nietzsche auch in der berühmten Stelle seines Buches *Die fröhliche Wissenschaft* (Abs. 125): »Gott ist tot! Gott bleibt tot! Und wir haben ihn getötet! Wie trösten wir uns, die Mörder aller Mörder? [...] Was sind denn die Kirchen noch, wenn sie nicht die Grüfte und Grabmäler Gottes sind?«

5. Die faschistischen Mächte des Zweiten Weltkrieges arbeiteten mit kirchlichen Kreisen zusammen, und einige Exponenten glaubten an okkulte Weltbilder, aber aus theistischer Sicht handelte es sich hier dennoch um *atheistische* Glaubensformen.

6. Oftmals wird betont, die »monotheistische Revolution« um 500 v.Chr. habe gegenüber den polytheistischen Kulturen der Antike mit ihren Tier- und Menschenopfern einen großen Fortschritt dargestellt. Angesichts dieser Behauptung muss jedoch festgehalten werden, dass die neuen Religionen die Tradition der Tieropfer beibehielten (auf Blutaltären, in Schächtanlagen und auf Schlachtbänken), und historisch gesehen war auch der Monotheismus, einmal zu einer organisierten Macht geworden, nicht immun gegen Menschenopfer: in Religions- und Konfessionskriegen, in der Verfolgung von Andersgläubigen, »Ungläubigen« und Aussteigern, in der Versklavung von Millionen von Afrikanern, in der Ermordung ungezählter Ureinwohner in aller Welt, usw. Und sowieso ist der Hinweis auf die »böse, heidnische Antike« ein Fehlargument, denn niemand fordert, dass wir zurück in die Antike gehen sollen. (Konstruktives zum Thema Religionen: siehe z.B. Armstrong; Küng; Spong; Ward.)

7. Das Bild des schmalen Pfades findet sich in vielen heiligen Schriften, z.B. in der altindischen Sanskritschrift namens *Kaṭha Upaniṣad* (1.3.14): »Erwache und steh auf und ergreife die große Segnung [des menschlichen Lebens]! Der wahrhaft göttliche Pfad ist schmal und scharf wie die Schneide eines Messers, sagen die Weisen.« Dieser bekannte Vers inspirierte den englischen Schriftsteller William Somerset Maugham zum Titel seines Romans *The Razor's Edge* (1944; dt. *Auf Messers Schneide*).

»Das Gesetz und die Propheten fordern letztlich nur eines: Behandelt die anderen so, wie ihr von ihnen behandelt werden möchtet. Gehet hinein durch diese enge Pforte. Denn die Pforte ist weit und der Weg ist breit, der ins Verderben führt, und viele sind auf diesem Weg. Eng ist die Pforte

und schmal der Weg, der zum Leben führt, und wenige sind ihrer, die ihn finden.« (Mt 7,12 – 14)
8. »Der Krieg ist der Vater aller Dinge und der König aller. Die einen macht er zu Göttern (Heroen), die andern zu Menschen, die einen zu Sklaven, die andern zu Freien.« (Heraklit, um 500 v. Chr.)
9. »With or without religion, you would have good people doing good things and evil people doing evil things. But for good people to do evil things, that takes religion«; zitiert in *The New York Times,* 20. April 1999. Steven Weinberg bekam 1979 den Nobelpreis für Physik.
10. Die Symbolik von Sprache, Wort und »Lesen« – Lesen der Welt als »Wort Gottes« – kann auch wörtlich verstanden werden, insbesondere in Bezug auf das Lesen von heiligen Schriften. Mit einer undogmatischen Sicht sind wir immer in der Lage zu erkennen, was in diesen Schriften historisch und was symbolisch zu verstehen ist, wobei auch das Historische durch die symbolische Aufschlüsselung eine zeitlose Bedeutung bekommt. Die Bibel erwähnt gleich zu Beginn, im zweiten Schöpfungsbericht, das Mysterium der Sprache als Hinweis auf die symbolische Beziehung der Welt zu Gott: »Da bildete Gott der Herr aus Erde alle Tiere der Erde und alle Vögel des Himmels und brachte sie zum Menschen, um zu sehen, wie er sie nennen würde; und ganz wie der Mensch sie nennen würde, so sollten sie heißen« (Gen 2,19). Wird diese Textstelle, wie das gesamte Buch Genesis – und große Teile des Alten Testaments –, nicht symbolisch, sondern historischwörtlich gelesen, führt dies zu großen Missverständnissen, weil Gott zu einer anthropomorphen, monotheistischen Gestalt verformt wird. Was dies konkret bedeutet, geht aus den Zitaten auf S. 14 (Fußnote) hervor.
11. Mit der Argumentation »Materialismus = absolute Wahrheit; jeder andere Glaube ist Symptom einer neuronalen Fehlfunktion« vertreten die atheistischen Wissenschaftler und Humanisten dieselbe gefährliche Ansicht wie die kommunistischen Regimes, die jede Art von Nichtmaterialismus als Geisteskrankheit diagnostizierten – und zahllose Menschen deswegen in Arbeitslager und in psychiatrische Folteranstalten brachten.
12. Selbst der prominenteste zeitgenössische Vertreter der materialistischen Weltsicht, Prof. Richard Dawkins, gibt aufgrund dieser erkenntnistheoretischen Fakten zu, dass auch der atheistische Standpunkt objektiv nicht beweisbar ist: »Mein größtes Anliegen ist die Wahrheit. Ich will wissen, ob es Gott gibt oder nicht. [...] Ich bin Agnostiker. Üblicherweise sind Agnostiker Leute, die eine 50:50-Wette über die Existenz Gottes eingehen: Kann sein, dass es ihn gibt, kann auch sein, dass es ihn nicht gibt. Das finde ich zu wenig. Auf der anderen Seite stehen die Atheisten. Atheismus in purer Form heißt: Gott gibt es mit hundertprozentiger Wahrscheinlichkeit nicht. Auch diese Position teile ich nicht. Ein Wissenschaftler sollte sich nie hundertprozentig sicher sein. [...] Ich fälle ein Urteil über die Wahrscheinlichkeit seiner Existenz. Und die liegt unter 50 Prozent, ich glaube sogar, sie ist äußerst gering. Mir geht es dabei nicht nur um den alten Mann mit dem Vollbart, sondern um jede Form eines übernatürlichen Wesens oder Schöpfers«; Interview mit Richard Dawkins im deutschen Wochenmagazin *stern,* Nr. 40/27.9.2007 (S. 38 f.), mit der Überschrift: »Gott existiert mit großer Wahrscheinlichkeit nicht«. Ähnlich lautet die Überschrift des vierten Kapitels in Dawkins' Buch *Der Gotteswahn:* »Why there almost cer-

tainly is no God« (»Warum es mit ziemlicher Sicherheit keinen Gott gibt«). Der Materialismus lehnt jegliche übernatürliche Realität ab, weil er per Definition davon ausgeht, dass Realität nur materiell ist. Dennoch können auch Vertreter des Materialismus nicht sicher sein, ob ihre Grundannahme stimmt. Wir als Menschen sollten nicht nur intellektuell diskutieren, ob die Existenz Gottes wahrscheinlich oder unwahrscheinlich ist. Wir sollten – und können – erkennen, ob sie *real* ist.

13. Negative Theologie: Strömung innerhalb der Theologie, die besagt, Gott könne nie mit menschlichen Begriffen erfasst werden; Gott als das »ganz andere« entziehe sich allen Vorstellungen des Menschen, weshalb Gott nur *indirekt* beschrieben werden könne (durch die konsequente Verneinung des menschlich Vorstellbaren); jede affirmative Beschreibung müsse durch eine Gegenbeschreibung negiert werden, damit die Gottesbilder nicht einseitig affirmativ seien, denn dadurch würden sie unglaubwürdig (z. B. Aussagen wie »Gott ist gerecht« angesichts aller Ungerechtigkeiten in der Welt). Deutlich wird dies ausformuliert im Titel eines Buches des deutschen Theologen Andreas Benk: *Gott ist nicht gut und nicht gerecht – Zum Gottesbild der Gegenwart* (Patmos Verlag, Düsseldorf 2008).

    Das Anliegen der Negativen Theologie besteht darin, alle dogmatisch verfestigten Gottesbilder zu relativieren, um dadurch der Instrumentalisierung Gottes durch den Menschen den Boden zu entziehen. Übrig bleibt dabei jedoch eine vage, negierende Theologie, die größtenteils intellektuell ist und sich – als Gegenreaktion auf »einseitig affirmative« Aussagen – auf einseitig negative (negierende) Aussagen beschränkt: »Gott ist nicht gut und nicht gerecht, aber auch nicht böse und nicht ungerecht; die menschlichen Begriffe von gut und böse oder gerecht und ungerecht sind nicht auf Gott anwendbar.« Wir können hier jedoch entgegnen, dass es sehr wohl möglich ist, mit menschlichen Begriffen Aussagen über Gott zu machen, wenn wir die *symbolische* Bedeutung der Wörter erkennen und sie nicht nur auf ihre relativen Bezüge beschränken. Gott ist nicht nur unbeschreibbar und unerkennbar und sollte nicht auf negierende Beschreibungen beschränkt werden.

14. Was für die Frage nach dem, was Gott *nicht* ist, gilt, gilt erst recht für die Frage nach Gott selbst: für die Frage nach dem Sein oder Nichtsein Gottes. Wie jede Wissenschaft, so erfordert auch die Erforschung des Absoluten theoretisches Wissen und praktische »Experimente«, die dem Thema entsprechend richtig und vollständig ausgeführt werden müssen. Atheisten meinen jedoch, man könne mit bloßem Intellektualismus über »Gott« und »Gottesbewusstsein« sprechen und dadurch zu relevanten Erkenntnissen kommen, in ihrem Fall zur Erkenntnis, dass jeder Gottglaube auf absurden Annahmen beruhe und dass nur der Glaube an die Absolutheit der Materie »logisch« und »rational« sei. Sie machen sich deshalb über alle Arten von Gottesbeweisen lustig, so auch Richard Dawkins in seinem Buch *Der Gotteswahn,* wo er (in Kap. 3) die Gottesbeweise von Thomas von Aquin zur Sprache bringt. Thomas argumentiert, dass alles in der Welt eine Ursache habe und dass deshalb auch das Universum eine Ursache haben müsse, und zwar eine Ursache, die alles, was im Universum existiere, in vollkommener Form enthalte. Dawkins glaubt, diese Logik mit einem einfachen Denkschritt *ad absurdum* führen zu können, indem er

sagt, dass Gott dann z. B. auch den Aspekt des »Körpergeruchs« im absoluten Maximum haben müsste; Gott wäre also auch »ein allesüberragender, unvergleichlicher Stinker« *(a pre-eminently peerless stinker)*. Nun ist es nichts Neues, dass kein Gottesbeweis absolut zwingend ist, weil jeder logische Gedankengang – wie Immanuel Kant ausführlich dargelegt hat – von nicht beweisbaren Prämissen ausgeht. Dies gilt aber genauso für die Gedankengänge des Atheismus. Die genannten Gottesbeweise gehen von der Prämisse aus, dass nichts ohne eine Ursache existiert. Die atheistischen Argumente gehen von der Prämisse aus, dass Zufall die Ursache von allem ist und dass Bewusstsein ein Produkt von Materie ist. Zusätzlich geht das »Stinker«-Argument vom Missverständnis aus, Gottesvorstellungen bestünden nur aus einer Verabsolutierung relativer Eigenschaften. Dabei besagt die theistische Argumentation eigentlich unmissverständlich, dass Gott alles, was in der materiellen Welt in relativer Form zu finden ist, in *absoluter, reiner* Form enthält, denn das Absolute ist per Definition gegensatzlos (Abs. 23). Was wir in der materiellen Welt finden, ist immer nur eine relative und vergängliche Spiegelung des Absoluten und sollte nicht in umgedrehter Form zurück auf Gott projiziert werden (Abs. 58).

15. Axel Bergmann: *Die »Grundbedeutung« des lateinischen Wortes* Religion (1998). Entsprechend der hier dargelegten Etymologie wurde im Altlateinischen auch zwischen *res lictae* (»gebundene = nicht ausgeführte Handlungen«) und *res gestae* (»ausgeführte Handlungen«) unterschieden. Ebenso gab es die Redewendungen *religio est* (»es existiert ein [religiöses] Hemmnis« im Sinn von »das ist verboten«) und *fas est* (»[so] ist der [göttliche] Ausspruch« im Sinn von »das ist erlaubt«).

    Im Altlateinischen waren die Wörter *re(l)ligens* und *re(l)ligiosus* nicht in jedem Fall Synonyme. Im differenzierten Sprachgebrauch bedeutete ersteres »religiös; gottesfürchtig; die Regeln befolgend«, letzteres »übermäßig religiös« und auch »abergläubisch«. Deutlicher als im Wort »Religion«, dessen Etymologie lange vergessen war, zeigt sich das Verb *ligere* (altlat.) = *ligare* (klass.-lat.) in der Verbindung mit der Vorsilbe *ob-*: *obligare*, »anbinden, verbindlich machen, verpflichten«, davon abgeleitet die Fremdwörter »obligat« und »obligatorisch«.

16. Cicero berichtet in seinem Buch *Gespräche in Tusculum (Tusculanae disputationes)* um 45 v. Chr. von der Entstehung des Begriffs »Philosoph«, wie er es in den Schriften des Herakleides Pontikos, eines Schülers von Platon, gelesen hatte. Der etwa 60-jährige Pythagoras besuchte Leon, den Herrscher der Stadt Phlious im nördlichen Peloponnes (um 510 v. Chr.), mit dem er längere Gespräche führte. »Leon war vom Genius und Wissen des Pythagoras tief beeindruckt und fragte ihn, auf welche Kunst er sich am meisten stütze. Pythagoras erwiderte, er sei einfach ein *philósophos*, ein ›Liebhaber der Weisheit‹. Leon hatte diesen Begriff noch nie gehört und fragte, was ein *philósophos* sei und wodurch sich ein solcher von anderen Menschen unterscheide. Pythagoras, so heißt es, habe geantwortet, in seinen Augen sei das Leben der Menschen wie jener große Wettkampf, bei dem sich ganz Griechenland versammle; einigen gehe es dabei um den Ruhm und um das Erringen des Kronpreises, anderen gehe es um die Möglichkeit, Dinge zu kaufen oder zu verkaufen, während nochmals andere kämen, jedoch nicht des Spektakels oder um des Gewinnes wegen, son-

dern nur der Betrachtung und des Menschenstudiums wegen; dies seien diejenigen, die aus dem großen Anlass das Beste herausholen; so nun, wie wir aus unserer Heimatstadt an den Ort dieses Treibens kämen, seien wir aus einem anderen Leben und aus anderen Rollen gekommen, wo einige nach Ruhm und andere nach Geld strebten; selten jedoch seien diejenigen, die all dies für nichts halten und nur am wirklichen Wesen der Dinge interessiert sind; dies seien die Philosophen, diejenigen, die Weisheit lieben; und so wie die edelsten Geister bei einem Wettkampf nur Zuschauer seien, ohne irgendeinen Gewinn für sich selbst zu erstreben, so sei auch das losgelöste Betrachten des Lebens und das Wahrnehmen des wirklichen Wesens der Dinge wichtiger als alles andere, was wir sonst noch tun.« (*Tusculanae disputationes* 5,9)

17. Der griechische Wortstamm *phil-* findet sich auch in Begriffen wie Philatelie (»Liebhaberei« von Briefmarken) und *bibliophil*, »für Buchliebhaber bestimmt«, und im Namen Philipp, von *phil-hippos*, »Pferdeliebhaber«.

18. »Wie oben, so unten« ist die Kurzfassung eines geistigen Gesetzes, wie es vom legendären ägyptischen Weisen Hermes Trismegistos formuliert wurde: »Was unten ist, gleicht dem, was oben ist, und was oben ist, gleicht dem, was unten ist, damit die Wunder des Einen sich vollziehen. Und so wie alle Dinge aus dem Einen geworden sind durch eine Mittlerschaft, so sind sie alle aus diesem Einen geboren, durch Übertragung.« Eine ausführliche Erklärung dieses Satzes findet sich im Buch *Gott und die Götter*, S. 207–214 (6. Auflage 2007); zu den Begriffen »Mittlerschaft« und »Übertragung«: ebd. S. 217–221.

19. Der Begriff »Bhagavān« ist derart zentral, dass wir Ableitungen davon in vielen indoeuropäischen Sprachen finden. Das Sanskritverb *bhag* bedeutet »austeilen; zuteilen«; *bhāga* ist der »Zuteiler; der Geber; der Schöpfer; Gott«, weshalb das Wort »Gott« in den altpersischen und slawischen Sprachen direkt auf *bhāga* zurückgeht. »Gott« im Altpersischen heißt *baga*, im Avestischen und Skythischen ebenfalls *baga*, im Altslawischen *bogu*, im modernen Russischen, Slowenischen, Bulgarischen, Tschechischen, Polnischen, Serbischen usw. *bôg, bog, boh, bug, bûh* oder ähnlich. Die Silbe *bhag/bag* erscheint auch in vielen Wortverbindungen, z. B. in Pagode und in Bagdad (»Geschenk Gottes«). *Bhagavat* (sanskr.) bedeutet »göttlich« und findet sich z. B. in *Bhagavad-Gītā*. Das Sanskritwort *bhag*, »austeilen; zuteilen«, ist auch die Wurzel des altgriechischen Wortes *phaghein*, »essen« (= seinen Anteil an Speise bekommen). *Bhaga* als Substantiv bedeutet »das, was verteilt/geteilt wird; Reichtum; Fülle; das, an dem andere Anteil haben«; *vān* bedeutet »derjenige, der besitzt/umfaßt/in sich birgt«; Gott als Bhagavān ist der »Allumfassende« = das Absolute, das alles Relative umfasst und in sich birgt und von dem alles Relative Teil ist und an dem wir, als Teile Gottes, teilhaben.

20. Eine instruktive neuartige Variante für die in Abs. 107 erwähnten paradoxen Formulierungen gibt Prof. Wolfgang Leidhold in seinem Buch *Gottes Gegenwart – Zur Logik der religiösen Erfahrung* (2008), indem er die Konzepte von Präsenz und Absenz miteinander verbindet: »abwesende Präsenz«. »Die Partizipation [an Gottes Realität] erfordert ein Ganzes, an dem wir teilhaben können. Die Präsenz ist immer *abwesende* Präsenz und die Abwesenheit immer abwesende *Präsenz*« (S. 63). Die »eigentümliche Dop-

pelnatur der abwesenden Präsenz« (S. 83) geht verloren, wenn nur eine der beiden Seiten betrachtet wird. Die »Abwesenheit ohne Präsenz« führt zum »Tod Gottes«, zu Atheismus und Nihilismus, die »Präsenz ohne Abwesenheit« führt zur »Immanentisierung« Gottes durch den Menschen und damit zur Vergötterung der Materie und zur »Selbstvergötterung« des Menschen (S. 86), also zu Materialismus und Humanismus.

21. Zitatauswahl auf der Grundlage des Buches *The Battle for Truth* (2001) des christlichen Autors David A. Noebel, dt. Ausgabe: *Kampf um Wahrheit – Die bedeutendsten Weltanschauungen im Vergleich* (2007), S. 29 – 34
22. Der Trugschluss, eine Wirkung für eine Ursache zu halten – d. h. der Glaube, eine physische Reaktion im Gehirn sei die Ursache der entsprechenden Emotion, Imagination usw. –, zeigt sich auch in der neurophysiologischen Untersuchung von »Liebe« und »Sexualität«. So verkündet eine Schlagzeile im amerikanischen Wissenschaftsmagazin *Nature* in der Ausgabe vom Januar 2009: »Being Human: Love – Neuroscience Reveals All« (»Was uns zu Menschen macht – Liebe: Die Neurowissenschaft offenbart/erklärt alles«. Zu Beginn dieses Artikels von Prof. Larry J. Young wird verkündet: »Poesie ist es nicht. Und es ist auch nicht besonders romantisch. Aber wenn wir die Liebe auf ihre Einzelteile reduzieren, hilft dies uns, die menschliche Sexualität zu verstehen, und könnte zur Entwicklung von Arzneien führen, die unsere Liebe füreinander verstärken oder verringern [...]« Diese Veröffentlichung erregte weltweit Aufsehen. Ein zusammenfassender Artikel im Zürcher *Tages-Anzeiger* vom 10. Januar 2009 (Rubrik »Wissen«) trug die Überschrift: »Liebe als manipulierbarer Cocktail im Hirn« und teilte der Leserschaft mit: »Neurobiologen arbeiten emsig daran, die Liebe dingfest zu machen. Sie untersuchen, welche chemischen Stoffe bei Liebesbeziehungen im menschlichen Gehirn freigesetzt werden. Dazu sind Tiermodelle hilfreich. [...] Ob die menschliche Mutterliebe die gleiche sei wie diejenige zwischen einem Schaf und einem Lamm, sei ungewiss, aber letztendlich egal, sagt Young. Denn mit hoher Wahrscheinlichkeit basiere die Mutterliebe beider Spezies auf den gleichen Gehirnmechanismen.«
23. Bekannter Spruch von »Stendhal«, Pseudonym von Marie-Henri Beyle (1783 – 1842), der in seinem atheistischen Bekanntenkreis vielfach zitiert wurde, in schriftlicher Form namentlich von Stendhals Freund Prosper Mérimée (Schriftsteller, Historiker, Regierungsbeamter, 1803 – 1870). In seinem Buch *Ecce Homo* (Kap. 2, Abs. 3) von 1888 bezieht sich Friedrich Nietzsche auf beide: »Stendhal, einer der schönsten Zufälle meines Lebens [...] nicht am wenigsten als *ehrlicher* Atheist, eine in Frankreich spärliche und kaum auffindbare species – Prosper Mérimée in Ehren . . . Vielleicht bin ich selbst auf Stendhal neidisch? Er hat mir den besten Atheisten-Witz weggenommen, den gerade ich hätte machen können: ›die einzige Entschuldigung Gottes ist, dass er nicht existiert‹ [...]«
24. Die Ansicht, das Negative sei die »Kraft, die stets das Böse will und stets das Gute schafft«, ist typisch für die atheistische Esoterik. Das Böse hat jedoch noch nie etwas Gutes geschaffen. Es waren immer nur *vereinzelte gottesbewusste Menschen,* die aus einer Situation des Bösen (Krieg, Gefangenschaft, Mord, Lüge usw.) für sich etwas Gutes schufen (Abs. 119). Nicht das Böse war die Ursache des Guten, sondern das Gottvertrauen dieser

Menschen, denn sonst hätten in den jeweiligen Situationen *alle* Menschen dieselbe innere Kraft und Offenbarung erleben müssen. – Innere Entwicklung ist nicht abhängig von äußeren Faktoren. Die äußeren Faktoren sind höchstens der Anlass, aber nie die Ursache einer inneren Entwicklung. Leid führt nicht automatisch zu Weisheit, aus Schaden wird man nicht automatisch klug.

25. Niccolò Machiavelli, *Il Principe/Der Fürst (Italienisch/Deutsch)*, Reclam-Ausgabe 1986, S. 119, 139
26. »Sun-Tzu sanctions every manner of deceit, provided it is necessary to gain strategic advantage to avoid war. [...] Theirs [Sun-Tzu's and Sima Qian's] is a morality of consequence that finds echoes in the ancient Greeks and Romans, as well as in Machiavelli and Churchill. [...] Aron wrote, ›A good policy is measured by its effectiveness,‹ not by its purity – testimony to the fact that Machiavelli's self-evident truths are independently rediscovered in every age. [...] Machiavelli says, ›it cannot be called virtue to kill one's fellow-citizens, to betray one's friends, to be treacherous, merciless and irreligious‹ for no higher purpose, as was the case with Agathocles.« (p. 42f., 44, 53, 56; dt. Übersetzung von A. R.)
27. Heutige Politiker und Schulhistoriker sind bestrebt, jede Geschichtsuntersuchung, die über den vorgegebenen Rahmen hinausgeht, zu verunglimpfen, zu verharmlosen oder schönzureden. Das tun sie, indem sie das magische Schlagwort »Verschwörungstheorie« verwenden. Aber der Vorwurf der »Theorie« ist keine Widerlegung, denn Theorien können auch richtig und zutreffend sein – vor allem, wenn sie durch die Praxis bestätigt werden.
28. In der englischen Formulierung lauten die zehn Richtlinien der Georgia Guidestones wie folgt:
    MAINTAIN HUMANITY UNDER 500.000.000 IN PERPETUAL BALANCE WITH NATURE
    GUIDE REPRODUCTION WISELY – IMPROVING FITNESS AND DIVERSITY
    UNITE HUMANITY WITH A LIVING NEW LANGUAGE
    RULE PASSION – FAITH – TRADITION – AND ALL THINGS WITH TEMPERED REASON
    PROTECT PEOPLE AND NATIONS WITH FAIR LAWS AND JUST COURTS
    LET ALL NATIONS RULE INTERNALLY RESOLVING EXTERNAL DISPUTES
      IN A WORLD COURT
    AVOID PETTY LAWS AND USELESS OFFICIALS
    BALANCE PERSONAL RIGHTS WITH SOCIAL DUTIES
    PRIZE TRUTH – BEAUTY – LOVE – SEEKING HARMONY WITH THE INFINITE
    BE NOT A CANCER ON THE EARTH – LEAVE ROOM FOR NATURE –
      LEAVE ROOM FOR NATURE
29. Aldous Huxley, der Autor des berühmten Romans *Brave New World*, dt. *Schöne neue Welt,* erkannte anscheinend schon sehr früh (1932), wohin der »evolutionäre Humanismus« die Menschheit führen wird. In seiner Zukunftsschau beschreibt er die Folgen dieses Materialismus: eine von Sinnlosigkeit und Oberflächlichkeit geprägte Technikgesellschaft, die von einer subtilen Diktatur beherrscht wird. Eine der Hauptpersonen heißt Lenina. Der Bezug zu Darwin wird ebenfalls hergestellt, indem am Schluss des Buches ein »Großwildfotograf« namens »Darwin Bonaparte« den letzten wilden Menschen (»the Savage«) filmt. Das Buch endet mit dem Selbstmord des »Wilden«. »Darwin Bonaparte« wird bei Aldous Huxley

also zur direkten Ursache des Selbstmordes dieses letzten nicht zur *Brave New World* (= New World Order?) gehörenden Menschen.

30. »A decline in courage may be the most striking feature which an outside observer notices in the West in our days. The Western world has lost its civil courage, both as a whole and separately, in each country, each government, each political party and of course in the United Nations. Such a decline in courage is particularly noticeable among the ruling groups and the intellectual elite, causing an impression of loss of courage by the entire society. Of course there are many courageous individuals but they have no determining influence on public life.« (dt. Übersetzung der Zitate 30–34 und Hervorhebungen durch A. R.)

31. »An oil company is legally blameless when it purchases an invention of a new type of energy in order to prevent its use. A food product manufacturer is legally blameless when he poisons his produce to make it last longer: after all, people are free not to buy it. [...] The defense of individual rights has reached such extremes as to make society as a whole defenseless against certain individuals.«

32. »This means that the mistake must be at the root, at the very basis of human thinking in the past centuries. I refer to the prevailing Western view of the world which was first born during the Renaissance and found its political expression from the period of the Enlightenment. It became the basis for government and social science and could be defined as *rationalistic humanism* or *humanistic autonomy:* the proclaimed and enforced autonomy of man from any higher force above him. It could also be called anthropocentricity, with man seen as the center of everything that exists. [...] Everything beyond physical well-being and accumulation of material goods, all other human requirements and characteristics of a subtler and higher nature, were left outside the area of attention of state and social systems, as if human life did not have any superior sense. That provided access for evil, of which in our days there is a free and constant flow.«

33. »I am not examining here the case of a world war disaster and the changes which it would produce in society. As long as we wake up every morning under a peaceful sun, we have to lead an everyday life. There is a disaster, however, which has already been under way for quite some time. I am referring to **the calamity of a despiritualized and irreligious humanistic consciousness.** [...] On the way from the Renaissance to our days we have enriched our experience, but we have lost the concept of a Supreme Complete Entity [...]. In the East, it is destroyed by the dealings and machinations of the ruling party. In the West, commercial interests tend to suffocate it. This is the real crisis. The split in the world is less terrible than the similarity of the disease plaguing its main sections.«

34. »If the world has not come to its end, it has approached a major turn in history, equal in importance to the turn from the Middle Ages to the Renaissance. It will exact from us a spiritual upsurge, we shall have to rise to a new height of vision, to a new level of life where our physical nature will not be cursed as in the Middle Ages, but, even more importantly, our spiritual being will not be trampled upon as in the Modern era. This ascension will be similar to climbing onto the next anthropologic stage. No one on earth has any other way left but – upward.«

35. Im 2. und 3. Jahrhundert nach Jesu Erscheinen, nachdem die heute kanonischen Evangelien entstanden waren, versuchten verschiedene gnostische Bewegungen, ihre Lehren ebenfalls mit Jesus in Verbindung zu bringen. Dies taten sie, indem sie z. B. sagten, Jesus habe in den inneren Kreis seiner Gemeinschaft auch Frauen aufgenommen und habe dort *gnostische* Lehren vermittelt. Beispiele hierfür sind apokryphe Schriften aus dem 2. und 3. Jahrhundert, wie die *Pistis Sophía* und das *Evangelium der Maria* – gemeint ist Maria Magdalena –, die beide in der religiösen Gnosis gründen. Das *Evangelium des Judas,* das in den 1970er Jahren wieder aufgetaucht ist und 2006 offiziell veröffentlicht wurde, entsprang einer Bewegung der esoterischen Gnosis. (Die Aussage über die Aufnahme von Frauen in den inneren Kreis ist historisch plausibel und lässt sich auch mit den biblischen Evangelien untermauern. Die Behauptung jedoch, Jesus habe als innerstes Geheimnis ein *gnostisches* Weltbild gelehrt, ist mit guten Gründen zu bezweifeln.)
36. Ausführliche Informationen hierzu in: *Machtwechsel auf der Erde* (2006), Kapitel 5, »Kirche und Logen – Machtkampf der Hierarchien«, und Kapitel 6, »Templer, Freimaurer und die ›Prieuré de Sion‹«.
37. Helena P. Blavatsky: *Die Geheimlehre,* Bd. I, »Kosmogenesis«, in den Ausführungen zu Strophe 6 aus dem »Buch Dzyan«.
38. ebd., Bd. II, »Anthropogenesis«, im Abschnitt »Der heilige Satan«.
39. Übersetzung von A. R., aus der französischen, deutschen und englischen Ausgabe.
40. Die symbolische Bedeutung von »Beschneidung« wurde auch von Jesus, von den Aposteln und vom Christentum deutlich hervorgehoben:

    »Es kommt nicht darauf an, dass er an seinem Körper beschnitten wurde, sondern dass sein Herz es ist. Denn vor Gott zählt nicht die Beschneidung, die nach dem Buchstaben des Gesetzes erfolgt, sondern die Beschneidung, die durch den Geist Gottes geschieht.« (Röm 2,29; Einheitsübersetzung)

    »Darum hat es nichts zu sagen, ob einer beschnitten ist oder nicht. Es kommt allein darauf an, dass Gott neue Menschen aus uns macht.« (Gal 6,15; ebd.)
41. Eine Erwähnung dieser rassistischen Art von Moral findet sich auch in Richard Dawkins' Buch *Der Gotteswahn* (Kap. 7, Abs. »Liebe deinen Nächsten«):

    Moses Maimonides, ein hoch angesehener Rabbiner aus dem 12. Jahrhundert, erläutert die Bedeutung des Satzes »Du sollst nicht töten« wie folgt: »Wer auch nur einen einzigen Israeliten tötet, verstößt gegen ein Gebot, denn die Heilige Schrift sagt: Du sollst nicht morden. Wer aus freiem Willen in Gegenwart von Zeugen mordet, soll zum Tod durch das Schwert verurteilt werden. Es bedarf keiner besonderen Erwähnung, dass jemand nicht zum Tod verurteilt wird, wenn er einen Heiden [hebr. *goi*] tötet.« Selbstverständlich – dies bedarf keiner besonderen Erwähnung!
42. Wie zu Beginn von Abs. 161 erwähnt, schüren die genannten Textstellen des Talmuds auch heute noch Hass zwischen den Religionen, indem sie von antijüdischen Propagandisten zitiert werden können, aber auch, indem sie in jüdischen Extremistenkreisen gelehrt werden. So berichtete die

Katholische Internationale Presseagentur (kipa) am 30. Mai 2008 folgendes: »Das israelische Außenministerium hat die Verbrennung von Bibeln des Neuen Testaments in der Stadt Or Yehuda verurteilt. Es handele sich um einen ›Akt gegen die Werte des Staates Israels‹, heißt es in einer Note der israelischen Vatikan-Botschaft in Rom vom Freitag, 30. Mai. Israel sei ein ›demokratischer Staat, in dem allen Bürgern Religions- und Kultfreiheit‹ garantiert werde, so das Kommunique weiter. – In den vergangenen Tagen hatten in der bei Tel Aviv gelegenen Stadt Talmud-Schüler von christlichen Gruppen verteilte Broschüren und Ausgaben des Neuen Testaments gesammelt und öffentlich auf einem Scheiterhaufen verbrannt.« Was hier von jüdischen Extremisten getan wurde, geschieht auch in islamischen Staaten, ebenso wie in christlichen Ländern im Mittelalter zahllose nichtkirchliche Schriften (und Zehntausende von Menschen) auf Scheiterhaufen verbrannt wurden.

43. Viktor Ostrovsky, Claire Hoy: *Der Mossad – Ein Ex-Agent enthüllt Aktionen und Methoden des israelischen Geheimdienstes* (1991). Der genannte Leitsatz findet sich in Kapitel 2 dieses Buches als Zitat des (namentlich genannten) damaligen Mossad-Direktors: »Unser Motto lautet: ›Mit den Mitteln der Täuschung sollst du Krieg führen.‹« Dieses Motto verlieh der amerikanischen Originalausgabe (1990) den Titel: *By Way of Deception*.

»Täuschung« *(deception)* ist die Arbeitsmethode aller Geheimdienste und ihrer Hintermänner, aber diese können nicht mehr einfach mit den dunklen Seiten des Monotheismus gleichgesetzt werden, weil sie den Monotheismus nur als Mittel verwenden, um die Menschen gegeneinander auszuspielen. Hier fallen die scheinbaren Gegensätze von Atheismus und Monotheismus in der einen Kraft zusammen, die diese Spaltung verursacht und die sich dadurch tarnt, dass sie alles, was auf die verborgenen unmenschlichen Hintergründe des Weltgeschehens hinweist, sogleich als Verschwörungstheorie bezeichnet (siehe auch Anm. 27).

44. Die meisten Sintflutüberlieferungen enthalten auch Hinweise auf die Zeit *vor* der letzten großen Katastrophe. Beschrieben wird dabei immer eine sagenhafte hohe Kultur. Indische und indianische Berichte betonen dabei, dass diese Katastrophe den Übergang von einem Zeitalter in das nächste (vom »dritten« in das »vierte«, das gegenwärtige) bedeutete; im dritten Zeitalter – und erst recht im zweiten und im ersten – seien die Verhältnisse auf der Erde ganz anders gewesen als jetzt im vierten. Verschoben sich damals die magnetischen, vielleicht sogar die geographischen Pole? Die Hopi-Überlieferung sagt, die Erde stehe heute auf dem Kopf (Blumrich: *Kásskara und die sieben Welten*, S. 30). In verschiedenen Legenden lautet ein Detail, es habe plötzlich sintflutartig zu regnen begonnen, und nach einiger Zeit sei hinter dem Wasservorhang die feurige Kugel der Sonne sichtbar geworden. Vielfach wird das Naturwunder des Regenbogens erwähnt, auch im biblischen Sintflutbericht (Gen 9,13). Hatte die Erdatmosphäre vor dieser globalen Katastrophe eine andere Struktur gehabt als heute? Hatte es vorher keine Wolken und keine Regenbögen gegeben? Eine spekulative Interpretation dieser Beschreibungen besagt, die Erdatmosphäre habe früher in ihren höheren Bereichen eine Art von gefrorener Dampfschicht enthalten, vielleicht als Ergebnis einer vorangegangenen Katastrophe. Das würde bedeuten, dass die Menschen in einem globalen

Treibhaus lebten, das vom nördlichen bis zum südlichen Wendekreis zu einer paradiesischen Natur führte. Hatten die Menschen im »dritten« Zeitalter wegen der anderen atmosphärischen Verhältnisse keine Sterne und keine deutlich abgezeichnete Sonne am Himmel gesehen? Riss ein Komet diese Atmosphärenschicht auf und ließ sie abregnen, weshalb die Überlebenden plötzlich hinter dem Regenvorhang zum ersten Mal den »Feuerball« erblickten? Ist dieser Regen der Grund, warum vor 10 000 Jahren der Meeresspiegel weltweit um mehr als 100 m angestiegen ist? Wenn früher andere atmosphärische und tektonische Gegebenheiten vorlagen, müssten Phänomene wie »Eiszeiten« und die Plattentektonik anders interpretiert werden. Die lineare Projektion heutiger Gegebenheiten in die Vergangenheit wäre dann nicht mehr zulässig.

In der altjüdischen Überlieferung finden wir eine Darstellung, die ähnliche Spekulationen wach werden lässt: »Am zweiten Tag sprach Gott: Es werde eine Feste zwischen den Wassern. Und zu den Wassern sprach er: Ihr sollet euch in zwei Hälften teilen, und es soll die eine Hälfte zum Himmel emporsteigen, und die zweite Hälfte soll nach unten gehen.« (aus: *Die Sagen der Juden,* gesammelt und bearbeitet von Micha Josef Bin Gurion, Parkland Verlag, Köln 2000, S. 17)

Aus dieser altjüdischen Überlieferung entstand im Ersten Buch Mose die rätselhafte Formulierung: »Dann sprach Gott: ›Im Wasser soll ein Gewölbe entstehen, das die Wassermassen trennt.‹ So geschah es: Gott machte ein Gewölbe und trennte das Wasser über dem Gewölbe von dem Wasser, das die Erde bedeckte. Und Gott nannte das Gewölbe Himmel.« (Gen 1,6 – 8a; Einheitsübersetzung)

So spekulativ die erwähnten Annahmen und Interpretationen sind, sie könnten eine Erklärung dafür geben, warum die Tiere und Pflanzen in früheren Erdepochen viel größer waren als heute. War der Grund für den Riesenwuchs von Reptilien, Insekten, Schachtelhalmbäumen usw. der, dass damals ganz andere Umweltbedingungen herrschten als heute? War die Luftschicht direkt über der Erde sauerstoffreicher, das Sonnenlicht, das die Erdoberfläche erreichte, UV-Licht-ärmer?

Hier besteht ein großer Forschungsbedarf, denn das materialistisch-darwinistische Weltbild hat all diese Möglichkeiten bisher gar nicht in Betracht gezogen oder von vornherein ausgeschlossen. (Eine wichtige aktuelle Grundlagenarbeit im deutschen Sprachraum stammt von Hans-Joachim Zillmer: *Irrtümer der Erdgeschichte,* 2001.)

45. Eine eindrückliche fotografische Dokumentation all dieser geologischen Fakten (schnelle Sedimentation, schnelle Cañon-Bildung, schnelle Versteinerung, schnelle Kohlenbildung) findet sich im Bildband der kreationistischen Geologen Dr. John Morris und Dr. Steve Austin: *Footprints in the Ash – The Explosive Story of Mount St. Helens,* Master Books, Green Forest AR, 2003/2005.

46. Ausführlich geschildert (mit allen relevanten Textvergleichen zwischen dem Gilgamesch-Epos und der biblischen Genesis) in: *Licht wirft keinen Schatten – Ein spirituell-philosophisches Handbuch,* Kap. 11: »Die lange Vorgeschichte der heutigen Wendezeit«.

47. Über die Ähnlichkeit der Sintflutbeschreibung im Gilgamesch-Epos und jener am Anfang der Bibel sagen kreationistische Autoren, die sumeri-

schen und babylonischen Sintflutberichte seien verzerrte Darstellungen von Heiden und Götzenanbetern, die »Gottes Wirken« entweder missverstanden oder leugneten. Um zu zeigen, dass der biblische Bericht göttlichen Ursprungs ist und somit die Wahrheit darstelle, während die älteren Gilgamesch-Texte menschengemachte Schöpfungen seien, wird z. B. das Argument angeführt, die in der Bibel genannten Maße von Noahs Arche seien sintfluttauglich, während die babylonischen Angaben kein sintfluttaugliches Boot ergäben. Die in der Bibel genannten Maße der Arche Noah erfordern jedoch nicht Gott als Baumeister. Einige Grundlektionen in der pythagoräischen und ägyptischen heiligen Geometrie genügen, um ein biblisches Arche-Modell zu konzipieren.

48. Gottes Bund mit Noahs Familie (= mit allen Menschen) bedeutet nicht eine Einheitsreligion, wie Vertreter des theistischen Judentums betonen, z. B. Prof. Jonathan Sacks in seinem Buch *The Dignity of Difference* (»Die Würde der Verschiedenheit«) – *How to avoid the Clash of Civilisations* (2005), das – quasi als jüdisches Theistisches Manifest – von zwei großen britischen Zeitungen *(The Times, The Independent)* zum Buch des Jahres gekürt wurde. Im Deutschen erschien es 2007 unter dem Titel *Wie wir den Krieg der Kulturen noch vermeiden können*. »Nach der Flut schließt Gott mit der ganzen Menschheit einen Bund und stellt dabei den ersten universalen Moralkodex auf. Aber damit ist die Geschichte nicht zu Ende. [...] Sie endet mit der Aufspaltung der Menschheit in eine Vielzahl von Sprachen, Kulturen, Völkern und Zivilisationen. Gottes Bund mit der Menschheit als Ganzer hat nicht aufgehört.« (S. 79f.) Welche besondere Rolle kommt dann dem Judentum zu? Prof. Sacks, Oberrabbiner der »United Hebrew Congregations of the Commonwealth«, schreibt: »Darauf möchte ich eine radikale Antwort vorschlagen. Gott, der Erschaffer der Menschheit, hatte mit der gesamten Menschheit einen Bund geschlossen, wandte sich dann aber einem Volk zu und trug ihm auf, anders zu sein, *um die Menschheit zu lehren, Raum für Verschiedenheit zu schaffen*« (S. 81).»Würde letztlich nur das zählen, was wir gemeinsam haben, dann wären unsere Verschiedenheiten letztlich nur Störungen, die man beheben müsste« (S. 74). Die Verabsolutierung der Universalität führt zu »Totalitarismus«, zu einem »höchsten Akt der Hybris«, warnt Prof. Sacks. »*Es ist der Versuch, einer von Gott geschaffenen Vielfalt eine künstliche Einheit aufzudrücken.* Das ist das, was am Universalismus falsch ist« (S. 80). Das Judentum »glaubt an einen Gott, aber nicht an einen exklusiven Weg der Erlösung« (S. 81). »Ein Wesenszug der Botschaft der hebräischen Bibel lautet, dass die Universalität – der Bund mit Noach – nur der Kontext und das Vorspiel für die nicht auf eine einzige Kultur zurückführbare Vielfalt der Kulturen ist [... Ziel dieses Bundes ist,] die Partikularität der Kulturen mit der Universalität dessen, was den Menschen ausmacht, zu versöhnen.« (S. 83f.) »Einheit im Himmel erschafft Verschiedenheit auf der Erde.« (S. 83)

49. Der Sanskritbegriff *yuga* bezieht sich auf Zeitabschnitte, die in einem zyklischen Ablauf stehen: »Generation«, »Zeitalter«, »Sternkonstellation«. Insbesondere bedeutet *yuga* auch »großes zyklisches Zeitalter [mit kosmischen Bezügen]« (Anm. 70). In diesen großen kosmisch-irdischen Zyklen, von denen grundlegend vier unterschieden werden, herrschen unterschiedliche Raum- und Zeitverhältnisse, die sich jeweils mit dem Über-

gang zum nächsten Zyklus verändern, was verbunden ist mit Kataklysmen im Vorfeld des Yuga-Wechsels – so geschehen auch im Vorfeld des Kali-Yugas. *Kali* bedeutet »Spaltung; Zwist; Zwietracht«, abgeleitet vom Verb *kal,* »verfolgen; angreifen«, das verwandt ist mit der indogermanischen Wurzel *kel/kol:* »betören; vorspiegeln; betrügen«; siehe lat. *calvire:* »hintergehen; täuschen; betrügen; verleumden; prahlen«. Ein gleichlautendes Sanskritverb *(kal)* bedeutet »zählen; aufteilen« sowie »einkerben [Markierungen in einem Kerbholz anbringen]«; vgl. Etymologie des deutschen Wortes »Zahl«. Ein etymologischer Bezug von *kal* zu »Zahl« und damit zu »Zeitzählung« ist nicht nachgewiesen, aber naheliegend, was sich auch im Wort »Kalender« zeigt (von lat. *calendae,* »erster Tag des Monats«). Ebenso erstaunlich wie der mögliche Bezug des Wortes »Zahl« nach Osten (Indien) ist der mögliche Bezug nach Westen, nach Mittelamerika: *Tzolkin* bedeutet »Kalender« in der Sprache der Mayas (von *tzol,* »zählen«, und *kin:* »Tag«). *Kal, Zahl, tzol* – warum klingen diese Wörter so ähnlich?
50. Arthur Weigall, *Echnaton – König von Ägypten und seine Zeit* (1924), S. 133
51. Christine El Mahdy: *Tutanchamun – Leben und Sterben des jungen Königs* (2000/2004). Eine ausführliche Zusammenfassung dieses Buches und des Wirkens von Echnaton und Nofretete findet sich im Buch *Licht wirft keinen Schatten,* Kap. 9.
52. Tut-anch-Amun war jung und überraschend verstorben. Dennoch waren seine Grabkammern voll, ja sogar vollgestopft mit Grabbeigaben, sodass sie wie Lagerräume oder wie ein Museumskeller aussahen. Die Ägyptologen schätzen, dass nur etwa 20 Prozent der Gegenstände anlässlich des Todes des Pharaos hergestellt wurden. Der Großteil der Gegenstände, so können wir heute annehmen, stammte aus Achetàton und wurde im Grab des einzigen Echnaton-Sohnes vor der sich anbahnenden Vernichtungswut bewahrt und in die Zukunft gerettet. Eine Auswertung all dieser Gegenstände im Licht der neuen Erkenntnisse über die theistische Aton-Bewegung hat eben erst begonnen. So fand man z. B. in der Schatzkammer des Grabes mehrere versiegelte Schreine mit insgesamt 32 Königs- und Götterfiguren aus vergoldetem Holz. Zwei berühmte Statuetten zeigen eine stehende Pharaofigur auf dem Rücken einer schwarzen Leopardin. Beide Figuren haben weibliche Gesichtszüge und eine deutlich abgezeichnete weibliche Brust, im Gegensatz zu den anderen Pharaofiguren aus derselben Sammlung. Über Jahrzehnte hinweg wurden sie als »Darstellungen des jungen Königs mit weiblichen Zügen« bezeichnet. Heute können wir aufgrund der archäologischen Indizien den Schluss ziehen, dass diese beiden Königsfiguren tatsächlich einen weiblichen Pharao darstellen, nämlich Neferneferu-Aton als Sem-en-cha-Re, Ägyptens Pharaonin nach Echnatons Tod – und Leiterin der Aton-Mysterienschule. In dieser doppelten Funktion brauchte die nunmehr verwitwete Königin besonderen Schutz, der in beiden Skulpturen dargestellt wird durch die schwarze Leopardin, Sinnbild der frühgeschichtlichen Himmelsgöttin Mafdet, die Schlangen und dunkle Mächte abwehrt. Anscheinend waren diese beiden Holzskulpturen während Sem-en-cha-Res Regierungszeit oder kurz nach ihrem Tod angefertigt worden. Derselbe Künstler fertigte später im selben Stil auch Holzskulpturen für Tut-anch-Amun an, die dann alle wohlverpackt in dessen Grab gestellt wurden.

53. Christine El-Mahdy: *Tutanchamun,* S. 270–273
54. Der große Aton-Tempel von Achetàton wurde von einer neu berufenen Priesterschaft betreut, deren Hauptverantwortlicher der Echnaton-Vertraute Meri-Re war. Aber die oberste Priesterfunktion führte das Königspaar selbst aus.
55. Wichtige historische Zusammenhänge, die darauf hinweisen, dass der Begriff »Melchisedek« sich ursprünglich auf Echnaton bezog, wurden vom britischen Forscher Robert Feather entdeckt: *The Secret Initiation of Jesus at Qumran,* 2006 (S. 81–87, 90–92); siehe auch: *The Mystery of the Copper Scroll of Qumran – The Essene Record of the Treasure of Akhenaten,* 2003.
56. Eine Zusammenstellung aller relevanten Stellen findet sich z.B. in: Prof. Peter Schäfer, *Jesus in the Talmud,* Princeton University Press 2007, dt. *Jesus im Talmud,* 2007.
57. Gwil Owen: »The Amarna Courtiers' Tombs« in: *Egyptian Archaeology* (Journal der Egypt Exploration Society; Herbst 2000); ausführlich beschrieben in: Robert Feather, *The Secret Initiation of Jesus at Qumran,* S. 288–296, 302
58. »Und er [der Pharao] gab Josef den Namen Zafenat-Paneach und gab ihm Asenath zur Frau, die Tochter des Potifera, des Priesters von On« (Gen 41,45). On war die Aton-Stadt und wurde deshalb später von den Griechen Heliopolis (»Sonnenstadt«) genannt. On war das alte Eingeweihtenzentrum bei den Gizeh-Pyramiden! Der Autor des Buches Genesis fügte das Detail mit Josefs ägyptischem Namen ohne jeglichen Kommentar ein. Zafenat-Paneach ist ein Name, der sowohl im Hebräischen als auch im Ägyptischen eine Bedeutung hat: hebr. »der, welcher Verborgenes enträtselt«; ägypt. »Gott sprach und wird Leben geben«. Dieser konstruierte Name enthält die Silbe AT, die zusammen mit der Nennung der Priesterstadt ON ein nicht sehr verborgenes Codewort bildet.
59. Mit Anspielung auf die hebräische(!) Etymologie von *mosis/mose* lässt der Genesis-Autor die ägyptische Pharaonentochter ihre Wahl des Namens für den Knaben wie folgt begründen (Ex. 2,10): »Sie nannte ihn Moses, indem sie sprach: ›Ich habe ihn aus dem Wasser gezogen.‹« Dabei hatte dieser aus vielen Pharaonamen bekannte Begriff im Ägyptischen eine ganz andere Bedeutung (von *msj,* »gebären«): »Sohn; Nachkomme; Prinz; (geistiger) Erbe«, z.B. des Thot (= Thutmosis) oder des Ra (=Ramosis). Die Behauptung, die Prinzessin habe sich auf eine hebräische Etymologie berufen, weil sie Rücksicht auf den Knaben nehmen wollte, ist nicht haltbar, denn gemäß der Exodus-Erzählung war der Prinzessin nichts über die Herkunft des Knaben bekannt, und sie hätte ihrem Pflegekind bestimmt keinen Namen in der Sprache der Sklaven gegeben.
60. Ein Standardwerk zu diesem Thema (Entstehung des Monotheismus im Nahen Osten) auf der Grundlage einer vollständigen Auflistung aller archäologischen Funde stammt von Prof. Othmar Keel: *Die Geschichte Jerusalems und die Entstehung des Monotheismus* (2007; 2 Bände, zusammen 1384 Seiten). Die Interpretation aller Funde und Fakten führt zur naheliegenden Schlussfolgerung, dass der Monotheismus im kulturellen Umfeld der Stadtkulturen des Nahen Ostens entstanden ist.

Eine Zusammenfassung der wichtigsten Funde aus der Frühgeschichte der El- und Jahwe-Kultur findet sich z.B. in: Hans-Christian Huf, *Das Bibel-*

rätsel – Geheimnisse der Heiligen Schrift (2005; das Buch zur gleichnamigen TV-Serie im ZDF), S. 33–36: »[Zu den Funden in der ausgegrabenen Stadt Ugarit im heutigen Syrien gehören] vor allem der grimmige, Blitze schleudernde Baal und die Fruchtbarkeitsgöttin Aschera. Aber noch eine andere Gottheit taucht im Pantheon Ugarits auf: El, der langbärtige Göttervater, der Zeus des Nahen Ostens. ›El‹ beziehungsweise die Pluralform ›Elohim‹ waren Namen, die auch in der Heiligen Schrift für Gott gebraucht werden. Vor allem in den Psalmen stößt man an vielen Stellen auf den Namen des ugaritischen Himmelsoberhaupts. [...] Nach allem, was man heute weiß, ist der Text der Bibel das Ergebnis einer Jahrhunderte währenden Redaktionsarbeit. Dabei wurden ältere Texte immer wieder umgestaltet – vor allem unter dem Gesichtspunkt des Monotheismus. Denn diese Form des Gottesdienstes war keineswegs der Urzustand der Religion Israels, so wie es die Bücher Mose suggerieren. [...] Einen anderen Beleg für die Verschmelzung verschiedener Figuren des vorchristlichen Pantheons fanden Forscher 1975. Im südlichen Negev kamen bei einer Grabung zahlreiche Fragmente von Tongefäßen zum Vorschein, auf denen Schriftzeichen aus dem 9. Jahrhundert v. Chr. zu erkennen waren [...]: ›Gesegnet seist du durch Jahwe und durch seine Aschera‹, hieß es da in einer Grußformel. Ein zweiter Text verwendet einen ähnlichen Segensspruch: ›Ich will euch segnen durch Jahwe, unseren Beschützer, und durch seine Aschera.‹«

Es ist also nachgewiesen, dass bereits im 9. Jh. v. Chr. eine schriftliche Form der hebräischen Sprache existierte, aber die Hebräer verehrten verschiedene Götter, u. a. El/Jahwe und Aschera. Die Verehrung Ascheras wurde später im Alten Testament explizit verurteilt. Eine detaillierte Darstellung all dieser kontroversen archäologischen Funde gibt die Filmdokumentation *The Bible's Buried Secrets* (»Die vergrabenen Geheimnisse der Bibel«), die am 18. November 2008 in den USA landesweit ausgestrahlt wurde und auch im Internet zu sehen ist (www.pbs.org/wgbh/nova/bible). Namhafte Archäologen und Bibelexperten präsentieren die verschiedenen Mosaiksteine ihrer Forschung: Die Städte im Land Kanaan, von denen es in der Bibel heißt, sie seien von den einwandernden Israeliten in Form eines Blitzkrieges erobert und zerstört wurden, erlitten ihr Schicksal über einen weiten Zeitraum hinweg in verschiedenen Epochen. Eine wichtige Entdeckung war, dass die Städte Hazor und Ai nicht von fremden Angreifern zerstört und niedergebrannt wurden, sondern von Aufständischen des eigenen Stadtgebietes. Verbunden mit den anderen, bereits genannten archäologischen Funden und Analysen des biblischen Textes drängt sich der Schluss auf, dass das Volk Israel aus Bewohnern des Landes Kanaan hervorgegangen ist, die sich gegen die Städteherrschaft auflehnten und ins Hügelland von Jerusalem zogen, wo später auch semitische Auswanderer und Flüchtlinge aus Ägypten hinzukamen, woraus die Exodus-Geschichte entstand. »Die Israeliten wohnten immer im Land Israel«, sagt in der Dokumentation Prof. Peter Machinist von der Universität Harvard. »Sie waren Einheimische, aber sie stellten eigene Gruppen dar. Sie waren im großen und ganzen die Mittellosen.« Das Alte Testament sagt jedoch, die Israeliten seien von außen nach Kanaan eingedrungen; ihr Urvater sei aus Mesopotamien ausgewandert. Anscheinend wollte sich das neue Volk, das sich Israel nannte, eine eigene Identität geben. »Die Israeliten mochten das System, das in Kanaan herrschte, nicht, und sie definierten sich selbst im Kontrast zu diesem System«, sagt Avraham Faust von der israelischen Bar-Ilan-Universität. »Sie entwickelten eine Ideologie der Einfachheit, die den Unterschied zwischen ihnen und dem ägyptisch-kanaanitischen System ausmachte.«

Da sich sowohl das Judentum als auch das Christentum und der Islam auf die geschichtlichen Darstellungen des Alten Testaments berufen, haben diese Erkenntnisse eine weitreichende Bedeutung. Die fundamentalistische Ansicht, die Beschreibungen von Abraham über Moses bis zu David und Esra seien im historischen Sinn vollständig wörtlich zu nehmen, ist widerlegt. Aber diese heiligen Schriften waren nie als Geschichtsschreibung im modernen Sinn konzipiert. Die hier dargelegten Erkenntnisse sind ein Aufruf zur Rückbesinnung auf den theistischen Kern dieser Schriften.

61. »Rather, the problem is to get them [the people] to reject irrational and supernatural explanations of the world, the demons that exist only in their imaginations, and to accept a social and intellectual apparatus, Science, as the only begetter of truth. [...] and to accept the scientific method as the unique pathway to a correct understanding of the natural world.«

62. »There can be no observations without an immense apparatus of preexisting theory. Before sense experiences become ›observations‹ we need a theoretical question, and what counts as a relevant observation depends upon a theoretical frame into which it is to be placed.«

63. »We exist as material beings in a material world, all of whose phenomena are the consequences of physical relations among material entities.«

64. »Our willingness to accept scientific claims that are against common sense is the key to an understanding of the real struggle between science and the supernatural. We take the side of science *in spite* of the patent absurdity of some of its constructs, *in spite* of its failure to fulfill many of its extravagant promises of health and life, *in spite* of the tolerance of the scientific community for unsubstantiated just-so stories, because we have a prior commitment, a commitment to materialism. It is not that the methods and institutions of science somehow compel us to accept a material explanation of the phenomenal world, but, on the contrary, that we are forced by our *a priori* adherence to material causes to create an apparatus of investigation and a set of concepts that produce material explanations, no matter how counter-intuitive, no matter how mystifying to the uninitiated. Moreover, that materialism is absolute, for we cannot allow a Divine Foot in the door.«

65. »Obwohl immer wieder gesagt wird, dass Schimpansen und Menschen zu 98 bis 99 % die gleiche DNS-Struktur haben, liegen mehrere Studien vor, die auf eine kleinere Prozentzahl hinweisen. Das Wissenschaftsmagazin *Proceedings of the National Academy of Sciences* (PNAS) veröffentlichte im Jahr 2002 den Bericht über eine Studie, in der rund 1 Million Basenpaare analysiert wurden, was im Ergebnis eine Ähnlichkeit von annähernd 95 % ergab. Das menschliche Genom besteht aus rund 3 Milliarden Basenpaaren, was bedeutet, dass in diesem Vergleich weniger als 1 % untersucht wurde, und er bezog sich auf Gensequenzen, die bereits als übereinstimmend (›homolog‹) betrachtet wurden. Eine Studie aus dem Jahr 2003,

ebenfalls veröffentlicht in PNAS, verglich 1,9 Millionen Basenpaare in immunologisch kritischen Bereichen des Schimpansen- und Menschengenoms. Diese Studie berücksichtigte auch Insertionen und Deletionen und kam zu einer geringeren Ähnlichkeit von 86,7 %. Als 2005 das Schimpansen-Genom kartographiert wurde, sprachen die Wissenschaftler von 96 % Ähnlichkeit. Eine weitere Studie, die 2006 durchgeführt wurde, wies auf eine Ähnlichkeit von 94 % hin. Offensichtlich sind diese Ergebnisse beträchtlich niedriger als die weithin verkündeten 98 bis 99 %. Diese Studien zeigen, dass die Angaben über die genetische Ähnlichkeit zu einem hohen Maß von den untersuchten Genombereichen, von der Anzahl der DNS-Basenpaare, die verglichen werden, und von den verwendeten Techniken abhängig sind.« (aus: creation.com/decoding-the-dogma-of-dna-similarity; Übersetzung von A. R.)

66. *Proceedings of The National Academy of Sciences. Mai 2006;* pnas.org/content/103/26/9929 (»Pegasoferae, an unexpected mammalian clade revealed by tracking ancient retroposon insertions«); reportiert z. B. auf newscientist.com/article/dn9402-bats-and-horses-get-strangely-chummy.html

67. Jonathan Marks: *What It Means to Be 98 % Chimpanzee: Apes, People, and Their Genes,* University of California Press, 2003

68. Diese Formulierungen stammen aus Buchtiteln wie *The Naked Ape: A Zoologist's Study of the Human Animal,* 1967 (von Desmond Morris; dt. *Der nackte Affe,* 1968), *The Crazy Ape,* 1970 (vom Nobelpreisträger Albert Szent-Györgi; dt. *Der fehlentwickelte Affe oder Die Unfähigkeit des Menschen, mit seinen Problemen fertig zu werden,* 1971) und *Der Mensch – Irrläufer der Evolution,* 1978 (von Arthur Koestler; Titel der vom Autor autorisierten deutschen Übersetzung seines Buches *Janus – A Summing Up*) sowie *The Fifth Ape,* Titel der im Jahr 2008 auf Channel-4 ausgestrahlten Dokumentation von Richard Dawkins in der Serie »The Genius of Darwin«. In den ersten Sätzen dieser Dokumentation verkündet Dawkins: »Humans don't have dominion over animals. We *are* animals. We're the Fifth Ape.«

69. Die beiden biblischen Schöpfungsberichte stammen aus unterschiedlichen kulturellen Linien, weshalb sie die Entstehung des Lebens auf der Erde und des Menschen unterschiedlich beschreiben. So heißt es z. B. in Gen 2,5–7, dass zum Zeitpunkt, als Jahwe Adam aus Lehm formte, auf Erden noch keine Sträucher und kein Gras existierten, denn »Jahwe hatte es noch nicht regnen lassen«. »Nur aus der Erde stieg Wasser auf und tränkte den Boden. Da nahm Gott Erde und formte daraus den Menschen.« Gemäß Gen 1,9–13 erfolgten die Trennung von Land und Wasser und die Erschaffung der Pflanzen jedoch am selben Tag (»am dritten Tag«), während der Mensch erst am sechsten Tag erschaffen wurde. Die kreationistische Erklärung (auf wort-und-wissen.de und genesisnet.info) lautet: »Dieser Widerspruch löst sich auf, wenn 2,5 nur auf den Garten Eden bezogen wird, was vom Textzusammenhang her möglich ist. Nach einer anderen Deutung wird in Gen 2,5ff. von der Erde nach der Scheidung von Wasser und Land gesprochen, als die Erdoberfläche aufgrund der Trennung von Wasser und Land trocken war und ohne regelmäßige Bewässerung ausgetrocknet bzw. trocken geblieben wäre.« Der hebräische Urtext von 2,5 besagt jedoch: »als noch kein Strauch im Feld auf Erden war und noch

kein Gras gesprossen war«, was sich offensichtlich nicht nur auf den Garten Eden bezieht. Und wenn der dritte Tag nur 24 Stunden gedauert hat, wäre der Erdboden, der vormals gänzlich unter Wasser gestanden hatte, bestimmt nicht innerhalb von wenigen Stunden ausgetrocknet, denn gemäß Gen 1,11 wurde noch am selben dritten Tag auf der gesamten Erde die Vegetation erschaffen (»Die Erde soll grün werden«) – und die Sonne entstand gemäß Gen 1,14–18 erst am Tag danach, am vierten Tag!

70. In der alten Sanskritschrift *Brahmāṇḍa Purāṇa* wird gesagt – gestützt auf das Wissen um das zyklische Wesen des Universums, der Galaxien und des Sonnensystems –, dass die Sonne heute die Hälfte ihrer Lebensdauer hinter sich hat und dass sie in rund zwei Milliarden Jahren 100mal größer werden wird, bevor sie in die »Nacht Brahmās« eingeht. Dies entspricht sogar bis auf das Detail »100mal« der Berechnung der heutigen Kosmologie, die besagt, dass die Sonne am Ende ihrer Existenz zuerst zu einem Roten Riesen werden wird, bevor sie erlischt (ausführlich dargelegt mit den Originalzitaten in: *Gott und die Götter – Das Mysterienwissen der vedischen Hochkultur,* Kap. 4: »Multidimensionale Zeit und Ewigkeit«, Unterkapitel: »Ist das Universum gleich alt wie seine Sterne?«). Zu den Grundlagen des vedischen Mysterienwissens gehörte auch die Erkenntnis, dass der Kosmos multidimensional ist – was von den Physikern erst seit dem 20. Jahrhundert in Betracht gezogen wird. In ihrem Buch *Endless Universe – Beyond the Big Bang* (2007) schreiben Paul J. Steinhardt von der Universität Princeton und Neil Turok von der Universität Cambridge: »Die alte Hindu-Kosmologie enthält eine bemerkenswert detaillierte und quantifizierte Sicht einer zyklischen Evolution. Sie beschreibt gesamthaft Zyklen innerhalb von Zyklen innerhalb von Zyklen, wobei die Zyklen auf jeder Ebene eine unterschiedliche Dauer haben. Diese Ebenen entsprechen verschiedenen Zeitabschnitten in der Lebensspanne des Brahma, des Schöpfergottes. So entspricht eine Art von Zyklus einem Tag und einer Nacht in Brahmas Leben, eine andere einem Jahr, wieder eine andere einhundert Jahren, usw. Wenn wir diese Zyklen auf Erdenjahre umrechnen, sind einige von ihnen überraschend ähnlich wie jene Zeitangaben, die in der zeitgenössischen Astronomie von Interesse sind. Ein Tag und eine Nacht im Leben Brahmas dauern ein *kalpa,* eine Zeitperiode von 8,64 Milliarden Jahren, was ungefähr der Dauer entspricht, die von der modernen Kosmologie für die von Materie dominierte Epoche angesetzt wird, in der sich die Galaxien formten.« (S. 169f.; Übers. von A. R.) Für weitere Beiträge zur geistigen Herkunft der Menschheit aus vedischer Sicht siehe: Cremo; Singh (Literaturverzeichnis).

71. Seit Jahrtausenden wird berichtet, wie einzelne Menschen und mythische Gestalten in einem transformierten Körper höherdimensionale Welten durchreist haben oder sogar die irdische Grenze zwischen Leben und Tod überwanden. Die ältesten Beispiele, die wir diesbezüglich kennen, sind mit den Namen Krishna, Enoch, Osiris, Mithras und Dionysos verbunden. Ein Beispiel für die physische Manifestation eines Lichtwesens in der heutigen Zeit ist Babaji aus Haidakhan/Herakhan, der 1970 im Himalaya erschien und bis 1984 in seinem selbstmanifestierten Körper lebte.

Die dimensionsüberschreitende Realität unseres menschlichen Lebens, die einer zielgerichteten, zyklischen Entwicklung entspringt, erinnert uns an unsere göttliche Herkunft und Bestimmung. In den Zeiten der größten physischen Verdichtung und Trennung wird die immer präsente Verbindung mit Gott durch Interventionen aus den höheren und höchsten Lichtwelten offenbart. Von zentraler Bedeutung ist hierbei das Mysterium der Auferstehung Jesu und der »Himmelfahrt« (physischer Aufstieg im Lichtkörper) vierzig Tage nach dem Osterereignis. Ein vergleichbares Mysterium im Islam ist Mohammeds »Himmelbesuch« (Isra und Mi'raj) auf dem Engelpferd namens Buraq, das ihn in einer Nacht von Mekka nach Jerusalem und von Jerusalem hinauf durch die Sphären des Himmels trug, bis hin vor das Antlitz des Schöpfers. Was immer Außenstehende von diesen Berichten halten mögen, für Milliarden von Gläubigen der letzten 2000 bzw. 1500 Jahre waren und sind sie eine geschichtsbestimmende Realität.

72. Jan Udo Holey: *Die Kinder des neuen Jahrtausends – Mediale Kinder verändern die Welt* (2001); Paul Dong, Thomas E. Raffill: *Chinas Trainingsmethoden für medial begabte Kinder* (2001); Antje Gertrud Hofmann: *Hochsensible Kinder: Die liebevollen Boten des Universums* (2001); Meg Blackburn Losey: *The Children of Now – Kristallkinder, Indigokinder, Sternenkinder und das Phänomen der Übergangskinder* (2008); Hugh Newman: *The Psychic Children – Dolphins, DNA and the Planetary Grid* (2008)

73. Reinhard Junker, Siegfried Scherer: *Evolution – Ein kritisches Lehrbuch* (2006), S. 229

74. Wegweisende Arbeiten in der Sichtbarmachung von Klangmustern stammen von Ernst Chladni (1756–1827; Stichwort »Chladnische Klangfiguren«) und von Hans Jenny (1904–1972; Stichwort »Kymatik«) und in der heutigen Zeit von Alexander Lauterwasser, der die gleichen Experimente technisch verfeinerte und sie nicht mehr mit Sand, sondern mit Wasser durchführt (foto-lauterwasser.de). Sein Buch *Wasser-Klang-Bilder – Die schöpferische Musik des Weltalls* (2002) enthält auch eine gute Darstellung der Arbeiten von Ernst Chladni und Hans Jenny. Dass Wasser als sensibler Informationsträger nicht nur auf physikalische Einwirkungen wie Klang reagiert, sondern auch auf geistige Informationsfelder, zeigen auf eindrückliche Weise die Wasserkristallbilder des Japaners Masaru Emoto. Wenn z. B. auf einen Wasserbehälter das Wort »Liebe« und auf einen anderen ein negativ behafteter Begriff oder Name geschrieben wird, nimmt das Wasser dies wahr und bildet entsprechend harmonische bzw. unharmonische Kristallformen. Wenn auf unterschiedliche Behälter das gleiche Wort in verschiedenen Sprachen geschrieben wird, erkennt das Wasser, dass es sich hier um das gleiche Wort handelt, und bildet ähnliche Kristallmuster.

75. In der Frage, ob in Pflanzen und Tieren Seelenanteile der »Gruppenseelen« (Gruppen-Devas) oder eigenständige individuelle Seelen leben, gehen die Meinungen auseinander. Gewisse hinduistische Schulen gehen von letzterem aus und glauben deshalb, dass Tiere und Pflanzen ebenfalls »Karma« haben, das heißt, dass Menschen als Tiere oder Pflanzen wiedergeboren werden können. Aus der Sicht der Involution sind nur die Menschen – im Gegensatz zu den Tieren und Pflanzen – karmische Wesen. Aber dies ist kein Dogma, sondern nach wie vor ein Thema geistiger Forschung.

76. Die meisten monotheistischen Religionsvertreter lehnen die vegetarische Ernährungsweise ab und halten es für normal, dass Tiere zu Massen ge-

züchtet, gequält und getötet werden (in Tierfabriken, in Schlachthöfen, in der Vivisektion usw.). Andererseits sagen sie, es sei eine Folge des Sündenfalls, dass Raubtiere andere Tiere fressen. Hier projizieren Menschen ihre natürliche Abscheu vor dem Töten von Tieren auf die Tierwelt. Es wäre jedoch naheliegender und segensreicher, wenn die Menschen diese Empfindung auf das eigene Leben anwenden würden. Wenn Menschen Tiere töten, schaden sie dadurch nicht nur den Tieren, sondern auch *sich selbst!* Denn die Menschen sind verantwortlich für ihr Handeln und produzieren gemäß dem Karma-Gesetz entsprechende Reaktionen. »Solange es Schlachthöfe gibt, gibt es Schlachtfelder«, sagte Leo Tolstoi, der Autor von *Krieg und Frieden*. Diese Aussage bezieht sich natürlich nicht auf die Naturvölker, die zwar Tiere jagen, aber der gesamten Natur mit größtem Respekt begegnen und nur Fleisch essen, um zu überleben.

77. Zahlreiche Autoren haben bereits über die Unhaltbarkeit der Interpretation von Affenknochen als Überreste von angeblichen Menschenvorfahren geschrieben, z. B. Hans-Joachim Zillmer: *Die Evolutions-Lüge – Die Neandertaler und andere Fälschungen der Menschheitsgeschichte: Unterdrückte Fakten, Verbotene Beweise, Erfundene Dogmen* (2005). Aufschlussreich in diesem Zusammenhang sind auch evolutionskritische Anthropologiebücher von kreationistischen Autoren, z. B. das unter Anm. 73 zitierte Buch von Junker/Scherer, und *Verbotene Archäologie* von Cremo/Thompson.

78. Überliefert von Diogenes Laertius (2./3. Jh. n. Chr.): *Leben und Meinungen berühmter Philosophen* (VI. Buch). Eine ähnliche Kritik wurde auch im sogenannten *Universalienstreit* der Scholastik (10. – 14. Jahrhundert) vom Frühscholastiker Pierre Abélard (lat. Petrus Abaelardus; 1079 – 1142) angeführt. In der Zeit der Patristik (ca. 2. – 8. Jahrhundert) hatten die Kirchenväter den christlichen bzw. kirchlichen Glauben in einer systematischen Dogmatik ausformuliert. In der Scholastik wurde der Versuch unternommen, diese Glaubenslehren philosophisch zu begründen und zu zeigen, dass logisches Denken zu den besagten Glaubenslehren führt. Eine zentrale Frage dabei war das Wesen der allgemeinen, allumfassenden Begriffe (»Universalien«). Diejenigen, die die Universalien für die eigentliche Realität und die materiellen Formen für vergängliche Abbilder hielten, wurden damals »Realisten« genannt (aus heutiger Sicht waren sie »Idealisten«). Diejenigen, die sagten, die Universalien seien vom Menschen intellektuell und induktiv gebildete »Begriffe« (lat. *nomina*) ohne eigenständige Realität, wurden »Nominalisten« genannt. Erstere lehrten: *universalia ante res,* »die Universalien kommen *vor* den Einzelgegenständen«. Letztere lehrten: *universalia post res,* »die Universalien kommen *nach* den Einzelgegenständen«. In seiner Kritik an den Realisten argumentierte Abélard nun, das Wirkliche seien die Menschen, nicht die Menschheit, die Pferde und nicht die Pferdheit; Pflanzen seien grün, weil die Natur sie dergestalt hervorbringe, und nicht weil es eine abstrakte Grünheit gebe. Sein Lösungsvorschlag lautete als Synthese der realistischen und nominalistischen Position: *universalia in rebus,* »die Universalien sind *in* den Einzelgegenständen«; das Göttliche sei immanent im Materiellen gegenwärtig, und der Mensch könne mit seinem Intellekt Abstrahierungen vornehmen, die jedoch nur im Geist des Menschen als Begriffsbilder (lat. *conceptus*) existierten. Dementsprechend wurde diese Position später »Konzeptualismus« genannt.

Das Problem all dieser theologischen Standpunkte war, dass das Absolute und die höherdimensionalen Welten als »Universalien«, d. h. als abstrakte »Konzepte« aufgefasst wurden. Vom Realismus war es nicht mehr weit bis zum Monismus, vom Konzeptualismus und Nominalismus nicht mehr weit bis zum Deismus bzw. Materialismus, wie die philosophische Entwicklung der nachfolgenden Jahrhunderte dann auch zeigte.

79. Spinoza war der Sohn von jüdischen Einwanderern aus Portugal, die wegen der dortigen Judenverfolgung ins liberale Holland geflohen waren. Als Spinoza seinen Pantheismus formulierte und es wagte, kritische Gedanken über das Alte Testament zu äußern, wurde er 1656 von den Rabbinern der jüdischen Gemeinde seiner Heimat ausgestoßen, indem sie über ihn den talmudischen »Großen Fluch« aussprachen: »Nach dem Urteil der Engel und der Aussage der Heiligen verbannen, verfluchen, verwünschen und verdammen wir Baruch d'Espinosa [...]. Er sei verflucht bei Tag und verflucht bei Nacht, verflucht sei sein Zubettgehen und verflucht sein Aufstehen, verflucht sein Gehen und verflucht sein Kommen [...]. Hütet euch: dass niemand mündlich oder schriftlich mit ihm verkehre, niemand ihm die geringste Gunst erweise, niemand unter einem Dach mit ihm wohnt, niemand sich ihm auf vier Ellen nähere, niemand eine von ihm gemachte oder geschriebene Schrift lese« (zitiert nach: *Philosophenlexikon*, J. B. Metzler Verlag 1989). Fairerweise muss hier gesagt werden, dass Spinoza von monotheistisch-christlichen Machthabern im Mittelalter ähnlich oder sogar noch schlimmer behandelt worden wäre.

80. Die erste falsche Identifikation – die Identifikation mit den »eigenen« Energien – und die dadurch verursachte Ego-Bildung werden in christlich-mystischen Kreisen durch den Luzifer-Archetypus veranschaulicht. Luzifer war eines der ersten, höchsten und schönsten Lichtwesen innerhalb des materiellen Universums, aber machte – als erster – den Fehler, dass er sich mit seiner Macht und Schönheit identifizierte und sich darauf »etwas« einbildete. Dieses »Etwas« wurde zum trennenden Faktor innerhalb der göttlichen Harmonie und Einheit, wodurch Luzifer den ersten Schatten erzeugte. Luzifer sah seine neue Kreation – »Schatten« – und meinte in seiner Illusion: »Ich kann etwas, was Gott nicht kann, nämlich Schatten erzeugen! Weil Gott keinen Schatten erzeugen kann, aber *ich* das kann, bin ich *besser* als dieser Gott. Deshalb will ich nun eine bessere Welt schaffen, eine Welt, die besser ist als die von Gott geschaffene Welt. Denn Gott verbirgt etwas vor uns – den Schatten!« So wurde Luzifer zum Erzeuger der Schattenwelten und ist in diesen Welten ein falscher, gefallener Gott, genannt Satan, »der Vater aller Illusion/aller Lüge« (Joh 8,44), der gemäß *seinen* Vorstellungen eine »bessere Welt«, eine »neue« Welt(ordnung), hervorbringen will.

81. Ausführlich beschrieben in: Armin Risi, *Unsichtbare Welten*, Kap. 1 (»Wer stirbt, ist nicht tot!«; »Nahtoderfahrungen: die Ent-hüllung des feinstofflichen Körpers«), mit zahlreichen Quellenangaben.

82. Sheila Ostrander, Lynn Schroeder: *PSI – Die Geheimformel des Ostblocks für die wissenschaftliche Erforschung und praktische Nutzung übersinnlicher Kräfte* (1970; dt. 1971); Henri Gris, William Dick: *PSI als Staatsgeheimnis – Der Vorsprung der Russen in der psychologischen, medizinischen und strategischen Nutzung bisher ungeklärter Paraphänomene* (1978; dt. 1979);

Ernst Meckelburg: *PSI-Agenten – Die Manipulation unseres Bewusstseins* (1994), mit Kapiteln wie »ASW-Spionage – Ausforschung auf Distanz« und »Sabotage aus dem ›Nichts‹ – Psychokinese als Waffe«. ASW ist die Abkürzung für »Außersinnliche Wahrnehmung«.

83. In dieser spirituellen Bedeutung erscheint der Begriff *akh* auch im Eingeweihtennamen des Pharaos Amenhotep IV., Akh-en-Aton, eingedeutscht »Echnaton«, im Englischen »Akhenaten«: wörtl. »Licht/Leben/Seele in Aton, dem Absoluten«, d.h. »Diener Gottes« oder, in philosophischer Umformulierung, »Teil des Ganzen«.

84. »Ethereal Melchizedek – and Kabbalah«, in: Robert Feather, *The Secret Initiation of Jesus at Qumran*, S. 87–89

85. Erwin Lutzer: *Ein Blick hinter die Kulissen: Wer regiert – Satan oder Gott?* Christliche Verlagsgesellschaft, Dillenburg 1998, S. 67

86. Johannes Calvin (1509–1564): kirchlicher Reformator und Diktator in Genf; verkündete seine in der Prädestinationslehre gründende Doktrin in seinem Buch *Institutio Religionis Christianae* (1536; »Unterweisung in der christlichen Religion«). Gegner seiner Lehre und seiner theokratischen Herrschaft vernichtete er unbarmherzig. Allein von 1542 bis 1546 wurden unter Calvin 58 Personen hingerichtet und 76 verbannt, darunter namhafte Bürger von Genf.

87. Apokryphes Jesus-Wort, überliefert von Augustinus in seinem Buch *De Civitate Dei.*

88. Kritiker der indischen Religion behaupten des öfteren, die *Bhagavad-Gītā* befürworte Krieg und Gewalt. Diese Meinung beruht jedoch auf einem grundlegenden Mangel an Wissen über die *Bhagavad-Gītā*. In der *Bhagavad-Gītā* geht es nicht um die Frage: »Krieg ja oder nein?«, sondern nur um die Frage, ob der Held Arjuna an der soeben beginnenden Schlacht teilnehmen soll oder nicht. Die Schlacht hätte mit oder ohne Arjuna stattgefunden. Arjuna meinte jedoch, wenn er nicht teilnähme, könnte er sich – durch dieses »eigene Werk« – von Karma befreien. So kam es, dass Kṛṣṇa ihm mitten auf dem »Schlachtfeld des Lebens« erklärte, dass das Erfüllen der weltlichen Pflicht (in Arjunas Fall: Teilnahme an der Schlacht zum Schutz der Gerechten) nicht im Widerspruch zum Gebot der Karma-Überwindung steht, denn das entscheidende ist *das eigene Gottesbewusstsein,* verbunden mit Gottes Gnade (sanskr. *kṛpa, prasāda*). Genau dasselbe meinte auch Jesus, als er sagte, gottesbewusste Menschen seien »in der Welt«, aber nicht »von der Welt« (Joh 17,11/16).

89. Siehe: *Licht wirft keinen Schatten*, Kap. 8, »Die innere Einweihung: ›Zwei oder drei in meinem Namen ...‹«, Unterkapitel »Ermächtigung in der Wendezeit«, »Warum ›zwei oder drei‹?« und »›Lichtkreise‹ im dunklen Zeitalter«.

90. Was hier als »innere Einweihung« bezeichnet wird, bezieht sich auf persönliche mystische Erfahrungen, spirituelle »Aha-Erlebnisse« und Offenbarungen und auf entsprechende Ereignisse im eigenen Leben, wie Wunderheilungen, glückliche »Zufälle«, Lernerfahrungen usw. Der Begriff »innere Einweihung« hat nichts mit rituellen und institutionellen Einweihungen zu tun. (Weitere Ausführungen hierzu, insbesondere zur Problematik von Einweihungen mit Schwüren, finden sich ebenfalls in Kapitel 8 von *Licht wirft keinen Schatten*).

91. Humanisten und Sozialisten werden einwenden, die hier vorgebrachte Darstellung ihrer Philosophien sei inkompetent und stelle eine »Verschwörungstheorie« dar. Damit verstoßen sie jedoch gegen ihr eigenes Gebot der »moralischen Verpflichtung, intelligent zu sein«, denn Intelligenz bedeutet zu verstehen, dass zu jeder Theorie auch die Praxis gehört. Also besagt das Schlagwort »Verschwörungstheorie« indirekt, dass es auch eine Verschwörungs*praxis* geben muss (siehe Anm. 43). Während diejenigen, die »Verschwörungstheorie« rufen, noch nicht einmal die Theorie verstanden haben, beziehen sich die hier angedeuteten Hintergründe auf die schon seit langer Zeit laufende Praxis – denn an den historischen »Früchten« kann man unschwer erkennen, was die eigentlichen Ziele dieser vordergründig schönklingenden Philosophien waren und sind. Siehe auch z. B. Torsten Mann: *Weltoktober – Wer plant die sozialistische Weltregierung?* (2007).
92. »Und die englische Übersetzung wollte Marx Darwin widmen, der dieses Anerbieten allerdings mit einem höflich-reservierten Brief vom 13. Oktober 1880 ablehnte. Die Umwandlung dieser Nicht-Beziehung hatte Marx mit einiger Hartnäckigkeit verfolgt. Die beiden Männer lebten nur 20 Meilen voneinander entfernt. Sie haben sich nie gesehen. Marx las ›Die Entstehung der Arten‹ ein Jahr nach Erscheinen im Dezember 1860 und besuchte mit Liebknecht gemeinsam im Herbst 1862 eine 6teilige Vortragsfolge von Thomas Huxley über Darwin. Im Herbst 1873 schickte er dem neun Jahre älteren weltberühmen Mann ein Exemplar der zweiten Auflage des ›Kapital‹; der Begleitbrief ist nicht erhalten, aber die Widmung, in der der 55jährige Karl Marx sich als ›sincere admirer‹ bezeichnet. [...] Sieben Jahre vergingen ohne [weiteren] Kontakt. Darwin hatte offensichtlich nichts im Sinne mit Marxismus oder auch nur Sozialismus – Bemühungen der deutschen Sozial-Darwinisten, eine Verbindung zwischen Sozialismus und seiner Entwicklungslehre herzustellen, nannte er ›foolish‹.« (aus: Fritz J. Raddatz: *Karl Marx – Eine politische Biographie,* 1976, S. 354f.)
93. Die natürliche Ordnung des gesellschaftlichen Körpers ist heute hauptsächlich bekannt durch die verkommene Form des indischen Kastensystems. Das Vier-Sektoren-System wurde zum »Kastensystem«, als die Mitglieder der geistigen und politischen Schichten – die Brahmanen und die Kṣatriyas – die Meinung durchsetzten, die Zugehörigkeit eines Menschen zu einer bestimmten Gesellschaftsschicht werde durch die Geburt bestimmt: Um Priester, Lehrer oder Adliger zu sein, müsse man in den entsprechenden Familien geboren werden. Durch die Einführung des Geburtsrechts wurde das organische Vier-Sektoren-System zum hierarchischen Kastensystem, in dem die unterste Kaste – das arbeitende Volk – unterdrückt und ausgebeutet werden konnte, ohne dass die oberen Kasten das Volk zu fürchten brauchten, weil alle Macht in ihren Familien blieb. So sehr die Kritik am indischen Kastensystem berechtigt ist, so sollte dabei nicht vergessen werden, dass auch im Westen ein ähnliches System herrschte und herrscht. Das Geburtsrecht führte im Westen zum Feudalismus und zum Adelssystem mit den entsprechenden Blutlinien, aus denen der »Geldadel« hervorging. Die Schwarzbücher des Kapitalismus und Kommunismus zeigen, dass diese Systeme in den letzten 100 Jahren den gewaltsamen Tod von je rund 100 Millionen Menschen verschuldet haben. Demgegenüber konnte das Kastensystem trotz seiner Degeneration über

mehr als *zweitausend* Jahre hinweg eine reiche Zivilisation aufrechterhalten, weil seine Grundlage – das Vier-Sektoren-System – der natürlichen Ordnung entsprach. Die Kritik am Kastensystem sollte also nicht auf Indien beschränkt bleiben und sollte vor allem auch fragen, was die natürliche, organische Form des menschlichen Zusammenlebens ist.

94. Die Geschichte der europäischen Synarchie-Bewegung mit ihren wichtigsten Vertretern habe ich in der Neuausgabe des Buches *Machtwechsel auf der Erde* (2006) zusammengefasst, Kap. 6: »Templer, Freimaurer und die ›Prieuré de Sion‹«.

95. Die historische, textkritische und philologische Forschung führt zum Ergebnis, dass die Texte des Alten Testaments aus verschiedenen kulturellen Strömungen zusammengeflossen sind und von den Endredaktoren so bearbeitet und ergänzt wurden, dass sie ein (mono)theistisches Gottesbild hervorheben. Denn auch die damaligen polytheistischen Strömungen enthielten einen theistischen Kern, und um diesen ging es den Endredaktoren. Eine zunehmende Zahl von Autoren und religiösen Institutionen setzt sich heute für ein differenziertes Verständnis des Alten Testaments ein. Ein Beispiel hierfür ist die neue Thora-Übersetzung, die im Jahr 2001 von der internationalen »Rabbinical Assembly« und von der »United Synagogue of Conservative Judaism« herausgegeben wurde: *Etz Hayim – Torah and Commentary.* (*Etz Hayim* ist der hebräische Ausdruck für »Baum des Lebens«.) Dieses großformatige und monumentale Werk (1560 Seiten) ist die neue Standardausgabe der Thora für Millionen von Juden, sowohl für den privaten Gebrauch als auch für die öffentlichen Lesungen in der Synagoge. Das Außergewöhnliche an dieser Ausgabe ist, dass sie neben dem Thora-Text 41 Abhandlungen enthält, die von angesehenen Vertreterinnen und Vertretern des Judentums verfasst wurden und den neuesten Stand der Forschung und der biblischen Archäologie zusammenfassen. Die sachliche und selbstkritische Haltung dieser Autorinnen und Autoren offenbart einen erfrischenden, aber provokativen Antidogmatismus. So hieß es in einem Artikel der *New York Times* vom 9. März 2002:

> Abraham, den jüdischen Patriarchen, hat es wahrscheinlich nie gegeben, ebensowenig Moses. Die gesamte Exodus-Geschichte, wie sie in der Bibel erzählt wird, hat wahrscheinlich nie stattgefunden. Dasselbe kann über das Einstürzen der Mauern von Jericho gesagt werden. Und David war alles andere als ein König, der Jerusalem in eine mächtige Hauptstadt ausbaute. Viel eher war er ein provinzieller Stammesführer, dessen Ruhm später aufgebauscht wurde, um einer neu entstehenden Nation einen gemeinsamen Bezugspunkt zu geben./ Solch verblüffende Ansichten – das Ergebnis von Funden, die Archäologen in Israel und den angrenzenden Gebieten während der letzten fünfundzwanzig Jahre zu Tage gefördert haben – haben unter unorthodoxen Rabbis eine weite Akzeptanz gefunden. Aber es hat nie einen Versuch gegeben, diese Ansichten bekannt zu machen oder mit der Gemeinde zu diskutieren – bis vor kurzem. [...] Seit dem Herbst [2001], als *Etz Hayim* erschien, sind bereits mehr als 100 000 Exemplare verkauft worden. (Michael Massing: »As Rabbis Face Facts, Bible Tales Are Wilting«; Übersetzung von A.R.)

Die theistischen Experten des Judentums, die *Etz Hayim* veröffentlichten, betonen, dass das Alte Testament nicht in einem historisch-fundamentalistischen Sinn gelesen werden darf: wer behaupte, die Thora sei ein historisches Dokument im modernen Sinn, werde ihr nicht gerecht, denn gerade das sei die Thora nicht!

Etz Hayim geht vom ältesten heute noch verfügbaren Thora-Manuskript aus, vom sogenannten »Leningrader Manuskript« aus dem Jahr 1009. »Zwischen der ursprünglichen Niederschrift des Dokuments und der ältesten Kopie, die wir heute noch besitzen, besteht daher eine Lücke von rund 2000 Jahren«, erklärt Benjamin Edidin Scolnic in seinem *Etz-Hayim*-Beitrag »Modern Methods of Bible Study« (S. 1499) und fügt hinzu (S. 1500):

> Es mag aussehen, als ob die Thora einen einheitlichen Bericht über die israelitische Geschichte und Gesetzgebung während der Zeit der Patriarchen und des Mose darstelle. Eine detaillierte Untersuchung des Textes hat moderne kritische Gelehrte jedoch zur Ansicht kommen lassen, dass die Thora eine Zusammenstellung aus mehreren Quellen ist, d.h. dass sie unterschiedlichen Strömungen literarischer Traditionen entstammt, deren Texte während des Zeitraums der biblischen Periode (ca. 1200 bis ca. 400 v.Chr.) verfasst und gesammelt wurden. Weil die Thora, aus dieser Perspektive betrachtet, ein Amalgam der Werke verschiedener Autoren und Schulen ist, enthält sie eine Fülle von faktischen Ungereimtheiten und widersprüchlichen Regeln sowie Unterschiede im Stil, im Vokabular und sogar in der Theologie. (Übersetzung von A.R.)

Was bedeutet diese Diagnose für den jüdischen und christlichen Glauben? Letztlich geht es bei einer heiligen Schrift nicht um die historische Gültigkeit, sondern um den *spirituellen Inhalt,* betont Rabbi David L. Lieber, der leitende Herausgeber, in der Einleitung zu dieser neuen Thora-Ausgabe:

> In Übereinstimmung mit unserem Bekenntnis zum konservativen Judentum haben wir versucht, aus der Thora zu lernen, und nicht, sie zu beurteilen. Es gibt Stellen, die unser moralisches Gewissen herausfordern, ein Gewissen, das von den Werten der Thora bestimmt ist. Hierzu gehören zum Beispiel Verse über die Behandlung der nichtisraelitischen Völker und über die legale und soziale Stellung der Frau im alten Israel; und der Kommentar widerspiegelt unser Unbehagen *(and the commentary reflects our discomfort).* Der *d'rash*-Kommentar nähert sich dem Text mit Ehrfurcht und fragt nicht: »Sind wir mit dieser Textstelle einverstanden?«, sondern – weil der Text für unsere Vorfahren heilig war –: »Was kann diese Textstelle uns lehren?« (Übersetzung von A.R.)

Die Frage »Was kann uns eine bestimmte Textstelle lehren?« ist der Schlüssel zu einem respektvollen Lesen aller heiligen Schriften, und dieser Schlüssel kann uns helfen, die tiefere Bedeutung der jeweiligen Texte zu erkennen.

96. Die Erinnerung an unsere Verbundenheit mit den Lichtwelten, aus denen alle für uns sichtbaren Welten einschließlich unseres physischen Körpers hervorgegangen sind, ist Teil des Urwissens aller Zeiten und ist daher auch in unserer Gegenwart verfügbar, was bedeutet, dass wir nie wirklich von diesen Welten und Wesen des Lichts getrennt sind. Und wenn es scheint, dass die Trennung den Extrempunkt erreicht, erwacht die Erinnerung mit neuer Kraft und Offenbarung, wie dies von den Sehern und Propheten aller Kulturen – der Vergangenheit und Gegenwart – vorausgesehen wurde. Ein modernes Beispiel für eine mystisch-codierte Schrift, die interdimensionales und interdisziplinäres mit altem prophetischem Wissen verbindet, ist *Das Buch des Wissens: Die Schlüssel des Enoch*, niedergeschrieben von Prof. James Hurtak (1973). Ein zentrales Thema darin ist der Lichtkörper und die Transformation der gegenwärtigen Zeit vor dem Hintergrund der Parallelwelten des Lichts:

> (Schlüssel 301) [57]Jene also, die Vertrauen in des VATERS Willen haben und mit der Bruderschaft arbeiten möchten, werden gewaltige Energieveränderungen in ihren Körpern spüren, denn sie werden chemisch neu verräumlicht werden, um in der aktiveren LICHTumgebung zu leben. [58]Es wird nicht länger heißen: »Der Geist ist willig, doch das Fleisch ist schwach«, denn das Fleisch und der Geist werden in einem einzigen hoch aufgeladenen Lichtkörper sein. [...] [65]Merkabah bringt den endgültigen Sieg über die Priesteraltäre des Bewusstseins-Opfers, die den Geist im Namen Gottes ausweiden. Mir wurde gesagt, dass diese erlösende Tätigkeit in der biblischen Schrift von der Opferung der Unschuldigen zwischen den Hörnern des Altars und dem Heiligtum dargestellt ist (Lukas 11:51). Die Hörner bedeuten Beginn und Ende einer Bewusstseinsschwelle, die wieder und wieder erfahren werden muss, bis die Seele genügend Kraft hat, um wieder in den Christuskörper von Licht verkörpert zu werden.

97. »Freedom has many difficulties and democracy is not perfect, but we have never had to put a wall up to keep our people in, to prevent them from leaving us.« (John F. Kennedy, Rede in Berlin am 26. Juni 1963)
98. Gegen die Männerdominanz im Islam wehren sich heute zahlreiche islamische Theologinnen, die sich für eine Reform des Islam einsetzen. Beispiele hierfür sind: <u>Irshad Manji</u>: *The Trouble with Islam – A Wake-up Call for Honesty and Change* (2003), dt. *Der Aufbruch – Plädoyer für einen aufgeklärten Islam* (»Mit großem Mut, bestechender Logik und viel Humor wehrt sie sich gegen die Verkrustung ihrer Religion. Sie kritisiert die gelehrte ›Wahrheit‹ des Islam als zutiefst rückständig, erinnert an die liberalen und toleranten Strömungen des sogenannten Goldenen Zeitalters des Islam und plädiert leidenschaftlich für eine Reform.« – dt. Verlagstext);

<u>Fatima Mernissi</u>, Autorin vieler Bücher, z. B. *Die Angst vor der Moderne – Frauen und Männer zwischen Islam und Demokratie* (1992; »Gab es im Islam trotz der meist despotischen politischen Wirklichkeit nicht fünfzehn Jahrhunderte lang auch die Utopie der gerechten Herrschaft? Hätten die Muslime die egalitäre Botschaft des Koran nicht verstehen und ihre eigene ›Demokratie‹ schaffen können – lange bevor sie ihnen von der westlichen

Welt zwangsverordnet wurde?«); 2002 neu erschienen unter dem Titel *Islam und Demokratie – Die Angst vor der Moderne;*
Nahed Selim: *Nehmt den Männern den Koran!* (holländischer Originaltitel: *De vrouwen van de profeet,* 2003, wörtl. »Die Frauen des Propheten«); aus dem Verlagstext: »Im Namen des Islam werden Frauen zu Menschen zweiter Klasse degradiert, werden Muslimas in aller Welt mißbraucht, eingeschüchtert und zum Schweigen gebracht. [...] In keiner Sure steht, dass Frauen Schleier tragen müssen, die meisten Regeln zur Unterdrückung der Frauen sind im Lauf der Jahrhunderte von den – ausschließlich männlichen – Theologen in den Koran hineingeschmuggelt worden.«

Schirin Ebadi: bekam im Jahr 2003 als erste Muslimin den Friedensnobelpreis. Sie war eine Richterin im Iran, wurde aber ihres Amtes enthoben und wegen angeblicher »Beschmutzung der öffentlichen Meinung« inhaftiert, während sie in Wirklichkeit nur mit dem Koran gegen die Unterdrückung der Frauen und für Reformen im Iran gekämpft hatte. (Siehe K. Amirpur: *Gott ist mit den Furchtlosen – Schirin Ebadi: Die Friedensnobelpreisträgerin und der Kampf um die Zukunft Irans,* 2003.)

Um nur ein einziges weiteres Beispiel für die traurige Wirklichkeit dieser Unterdrückung anzuführen, soll hier eine Zeitungsmeldung angeführt werden, die erschien, während das vorliegende Buch entstand: »Teheran – Die iranische Frauenrechtlerin Hana Abdi (22) ist zu fünf Jahren Haft verurteilt worden. Abdi hatte sich für größere Freiheiten für iranische Frauen eingesetzt.« (23. Juni 2008)
99. in: Karl Marx, *Thesen über Feuerbach,* 1845
100. Dass die zentralen Inhalte des theistischen Weltbildes gerade in 13 Thesen zusammengefasst werden, war anfänglich nicht beabsichtigt, und es hätte sich leicht auch eine andere Anzahl ergeben können. 13 ist jedoch eine grundlegende Zahl in der heiligen Geometrie von Raum und Zeit (siehe z. B. 13-Monde-Kalender).

Zusammenfassung der Kapitel

Zusammenstellung der Stichwörter und untertitelartigen Formulierungen, die im Text fett gedruckt sind.

1 Das Theistische Manifest
»Das Kommunistische Manifest« · Monotheismus und Atheismus · Theismus · Ein neues Manifest

2 Was ist Monotheismus? Was ist Theismus?
Überwindung von Atheismus und Monotheismus · Definition von Monotheismus und Theismus · Absolut und relativ · Das Absolute ist das Gegensatzlose · Der monotheistische Gott · Die abrahamitischen Religionen

3 Der Mittelweg als Ausweg
Halbwahrheiten und Einseitigkeiten · »Der goldene Mittelweg« · Das Zuviel und das Zuwenig · Das Diabolische · Wahrheit macht frei · »Nichts ist mächtiger als eine Idee, deren Zeit gekommen ist« · Vernetzung und Verbindung

4 Differenzieren statt verabsolutieren
Was ist das Gegenteil von »diabolisch«? · Erkenntnis des Ganzen · Intelligenz, die Kraft des Unterscheidens · Umgang mit heiligen Schriften · *Bereschit bara* · Fundamentalismus · Spirituelle Realität

5 Religion und Wissenschaft
Eine neue atheistische Offensive · Zwischen Fakten und Interpretationen unterscheiden · Die letzten Fragen · Glaube und Wissen · Wir sehen, was wir glauben · Wissen und Wahrheit · Paradigmenwechsel · Veränderung oder Erweiterung des Weltbildes · Bewusstseinserweiterung

6 Jeder glaubt an etwas Absolutes
Was ist das Absolute? · Vernunft *(ratio)* · Ist objektiv »besser« als subjektiv? · Zur Frage der objektiven und subjektiven Erkenntnis · Ungewißheit und Unverbindlichkeit · Von Fakt zu Wahrheit · Wahrheit und Realität · Erkennbarkeit und Verständlichkeit

7 Was ist Realität?
Philosophie: das Streben nach Erkenntnis von Realität · Ganzheit · Hat der Mensch die Fähigkeit, das Absolute zu erkennen? · Polarität und Dualität · Einheit · Die theistische Erklärung von Einheit · Individualität · »Ungeteiltes Sein« = individuelles Sein · Warum wir Individuen mit Bewusstsein und Willen sind · »Dein Wille geschehe!« · Gott als »Person« · »Individuell« ist nicht dasselbe wie »subjektiv«

8 Religion, Theologie und Philosophie

Die etymologische Herkunft des lateinischen Wortes *religio* • Religion und Spiritualität • Theologie • Der Begriff »Philosophie« • Pythagoras • Die Sophisten • Durch Philosophie zu Gotteserkenntnis • Theistischer Humanismus • Innere Einweihungen

9 Theistische Theologie (1): Ganzheit, Einheit, Vielfalt

Eine umfassende und gleichzeitig differenzierte Theologie • Ganzheit, Einheit und Vielfalt • Vielfalt in der Einheit, Einheit in der Vielfalt • Ist Gott Person oder Energie? • Gott als das absolute ungeteilte Sein (»Individuum«) • »Der lebendige Gott« • Gleichzeitig eins und alles • Unteilbare Einheit und allgegenwärtige Einheit • Das individuelle Einssein (Liebe) • Sinn des Lebens • Halbe Wahrheiten • Allumfassendes Gottesbewusstsein • Die Namen Gottes

10 Theistische Theologie (2): Das Mysterium von Individualität und Liebe

Das ungeteilte, ewige Sein (= Individualität) • Wie können wir Teile des Unteilbaren sein? • Persönlichkeit: unsere irdische Identität • Eine Frage des Bewusstseins • Liebe ist gleichzeitiges Eins- und Individuellsein • Gottes Gnade und Offenbarung • Das wichtigste Gebot • Göttliche Liebe ist bedingungslos • Liebe, die höchste Kraft • Unsere wahre, ewige Identität • Qualitativ sind wir eins mit Gott, quantitativ verschieden • »Ich-bin-Bewusstsein« • Was ist der Wille Gottes? • Gottes Wille und Gottes Gesetze

11 Theistische Theologie (3): Die drei Gottesaspekte

Unsere spirituelle Identität als Teil Gottes • Illusion (sanskr. *māyā*) • Identität und Identifikation • Essenz und Existenz • Die Allgegenwart der göttlichen Energie • Brahman-Erkenntnis, die erste Stufe der Gotteserkenntnis • Theistischer Monismus • Vom Bewusstsein der Nondualität und Neutralität zum Bewusstsein der Individualität • Gottes immanenter Aspekt: die Allgegenwart des göttlichen Bewusstseins in der Schöpfung • Paramātmā-Erkenntnis, die zweite Stufe der Gotteserkenntnis • Bhagavān-Erkenntnis, die dritte Stufe der Gotteserkenntnis • Allpräsenz, Immanenz und Transzendenz

12 Gut und Böse

Was Gott nicht hat • Was Gott nicht tun kann • Licht wirft keinen Schatten • Das Böse kommt nicht von Gott • Autonom, aber nicht absolut • Ist das Böse notwendig? • Nicht notwendig, aber unvermeidlich • Die lebendige Einheit • Reduzierte (»falsche«) Einheit • Gott als abstrakte Idee • Totalitarismus, Geschichtsmaterialismus und Staatsabsolutismus • Die Ursache des Bösen • Jenseits des Vorstellungsvermögens der Menschen • Alles hat einen Sinn, aber nicht alles ist gut • Umgang mit Gut und Böse

13 Materialismus, Humanismus, Monismus

Atheismus • Humanismus • Die moderne humanistische Bewegung • Die Symbolik von Licht und Schatten • Materialismus (Naturalismus) • Holismus •

Deismus • Verkennung der Individualität Gottes • Verabsolutierung der Materie und der Naturgesetze • Pantheismus • Panentheismus • Theistischer Monismus • Atheistischer Monismus: materialistischer Monismus, metaphysischer Monismus • Luzifer-Theorien • »Wenn es Gott gibt, dürfte es nichts Böses geben!«

14 Konsequenzen des Atheismus

Atheistischer Monismus • Pragmatismus: »Der Zweck heiligt die Mittel« • »*Pagan Ethos*«: ein Ethos, das nicht jüdisch-christlich ist • »Ordnung aus dem Chaos« • Negation der Relativität • Der Mensch ein Tier? • Weltbild der Sinnlosigkeit • Der Zynismus des atheistischen Humanismus • Die Georgia Guidestones • Der Kampf der Atheisten gegen jede Art von Religion und Spiritualität • »Evolutionärer Humanismus« • *Schöne neue Welt* • Alexander Solschenizyn: »A World Split Apart« • »Das Unheil eines entspiritualisierten und unreligiösen humanistischen Bewusstseins«

15 Dualismus: die Weltbilder des Monotheismus und der Gnosis

Zwei Formen von Dualismus: Monotheismus und Gnosis • Verabsolutierung der Dualität und Polarität • Die religiöse Gnosis • Die esoterische Gnosis • Frontenbildungen • Die Kirche und die Entstehung der antikirchlichen Geheimbünde • Der Kampf zwischen den Religionen und den gnostischen Strömungen • Das Gegenteil einer Halbwahrheit ist eine andere Halbwahrheit • Wie hängen atheistischer Monismus und esoterischer Dualismus zusammen? • Atheistische Esoterik: zwischen Monismus und Dualismus • Vernichtung des Gegenteils • Verneinung des Gegenteils • Unterdrückung der Frau • Ernährungsvorschriften • Beschneidung • Rituale und Vorschriften

16 Konsequenzen des Monotheismus

Schaffen von Feindbildern • Heilige Schriften: sowohl absolute als auch relative Aussagen • Das Gift der Spaltung • Eine konstruktive Religionskritik • Überwindung von lokalhistorischen, längst veralteten Textstellen • Der Islam, Antwort auf die bereits bestehenden Schriften und Religionen • Infiltration, Täuschung und Gewalt • Eine neue Aufklärung • Die Zehn Gebote • »Keine anderen Götter neben mir« • Befolgung der Gebote ohne »Ja, aber« • Die Gefahr einer inszenierten oder provozierten »Endschlacht« • Versöhnung der Religionen

17 Wie der Monotheismus entstand

Das heute vorherrschende Bild unserer Vergangenheit • Die Sintflut • Die monotheistische Interpretation der Sintflut • Aktualismus • Eine alternative Erklärung der heutigen geologischen Strukturen • Das lineare Denken der materialistischen Wissenschaft • Alte Erde, zyklische Zeitalter, junge tektonische Strukturen • Das Gilgamesch-Epos • Die monotheistische Fassung der Sintflutbeschreibung • Die verborgene theistische Botschaft des Alten Testaments • »Der Buchstabe tötet« • Das Alte Testament: »Einige der berühmtesten Ereignisse haben nie stattgefunden« • Die Geschichte der Versklavung in Ägypten und des Exodus • Ein König, der von Josef nichts mehr wußte • »Ein kulturpolitischer Krimi, angeführt vom Hohenpriester in Jerusalem«? • Monotheismus und Semitismus • Gottes Bund mit allen Menschen und Noahs Fluch • Antisemitisch: »gegen Sems Anliegen gerichtet« • Semitismus: »Handeln gemäß Sems Vorbild«

18 Geschichte der theistischen Mysterienschulen

Initiierung des künftigen Aufstiegs der Menschheit • Das dunkle Zeitalter • Das Wissen der früheren Zeitalter • Die erste theistische Initiative in der Antike • Echnaton, Nofretete und Tut-anch-Amun • Das geistige Erbe des Aton-Theismus • Echnatons Doppelfunktion als König und oberster Priester • Melchisedek-Vernetzung • Die Therapeutae • Die Bruderschaft der Essener • Jesus • Die symbolische Exodus-Geschichte • War der Theismus eine späte Entwicklung? • Die verstärkte Ausprägung der mentalen und rationalen Wahrnehmungskomponenten • Verbindung von Mythos und Logos • Entstehung von Schrift und schriftlicher Sprache • Tyrannei des Buchstabens • Sokrates' Bericht über die Entstehung der Schrift • Die psychologischen Voraussetzungen für die Entstehung des Atheismus und des Monotheismus • Die Frage nach der Herkunft des Menschen

19 Das Credo der materialistischen Wissenschaft

Was ist Fakt, was ist Interpretation? • Die *a-priori*-Entscheidung für den Materialismus • Der grundlegende Glaubenssatz der materialistischen Wissenschaft • Eine innere Grundsatzentscheidung

20 Die Evolutionstheorie: eine materialistische Interpretation von Natur, Mensch und Bewusstsein

Theorien über den Ursprung des Lebens und die Entstehung der Lebewesen • Materialistische Indoktrinierung der Menschheit • Der Darwinismus: vom einen Extrem zum anderen • Die Kontroverse zwischen dem Evolutionismus und dem Kreationismus • Die Evolutionstheorie als Ausdruck des Materialismus • Mutation und Selektion / Variation und Adaption • Mikroevolution und »Makroevolution« • Genetische Ähnlichkeit ist kein Beweis für evolutionäre Abstammung • Genetische Ähnlichkeit bedeutet Parallelität und Kompatibilität auf organischer Ebene • »Abiotische Biogenese« • Materie, Energie und Information • Zahllose Übergangsformen? • Keinerlei Hinweis auf Zwischenformen • Einzeller wurden nie zu Mehrzellern • Ähnlichkeiten aufgrund eines gemeinsamen Hintergrundes • »Das Tier, das meint, es sei kein Tier« • Das Märchen vom Kaiser mit den unsichtbaren Kleidern • Eine mentale Matrix • Die wichtigsten Kritikpunkte am Young-Earth-Kreationismus • Quantensprung in der *geistigen* Evolution der Menschheit

21 Die geistige Herkunft des Menschen

Ein neues Selbst-Verständnis • Das Erklärungsmodell der Involution • Wie die physikalische Welt entstanden ist • Schöpfung gemäß dem Erklärungsmodell der Involution • Kein Ur-Knall, sondern ein Ur-Sprung • Definition von Materie und Bewusstsein • Die Menschen sind nicht evolvierte Tiere, sondern »involvierte« Lichtwesen • Wie entstanden die Pflanzen und die Tiere? • Das Wirken höherer Geistwesen • Der Mensch ist kein Tier, und nicht alle Tiere sind einfach »Tiere« • Die Erde: ein Schulungs- und Prüfungsplanet • Die Konstruktion einer Linie vom Affen über den gebückten Affenmenschen zum modernen Menschen • Mythen von der Erschaffung des Menschen durch Gott oder die Götter • »Ihr seid *elohim* (›Götter‹)« • Der Mensch als Mitschöpfer • Reine Liebe in der dichtesten Materie

22 Philosophie des Geistes

Was ist Geist, was ist Bewusstsein? • Die idealistische und die materialistische Position • Platon und Aristoteles • Demokrit und Epikur • Leib-Seele-Dualismus (Descartes) • Pantheismus (Spinoza) • Materialistischer Monismus: die Leib-Seele-Identität • Die Dreiheit von Körper, Geist, Seele • Grobstoffliche und feinstoffliche Materie • *Atomos,* das »Unteilbare« • Ewige Geistwesen (Individuen) • Alles ist miteinander verbunden • Metaphysik • Beschreibung der grob- und feinstofflichen Dimensionsebenen • Der physische Körper und der Ätherkörper • Die mentale Ebene • Die rationale Ebene • Die beiden Funktionen der *intelligentia:* Verstand und Vernunft • Intuition • Die materiell-kausale Ebene • Materielle Identität (Persönlichkeit) • Das Ich-Prinzip • Illusion *(māyā)* • Unsere spirituelle Identität • Die spirituell-kausale Ebene • Die erste falsche Identifikation • Das fünfte Element *(quinta essentia)* • Mer-Ka-Ba • Kein Dualismus • Paramātmā • Parallelismus • Okkasionalismus • »Gott ist allmächtig« • Gnade, Barmherzigkeit und Sündenvergebung (Karma-Auflösung) • Die einseitig patriarchale Gesellschaft

23 Leben nach dem Tod

»Einheit von Körper und Seele« • Das Erleben der Multidimensionalität des Kosmos • Nahtoderfahrungen • Tod aus multidimensionaler Sicht • Der höhere, verborgene Aspekt des Mysteriums »Leben« • Ka-Körper und Ba-Körper • Ka-Ba-l'Ach • Unser einziges Leben • Die Lehre der Reinkarnation (»Seelenwanderung«) • Keine Präexistenz? • Reinkarnation, ein relatives Prinzip und kein Dogma • Reinkarnationserinnerungen • Falsche Konzepte von Karma und Reinkarnation • Das Gesetz von Aktion und Reaktion (Karma) auch in der Bibel • Karma, nicht das höchste Gesetz unseres Lebens

24 Schicksal und freier Wille

Bewusstsein ist immer mit freiem Willen verbunden • Freier Wille ist die Freiheit zu wählen, wovon ich abhängig sein will • Gottes Gnade • Die Vollkommenheit des freien Willens • Das Gesetz von Ursache und Wirkung (Gesetz des Karma) • Die fünf Faktoren des irdischen Lebens • Handlungen sind nie isolierte Abläufe • Die Prädestinationslehre • Das Zusammenwirken von Prädestination und freiem Willen • Überwindung *aller* Karma-Bindungen • Karmafreies Handeln • Gottes Gnade und unser freier Wille • Karma ist nicht ewig • Liebe: immer nur das Beste für den anderen wollen • Übergriffe • Täter und Opfer • Nicht urteilen • Die Erde: ein Ort des freien Willens

25 Unterscheiden, ohne zu urteilen

»Urteile nicht!« • Gut und Böse • Dualität: die Möglichkeit zu wählen • Gottabgewandt, gottzugewandt, gottesbewusst • Was bedeutet »urteilen«? • Unterscheiden, ohne zu urteilen • Alles hat einen Sinn • Die Dualität nicht ignorieren, sondern transzendieren!

26 Selbsterkenntnis und innere Einweihung

Können wir im Diesseits Glück erlangen? • Realität: lebendige, differenzierte Einheit • Liebe und Glückseligkeit • Selbsterlösung • Erlösung und Erleuchtung

• Durch eigene Werke (= aus eigener Kraft) oder durch Gottes Gnade? • Richtiges Handeln *(karma-yoga)* und Selbsterkenntnis *(jñāna-yoga)* im Licht von Gottes Gnade *(bhakti-yoga)* • Richtiges Wünschen und die Kraft des Betens • Sünde und Schuld • Nicht unsere Werke, wir selbst sind gefordert! • Weshalb sind wir als spirituelle Wesen in der materiellen Welt? • Der psychologische Urgrund für das Streben nach Macht und Ausbeutung • Vollmacht bekommt, wer nicht an Macht interessiert ist • Selbstermächtigung • Kontemplation und Meditation • Mentale Neutralität und Souveränität • Die göttliche Gegenwart als konkrete Realität • »Denn wo zwei oder drei in meinem Namen zusammenkommen, bin ich in ihrer Mitte« • Lichtkreise

27 Ethik und Moral

Keine absoluten Richtlinien oder verabsolutierte relative Richtlinien • Einige Beispiele aus dem Alten Testament • Ist Vernunft das höchste Kriterium? • Herdenmoral • Sozialismus und Sozialdarwinismus • Ethik ist mit der Sinnfrage verbunden • Die theistischen Kriterien für Ethik und Moral • Was ist »Gewissen«? • Realität als Ganzheit: Einheit in der Vielfalt und Vielfalt in der Einheit • Toleranz und Respekt • Das Gebot der Wahrheit • Symbol der Familie • Moralische Richtlinien • Grundprinzipien der theistischen Ethik • Abtreibung, Sexualität, Homosexualität, Sterbehilfe, Gewaltlosigkeit • »Ordnung aus dem Chaos« • Ethik in der Politik • Welche Staatsform fordert der Theismus? • Gesellschaftliche Organisation: organisch, nicht hierarchisch • Natürliche Ordnung: eine organische Einheit, in der die Teile *unterschiedliche Funktionen*, aber den *gleichen Wert* haben • Synarchie • Gewaltentrennung • Ethik in der Wissenschaft

28 Die Moses-Gebote

Die innere Botschaft der Thora • Die Zehn Gebote • Das theistische Verständnis des ersten Gebots • Das theistische Verständnis des zweiten Gebots • Die dreidimensionale Präsenz Gottes • Zwei verschiedene Versionen der Zehn Gebote • Gebot des Ruhetages • Die Essenz der Zehn Gebote

29 Der theistische Kern des Judentums

Der Kern aller »monotheistischen« Religionen ist theistisch • Die Thora, »das Gesetz«: Konsequenz der Realität Gottes • Das »persönliche« Wesen Gottes • Thora als Ausdruck der ewigen Ordnung • Leben im göttlichen Geist der Thora • Die zwei Kernstellen des Alten Testaments • Die theistische Essenz des menschlichen Lebens und der menschlichen Geschichte • Die vier Bedeutungsebenen der Thora • Gesetz und göttliche Ordnung • »Der Gott Israels« • Die Entstehung des Namens »Israel« • Das symbolische Volk Israel

30 Der theistische Kern des Christentums

Gottes Liebe und Gnade • »Die Wahrheit macht euch frei« • Die Erfüllung aller Gesetze • Sinn und Zweck aller Gottesoffenbarung • »Ich bin der Weg, die Wahrheit und das Leben« • Verabsolutierung der Person Jesu • Das »Blut Jesu« • Freiheit von Sünde und Tod • Der Tod – das Ergebnis des Sündenfalls des Menschen? • Wirkliche Befreiung • Geistige Auferstehung • Der Weg der göttlichen Liebe • Die katholische Kirche

31 Der theistische Kern des Islam

»Gottergebenheit; Hingabe« • Antwort auf das Judentum und das Christentum • Verbindung der Essenz von Judentum und Christentum • Synthese von Gesetz und Gnade • Hauptthema des Korans ist die Absolutheit Gottes • Der schwierigste Punkt der theistischen Offenbarung • Eine kulturschöpfende, wissenschaftsfreundliche und kulturvermittelnde Kraft • »Islamofaschismus« • Der Koran – symbolisch oder historisch? • Die endgültige und vollständige Offenbarung Gottes • *Allahu akbar* • Das Bilderverbot • »Die Ungläubigen« • Unterschied zwischen Gottes Willen und Gottes Gesetz • Gott ist nicht nur gut und barmherzig, sondern auch gerecht • Der wahre »heilige Krieg« • »*A Common Word Between Us and You – An Open Call from Muslim Religious Leaders*«

32 Vision, Vernetzung und die nächsten Schritte

Rückbesinnung auf den gemeinsamen Kern aller Weltreligionen, Lebensphilosophien und Mysterienschulen • Veränderung im Bewusstsein • Theisten: Menschen mit einem vernünftigen Gottglauben • Theismus: eine überkonfessionelle Verbindung von Menschen aller Kulturen, Religionen und gesellschaftlichen Bereiche • Was kann ich als einzelne Person tun? • »World Theistic Forum« • Stärkung der Wahrheit, Versöhnung der Menschen • Alles beginnt mit einer Vision • Durchbrüche in allen Wissensbereichen • Die Grundlage für das neue Zeitalter • »Weltethos« • »Theistischer Weltrat« • Arbeiten für die positive Vision

Zusammenfassung:
Die 13 Thesen des Theistischen Manifests

Glossar der philosophischen Begriffe

von Armin Risi (auf theistischer Grundlage)

1. Grundbegriffe

Die Sanskritwörter, auf die verwiesen wird, sind unter »2. Sanskritbegriffe« aufgelistet.

Absolut: (von lat. *absolvere*, »loslösen, freimachen«, auch »abschließen, absolvieren«, und »vollständig machen, vollenden«, und *absolutum*, »losgelöst; ungebunden; unabhängig«) nicht von Bedingungen (= nicht vom →Relativen) abhängig; uneingeschränkt; gegensatzlos; allumfassend.

Das Absolute: das Allumfassende; das alles Beinhaltende; die Ursache aller Ursachen. Für den →Atheismus ist die Totalität aller Materie oder aller Energie, d.h. die Totalität des Relativen, das Absolute, für den →Monotheismus ein höchster, einziger Gott, der sich nur durch eine einzige Schrift und Religion offenbart. Gemäß →Theismus ist das Absolute die allumfassende, allgegenwärtige und allbewusste Realität (→Gott), die sich nicht durch das Relative definiert, aber alles Relative mit einschließt und dem Relativen seinen Sinn verleiht, ohne selbst auf die Totalität des Relativen beschränkt zu sein; alles, was im Relativen enthalten ist, ist – in seiner reinen, ewigen »Form« – im Absoluten enthalten, insbesondere →Bewusstsein (→freier Wille).

Agnostizismus: (von grch. *a-*, »nicht«, und *gnostikós*, »wissend«) im modernen Sprachgebrauch: die Grundhaltung, dass es dem Menschen nicht möglich ist, Wissen über die letzten Dinge und die wirkliche →Realität zu erlangen, insbesondere nicht über →Gott.

Agnostiker: jemand, der mit der Grundhaltung des →Agnostizismus lebt und sagt, die menschliche Erkenntnismöglichkeit sei auf das →Relative beschränkt.

Aktualismus: (in der Geologie:) die Theorie, dass alle erdgestaltenden Prozesse langsam und linear ablaufen; geht von der Annahme aus, dass die heute wirksamen Kräfte die gleichen sind wie die in der Vergangenheit und dass nie andere Kräfte wirksam waren; ist die explizite Gegenposition zur biblischen Sintflutgeologie und auch zur Lehre der zyklischen Zeitalter (→Yuga) und bestreitet, dass während der Existenz des Homo sapiens eine globale Katastrophe (»Sintflut«, »Atlantis«) stattgefunden hat.

Allegorie: (von grch. *allegoreīn*, »etwas auf andere Weise sagen«) bildlich-sinnhafte Darstellung eines geistigen oder religiösen Begriffs, z.B. ein Dreieck mit einem Auge im Zentrum für »Gott«, ein Herz mit einem Pfeil für »Verliebtsein« oder eine Frau mit verbundenen Augen für »Gerechtigkeit«; im allg. Sprachgebrauch werden solche allegorischen Darstellungen auch →Symbol genannt.

Allpräsenz: sanskr. →Brahman; die erste der drei Seinsqualitäten →Gottes(3), zusammen mit →Immanenz und →Transzendenz; bezieht sich auf die Allgegenwart der göttlichen →Energie.

Analogie: gleichnishafte Beschreibung eines Zusammenhangs oder Sachverhalts durch ein analoges (ähnliches, entsprechendes, übertragenes) Bild, zum Beispiel: So wie die Sonne und die Sonnenstrahlen nie getrennt sind, sind auch Gott und Gottes Teile nie getrennt.

Animismus: von lat. *anima,* »Seele«; (1) ursprünglich: Synonym für →Vitalismus; (2) moderner Gebrauch im ethnologischen Zusammenhang: die magische Art des Glaubens an die Beseeltheit der Natur und die Existenz von Geistern, mit der entsprechenden Praxis von Geisterverehrung und Geisterbesänftigung (ohne Wahrnehmung der höheren Sphären und Lichtwelten jenseits der niederen →Astralwelten).

A priori, a posteriori: (lat. »vom Früheren her«, »vom Späteren her«); in der Erkenntnistheorie: zwei Begriffe zur Unterscheidung der Ebenen von →Glauben und →Wissen. *A priori* ist die Entscheidung für ein Weltbild und das entsprechende Glaubenssystem; diese Entscheidung ist abhängig von der eigenen inneren Einstellung (= Glaube) und nicht von den äußeren Fakten. *A posteriori* sind die auf dem gewählten Weltbild beruhenden Interpretationen der äußeren Fakten und das, was dementsprechend als »Wissen« und »Wahrheit« definiert wird.

Astral: (von lat. *astrum,* grch. *ástron,* »Stern; Gestirn«), wörtl. »zu den Sternen/ Planeten gehörend«; in der Metaphysik: planetar-höherdimensional, erdnah-feinstofflich, jenseitig.

Astralkörper: (1) allg.: der unsichtbare, nicht-physische Körper des Menschen; (2) der →Ätherkörper oder der →feinstoffliche Körper des Menschen; die Begriffszuordnung variiert je nach esoterischem Lehrsystem.

Astralreise: Reise im →Astralkörper; außerkörperliche Erfahrung.

Astralwelten: (1) allg.: die erdnahen →feinstofflichen Parallelwelten im Bereich der →Dualität (»niedere«, dunkle, und »höhere«, lichtvolle); (2) das →Jenseits.

Äther: (in der Metaphysik:) im Schöpfungsvorgang der →Involution die erste, feinste Verdichtungsstufe der grobstofflichen →Materie; nach Erde, Wasser, Feuer und Luft das fünfte Element der grobstofflichen Welt; wird deshalb auch die »fünfte Essenz« *(quinta essentia)* genannt.

Ätherkörper: auch Vitalkörper, Energiekörper oder »Aura« genannt; das Energiefeld, das die →Information für die Formbildung und die physische Lebensfunktion des →grobstofflichen Körpers trägt (→Vitalismus); wird in der →holistischen Wissenschaft als »morphogenetisches Feld« wahrgenommen.

Atheismus: Überbegriff für die Glaubenssysteme des →Materialismus, →Deismus und →Monismus, die die →Individualität Gottes verkennen oder ablehnen und lehren, die →absolute Realität beschränke sich auf die →Nondualität, die →Neutralität, die materiell-potentielle →Einheit, die Totalität der →Materie oder physikalische Materie. Die meisten dieser Systeme gründen im Glauben an eine hypothetische »inhärente Selbstorganisation« der Materie bzw. der materiellen →Energie. Als Abgrenzung gegenüber jenen atheistischen Systemen, die auch antitheistisch sind, ist der Begriff →Nontheismus möglich.

Bewusstsein: die inhärente Lebensenergie eines →Individuums, sowohl im Relativen als auch im Absoluten. Jedes spirituelle Wesen (→Individuum, →Seele) hat →Energie und Bewusstsein, weil es ein Teil des →absoluten →Urgrundes von Energie und Bewusstsein ist.

Deduktiv, induktiv: »herleitend«, »hinführend«; (1) allg.: die zwei grundlegenden Methoden der Wissensaneignung. Induktiv bedeutet »vom Spezifischen her zu allgemeinen Annahmen und Erkenntnissen gehend«. Deduktiv bedeutet, dass man von allgemeinen Regeln und Erkenntnissen her auf spezifische Einzelfälle schließt; gemäß der kritischen Erkenntnistheorie beruht das menschliche →Wissen letztlich immer auf Deduktion, da es von den →*a priori* angenommenen Weltbildern und →Paradigmen abhängig ist. (2) Zusätzliche Bedeutung in der theistischen Theologie: Ausgehend davon, dass alles, was im →Relativen enthalten ist, in seiner reinen, ursprünglichen »Form« im →Absoluten enthalten ist, bedeutet *induktiv,* dass man vom Relativen prinzipielle, nicht verabsolutierende Rückschlüsse auf das Absolute ziehen kann, zum Beispiel: Weil es im Relativen Bewusstsein gibt, muss auch in der Quelle, im Absoluten, Bewusstsein »vorhanden« sein. Ausgehend davon, dass das Absolute alles Relative in sich enthält, bedeutet *deduktiv,* dass man vom Absoluten auf das Relative schließt und das Relative im Licht des Absoluten sieht, zum Beispiel: Weil das Absolute als →Ganzheit sowohl →Einheit als auch Vielfalt umfasst, gibt es auch im Relativen Vielfalt (als Antwort auf die Frage: »Warum gibt es überhaupt etwas und nicht nichts?«). Alles, was im Relativen geschieht, hat – aus deduktiver Sicht – einen göttlichen Sinn, den wir induktiv und →subjektiv erkennen können.

Deismus: (von lat. *deus,* »Gott«) im →Humanismus gründender Glaube an einen Gott, der die Welt erschafft, aber keinen Einfluss auf die Welt nimmt, weder durch Offenbarung noch durch →Gnade. Das →Absolute ist gemäß Lehre des Deismus die Totalität der Materie und der ihr innewohnenden Gesetze. Mit dem Begriff *deus* oder »Baumeister des Universums« ist die Personifikation dieser Totalität – das sich selbst organisierende »Universum« – gemeint. »Das Universum ist Gott« bedeutet: Gott ist materiell (= Materie ist Gott), und dieser »Gott« hat weder Bewusstsein noch Willen und ist identisch mit dem »Weltenmechanismus«. Deismus ist eine indirekte Form von →Atheismus oder →Nontheismus. Siehe auch: Holismus; Pantheismus.

Determinismus: (von lat. *determinare,* »abgrenzen; bestimmen«) Auffassung, dass alles in der Welt und im Leben des Menschen durch die materiell vorgegebenen Strukturen und Gesetze bestimmt (»determiniert«) ist, insbesondere auch die Willensfunktion des Menschen, die gemäß Lehre des Determinismus ausschließlich durch äußere (soziale, umweltbedingte) und innere (psychische, neurologische und hormonelle) Faktoren bestimmt wird. Determinismus bedeutet eine Verabsolutierung der →Kausalität entweder durch den →Materialismus, durch den →Monotheismus (→Prädestination) oder durch die atheistische →Esoterik (aufgrund einer Verabsolutierung des →Karma-Gesetzes und eines einseitigen Verständnisses des →Resonanzgesetzes).

Diabolisch: (von grch. *dia-,* »auseinander, hindurch, zwischen«, und *ballein,* »werfen, treiben«) das, wodurch sich die Seelen vom Bewusstsein der göttlichen →Liebe und →Einheit abspalten, lässt als Konsequenz die Elemente des Bösen und »Teuflischen« entstehen.

Dogmatismus: (von grch. *dógma,* »Meinung, Lehrsatz«, und *dogmatikós,* »an Glaubens- und Lehrsätze gebunden«) Glaubenssystem, das auf der Verabsolutierung relativer Lehrsätze und Doktrinen aufgebaut ist und die Hinterfragung dieser Lehrsätze durch den →Rationalismus(2) ablehnt; entspringt in religiöser Hinsicht dem →Monotheismus und allg. dem →Fundamentalismus (Verabsolutierung eines religiösen oder atheistischen Weltbildes und des damit verbundenen Glaubenssystems).

Dualismus: Auffassung, dass das Absolute nicht eine →Einheit, sondern eine Zweiheit ist, d. h. Glaube an die Absolutheit der →Dualität oder der →Polarität. Die religiöse Form des Dualismus ist einerseits der →Monotheismus, der die Dualität von Gut und Böse verabsolutiert, andererseits die →Gnosis, die die Polarität von Geist und Materie verabsolutiert. Die esoterische Form des Dualismus verabsolutiert die Polarität von Absolut und Relativ und lehrt, nur das Absolute sei Realität, alles Relative und Materielle sei Illusion und Projektion (Scheinwelt; »Matrix«).

Dualität: (1) allg.: Zweiheit, Gegensätzlichkeit, System zweier entgegengesetzter Wirkungsprinzipien; (2) im Ggs. zu →Polarität: die gespaltene Zweiheit von sich gegenseitig ausschließenden, bekämpfenden oder bewertenden Gegenteilen, wie größer oder kleiner, stärker oder schwächer, besser oder schlechter, gut oder böse; diese »Urteilung« entsteht, wenn →Individuen in der materiellen Welt in das eine oder das andere Extrem (das Zuviel oder das Zuwenig) gehen und aus dem vom →Urgrund vorgegebenen Gleichgewicht der Polarität fallen.

Ego: (1) neutral: das →Ich-Bewusstsein, die Identifikation mit der eigenen materiellen →Persönlichkeit; siehe auch: *ahaṅkāra*. (2) In der Unterscheidung von wahrem Ich und falschem Ich: Das wahre Ich ist die eigene →spirituelle Identität als →Individuum und Teil →Gottes(3) sowie die in diesem Bewusstsein gründende gesunde Identifikation mit der eigenen materiellen →Persönlichkeit. Das falsche Ich (= Ego) ist die Selbstidentifikation mit der eigenen materiellen Persönlichkeit ohne Bewusstsein des wahren Ichs (→Illusion, →*māyā*).

Einheit: die allumfassende Realität hinter der Zweiheit. Das Konzept »Einheit« kann atheistisch (als Totalität der Materie), monistisch (als →Nondualität) und theistisch (als →Individualität) definiert werden. Im theistischen Gottesverständnis sind das →Absolute und →Relative von den grundlegenden Eigenschaften her (»qualitativ«) eine Einheit, von ihrem Wesen und Wirken her (»quantitativ«) aber verschieden. Die Erkenntnis der →parallelen →Realität von Gott und Welt in gleichzeitiger Einheit und Verschiedenheit ist →holistisch und →integral.

Einssein: das Bewusstsein der →individuellen →Einheit und Verbundenheit mit →Gott und allen Teilen Gottes (→Liebe).

Eklektizismus: von grch. *eklektikós,* »auswählend«; (1) historisch: in der Antike das Verfahren jener Philosophen, die nicht eigene Systeme und Theorien aufstellten, sondern aus den bestehenden Traditionen bestimmte Elemente auswählten und zu einer eigenen Lehre zusammenstellten; (2) allg.: unverbindliche Art von Philosophie oder Religion, in der die Argumente nach Belieben oder Vorliebe aus Elementen und Zitaten anderer Philosophien oder Religionen zusammengesetzt werden (→Synkretismus).

Empirismus: Auffassung, dass nur dasjenige Realität ist, was empirisch (»durch die Sinneswahrnehmung«) und im Experiment bewiesen werden kann, im Gegensatz zum →Rationalismus.

Energie: von grch. *en-ergós,* »einwirkend«; (1) allg.: die Kraft, Materie zu bewegen; potentielle oder manifestierte Schöpfungssubstanz mit der entsprechenden Wirkungskraft (»Dynamik«); Masse und Energie als physikalische Größe sind zwei gegenseitig umwandelbare Aspekte der →Materie.

(2) In der theistischen Metaphysik ist Energie nicht gleich Masse, sondern gleich →Bewusstsein. Die Energie, die die Materie bewegt, ist im →Urgrund immer eine →spirituelle (immaterielle) Größe. Realität besteht nicht nur aus materieller, sondern auch aus spiritueller Energie, die sich beide als →parallele Energien im Unendlichen schneiden und durch dieses Unendliche eine lebendige →Einheit bilden. Materielle Energie kann nicht ohne spirituelle Energie existieren, spirituelle aber ohne die materielle, so wie Schatten nicht unabhängig vom Licht, Licht aber unabhängig vom Schatten existieren kann. Energie ist direkt oder indirekt das Bewusstseinsfeld (→Bewusstsein) eines irdischen oder höherdimensionalen Lebewesens, letztlich das allumfassende, allgegenwärtige »Feld« des →absoluten Bewusstseins. Energie in ihrer Urnatur ist nie nur →neutral und abstrakt.

Entelechie: (von grch. *entelecheia,* »ständige Wirksamkeit«) immanente Zielbestimmtheit einer Entwicklung, insbesondere bei der Bildung und beim Wachstum eines Körpers, aufgrund eines höheren, nichtphysischen Ordnungsprinzips. Siehe auch: Finalität; Teleologie.

Esoterik: von grch. *esōterikós,* »den inneren Kreis betreffend«; (1) System einer Lehre, die nur für den inneren Kreis einer Mysterienschule oder religiösen Gemeinde, nur für die Eingeweihten, bestimmt ist; (2) modern: Pauschalbegriff für alle Arten von nichtmaterialistischen Lehren; grundlegend zu unterscheiden sind die atheistische Esoterik (→Monismus, atheistischer; →Okkultismus) und die theistische Esoterik (→Energie(2), →Theismus).

Essenz und Existenz: das »Sein« und das »Werden/Vergehen«; das Ewige (→Bewusstsein) und die materielle Erscheinungsform dieses Ewigen im Vergänglichen. Siehe auch: Substanz und Essenz.

Ethik: (zu grch. *ethos,* »Gewohnheit, Sitte, Norm«) aus dem →*a priori* gewählten Weltbild abgeleitete praktische Philosophie mit entsprechenden Prinzipien zur Begründung der →Moral. Die vorherrschende Ethik bestimmt, was als moralisches Handeln gilt.

Evolution: von lat. *evolvere,* »entwickeln, sich entfalten«; (1) allg.: lineare Entwicklung; das allmähliche Hervorgehen eines Zustandes aus einem vorhergehenden; (2) soziologisch: Fortschritt, kontinuierliches Wachstum (im Ggs. zur Revolution).

Evolutionismus: der Glaube, dass die →Evolutionstheorie die richtige Erklärung der Welt (Natur, Mensch, Bewusstsein) ist, verbunden mit den entsprechenden wissenschaftlichen →Paradigmen und Ansichten über die Herkunft des Menschen, usw.

Evolutionstheorie: die im Weltbild des →Materialismus gründende Theorie der Biologie, dass alle Lebensformen der Pflanzen- und Tierwelt über eine lineare, kontinuierliche Entwicklung von den einfachen zu den komplexen Formen hervorgegangen sind, mit dem Menschen als späte Sonderform der Tierevolution; behauptet, die Faktoren Mutation und Selektion, die zu einer begrenzten Adaption und Variation innerhalb der bestehenden Arten führt (= Mikroevolution), würden bei genügend langer Zeit über eine Akkumulierung zufälliger, positiver Genmutationen zur Bildung neuer Arten, Gattungen, Familien, Ordnungen, Klassen und Stämmen führen (= Makroevolution).

Ewigkeit: Raum- und Zeitlosigkeit als Eigenschaft der →spirituellen Realität (dynamisches, lebendiges Sein und Bewusstsein in ewiger Gegenwart), zu unterscheiden von →Unendlichkeit.

Existentialismus: atheistisch-humanistisches Weltbild, das den Menschen aus jeder höheren →Ganzheit herauslöst und auf seine isolierte Existenz beschränkt; lehrt, dass die Existenz der →Essenz vorangehe, das heißt, die Existenz des Menschen an sich habe weder Sinn noch Bestimmung, und es sei die Aufgabe des Menschen, seiner Existenz trotz der Absurdität des Lebens und der Unausweichlichkeit des Todes einen subjektiven Sinn zu verleihen. Im Ggs. zur humanistischen Theologie (→Humanismus[1]), die von der Einsamkeit des Menschen vor Gott ausgeht, gründet der Existentialismus in der Einsamkeit des Menschen vor dem Nichts.

Fatalismus: (von lat. *fatum*, »Schicksal«) passiver Schicksalsglaube als extreme Form des →Deismus und →Determinismus; der Glaube, das Leben werde bestimmt durch eine blinde Naturnotwendigkeit entsprechend den Gesetzen des als →absolut gesehenen Weltmechanismus.

Feinstofflich: Eigenschaft der höherdimensionalen, nichtphysischen →Materie.

Finalität: (von lat. *finalis*, »das Ende/den Zweck [= das, worauf eine Sache hinausläuft] betreffend«) Schöpfungsprinzip, dass eine Entwicklung von ihrer inhärenten Zielsetzung her auf dieses Ziel hin ausgerichtet ist; als andere Seite der →Kausalität (ursächliche Bestimmtheit) die durch den Zweck bestimmte Ausrichtung einer Entwicklung. Siehe auch: Entelechie; Teleologie.

Freier Wille: (1) allg.: Auffassung, dass der Mensch neben den äußeren Zwängen und inneren Drängen (Konditionierungen) auch die Möglichkeit hat, aus sich selbst heraus Entscheidungen zu treffen, für die er, aufgrund seines freien Willens, verantwortlich ist. Die Realität eines freien Willens, der nicht organisch und existentiell bedingt ist, wird vom →Atheismus, →Determinismus und →Materialismus bestritten. (2) In der theistischen Philosophie: die grundlegende Eigenschaft aller geistigen Wesen (→Seele), die aufgrund der →Individualität des →Absoluten in ihrer spirituellen Identität (als »Teile« Gottes) ebenfalls →Individuen sind: unteilbare ewige Wesen mit Bewusstsein und Willen. In den Bereichen der sozial und psychisch konditionierten, neuronalen und hormonell-organischen Faktoren gibt es keinen wirklich freien Willen. Diese Faktoren sind jedoch Reaktionen auf die Impulse, die wir Menschen durch die →Energie der →Seele (→Bewusstsein) auslösen, und auf dieser Ebene haben wir einen *freien Willen,* der geprägt wird durch unsere immerneue Seelenentscheidung, wie sehr wir im Bewusstsein des →Einsseins leben wollen oder nicht.

Fundamentalismus: von lat. *fundamentum*, »Grundlage, Basis«; (1) urspr.: im 19. Jh. entstandene Bezeichnung für die Strömungen innerhalb des nordamerikanischen Protestantismus, die den Standpunkt vertraten, die Bibel sei eine direkte Verbalinspiration Gottes und gebe in jedem Detail den Willen Gottes wider und müsse deshalb das nicht zu hinterfragende Fundament des menschlichen Denkens, Lebens und Handelns sein; (2) allg.: jede Art von Religion, die auf der Verabsolutierung einer heiligen Schrift beruht und dem Menschen das Recht abspricht, die kulturell und historisch bedingten Textstellen dieser Schrift kritisch zu interpretieren; führt zu einer irrationalen Haltung, weil das Fundament des Denkens, Fühlens und Handelns nicht das eigenverantwortliche Unterscheiden, sondern eine verabsolutierte Interpretation der jeweiligen heiligen Schrift ist. (3) Im weiteren Sinn: jede Art von Weltanschauung, die das Hinterfragen ihres Weltbildes (→Ideologie) ablehnt oder sogar verbietet, so z. B. der Faschismus, der totalitäre Sozialismus und der →Materialismus, insbesondere der Glaube an die →Evolutionstheorie zum Zweck der Propagierung des →Humanismus(2). Fundamentalismus ist die Verabsolutierung eines religiösen oder atheistischen Weltbildes und des damit verbundenen Glaubenssystems und führt zu →Dogmatismus (Verabsolutierung der entsprechenden Lehrsätze und Doktrinen).

Ganzheit: die göttliche Realität, die das →Absolute und das →Relative, das Spirituelle und das Materielle, in →paralleler →Einheit und Vielfalt umfasst.

Geist: (1) allg: die →Energie, die den Körper des Menschen lebendig macht; kann als →transzendent und/oder →immanent definiert werden; (2) in Lehre der Anthroposophie: Synonym für das unsterbliche Selbst; (3) in der theistischen Metaphysik: Übersetzung des Sanskritwortes →*manas,* der »Mentalkörper«, die mentale Ebene des Denkens, Fühlens und Wollens. In dieser Bedeutung erscheint »Geist« in Begriffen wie Geisteshaltung, Geisteszustand, geistesabwesend, geisteskrank und wird – als mentale Ebene – von der rationalen Ebene (→Intelligenz) unterschieden.

Glaube: axiomatisches (→*a priori*) Annehmen eines bestimmten Weltbildes, mit dessen Sichtweise man in der Folge die Welt interpretiert; Entscheidung, was man für →absolut hält. Siehe auch: Wissen.

Gnade: (in der theistischen Theologie:) Eigenschaft →Gottes(3) als lebendige Einheit (→Individuum): ungeteiltes, ewiges Sein und Bewusstsein mit Willen, Liebe und Gnade; zeigt sich in seiner Allgegenwart und Liebe, die uns immer angeboten sind und mit der wir uns durch unseren →freien Willen verbinden können (→Einssein), wodurch wir Befreiung von →Karma-Bindungen (»Sündenvergebung«) erlangen können, so wie Dunkelheit von Licht aufgelöst wird. In seinem →immanenten Aspekt wirkt Gott vollkommen neutral (= Gesetz), in seinem →transzendent-individuellen Aspekt ist Gott nicht »nur« neutral, sondern *liebend* und wirkt mit Gnade (Karma-Auflösung). Wer das Prinzip der spirituellen Individualität verkennt, beschränkt Realität auf eine Totalität von materieller Energie oder auf eine nonduale Einheit und vertritt ein Weltbild, das lehrt, das Absolute sei ohne Bewusstsein, ohne Willen, ohne Liebe und ohne Gnade (→Atheismus, →Deismus, →Humanismus, →Monismus).

Gnosis: (grch. »Wissen; Erkenntnis; Einsicht«) Lehre des →Dualismus, deren Grundlage das Streben nach Befreiung aus der als ungöttlich oder illusorisch gesehenen Materie ist (durch Erkenntnis Gottes und der göttlichen Welten). Zu unterscheiden ist die religiöse Gnosis und die esoterische Gnosis. Die religiöse Gnosis bezeichnet die materielle Welt als böse und ungöttlich (als Werk des Teufels oder der gefallenen →Sophía), die esoterische Gnosis bezeichnet die materielle Welt als →Illusion und irreal und gründet im atheistischen →Monismus (mit dem →Dualismus als Ausdruck des Kampfes zwischen Realität und Illusion).

Gott: (1) allg.: religiöse Bezeichnung für das →Absolute; in der griechischen Philosophie zur Abgrenzung vom →Polytheismus definiert als der Urgrund (Anaximander), das unwandelbare Sein (Parmenides), der Logos (Heraklit), der Nous (Anaxagoras), der Demiurg (Platon) und bei Aristoteles als Energie *(energeia),* das in sich selbst ruhende Denken des Denkens *(noesis noeseos)* und das unbewegte Bewegende *(akineton kinoun).* Neben diesen philosophisch-abstrakten Definitionen bezeichnen die Religionen Gott als höchstes, allmächtiges Wesen, als die Wahrheit, als überweltlichen Schöpfer usw. (2) In monotheistischen Lehren: das höchste Wesen; der »Herr« als allmächtig beschriebene »Person«; der einzige, alles andere ausschließende Gott, der sich nur durch die jeweilige Religion und Schrift offenbart. (3) In der theistischen Theologie: die →Ganzheit, die als das →Absolute auch das →Relative umfaßt und sowohl →Energie und →Einheit als auch →Individuuum ist, das eine ungeteilte Sein und Bewusstsein mit Willen, →Liebe und →Gnade. Die göttliche Realität der →Ganzheit umfaßt das Materielle und das Immaterielle als →ewige, →parallele Energien, die durch das allumfassende →Bewusstsein Gottes eine lebendige →Einheit bilden (= »gleichzeitige« Einheit und Unterschiedenheit von Welt und Gott, Teil und Ganzem, Relativem und Absolutem). Aus menschlich-analytischer Sicht sind die →Allpräsenz, die →Immanenz und die →Transzendenz zu unterscheiden, wobei diese drei Aspekte nicht getrennte Realitäten sind.

Grobstofflich: Eigenschaft der dreidimensionalen →Materie (= physische Materie plus →Äther).

Henotheismus: »Eingottglaube«(von grch. *hén*, »eins«); der Glaube, die eigene Stammesgottheit sei der höchste Gott und sei den Göttern, die neben ihm sind, überlegen. Der →Monotheismus ist die Weiterentwicklung des Henotheismus, indem er sagt, der höchste Gott sei auch der einzige.

Hinduismus: moderner Sammelbegriff für alle Arten von indischen Religionen, Philosophien und Theologien. Der Begriff »Hindu« wurde im 10./11. Jahrhundert von den arabischen Invasoren geprägt und bezog sich auf alle nichtislamischen Menschen auf der anderen Seite des Grenzflusses Sindhu (heutiger Indus).

Holismus: Sammelbegriff für die verschiedenen Formen von ganzheitlichen (»holistischen«) Weltbildern, in denen die materielle Erscheinungswelt als sich selbst organisierende Ganzheit gesehen wird (»Selbstorganisation der Materie«): →Materialismus/Naturalismus, →Deismus, →Pantheismus.

Holistisch: ganzheitlich; umfassend (von grch. *hólos*, »ganz, gesamt, umfassend«); in der theistischen Theologie: das →integrale Gottesverständnis, das →Realität in ihrer →Ganzheit und differenzierten →Einheit sieht (→parallele Einheit und Verschiedenheit des Absoluten und des Relativen, des Spirituellen und des Materiellen).

Humanismus: zu lat. *humanus*, »menschlich; den Menschen betreffend; auf den Menschen bezogen«; (1) eine in Europa im 13. Jh. entstandene kulturelle und philosophische Bewegung, die sich gegen den Dogmatismus der Kirche wandte, indem sie den →Rationalismus förderte; wurde dadurch zur Grundlage der modernen Wissenschaft und Bildung; betonte den →freien Willen und die Eigenverantwortung eines jeden Menschen und sein Recht, unabhängig von Institutionen eine Beziehung zu Gott zu haben; (2) seit Anfang des 20. Jh. Synonym für →Deismus, →Naturalismus und →Atheismus; geht gemäß →Evolutionstheorie vom Glauben aus, der Mensch sei das einzige bewusste Wesen im Universum und deshalb unabhängig von höheren Mächten oder Gott, die für nichtexistent gehalten werden. »Der Mensch ist das Maß aller Dinge«, d.h. ist sein alleiniger Herr, denn es gibt keinen Gott außerhalb des Menschen; führt in konsequenter Weiterführung zum →Existentialismus und politisch zu Strukturen, die offen oder verdeckt totalitär sind (Streben einer »humanistischen« Elite nach möglichst totaler Herrschaft über all diejenigen, die nicht an ihr atheistisch-humanistisches Weltbild glauben).

Ich-Bewusstsein: auch: »Ich-Prinzip«; Übersetzung von sanskr. →*ahaṅkāra;* die Identifikation mit der eigenen materiellen →Persönlichkeit (→Person); Grundprinzip der menschlichen →Psyche; kann im wahren Ich oder im falschen Ich gründen (→Ego).

Idealismus: (1) allgemein: Handeln für höhere Ziele (»Ideale«) und nicht zur persönlichen Profilierung oder Bereicherung; (2) im Ggs. zum →Materialismus: die philosophische Position, die davon ausgeht, dass hinter der Welt der sichtbaren Materie eine Welt der →Ideen existiert, die nicht physikalisch-materiell ist und als Welt des →Geistes die Welt der Materie formt und organisiert (= ontologischer Idealismus).

Idee: von grch. *idéa,* abgeleitet vom Verb *ideĩn,* »sehen, erkennen, wissen«, das über die indoeuropäische Wurzel *ueid-* mit den Sanskritwörtern *vid,* »wissen; erkennen«, und *veda,* »Wissen; geistige Erkenntnis«, verwandt ist; (1) allg.: Einfall, inneres Bild für kreatives Handeln; (2) in Platons Philosophie: Begriff für die immateriellen Urbilder hinter den materiellen Erscheinungsformen; die unveränderliche Wesenheit aller Dinge (als abstrakt-philosophisches Konzept).

Ideologie: (1) urspr.: Lehre von den Ideen, ihren Inhalten und Bedingungen, vergleichbar mit der modernen Analyse der →Paradigmen; (2) soziol.: von einer politischen, aktivistischen oder religiösen Gruppe ausgehendes System von Weltanschauungen, Zielvorstellungen und Wertungen; (3) mit negativer Bedeutung: Gesamtheit der Ideen einer Weltanschauung oder eines Parteiprogramms mit politischen, propagandistischen oder missionarischen Zielen; in diesem Sinn ist Ideologie = instrumentalisierte Philosophie. Siehe auch: Fundamentalismus(3).

Illusion: sanskr. *māyā;* Bewusstseinszustand der Trennung von der göttlichen →Realität, was Illusion ist, weil wir in Wirklichkeit nie von dieser Realität getrennt sind; wird verursacht durch eine spaltende (→diabolische) Mentalität und die entsprechende Trennung vom →Einssein (→Dualität[2]) mit dem damit verbundenen Vergessen der eigenen Identität als Teil von →Gott(3); ist das, was in abrahamitischer Terminologie – mit monotheistischer Färbung – als »Ursünde« bezeichnet wird.

Immanenz: »das weltinnewohnende Sein«, von lat. *immanere,* »innen sein; innerhalb weilen«; (1) theistisch: der Aspekt →Gottes(3) als Weltenseele und kosmische Intelligenz (→Paramātmā), neben →Allpräsenz (→Brahman) und →Transzendenz; (2) im →Deismus die Lehre von der Identität von Gott und Universum, im →Pantheismus die Lehre von der ausschließlichen Immanenz Gottes in der Natur; Verneinung bzw. Verkennung der →transzendenten und →individuellen Aspekte Gottes aufgrund von Gleichsetzung von Form und Inhalt (→Substanz und Essenz); Reduktion des →Absoluten auf seinen materiellen Aspekt. Das Konzept eines ausschließlich immanenten Gottes ist nur noch eine Personifikation der hypothetischen »Selbstorganisation der Materie« und führt zu →Atheismus.

Individualität: die Eigenschaft, ein →Individuum zu sein; das ewige, bewusste Sein jenseits von →Dualität und →Nondualität;. Weil das Absolute →individuell ist, finden wir auch im Relativen Individualität.

Individuum: »das Unteilbare, nicht zu Teilende«, von lat. *in-* als Verneinung und *dividere,* »teilen, trennen«; (1) allg.: der Mensch als Einzelperson im Gegensatz zum Kollektiv; (2) in der theistischen Philosophie, gegründet auf die wörtliche Bedeutung: die spirituelle Identität aller Geistwesen als unteilbare, ewige Einheiten mit eigenem Sein, mit →Bewusstsein und Willen, sowohl im Relativen (→Seele, →freier Wille) als auch im Absoluten (→Gott[3]); vergleichbar mit dem Begriff →Monade.

Individuell: wörtl. »unteilbar, ungeteilt«. Als Begriff der theistischen Philosophie bedeutet *individuell* »dem Sein als →Individuum(2) entsprechend« und bezieht sich auf die grundlegenden Eigenschaften, die sowohl →Gott(3) als auch allen Teilen Gottes eigen sind: ungeteilt, ewig, bewusst. (»Unteilbar« bedeutet implizit auch »ewig«: das, was weder Anfang noch Ende hat, was weder in Vergangenheit noch in Zukunft aufgeteilt ist.) Weil Gott und die Teile Gottes individuell sind, ist nicht nur →Einheit, sondern auch →Einssein möglich.

Information: (als metaphysischer Begriff:) das, was Materie Form annehmen lässt und die materielle →Energie steuert; in der Ursachenkette letztlich immer ein Impuls von →Bewusstsein.

Integral: ganz, vollständig, für sich bestehend (von lat. *integralis,* »ein Ganzes ausmachend«); (1) bekannt durch den von Sri Aurobindo (1872–1950) geprägten Begriff »Integraler Yoga«; (2) von Ken Wilber (*1949) verwendet in Begriffen wie »Integrale Psychologie« und »Integrale Spiritualität« als Selbstbezeichnung für das von ihm geprägte philosophisch-esoterische System, das eine umfassende Synthese allen Wissens anstrebt; ist faktisch eine Synthese von →Monismus und materialistischer Wissenschaft (→Evolutionstheorie); (3) das Wesen des →theistischen Gottesbewusstseins, da →Gott(3) »inklusiv«, integrierend und allumfassend ist. Grundlage ist das Verständnis, dass Gott als Ganzheit sowohl Energie als auch bewusstes Wesen ist: Einheit in der Vielfalt, Vielfalt in der Einheit. Sobald das eine vom anderen getrennt wird, fällt der Mensch in eine atheistische oder monotheistische Einseitigkeit.

Intelligenz: (in der theistischen Metaphysik:) Übersetzung für das Sanskritwort →*buddhi,* gleichgesetzt mit lat. *intelligentia* (von *inter* und *legere,* »zwischen unterschiedlichen Möglichkeiten auswählen«); die Unterscheidungskraft, die sich aus Verstand (lat. *intellectus*) und Vernunft (lat. *ratio*) zusammensetzt.

Intentionalität: (von lat. *intentio,* »Absicht, Zielsetzung«) Eigenschaft aller natürlichen und menschlichen Schöpfung aufgrund des Hintergrundes von →Information und →Bewusstsein.

Intuition: (von lat. *intuitio,* »direkte Anschauung; Erkennen durch göttliche Eingebung«, abgeleitet von *in-* und *tueri,* »schauen«) Wahrnehmung und Verstehen aus der qualitativen →Einheit von Mensch und Gott (→Ātmā, →Paramātmā).

Involution: von Armin Risi neu definierter Begriff mit der Bedeutung »in die Materie hineingehende Entwicklung«. Gemeint ist das Schöpfungsprinzip der Verdichtung über kosmisch-hierarchische Abstufungen vor dem Hintergrund der →Information des →absoluten →Bewusstseins (→Ewigkeit). Involution ist interdimensionale Materialisierung, die gesteuert und vollzogen wird durch geistige Impulse, die die →Materie (→Energie) beseelen und formen, d.h. Entfaltung der kosmischen Schöpfung von der höchsten →feinstofflichen Materieebene bis in die Welt der →grobstofflichen Materie.

Jenseits: die →astrale Welt, in die der Mensch in seinem →Astralkörper nach dem →Tod eingeht als erste Stufe auf dem weiteren Lebensweg als →Seele.

Kausalität: (von lat. *causa*, »Ursache«) das Prinzip von Ursache und Wirkung als Grundprinzip der →Polarität in der materiellen Welt; als andere Seite der →Finalität die ursächliche Bestimmtheit von Abläufen und Ereignissen. Auf kosmischer Ebene untersteht die Kausalität dem Schöpfungsprinzip der →Involution. Kausalität wird bestimmt durch →Energie, →Information und →Bewusstsein. Im Leben des Menschen setzt sich die Kausalität von Ursache und Wirkung zusammen aus der Verbindung von →Prädestination und →freiem Willen. Siehe auch: Karma.

Konfession: (»Bekenntnis; Glaubensbekenntnis«) Gemeinschaft von Menschen, die einem bestimmten religiösen Glaubenssystem zugehörig sind.

Kreationismus: (1) allg.: jedes Weltbild, das von einem bewussten →Urgrund aller Existenz ausgeht und die Entstehung von Kosmos, Leben und Bewusstsein nicht mit einer Theorie des →Materialismus erklärt; (2) spez.: die konfessionellen Strömungen innerhalb der abrahamitischen Religionen, die die zwei Schöpfungsberichte des Buches Genesis im Geiste des →Fundamentalismus interpretieren.

Liebe: (theistische Definition im religiösen Kontext:) das Bewusstsein der →individuellen →Einheit mit →Gott(3) und allen »Teilen« und Schöpfungen Gottes (→Einssein).

Materialismus: das Weltbild, das besagt, das gesamte Dasein – auch »Leben« und »Bewusstsein« – sei ein Produkt der Materie und könne allein mit den Gesetzen der Materie erklärt werden; beruht auf dem Glauben an die Absolutheit der physikalischen Materie.

Materie: eine unendlich wandelbare →Energie, die →parallel zum →spirituellen Hintergrund der →Ewigkeit existiert; bringt →relative Welten und Formen in unterschiedlichen Verdichtungsgraden hervor, von den höchsten →feinstofflichen über die →astralen bis hin zu den →grobstofflichen Dimensionen. Materie formt sich nicht selber, sondern entsprechend der →Information durch →Bewusstsein, sowohl durch das →absolute Bewusstsein →Gottes als auch durch die Bewusstseinsimpulse der relativen →Individuen.

Metaphysik: (von grch. *meta*: »neben, hinter«) Physik der »hinter« oder »über« dem Physischen liegenden Existenzdimensionen des Menschen und des physikalischen Universums.

Monade: (von grch. *monas*, »Einheit; das, was nicht zusammengesetzt und deshalb unteilbar ist«) metaphysisch: die →ewige Urnatur alles Lebendigen (→Individuum) sowohl im →Relativen als auch im →Absoluten. Leibniz bezog diesen Begriff auf die gesamte Weltsubstanz und auf alle Lebewesen (er nannte diese Art von Monaden auch »Seelen«, frz. *âmes*) und auch auf Gott (Gott als »Urmonade« oder als »Monade der Monaden«, *monas monadum*).

Monismus: das Weltbild, das besagt, dass alles Seiende letztlich auf eine einzige Ursubstanz, Urenergie oder Ureinheit zurückgeht; der Glaube an die Absolutheit der →Nondualität, d.h. der neutralen Totalität und Einheit von »Energie«. »Gott ist Energie.«

—, **atheistischer:** (a) materialistischer: →Materialismus; das Weltbild, das besagt, alles Seiende sei ein Produkt von Materie; »alles ist eins« im Sinn von »alles ist Materie«; (b) metaphysischer: atheistische →Esoterik; das Weltbild, das besagt, alles Seiende sei das Produkt einer abstrakten, neutralen Totalität von geistiger und/oder materieller Energie, aus der die einzelnen Geistwesen ihre eigene Realität schaffen; »alles ist eins« im Sinn von »alles ist Energie/abstraktes Bewusstsein« und »alles unterliegt den neutralen Gesetzen dieser Energie« (Verabsolutierung der →Kausalität).

—, **theistischer:** Erkenntnis der qualitativen →Einheit von Gott und Welt, von absolut und relativ, von objektiv und subjektiv; gleichbedeutend mit →Brahman-Erkenntnis (→Neutralität).

Monotheismus: (von grch. *monos,* »eins, einzig, allein«) Glaube an einen einzigen Gott, der im Gegensatz zu allen anderen Religionen und Philosophien steht; erzeugt eine religiöse →Ideologie, die eine bestimmte Gottesvorstellung als die einzig wahre herausgreift und verabsolutiert; eine Form des →Dualismus.

Moral: Sittlichkeit, sittliches Verhalten (von lat. *mos,* gen. *moris,* pl. *mores:* »Sitte, Gewohnheit, Charakter«); (1) die Gesamtheit der Regeln und Normen des als normal geltenden Verhaltens, die durch die Lehren der ihnen zugrunde liegenden →Ethik festgelegt werden; (2) das innere Akzeptieren dieser Richtlinien, verbunden mit dem entsprechenden Verhalten.

Mysterienschule: (1) in der Antike: geschlossene Schule der →Esoterik im Geiste des →Schamanismus, des →Okkultismus oder des →Theismus; (2) säkular: esoterisch-humanistische Traditionslinie, die als Institution und Initiationsbund organisiert ist; (3) allg.: Schule von geistig verbundenen Menschen (mit oder ohne Institution), die über die Jahrhunderte und Jahrtausende hinweg vom gemeinsamen Ideal und Ziel getragen waren; (4) theistisch: im Anschluss an (3) die zeitgemäße, freie Weitergabe des alten, zeitlosen Mysterienwissens in Seminar- und Studienkreisen.

Mystik: (von grch. *mystikós,* »die Mysterien betreffend; geheimnisvoll, mysteriös; geheim«, abgeleitet vom Verb *myeīn,* »[Augen und Mund] schließen«) das innere Wahrnehmen von Gottes lebendiger Realität (→Allpräsenz, →Immanenz, →Transzendenz) durch das entsprechende →Bewusstsein des →Einsseins (→Unio mystica).

Naturalismus: das Weltbild, das im atheistischen Glauben gründet, Realität sei beschränkt auf die physikalische Materie (»Natur«) und es gebe nichts Übernatürliches, weder →astrale noch →feinstoffliche Welten und Wesen; gleichbedeutend mit →Materialismus.

Neutralität: (1) in der theistischen Psychologie: Bewusstsein der →Nondualität; die emotionale Losgelöstheit gegenüber der →Dualität durch die Erkenntnis der →Einheit (→Brahman). (2) In der theistischen Theologie: Seinsqualität der →Allpräsenz und →Immanenz; als →Brahman und →Paramātmā ist →Gott (3) neutral entsprechend den Schöpfungsgesetzen, als →Bhagavān ist er →Liebe (→Einssein) und enthält den Aspekt der →Gnade. Wäre Realität auf die Neutralität beschränkt, wäre das →Absolute ausschließlich neutral und abstrakt, ohne Liebe und ohne Gnade.

Nihilismus: (von lat. *nihil,* »nichts«) Ansicht, dass der Mensch keine Erkenntnis des →Absoluten erlangen könne und dass es in der Welt keine vorgegebene, göttliche Wahrheits- und Wertordnung gibt; ist die Konsequenz des →Atheismus, →Humanismus und →Materialismus/Naturalismus.

Nondualität: der Aspekt der →Realität in der undifferenzierten →Einheit jenseits der →Dualität; die Totalität aller →Energie. Wird Realität, unter Verkennung der →Individualität, auf die Nondualität beschränkt, führt dies zum →Monismus (→Advaita).

Nontheismus: Pauschalbegriff für religiöse und esoterische Weltbilder, die nicht theistisch sind, aber die Existenz höherer Welten und Wesen sowie eine (monistische) Gottesrealität anerkennen, z. B. der Buddhismus, der →Advaita-Hinduismus und die europäische Geisteswissenschaft (gewisse Strömungen des Rosenkreuzertums, des →Deismus, der Anthroposophie usw.).

Objekt: (von lat. *obiectum,* »das, was [mir] gegenüber ist«) der dem →subjektiven Ich gegenüberstehende Ausschnitt der äußeren Welt; Gegenstand des Wahrnehmens, Erkennens und Denkens.

Objektiv: die äußeren Gegebenheiten und Fakten betreffend; sachlich, vorurteilsfrei; nicht von subjektiver Sicht beeinflusst. Im relativen Sinn ist objektive Wahrnehmung möglich (= Konstatierung von Fakten), aber die Auswertung und Interpretation der Fakten (= Umwandlung in →Wissen) ist immer →deduktiv und →subjektiv.

Okkasionalismus: (von lat. *occasio,* »Anlass«, im Ggs. zu *causa,* »Ursache«) christlich-theistische Erklärung des Leib-Seele-Dualismus als Antwort auf die Theorien von Descartes; besagt, dass der Mensch mit seinem →freien Willen Seelenimpulse setzt, die Anlass zu entsprechenden Reaktionen auf der psychischen und physischen Ebene sind, dass die ausgelösten Reaktionen aber nicht direkt unter der Macht des Menschen stehen, sondern durch die Mittlerschaft der göttlichen Allpräsenz und Allwissenheit organisiert und koordiniert werden, das heißt, Leib und Seele sind nicht direkt, aber über den gemeinsamen unendlichen Hintergrund (→Gott) miteinander verbunden. Siehe auch: Parallelismus; Paramātmā.

Okkultismus: von lat. *occultus,* »dem Auge verborgen, geheim, heimlich, im Dunkeln gehalten«; (1) im 19. Jh.: Synonym für →Esoterik; (2) entsprechend dem etymologischen Bezug auf das Dunkle und Verborgene: Überbegriff für die Geheimlehren der atheistischen Esoterik (→Monismus, atheistischer), die meistens verbunden sind mit magischen Praktiken.

Ontologie: (von grch. *ón, óntos,* »seiend«) Lehre vom Sein, in der es um die Fragen geht, wie »Sein« und →Realität zu definieren bzw. zu erkennen sind und von Schein und Irrealität abgegrenzt werden können.

Panentheismus: die »Alles-in-Gott-Lehre« (grch. *pan:* all-; *en:* in; *theós:* Gott); die Lehre, dass alles in Gott enthalten ist, dass Gott aber nicht identisch mit der materiellen Welt ist (nicht nur →immanent); entspricht der Erkenntnis des →Paramātmā.

Pantheismus: »Alles zusammen ist Gott« (grch. *pan:* all-; *theós:* Gott); die Lehre, dass Gott die Natur und die Schöpfung ist; Gott und Schöpfung sind identisch; Gott ist die Gesamtheit aller Materie. »Gott ist das Universum« bedeutet: Die Materie ist göttlich, im Ggs. zum →Deismus, der sagt: »Das Universum ist Gott« (= Gott ist materiell; die Materie ist Gott). Siehe auch: Holismus.

Paradigma: (von grch. *parádeigma,* »Urbild, Schema, Leitbild, Vorgabe«; pl. Paradigmen oder Paradigmata) nach Thomas S. Kuhn: das vorherrschende Denkmuster in einer bestimmten Zeit entsprechend dem mehrheitlich anerkannten Konsens über wissenschaftliche Annahmen und Vorstellungen, auf dessen Grundlage die →objektiven Gegebenheiten →subjektiv interpretiert werden.

Paradigmenwechsel: (1) nach Thomas S. Kuhn: Übergang zu neuen →Paradigmen in der Wissenschaft oder in einem Zweig der Wissenschaft; der zwangsläufige Schritt in der Wissenschaftsentwicklung, wenn neue Phänomene oder Befunde (»Anomalien«) auftreten, die mit den bisherigen Paradigmen nicht mehr erklärt werden können. Sind die Anomalien real und liegt der Fehler nicht bei den beobachtenden Wissenschaftlern, kommt es nach der »normalwissenschaftlichen Periode« zu einer kritischen Phase (»Krisis«), in der die bisher vorherrschenden Paradigmen hinterfragt werden (»Grundsatzdiskussionen«). Setzen sich neue Paradigmen durch, spricht man von einem Paradigmenwechsel. Betrifft dieser Wechsel grundlegende Überzeugungen der bisherigen Wissenschaft, ist das Ergebnis eine »wissenschaftliche Revolution«. (2) Allg.: Veränderung von vorherrschenden Grundüberzeugungen in einem bestimmten Gesellschafts- oder Tätigkeitsbereich, entweder aufgrund von neuen Erkenntnissen oder aufgrund einer Hinterfragung und Überwindung der bis dahin vorherrschenden Vorstellungen und →Weltbilder.

Parallelismus: (in der theistischen Philosophie:) die Überwindung von →Dualismus und →Monismus, indem die →Materie und das →Spirituelle, das →Relative und das →Absolute, als parallele →Realitäten gesehen werden, die sich im Unendlichen (→Gott) schneiden und über diese →Ganzheit eine differenzierte, lebendige →Einheit bilden (→Holistisch, →Integral).

Patristik: von lat. *patres*, »Väter«; (1) die von den Kirchenvätern vom 2. bis 8. Jh. erarbeitete systematische Ausformulierung des christlichen bzw. kirchlichen Glaubens ohne explizite Bemühung um eine philosophische Begründung; diese folgte später im Rahmen der →Scholastik. (2) Fachrichtung der Theologie, die sich mit den Lehren der Kirchenväter und mit der Literatur- und Ideengeschichte des frühen Christentums beschäftigt.

Person: (von lat. *persona*, »Maske eines Schauspielers; die Rolle, die durch diese Maske dargestellt wird; Gestalt in einer Dichtung; im Theater dargestellter Mensch; der einzelne Mensch, die Person«, wahrscheinlich von *personare*, »hindurchtönen«) in der theistischen Philosophie: der Mensch in seiner irdischen Identifikation als Mann oder Frau, jung oder alt usw.; entsteht durch die vergängliche Einheit von →feinstofflichem und →grobstofflichem Körper auf der Grundlage des Schöpfungsprinzips des →*ahaṅkāra* (»Ich-Identifikation«). Die »Person« ist die Rolle, die die inkarnierte →Seele innerhalb eines irdischen Lebens annimmt, und ist zu unterscheiden von der wirklichen, →spirituellen Identität als →Individuum. Wer sich zuviel oder zuwenig mit seiner irdischen Person identifiziert, fällt in →Illusion (→*māyā*) und handelt entsprechend dem »falschen Ich« (→Ego[2]).

Persönlichkeit: (im philosophischen Kontext:) die Eigenschaft, in der materiellen Welt eine →Person zu sein, zu unterscheiden von →Individualität.

Philosophie: das Streben nach Erkenntnis von →Realität; der Versuch des Menschen, mit Vernunft und Logik Antworten auf die grundlegenden Fragen des Daseins zu finden: Wer bin ich? Woher komme ich? Warum bin ich hier?

Polarität: (1) Zweiheit, Wechselseitigkeit, Wirkungsprinzip zweier im Gleichgewicht verbundener Pole; (2) im Ggs. zu →Dualität: die harmonische, →objektiv existierende Zweiheit von sich gegenseitig bedingenden und ergänzenden Gegenteilen; Urprinzip der materiellen Welt = die ursprüngliche Schöpfungsdynamik, die auf dem Gleichgewicht der jeweiligen Polpaare beruht, wie Ursache und Wirkung, Raum und Zeit, männlich und weiblich, *yin* und *yang*, Alpha und Omega, Anfang und Ende. Der Bruch dieses Gleichgewichts durch Einseitigkeit führt zu →Dualität.

Polytheismus: »Vielgötterglaube« (von grch. *polys,* »viel«); Weiterführung des →Animismus in Form eines Glaubens an kosmisch personifizierte Naturkräfte und überweltliche Götterfiguren (ohne Konzept eines übergeordneten →Absoluten).

Positivismus: (spätlat. *positivus,* »gesetzt, gegeben«, von lat. *ponere (positum),* »stellen, setzen«) im →Empirismus gründende Richtung der Wissenschaft und Philosophie, die nur das empirisch unmittelbar Gegebene (»Positive«) als real annimmt (→Materialismus, →Naturalismus) und durch das induktive Analysieren und Ordnen dieser Fakten zu allgemeingültigen Erkenntnissen kommen will. Der Positivismus geht, im Ggs. zum →Nihilismus, davon aus, dass der Mensch durch das eigene Forschen zu objektivem Wissen gelangen kann.

Prädestination: »Vorausbestimmung«; entsprechend dem Prinzip der →Kausalität ein Aspekt der Reaktionsfolge von Ursache (Aktion) und Wirkung (Reaktion). In der Ursache (Aktion) wirkt der →freie Wille, in der Wirkung (Reaktion) die Prädestination. In Situationen, die durch eigene Handlungen prädestiniert wurden, hat der Mensch immer die Möglichkeit, entsprechend dem freien Willen zu handeln. So wie Aktion und Reaktion nie getrennt werden können, sollte Prädestination nie getrennt vom freien Willen gesehen werden.

Prädestinationslehre: Glaube, dass alles, was geschieht, durch den Willen eines als Person aufgefassten Gottes vorausbestimmt ist; vergleichbar mit →Fatalismus (Glaube an die Vorausbestimmung durch eine unpersönliche Schicksalsmacht) und →Determinismus (Glaube an die Vorausbestimmung durch die Naturgesetze). All diese Varianten gründen in einer Verabsolutierung der →Kausalität, verbunden mit dem Ignorieren oder Bestreiten des →freien Willens. Die religiöse Prädestinationslehre gründet in der Fehlauffassung, der freie Wille des Menschen stehe im Widerspruch zu Gottes Allmacht und Allwissenheit; findet sich auch – in nichtreligiöser Form – in der atheistischen Esoterik (→Monismus, atheistischer).

Präexistenz: »frühere Existenz«; in der Lehre der →Reinkarnation die Existenz der →Seele vor der Verkörperung im gegenwärtigen Leben; wird vom →Monotheismus aufgrund der Lehre, der Mensch habe nur ein einziges Leben, bestritten.

Pragmatismus: Richtung der →Philosophie und →Ethik, die Wissen und Wahrheit entsprechend dem Prinzip der Nützlichkeit definiert: Wahr und richtig ist, was nützlich ist (→Relativismus). In der negativen Form ist Pragmatismus die Geisteshaltung, die den Wert einer Sache daran misst, inwieweit sie für das Erreichen der *eigenen* Ziele nützlich ist; ist in dieser Form die praktische Konsequenz des atheistischen →Monismus und →Humanismus; »der Mensch ist das Maß aller Dinge«, »der Zweck heiligt die Mittel«.

Psyche: Überbegriff für die feinstofflichen Dimensionen des Menschen als →Person, die aus →Geist, →Intelligenz und dem →Ich-Bewusstsein (→Ego, →*ahaṅkāra*) bestehen, als Ausdruck des →Bewusstseins des →spirituellen →Individuums.

Quantenphysik: die Physik der kleinsten Materieeinheiten, die zeigt, dass die Grundstrukturen der →Materie nicht den linearen Gesetzen der Newtonschen Physik folgen und dass die Materie als →Energie in sich unendlich viele Möglichkeiten der potentiellen →Realität(2) enthält; welche dann faktische Realität wird, ist von vielen Faktoren abhängig, insbesondere vom →Bewusstsein der beteiligten Intelligenzen. Die Erkenntnisse der Quantenphysik können entsprechend dem atheistischen →Holismus oder →Monismus oder in einem theistischen Sinn interpretiert werden (→Bewusstsein, →Energie, →Information).

Quantensprung: (1) in der → Quantenphysik: das Phänomen, dass Zustandsveränderungen auf der nuklearen Ebene nicht linear, sondern sprunghaft verlaufen, da diese kleinsten Einheiten nur als ganzzahlige Vielfachstrukturen auftreten; (2) allg.: eine scheinbar plötzliche Veränderung, wenn die entsprechende →Energie und →Information die kritische Masse erreicht hat. Siehe auch: Paradigmenwechsel.

Rationalismus: von lat. *ratio,* »Vernunft«; (1) heute: gleichbedeutend mit →materialistischem Intellektualismus (aufgrund der Gleichsetzung von Ratio und Intellekt; →Intelligenz); (2) im klassischen Sinn: die philosophische Richtung, die von der Annahme ausgeht, dass →Realität rational und logisch erkennbar ist, weil alles Existierende auf einen geistigen und logischen →Urgrund zurückgehe; besagt (im Ggs. zu →Monotheismus und →Dogmatismus sowie auch im Ggs. zum →Empirismus und →Materialismus), dass der Mensch rational-objektive Erkenntnisse erlangen kann.

Realismus: von lat. *realis,* »sachlich, wesentlich«; (1) in der Antike und →Scholastik: die Lehre, dass den Allgemeinbegriffen (»Universalien«, bei Platon: →Ideen) eine vom menschlichen Denken unabhängige Realität zukommt (= Begriffsrealismus, heute dem →Idealismus(2) zugeordnet). (2) Modern: Überbegriff für alle Arten von Lehren, die sagen, dass der äußeren, materiellen Welt eine →objektive Realität zukommt und dass Realität auf die Materie beschränkt ist; →Empirismus, →Materialismus/Naturalismus, →Positivismus, →Pragmatismus. (3) Allg.: Haltung der kritisch-nüchternen Einschätzung von Situationen und Gegebenheiten. (4) Spiritueller Realismus: Leben im Bewusstsein der →Ewigkeit und des →Einsseins.

Realität: von neulat. *realitas,* »Vorhandensein, Wirklichkeit«; (1) das objektive Vorhandensein der materiellen Außenwelt unabhängig von der subjektiven Wahrnehmung durch den Menschen; (2) in der →Ontologie: das faktisch Vorhandene (= Realität, »Aktualität«) im Ggs. zur Möglichkeit (»Potentialität«); Realität ist hier das, was von den vielen potentiellen Varianten (»Möglichkeiten«) zu einem physischen Faktum geworden ist (→Quantenphysik). (3) In der Erkenntnistheorie: Realität des Denkens (ideelle oder subjektive Realität) und Realität der Außenwelt (positive oder objektive Realität). (4) In der theistischen Philosophie: Synonym für →Ganzheit, wobei zu unterscheiden ist zwischen →relativen und →absoluten Realitäten. Als relative Realitäten werden alle Erscheinungsformen der →feinstofflichen (geistigen) und der →grobstofflichen (physischen) →Materie bezeichnet. Diese existieren in der Vorstellung (→subjektiv) und/oder in der Außenwelt (→objektiv); sie entsprechen dem, was unter den Punkten 1 bis 3 definiert wurde. Absolute Realitäten sind die Aspekte der »wirklichen Wirklichkeit«, des →spirituellen Seins: die →Essenz hinter aller Existenz, die differenzierte →Einheit und →Ewigkeit, in deren Licht auch das Materielle als göttliche, aber relative Realität erkannt werden kann.

Reduktionismus: (in der Naturwissenschaft:) Methode des →Materialismus, alles Sein auf die →empirisch wahrnehmbaren Faktoren zu reduzieren, um durch diese Analyse (wörtl. »Auflösung, Zergliederung«) der Teile das Ganze verstehen zu können; geht von der Annahme aus, das Ganze sei die Summe seiner Teile und →Realität bestehe nur aus physikalischer Materie.

Reinkarnation: »wiederholte Verkörperung«; Lehre, dass die →Seele verschiedene Erdenleben durchläuft (Seelenwanderung); kann atheistisch-monistisch oder theistisch verstanden werden, je nachdem, wie die Frage nach dem Wesen der Seele und nach dem Ziel der Reinkarnation beantwortet wird. Der atheistische →Monismus sagt, das individuelle Dasein der Seele sei Illusion und löse sich letztlich auf. Aus theistischer Sicht ist die Seele in →Ewigkeit ein →spirituelles Wesen mit →Bewusstsein und →freiem Willen; das Ende der Reinkarnation bedeutet nicht Auflösung der →Individualität in einer homogenen →Nondualität, sondern Eingehen in das →individuelle →Einssein mit Gott(3).

Relativ: (von lat. *relatum,* zu *referre,* »zurücktragen; mitteilen, berichten, referieren; sich auf etwas beziehen«) in Relation stehend, nur bedingt gültig, von Bedingungen abhängig. Die Welt des Relativen besteht aus Gegensätzen, die sich gegenseitig ergänzen und bedingen (→Polarität) und gegenseitig ausschließen und bekämpfen (→Dualität); ist keine unabhängige →Realität, sondern existiert vor dem →parallelen Hintergrund der →Einheit und des →Absoluten.

Relativismus: Konsequenz des →Atheismus und des →Monotheismus, indem Materie/Energie bzw. eine bestimmte Gottesvorstellung als einzige Realität angenommen wird. In der atheistischen Ausprägung besagt der Relativismus, dass alle Erkenntnisse und Wertvorstellungen immer nur relativ sind (= Verabsolutierung der →Relativität), in der monotheistischen, dass alle Erkenntnisse und Wertvorstellungen nur im Sinn des jeweiligen Religionssystems wirkliche Gültigkeit haben (= Relativierung des →Absoluten); führt auf beiden Seiten zu →Pragmatismus.

Relativität: der Bereich des →Relativen und der →Materie; die Eigenschaft des gegenseitigen Abhängigseins aller materiellen Schöpfungen und Schöpfungsaspekte; umfaßt die →Polarität und die →Dualität.

Religion: (1) im Altlateinischen zu *res,* »Ding; Angelegenheit; Tat«, und *ligere,* »binden, unterbinden«; *relligere/religere* (von *rem ligere*) bedeutete »etwas unterlassen, nicht tun«. Weil der Grund für die Nichtausführung einer Tat oft mit dem Glauben an Gott und höhere Mächte zusammenhing, bekam das Wort *rel(l)igio* im lateinischen Sprachraum die Bedeutung von »Gottesfurcht« und »Frömmigkeit«, auch »Aberglaube« (bei übertriebener Furcht vor Göttern und Geistern). (2) In der Interpretation durch den Kirchenvater Lactantius (3./4. Jh.): *religio,* »das Sich-wieder-Verbinden mit Gott«, durch die – etymologisch nicht zutreffende – Bezugnahme auf das Verb *religare,* »zurückbinden; [etwas Losgerissenes oder Getrenntes] wieder anbinden«). (3) Im modernen Sprachgebrauch: durch eine bestimmte Lehre und kulturelle Form geprägter Glaube an Gott und/oder immaterielle Kräfte sowie die damit verbundenen Regeln, Gesetze und Rituale.

Resonanzgesetz: in der Metaphysik: Die Übertragung des physikalischen Begriffs der Resonanz (»Mitschwingen, Mittönen, Widerhall«) auf den Bereich des →Geistes. Das geistige Resonanzgesetz ist das Gesetz der Entsprechung (Affinität) und besagt, dass jeder Mensch durch die Ausrichtung seines →Bewusstseins mit entsprechenden »Schwingungen« (→Energie) in Resonanz geht, was bedeutet, dass man immer das wahrnimmt, was dem eigenen Bewusstsein entspricht, und dass man das anzieht, was man aussendet. »Gleiches zieht Gleiches an.«

Sanskrit: »die [nach kosmischen Mustern] geordnete Sprache« (von *saṁskṛta*, »zusammengefügt, geordnet, vollendet«); die altindische Schrift- und Gelehrtensprache; gehört zu den ersten und zugleich komplexesten Schriftsprachen der Welt und stellt dadurch eine deutliche Infragestellung der →Evolutionstheorie dar, derzufolge die Menschen primitive Tierabkömmlinge waren und nur langsam, durch eine zufällige Serie von Genmutationen, die für das Sprechen erforderlichen Hirn- und Organverfeinerungen erlangten.

Schamane: wahrscheinlich von sanskr. *śramana* (= *shamana* in Pali), »jemand, der *śrama* auf sich nimmt«; *śrama:* »Anstrengung; Askese; Trance«, evtl. auch verwandt mit sanskr. *śama*, »innere Ruhe; Beherrschung der sinnlichen Triebe«, und/oder *sama,* »innere Ausgeglichenheit; Neutralität«; (1) eine Person, die zu den Weisen und/oder Ältesten eines Stammes gehörte und das priesterlich-wissenschaftliche, metaphysische Wissen besaß (Urbild des Medizinmannes, der Medizinfrau); (2) Person, die den →Animismus(2) praktiziert.

Schamanismus: das Praktizieren des Wissens der →Schamanen; existiert in einem breiten Spektrum von magischem →Animismus(2) mit Geisterbeschwörung und Zauberei über →Okkultismus(2) bis hin zur theistisch-metaphysischen →Spiritualität, die den bewussten, nichtmanipulativen Umgang mit den Naturenergien und den körperlichen Energien anstrebt zum Zweck der inneren Heilung, der Erdheilung und Vertiefung der persönlichen →Mystik (durch Rituale, Klang, Bewegung, Traumarbeit usw.).

Scholastik: »Schullehre; offizielle Lehrmeinung« (von lat. *scholasticus,* »zur Schule gehörend«); die philosophische Aufarbeitung und Weiterführung der in der →Patristik ausformulierten kirchlichen Lehren (9.-14. Jh.), verbunden mit dem Studium der antiken Philosophen und mit eigenen neuen Forschungen und metaphysischen Diskussionen (→Realismus(1), →Idealismus); war theologische Philosophie mit von der Kirche vorgegebener Schlussfolgerung.

Seele: (1) in verschiedenen geisteswissenschaftlichen Richtungen Synonym für →Psyche; (2) in der theistischen Philosophie: das, was die Materie beseelt und das Leben ausmacht; das, was beim Menschen sowohl dem feinstofflichen als auch dem grobstofflichen Körper Leben verleiht und beim →Tod den sterblichen Körper verläßt; die →Essenz der vergänglichen Existenz; das →ewige, →individuelle immaterielle Selbst, das →spirituelle →Individuum (2).

Sophía: »Weisheit«; (1) allg.: inneres Wissen, Erkenntnis der →Realität; in dieser Bedeutung zu finden im Begriff →Philosophie; (2) in der →Gnosis: von der jüdischen →Mystik übernommenes Konzept der Schechina (weiblicher Aspekt Gottes, vergleichbar mit sanskr. *śakti*); wird als »Sophía« in den patriarchal geprägten Kosmogonien zum untergeordneten, fehlbaren Aspekt Gottes, der als Verkörperung des Weiblichen die Trennung von Gott verursacht und zur Entstehung der Materie und der Welt des Todes führt.

Sozialismus: von lat. *socialis,* »kameradschaftlich, gemeinschaftlich«; (1) allg. und ursprünglich: theoretisches bis utopisches Konzept einer klassenlosen gerechten Gesellschaft ohne Ausbeutung und Unterdrückung; deshalb Forderung nach Aufhebung des Privateigentums an Produktionsmitteln; entstand im frühen 19. Jh. als Reaktion auf den Industrialismus. (2) Staatssozialismus: das Bestreben, dem Staat die Macht zu geben, die gesellschaftlichen Mißstände zu beseitigen (durch Verstaatlichung, Enteignung usw.), hat als Ziel den *Kommunismus;* gründet seit Marx und Engels explizit im →Atheismus und →Materialismus und führt dadurch zu staatlichem →Pragmatismus (mit Neigung zum Totalitarismus).
Spiritualität: Überbegriff für alle Weltbilder und Lebensweisen, die über den →Materialismus hinausgehen und in einer atheistischen, monistischen oder theistischen →Metaphysik und →Esoterik gründen. Siehe auch: Holistisch; Integral.
Spirituell: (1) allg.: göttlich; über die Materie hinausgehend; im Immateriellen gründend. (2) In der theistischen Definition: auf die →Essenz hinter der Existenz bezogen, in ihr gründend; alles, was direkt und bewusst mit der göttlichen →Einheit und →Individualität verbunden ist; die Eigenschaft des →Bewusstseins und der →Ewigkeit; nicht materiell, nicht in der →Materie, sondern im →Absoluten gründend. Das Spirituelle ist nicht das Gegenteil des Materiellen, sondern der Hintergrund des Materiellen, denn beides sind →parallele Aspekte der →Ganzheit.
Subjekt: (von lat. *subiectum,* »das [einer Aussage oder Wahrnehmung] zugrunde Gelegte«) philosophisch: das erkennende, mit Bewusstsein ausgestattete Ich, das sich der Welt, dem →Objektiven, gegenübersieht und dieses →subjektiv wahrnimmt.
Subjektiv: (1) umgangssprachlich: ichbezogen, persönlich, nicht sachlich; (2) philosophisch: auf das →Subjekt bezogen, vom Subjekt ausgehend; vom →Bewusstsein der jeweiligen →Person abhängig. Jede Wahrnehmung und jedes →Wissen ist subjektiv, da es immer *Menschen* sind, die etwas wahrnehmen oder etwas wissen – entweder entsprechend dem wahren Ich oder entsprechend dem falschen Ich (→Ego). Auch die Erkenntnis von Wahrheit und →Gott ist immer subjektiv, da →individuell. *Individuell* ist unser Wesen als →Seele, *subjektiv* unser →Bewusstsein, mit dem wir das →Objektive wahrnehmen und interpretieren.
Substanz und Essenz: »Form« und »Inhalt«, gleichbedeutend mit →Energie und →Bewusstsein. Siehe auch: Essenz und Existenz.
Symbol: von grch. *sýmbolon,* »das Zusammengefügte«; (1) allg.: Sinnbild oder Zeichen, das auf einen tieferen Sinn hinweist (→Allegorie); (2) in der theistischen Theologie: alles, was als Hinweis auf das →Spirituelle und →Absolute dient und als solches gesehen wird. Letztlich ist alles in der →Materie direkt oder indirekt ein Symbol für die →Essenz hinter aller Existenz.
Symbolisch: wörtl. »zusammenfügend«; (1) allg.: auf einem →Symbol beruhend, als Symbol auffassend und in diesem Sinn interpretierend; (2) die Eigenschaft des Materiellen, →Symbol(2) zu sein, sowie die Eigenschaft der Sichtweise, die diesen Symbolcharakter wahrnimmt. Etwas symbolisch zu sehen bedeutet, die entsprechenden Bilder, Geschichten und Ereignisse in Verbindung mit →Gott(3) zu sehen und alles →Relative aus der Perspektive dieses höheren Zusammenhangs zu betrachten (im Ggs. zu →diabolisch).

Synkretismus: grch. »das Zusammenkommen der Kreter [angesichts eines gemeinsamen Feindes, nachdem sie untereinander zerstritten waren]«, dann allg.: »das Schlichten eines Streites durch die Vermittlung eines Dritten«; wurde in der Philosophiegeschichte zu einem Synonym für →Eklektizismus. Synkretismus ist meistens abwertend gemeint: das unkritische oder willkürliche Vermischen verschiedener Elemente anderer Religionen oder Philosophien zu einem neuen System, das Originalität, innere Konsistenz und Widerspruchslosigkeit vermissen lässt.

Teleologie: (grch. *telos*, »Ziel; Zweck; Vollendung«) Auffassung, dass Naturprozesse, die geschichtliche Entwicklung und das menschliche Leben durch eine innere Zielgerichtetheit (→Finalität) bestimmt werden. Je nach Weltbild wird die Ursache für diese Zielgerichtetheit (= die höhere, bereits vorhandene Ordnung) als →immanent und/oder als →transzendent gesehen. Siehe auch: Entelechie.

Theismus: (von grch. *theós*, »Gott, Gottheit«) integrierendes, differenziertes Gottesbewusstsein; gründet im Glauben an den →absoluten Gott, der »inklusive«, integrierend und allumfassend ist; sieht →Gott(3) als →Ganzheit, die sowohl →Energie und →Einheit als auch →Individuum ist, das eine ungeteilte Sein und Bewusstsein mit Willen, →Liebe und →Gnade; beinhaltet die Erkenntnis, dass die göttliche Realität (= Ganzheit) ewiglich →individuell (»eins und unteilbar«) ist und dass dieses gleichzeitige Eins- und Individuellsein der Teile und des Ganzen (→Liebe) die wirkliche →Realität ist; alles andere ist →Illusion. Der Theismus beschränkt Gott nicht auf eine bestimmte Vorstellung, sondern erkennt die →Allpräsenz, die →Immanenz und die →Transzendenz als nicht zu trennende →Realitäten(4); sieht das →Absolute sowohl als →Nondualität als auch als →Individualität (»ungeteiltes, ewiges Sein und Bewusstsein«). Der Theismus ist nicht →eklektisch oder →synkretisch, denn er übernimmt nicht einzelne Elemente anderer Philosophien und Religionen, sondern zeigt die *gemeinsame Essenz* von Philosophie und Religion, was zu einer →holistischen und →integralen →Weltsicht führt.

Theistisch: den →Theismus betreffend, im Theismus gründend, d.h. vom Geist eines ganzheitlichen Gottesbewusstseins erfüllt; »religiös« in einem universellen, überkonfessionellen Sinn; ist neben »esoterisch« und »spirituell« ein neuer, dritter Begriff für alle Weltbilder, Aktivitäten und Projekte, die über den →Materialismus hinausgehen und ein →integrales Gottes- und Weltverständnis anstreben, wobei der Begriff »theistisch« deutlich macht, dass dieses Bestreben nicht einem →Monismus, einer atheistischen →Esoterik oder einem →Okkultismus unterliegt.

Theologie: »Lehre von Gott«; die systematische Darstellung der Lehren eines bestimmten Religionssystems.

Tod: Ende des irdischen Lebens, wenn die →Seele mit dem →feinstofflichen Körper den →grobstofflichen Körper verlässt.

Transzendent: von lat. *transcendere*, »über etwas hinausgehen«; (1) allg.: außerhalb der menschlichen Wahrnehmung liegend, die Grenzen des Materiellen überschreitend; (2) in der →Scholastik: die allgemeinsten, nicht mehr weiter kategorisierbaren Eigenschaften der Grundbestandteile der göttlichen Schöpfung, wie *res*, »Ding«, *ens*, »das Seiende«, *verum*, »das Wahre«, und *unum*, »das Eine«, und somit auch eine Eigenschaft Gottes; (3) in der theistischen Theologie: die Eigenschaft Gottes in seinem Sein jenseits der

Materie, während er gleichzeitig →immanent in der Materie gegenwärtig ist. Sowohl in seinem transzendenten als auch in seinem →immanenten Aspekt ist Gott →transzendental.

Transzendental: »unberührt von Materie«; nicht den materiellen Grenzen und Konditionen unterworfen; gemeinsame Eigenschaft →Gottes und der Teile Gottes (→Individuum, →Seele).

Transzendenz: (1) die Welt des →Transzendenten; das, was jenseits der Materie ist; der →spirituelle Hintergrund des Diesseits; (2) in der theistischen Theologie: neben →Allpräsenz (→Brahman) und →Immanenz (→Paramātmā) die dritte Seinsqualität →Gottes(3).

Unendlichkeit: Eigenschaft der →Materie als göttliche →Energie, die durch die Multidimensionalität von Raum und Zeit (→Polarität; →Relativität) einen unendlichen Fluss vergänglicher materieller Schöpfungen hervorbringt. Hinter der Vergänglichkeit ist die Unendlichkeit. Unendlichkeit ist die Erscheinungsform der →Ewigkeit in der materiellen Welt.

Unio mystica: »mystische Vereinigung«; die Versenkung der Seele in ihren →Urgrund als Offenbarungsgeschenk in der Meditation; das Erleben der qualitativen →Einheit mit →Gott als →individuelles →Einssein (→Liebe).

Urgrund: (1) das, auf dem alles beruht und aus dem alles hervorgeht (→Einheit); kann materialistisch, monistisch, monotheistisch oder theistisch aufgefasst werden; (2) im theistischen Verständnis: der →spirituelle Hintergrund des →Materiellen; →Gott(3) als →absolutes →Bewusstsein (→Realität[4]).

Ursache und Wirkung: →Kausalität, ein Grundprinzip der →Polarität. Siehe auch: Prädestination; Freier Wille; Karma.

Vedisch: historisch und inhaltlich im →*veda* gründend; die →holistischen und →spirituellen Aspekte der altindischen Kultur betreffend oder sich auf sie beziehend, von ihnen ausgehend.

Vitalismus: (zu lat. *vitalis,* »zum Leben gehörend, das Leben ausmachend«) Lehre, dass die Funktionen des Lebens der organischen Lebewesen auf das Wirken einer nichtphysischen »Lebenskraft« (lat. *vis vitalis*) zurückgehen und nicht allein mit mechanischen und physikalischen Faktoren zu erklären sind; geht (im Ggs. zum →Materialismus/Naturalismus) davon aus, dass die →grobstoffliche Materie nicht die einzige Realität ist; kann in einer dualistischen, monistischen oder theistischen Definition von →Realität gründen. Vitalismus aus →theistischer Sicht besagt, dass →Materie durch Impulse von →Bewusstsein geformt wird (durch das →parallele Zusammenwirken des →Relativen und des →Absoluten: →Ātmā, →Paramātmā). Siehe auch: Information; Entelechie; Involution; Seele.

Weltbild: (1) allg.: das auf →Paradigmen beruhende →Wissen und Denken von Menschen einer bestimmten Epoche oder einer bestimmten Gruppe (das Weltbild der Renaissance, das Weltbild der Naturvölker, usw); (2) philosophisch: das →*a priori* und →subjektiv gewählte Erklärungsmuster der Welt entsprechend dem eigenen →Glauben und der eigenen Bewusstseinsausrichtung, auf dessen Grundlage alle →objektiven Fakten →subjektiv (→deduktiv, induktiv) interpretiert werden.

Weltsicht: die durch das →Weltbild und den damit verbundenen →Glauben bestimmte Sicht der Welt.

Wissen: das Ergebnis der →subjektiven Interpretation der →objektiven Fakten entsprechend dem →*a priori* gewählten →Weltbild (→Glaube). Dies bedeutet: Je umfassender und ganzheitlicher (→holistisch, →integral) ein Weltbild ist, desto umfassender und ganzheitlicher ist das daraus resultierende Wissen.

Wissenschaft: systematische Erarbeitung und Auswertung von →Wissen auf der Grundlage von empirischer Beobachtung, Experiment und Theorienbildung (Grundsatz nach Karl Popper: eine wissenschaftliche Theorie muss falsifizierbar sein); gründet in →Paradigmen und →Weltbildern, heute weitgehend im →Materialismus, weshalb das entsprechende →Wissen beschränkt und in vieler Hinsicht destruktiv ist.

2. Sanskritbegriffe

Advaita: »Nichtdualismus«; (1) philosophische Strömung des →Monismus im →Hinduismus; (2) modern: Weltbild des →Nontheismus oder →Atheismus, das die →Nondualität für →absolut hält und →Individualität der →Materie, der →Relativität, zuordnet und mit dem →Ich-Prinzip oder mit dem →Ego gleichsetzt; anerkennt die Existenz höherer Welten und Wesen sowie eine Gottesrealität im Sinne des →Monismus.

Ahaṅkāra: »Ich-Erzeugung« (von *aham,* »ich«, und *kāra,* »Macher, Erzeuger«), gleichbedeutend mit lat. *identificatio,* »das Gleichsetzen von etwas mit etwas anderem« (von *identitas,* »Übereinstimmung, das Gleichsein zweier Dinge«, und *facere,* »machen«); das →Ich-Bewusstsein; die Identifikation mit der eigenen materiellen →Persönlichkeit durch die natürliche Projektion des →Bewusstseins in die →Materie; die dritte der drei Ebenen der menschlichen Psyche (→*buddhi,* →*manas*); ermöglicht das →Ego(2) (= falsches Ich), ist aber nicht mit diesem gleichzusetzen. Nur wenn aufgrund einer einseitigen und damit ausschließlichen Identifikation mit der Materie das Bewusstsein der eigenen →spirituellen Identität als →Seele und Teil Gottes (→Individuum) ausgeblendet wird, entsteht →Illusion (→*māyā*).

Akarma: »Handlungen, die keine Bindung an →Karma-Reaktionen verursachen«; spirituelle Tätigkeiten in Verbindung mit →Gott (→Bhakti-Yoga) jenseits der Dualität von →Vikarma und →Karma(3).

Anādi, ananta: »ohne Anfang«, »ohne Ende«; Eigenschaften Gottes in bezug auf die →materielle Welt; →Unendlichkeit.

Ātmā: Sanskritwort mit unterschiedlichen Bedeutungen und etymologischen Bezügen (*an:* »hauchen, atmen«; *at,* »sich bewegen; Leben geben«; *vā,* »wehen, blasen«); in der theistischen Terminologie: das »Selbst«, das →spirituelle →Individuum als Teil →Gottes(3); die ewige →Seele, die in der materiellen Welt durch verschiedenste Körper in irdischen und höherdimensionalen Sphären wandert.

Bhagavad-Gītā: »Gottes Gesang; →Bhagavāns Worte«; die Unterweisungen Krishnas auf dem Schlachtfeld von Kurukṣetra; ein Teil des →*Mahābhārata;* ist das zentrale und zusammenfassende Werk der Sanskritschriften und enthält die Essenz der →vedischen Gottesoffenbarung.

Bhagavān: »alle Vollkommenheiten *(bhaga)* umfassend *(vān)*«; Bezeichnung für Gott in seinem →transzendenten Aspekt als allumfassende →Ganzheit, die →Brahman und →Paramātmā enthält, ohne selbst auf diese Aspekte beschränkt zu sein; ist neben der allgegenwärtigen Energie (Brahman) und dem allgegenwärtigen Bewusstsein (Paramātmā) die allgegenwärtige →Individualität, die →Einssein und →Liebe ermöglicht. Die Wurzel dieses Sanskritwortes (*bhaga*, »Fülle; Vollkommenheit«) prägte in vielen anderen Sprachen das Wort für »Gott«, von den Sprachen des Mittleren Ostens bis zu den slawischen Sprachen: *baga, bog, bug* usw.

Bhakti: »dienende Liebe, Hingabe« (von *bhaj*, »sich einfügen, harmonieren, verehren«); Leben im Bewusstsein der →individuellen →Einheit mit →Gott(3) (→Einssein, →Liebe).

Bhakti-Yoga: der Vorgang der Verbindung (→Yoga) mit Gott (→Bhagavān) durch →Bhakti.

Brahmā: »derjenige, der entfaltet; der entstehen lässt«; das ersterschaffene, höchste Lichtwesen im Universum, der sekundäre Schöpfergott, der die Schöpfung innerhalb des Universums manifestiert.

Brahman: »das große, unbegrenzt Wirkende; das Absolute« (von *bṛh*, »groß sein; groß werden, wachsen«); (1) Gottes Aspekt als neutrale, alles umfassende Gesamtheit aller Energien (→Allpräsenz); die erste der drei Seinsqualitäten Gottes (= die allgegenwärtige Energie); siehe auch: Bhagavān; Paramātmā; (2) allg.: →spirituelle →Energie; die Qualität der allesverbindenden göttlichen →Einheit (»Alles ist Brahman« bedeutet »alles ist göttliche Energie«, auch der →Ātmā).

Brāhmaṇa: »jemand, der sich des →Brahmans bewusst ist«; Bezeichnung der Lehrer, Philosophen, Priester und Priesterwissenschaftler in der →vedischen Gesellschaft.

Buddhi: lat. *intelligentia*, »Unterscheidungskraft«; →Intelligenz; Überbegriff für die rationale und intellektuelle Wahrnehmung (das Zusammenwirken von Vernunft und Verstand); die zweite der drei Ebenen der menschlichen Psyche (→*ahaṅkāra*, →*manas*).

Cit: das reine →Bewusstsein in der ureigenen Qualität des →Einsseins.

Citta: das durch das →*ahaṅkāra* in die Materie projizierte Bewusstsein, das sich durch →*buddhi* und →*manas* ausdrückt und über den →Ätherkörper den physischen Körper belebt und Form annehmen lässt (→Information).

Dharma: das »Feststehende; Festgesetzte« (von *dhṛ*, »stellen, setzen, ordnen«); (1) religiöse und gesellschaftliche Ordnung und →Ethik mit den entsprechenden Regeln und Gesetzen (→Moral); (2) persönliche Lebensaufgabe und Berufung in gesellschaftlicher und beruflicher wie auch in spiritueller Hinsicht; (3) Synonym für →*ṛta:* göttliche Ordnung der Schöpfung, die von der →spirituellen →Realität vorgegeben ist; jedes →Individuum kann mit seinem →freien Willen entscheiden, bis zu welchem Grad und in welcher Form es mit dieser Ordnung harmonieren oder sich ihr entgegensetzen will.

Jñāna: »Wissen; Erkenntnis«; die Wurzel dieses Wortes, *jñā*, findet sich auch in grch. *gnōsis* und in dt. *kennen*.

Jñāna-Yoga: der Vorgang der Verbindung (→Yoga) mit →Gott durch →spirituelle Erkenntnis zur Überwindung von →Illusion und Unwissenheit/Einseitigkeit.

Kāla: »Zeit«; der unendliche Zeitfluss von Schöpfung zu Auflösung zu Neuschöpfung usw. (→Unendlichkeit) vor dem Hintergrund des ewigen (raum- und zeitlosen) Seins; die Projektion der →Ewigkeit (→*sat*) in die Materie.

Kali: Sanskritausdruck für »Spaltung; Entzweiung« (→diabolisch); bezieht sich sowohl auf die äußere Welt (= Streit, Kriege usw.) als auch auf die →Psyche und die Wahrnehmung von →Realität (→Illusion, Selbsttäuschung, Lüge, Betrug usw.).

Kali-Yuga: das »Zeitalter des →Kali«; das →Yuga von Zwist und Unwahrheit, das dunkle Zeitalter, das vor fünftausend Jahren begann und fünftausend Jahre nach seinem Beginn – im Lauf der fraktalen Unterzyklen – in ein neues, dem Satya-Yuga ähnliches Zeitalter übergehen soll.

Karma: »Handlung«; das, was eine Wirkung verursacht (von kr, »handeln«); (1) Handlung, die eine entsprechende – gute oder schlechte – Reaktion nach sich zieht und den Ausführenden dadurch an den Kreislauf der →Reinkarnation bindet; (2) das Gesetz des Karma: Gesetz von Aktion und Reaktion (→Kausalität) im Zusammenwirken von →Prädestination und →freiem Willen; ist einer der fünf Faktoren des Lebens; sollte als geistiges Gesetz nicht isoliert betrachtet oder verabsolutiert werden, wie dies in der →Prädestinationslehre und in den atheistischen Weltbildern (→Deismus, →Materialismus, →Monismus, atheistische →Esoterik) der Fall ist; (3) positives Handeln innerhalb der Dualität, d. h. fromme, materiell erhebende Handlungen (im Ggs. zu →Vikarma-Handlungen).

Karma-Yoga: (auch Kriyā-Yoga); gottesbewusstes Handeln in Eigenverantwortung, mit der entsprechenden Loslösung vom egoistischen Anspruch auf die Ergebnisse der eigenen Arbeit; praktisches Handeln direkt für die Ziele des →Theismus oder Einsatz der Ergebnisse der eigenen Arbeit für diese Ziele.

Mahābhārata: »das große Bhārata (Indien)«; mit über 110 000 Doppelversen das längste Epos der Welt; enthält die →*Bhagavad-Gītā*.

Manas: lat. *mens* (vgl. dt. *mental*, engl. *mind* usw.); Überbegriff für die innere Welt der Gedanken, Emotionen und materiellen Wünsche; die erste der drei Ebenen der menschlichen →Psyche (→*ahaṅkāra*, →*buddhi*).

Mantra: von *man+tra*, »Werkzeug/Gegenstand des Geistes«, und auch von →*manas+tra* (»beschützend, befreiend«); »das, was den Geist [von →Illusion] befreit«; Bezeichnung für verschiedenste Arten von Gebeten, Meditationsversen und Hymnen, die still im Innern rezitiert oder leise/laut gesprochen bzw. gesungen werden.

Māyā: Sanskritwort, das unterschiedliche etymologische Bezüge zulässt, mit entsprechender Bedeutungsvielfalt. Grundlegend bezeichnet dieses Wort einerseits das Schöpfungsprinzip, das →Illusion ermöglicht, und andererseits die Illusion selbst. (1) Von *may*, »wechseln, Wandel erzeugen«: die göttliche Kraft der →Materie, die die Welt des ständigen Wandels entstehen lässt, d. h. die Welt der Projektion, die Welt des Relativen, in der sich der →freie Wille entfalten kann, wozu auch die Möglichkeit gehört, das Bewusstsein des →Einsseins (→Liebe) zu verlassen und die Selbst-Identität als Teil Gottes zu vergessen, mit zweifacher Konsequenz: die →Seele verliert sich im Äußeren, im Materiellen, und erzeugt dadurch (in verschiedensten Verkörperungen) Erfahrungen der →Dualität, die den höheren Zweck haben, sie zu »wecken« und an ihre Selbst-Identität zu erinnern. In dieser Bedeutung ist *māyā* mit →*ṛta* ein komplementäres Begriffspaar. (2) Von *māya*, »abmessend; Illusionen erschaffend« (von der Verbwurzel *mā*): »Illusion«, d. h. Bewusstsein der Trennung, was →Illusion ist, da wir in Wirklichkeit (→Realität) nie von der →Ganzheit und →Einheit Gottes getrennt sind; entsteht, wenn die Identifikation mit der Materie (→*ahaṅkāra*, →Ich-Bewusstsein) zum Vergessen der eigenen Selbst-Identität als Teil Gottes führt. Dieses verdunkelte Bewusstsein bewirkt, dass wir →Essenz und Existenz verwechseln oder nur noch die »Existenz« sehen, d. h. die Vielheit getrennt von der →Einheit, das →Relative getrennt vom →Absoluten. Die Essenz ist das →ewige Wesen unseres Lebens, Illusion ist das Leben im Un-Wesentlichen. Nicht die Materie oder das Relative ist Illusion, sondern die →subjektive →Weltsicht der Getrenntheit von →Gott(3) mit all den daraus resultierenden Konditionierungen (→Materialismus usw.). Manchmal wird das Wort *māyā* aufgrund von mehrdeutigen Anklang-Variationen auch erklärt im Sinne von »meine Energie« (d. h. Gottes →Energie, →Materie) und »das, was nicht ist«.

Paramātmā: »die höchste Seele; Überseele«; die zweite der drei Seinsqualitäten Gottes (das allgegenwärtige Bewusstsein); ist die →immanente, alles koordinierende göttliche Intelligenz in der materiellen Welt, ohne die die kosmische Ordnung und die Lebensfunktionen der Lebewesen (von den höchsten Lichtwesen bis zu den kleinsten Tieren und Pflanzen) nicht möglich wären; wird im →Atheismus als »Selbstorganisation der Materie« wahrgenommen. Als Paramātmā ist →Gott →neutral und gerecht. Erst →Bhagavān umfasst den Aspekt der →Liebe und der →Gnade. Der Paramātmā sollte nicht getrennt von den anderen beiden Aspekten Gottes (→Brahman; →Bhagavān) gesehen werden. Wer Gott auf die →Immanenz beschränkt (→Deismus, →Pantheismus, →Monismus), glaubt an einen »Gott« ohne Liebe und Gnade.

Rasa: »Wohlgeschmack, Saft, Essenz«; in der theistischen Theologie: die →ewige, →spirituelle Beziehung der →Seele zu →Gott(3), die absolut →individuell und einzigartig ist (→Einssein, →Liebe, →Bhakti).

Ṛṣi: »Weltenwanderer; Seher« (zu *ṛṣ*, »reisen, durchqueren«, oder *ṛṣ* als archaische Form von *dṛś*, »sehen, erkennen, geistig durchdringen [Vergangenheit und Zukunft]«); die →vedischen Weisen und Seher, insbesondere diejenigen, die die Sanskritschriften verfassten, und die »Sieben Weisen« *(saptaṛṣi)*.

Ṛta: »das Festgesetzte« (zu *ri*, »bewegen, stellen, setzen, gehen« usw.); göttliche Ordnung, die ursprüngliche Harmonie, Schöpfungsgesetz (vgl. hebr. *thora*); Wahrheit, die Realität (hinter der →Relativität); der →spirituelle Hintergrund von →*māyā*. Wer *māyā*(1) ohne *ṛta* sieht, lebt in →Illusion. *Ṛta* wurde in der klassischen Zeit des Sanskrit zu einem Synonym für →*dharma*.

Sat: »ewig seiend«; die Eigenschaft der →spirituellen →Realität (→Ewigkeit) jenseits von Raum und Zeit; raum- und zeitlos (zu unterscheiden von der unendlich langen Zeit; →*kāla;* →Unendlichkeit).

Upanishaden: (von *upa-ni-ṣad*, »sich nahe bei jemandem hinsetzen; sich jemandem zu Füßen setzen«) die philosophischen Lehrgedichte und Meister-Schüler-Dialoge innerhalb der vier →Veda-Schriften; führen vom →Monismus zum →Theismus. Es gibt 108 Haupt-Upanishaden.

Veda, Veden: von *veda*, »Wissen; spirituelle Erkenntnis«; (1) die vier Veda-Schriften (Ṛg, Yajur, Sāma, Atharva); (2) allg.: Sammelbegriff für die offenbarten und traditionellen Weisheitsschriften der altindischen Hochkultur (→Sanskrit).

Vikarma: negatives Handeln innerhalb der Dualität; Handlungen, die – im Gegensatz zu →Karma(3) – für die ausführende Person schädlich sind und direkt oder indirekt auch das Umfeld (Mitmenschen, andere Geschöpfe, die Umwelt, den Planeten) in Mitleidenschaft ziehen.

Yoga: »Verbindung« (von *yuj*, »verbinden«, siehe lat. *iungere*, dt. »konjugieren«, auch »Joch«); (1) Bezeichnung für die verschiedenen Weg zu →spiritueller Erkenntnis, zum →Einssein und zu Gottesbewusstsein durch Befreiung von →Illusion (→Karma-Yoga/Kriyā-Yoga; →Jñāna-Yoga; →Bhakti-Yoga); (2) im modernen Sprachgebrauch: die indische Form von Meditation auf der Grundlage von körperlichen Übungen *(āsanas)* und Atemübungen *(prāṇāyāma)*; in der klassischen Form entspricht dies dem Weg des Haṭha-Yoga und dem asketischen Aṣṭānga-Yoga.

Yuga: »Zeitalter«; die vier Zeitalter auf der Erde, die mit unterschiedlichen Raum-Zeit-Verhältnissen verbunden sind und sich als Zeitmuster (nicht inhaltlich!) zyklisch wiederholen: Satya-Yuga (»Zeitalter der Wahrheit«), Tretā-Yuga (»das dritte Yuga«), Dvāpara-Yuga (»das zweite Yuga«) und →Kali-Yuga. Nach dem Satya-Yuga, dem paradiesischen Urzustand, gerieten die Menschen immer mehr in die Dualität und in die zunehmende materielle Verdichtung und Verdunkelung. Die vier Yugas sind synchronisiert mit kosmischen Zyklen und widerspiegeln diese in fraktalen Zyklen und Unterzyklen auf der Erde. Eintausend dieser Viererzyklen entsprechen einem »Tag« des →Brahmā, und ebenso lange dauert seine »Nacht«.

Der Autor

Armin Risi: (geb. 1962); Philosoph, Referent und Sachbuchautor; besuchte das lateinische Gymnasium in Luzern; gehörte im Alter von 18 Jahren zu den führenden Schach-Junioren der Schweiz; 1978 - 1980: erste Gedichtsammlung und ein Drama in 5 Akten; 1980/81: Reisen und Naturaufenthalte, Austritt aus dem Gymnasium direkt vor der Matura; lebte danach für achtzehn Jahre als Mönch in vedischen Klöstern in Europa und Indien; während dieser Zeit hauptsächlich als Übersetzer tätig; Mitarbeit bei der Übersetzung von 22 Werken der Sanskritliteratur (aus dem Englischen ins Deutsche); Studium der indischen und westlichen Philosophien; lebt seit 1998 als freischaffender Schriftsteller, Referent und spiritueller Berater; gründete 2005 als Internetplattform das *Research Institute for the Science of Involution* (RISI), »Forschungsinstitut für die Wissenschaft der Involution«; gehört heute im deutschsprachigen Raum zu den meistgelesenen spirituell-philosophischen Autoren.

Veröffentlichungen

1988 *Vegetarisch leben – Vorteile einer fleischlosen Ernährung* (mit Ronald Zürrer; 10., vollständig überarbeitete und erweiterte Auflage 2012); ist mit einer Gesamtauflage von einer halben Million Exemplaren heute im deutschen Sprachraum die am weitesten verbreitete Schrift über Vegetarismus.

1992 *Völkerwanderung – Epische Galerie*

Der Kampf mit dem Wertlosen – Lyrische Meditationen (700 Gedichte und Epigramme)

1995 *Da ich ein Dichter war – Reinkarnation: Gedanken, Gedichte und eine Begegnung mit Hölderlin*

»Der multidimensionale Kosmos«, Band 1: *Gott und die Götter – Das vedische Weltbild revolutioniert die moderne Wissenschaft, Esoterik und Theologie*

ab 1995: zahlreiche Artikel in grenzwissenschaftlichen und esoterischen Zeitschriften

1998, 2000, 2002, 2007: Armin Risis Gedichte *Die Karawane, Sehnsuche, Morgengrauen* und »*Friede ist langweilig*« werden in die Anthologien *Ausgewählte Werke,* Band 1, 3, 4 und 10, der Bibliothek deutschsprachiger Gedichte (München) aufgenommen.

1998 »Der multidimensionale Kosmos«, Band 2: *Unsichtbare Welten – Astrale und außerirdische Wesen im Hintergrund des Weltgeschehens*

1999 »Der multidimensionale Kosmos«, Band 3: *Machtwechsel auf der Erde – Die Pläne der Mächtigen, globale Entscheidungen und die Wendezeit*

2001 *Das kosmische Erbe – Einweihung in die Geheimnisse unserer Her- und Zukunft* (mediale Texte von Tom H. Smith, übersetzt und erläutert von Armin Risi)

2004 *TranscEnding the Global Power Game: Hidden Agendas, Divine Intervention and the New Earth* (gekürzte und inhaltlich bearbeitete Übersetzung des Buches *Machtwechsel auf der Erde* als Zusammenfassung der wichtigsten Inhalte der Trilogie auf Englisch)

Licht wirft keinen Schatten – Ein spirituell-philosophisches Handbuch

2006 *Machtwechsel auf der Erde*, 5., vollständig überarbeitete Auflage (Govinda-Verlag); Taschenbuchausgabe im Heyne-Verlag 2007

2007 *Gott und die Götter*, 6., vollständig überarbeitete Auflage mit neuem Untertitel: *Das Mysterienwissen der vedischen Hochkultur.*

2008 *Unsichtbare Welten*, 5., vollständig überarbeitete Auflage mit neuem Untertitel: *Kosmische Hierarchien und die Bedeutung des menschlichen Lebens.*

2009 *Der radikale Mittelweg – Überwindung von Atheismus und Monotheismus. Das Buch zum aktuellen Paradigmenwechsel*

Russische Übersetzung von *Machtwechsel auf der Erde*.

2011 *Ganzheitliche Spiritualität – Der Schlüssel zur neuen Zeit* (Theistische Mysterienschule, Bd. 1)

Einheit im Licht der Ganzheit – Orientierung im Labyrinth von Religion, Erleuchtung und New Age (Theistische Mysterienschule, Bd. 2)

2013 *„Ihr seid Lichtwesen" – Ursprung und Geschichte des Menschen*

2014 *Evolution – Stammt der Mensch von den Tieren ab?* (in der Reihe »Grundlagenwissen im Govinda-Verlag«)

Webseiten von Armin Risi:

armin-risi.ch
science-of-involution.org
theistic-network.org

Dank

Inhaltlich ist dieses Buch über mehrere Jahre hinweg herangereift, die Niederschrift und die textliche Feinarbeit dauerten dann vierzehn Monate (Ende Mai 2008 bis Anfang August 2009). Während dieser Zeit bat ich mehrere Lektorinnen und Lektoren, das Manuskript zu lesen und mir kritische Rückmeldungen zu geben.

Zuallererst möchte ich Silvia Siegenthaler (introvision.ch). Sie hat das Manuskript auf allen Stufen lesend begleitet, angefangen mit den Entwürfen und der ersten Rohfassung. Mit feiner Intuition fand sie dabei immer wieder Stellen, die noch nicht ausgereift waren oder noch besser formuliert werden konnten, und ich durfte sie unzählige Male fragen: »Klingt's jetzt besser? Versteht man das?«

In der frühen Phase des Manuskripts las auch Mantrarūpa Ćućuz (mantrarupa.org) den gesamten Text durch, gab mir wertvolle Hinweise und führte die technischen Abschlussarbeiten im Layout durch. Wir arbeiten seit dem Entstehen meiner ersten Sachbücher zusammen (*Gott und die Götter* und das Hölderlin-Buch, beide erschienen 1995), so auch jetzt wieder in der Vorbereitung der zweiten Auflage. Danken möchte ich auch meinem langjährigen Lektor Helmut Kunkel, der das Manuskript zweimal gründlich von A bis Z durchlas, beim zweiten Durchgang auch mit vielen Hinweisen zur Sanskrit- und Griechischetymologie der im Glossar aufgeführten Begriffe. Ich verbrachte mit Helmut und mit Mantrarūpa viele Stunden gemeinsam am Computer, denn wir alle haben eine ausdauernde Liebe zur Perfektion in den Bereichen Sprache, Stilistik und Layout.

Dr. Oliver Wittwer las das Manuskript zweimal durch und verfasste eine Kurzrezension; er verbindet als Physiker in seinem eigenen Leben Naturwissenschaft und Spiritualität, insbesondere im Bereich der Erforschung der Geistheilung (bruno-groening.org). Ebenfalls zweimal las Ulrike Granögger das Manuskript durch, und es freut mich sehr, dass sie – als Übersetzerin und Expertin des Werkes *Die Schlüssel des Enoch* – eine Kurzrezension schrieb (schluesseldesenoch.org und anthropoecology.com). Eine weitere Lektorin war Liana Maman. Sie ist eine aufmerksame Leserin all meiner bisherigen Bücher, und so war mir ihre Meinung zum neuen Buch besonders wichtig.

Mir war von Anfang an bewusst, dass dieses »Buch zum aktuellen Paradigmenwechsel« philosophisch sehr anspruchsvoll sein wird. Dennoch ist es nicht »nur« analytisch und akademisch, was gerade von Frauen erkannt und wahrgenommen wurde. Silvia, Ulrike und Liana habe ich bereits erwähnt. Als ich mit der Arbeit am Manuskript begann, kannte ich Elisabeth Bond (lokwort.ch) noch nicht persönlich, aber durch Silvia durfte ich erfahren, was sie beim Gedanken an dieses entstehende Buch sensitiv empfand – und die Kraft von positiven Gedanken ist nicht zu unterschätzen. Als das Manuskript fertig war, las sie es durch und überraschte mich mit einer ausführlichen Stellungnahme. Die drei Sätze der Rezension sind nur ein kurzer Ausschnitt.

Im Juni 2009 hörte ich in Zürich einen Vortrag von Jana Haas (janahaas.de). Sie ist Autorin mehrerer Bücher, u. a. *Engel und die Neue Zeit* und *Heilen mit der Kraft der Engel*, und gehört zur neuen Generation von spirituell begabten Menschen, die nicht nur die physikalische Materie sehen. Dies führte zur spontanen Anfrage, ob sie Interesse hätte, das Manuskript zu lesen und eine Kurzrezension zu schreiben, und ich staunte über ihre Antwort – und danke ihr für das, was sie schrieb.

Wertvoll und bereichernd war auch der philosophische Gedankenaustausch mit Prof. Dr. Hubert Spoerri (spoerri-texte.de), der das Manuskript zwei Durchgänge vor der druckfertigen Fassung kritisch durchlas. Auch ihm danke ich herzlich, dass er bereit war, eine Kurzrezension zu schreiben.

In Abs. 71 und Anm. 15 schreibe ich ausführlich über die Etymologie des Wortes »Religion« und stützte mich dabei auf die philologische Forschung von Dr. Axel Bergmann. Als ich ihn über den Verlag seines Buches kontaktierte, um zu fragen, ob ich ihm meine Zusammenfassung seiner *religio*-Erklärung zur Korrektur vorlegen dürfe, bejahte er dies, gab mir zusätzliche Erklärungen und konnte mich dadurch vor einigen Latein-Fehlern bewahren.

Die vielen anderen Personen, die in irgendeiner Weise mit mir oder mit diesem Buch verbunden sind, kann ich hier nicht alle namentlich erwähnen. Viele kenne ich »nur« durch ihre Bücher und publizierten Arbeiten. Bücher sind wie Briefe, auch wenn die Absender eine andere Ansicht vertreten als man selbst. Diejenigen, die ich im vorliegenden Buch direkt erwähne, habe ich im Literaturverzeichnis aufgelistet.

Unsere Zukunft sind die heutigen Kinder, die mit Selbstbewusstsein und Gottvertrauen in diese Zeit der Wandlung gekommen sind. Ich hoffe, dass unsere Arbeit ihnen den Weg bereiten kann für das, was *ihre* Berufung ist. *»We are the world, we are the children«*, sang Michael Jackson, der Ende Juni 2009 verstarb. (Ich war gerade in der Abschlussphase der Arbeit am »radikalen Mittelweg«, als die Nachricht von seinem überraschenden Tod um die Welt ging.) *»Heal the world, make it a better place – for you and for me and the entire human race.«*

Wir tun, was wir können,
und geben unser Bestes,
und gemeinsam sind wir stark.

– Armin Risi, August 2009/
Dezember 2015

Literaturverzeichnis

Diese Zusammenstellung bezieht sich nur auf Werke, die im vorliegenden Buch zitiert oder erwähnt werden. Eine Nennung von weiteren relevanten Titeln oder auch nur eine Auswahl von empfehlenswerten Büchern mit theistischer Ausrichtung würde den Rahmen dieser Liste sprengen.

Heilige Schriften (in alphabetischer Reihenfolge)

Die Bhagavad-Gītā-, Bibel-, Koran- und Thora-Zitate im vorliegenden Buch stützen sich auf die hier aufgeführten Ausgaben dieser Schriften, manchmal wörtlich und manchmal in Form einer vom Autor vorgenommenen Verbindung der verschiedenen Versionen. Nur bei besonders prägnanten Formulierungen wird die zitierte Ausgabe genannt.

Bhagavadgita – Das heilige Buch des Hinduismus. Eine zeitgemäße Version für westliche Leser, erläuternd übersetzt und paraphrasiert von Jack Hawley, Goldmann, München 2002

Bhagavad Gita – Des Erhabenen Gesang, engl. Übersetzung von Edwin Arnold, dt. Übersetzung von Franz Hartmann, Rascher Verlag, Zürich 1946

Bhagavad-gītā wie sie ist; Übersetzung und Erläuterung von A.C. Bhaktivedanta Swami Prabhupāda, The Bhaktivedanta Book Trust, Vaduz [11]1995

Śrīmad Bhagavad-Gītā, with commentaries by Śrīla Viśvanātha Cakravartī Ṭhākura and Śrī Śrīmad Bhaktivedānta Nārāyaṇa Mahārāja, Gaudiya Vedanta Samiti, Mathura 2000

Die Bibel in heutigem Deutsch (die »Einheitsübersetzung«), Deutsche Bibelgesellschaft, Stuttgart 1984 (zweite, durchgesehene Ausgabe)

Die Bibel mit Erklärungen (revidierte Luther-Bibel), Evangelische Haupt-Bibelgesellschaft zu Berlin und Altenburg, 1989, [2]1990

Die Heilige Schrift des Alten und des Neuen Testaments, Verlag der Zürcher Bibel, Zürich 1987

Der Koran – Das Heilige Buch des Islam, aus dem Arabischen von Max Henning [1901], überarbeitet und herausgegeben von Murad Wilfried Hofmann [1998], Heinrich Hugendubel Verlag (Diederichs), Keuzlingen/München 1999/2007

Der Koran – Das Heilige Buch des Islam, nach der Übertragung von Ludwig Ullmann neu bearbeitet und erläutert von Leo W. Winter, Goldmann, München 1959, [16]1986

Der Koran – Übersetzt und kommentiert von Adel Theodor Khoury, Gütersloher Verlagshaus, Gütersloh 2007

Der Koran – Einführung, Texte, Erläuterungen, von Tilman Nagel (Übersetzung gestützt auf die kommentierte Übertragung des Korans von Rudi Paret), C. H. Beck'sche Verlagsbuchhandlung, München 1983; Ex Libris, Zürich 1991

Etz Hayim – Torah and Commentary, The Rabbinical Assembly/The United Synagogue of Conservative Judaism; Senior Editor: David L. Lieber; published by: The Jewish Publication Society, New York 2001

Schriften der »neuen Atheisten«

Dawkins, Richard: *The God Delusion*, 2006; dt. *Der Gotteswahn*, Ullstein, Berlin 2007
—: »Gott existiert mit großer Wahrscheinlichkeit nicht«, Interview mit Richard Dawkins, in: *stern*, Nr. 40/27.9.2007
Dennett, Daniel C.: *Breaking the Spell – Religion as a Natural Phenomenon*, 2006, Penguin Books, New York 2007
Harris, Sam: *The End of Faith – Religion, Terror, and the Future of Reason*, 2004; dt. *Das Ende des Glaubens – Religion, Terror und das Licht der Vernunft*, Edtion Spuren, Winterthur 2007
Hitchens, Christopher: *God Is Not Great – How Religion Poisons Everything*, 2007 (Untertitel der britischen Ausgabe: *The Case against Religion*); dt. *Der Herr ist kein Hirte – Wie Religion die Welt vergiftet*, Karl Blessing Verlag, München 2007; Heyne Verlag 2009
Onfray, Michel: *Traité d'athéologie – Physique de la métaphysique*, 2005; engl. *Atheist Manifesto – The Case Against Christianity, Judaism, and Islam*, 2007; dt. *Wir brauchen keinen Gott – Warum man jetzt Atheist sein muss*, Piper Verlag, München/Zürich 2006
—: *La Puissance d'exister – Manifeste hédoniste*, 2006; dt. *Die reine Freude am Sein – Wie man ohne Gott glücklich wird*, Piper Verlag, München/Zürich 2008
Ramachandran, V. S., and Sandra Blakeslee: *Phantoms in the Brain – Human Nature and the Architecture of the Mind*, 1998; dt. *Die blinde Frau, die sehen kann: Rätselhafte Phänomene unseres Bewusstseins*, rororo, Reinbek bei Hamburg, 2001
Schmidt-Salomon, Michael: *Manifest des evolutionären Humanismus – Plädoyer für eine zeitgemäße Leitkultur*, Alibri Verlag, Aschaffenburg 2005, 2. korrigierte und erweiterte Auflage 2006
Searle, John R.: *Mind – A Brief Introduction* 2004; dt. *Geist – Eine Einführung*, Suhrkamp, Frankfurt am Main 2006

Weitere zitierte oder erwähnte Werke

Amirpur, Katajun: *Gott ist mit den Furchtlosen – Schirin Ebadi: Die Friedensnobelpreisträgerin und der Kampf um die Zukunft Irans*, Herder spektrum, Freiburg i. Br. 2003
Amirpur, Katajun, und Ludwig Ammann (Hrsg.): *Der Islam am Wendepunkt – Liberale und konservative Reformer einer Weltreligion*, Herder spektrum, Freiburg i. Br. 2006
Arendt, Hannah: *»... das Böse ist immer extrem, aber niemals radikal ...«, Texte aus Briefen und dem Werk* (Hörbuch, 2 CDs), Onomato Verlag, Düsseldorf 2007
—: *The Origins of Totalitarianism*, 1951; dt. *Elemente und Ursprünge totaler Herrschaft – Antisemitismus, Imperialismus, Totalitarismus*, Piper Verlag, München/Zürich 2001
Armstrong, Karen: *The Battle for God – Fundamentalism in Judaism, Christianity and Islam*, 2000; dt. *Im Kampf für Gott – Fundamentalismus in Christentum, Judentum und Islam*, Goldmann, München 2007

—: *A History of God – From Abraham to the Present: the 4000-year Quest for God*, 1993/1999; dt. *Die Geschichte von Gott: 4000 Jahre Judentum, Christentum und Islam*, Pattloch Verlag, München 2012
—: *The Case for God – What Religion Really Means*, The Bodley Head, London 2009
Austin, Steve, and John Morris: *Footprints in the Ash – The Explosive Story of Mount St. Helens*, Master Books, Green Forest AR, 2003/2005
Benk, Andreas: *Gott ist nicht gut und nicht gerecht – Zum Gottesbild der Gegenwart*, Patmos Verlag, Düsseldorf 2008
Bergmann, Axel: *Die »Grundbedeutung« des lateinischen Wortes Religion*, diagonal-Verlag, Marburg 1998
Bin Gurion, Micha Josef (Hrsg.): *Die Sagen der Juden*, Parkland Verlag, Köln 2000
Blanton, Brad: *Radical Honesty*, 1996; *Radical Honesty, The New Revised Edition: How to Transform Your Life by Telling the Truth*, 2005; dt. *Radikal ehrlich*, Kabel Verlag, Hamburg 1997
Blavatsky, Helena P.: *Die Geheimlehre*, Bd. I: »Kosmogenesis«; Bd. II: »Anthropogenesis«, aus dem Englischen der 3. Auflage übersetzt von Dr. Robert Froebe«, Verlag J.J. Couvreur, Den Haag 1899
Blumrich, Josef F.: *Kásskara und die sieben Welten – Die Geschichte der Menschheit in der Überlieferung der Hopi-Indianer*, Econ Verlag 1979; Droemer Knaur, München 1985
Carter, Jimmy: *Palestine – Peace Not Apartheid*, 2006; dt. *Palästina – Frieden, nicht Apartheid*, Melzer, Neu-Isenburg 2010
—: *We Can Have Peace in the Holy Land: A Plan That Will Work*, Simon & Schuster, New York 2009
Cohn-Sherbok, Dan: *The Politics of Apocalypse – The History and Influence of Christian Zionism*, Oneworld Publications, Oxford 2006
Cremo, Michael A.: *Human Devolution – A Vedic Alternative to Darwin's Theory*, Torchlight Publishing, Badger CA, 2003
—: (mit Richard L. Thompson) *Forbidden Archaeology – The Hidden History of the Human Race* (914 Seiten), Govardhan Hill Publishing, San Diego CA, 1994, ²1998; dt. *Verbotene Archäologie – Die verborgene Geschichte der menschlichen Rasse*, Kopp-Verlag 2006
—: (mit Richard L. Thompson) *The Hidden History of the Human Race. The Condensed Edition of Forbidden Archaeology* (322 Seiten), Govardhan Hill Publishing, Badger CA, 1994, Paperback 1999; dt. *Verbotene Archäologie – Sensationelle Funde verändern die Welt*, 1994, Herbig Verlag, München ⁵1999
Deschner, Karlheinz: *Kriminalgeschichte des Christentums*, Rowohlt, Reinbek bei Hamburg 1986–2013 (10 Bände). Band 1: *Die Frühzeit. Von den Ursprüngen im Alten Testament bis zum Tod des heiligen Augustinus*; Band 2: *Die Spätantike. Von den katholischen »Kindkaisern« bis zur Ausrottung der arianischen Wandalen und Ostgoten unter Justinian I. (527–565)*; Band 3: *Die Alte Kirche. Fälschung, Verdummung, Ausbeutung, Vernichtung*; Band 4: *Frühmittelalter. Von König Chlodwig I. (um 500) bis zum Tode Karls »des Großen«*; Band 5: *9. und 10. Jahrhundert. Von Ludwig dem Frommen (814) bis zum Tode Ottos III. (1002)*; Band 6: *Das 11. und 12. Jahrhundert. Von Kaiser Heinrich II., dem »Heiligen« (1102), bis zum Ende des Dritten Kreuzzugs (1192)*; Band 7: *Das 13. und 14. Jahrhundert*; Band 8: *Das 15. und 16. Jahrhundert. Vom Exil der Päpste in

Avignon bis zum Augsburger Religionsfrieden; Band 9: *Mitte des 16. bis Anfang des 18. Jahrhunderts. Vom Völkermord in der Neuen Welt bis zum Beginn der Aufklärung;* Band 10: *18. Jahrhundert und Ausblick auf die Folgezeit. Könige von Gottes Gnaden und Niedergang des Papsttums*

Dong, Paul, und Thomas E. Raffill: *Chinas Trainingsmethoden für medial begabte Kinder.* Koha-Verlag, Burgrain 2001

El Mahdy, Christine: *Tutankhamen – Life and Death of the Boy King,* 1999; dt. *Tutanchamun – Leben und Sterben des jungen Königs,* Karl Blessing Verlag, München 2000; Goldmann Verlag, München 2004

Emoto, Masaru: *Die Botschaft des Wassers – Sensationelle Bilder von gefrorenen Wasserkristallen,* Koha-Verlag, Burgrain 2008

Engdahl, William: *Apokalypse Jetzt! – Washingtons geheime Geopolitik,* Kopp-Verlag, Rottenburg 2007

Esfeld, Michael: *Holismus – In der Philosophie des Geistes und in der Philosophie der Physik,* Suhrkamp Verlag, Frankfurt am Main 2002

Feather, Robert: *The Mystery of the Copper Scroll of Qumran – The Essene Record of the Treasure of Akhenaten,* 1999, Bear & Company, Rochester VE, 2003

—: *The Secret Initiation of Jesus at Qumran – The Essene Mysteries of John the Baptist,* Watkins Publishing, London 2006

Finkelstein, Israel, und Neil Silberman: *The Bible Unearthed – Archaeology's New Vision of Ancient Israel and the Origin of Its Sacred Texts,* 2001; dt. *Keine Posaunen vor Jericho – Die archäologische Wahrheit über die Bibel,* Verlag C. H. Beck, München 2002

—: *David and Solomon – In Search of the Bible's Sacred Kings and the Roots of the Western Tradition* (2006); dt. *David und Salomo – Archäologen entschlüsseln einen Mythos,* Verlag C. H. Beck, München 2006

Finkelstein, Norman G.: *Beyond Chutzpa – On the Misuse of Anti-Semitism and the Abuse of History,* 2005, Updated Edition 2008; dt. *Antisemitismus als politische Waffe: Israel, Amerika und der Missbrauch der Geschichte,* Piper Verlag, München 2012

Glassman, Gary (Producer): *The Bible's Buried Secrets* (»Die vergrabenen Geheimnisse der Bibel«), PBS-Fernsehsendung, Serie »Nova«, Erstausstrahlung am 18. November 2008; www.pbs.org/wgbh/nova/bible

Gris, Henri, und William Dick: *The New Soviet Psychic Discoveries,* 1978; dt. *PSI als Staatsgeheimnis – Der Vorsprung der Russen in der psychologischen, medizinischen und strategischen Nutzung bisher ungeklärter Paraphänomene,* Scherz Verlag, München 1979

Hofmann, Antje Gertrud: *Hochsensible Kinder: Die liebevollen Boten des Universums,* J. Kamphausen Verlag (Aurum), Bielefeld 2001

Holey, Jan Udo: *Die Kinder des neuen Jahrtausends – Mediale Kinder verändern die Welt,* Ama Deus Verlag, Fichtenau 2001

Hooke, Samuel Henry: *Middle Eastern Mythology,* Penguin Books, New York 1963

Huf, Hans-Christian: *Das Bibelrätsel – Geheimnisse der Heiligen Schrift,* Ullstein Buchverlage (Econ), München 2005

Huntington, Samuel P.: *The Clash of Civilizations and the Remaking of World Order,* Simon & Schuster, New York, 1996; dt. *Kampf der Kulturen: Die Neugestaltung der Weltpolitik im 21. Jahrhundert,* Europa-Verlag, München, Wien 1996

Hurtak, James J.: *Das Buch des Wissens: Die Schlüssel des Enoch,* 3. deutsche Ausgabe: Akademie für die Wissenschaft der Zukunft, Basel 2008 (engl. Original: *The Book of Knowledge: The Keys of Enoch,* 1973, 1977: The Academy for Future Science)
Huxley, Aldous: *Brave New World,* Erstveröffentlichung 1932; dt. *Schöne neue Welt*
—: *The Perennial Philosophy – An Interpretation of the Great Mystics,* 1944; dt. *Die Ewige Philosophie: Philosophia Perennis,* Hans-Nietsch-Verlag, Freiburg i. Br. 2008
Junker, Reinhard: *Leben – woher? Das Spannungsfeld Schöpfung/Evolution,* Christliche Verlagsgesellschaft, Dillenburg 2002
Junker, Reinhard, und Siegfried Scherer: *Evolution – Ein kritisches Lehrbuch,* Weyer Lehrmittelverlag, Gießen 1995, 7., aktualisierte und erweiterte Auflage 2012; evolutionslehrbuch.info
Kaplan, Robert D.: *Warrior Politics – Why Leadership Demands a Pagan Ethos,* Random House, New York 2002
Keel, Othmar: *Die Geschichte Jerusalems und die Entstehung des Monotheismus* (2 Bände, zusammen 1384 Seiten), Verlag Vandenhoeck & Ruprecht, Göttingen 2007
Khoury, Adel Theodor: *Was sagt der Koran zum Heiligen Krieg?* Gütersloher Verlagshaus, Gütersloh 1991, 2., überarbeitete und erweiterte Auflage 2007
Krochmalnik, Daniel: *Im Garten der Schrift – Wie Juden die Bibel lesen,* Sankt Ulrich Verlag, Augsburg 2006
Kuhn, Thomas Samuel: *The Structure of Scientific Revolutions,* Originalausgabe 1962, 2., erweiterte Ausgabe 1967; erste dt. Übersetzung 1970; aktuelle Ausgabe: *Die Struktur wissenschaftlicher Revolutionen,* Suhrkamp Verlag, Frankfurt am Main 2007
Küng, Hans: *Projekt Weltethos,* Piper Verlag, München/Zürich 1990, ^{13}2011
—: (mit J. van Ess, H. von Stietencron, H. Bechert) *Christentum und Weltreligionen – Hinführung zum Dialog mit Islam, Hinduismus und Buddhismus,* Piper Verlag 1984
Laertius, Diogenes: *Leben und Meinungen berühmter Philosophen,* Felix Meiner Verlag, Hamburg 2008 (Sonderausgabe aus der Reihe »Philosophische Bibliothek«, Bd. 53/54)
Lauterwasser, Alexander: *Wasser-Klang-Bilder – Die schöpferische Musik des Weltalls,* AT Verlag, Aarau 2002
Leidhold, Wolfgang: *Gottes Gegenwart – Zur Logik der religiösen Erfahrung,* Wissenschaftliche Buchgesellschaft, Darmstadt 2008
Lewontin, Richard: »Billions and Billions of Demons«, in: *New York Times,* 9. Januar 1997 (Rezension des Buches von Carl Sagan: *The Demon-Haunted World: Science as a Candle in the Dark,* 1996)
Losey, Meg Blackburn: *The Children of Now – Kristallkinder, Indigokinder, Sternenkinder und das Phänomen der Übergangskinder,* Amra Verlag, Hanau 2008
Lutzer, Erwin: *Ein Blick hinter die Kulissen: Wer regiert – Satan oder Gott?* Christliche Verlagsgesellschaft, Dillenburg 1998
Luzsénszky, Alfons: *Der Talmud in nichtjüdischer Beleuchtung,* Budapest (Königreich Österreich-Ungarn) 1910, mit mehreren Auflagen in Ungarisch und Deutsch.
Machiavelli, Niccolò: *Il Principe/Der Fürst (Italienisch/Deutsch),* Reclam, Stuttgart 1986

Manji, Irshad: *The Trouble with Islam – A Wake-up Call for Honesty and Change* (2003); dt. *Der Aufbruch – Plädoyer für einen aufgeklärten Islam,* Eichborn, Frankfurt am Main 2003; Deutscher Taschenbuch Verlag 2005

Mann, Torsten: *Weltoktober – Wer plant die sozialistische Weltregierung?* Kopp-Verlag, Rottenburg 2007.

Marks, Jonathan: *What It Means to Be 98% Chimpanzee: Apes, People, and Their Genes,* University of California Press, Berkeley/Los Angeles 2003

Massing, Michael: »As Rabbis Face Facts, Bible Tales Are Wilting«, in: *New York Times,* 9. März 2002 (Artikel über die neue Thora-Ausgabe *Etz Hayim* von 2001)

Meckelburg, Ernst: *PSI-Agenten – Die Manipulation unseres Bewusstseins,* Langen Müller Verlag, 1994; Heyne Taschenbuch 1997

Mernissi, Fatima: *Die Angst vor der Moderne – Frauen und Männer zwischen Islam und Demokratie,* Luchterhand Literaturverlag, München 1992 (dtv 1996); Neuausgabe: *Islam und Demokratie – Die Angst vor der Moderne,* Herder spektrum, Freiburg i. Br. 2002

—: *Herrscherinnen unter dem Halbmond – Die verdrängte Macht der Frauen im Islam,* Herder spektrum, Freiburg i. Br. 1992

Newman, Hugh: *The Psychic Children – Dolphins, DNA and the Planetary Grid,* Avalon Rising Publications 2008

Nietzsche, Friedrich: *Die fröhliche Wissenschaft (»La Gaya Scienza«),* 1882

—: *Ecce Homo – Wie man wird, was man ist,* geschrieben 1888, Erstveröffentlichung 1908

—: *Götzen-Dämmerung oder Wie man mit dem Hammer philosophiert,* 1889

Noebel, David A.: *The Battle for Truth,* 2001; dt. *Kampf um Wahrheit – Die bedeutendsten Weltanschauungen im Vergleich,* Resch-Verlag, Gräfelfing 2007

Orwell, George: *1984,* engl. Erstveröffentlichung 1949; enthält auf rund 30 Seiten Ausschnitte aus dem fiktiven, aber tiefgründigen Enthüllungsbuch »Theorie und Praxis des oligarchischen Kollektivismus«.

Ostrander, Sheila, und Lynn Schroeder: *Psychic Discoveries Behind the Iron Curtain,* 1970; dt. *PSI – Die Geheimformel des Ostblocks für die wissenschaftliche Erforschung und praktische Nutzung übersinnlicher Kräfte,* Scherz Verlag, Bern/München/Wien 1971

Ostrovsky, Viktor, und Claire Hoy: *By Way of Deception – The Making and Unmaking of a Mossad Officer* (1990; »Nr 1 New York Times best seller«); dt. *Der Mossad – Ein Ex-Agent enthüllt Aktionen und Methoden des israelischen Geheimdienstes,* Hoffmann und Campe Verlag, Hamburg 1991

Pascal, Blaise: *Gedanken über die Religion und einige andere Themen,* herausgeben von Jean-Robert Armorgathe, Reclam-Verlag, Stuttgart 1987/1997, 2005

—: *Größe und Elend des Menschen – Aus den »Pensées« von Blaise Pascal. Auswahl, Übersetzung und Nachwort von Wilhelm Weischedel,* Insel Verlag, Frankfurt am Main 1997/2007 (Die als Leitsatz zitierte Textstelle ist hier auf S. 93.)

P. M. Magazin, Ausgabe Mai 2006: »Intelligent Design – Mit Gott gegen die Evolution« (S. 37–42); Mikro-Chip: »Elektronik, die unter die Haut geht« (S. 86–87)

Podhoretz, Norman: *World War IV – The Long Struggle Against Islamofascism,* Doubleday, New York 2007

Raddatz, Fritz J.: *Karl Marx – Eine politische Biographie,* Hoffmann und Campe Verlag, Hamburg 1975; Ex Libris Zürich 1976

Risi, Armin: *Gott und die Götter – Das Mysterienwissen der vedischen Hochkultur* (»Der multidimensionale Kosmos«, Band 1), Govinda-Verlag, Zürich/Jestetten 1995, 6., vollständig überarbeitete Auflage 2007
—: *Unsichtbare Welten – Kosmische Hierarchien und die Bedeutung des menschlichen Lebens* (»Der multidimensionale Kosmos«, Band 2), Govinda-Verlag, Zürich/Jestetten 1998, 5., vollständig überarbeitete Auflage 2008
—: *Machtwechsel auf der Erde – Die Pläne der Mächtigen, globale Entscheidungen und die Wendezeit* (»Der multidimensionale Kosmos«, Band 3), Govinda-Verlag, Zürich/Jestetten 1999, 5., vollständig überarbeitete und aktualisierte Auflage 2006
—: *Licht wirft keinen Schatten – Ein spirituell-philosophisches Handbuch*, Govinda-Verlag, Zürich/Jestetten 2004, ³2009
—: »Licht und Schatten der Gegenwart«, »Vedische Kosmologie«, »Zeit und Ewigkeit« und viele andere philosophische und zeitaktuelle Artikel auf armin-risi.ch
Sacks, Jonathan: *The Dignity of Difference – How to avoid the Clash of Civilisations*, 2005; dt. *Wie wir den Krieg der Kulturen noch vermeiden können*, mit einem Geleitwort von Hans Küng, Gütersloher Verlagshaus, Gütersloh 2007
Schäfer, Peter: *Jesus in the Talmud*, Princeton University Press, Princeton NJ, 2007, ²2009; dt. *Jesus im Talmud*, Mohr Siebeck, Tübingen 2007
Selim, Nahed: *De vrouwen van de profeet*, 2003; dt. *Nehmt den Männern den Koran! – Für eine weibliche Interpretation des Islam*, Piper Verlag, München/Zürich 2006
Shahak, Israel: *Jewish History, Jewish Religion – The Weight of Threethousand Years*, Pluto Press, London/Boulder CA, 1994 (Vorwort von Gore Vidal)
Sheldrake, Rupert: *A New Science of Life*, 1981; dt. *Das schöpferische Universum – Die Theorie des morphogenetischen Feldes*, 1983, Ullstein, Berlin/Frankfurt a. M. 1993
—: *The Rebirth of Nature*, 1990; dt. *Die Wiedergeburt der Natur – Wissenschaftliche Grundlagen eines neuen Verständnisses der Lebendigkeit und Heiligkeit der Natur*, Scherz Verlag, Bern/München/Wien 1993
Singh, T.D.: (editor) *Synthesis of Science and Religion – Critical Essays and Dialogues* (based on the World Congress for the Synthesis of Science and Religion, January 9–12, 1986, in Bombay, India), Bhaktivedanta Institute, San Francisco/Bombay 1988
—: *Life, Matter and their interactions*, Bhaktivedanta Institute, Kolkata 2006
Solschenizyn, Alexander: *Der Archipel Gulag*. Band 1: »Die Gefängnisindustrie. Ewige Begegnung«, 1974; Teil 2: »Arbeit und Ausrottung. Seele und Stacheldraht«, 1975; Teil 3: »Die Katorga kommt wieder. In der Verbannung. Nach Stalin«, 1978; Originalausgaben im Scherz Verlag, München 1974ff.; aktuell im Fischer Taschenbuchverlag 2008
Spencer, Robert: *The Truth about Muhammad – Founder of the World's Most Intolerant Religion*, Regenery Publishing, Inc., Washington DC, 2006
Spong, John Shelby: *The Sins of Scripture – Exposing the Bible's Texts of Hate to Reveal the God of Love*, 2005; dt. *Die Sünden der Heiligen Schrift – Wie die Bibel zu lesen ist*, Patmos, Düsseldorf 2007
Steinhardt, Paul J., und Neil Turok: *Endless Universe – Beyond the Big Bang*, Phoenix/Orion Books, London 2007 (Zitat auf der Titelseite: »A Challenging Alternative to the accepted picture of the Big Bang and the future of the universe.« Stephen Hawking)

Tasi, István, and Baláz Hornyánsky: *Nature's I.Q. – Extraordinary Animal Behaviors that Defy Evolution,* Torchlight Publishing, Badger CA, 2009

Tipping, Colin: *Radical Forgiveness: Making Room for the Miracle,* 2002; dt. *Ich vergebe: Der radikale Abschied vom Opferdasein,* Kamphausen, Bielefeld 2004, [9]2008

—: *13 Schritte zur radikalen Vergebung,* Audio-CD (Alexander Wicker, Sprecher), Kamphausen Verlag, Bielefeld 2005

—: *Schritte zur Radikalen Manifestation – Die CD zum Buch »Vom Herzenswunsch zur Manifestation«,* Kamphausen, Bielefeld 2007

—: *Radikale Selbstvergebung: Liebe dich so, wie du bist, egal was passiert!* Integral, München 2009

Tollmann, Alexander und Edith: *Und die Sintflut gab es doch – Vom Mythos zur historischen Wahrheit,* Droemer Knaur, München 1993

Ulfkotte, Udo: *Heiliger Krieg in Europa – Wie die radikale Muslimbruderschaft unsere Gesellschaft bedroht,* Eichborn, Frankfurt a. M. 2007; Heyne, München 2009

—: *SOS Abendland – Die schleichende Islamisierung Europas,* Kopp, Rottenburg 2008

Ward, Keith: *GOTT – Das Kursbuch für Zweifler,* Primus Verlag/Wissenschaftliche Buchgesellschaft, Darmstadt 2007

Warraq, Ibn: *Warum ich kein Muslim bin,* Matthes & Seitz, Berlin 2004, [2]2007

Weigall, Arthur: *Echnaton – König von Ägypten und seine Zeit,* Benno Schwabe Verlag, Basel 1924

Zillmer, Hans-Joachim: *Irrtümer der Erdgeschichte,* Langen Müller, München 2001

—: *Die Evolutions-Lüge – Die Neandertaler und andere Fälschungen der Menschheitsgeschichte. Unterdrückte Fakten / Verbotene Beweise / Erfundene Dogmen.* Langen Müller, München 2005

—: *Die Erde im Umbruch: Katastrophen form(t)en diese Welt. Beweise aus historischer Zeit.* Langen Müller (Herbig), München 2011

Stichwortverzeichnis

Die angeführten Zahlen sind nicht Seitenzahlen, sondern die Numerierungszahlen der Kurztexte, in denen sich das jeweilige Stichwort findet. Die sekundären (= eingerückten) Zeilen sind nicht alphabetisch, sondern inhaltlich geordnet. Zahlen mit einem vorangestellten T beziehen sich auf die 13 Thesen, die nach Kapitel 32 folgen. Zahlen mit einem vorangestellten A beziehen sich auf die Texte unter »Anmerkungen« (ab S. 333). Auf das Glossar (»Glossar der philosophischen Begriffe«, ab S. 369) wird hier nicht nochmals gesondert verwiesen.

1. Personennamen

Abraham, 24, 177, 349, 363, 375, A60, A95
Andersen, Hans-Christian, 50, 219
Anselm von Canterbury, 46
Arendt, Hannah, 30
Aristoteles, 116, 240, 248
Armstrong, Karen, A6

Babaji (Haidakhan), A71
Benk, Andreas, A13
Bergmann, Axel, 71, A15
Blanton, Brad, 1
Blavatsky, Helena, 151

Calvin, Johannes, A86
Camus, Albert, 140
Carter, Jimmy, 166
Cicero, 71, A16
Cohn-Sherbok, Dan, 166
Cremo, Michael, A70, A77

Darwin, Charles, 141, 171, 210, 318, A29, A92
David, 182, A60, A95
Dawkins, Richard, 4, 5, 9, 127, 131, 140, 144, 156, 161, A12, A14, A41, A68
Demokrit, 67, 240
Dennett, Daniel, 4, 5, 127
Descartes, René, 241, 247, 249
Deschner, Karl-Heinz, 161
Dewey, John, 125
Diogenes, 240

Ebadi, Schirin, A98
Echnaton, 180, 189–193, A83

El Mahdy, Christine, 190, 192
Emoto, Masaru, A74
Engdahl, William, 166
Engels, Friedrich, 11, 19, 116, 319, 379, 388
Enoch, 177, A71, A96
Epikur, 67, 240

Feather, Robert, 193(A55), A57
Feuerbach, Ludwig, 140
Finkelstein, Israel, 179, 181
Freud, Sigmund, 140

Haeckel, Ernst, 214(Pt.3)
Harris, Sam, 4, 5
Heraklit, 31, A8
Hermes, 92(A18), 189
Hitchens, Christopher, 4, 5, 42
Huf, Hans-Christian, A60
Hurtak, James J., A96
Huxley, Aldous, 144, A29
Huxley, Julian, 144
Huxley, Thomas, 144, A92

Jakob (Sohn des Isaak, genannt »Israel«), 180, 348–350, 363, 375
Jesus
  nennt das wichtigste Gebot, 94, 344, 352, 353
  als »Sohn Gottes«, 109, 360
  Vorwurf der Pharisäer an, 193 (er habe ägyptische Lehren vertreten)
  am Kreuz, 95, 356
  seine Lehren, 352–360, A35, A71
  kam, um das Gesetz zu erfüllen, 165, 352

Jesus, zitiert
  32, 39, 86, 90, 94, 103, 109, 113,
  118, 119, 123, 142, 147, 148,
  165, 230, 238, 239, 243, 259,
  267, 270, 283, 284, 285, 288,
  297, 298, 310, 344, 352, 354,
  355, 357, 360, A7
Josef (Sohn des Jakob), 121, 180, 194,
  350, 351, A58

Kant, Immanuel, 240, A14
Kaplan, Robert, 136, 317, 331
Keel, Othmar, A60
Kennedy, John F., 367
Krishna, 303, A71
Kuhn, Thomas, 49
Küng, Hans, 387, A6

Lactantius, 71
Laertius, Diogenes, 240 (A78)
Lamont, Corliss, 125, 317
Lauterwasser, Alexander, 235 (A74)
Leibniz, 10, 249
Leidhold, Wolfgang, A20
Lenin, 140, 143, 318
Lewontin, Richard, 205, 206, 209, 219
Livius, Titus, 331
Lyell, Charles, 171

Machiavelli, Nicclolò, 136
Marx, Karl, 11, 12, 19, 116, 140, 143, 318, 319, 379, 388, A92
Maugham, William Somerset, A7
Melchisedek, 177, 193
Moses, 165, 177, 194, 264, 339, 349, 375, A59

Nietzsche, Friedrich, 10, A4, A23
Noah, 177, 184, 349, 363, A47
Nofretete, 189–193

Onfray, Michel, 4, 5, 125, 157
Orwell, George, 159

Paine, Thomas, 141
Pascal, Blaise, 3, A1
Platon, 74, 75, 88, 116, 200, 240, 241, 266, 331, A16

Protagoras, 75
Pythagoras, 67, 74, 266, A16

Ramachandran, V. S., 4, 5, 127

Sacks, Jonathan, A48
Salomo, 177, 182
Schmidt-Salomon Michael. Siehe: Humanismus, *Manifest des evolutionären*
Schopenhauer, Arthur, 130
Schwab, Klaus, 383
Searle, John, 4, 5, 127
Sem (Noahs Sohn), 184
Shahak, Israel, 161
Sheldrake, Rupert, 249
Silberman, Neil, 179, 181
Singh, T.D., A70
Sisyphos, 140
Sokrates, 75, 200, 240
Solschenizyn, Alexander, 143, 145
Spencer, Robert, 161
Spinoza, Baruch de, 130, 241, 247, A79
Spong, John Shelby, A6
Steinhardt, Paul J., A70
Stendhal, 133, A23

Thomas von Aquin, A14
Thompson, Richard, A77
Thot, 189, 200
Tipping, Colin, 1
Tollmann, Alexander und Edith, 173
Turok, Neil, A70
Tut-anch-Amun, 189, 190, A52

Ulfkotte, Udo, 162

Ward, Keith, A6
Warraq, Ibn, 161
Weinberg, Steven, 40, 161

Xenophon, 75

Zillmer, Hans-Joachim, A44, A77

2. Themenbegriffe

Abrahamitisch, 24, 160, 161, 191, 333
Absolut(e, Das)
 definiert, 23, 26, 32, 51, 57, 62, 80, 104, 137, 157, 287, 366, T3
 verleiht dem Relativen Sinn, 23, 43, 116, 121, 293, 321
 induktive Rückschlüsse auf, 35, 43, 87, 92, 259, 335
 Eigenschaften des, im Relativen, 58, 68, 91, 97, 102, 226, 253, T4
 Erkennen des, 59, 60, 63, 70, 76–79, 83, 111, 114, 245, 275, T2, A14. Siehe auch: Gottesbewusstsein
Absolutheitsansprüche
 religiöse, 21, 25, 26, 41, 73, 84, 88, 158, 177, 221, 307, 315, 335
 atheistische/materialistische, 25, 42, 49, 88, 114, 204, 205, 307, 335
Achetáton, 189–193, A54
Adam und Eva, 149, 156, 175, 221, 301, 346, 356, A10, A69
Adonai, 90, 190
Advaita, 59, 80, 104, 105, T4
Agnostizismus, 52, 56, 301, A12
Aham brahmāsmi, 105
Ahaṅkāra, 249–252, 254, T6
Aktualismus, 171, 173
»Alles ist eins«, 80, 82, 85, 113, 131, 132, 134, 152, 269, 283, T9
»Alles ist eins und verschieden«, 92. Siehe auch: Einheit, und Verschiedenheit
»Alles ist relativ«, 56, 57, 62, 77, 153, 293, 320
Allpräsenz, 107, 108, T8, T10. Siehe auch: Brahman
Analogien
 Familie, 326
 Feuer, Hitze und Licht, 248
 Fläche, Gerade, 228
 Hochseil, 27, 88
 Körper, Körperteile, 331
 Licht und Schatten, 43, 85, 94, 105, 107, 111–113, 122, 126, 132, 138, 146, 287, 304, 379

 Luft, Himmelsraum, 107
 schmal wie auf Messers Schneide, A7
 Samenkorn, 358
 schmaler Pfad, 27, 88, A7
 Sonne, Sonnenstrahl, 99
 Tropfen, Meer, 97
Ānanda, 300, 303
»An den Früchten«, 59, 83, 221, 278, A91
Ankh, 238
Antisemitismus, 8, 167, 184
Antwort/Verantwortung, 72
A priori, 46, 205, 206
Aristokratie, 331
Astral, 49, 264, 285, 322
Astralreisen, 246, 262, T7
Atheismus
 definiert, 9, 51, 56, 116, 125, 143, 301, A12
 Weltbild des, 4, 5, 31, 44, 88, 114, 138
 als Einseitigkeit, 3, 20, 84, 122, 126, 201, A20
 Konsequenzen des, 11, 12, 14, 20, 40, 128, 129, 133, 134–144, A11
 okkulter, 124, 132, 134, 137, 249, 269
 Siehe auch: Humanismus; Materialismus; Monismus, atheistischer
Ätherkörper, 238, 249, 255, 264, T6
Atik-Yomin, 221, 231
Ātmā, 105, 106, 229, 232, 254, 264, 277, T6. Siehe auch: Individuum; Seele
Atomismus, 67, 240
Àtomos, 67, 245
Aton, 190–193, 351, A52

Ba-Körper, 255, 264
Bereschit bara, 38, 177, 333, 347
Beschneidung, 157, 328, 350, A40
Beten, 303, 309, 310
Bewusstsein
 definiert (materialistisch), 4, 44, 127, 211, 218, 242, 261, A11

Bewusstsein (Forts.)
  definiert (theistisch), 232, 272.
    Siehe auch: Individualität; Seele
  als grundlegender Faktor, 48, 55,
    87, 92, 102, 226, 227, 232, 235,
    300, 303
  als *cit* und *citta*, 251, 253
  nicht das Produkt des Gehirns, 4,
    127, 232, 248, 262, T7, T8, A22
  Erweiterung des, 50, 106,
    300–305, 309, 379
Bhagavad-Gītā, 86, 106, 107, 259,
    267, 281, 303, 304, A19, A88
Bhagavān, 107, 108, 259, T10, A19
Bhakti, 96, 259, 302, 372
Bibel
  Historizität der, 177–182, 221,
    A60, A95
  zitiert (AT), 38, 121, 156, 157, 161,
    170, 180, 182, 184, 190, 198,
    221, 229, 236, 270, 315, 333–
    336, 339, 344, 349, 350, 356,
    A10, A44, A69
  zitiert (NT), 6, 178, 190, 194, 266,
    270, 331, 352, 355, 358, 359,
    360, A40. Siehe auch: Jesus,
    zitiert
Bilderverbot, 337, 338, 372
Biophotonen, 214 (Pt. 5), 224
Böse, (Das)
  definiert, 291
  Ursprung des, 101, 117, 145(A32),
    307, T9
  nicht Gottes Wille, 100, 110–114,
    121–123, 133
  hat einen Anfang, 112, 123, 253,
    282
  Selbstrechtfertigung des, 114, 119,
    128, 129, 132, 135, 136, 278,
    282, 286, 335, T4, A24
  »unvermeidlich, aber wehe
    denen ...«, 113, 285
  Extreme des, 16, 119, 134, 285,
    A43
  Umgang mit, 105, 121–123, 324,
    T11
  »zum Guten wenden«, 121
  Siehe auch: Dualität; Gut und Böse
Brahmā, 231, 236, A70

Brahman, 43, 105–108, 131, 300,
    341, T10
Brahmāṇḍa Purāṇa, A70
»Der Buchstabe tötet«, 178, 198
Buddhi, 249–251, 254, 260, T6
Buddhismus, 59, 69, 80, 104, 160,
    198, 309, 337, 341, T4

Chaos, 88, 114, 130, 137, 153, 330
Chladnische Klangfiguren, 235 (A74)
Chnum und Heket, 238
Christentum
  und Monotheismus, 24, 164, 278,
    356, 374
  Geschichte des, 71, 147–150, 177,
    193
  und Theismus, 24, 89, 108, 178,
    267, 352–362, A40

»Dein Wille geschehe!«, 68, 99, 276,
    292, 303, T11; S. 327–331
Deismus, 80, 114, 116, 124,
    128–130, 134, T3, A78
Demokratie, 75, 331
»Der Mensch denkt, und Gott lenkt«,
    258, 277
»Des Kaisers neue Kleider«, 50, 219
Determinismus, 278
Dharma, 137, 344
Dia(-)bolisch, 31, 35, 39, 112, 119,
    164, 290, 291, 321, 323, 375, T9
DNS, 214, 234, 235
Dualismus, 146–158, 241, 256
Dualität
  definiert, 65, 126, 150, 289, 306;
    S. 321–326
  Welt der, 31, 113, 120, 132, 153,
    178, 290–292
  Siehe auch: Materie; Polarität

Ediacara-Fauna, 235, 236
Einheit
  definiert (atheistisch), 68, 84, 114,
    151, 261
  definiert (theistisch), 66, 68, 84,
    114, 245, 300, T3, T4
  und Verschiedenheit, 92–99, T9
  und Vielfalt, 81, 84, 85, 87, 92,
    152, 323, T11, A48

qualitative, 68, 70, 84, 97,
  105, 300, 349
Verlassen der, nicht notwendig,
  111, 290, 306
Einssein, 66, 86, 93, 97, 270, 276,
  300, T9
Einseitigkeit, 2, 3, 13, 27, 30, 42, 84,
  153, 196, 201, 335, T1
Einweihung, innere, 78, 185, 194,
  310, A90
Elohim, 90, 221, 229, 230, 234–236,
  238, 335, 349, 359
Empirismus, 46, 55, 249, 301
Energie
  definiert (theistisch), 84, 232, 277,
    T5
  neutral, ohne Bewusstsein, 114,
    122, 129, 131, 137, 152, 292,
    293, 300
Erkenntnistheorie, 46–48, 58, 59,
  62–64, T2, A14
Erde, Ort des freien Willens, 284,
  285, 295
»Erkenne dich selbst!«, 298
Erleuchtung
  definiert (theistisch), 97, 105–108,
    245, 276, 299–302, 308, 359
  definiert (atheistisch), 105, 132,
    134, 138, 269, 301
Ermächtigung, 303, 306, 308, T10
Esoterik
  atheistische, 68, 80, 85, 113, 119,
    123, 132, 134, 151–154, 269,
    282, 283, 287, T4, A24
  theistische, 112, 123, 238, 249,
    263, 277. Siehe auch: Gottes-
    bewusstsein; Mysterienschulen
Essenz, 104, 121, 150, 188, 259, 340,
  380, 387
Ethik
  definiert (allg.), 311, 312
  definiert (atheistisch), 136, 165
  im Atheismus ohne absolute
    Kriterien, 131, 133, 292, 313,
    316–320, 342
  des *pagan ethos,* 136, 317, 331,
    335
  monotheistische, 314–316, 320

definiert (theistisch), 321, 323–
  329, 342
absolute Kriterien der, 294, 321,
  324, 325, 328, 352, T11
Etz Hayim, 336, 349, A95
Evolutionstheorie
  Aussage der, 127, 211–218, 271,
    A68
  entspringt einer materialistischen
    Weltsicht, 53, 127, 139, 200,
    208, 211, T5
  als Ideologie, 144, 209, 210, 359
  als unhaltbare Theorie, 206,
    213–220, 233–235, 237, T12,
    A44
  Siehe auch: Materialismus; Wissen-
    schaft, materialistische
Ewigkeit
  definiert, 66, 67, 84, 97, 226, 245,
    279, 306, T3, T8
  als Hintergrund der Zeit/der
    Materie, 43, 91, 188, 227–229,
    243, T6, T12
  und Gegenwart, 265, 281, 306
Existenz (Wortbedeutung), 104
Exodus, 179–181, 194, 335, 339,
  340, 349, 351, A60, A95
Extreme, Extremismus, 1, 2, 8, 18, 29,
  30, 119, 159, 161, 285, 306, 366,
  A42. Siehe auch: Einseitigkeit

Faust (Goethe), 136, 245, 282
Fatum, 114, 129
Fatalismus, 114, 303, 374
Fortschritt
  trügerischer, 14, 31, 42, 128, 140,
    209, 260, 332
  wirklicher, 5, 29, 200, 222, 260,
    332, A6
Freimaurer, 128, 132, 137, 148–151,
  153, 301, 379, 381
Fundamentalismus, 8, 41, 42, 160,
  161, 183, 315, 367, 368, A42

Ganzheit
  definiert, 80, 81, 87, 93, 107, 119,
    147, 287, 323, T3, T9
  Erkenntnis der, 3, 35, 82–87, 106

Gebote, Zehn, 165, 325, 334–340, 342, 343, 375, T11
Geist
  definiert, 55, 68, 88, 240, 243
  und Körper, Seele, 243–258, 264, 299, T7
  formt Materie, 106, 127, 225, 227, 332, T12, A74
  Siehe auch: Bewusstsein
Geistheilungen, 49, 106, 255, 385.
  Siehe auch: Wunderheilungen
Georgia Guidestones, 141, 161, 320
Gewissen, 118, 322, 349
Gilgamesch-Epos, 176, A47
Giordano-Bruno-Gesellschaft, 125
Glaube
  definiert, 44, 47, 52, T2
  erschafft die subjektive Realität, 46, 51, 119, 230
  und Wissen, 42, 45–48, 51–57, 205, 208, A14
  kann Berge versetzen, 259
  Siehe auch: Weltbilder
Gnade, göttliche
  als Aspekt der Individualität Gottes, 122, 259, 270, 275, 280, 281, T10
  und Offenbarung, 94, 185, 301–305, 354
  vom Atheismus verkannt, 131
Gnosis, 80, 132, 146–156, 193, 231, A35
Gott
  theistische Definition von, 67, 80–83, 97, 100, 106–108, 137, 287, 292, 341, T3, T4, T9, T11
  monotheistische Definition von, 23, 82, 101
  als »Person«, 68, 82, 147
  erkennbar und verständlich, 58, 62–64, 77, 111, T2
  der lebendige, 78, 83, 89, 107, 114, 260
  in bezug auf die Schöpfung, 43, 106–108, 130, 226–229,
  Namen von, 83, 90, 107, A19
  und Teufel, 112, 117, 132, 147
  und das Böse, 110, 133, 276, 287
  Siehe auch: Absolut; Ganzheit; Gnade, göttliche; Wille, Gottes

Gottesbeweise, A14
Gottesbewusstsein
  Merkmale des, 34, 69, 70, 78, 83, 89, 97, 105–108, 121, 145 (A33), 260, 280
  Erlangen von, 48, 58, 59, 64, 76
  Siehe auch: Einssein; Einweihung, innere; Ganzheit; Theismus
Gut
  definiert, 113, 120, 291, 292, 322, 374
  und Böse, 87, 105, 110–123, 131, 134, 136, 147, 153, 288–295
  und göttlich, 120, 121, 291

»Hasse die Sünde, aber liebe den Sünder«, 297, 325
»Heiliger Krieg«, 375
Henotheismus, 170, 196
Hinduismus, 39, 160, 195, 199, 337, 341, A70, A75, A88, A93
Holismus
  atheistischer, 80, 128, 129
  theistischer, 53, 84, 130, 224, 227, 249, 256, 362, T6, T12
Homosexualität, 315, 329
Humanismus
  atheistischer, 42, 77, 125, 143, 145 (A32, A33), 209, 249, 317, A11, A20, A48
  Manifest des evolutionären, 125, 127, 131, 140, 141, 144
  theistischer, 77, T2. Siehe auch: Mensch, definiert (theistisch)

Ich-bin-Bewusstsein, 98
Idealismus, 116, 240, A78
Identifikation
  definiert, 251, 307, T6
  als irdische Identität, 93, 197, 251, 252
  und Illusion, 102, 103, 253, 306, T8, A80
  Freiheit von, 105, 258, 309, 352
  Siehe auch: *Ahaṅkāra*
Illuminati, 134, 135, 139, 317, 330.
  Siehe auch: Erleuchtung, definiert (atheistisch)

Illusion
  definiert, 95, 100, 102, 103, 253, 258, 273, 306, T6, A80. Siehe auch: Māyā
  Fehlkonzepte über, 80, 102, 153, 154, 300
  Freiheit/Überwindung von, 100, 105, 273, 303, 357. Siehe auch: Karma, Überwindung von
Immanenz, 68, 106–108, 226, 257, T8, T10, A20
»In der Welt, aber nicht von der Welt«, 103, 239, A88
Indigokinder, 234 (A72)
Individualität
  definiert, 66, 70, 76, 85, 87, 91, 93, 106, 246, 277, T3
  als ewige Identität, 97, 102, 159, 258, 287, 300, 308, T4
  als Schöpfungsfaktor, 226, 229, 245. Siehe auch: Bewusstsein
  und Persönlichkeit, 93, 266, 302
  materialistische/monistische Auffassung von, 97, 128, 132, 152, 153, 193
Individuum, 66–68, 82, 106, 245, 279, 293, T6
Information/Form, 55, 213, 215, 225, 227, 229, 235, 249, T5, T6
Insch'Allah, 303
Intelligent Design, 106, 214 (Pt. 6)
Intelligenz, 36, 249–251, 254, 260, T6. Siehe auch: *Buddhi;* Unterscheidungsvermögen
Intuition, 98, 106, 250, 260
Involutionstheorie, 223–238, T12
Islam
  und Monotheismus, 24, 161, 164, 368
  Geschichte des, 150, 162, 364, 367–369
  Bedeutung des Wortes, 96, 259, 363
  Lehren des, 109, 162, 265, 361, 374, A71
  und Theismus, 34, 108, 165, 267, 364–366, 370–376, A98
  Siehe auch: Koran

»Jeder Krieg beginnt mit einer Lüge«, 329
Jñāna-Yoga, 302
Joel-Prophezeiung, 333, 359
Judentum
  und Monotheismus, 8, 24, 161, 167
  Geschichte des, 177–182, 364, A44, A95
  und Theismus, 24, 34, 89, 108, 165, 178, 184, 267, 342–351, 372, A48
  Siehe auch: Jakob; Josef; Thora
Ka-Körper, 255, 264
Kabbala, 74, 264, 349
Kāla, 277. Siehe auch: Zeit
Kali-Yuga
  definiert, 187, 188, A49
  als Zeitalter der Spaltung, 2, 13, 18, 27, 31, 148, A43
  als Zyklus der materiellen Verdichtung, 196–201, 234, 239, A71
Karma
  definiert, 270, 277, 279, T10
  als einer von fünf Faktoren, 277, 281
  Überwindung von, 259, 270, 280–286, 295, 302, 352, 362, T10, A88
  falsches Verständnis von, 101, 129, 269, 270, 278, 282
Karma-Yoga, 302
Kastensystem, 39, 337, A93
Katholisch (Wortbedeutung), 362. Siehe auch: Kirche
Kausalität. Siehe: Karma; Polarität; Ursache und Wirkung
Kirche, römische/katholische, 148, 150, 361, 362, A42, A78
Kommunismus, 11, 40, 143, 319, A11
Das Kommunistische Manifest, 11, 12, 19, 143, 319, 388
Kontemplation, 309
Koran
  Ziel des, 86, 363, 365, 366
  Missverständnisse über, 8
  zitiert, 90, 162, 184, 259, 363, 364, 368, 371, 373–376
  Siehe auch: Islam

Körper, grob- und feinstofflicher, 243, 246, 249, 251, 254–256, 258, 262–264, T6. Siehe auch: Materie
Kreationismus, 53, 172, 175, 210, 214 (Pt. 6), 221, 222, A69
Kritische Masse, 33, 239

Leib-Seele-Dualismus, 241, 242, 244, 246
Liebe, göttliche
　definiert, 68, 72, 86, 94–101, 122, 275, 284, 300, 324, 343, T9
　als einzig wirkliche Realität, 85, 95, 100, 294, 305, 354
　als höchste Kraft, 239, 270, 281, 284, 303, 352
　ist bedingungslos, 95, 121, 157, 280, 292, 300, 303
　»erkaltet«, 118, 142
Licht und Schatten. Siehe: Analogien, Licht und Schatten
Lichtkörper, 234, 359, A71, A96. Siehe auch: Elohim; Merkaba
Lichtkreise, 310, 382
Luzifer, 112, 123, 128, 132, 151–154, 282, A80

Ma'at, 137, 330, 344
Machbarkeitswahn, 29, 260, 332
Magie, 124, 191, 247, 249
Maharishi-Effekt, 33
Manas, 249–251, 254, T6
Manitu, 130, 137
Mann und Frau
　Gleichwertigkeit von, 185, 189, 260, 328, 340, A35
　Heilung der Beziehung von, 310, 329, 368, A98
　Störung der Beziehung von, 84, 156, 202
Materialismus
　definiert, 4, 52, 80, 116, 127, 131, 205, 207, 211, T5, A12
　in der Wissenschaft, 20, 42, 45, 127, 204–206, 207–212
　Weltbild des, 62, 131, 139, 209, A22
　als Ideologie, 44, 127, 139, 140, 209, A11

Siehe auch: Atheismus; Evolutionstheorie; Naturalismus
Materie
　definiert (theistisch), 232, T5
　als unendlich wandelbare Energie, 81, 226, 228
　Multidimensionalität der, 224–232, 262, T6, T12
　grob- und feinstoffliche, 124, 226, 227, 235, 243, 247, 249–252, T6, T12
　spirituell, aber nicht absolut, 43
　von Bewusstsein geformt, 106, 127, 225, 227, 332, T5, T12, A74
　Fehlkonzepte über, 80, 102, 132, 153, 156, 207
　»Selbstorganisation« der, 101, 106, 114, 116, 128, 152, T9
Matrix, 152, 155, 220
Māyā, 95, 102, 258, 303. Siehe auch: Illusion
Maya-Kalender, 187, 239, A49
Meditation, 105, 244, 258, 302, 309, 310, 382
Mensch
　definiert (atheistisch), 127, 128, 133, 139, 209, 214 (Pt. 4), 218, 271
　definiert (monotheistisch), 63, 271
　definiert (theistisch), 103, 118, 196, 234, 238, 261, 272
　als Teil Gottes, 82, 87, 99, 109, 117, 265, 272, T7
　ein subjektives Wesen, 54, 64, 185, 230
　als Mitschöpfer, 239, 303, 306
　geistige Herkunft des, 231, 234–236, 238, 285
　»das Maß aller Dinge«, 75, 77
Mentaler Bereich der Psyche, 127, 249–251, 254, 309, T6
Merkaba, 255, 264, 359, A95
Messias, 2, 31, 166, 193, 351
Metaphysik, 88, 116, 132, 227, 240, 249, 254, 256. Siehe auch: Holismus; Materie; Morphogenetische Felder

Mittelweg
  definiert, 2, 3, 27, 32, 185, 210, 303, 321, 379, T1
  als Ausweg, 1, 6, 18, 28, 34, 150, 223, T13
  als schmaler Pfad, 27, 88, A7
  der goldene, 29
  Siehe auch: Radikal; Theismus
Monismus
  definiert, 68, 131
  atheistischer, 80, 81, 85, 87, 101, 105, 131–133, 134, 151–155, 242, 287, T4
  metaphysischer, 131, 132, 134
  theistischer, 105, 130, 300, T4
  Siehe auch: Advaita; Brahman; Energie; Nondualität
Monotheismus
  definiert, 13, 21, 22, 24, 68, 147, T3
  Weltbild des, 23, 31, 80, 88, 146–158, 221, 266, 301
  als Einseitigkeit, 3, 20, 63, 84, 201
  Konsequenzen des, 5, 8, 12, 14, 20, 150, 156, 157, 159–166, 315, 350, A48
  Entstehung des, 170, 176–178, 184, 195, 196, 315, 336, 357, A6, A60
Morphogenetische Felder, 106, 235, 249, 255, T6
Mount St. Helens, 174
Mysterienschulen, 93, 119, 137, 149, 175, 176, 185–201, 224, 244, 262, 263, 293
Mytho-logisch, 196, 227

Nahtoderfahrungen, 262, 322, T7
Naturalismus, 4, 125, 127, 130, 134, 206, 210. Siehe auch: Materialismus
»Neue Weltordnung«, 2, 34, 114, 116, 128, 134, 137, 330, T1, A29, A80
1984 (Roman), 159
Neutralität
  definiert (theistisch), 105, 106, 275
  als psychische Qualität, 105, 295, 296, 309
  als Eigenschaft der Einheit, 97, 101, 106, 114, 122, 137, 293, 303, T3, T4
  als Eigenschaft Gottes, 258, 259, 276, 277, 374
  Siehe auch: Brahman; Energie
Nichts, 88, 105, 130, 152, 153, 330. Siehe auch: Chaos; Nondualität
Nihilismus, 56, 105, 301, A20
Nirwana, 87, 97
Nondualität, 66, 69, 97, 105, 106, 132, 134, 226, 293, T3, T4, T10. Siehe auch: Einheit; Monismus
Nontheismus, 69, 97, 114, 126, 341, T4
»Notwendige Erfahrung«, 111, 113, 114, 119, 128, 129, 132, 134, 137, 154, 282, 283

Objektiv/subjektiv, 48, 49, 53–55, 64, 70, 185, 205, 230, 293, 314, 324, T2. Siehe auch: Subjektiv, im Ggs. zu individuell
Okkasionalismus, 257
Oligarchie, 331
Ophiten, 149, 151
Ordnung, göttliche, 87, 130, 137, 259, 260, 291, 330, 332, 344, T8
»Ordnung aus dem Chaos«, 137, 153, 330

Panentheismus, 130
Pantheismus, 17, 69, 80, 128, 130, 241, A79
Paradigma, 49, 220
Paradigmenwechsel, 2, 3, 10, 33, 49, 50, 219, 351, T13
Paralleles Sein (Parallelismus), 84, 86, 108, 229, 256, T5
Paramātmā, 106, 108, 130, 229, 232, 250, 256–259, 268, 277, 374, T5, T8, T10
Parapsychologie, 45, 49, 224, 262, A82
Patriarchat, 82, 84, 156, 176, 198, 260, 315, 328, A98
Patristik, A78

Philosophie
    definiert, 16, 61, 74, 75, 76, 185, 300, T2
    in Einheit von Herz und Verstand, 3, 78, 196, 201, A1
    historische Entstehung der, 198, 301, A16
Plebejer, 331
Plutokratie, 331
Pneuma, 243, 263, 264
Polarität
    definiert, 126, 245, 306, T3
    als Grundprinzip materieller Schöpfung, 66, 147, 277
    im Ggs. zu Dualität, 65, 126; S. 321–326
Polytheismus, 69, 176, 195, 196, 336, 346, 348, A6, A95
Positivismus, 301
Prädestination
    als Teil der Kausalität/Polarität, 258, 279, 283, 374, T10
    missverstanden (als »Prädestinationslehre«), 129, 278, 282
Pragmatismus, 128, 134
Prinzipieller Rückschluss, 92
Prophezeiungen, 209, 333, 359, A95
»Prüfet alles«, 6, 38, 355
Psyche, 127, 243, 254, 263

Quantenphysik, 49, 128, 224, 227, 231, 249

Radikal, 1, 6, 16, 29, 30, 49, 209, 379, T1
Rationalismus, 145 (A32), 249, 301
Rassismus, 8, 44, 163, 184, A41
Razor's Edge, The, A7
Realität
    definiert (theistisch), 43, 57, 66, 68, 100, 104, 274, 300
    definiert (atheistisch), 88, 115, 134, 138, 152
    einseitige Definition von, 31, 84, 122, 126
    relative Wahrnehmung von, 48, 52, 54, 76, T2
    absolute und relative, 58, 64, 81, 87, 113

    und Wahrheit, 48, 57, 61, 64, 76
    Siehe auch: Absolut; Ganzheit; Gott; Relativ
Reduktionismus, 127, 201, 207, 261, T5. Siehe auch: Materialismus
Rei-Ki, 255
Reinkarnation, 116, 265–270, 282, 358, T4, A16, A75
Relativ
    definiert, 23, 35, 43, 51, 62, 93, 119, 228
    als Spiegel des Absoluten, 43, 58, 81, 92, 227, 253, 259, 293, A14
    Fehlauffassungen bzgl. des, 56, 58, 87, 119, 126, 138, 146, 287, 292. Siehe auch: »Alles ist relativ«
    Verabsolutierung des, 25, 26, 41, 42. Siehe auch: Absolutheitsansprüche; Wahrheit, Exklusivanspruch auf
Relativismus, 49, 56, 128
Religion(en)
    definiert, 71, 72, 321, A15
    potentielle Kraft der, 32, 40, 167
    gemeinsame Essenz der, 24, 32, 86, 89, 185, 265, 281, 304, 341, 379, T1
    als »Opium des Volkes«, 143
    ohne Philosophie, 3, 309
    Verfälschung der, 8, 24, 31, 39, 41, 161, 167, 170, 198, 278, 356, 367, A6
    kein Gegensatz zu Wissenschaft, 45, 50, 53, A1
    gegenseitige Wertschätzung der, 24, 34, 89, 183, 267, 323, 334, 372
    Versöhnung der, 19, 33, 168, 184, 351, 376, 381, T13, A48, A95
    Siehe auch: Buddhismus; Christentum; Hinduismus; Judentum; Islam
Resonanzgesetz, 94, 272, 273, 310
Respekt, 323, 324, 334, 337
Rituale, 95, 137, 157, 310, 328, 345
Ṛta, 137

Sanskrit, 79, 96, 199, 372, A19, A49, A70

Sat, 277. Siehe auch: Ewigkeit
Satan
    definiert (theistisch), 112, 117, A80
    definiert (gnostisch), 147, 150, 240
    Missverständnisse bzgl., 136, 154
    für Gott gehalten, 151
    als Verführer, 184, 284
Schlange, 149, 156, 357
Schlüssel des Enoch, A96
Scholastik, A78
Schöne neue Welt, 144, A29
Schriften, heilige
    Umgang mit, 32, 37–39, 160, 177, 178, 184, 201, 314, 333, 347, 352, 369, A10
    Entstehung der, 176–182, 196–201, 340, 346, A95
    Verabsolutierung einer, 41, 170, 178, 337
Scientology, 153
666-Prophezeiung, 209
Seele
    definiert, 86, 229, 232, 245, 252, 254, 258, 263, 267, T6, T7
    Körper, Geist und, 240, 243, 256, 264, 299
    Realität der, von Materialisten bestritten, 80, 116, 126, 209, 242, 261
    Siehe auch: Ātmā; Bewusstsein; Individuum; Mensch, als Teil Gottes
Selbsterlösung, 301, 302, 308, T10
Selbstorganisation der Materie.
    Siehe: Materie, »Selbstorganisation« der
Semitismus, 184
Shalom, 96, 363
Sinn der Welt/des Lebens, 23, 64, 87, 114–116, 119, 121, 131, 133, 140, 293–295, 320
Sintflut, 170–176, 184, A44, A47
Sklaverei, 315, 328, 339, 340, A48
Sophía, 75, 149, 185, 196
Sophisten, 75
Sozialismus, 12, 40, 116, 145, 318, 319, A92

Spiritualität
    definiert, 72
    von Atheisten bekämpft, 143
    Siehe auch: Esoterik, atheistische/theistische; Religion(en); Theismus
Spirituell
    definiert (immateriell; auf das Göttliche bezogen), 43, 68, 102, 104, 226, 243, 252, T5
    als Eigenschaft der Ganzheit/des Bewusstseins, 43, 82, 106, 196, 256, T8
    symbolisiert durch Licht, 126, 146, 304
Śrutadhara, 199
Subjektiv, im Unterschied zu individuell, 64, 70, 185, 293, 314, 321, 328.
    Siehe auch: Objektiv/subjektiv
Sünde(n)
    monotheistische Auffassung von, 61, 68, 170, 271, 301, 305, 356, A76
    atheistische Auffassung von, 151, 317
    theistische Auffassung von, 117, 251, 297, 325, 347, 352, T6
Sündenvergebung, 280, 281, 357, 362, 364, T10. Siehe auch: Karma, Überwindung von
Śūnya, 105, T4
Symbol, symbolisch
    definiert, 35, 256, 346, A10
    als Schlüssel zu tieferer Bedeutung, 37, 177, 179, 194, A13
    als Schlüssel zur Realität, 43, 126, 191
Synarchie, 331

Tat tvam asi, 105
Templer, 150
Theismus
    definiert, 17, 21–23, 32, 68, 76, 85, 92, 107, 379–381, A99
    als Urwissen, 3, 15, 18, 72, 185, 188, 224

Theismus (Forts.)
  ist zeitlos, 15, 18, 37, 184, 194,
    199, 340, 346, 390
  als radikaler Mittelweg, 3, 27, 32–
    34, 185, 210, 321, 379, T1, T13,
    A7. Siehe auch: Mittelweg
  erklärt Liebe als höchste Realität,
    85, 95, 100, 294, 305, 354
  als Kern aller Religionen, 24,
    32, 86, 89, 281, 334, 336, 341,
    379
  Geschichtsverständnis des, 175,
    195–201, A44
  ägyptische Urschule des, 74, 189–
    194, 264, 330, 349, 351, A52
  indische Urschule des, 79, 105–
    108, 227(A70), 236
  und Christentum, 24, 89, 108, 178,
    267, 352–362, A40
  und Islam, 34, 108, 165, 267, 364–
    366, 370–376, A98
  und Judentum, 24, 34, 89, 108,
    165, 178, 184, 267, 342–351,
    372, A48
  Vision und Projekte des, 19, 33,
    34, 89, 108, 164, 168, 222, 379,
    383–390, T13
  Siehe auch: Ganzheit; Gottesbe-
    wusstsein
»Theistisches Manifest«, 10, 15, 16,
  18, 19, 22, 379, 390, T1–13
Theologie
  definiert, 73, 76, 80, 311, A78
  negative, 59, A13
  monotheistische, 73, A6. Siehe
    auch: Monotheismus
  theistische, 59, 78, 80–109. Siehe
    auch: Theismus
Therapeutae, 193
Thomas-Evangelium, 193, 298, 360
Thora, 38, 183, 221, 333, 342, 344,
  347, 352, A48, A95. Siehe auch:
  Bibel, zitiert (AT); *Etz Hayim*
Tod
  definiert (materialistisch), 67, 127,
    209, 211, 242, 261, 271
  definiert (monotheistisch), 170,
    271, 357
  definiert (theistisch), 45, 91, 245,
    246, 258, 261, 263, 266, 268, T7
  Leben nach dem, 45, 240, 245,
    261–270, 322, 357, 358, T7
Toleranz, 323
Totalitäre Staatsmacht/totalitäre Ten-
  denzen, 2, 34, 88, 116, 128, 134,
  209, 330, T1, A11, A48, A80
Transzendenz, 107, 108, 226, T8, T10

Universalienstreit, A78
Universalismus, A48
Unterscheiden, ohne zu urteilen, 87,
  286, 288–297, T11
Unterscheidungsvermögen, 36, 38,
  123, 249–251, 292, 309, T6;
  S. 321–326. Siehe auch: *Buddhi;*
  Intelligenz
Upanishaden, 105, A7
Ursache und Wirkung
  als materielles Gesetz, 101, 252,
    270, 277, 282–284, T10, A14
  Verabsolutierung von, 101, 115,
    128, 129, 278, A22
  Siehe auch: Karma
Urteilen, 286, 288, 292, 293. Siehe
  auch: Unterscheiden, ohne zu urtei-
  len

Vegetarische Ernährung, 74, 157,
  195, 236 (A76)
Verantwortung
  definiert (theistisch), 72, 103, 239,
    274, 276, 319, 321, 342, T8, T10,
    T11
  Antwort und, 72
  im Monotheismus missverstanden,
    278
  im Atheismus kein absolutes Prin-
    zip, 87, 128, 271, 286, 293, 332
Vernunft, 25, 46, 52, 163, 249, 251,
  260, 317, 324
»Verschwörungstheorie«, 48, A27,
  A43, A91
Verstand
  definiert, 58, 63, 249, 250
  und Herz, 3, 260, A1
  im Pascal-Zitat, S. 4, A1

Verzeihen, 283
Viṣṇu, 83, 90, 107, 231
Vitalkörper. Siehe: Ätherkörper

Wahrheit
  definiert (theistisch), 23, 325, 352, 384, T11. Siehe auch: Ganzheit; Realität
  und Wissen, 48, 57, 76
  Exklusivanspruch auf, 8, 20, 41, 75, 88, 205, 294, 320. Siehe auch: Absolutheitsansprüche; Fundamentalismus
  halbe, 2, 27, 59, 82, 84, 88, 119, 129, 134, 142, 150, 153, 269, 278, 279, T1, T3, T4, T9. Siehe auch: Einseitigkeit
  Erkenntnis der, S. 4, 28, 32, 36, 76, 83, 89, 301
  subjektive, 47, 70, A12
  absolute, 56, 57, 70
  als *veritas*, 145
  »macht euch frei«, 32, 352, 355, 357
»Warum gibt es etwas und nicht nichts?«, 81, 152
Weltbilder
  als Grundlage von Wissen, 46–48, 51–57, 76, 195, 205, 230, T2
  bestimmen Denken und Handeln, 15, 48, 50, 61, 146, 203, 300, 332, T11
  Grafik der, S. 83
»Weltethos«, 387
»Wie oben, so unten«, 92, A18
Wille
  Gottes, 68, 99–101, 111, 121, 158, 259, 276, 303, 342, 374, T10; S. 327–331
  freier, 64, 68, 87, 99, 110, 113, 132, 272–281, 285, 290, 306, T8, T10
  nicht absolut frei, 106, 271–273, 284, T8
  Ursprung des, 68, 97, 99, 102, 132
  im Atheismus kein absolutes Prinzip, 110, 114, 115, 122, 127, 131, 133, 218, 271, 292, 300, 332

Wissenschaft
  materialistische, 4, 44, 88, 204–206, 209–214, 218
  Glaube in der, 42, 46, 49, 51, 56, 174, 208, 219, 220, T2
  muss nicht atheistisch sein, 20, 45, 222, 227
  kein Gegensatz zu Religion, 45, 50, 53
  holistische, 53, T12. Siehe auch: Metaphysik; Involutionstheorie
»Wo zwei oder drei«, 310, 382
Wunderheilungen, 106, 230, 259, A90. Siehe auch: Geistheilungen
Wünschen, richtig, 94, 249, 277, 303

Yuga, 187, 236, A49. Siehe auch: Zeitalter

Zeit
  definiert, 66, 228, 277
  Entstehung der, 229
  vor dem Hintergrund der Ewigkeit, 227–229, 265
  Raum und, 65, 66, 229, 245, T6
Zeitalter
  Zyklus der, 49, 175, 186–188, 196, 200, 227, 236, 348, A44, A49, A70
  neues, 34, 145, 187, 239, 333, 351, 384, 385, T13, A95
  gegenwärtiges, 2, 13, 20, 145, 186–188, 197, 201. Siehe auch: Kali-Yuga
Zuviel, zuwenig, 29, 150, 201, T1
»Zweck heiligt die Mittel«, 2, 88, 134, 136, 335, T9
Zynismus, 128, 140, 141, 240, 301

Theistische Mysterienschule
– Grundkurse und Weiterbildung

Die Bücher von Armin Risi sind Grundlagenwerke des Theismus, und ihre Inhalte laden ein zu Vernetzung und Studium. Auf der Grundlage dieser Bücher bieten wir deshalb vertiefende Seminare und Schulungen an – »wir«, das sind Armin Risi, Silvia Siegenthaler und ein wachsendes Team von Referentinnen und Referenten. Die aktuellen Informationen hierzu finden Sie im Internet auf theistic-network.org, ebenso Hinweise auf Institutionen, Gruppen und Einzelpersonen, die das Theistische Manifest unterstützen und vertreten.

Der radikale Mittelweg
Theistische Weltsicht: Unterscheiden, ohne zu urteilen

Kurse mit Armin Risi

Das Vermächtnis der alten Kulturen und Mysterienschulen. Die geistige Herkunft der Menschheit. Der multidimensionale Kosmos. Geschichte und Essenz der Religionen. Orientierung im Labyrinth der Philosophien und esoterischen Lehren. Atheistische und theistische Esoterik. Ganzheitliches Gottesbewusstsein. Wege zur inneren Einweihung. Neue Perspektiven für das eigene Leben. Erkennen der persönlichen Berufung und Lebensaufgabe. – Die Teilnehmenden werden ermutigt, eigene Studienkreise zu gründen.

Vertical Centering®
Wege zur heilenden Ganzheit

Kurse mit Silvia Siegenthaler (introvision.ch)

Holistische Therapie. Farblichte Klänge. Sakrale Klangbewegungen. Traumintrovision. Schulung der Intuition. Naturerleben und Erleben der Lichtwelten. Meditation. Spirituelle Kunst. Systemische Lebensberatung. Einzelsitzungen und Arbeit in Gruppen mit Erwachsenen, mit Kindern.

Kontakt
info@theistic-network.org
theistic-network.org

Auf den folgenden Seiten:
Bücher und DVDs von Armin Risi

Der multidimensionale Kosmos · Band 1

Armin Risi

GOTT UND DIE GÖTTER

Das Mysterienwissen
der vedischen Hochkultur

ISBN 978-3-906347-90-5
1995/2006 (überarbeitete Neuauflage)
9. Auflage, Oktober 2015
446 Seiten, gebunden
€ 24,– / CHF 36.–

Zeitlose Weisheit – revolutionäres Wissen

Die Menschen der früheren Zeitalter waren nicht primitiv, sondern schöpften aus den geistigen Urquellen und verfügten über ein zeitloses Mysterienwissen (im Sanskrit »Veda« genannt), das heute, im Zyklus der Zeiten, wieder ins Bewusstsein der Menschen tritt.

Eines der erstaunlichsten Zeugnisse hierfür sind die Sanskrit-Schriften der altindischen (vedischen) Hochkultur. Armin Risi entschlüsselt diese heiligen Texte im Licht der ursprünglichen Mysterientradition und formuliert hier auf einzigartige Weise, was bisher nur Veda-Eingeweihten bekannt war. Diese sahen schon vor Jahrtausenden das gegenwärtige dunkle Zeitalter voraus, ebenso wie dessen Ende in der heutigen Zeit. Dann, so sagten sie, werde auch das Veda-Wissen wieder weltweit zugänglich.

Aus dem Inhalt:

- Ursprung und Aufbau des Universums
- Höherdimensionale Welten
- Die geistige Herkunft des Menschen
- Die Hochkulturen im Zyklus der Zeiten
- Die Lichtwesen und die Dunkelmächte
- Vedische und abendländische Prophezeiungen
- Karma, Māyā, Ātmā, Yoga
- Innere Einweihung und Selbsterkenntnis

Gott und die Götter: ein Standardwerk für die Pioniere des neuen Zeitalters – denn in der heutigen Wendezeit ist das älteste Wissen der Menschheit auch das neueste: zeitlos, revolutionär, zukunftweisend.

Der multidimensionale Kosmos • Band 2

Armin Risi

UNSICHTBARE WELTEN

Kosmische Hierarchien
und die Bedeutung des menschlichen Lebens

ISBN 978-3-906347-94-3
1998/2008 (überarbeitete Neuauflage)
7. Auflage, März 2015
404 Seiten, gebunden
€ 24,– / CHF 36.–

Ein Grundlagenwerk zu Parapsychologie, Esoterik und Spiritualität

»Parallelwelten«, »Multiversum«, »morphogenetische Felder« – auch viele Vordenker der Wissenschaft sprechen heute von unsichtbaren Welten und höheren Dimensionen. Mit diesem neuen, holistischen Weltbild nähern sie sich dem, was die Eingeweihten der alten Mysterienschulen seit jeher sahen und beschrieben: Die physikalische Materie ist nicht die einzige Realität; die sichtbare Welt ist verbunden mit kosmischen Hierarchien; der Mensch ist, wie das Universum, ein multidimensionaler Kosmos (»wie oben, so unten«); als geistige Wesen schaffen wir unsere eigenen Realitäten.

Aus dem Inhalt:

- Materie, Seele und die kosmische Intelligenz (»Überseele«)
- Reinkarnation, Karma und freier Wille
- Illusion, Individualität und Einheit
- Atheistische und theistische Esoterik
- Göttliche Liebe, Allmacht und Offenbarung
- Spirituelle Psychologie: Die Macht des Bewusstseins
- Magie, Religion und Spiritualität
- Götter, Engel, astrale Wesen
- Der Kampf um die Erde

Die Erde existiert nicht isoliert im Weltall, sondern ist Teil eines multidimensionalen Kosmos. Die Menschheit steht im Brennpunkt verschiedenster Einflüsse aus sichtbaren und unsichtbaren Welten. Was auf der Erde geschieht, wird erst durchschaubar, wenn wir diese Einflüsse mit in Betracht ziehen – global und in unserem eigenen Leben.

Der multidimensionale Kosmos · Band 3

Armin Risi

MACHTWECHSEL AUF DER ERDE

Die Pläne der Mächtigen, globale Entscheidungen und die Wendezeit

ISBN 978-3-906347-81-3
1. Auflage 1999
5., vollständig überarbeitete Auflage, 2006
594 Seiten, gebunden
€ 24,– / CHF 36.–

Die Weltlage aus spiritueller Sicht

Die »Illuminati«- und »Sakrileg«-Themen – jenseits von Fiktion und Verharmlosung.

Millionen von Menschen ahnen, dass vieles, was auf der Bühne der Weltgeschichte geschieht, eine Inszenierung ist. Was läuft hinter den Kulissen? Was sind die Pläne der Mächtigen? Welche globalen Entscheidungen stehen bevor?

Aus dem Inhalt:

- Der Mensch im multidimensionalen Kosmos
- Kali-Yuga und die Wendezeit
- Hierarchien der Dunkelheit und des Lichts
- Das Geheimnis der Einweihungen
- Templer, Freimaurer und die »Prieuré de Sion«
- Der Bibel-Code 666
- UFOs, Geheimtechnologie und geistige Energie
- Die Gegenwart der Lichtwesen
- Die Transformation der Erde

Dieses Buch ist eine Expedition in die dunklen Tiefen der Weltgeschichte, in die lichtvolle Zukunft der Menschheit – und in unser eigenes Innerstes.

Mit einem Vorwort von Prof. Dr. iur. Jörg Rehberg.

Revolution im Alltag

Armin Risi • Ronald Zürrer

VEGETARISCH LEBEN

Vorteile einer fleischlosen Ernährung

ISBN 978-3-906347-77-6
11. Auflage, Januar 2015
(erweitert und aktualisiert)
173 Seiten, Taschenbuch
€ 4,50 / CHF 8.–

Vegetarisch leben – dies ist nicht nur eine gesunde, vollwertige Ernährungsweise, sondern auch Ausdruck eines bewussten Lebensstils. Vegetarisch leben ist ein aktiver Schritt, um den destruktiven Tendenzen der modernen Zivilisation entgegenzuwirken. Denn die Nachteile des globalen Fleischkonsums werden immer offensichtlicher.

Dieses Buch aus der Reihe »Grundlagenwissen im Govinda-Verlag« vermittelt die wichtigsten Informationen zur Diskussion über Vegetarismus und Fleischkonsum:

- Gesundheit und Vorbeugung durch vegetarische Ernährung
- Fleischessen und Zivilisationskrankheiten
- Wirtschaftliche und ökologische Problematik der Fleischproduktion
- Ausbeutung und Hunger in den «Entwicklungsländern»
- Tiermisshandlung durch die Fleischindustrie
- Ethik und menschliche Verantwortung
- Vegetarismus-Zitate aus 2500 Jahren
- Vegetarismus in den Weltreligionen
- Kollektives Karma und die Weltsituation
- Die Macht des einzelnen Menschen
- Liste vegetarischer Restaurants im deutschen Sprachraum

Vegetarisch leben erschien zum ersten Mal im August 1989 und wurde im Laufe der Jahre immer wieder neu überarbeitet und aktualisiert. Mit einer Gesamtauflage von 440 000 Exemplaren ist »Vegetarisch leben« heute im deutschsprachigen Raum die am weitesten verbreitete Schrift zu diesem Thema.

Weltbilder konsequent zu Ende gedacht

Armin Risi

LICHT WIRFT KEINEN SCHATTEN

Ein spirituell-philosophisches Handbuch

ISBN 978-3-906347-62-2
2004 / 4. Auflage, 2016
489 Seiten, gebunden
€ 24,– / CHF 36.–

Unterscheiden, ohne zu urteilen

Überall werden Weltbilder, Philosophien und Glaubenssysteme vertreten: von Wissenschaftlern, Politikern und Finanzmagnaten, von Geheimlogen, Religionen und Esoterikern. Haben einige mehr recht als andere? Kann und darf man unterscheiden? Oder ist alles relativ? Sind wir einer philosophischen bzw. ideologischen Willkür ausgesetzt, ohne Kriterien und Maßstäbe für das, was Wahrheit ist? Gibt es überhaupt so etwas wie »Wahrheit«? Welche Weltbilder stecken hinter Aussagen wie »alles ist relativ«, »alles ist eins«, »alles ist Gott«? Oder: »Gott ist Energie«, »das Universum ist Gott«, »wir alle sind Gott«? Wie kann man unterscheiden, ohne zu urteilen?

Armin Risi präsentiert eine ganzheitliche Systematik, die es ermöglicht, all die verschiedenen, oft widersprüchlichen Weltbilder in einen höheren Zusammenhang zu stellen, wo die Gegensätze sich aufheben. Denn Licht wirft keinen Schatten. Und es ist durchaus möglich, das Licht zu sehen und es vom Schatten zu unterscheiden – und überall zu erkennen, *was* den Schatten wirft.

Dieses Buch beschreibt eine Art von philosophischer Weltformel, mit der schlüssig und zeitaktuell die zentralen Aspekte unseres Seins erklärt werden können: Dualität und Einheit, das Relative und das Absolute, Schicksal und freier Wille, Karma, Gnade und Liebe. In diesem Licht können auch die Schattenseiten und Halbwahrheiten der heutigen Zeit durchschaut werden, selbst wenn sie sich mit schönen Worten wie »neue Weltordnung«, »Weltfrieden« und »neue Ethik« tarnen.

Das Buch zum aktuellen Paradigmenwechsel

Armin Risi

DER RADIKALE MITTELWEG

Überwindung von Atheismus
und Monotheismus

ISBN 978-3-93851-699-7
1. Auflage 2009
2. Auflage, Januar 2016
432 Seiten, gebunden
€ 19,95 / CHF 28.90

Die Ideologien der Weltmächte und der Ausweg: das Theistische Manifest.

Seit rund fünftausend Jahren lebt die Menschheit im vierten Zeitalter, im »Zeitalter der Spaltung«. Die vorherrschende diabolische (»spaltende«) Kraft schafft zwei Lager – die religiösen und die weltlichen –, die sich gegenseitig bekämpfen und ihr Tun mit ihren jeweiligen Halbwahrheiten rechtfertigen.

Armin Risi durchleuchtet diese Einseitigkeiten und Halbwahrheiten und zeigt auf, wie die heute vorherrschenden Weltbilder durch sie geprägt sind. Wer vertritt welches Weltbild und mit welchen Zielen? Wie wirken die religiösen und die weltlichen Machtpyramiden? Was sind ihre Lehren und was ihre Geheimlehren? Was ist der spaltende Geist? Wie kann die Spaltung überwunden werden? Was bedeutet die Prophezeiung, dass die Menschen sich in der Wendezeit wieder an ihre geistige Herkunft erinnern werden? Welches sind die Gegenkräfte, die dies verhindern wollen? Was ist das »radikale« Umdenken, das heute so notwendig ist? Wie schaffen wir mit unserem Bewusstsein Realität – im Hinblick auf die bevorstehenden Krisen und das kommende neue Zeitalter?

Der »radikale Mittelweg« des Theismus ist nicht einfach eine neue Theorie oder Theologie, sondern eine Rückbesinnung auf das Urwissen der Menschheit und den gemeinsamen Kern aller Religionen.

Theistische Mysterienschule · Band 1

Armin Risi

GANZHEITLICHE SPIRITUALITÄT

Der Schlüssel zur neuen Zeit

ISBN 978-3-905831-07-8
1. Auflage, Januar 2011
2. Auflage, September 2014
206 Seiten, Taschenbuch
€ 14,– / CHF 22.–

Der Ruf, dass heute ein »radikaler« Bewusstseinswandel erforderlich ist, sowohl in den Wissenschaften als auch in den Religionen, wird immer lauter. Aber wie müsste dieser Bewusstseinswandel aussehen? Wie kann die Menschheit in der heutigen Zeit der Extreme ihr Gleichgewicht und ihre Mitte wieder finden?

Die Antwort der theistischen Mysterienschulen lautet: durch eine ganzheitliche Spiritualität. »Ganzheitlich« ist ein Modewort geworden, bezeichnet aber ursprünglich den konsequenten Mittelweg, der alle Formen von Einseitigkeiten und Halbwahrheiten erkennt und vermeidet.

Erst wenn wir die Ganzheit – und nicht nur die Einheit – erkennen, haben wir den Schlüssel zur neuen Zeit gefunden. Der Buddhismus spricht hier vom »schmalen Pfad«, Jesus von der »engen Pforte ins Himmelreich« und die indische Mystik vom Weg der Wahrheit, der so schmal ist wie »auf Messers Schneide«.

Dieses Buch enthält eine Auswahl von Armin Risis Artikeln und Interviews zu seinen Büchern *Licht wirft keinen Schatten* und *Der radikale Mittelweg*.

Theistische Mysterienschule • Band 2

Armin Risi

EINHEIT IM LICHT DER GANZHEIT

Orientierung im Labyrinth von
Religion, Erleuchtung und New Age

ISBN 978-3-905831-08-5
1. Auflage Januar 2011
2. Auflage, September 2014
284 Seiten, Taschenbuch
€ 14,– / CHF 22.–

Wie unterscheidet man atheistische und theistische Esoterik? Was bedeutet Advaita (Nondualität)? Was ist der Unterschied von Polarität und Dualität? Was ist Materie, was ist Māyā (Illusion)? Leben wir in einer virtuellen Welt? Was ist die verborgene Botschaft der *Matrix*-Filme? Warum sollten wir Realität nicht auf die Nondualität beschränken? Wie können wir Gott als Ganzheit – und nicht nur als Energie und Einheit – erkennen?

Freier Wille, Resonanzgesetz, Karma: Wie hängen diese scheinbar widersprüchlichen Faktoren zusammen? Ist alles eine »notwendige Erfahrung«? Warum wird in einem Standardwerk des New Age (Blavatsky: *Die Geheimlehre*) gesagt, Luzifer sei Gott? Welche Weltbilder bestimmen den heutigen Kurs der Menschheit?

Wie erschaffen wir mit unserem Bewusstsein Realität – insbesondere im Hinblick auf das Kommen der neuen Zeit? Welches Bewusstsein ist in Resonanz mit dieser neuen Zeit?

Die geistige Herkunft des Menschen

Armin Risi

„IHR SEID LICHTWESEN"

Ursprung und Geschichte des Menschen

ISBN 978-3-905831-27-6
1. Auflage November 2013
4. Auflage, Oktober 2015
398 Seiten, gebunden
€ 24,– / CHF 36.–

Welche Erkenntnisse erlangen wir, wenn die Wissenschaft sich nicht auf ein materialistisches Weltbild beschränkt?

Armin Risi, einer der mutigsten Vordenker der heutigen Zeit, provoziert sowohl die Wissenschaften als auch die Religionen: Tiere wurden nie zu Menschen, wie die Evolutionstheorie behauptet, und der »Garten Eden« war ganz anders ...

Die Menschen der früheren Zeitalter waren nicht primitiv. Sie kannten die Wissenschaft des Lebens, die wir heute ganzheitlich – im Zusammenhang des Materiellen mit dem Spirituellen – neu entdecken: »Ihr seid Lichtwesen.« (Joh 10,34)

Wie entstand der Mensch? Wie entstand das Leben auf der Erde? Aus Materie? Zufällig? Was besagen die angeblichen Beweise des Darwinismus tatsächlich? Was sagt das alte Mythen- und Mysterienwissen? Welche Botschaft verbirgt sich in den archäologischen Rätseln? Wohin führt die Spur unserer Vorfahren?

*Der längst erforderliche Durchbruch über
den Darwinismus hinaus. Konsequent und revolutionär.*

Armin Risi: »In der Frage nach der Herkunft des Menschen macht die heutige Wissenschaft einen sprichwörtlichen Fehler am Anfang der Rechnung, weil sie von einem materialistischen Weltbild ausgeht und die höheren Dimensionen des Kosmos ausblendet.«

Die Evolutionstheorie auf dem Prüfstand

Armin Risi

EVOLUTION

Stammt der Mensch von den Tieren ab?

ISBN 978-3-905831-28-3
1. Auflage, Juni 2014
2. Auflage, November 2014
166 Seiten, Taschenbuch
mit zahlreichen Illustrationen
€ 9,50 / CHF 14.–

Darwinismus: kritische Fragen, neue Perspektiven

Seit über hundert Jahren dominiert die Evolutionstheorie die gesamte Wissenschaft und Forschung, und sie wird in Schulbüchern und an Universitäten so präsentiert, als sei sie längst bewiesen. In Wirklichkeit jedoch stellt der Darwinismus nur eine von mehreren möglichen Interpretationen der wissenschaftlichen Fakten dar. Und Interpretationen beruhen immer auf Weltbildern.

- Welches Weltbild liegt der Evolutionstheorie zugrunde?
- Wie glaubwürdig ist die Evolutionstheorie?
- Wie entstand das Leben auf der Erde?
- Wie entstand der Mensch?

Dieses Buch aus der Reihe »Grundlagenwissen im Govinda-Verlag« ist eine logische und leicht verständliche Darlegung der fundamentalen Mängel der Evolutionstheorie. Es zeigt, dass heute ein Denken in neuen Dimensionen erforderlich ist, insbesondere was das Phänomen „Leben" und die Herkunft des Menschen betrifft.

Eine faktenreiche Ergänzung zu Armin Risis Standardwerk „Ihr seid Lichtwesen" – Ursprung und Geschichte des Menschen.

DVDs von Armin Risi

Armin Risi

PHILOSOPHISCHE BETRACHTUNGEN

ISBN 978-3-905831-13-9
DVD-Laufzeit: 124 Minuten
€ 20,– / CHF 30.– (Doppel-DVD)

»Paradigmenwechsel« und
»Der radikale Mittelweg«:
Zwei Vorträge von Armin Risi
als ideale Einführung in sein
Gesamtwerk. Mit einfachen
Worten beschreibt er die Essenz
der theistischen Spiritualität
sowie die Unterschiede zu den
Weltbildern der atheistischen
und monistischen Esoterik,
die besagen, Wahrheit und
Unwahrheit seien letztlich eins.

Beide Vorträge enthalten im
ersten Teil eine von Armin Risi
gesungene Mantra-Meditation
(mit Tanpura-Begleitung).

Armin Risi & Silvia Siegenthaler

KLANG-REISE

ISBN 978-3-905831-14-6
DVD-Laufzeit: 110 Minuten
€ 20,– / CHF 30.– (inkl. Booklet)

Mantras aus verschiedenen
Kulturen und Mysterienschulen:
Ein Abend mit meditativen
Klängen und Gesängen als Reise
von der fernen Vergangenheit
bis in unsere Gegenwart sowie
als Begegnung mit verschiedenen
Kulturen und Mysterienschulen:
Mantras und Psalme aus der
Sanskritsprache, aus dem
Altägyptischen und Hebräischen
sowie deutsche Kurzgebete und
»Affirmationen«.

Mit Live-Wasserklangbildern von
Alexander Lauterwasser.